Petra Buck-Heeb · Examens-Repetitorium Besonderes Schuldrecht 2

UNIREP JURA

Herausgegeben von Prof. Dr. Mathias Habersack

Examens-Repetitorium
Besonderes Schuldrecht 2

Gesetzliche Schuldverhältnisse

von

Dr. Petra Buck-Heeb
Professorin an der Leibniz Universität Hannover

8., neu bearbeitete Auflage

C.F. Müller

Petra Buck-Heeb, Jahrgang 1963; Studium der Rechtswissenschaften in Passau und Tübingen, Assessorexamen 1986 in Tübingen, wissenschaftliche Mitarbeiterin ebendort, 1993 Promotion, 1999 Habilitation. Seit 1.10.2001 Professorin für Zivilrecht, Europäisches und Internationales Wirtschaftsrecht an der Universität Hannover.

Ausgewählte Veröffentlichungen: Wissen und juristische Person, Wissenszurechnung und Herausbildung zivilrechtlicher Organisationspflichten, 2001; Selbstregulierung im Privatrecht, 2010 (zus. mit A. Dieckmann); Kommentierung der §§ 812-822 in der 16. Auflage des Erman (2020); Kapitalmarktrecht, 11. Auflage 2020.

Bibliografische Information der Deutschen Nationalbibliothek
Die Deutsche Nationalbibliothek verzeichnet diese Publikation in der Deutschen Nationalbibliografie; detaillierte bibliografische Daten sind im Internet über <http://dnb.d-nb.de> abrufbar.

ISBN 978-3-8114-8715-4

E-Mail: kundenservice@cfmueller.de
Telefon: +49 6221/1859-599
Telefax: +49 6221/1859-598

www.cfmueller.de

© 2021 C.F. Müller GmbH, Waldhofer Straße 100, 69123 Heidelberg

Dieses Werk, einschließlich aller seiner Teile, ist urheberrechtlich geschützt. Jede Verwertung außerhalb der engen Grenzen des Urheberrechtsgesetzes ist ohne Zustimmung des Verlages unzulässig und strafbar. Dies gilt insbesondere für Vervielfältigungen, Übersetzungen, Mikroverfilmungen und die Einspeicherung und Verarbeitung in elektronischen Systemen.

Satz: preXtension, Grafrath
Druck: CPI books, Leck

Vorwort

Da die 8. Auflage dieses Buches auf erfreuliche Resonanz gestoßen ist, wurde das Repetitorium durchgängig aktualisiert und an zahlreichen Stellen ergänzt. Insbesondere wurden die der Vertiefung des hier behandelten Examensstoffes dienenden Verweise auf zusätzliche Übungsfälle, die sich in Ausbildungszeitschriften finden, nochmals erheblich erweitert. Zudem wurden die Prüfungsschemata ausgebaut. Zudem sind in den Fußnoten nicht nur die zentralen BGH-Entscheidungen fett gedruckt, sondern insbesondere auch die aktuellen Urteile. So kann der Leser Schwerpunkte der Fallfragen in der Rechtsprechung erkennen, die prüfungsrelevant sein können. Die Konzeption und Zielsetzung des Werks sind im Übrigen unverändert geblieben.

Ganz besonders gedankt sei an dieser Stelle meinen Studentinnen und Studenten, die durch engagiertes Lesen sowie durch Fragen und Kritik zu einzelnen Verbesserungen Anlass gegeben haben. Dank gebührt auch den anderen Lesern der Vorauflage für ihre wertvollen Anregungen und Hinweise. Danken möchte ich zudem meinen Mitarbeitern, Herrn *Corvin Hennig*, Herrn *Apostolos Mitsios*, Herrn *Joshua Gerdes* sowie Frau *Stefanie Reuß* für ihre Einsatzbereitschaft und Hilfe.

Hannover, im Juni 2021 *Petra Buck-Heeb*

Inhaltsverzeichnis

	Rn	Seite
Vorwort		V
Abkürzungsverzeichnis		XIV
Verzeichnis des abgekürzt zitierten Schrifttums		XVII

Erster Teil
Grundlagen

§ 1	**Gesetzliche Schuldverhältnisse und Prüfungsreihenfolge** . . .	1	1
	I. Gesetzliche Schuldverhältnisse	1	1
	II. Prüfungsreihenfolge	3	1
§ 2	**Zusammentreffen verschiedener Ansprüche**	6	2
	I. Unterschiede zwischen gesetzlichen und vertraglichen Schuldverhältnissen	6	2
	II. Wechselwirkungen zwischen den Ansprüchen	13	4

Zweiter Teil
Geschäftsführung ohne Auftrag

§ 3	**Überblick**	21	7
§ 4	**Anwendbarkeit der GoA**	26	8
	I. Konkurrenzen	27	8
	II. Wertungswidersprüche	29	9
	1. Unbestellte Leistung (§ 241a)	30	9
	2. Selbstaufopferung im Straßenverkehr	31	9
	3. Gefälligkeit	33	10
	4. Nichtigkeit eines Vertrags	35	10
	5. Nichtzustandekommen eines Vertrags	36	11
§ 5	**Die berechtigte GoA**	37	13
	I. Geschäftsführer tätigt ausschließlich fremdes Geschäft	39	14
	1. Fremdes Geschäft	40	14
	2. Fremdgeschäftsführungswille	44	15
	3. Ohne Auftrag	47	15
	4. Interesse und Wille des Geschäftsherrn	49	16
	a) Interesse	49	16
	b) Wille	50	16
	c) Differenz zwischen Interesse und Wille	53	17
	d) Unbeachtlichkeit des entgegenstehenden Willens	55	17
	e) Berechtigtheit der GoA	59	18

		II. Geschäftsführer tätigt eigenes, aber auch-fremdes Geschäft....	60	18
		1. Grundlagen...	60	19
		2. Privatrechtliche Handlungspflichten..................	64	21
		3. Öffentlich-rechtliche Handlungspflichten..............	67	26
		4. Innenausgleich zwischen Gesamtschuldnern...........	74	28
		III. Geschäftsfähigkeit der Beteiligten........................	80	32
		IV. Rechtsfolgen der berechtigten GoA......................	84	34
		1. Ansprüche Geschäftsführer gegen Geschäftsherrn.......	85	34
		2. Ansprüche Geschäftsherr gegen Geschäftsführer.........	93	36
§ 6	Die unberechtigte GoA..		103	38
		I. Voraussetzungen...	104	39
		II. Ansprüche Geschäftsführer gegen Geschäftsherrn..........	106	39
		III. Ansprüche Geschäftsherr gegen Geschäftsführer...........	108	40
§ 7	Die unechte GoA..		113	43
		I. Irrtümliche Eigengeschäftsführung, § 687 Abs. 1............	113	43
		II. Angemaßte Eigengeschäftsführung, § 687 Abs. 2............	114	43

Dritter Teil
Deliktsrecht

§ 8	Grundlagen...		121	47
		I. Systematik des Deliktsrechts...............................	121	47
		II. Anwendbarkeit der §§ 823 ff.	126	48
		III. Beseitigungs- und Unterlassungsansprüche.................	129	49
		IV. Verjährung..	134	50
		V. Entgeltfortzahlung und Versicherungen....................	139	51
§ 9	Der deliktische Haupttatbestand: § 823 Abs. 1.............		142	52
		I. Rechts- oder Rechtsgutverletzung..........................	143	52
		1. Verletzung des Lebens.................................	144	52
		2. Körper- bzw. Gesundheitsverletzung..................	149	53
		3. Freiheit...	161	58
		4. Eigentum...	163	58
		a) Anwendbarkeit....................................	164	58
		b) Sachentziehung....................................	169	59
		c) Substanzverletzung, weiterfressender Mangel........	171	60
		d) Gebrauchsbeeinträchtigung........................	180	64
		5. „Sonstiges Recht": Allgemeines Persönlichkeitsrecht.....	188	67
		a) Anwendbarkeit....................................	190	68
		b) Voraussetzungen...................................	192	69
		c) Rechtsfolgen.......................................	208	75
		d) Unterlassungs- und Beseitigungsanspruch...........	217	77
		6. „Sonstiges Recht": Das Recht am eingerichteten und ausgeübten Gewerbebetrieb...........................	220	78
		a) Allgemeines.......................................	221	79

	b)	Voraussetzungen	223	79
	c)	Fallgruppen	230	82
	d)	Unterlassungsanspruch	237	84
7.		Besitz als „sonstiges Recht"?	238	85
8.		Weitere Ausformungen des „sonstigen Rechts"	245	87

II. Dem Anspruchsgegner zurechenbare Handlung 254 89
  1. Handlung 256 90
  2. Kausalität bei positivem Tun 259 91
     a) Äquivalenz 260 91
     b) Adäquanz 264 92
     c) Schutzweck der Norm 270 93
  3. Kausalität bei Unterlassen 280 100
     a) Abgrenzung 280 100
     b) Bestehen einer Verkehrssicherungspflicht 282 101
     c) Erforderlichkeit, Zumutbarkeit 285 102
     d) Pflicht gegenüber dem Geschädigten 287 103
     e) Schutzzweckzusammenhang 289 103
     f) Prüfung der Verkehrssicherungspflichten 290 104
     g) Delegation 294 105

III. Rechtswidrigkeit 297 106
  1. Lehre vom Erfolgsunrecht/Handlungsunrecht 297 106
  2. Rechtfertigungsgründe 303 108
  3. Insbesondere: Sportverletzungen 310 110
  4. Verkehrsrichtiges Verhalten 314 111

IV. Verschulden 316 112
  1. Verschuldensfähigkeit 317 112
  2. Verschuldensformen 324 114
  3. Haftungsbeschränkungen 327 115
     a) Vertragliche Haftungsbeschränkungen 327 115
     b) Gesetzliche Haftungsbeschränkungen 330 115
  4. Billigkeitshaftung, § 829 .... 335 117

§ 10 Schutzgesetzverletzung: § 823 Abs. 2 .... 339 118

I. Grundlagen 340 118
II. Schutzgesetzverletzung 341 119
  1. Gesetz 342 119
  2. Gebots- oder Verbotsnorm 343 119
  3. Schutz eines anderen 344 120
     a) Individualschutz 345 120
     b) Persönlicher Schutzbereich 353 122
     c) Sachlicher Schutzbereich 356 122
     d) Verletzung des Schutzgesetzes 358 123
III. Rechtswidrigkeit und Verschulden 359 123
IV. Rechtsfolge 364 124

§ 11 Vorsätzliche sittenwidrige Schädigung: § 826 .... 365 124

I. Überblick 366 125
II. Tatbestand 368 125
  1. Schadenszufügung 368 125

2. Zuzurechnendes sittenwidriges Handeln	370	126
a) Grundlagen	370	126
b) Fallgruppen	373	127
3. Verschulden	381	129

§ 12 Die Haftung für fehlerhafte Produkte

§ 12 Die Haftung für fehlerhafte Produkte	386	130
I. Überblick	386	130
II. Produkthaftung nach dem Produkthaftungsgesetz	388	130
1. Voraussetzungen	389	131
a) Rechtsgutverletzung	389	131
b) Durch fehlerhaftes Produkt	398	133
c) Anspruchsgegner	401	134
d) Beweislast	405	135
2. Rechtsfolgen	407	135
III. Produzentenhaftung nach § 823 Abs. 1	410	135
1. Allgemeines	411	136
2. Zurechenbare Rechts(gut)verletzung	413	136
3. Rechtswidrigkeit und Verschulden	422	139
4. Beweislast	423	139

§ 13 Weitere Anspruchsgrundlagen

§ 13 Weitere Anspruchsgrundlagen	429	142
I. Kreditgefährdung, § 824	429	142
II. Haftung des Aufsichtspflichtigen, § 832	438	145
III. Haftung des Tierhalters/-aufsehers, §§ 833, 834	445	146
1. Tierhalterhaftung für Luxustiere	447	147
2. Eingeschränkte Tierhalterhaftung für Nutztiere	453	149
3. Haftung des Tieraufsehers, § 834	456	149
IV. Gebäudehaftung, §§ 836–838	457	150
1. Personen- oder Sachschaden	459	150
2. Zweifache Kausalität	460	151
3. Ersatzpflichtige	463	151
4. Verschulden	465	152
V. Haftung des Kfz-Halters, § 7 StVG	466	152
1. Haltereigenschaft	470	153
2. Rechtsgutverletzung und Verletzter	474	154
3. Verletzung „bei dem Betrieb"	476	155
4. Haftungsausschluss	485	157
a) Haftungsausschluss nach § 7 Abs. 2 StVG	485	157
b) Haftungsausschluss nach § 17 Abs. 3 StVG	489	158
c) Haftungsausschluss nach § 7 Abs. 3 StVG	490	158
d) Haftungsausschluss nach § 8 Nr. 1–3 StVG	491	159
e) Haftungsausschluss nach § 8a StVG	492	159
5. Rechtsfolge	493	159
VI. Haftung des Kfz-Führers, § 18 StVG	497	160
VII. Haftung für Verrichtungsgehilfen, § 831	501	161
1. Verrichtungsgehilfe	504	162
2. Tatbestandsmäßige und rechtswidrige unerlaubte Handlung des Gehilfen	505	162
3. In Ausführung der Verrichtung	506	163

	4.	Exkulpation bzgl. Kausalität und Verschulden	508	163
	VIII.	Speziell: Haftung aus Organisationsverschulden (§ 823 Abs. 1)	511	164

§ 14 Die Haftung mehrerer Personen ... 514 166

I. Mittäter, Anstifter, Gehilfen, Beteiligte, § 830	514	166	
1. Mittäter, § 830 Abs. 1 S. 1; Anstifter, Gehilfen, § 830 Abs. 2	515	166	
2. Beteiligung mehrerer an einer unerlaubten Handlung, § 830 Abs. 1 S. 2	519	167	
II. Gesamtschuldnerschaft, § 840	525	171	
1. Außenverhältnis	525	171	
2. Innenverhältnis	528	172	

§ 15 Ersatz des Schadens nach §§ 249 ff. (haftungsausfüllender Tatbestand) ... 531 173

I. Schadensersatz	532	173
1. Schaden	532	173
2. Haftungsausfüllende Kausalität	536	174
3. Art und Weise des Schadensersatzes	544	177
4. Mitverschulden	546	178
II. Speziell: Umfang der Ersatzpflicht bei Verletzung einer Person	547	178
1. §§ 842–843	549	178
2. §§ 844–846	554	179
3. §§ 848–851	557	180
III. Speziell: Pkw-Schaden	560	183
IV. Ersatz immaterieller Schäden	571	186

Vierter Teil
Bereicherungsrecht

§ 16 Einführung ... 572 187

§ 17 Die Anwendbarkeit der §§ 812 ff. ... 580 189

I. Verhältnis zur GoA	580	189
II. Verhältnis zum Eigentümer-Besitzer-Verhältnis	585	191

§ 18 Leistungskondiktion im Zwei-Personen-Verhältnis ... 588 192

I. Grundtatbestand: § 812 Abs. 1 S. 1, 1. Alt.	588	192
1. Voraussetzungen	590	193
a) Etwas erlangt	590	193
b) Durch Leistung	592	193
c) Ohne Rechtsgrund	596	194
2. Ausschluss des Bereicherungsanspruchs	600	197
II. Bereicherungsanspruch aus § 813 Abs. 1 S. 1	608	201
III. Bereicherungsanspruch wegen späteren Wegfalls des rechtlichen Grunds, § 812 Abs. 1 S. 2, 1. Alt.	611	201

	1.	Anwendbarkeit	612	202
	2.	Voraussetzungen	613	202
	3.	Ausschluss des Bereicherungsanspruchs	617	203
IV.	Bereicherungsanspruch bei Nichteintritt des bezweckten Erfolgs, § 812 Abs. 1 S. 2, 2. Alt.		618	203
	1.	Leistung und Leistungszweck	620	204
	2.	Ausschluss des Bereicherungsanspruchs	630	206
V.	Bereicherungsanspruch nach § 817 S. 1		632	207

§ 19 Nichtleistungskondiktion ... 637 ... 209

I.	Grundtatbestand: § 812 Abs. 1 S. 1, 2. Alt. („in sonstiger Weise")		638	209
	1.	Eingriffskondiktion	640	210
		a) Allgemeine Voraussetzungen	641	210
		b) Eingriff in den Zuweisungsgehalt des Eigentums	650	212
		c) Eingriff in den Zuweisungsgehalt eines sonstigen Rechts oder Vermögenswerts	651	213
	2.	Rückgriffskondiktion	653	215
	3.	Verwendungskondiktion	656	215
		a) Anwendbarkeit	656	215
		b) Voraussetzungen	660	216
		c) Rechtsfolge	661	217
II.	Bereicherungsanspruch wegen Verfügung eines Nichtberechtigten, § 816 Abs. 1		665	218
	1.	Entgeltliche Verfügung, § 816 Abs. 1 S. 1	667	218
		a) Voraussetzungen	668	218
		b) Rechtsfolge	672	220
	2.	Unentgeltliche Verfügung, § 816 Abs. 1 S. 2	678	222
		a) Voraussetzungen	679	223
		b) Problem: Gemischte Schenkung	680	223
		c) Problem: Entgeltliche, aber rechtsgrundlose Leistung	684	224
III.	Leistung an einen Nichtberechtigten, § 816 Abs. 2		685	225
IV.	Bereicherungshaftung bei unentgeltlicher Verfügung eines Berechtigten, § 822		689	226

§ 20 Der Umfang des Bereicherungsausgleichs ... 696 ... 228

I.	Anspruch auf Herausgabe (§ 818 Abs. 1)		697	229
	1.	Das Erlangte	698	229
	2.	Nutzungen	699	229
	3.	Surrogate	708	231
II.	Wertersatz (§ 818 Abs. 2)		713	232
	1.	Grundsatz	713	232
	2.	Belastung mit Grundschuld	716	233
	3.	Zeitpunkt der Berechnung des Wertersatzes	718	233
	4.	Berechnung des Wertersatzes	719	233
	5.	Gewinnherausgabe	722	234
III.	Wegfall der Bereicherung (§ 818 Abs. 3)		725	235
	1.	Grundsatz	725	235
	2.	Entreicherung i.S. des § 818 Abs. 3	728	236

		a)	Ersparte Aufwendungen	731	236
		b)	Veräußerungserlös	734	237
		c)	Keine Gegenleistung geschuldet	735	237
		d)	Belastung mit Grundpfandrecht	738	239
		e)	Entreichernde Vermögensnachteile	740	240
	3.	Speziell: Bereicherungsausgleich beim gegenseitigen Vertrag		747	242
		a)	Die Zweikondiktionentheorie	750	242
		b)	Die Saldotheorie	751	243
		c)	Die modifizierte Zweikondiktionentheorie	758	244
		d)	Einschränkungen der Saldotheorie	762	245
IV.	Verschärfte Haftung, §§ 818 Abs. 4, 819 Abs. 1 bzw. 820 Abs. 1			767	248
	1.	Voraussetzungen		768	248
		a)	Rechtshängigkeit	769	248
		b)	Bösgläubigkeit	770	249
		c)	Ungewisser Erfolgseintritt	776	250
		d)	Gesetzes- oder Sittenverstoß	778	251
	2.	Rechtsfolgen		779	251
		a)	Herausgabe des Erlöses	780	251
		b)	Verzug	784	252
		c)	Verzinsung	785	252
		d)	Schadensersatz	786	252
		e)	Herausgabe der Nutzungen und Verwendungen	788	253

§ 21 Der Bereicherungsausgleich im Mehrpersonenverhältnis ... 790 253

I.	Grundregeln			790	253
	1.	Vorrang der Leistungskondiktion		792	254
	2.	Bestimmung des Leistenden		796	254
	3.	Fallgruppen		799	255
II.	Bereicherungsausgleich bei Leistungskette			800	255
III.	Bereicherungsausgleich bei Anweisungsfällen			803	256
	1.	Wirksame Weisung		806	257
	2.	Unwirksame/fehlerhafte Weisung		808	259
		a)	Zurechenbare fehlerhafte Weisung	809	259
		b)	Zurechenbare fehlerhafte Weisung bei Zahlungsdienstleistungen	813	260
		c)	Nicht zurechenbare Weisung	814	263
		d)	Zuvielzahlung	817	263
IV.	Bereicherungsausgleich bei Vertrag zugunsten Dritter			819	264
V.	Bereicherungsausgleich bei der Abtretung			824	267
VI.	Bereicherungsausgleich bei Leistung auf fremde Schuld			827	268
VII.	Bereicherungsausgleich nach §§ 951, 812 bei Zuwendung durch Dritte			833	270
	1.	Allgemeines		833	271
	2.	Eigentumserwerb im Einverständnis mit dem Eigentümer		835	271
	3.	Eigentumserwerb ohne Einverständnis des Eigentümers		837	272
	4.	Zuwendung einer abhandengekommenen Sache		839	274

Sachverzeichnis 277

Abkürzungsverzeichnis

a.A.	anderer Ansicht
Abs.	Absatz
AcP	Archiv für die civilistische Praxis
a.E.	am Ende
a.F.	alte Fassung
AfP	Zeitschrift für Medien- und Kommunikationsrecht
AG	Amtsgericht
AGB	Allgemeine Geschäftsbedingungen
Alt.	Alternative
Anm.	Anmerkung
Art.	Artikel
ArzneimG	Arzneimittelgesetz
Aufl.	Auflage
BAG	Bundesarbeitsgericht
BauO	Bauordnung
BB	Betriebs-Berater
BBauG	Baugesetzbuch
Bd.	Band
BGB	Bürgerliches Gesetzbuch
BGH	Bundesgerichtshof
BGHZ	Entscheidungen des BGH in Zivilsachen
BImSchG	Bundes-Immissionsschutzgesetz
BVerfG	Bundesverfassungsgericht
BVerfGE	Entscheidungen des Bundesverfassungsgerichts
bzgl.	bezüglich
bzw.	beziehungsweise
DAR	Deutsches Autorecht
DB	Der Betrieb
ders.	derselbe
d.h.	das heißt
DZWiR	Deutsche Zeitschrift für Wirtschaftsrecht
EBV	Eigentümer-Besitzer-Verhältnis
EFZG	Entgeltfortzahlungsgesetz
EGMR	Europäischer Gerichtshof für Menschenrechte
f., ff.	folgend(e)
FamRZ	Zeitschrift für das gesamte Familienrecht
FS	Festschrift
GebrMG	Gebrauchsmustergesetz
GF	Geschäftsführer

GG	Grundgesetz der Bundesrepublik Deutschland
ggü	gegenüber
GH	Geschäftsherr
ggf.	gegebenenfalls
GmbH	Gesellschaft mit beschränkter Haftung
GmbHG	Gesetz betreffend die Gesellschaften mit beschränkter Haftung
GoA	Geschäftsführung ohne Auftrag
HaftPflG	Haftpflichtgesetz
HGB	Handelsgesetzbuch
h.L.	herrschende Lehre
h.M.	herrschende Meinung
Hrsg.	Herausgeber
HS	Halbsatz
idR.	in der Regel
IPRax	Praxis des Internationalen Privat- und Verfahrensrechts (Zeitschrift)
i.S.	im Sinne
iVm.	in Verbindung mit
JA	Juristische Arbeitsblätter
JGG	Jugendgerichtsgesetz
JP	Juristische Praxis
JR	Juristische Rundschau
JURA	Juristische Ausbildung
JuS	Juristische Schulung
JZ	Juristenzeitung
Kfz	Kraftfahrzeug
KunstUrhG	Gesetz betreffend das Urheberrecht an Werken der bildenden Künste und der Photographie
Lit.	Literatur
LM(K)	Nachschlagewerk des BGHZ, herausgegeben von Lindenmaier und Möhring
LS	Leitsatz
LuftVG	Luftverkehrsgesetz
m.abl.Anm.	mit ablehnender Anmerkung
m.Anm.	mit Anmerkung
MDR	Monatsschrift für deutsches Recht
m.E.	meines Erachtens
MünchKomm	Münchener Kommentar zum BGB
m.w.N.	mit weiteren Nachweisen
Nds.	Niedersächsische
NJW	Neue Juristische Wochenschrift
NJW-RR	NJW-Rechtsprechungs-Report Zivilrecht
Nr.	Nummer
NZA	Neue Zeitschrift für Arbeitsrecht
NZV	Neue Zeitschrift für Verkehrsrecht

o.ä.	oder ähnliches/n/m
OLG	Oberlandesgericht
PatG	Patentgesetz
PflVG	Gesetz über die Pflichtversicherung für Kraftfahrzeughalter (Pflichtversicherungsgesetz)
ProdHaftG	Produkthaftungsgesetz
ProdSG	Produktsicherheitsgesetz
pVV	positive Vertragsverletzung
RabelsZ	Rabels Zeitschrift für ausländisches und internationales Privatrecht
RBerG	Rechtsberatungsgesetz
RDG	Rechtsdienstleistungsgesetz
Rn.	Randnummer
RG	Reichsgericht
RGRK	Das Bürgerliche Gesetzbuch mit besonderer Berücksichtigung der Rechtsprechung des Reichsgerichts und des Bundesgerichtshofes (Kommentar)
RIW	Recht der internationalen Wirtschaft
S.	Satz; Seite
SchwarzArbG	Schwarzarbeitsbekämpfungsgesetz
SGB	Sozialgesetzbuch
sog.	so genannt(e)
StGB	Strafgesetzbuch
str.	streitig
st.Rspr.	ständige Rechtsprechung
StVG	Straßenverkehrsgesetz
StVO	Straßenverkehrsordnung
StVZO	Straßenverkehrs-Zulassungs-Ordnung
UrhG	Urheberrechtsgesetz
v.a.	vor allem
VersR	Versicherungsrecht
vgl.	vergleiche
Vorbem.	Vorbemerkung
VVG	Versicherungsvertragsgesetz
WasserHG	Wasserhaushaltsgesetz
WM	Wertpapiermitteilungen
WuM	Wohnen und Mieten
z.B.	zum Beispiel
ZGS	Zeitschrift für das gesamte Schadensrecht
ZHR	Zeitschrift für das gesamte Handels- und Wirtschaftsrecht
ZIP	Zeitschrift für Wirtschaftsrecht
ZMR	Zeitschrift für Miet- und Raumrecht
ZPO	Zivilprozessordnung

Verzeichnis des abgekürzt zitierten Schrifttums

Beck'scher Online-Kommentar BGB (BeckOK), Edition 57, Stand: 1.2.2021 (zitiert: BeckOK/*Bearbeiter*)
Beuthien/Weber, Ungerechtfertigte Bereicherung und Geschäftsführung ohne Auftrag, 2. Aufl. 1987
Brox/Walker, Besonderes Schuldrecht, 45. Aufl. 2021
Deutsch/Ahrens, Deliktsrecht. Unerlaubte Handlungen, Schadensersatz, Schmerzensgeld, 6. Aufl. 2014
Erman, Handkommentar zum BGB, Band 1 und 2, 16. Aufl. 2020 (zitiert: Erman/*Bearbeiter*)
Esser/Weyers, Schuldrecht Band II: Besonderer Teil, Teilband 2, 8. Aufl. 2000
Gursky, Schuldrecht Besonderer Teil, 5. Aufl. 2005
Jauernig, BGB, 18. Aufl. 2021 (zitiert: Jauernig/*Bearbeiter*)
Wagner, Deliktsrecht, 14. Aufl. 2021
Koppensteiner/Kramer, Ungerechtfertigte Bereicherung, 2. Aufl. 1988
Kupisch/Krüger, Deliktsrecht, 1983
Larenz/Canaris, Lehrbuch des Schuldrechts, Band II/1: Besonderer Teil, 1. Halbband, 13. Aufl. 1986
Larenz, Lehrbuch des Schuldrechts, Band II/2: Besonderer Teil, 2. Halbband, 13. Aufl. 1994
Looschelders, Schuldrecht, Besonderer Teil, 16. Aufl. 2021
Medicus/Lorenz, Schuldrecht II, Besonderer Teil, 18. Aufl. 2018 (zitiert: *Medicus/Lorenz*, SR II)
Medicus/Petersen, Bürgerliches Recht, 27. Aufl. 2019 (zitiert: *Medicus/Petersen*, BR)
Münchener Kommentar zum BGB, Band 2 (§§ 241–310), 8. Aufl. 2019; Band 3 (§§ 311-432), 8. Aufl. 2019; Band 6 (§§ 631–704), 8. Aufl. 2020; Band 7 (§§ 705–853), 8. Aufl. 2020; Band 8 (§§ 854-1296), 8. Aufl. 2020 (zitiert: MünchKomm/*Bearbeiter*)
Palandt, BGB, 80. Aufl. 2021 (zitiert: Palandt/*Bearbeiter*)
Peifer, Schuldrecht. Gesetzliche Schuldverhältnisse, 6. Aufl. 2019
Prütting/Wegen/Weinreich, BGB Kommentar, 15. Aufl. 2020 (zitiert: PWW/*Bearbeiter*)
Reuter/Martinek, Handbuch des Schuldrechts, Band 4/Teilband 2: Ungerechtfertigte Bereicherung, 2. Aufl. 2016
RGRK, Das Bürgerliche Gesetzbuch mit besonderer Berücksichtigung der Rechtsprechung des Reichsgerichts und des Bundesgerichtshofes, Band II, 4. Teil (§§ 631–811), Band II, 5. Teil (§§ 812–831), 12. Aufl. 1974 ff. (zitiert: RGRK/*Bearbeiter*)
Soergel, BGB, Band 14 (§§ 854–984), 13. Aufl. 2002; Band 12 (§§ 823–853), 13. Aufl. 2005; Band 10 (§§ 652–704), 13. Aufl. 2012 (zitiert: Soergel/*Bearbeiter*)
Staudinger, Kommentar zum Bürgerlichen Gesetzbuch mit Einführungsgesetz und Nebengesetzen, Neubearbeitung 2007–2020 (zitiert: Staudinger/*Bearbeiter*)
Wagner, Deliktsrecht, 14. Aufl. 2021 (zitiert: *Wagner*)
Wandt, Gesetzliche Schuldverhältnisse, 10. Aufl. 2020 (zitiert: *Wandt*)

Erster Teil
Grundlagen

§ 1 Gesetzliche Schuldverhältnisse und Prüfungsreihenfolge

I. Gesetzliche Schuldverhältnisse

Grundlage eines Schuldverhältnisses kann ein Rechtsgeschäft (vertragliches Schuldverhältnis) oder das Gesetz sein (gesetzliches Schuldverhältnis). Wird von „gesetzlichen Schuldverhältnissen" gesprochen, so sind regelmäßig – wie auch hier – die Schuldverhältnisse im Schuldrecht gemeint. Aber auch im Sachenrecht gibt es Tatbestände, die nicht einem Berechtigten einen dinglichen Anspruch gewähren oder die nachbarschaftliche Beziehungen regeln, sondern die ein gesetzliches Schuldverhältnis begründen. Diese Normen sehen vor, dass eine Person einer anderen Person gegenüber zur Leistung verpflichtet ist oder Verhaltenspflichten zu beachten hat, wobei die Nichterfüllung der Leistungspflicht bzw. Missachtung der Verhaltenspflicht Ersatzansprüche auslöst.

Beispiele hierfür sind die §§ 965 ff. (Fund), die Vorschriften, die das Verhältnis des unrechtmäßigen Besitzers zum Eigentümer regeln, § 1030 (zwischen dem Eigentümer und dem Nießbraucher), § 1020 (Grunddienstbarkeit zwischen Eigentümer des dienenden und des herrschenden Grundstücks) sowie § 1215 (zwischen Verpfänder und Pfandgläubiger). Der Einfluss von europäischem Recht ist in diesem Bereich derzeit noch gering[1].

II. Prüfungsreihenfolge

Die drei Hauptarten der gesetzlichen Schuldverhältnisse im Schuldrecht sind die Geschäftsführung ohne Auftrag, die unerlaubten Handlungen (samt der Gefährdungshaftung[2]) sowie das Bereicherungsrecht[3]. Die Reihenfolge der Nennung entspricht der Reihenfolge der Prüfung in einer **Klausur**, sofern alle drei Arten der gesetzlichen Schuldverhältnisse eine Rolle spielen.

Damit ergibt sich als zweckmäßiger Aufbau in der Klausur, dass, nachdem das Bestehen eines Vertrags – und damit eines vertraglichen Schuldverhältnisses – geprüft

---
1 Siehe die Verordnung des Europäischen Parlaments und des Rates über das auf außervertragliche Schuldverhältnisse anzuwendende Recht („ROM II"), Verordnung (EG) Nr. 864/2007 vom 11. Januar 2009, ABl. EU Nr. L 199 vom 31.7.2007, S. 40, zum einheitlichen Kollisionsrecht für außervertragliche Schuldverhältnisse; dazu *Junker*, NJW 2007, 3675 ff.; *Graziano*, RabelsZ 73 (2009), 1 ff.; *Sujecki*, EWS 2009, 310 ff.; *G. Wagner*, IPRax 2008, 1 ff.; *Leible/Lehmann*, RIW 2007, 721 ff.
2 Siehe den **Überblick** zur Gefährdungshaftung bei *Lorenz*, JuS 2021, 307 ff.; *Röthel*, JURA 2012, 444 ff.
3 Siehe auch den **Überblick** bei *Musielak*, JA 2020, 161 ff.; *Röthel*, JURA 2012, 362 ff.

wurde, zunächst die Geschäftsführung ohne Auftrag zu prüfen ist. Da die Frage der Besitzberechtigung (siehe § 986) davon abhängt, ob zwischen den Beteiligten ein Vertrag besteht oder eine – einem Vertrag überwiegend gleichstehende – berechtigte Geschäftsführung ohne Auftrag, sind Vertrag und Geschäftsführung ohne Auftrag noch vor den §§ 985 ff., 2018 ff. zu prüfen.

5   Vor den Deliktsansprüchen wegen Eigentumsverletzung nach § 823 Abs. 1 sollten jedoch die dinglichen Ansprüche mit ihren Folgeansprüchen (v.a. §§ 985 ff. und 2018 ff.) geprüft werden. Denn diese Prüfung entscheidet darüber, ob Deliktsrecht überhaupt angewendet werden kann (vgl. § 993 Abs. 1, 2. HS). Am Ende stehen Ansprüche aus ungerechtfertigter Bereicherung, denn das Vorliegen eines Vertrags oder einer (berechtigten) Geschäftsführung ohne Auftrag ist ein Rechtsgrund i.S. des § 812. Dingliche Ansprüche gehen dem § 812 deshalb vor, weil auch Bereicherungsansprüche durch die §§ 985 ff., 2018 ff. ausgeschlossen sein können.

> **Klausurtipp:** Folgende **Prüfungsreihenfolge** sollte eingehalten werden: Vertrag, Geschäftsführung ohne Auftrag (GoA), dingliche Ansprüche, deliktsrechtliche Ansprüche, Ansprüche aus ungerechtfertigter Bereicherung[4].

§ 2 Zusammentreffen verschiedener Ansprüche

I. Unterschiede zwischen gesetzlichen und vertraglichen Schuldverhältnissen

6   Gesetzliche und vertragliche Schuldverhältnisse unterscheiden sich in mehrfacher Hinsicht. Der Hauptunterschied liegt darin, dass ein gesetzliches Schuldverhältnis nicht von einem Willen abhängig ist, eine bestimmte Rechtsfolge herbeiführen zu wollen. Ein weiterer Unterschied besteht in Bezug auf die **Gehilfenhaftung**. Hier stehen sich § 278 und § 831 gegenüber, wobei § 278 lediglich eine Zurechnungsnorm (und damit innerhalb der Prüfung eines Anspruchs aus Vertrag zu untersuchen), § 831 dagegen eine eigene Anspruchsgrundlage ist.

7   § 278 legt fest, dass der Schuldner innerhalb eines Schuldverhältnisses für ein Verschulden seiner Erfüllungsgehilfen und gesetzlichen Vertreter wie für eigenes Verschulden einzustehen hat (Zurechnung). Zu beachten ist, dass § 278 nur ein **Schuldverhältnis** voraussetzt. Unrichtig wäre es, diese Norm lediglich auf vertragliche Schuldverhältnisse zu beziehen und § 831 auf gesetzliche. Denn ein Schuldverhältnis i.S. des § 278 kann zum einen durch Rechtsgeschäft, zum anderen aber auch durch Geschäftsführung ohne Auftrag oder ungerechtfertigte Bereicherung begründet werden. Damit beschränkt sich die Anwendung des **§ 278** nicht allein auf vertragliche, sondern bezieht sich auch auf gesetzliche Schuldverhältnisse[1].

---

4   Zu allgemeinen Hinweisen bzgl. typischer **Fehler in Klausuren** Beaucamp, JA 2018, 757 ff.

1   Vgl. Erman/H.P. Westermann, § 278 Rn. 3.

Nach § 831 wird unabhängig von einem bestehenden (vertraglichen) Schuldverhältnis für die unerlaubte Schadenszufügung durch einen Verrichtungsgehilfen **deliktisch** gehaftet[2]. Allerdings tritt diese Haftung lediglich dann ein, wenn der Geschäftsherr die ihm obliegende Pflicht zur sorgfältigen Auswahl bzw. Überwachung des Gehilfen sowie zur Ausstattung mit Vorrichtungen und Gerätschaften verletzt hat.

Daneben gibt es auch hinsichtlich der **Verjährung** teilweise Unterschiede zwischen vertraglichen und gesetzlichen Schuldverhältnissen. Die Verjährung berechtigt den Schuldner, die Leistung zu verweigern (§ 214 Abs. 1). Die regelmäßige Frist für den Eintritt der Verjährung beträgt 3 Jahre (§ 195). Bei vertraglichen Ansprüchen ist der Beginn der Verjährungsfrist teilweise speziell (von § 199 abweichend) geregelt[3].

Auch hinsichtlich des **Beginns der Verjährungsfrist** kann es Unterschiede geben. Nach § 199 Abs. 1 beginnt die Verjährungsfrist mit dem Schluss des Jahres, in dem der Anspruch entstanden ist und Kenntnis bzw. grob fahrlässige Unkenntnis des Gläubigers von den anspruchsbegründenden Umständen und der Person des Schuldners vorliegt. In § 199 Abs. 2–5 sind abweichende Regelungen getroffen, wobei es hier **nicht** darauf ankommt, ob es um einen vertraglichen oder gesetzlichen Anspruch geht, sondern um den Anspruchsinhalt (Schadensersatz) sowie die Rechtsgutverletzung.

Einige vertragliche Schuldverhältnisse gehen mit einer **Haftungsmilderung**, d.h. einer geringeren Haftung als sie in § 276 Abs. 1 S. 1 vorgesehen ist, einher. In den meisten Fällen handelt es sich hierbei um einen unentgeltlich Handelnden[4]. Auch bei Verzug des Gläubigers haftet der Schuldner gemildert, d.h. nur für Vorsatz und grobe Fahrlässigkeit (§ 300 Abs. 1). Das Deliktsrecht nimmt dagegen keine Rücksicht darauf, ob entgeltlich oder unentgeltlich gehandelt wurde. Fraglich ist aber, ob sich die (vertragliche) Haftungsmilderung auch auf einen Anspruch aus einer anderen Anspruchsgrundlage erstrecken kann[5].

Ein Unterschied besteht auch hinsichtlich der **Beweislast**. Für Schadensersatzansprüche wegen Pflichtverletzung sieht § 280 Abs. 1 S. 2 eine Beweislastumkehr vor[6]. Der Gläubiger, der grundsätzlich die für ihn günstigen Tatsachen darlegen und beweisen muss, hat damit lediglich Beweis über die Pflichtverletzung, den Schaden sowie die Kausalität zu erbringen. Hinsichtlich des Verschuldens hat wiederum der Schuldner zu beweisen, dass die Pflichtverletzung nicht von ihm zu vertreten ist. Dagegen kennt das Deliktsrecht keine Verschuldensvermutung, sondern der Geschädigte muss das Verschulden des Schädigers (Schuldner) nachweisen. Lediglich im Einzelfall, nämlich in den §§ 831–838 sowie in § 18 StVG wird von einem vermuteten Verschulden ausgegangen, d.h. der Schädiger muss sich entlasten. Zudem sieht die Rechtsprechung bei der deliktischen Produkthaftung bzw. Produzentenhaftung teilweise eine Umkehr der Beweislast vor[7].

---
[2] Siehe Rn. 502 ff.
[3] Vgl. § 438 Abs. 2 (Kaufrecht, Verjährungsbeginn bei Grundstücken mit der Übergabe, im Übrigen mit der Ablieferung der Sache), § 548 Abs. 1 S. 2 (Mietrecht, Verjährungsbeginn mit Rückgabe der Mietsache), § 634a Abs. 2 (Werkvertragsrecht, Verjährungsbeginn mit Abnahme).
[4] Eine Haftungsmilderung findet sich z.B. in § 521 (Haftung des Schenkers) und § 599 (Haftung des Verleihers): Haftung nur für Vorsatz und grobe Fahrlässigkeit.
[5] Dazu unten Rn. 13 ff.
[6] Siehe die Formulierung „Dies gilt nicht, wenn …" in § 280 Abs. 1 S. 2.
[7] Näher dazu unten Rn. 405 (zur Produkthaftung) bzw. Rn. 423 (zur Produzentenhaftung).

II. Wechselwirkungen zwischen den Ansprüchen

13 Grundsätzlich besteht nach h.M. **Anspruchskonkurrenz**, d.h. es können mehrere Ansprüche nebeneinander bestehen (z.B. solche aus Vertrag neben solchen aus § 823 Abs. 1)[8]. Jeder von ihnen folgt seinen eigenen Regeln, was die Voraussetzungen, die Rechtsfolgen, die Verjährung, den Anspruchsumfang, die Beweislast, die Gehilfenhaftung usw. anbelangt. Die konkurrierenden Ansprüche sind also grundsätzlich unabhängig voneinander zu prüfen.

14 Anerkannt ist jedoch, dass in bestimmten Fällen diese Unabhängigkeit nicht besteht, d.h. eine **Eigenschaft eines Anspruchs** auf einen anderen Anspruch **fortwirken** kann. Das wird bejaht, wenn der Normzweck der Ansprüche einer unterschiedlichen Behandlung entgegensteht. Wenn es also der Zweck der ein Schuldnerprivileg enthaltenden Norm erfordert, wird dieses Privileg auf einen konkurrierenden Anspruch erstreckt. Wechselwirkungen kann es v.a. bei vertraglichen und deliktischen Ansprüchen sowie bei Ansprüchen aus GoA und Delikt geben. Diese Fortwirkung kann insbesondere bei Haftungsmilderungen, bei der Verjährung sowie bei einer Freizeichnung eine Rolle spielen.

15 Für bestimmte Fälle sieht das Gesetz eine **Haftungsmilderung** für die Vertragshaftung vor, indem nur für Vorsatz, grobe Fahrlässigkeit oder eigenübliche Sorgfalt gehaftet wird. Nur für Vorsatz und grobe Fahrlässigkeit wird z.B. nach § 521 (Haftung des Schenkers) gehaftet[9]. Eine Haftung nur für diejenige Sorgfalt, die in eigenen Angelegenheiten angewendet zu werden pflegt, findet sich etwa beim unentgeltlichen Verwahrer (§ 690), beim Gesellschafter (§ 708) und beim Ehegatten (§ 1359) usw. Dann kann nicht für dieselbe Handlung nach Deliktsrecht eine strengere Haftung eintreten, sondern die Privilegierung wirkt auch hier[10].

16 Das soll **Fall 1** verdeutlichen: S fährt mit seinem Pkw und übersieht dabei fahrlässig den vorfahrtberechtigten Autofahrer A. Bei dem Zusammenstoß wird A verletzt und bleibt bewusstlos im Auto liegen. S begeht Fahrerflucht. Als der Dritte D an die Unfallstelle kommt, kümmert er sich um A. Dabei behandelt er den A leicht fahrlässig falsch, sodass sich dessen Verletzung verschlimmert. A verlangt von D Ersatz des daraus entstandenen zusätzlichen Schadens. Zu Recht?

1. A könnte als Geschäftsherr gegen D einen Ersatzanspruch aus GoA (**§§ 677, 280 Abs. 1**) haben[11]. Allerdings haftet D nach dem **Haftungsprivileg des § 680** (Geschäftsführung zur Gefahrenabwehr)[12] nicht für leichte Fahrlässigkeit, weil sein uneigennütziges Handeln eine dem A drohende dringende Gefahr abwenden sollte. Da D weder vorsätzlich noch grob fahrlässig gehandelt hat, haftet er nicht aus GoA[13].

---

[8] BGHZ 66, 315, 319; BGHZ 67, 359, 362 f.; anders bei Anspruchsnormenkonkurrenz (dann nur *ein* Anspruch).
[9] Nach h.M. wirkt sich diese Haftungsmilderung privilegierend zugunsten des Schädigers aus, wenn (auch) ein deliktsrechtlicher Anspruch besteht, vgl. BGHZ 93, 23 ff. („Kartoffelpülpe"); dazu auch *Petersen*, Examens-Repetitorium Allgemeines Schuldrecht, 10. Aufl. 2021, Rn. 44 ff. (mit einem Fall zu dieser Haftungsmilderung).
[10] BGHZ 46, 313, 316 f.; BGHZ 93, 23, 29; OLG Köln JuS 1988, 487.
[11] Siehe Rn. 93 f.
[12] Siehe Rn. 98.
[13] Vgl. BGH NJW 1972, 475, 476 f.

2. A könnte gegen D einen Anspruch aus **§ 823 Abs. 1** wegen Körperverletzung haben. D hat den Körper des A (zusätzlich) verletzt. Das Ganze geschah kausal und rechtswidrig. Da der deliktsrechtliche Anspruch grundsätzlich unabhängig vom Anspruch aus GoA zu prüfen ist und eine **dem § 680 entsprechende Einschränkung** der Haftung im Deliktsrecht nicht existiert, müsste D dem A aufgrund leicht fahrlässigen Verhaltens aus § 823 Abs. 1 haften. Nach Sinn und Zweck des § 680 ist diese Norm jedoch ausnahmsweise auch auf den deliktsrechtlichen Anspruch anzuwenden. Denn § 680 soll zur Hilfeleistung bei dringenden Gefahren ermutigen, indem das Haftungsrisiko des Geschäftsführers gemindert, dieser also privilegiert wird. Der Zweck dieser Norm wird konterkariert, wenn der Helfende zwar nicht aus GoA, aber aus einem konkurrierenden Deliktsanspruch haften soll. Daher ist das Haftungsprivileg des § 680 als Ausdruck eines allgemeinen Rechtsgedankens **auch auf den konkurrierenden Deliktsanspruch** zu übertragen, d.h. § 680 wird analog angewendet[14].

Eine Erstreckung auf andere Ansprüche kann auch bei einer kurzen vertraglichen **Verjährungsfrist** in Betracht kommen. Das muss jedenfalls dann gelten, wenn die Verjährungsregelung den Zweck hat, im Interesse einer schnellen Vertragsabwicklung für abschließende Klarheit zu sorgen, z.B. bei § 548 Abs. 1 (Verjährung des Ersatzanspruchs des Vermieters), § 581 Abs. 2 (Verjährung des Ersatzanspruchs des Verpächters), § 606 (Verjährung des Ersatzanspruchs des Verleihers), § 1057 (Verjährung des Ersatzanspruchs des Eigentümers beim Nießbrauch).

Das zeigt **Fall 2**: Mieter M hat in der Mietwohnung unsachgemäß Linoleum auf einem Holzfußboden verlegt. Der Eigentümer und Vermieter V bemerkt erst sieben Monate nach dem Auszug des M, dass der Holzfußboden unter dem Linoleum verfault ist. Welche Ansprüche hat V gegen M?

1. V könnte einen Schadensersatzanspruch aus Verletzung des Mietvertrags haben. Allerdings verjähren nach **§ 548 Abs. 1 S. 1** die Ersatzansprüche des Vermieters in sechs Monaten nach Erhalt der Mietsache. Ein vertraglicher Anspruch scheidet daher aus.

2. V könnte gegen M einen Anspruch aus **§ 823 Abs. 1** wegen Eigentumsverletzung haben. Die Voraussetzungen des § 823 Abs. 1 liegen grundsätzlich vor. Fraglich ist aber, ob die kurze Verjährung des § 548 Abs. 1 S. 1 auf § 823 Abs. 1 entsprechend anzuwenden ist, oder ob die deliktsrechtliche Verjährungsregelung des § 199 Abs. 3 vorrangig ist. Nach § 199 Abs. 3 wäre der deliktsrechtliche Anspruch des V noch nicht verjährt (10 bzw. 30 Jahre Verjährungsfrist). Die Anwendbarkeit des Schuldnerprivilegs des § 548 Abs. 1 S. 1 auch auf den konkurrierenden Anspruch aus § 823 Abs. 1 lässt sich aus dessen Sinn und Zweck entnehmen. Danach soll nach Mietvertragsende eine rasche Auseinandersetzung zwischen den Parteien erfolgen[15]. Da regelmäßig bei einer Beschädigung, wie sie hier vorliegt, auch ein deliktsrechtlicher Anspruch gegeben sein wird (Vermieter ist Eigentümer oder sonst Berechtigter), würde der Zweck des § 548 Abs. 1 S. 1 nicht erreicht, wenn der deliktische Anspruch später verjähren würde als der vertragliche. Damit soll nach Sinn und Zweck des

---

14 BGH NJW 1972, 475.
15 BGHZ 47, 53, 56 f.; vgl. auch BGHZ 116, 293, 294.

§ 548 Abs. 1 S. 1 die kurze vertragliche Verjährung auch den Deliktsanspruch erfassen.

19 Auch bei einer vertraglichen **Freizeichnung** für eine Haftung (Haftungsausschluss) ist eine Erstreckung auf Ansprüche aus unerlaubter Handlung möglich[16]. Eine Freizeichnung für eine Haftung aus unerlaubter Handlung ist zwar als solche grundsätzlich nicht möglich. Wurde aber eine rechtsgeschäftliche Haftungsbeschränkung vereinbart (z.B. bei einer Gefälligkeitsfahrt), so ist durch Auslegung zu ermitteln, ob sich diese Haftungsmilderung nicht auch auf konkurrierende Deliktsansprüche erstreckt. Regelmäßig wird eine solche Erstreckung anzunehmen sein[17]. Ansonsten wäre die vertragliche Freistellung praktisch wertlos, weil eine Haftung jedenfalls über den Deliktsanspruch bestünde.

20 Hingegen darf die **Verschuldensvermutung** nach § 280 Abs. 1 S. 2 **nicht** auf konkurrierende deliktische Ansprüche erstreckt werden. Insoweit gelten für Ansprüche nach § 823 Abs. 1 strengere Kriterien. Auch wenn, wie bei manchen Gefährdungshaftungsnormen, die Ersatzpflicht auf eine bestimmte Höchstsumme begrenzt ist (z.B. §§ 12, 18 StVG, § 10 ProdHG), kann diese Begrenzung nicht auf andere Ansprüche, wie etwa solche aus § 823 Abs. 1 übertragen werden.

---

16 Siehe Rn. 327.
17 BGHZ 9, 301, 306; *Medicus/Petersen*, BR, Rn. 640; siehe auch Rn. 327 ff.

Zweiter Teil
Geschäftsführung ohne Auftrag

§ 3 Überblick

Übersichtsaufsätze: *Kupfer/Weiß*, Geschäftsführung ohne Auftrag, JA 2018, 894 ff., *Schürger/Hamacher*, Systematik der Geschäftsführung ohne Auftrag, JURA 2020, 675 ff.

Die Geschäftsführung ohne Auftrag (GoA) wird in zahlreichen Lehrbüchern nur knapp abgehandelt, was aber in keinem Verhältnis zu ihrer beträchtlichen **Examensrelevanz** steht[1]. Als Grund für die Schwierigkeiten mit der GoA in **Klausuren** wird häufig angeführt, dass sich die einschlägigen Anspruchsgrundlagen in den §§ 677 ff. nur schwer ausmachen lassen[2]. Teilweise ist die GoA auch aufgrund einer **Rechtsgrundverweisung** zu prüfen (z.B. nach h.M. bei § 539, sodass ein Aufwendungsersatzanspruch des Mieters nach §§ 539 Abs. 1, 677, 683 S. 1 bestehen kann[3])[4]. Bei der GoA soll auf der einen Seite zu fremdnützigem Handeln ermutigt und dieses gefördert werden, auf der anderen Seite ist der Geschäftsherr vor unerwünschter Einmischung in seine Angelegenheiten zu schützen[5].

21

Die GoA kann in **vier Arten** aufgeteilt werden. Zu unterscheiden ist zunächst zwischen der sog. echten GoA und der sog. unechten GoA. Eine **echte GoA** liegt vor, wenn der Geschäftsführer mit Fremdgeschäftsführungswillen handelt, d.h. wenn er ein Geschäft für einen anderen in dessen Interesse führen will. Fehlt dieser Wille, liegt Eigengeschäftsführung vor. Je nachdem, ob die Übernahme der Geschäftsführung dem Interesse und dem Willen des Geschäftsherrn entspricht, wird bei der echten GoA weiter unterschieden zwischen der berechtigten und der unberechtigten GoA. Entspricht die Geschäftsübernahme dem Interesse und dem Willen des Geschäftsherrn, liegt eine **berechtigte GoA** (nachfolgend Rn. 39 ff.) vor (§ 683 S. 1). Nur bei dieser entsteht ein gesetzliches Schuldverhältnis, aus dem der Geschäftsführer etwa Ersatz seiner Aufwendungen verlangen kann (§§ 683 S. 1, 670).

22

Demgegenüber liegt eine **unberechtigte GoA** (nachfolgend Rn. 104 ff.) vor, wenn zwar ein fremdes Geschäft geführt wird, die Geschäftsführung aber nicht dem Interesse und dem Willen des Geschäftsherrn entspricht, was einen rechtswidrigen Eingriff in den Rechtskreis des Geschäftsherrn darstellt. Da der Geschäftsführer in diesem Fall nicht schutzwürdig ist, kann er seine Aufwendungen nicht nach den GoA-Regeln, sondern nur nach Bereicherungsrecht (§§ 684 S. 1, 818 Abs. 1, 2) ersetzt verlangen. Außerdem haftet er gegenüber dem berechtigten Geschäftsführer verschärft (vgl. § 678).

23

---
1 Vgl. *Falk*, JuS 2003, 833; *Lorenz*, JuS 2016, 12.
2 *Hey*, JuS 2009, 400, 401.
3 OLG Hamm, ZMR 2018, 413 ff., Rn. 64.
4 PWW/*Riecke*, § 539 Rn. 3; **Übungsfall** z.B. bei *Sagan*, JURA 2013, 616 ff.
5 Streitig, siehe *Wandt*, § 2 Rn. 4 f.; zum „Aushilfscharakter" BGH NJW-RR 2008, 759, 760.

24 Bei der **unechten GoA** (nachfolgend Rn. 113 ff.) ist zu unterscheiden: Entweder wird ein fremdes Geschäft irrtümlich (**vermeintliche Eigengeschäftsführung**, § 687 Abs. 1) oder absichtlich als eigenes geführt (**angemaßte Geschäftsführung**, § 687 Abs. 2). Bei der vermeintlichen Eigengeschäftsführung sind die Vorschriften der GoA nicht anwendbar. Dies stellt § 687 Abs. 1 klar. Handelt der Geschäftsführer dagegen in angemaßter Geschäftsführung (§ 687 Abs. 2), kann der Geschäftsherr neben den allgemeinen Ansprüchen aus §§ 987 ff., 812 ff. und 823 ff. zusätzlich Ansprüche aus GoA geltend machen. Damit ist der Begriff der unechten GoA an sich irreführend, denn streng genommen liegt hier gerade keine GoA vor.

25 **Gemeinsam** ist diesen vier Fallgruppen das Tatbestandsmerkmal der Führung eines „fremden Geschäfts", das im Kapitel zur berechtigten GoA (unten Rn. 39 ff.) näher behandelt wird. Der **Unterschied** zwischen den vier Fallgruppen ist an den subjektiven Anspruchsvoraussetzungen der §§ 677, 683, 687 Abs. 1 festzumachen. Zu nennen sind hier nochmals: der Fremdgeschäftsführungswille des Geschäftsführers nach §§ 677, 687 Abs. 1 (erste subjektive Prüfungsebene zur Abgrenzung zwischen echter und unechter GoA) und der Wille des Geschäftsherrn zur Übernahme der Geschäftsführung nach § 683 (zweite subjektive Prüfungsebene bei echter GoA zur Abgrenzung zwischen berechtigter und unberechtigter GoA).

§ 4 Anwendbarkeit der GoA

26 In einigen Fällen steht schon die Anwendbarkeit der GoA-Regelungen in Frage. Unanwendbar kann die GoA sein, weil sie kraft einer Konkurrenzregelung ausgeschlossen ist (z.B. § 767 Abs. 2 für die Bürgenhaftung)[1] oder weil ihre Anwendung zu Wertungswidersprüchen mit gesetzlichen Wertungen führt. Umgekehrt können auch andere Anspruchsgrundlagen ausgeschlossen sein, wenn eine berechtigte GoA zu bejahen ist.

I. Konkurrenzen

27 Bei Vorliegen einer **berechtigten GoA** ist ein Anspruch aus dem Eigentümer-Besitzer-Verhältnis (EBV, §§ 987 ff., 994 ff.) ausgeschlossen, da die GoA ein **Recht zum Besitz** i.S. des § 986 gibt, sofern die Inbesitznahme und die Übernahme der Geschäftsführung zusammenfallen[2]. Außerdem ist die berechtigte GoA ein **Rechtsgrund** i.S. des § 812 Abs. 1 S. 1, 1. Alt., sodass ein bereicherungsrechtlicher Ausgleich dann ausscheidet[3]. Zudem stellt die berechtigte GoA im Hinblick auf die §§ 823 ff. einen **Rechtfertigungsgrund** dar. Neben der GoA kommt daher nur dann

---

1 BGH NJW 2009, 1879 ff.
2 BGHZ 31, 129, 132; BeckOK/*Gehrlein*, § 677 Rn. 21; Palandt/*Sprau*, Einf v § 677 Rn. 12; *Habersack*, Examens-Repetitorium Sachenrecht, 9. Aufl. 2020, Rn. 125.
3 BGH NJW 1969, 1205, 1207; BGH NJW 1993, 3196; Staudinger/*Lorenz*, Vorbem. zu §§ 812 ff. Rn. 45.

ein Anspruch aus §§ 823 ff. in Betracht, wenn der Geschäftsführer seine aus § 677 resultierende Sorgfaltspflicht verletzt[4].

Liegt eine **unberechtigte GoA** vor, gilt Folgendes: Es wird nach der Rechtsprechung und der h.L. kein Recht zum Besitz i.S. des § 986 begründet, sodass die §§ 987 ff. als Sonderregelung anderen gesetzlichen Vorschriften und damit auch den GoA-Vorschriften vorgehen[5]. Außerdem stellt die unberechtigte GoA keinen Rechtsgrund i.S. des § 812 Abs. 1 S. 1, 1. Alt. dar, sodass die Regelungen des Bereicherungsrechts uneingeschränkt anwendbar sind[6]. Zwischen unberechtigter GoA und den §§ 823 ff. kann Anspruchskonkurrenz bestehen.

II. Wertungswidersprüche

Klausurrelevant sind v.a. die Fälle, bei denen die Anwendung der GoA-Vorschriften zu Wertungswidersprüchen mit anderen gesetzlichen Wertungen führen kann. Es geht hier um die Frage, wann der **Anwendungsbereich der GoA** überdehnt ist. Literatur und Rechtsprechung kommen dabei regelmäßig zu unterschiedlichen Ergebnissen. Hervorzuheben sind insbesondere die nachfolgend aufgezählten fünf Fallgruppen.

> **Klausurtipp:** Klausurtechnisch interessant ist, dass die Argumentation, die bei der Frage der Anwendbarkeit zu finden ist, dann, wenn im Einzelfall eine Anwendbarkeit doch bejaht wird, zumeist bei der Prüfung der Fremdheit der Geschäftsführung oder derjenigen des Fremdgeschäftsführungswillens wieder auftaucht.

1. Unbestellte Leistung (§ 241a)

Erbringt ein Unternehmer unbestellt Leistungen an einen Verbraucher, schließt § 241a einen Anspruch gegen den Verbraucher aus. Diese Regelung ist umfassend, sodass, obwohl die Voraussetzungen im Grunde gegeben wären, ein Anspruch aus GoA ausgeschlossen ist[7].

2. Selbstaufopferung im Straßenverkehr

Bei einer sog. Selbstschädigung oder Selbstaufopferung im Straßenverkehr[8] erleidet ein Fahrer regelmäßig dadurch einen Schaden, dass er sein Kfz spontan von der Straße abbringt, damit die Schädigung eines Dritten vermieden wird. Hier ist die Anwendbarkeit der GoA deshalb fraglich, weil die im StVG vorgesehene Risikoaufteilung nicht durch die GoA-Regelungen beiseitegeschoben werden darf. Die Rechtsprechung und h.L. verneinen zutreffend die Anwendbarkeit der GoA (und damit einen Anspruch auf

---

4 Staudinger/*Wittmann*, 13. Bearb. 1995, Vorbem. zu § 677 Rn. 8; anders nun Staudinger/*Bergmann*, Neubearbeitung 2015, Vorbem. zu §§ 677 ff. Rn. 245. Zu dieser umstrittenen Frage siehe auch Rn. 97.
5 Vgl. BGHZ 41, 157, 162; BGH NJW 1971, 1358; siehe aber MünchKomm/*Schäfer*, § 677 Rn. 97 ff.
6 Siehe aber MünchKomm/*Schäfer*, § 677 Rn. 99 ff.
7 Zu den Ausnahmen (Rettung Hilfsbedürftiger), in denen eine **teleologische Reduktion des § 241a** vorzunehmen ist, sodass eine GoA möglich ist, *Wandt*, § 3 Rn. 11 f.
8 Vgl. **BGHZ 38, 270 ff.**; siehe auch *Rebler*, MDR 2013, 254 ff.

Aufwendungsersatz), wenn der Fahrer/Halter den Entlastungsbeweis nach § 17 Abs. 3 StVG[9] (unabwendbares Ereignis) oder § 7 Abs. 2 StVG (höhere Gewalt) nicht führen kann[10]. In diesem Fall wäre der Fahrer nämlich kraft Gesetzes für den aus dem Betrieb des Kfz entstandenen Fremdschaden haftbar, wenn er dessen Eintritt nicht durch ein Ausweichmanöver verhindert hätte. Dann aber muss er **erst recht** für seinen **Eigenschaden** einstehen, der zur Vermeidung des Fremdschadens entstanden ist.

32 Um hier einen Wertungswiderspruch zu vermeiden, muss die Anwendung der GoA ausgeschlossen sein. Anderenfalls könnte der Geschäftsführer im Wege des Aufwendungsersatzanspruchs aus GoA quasi durch die „Hintertür" doch Ersatz für den Eigenschaden erlangen, obwohl ihm dieser nach den schadensrechtlichen Wertungen (§ 7 StVG) neben dem Fremdschaden erst recht zugewiesen sein muss. In den Fällen der Selbstaufopferung im Straßenverkehr ist die GoA also regelmäßig nicht anwendbar[11].

3. Gefälligkeit

33 Bei einer reinen Gefälligkeit, die sich im außerrechtlichen Bereich abspielt, sind die Regeln der GoA nicht anwendbar[12]. Die GoA als gesetzliches Schuldverhältnis ist gewissermaßen das Gegenstück zum Auftrag als rechtsgeschäftliches Schuldverhältnis (vgl. §§ 681, 683 BGB). Ein Auftrag scheidet jedoch aus, wenn der „Beauftragte" lediglich eine reine Gefälligkeit gegenüber dem „Auftraggeber" erbringt und es deshalb an dem für die Begründung eines rechtsgeschäftlichen Schuldverhältnisses erforderlichen Rechtsbindungswillen fehlt. Das gilt entsprechend für die GoA.

34 Fährt etwa eine Großmutter ihre Enkelin zu einem auswärtigen Spiel des Sportvereins ihrer Enkelin, handelt es sich sowohl gegenüber ihrer Enkelin und deren sorgeberechtigten Eltern als auch im Verhältnis zum Sportverein um eine reine Gefälligkeit des täglichen Lebens, die nicht unter die Regeln der GoA fällt[13]. Kommt es dabei zu einem Verkehrsunfall, hat sie deshalb gegen den Sportverein ihrer Enkelin keinen Anspruch auf Aufwendungsersatz (§ 670 BGB analog).

4. Nichtigkeit eines Vertrags

35 Auch bei **Nichtigkeit eines Vertrags** ist die Anwendbarkeit der GoA-Regelungen umstritten[14]. Die Rechtsprechung sowie ein Teil der Literatur wenden die GoA auch dann an, wenn der Vertrag oder ein Teil des Vertrags[15] nichtig ist[16]. Die GoA-Regeln

---

9 Dies entspricht § 7 Abs. 2 StVG a.F.
10 BGHZ 38, 270, 273 (noch zu § 7 Abs. 2 StVG a.F.).
11 Anders noch BGHZ 38, 270 ff., da bei § 7 Abs. 2 StVG a.F. (vor 1.8.2002) – wie bei § 17 Abs. 3 StVG – lediglich ein „unabwendbares Ereignis" vorliegen musste.
12 **BGHZ 206, 254 ff. Rn. 11**; *Mäsch*, JuS 2016, 70 ff.; a.A. *Staake*, JURA 2016, 651 ff.; siehe auch *Daßbach*, JA 2018, 575 ff.
13 BGHZ 206, 254 ff. Rn. 11.
14 Diese Frage stellt sich etwa in der „Flugreise"-Entscheidung, BGHZ 53, 128 ff.; dazu **Fall 10**, Rn. 83. Siehe auch **Fall 6**, Rn. 65.
15 BGHZ 181, 188, 194 f. (Endrenovierungsklausel eines Mietvertrags); dazu *Lorenz*, JuS 2016, 12, 13.
16 BGHZ 37, 258, 263; BGHZ 39, 87, 90; BGHZ 101, 393, 399 (Treuhandvertrag); BGHZ 111, 308, 311 (Schwarzarbeitsvertrag); BGH NJW 1997, 47, 48; BGH NJW 2008, 3069, 3071; BGH NJW 2015, 1020 Rn. 6 (auch bei Nichtigkeit wegen gesetzlichen Verbots oder Sittenwidrigkeit); BeckOK/*Gehrlein*, § 677 Rn. 18; *Hoffmann*, JuS 1970, 570, 573.

seien deshalb anwendbar, weil jemand, der aufgrund eines nichtigen Vertrags tätig wird, nicht schlechter gestellt sein dürfe als jemand, der ohne jegliche Vereinbarung für einen anderen tätig geworden ist. Die überwiegende Literatur hält dagegen die §§ 677 ff. beim Handeln aufgrund eines nichtigen Vertrags für unanwendbar[17]. Begründet wird das mit einem Wertungswiderspruch zu den §§ 812 ff. als speziellere Regelungen für die Rückabwicklung rechtsgrundloser Leistungen. Bei Anwendung der §§ 677 ff. würden etwa die §§ 814, 817 S. 2, 818 f. bei der Rückabwicklung rechtsgrundloser Verträge umgangen. Damit wäre derjenige, der aufgrund eines nichtigen Vertrags eine Leistung erbracht hat, ungerechtfertigt bevorzugt.

5. Nichtzustandekommen eines Vertrags

Schwieriger sind die Fälle des Nichtzustandekommens eines Vertrags, wenn der Vertragsanbahnende dennoch ein „Entgelt" i.S. eines Aufwendungsersatzes nach den GoA-Regeln verlangt. Dort geht es letztendlich um die Frage der Risikoverteilung und um die Vermeidung von Wertungswidersprüchen. Allerdings ist hier die Argumentation hinsichtlich der Ablehnung einer GoA diffus.

36

Dies verdeutlicht **Fall 3**[18], der ähnlich in mehreren Bundesländern **Staatsexamensklausur** gewesen sein soll[19]: A ist gewerblich als Erbensucher tätig, indem er in unbehobenen Nachlassangelegenheiten unbekannte Erben ermittelt. Auf die im Bundesanzeiger veröffentlichte Aufforderung des Nachlassgerichts zur Anmeldung von Erbrechten hinsichtlich des Erblassers X ermittelt er den B als gesetzlichen Erben. Daraufhin teilt A dem B den Erbfall mit und bietet ihm an, die Nachlassangelegenheit vollständig offenzulegen. Für seine Bemühungen verlangt A von B ein marktübliches Erfolgshonorar. B lehnt das Angebot des A ab und ermittelt den Nachlass selbst. A verlangt trotzdem von B ein Honorar als Vergütung für die Erbenermittlung. Zu Recht?

1. Als Anspruchsgrundlage könnten die **§§ 677, 683 S. 1, 670** (berechtigte GoA) in Betracht kommen[20]. Dafür müssten die Vorschriften der GoA **anwendbar** sein. Das könnte hier ausgeschlossen sein, weil eine Anwendbarkeit nicht im Einklang mit der im Privatrecht geltenden Risikoverteilung steht[21]. Hat eine Partei Aufwendungen im Vorfeld eines Vertragsschlusses zur Anbahnung von Vertragsverhandlungen getätigt,

---

17 MünchKomm/*Schäfer*, § 677 Rn. 81, 100 f.; Erman/*Dornis*, § 677 Rn. 51; Jauernig/*Mansel*, § 677 Rn. 6; *Larenz*, § 57 I a; *Medicus/Petersen*, BR, Rn. 412; siehe auch *Brox/Walker*, § 36 Rn. 21; *Gursky*, AcP 185, 13, 31; *Canaris*, NJW 1985, 2404, 2405; *Lorenz*, NJW 1996, 883, 885; *Eidenmüller*, JZ 1996, 889, 893. Differenzierend nach Kenntnis des Geschäftsführers *Martinek/Theobald*, JuS 1997, 992, 993 Fn. 8; Palandt/*Sprau*, § 677 Rn. 11.
18 **BGH NJW 2000, 72 ff.** („Erbensucher"); bestätigt durch BGH NJW-RR 2006, 656; siehe auch BGH NJW-RR 2008, 683, 685.
19 *Falk*, JuS 2003, 833, 837.
20 Ein vertraglicher Anspruch auf das Honorar besteht nicht, da B einen Vertragsschluss ausdrücklich abgelehnt hat.
21 Der BGH äußert sich hierzu in BGH NJW 2000, 72 ff. nicht eindeutig. Auf der einen Seite wird ein Anspruch aus GoA „von vornherein" ausgeschlossen, auf der anderen Seite wird auf die Fremdheit des Geschäfts sowie den Fremdgeschäftsführungswillen eingegangen. Vgl. *Wandt*, § 3 Rn. 6 (Anwendbarkeit der GoA verneint); siehe auch *Gursky*, S. 160, wo darauf abgestellt wird, dass ein eigenes und kein fremdes Geschäft vorliege. In der Literatur wird teilweise die dogmatische Begründung des BGH als misslungen angesehen (siehe *Schulze*, JZ 2000, 523, 524; *Hau*, NJW 2001, 2863, 2864).

so kann sie diese im Falle des Vertragsschlusses bei der Bemessung der Gegenleistung berücksichtigen. Kommt indes kein Vertrag zustande, besteht keine Pflicht, die (mitunter sogar ungefragt) überlassenen Informationen bzw. getätigten Aufwendungen zu vergüten. Vielmehr trägt jede Partei selbst das Risiko, dass kein Vertrag zustande kommt. Die Anwendung der §§ 677 ff. – insbesondere der Aufwendungsersatzanspruch nach §§ 677, 683 S. 1, 670 – würde diese Risikoverteilung im Fall des Nichtzustandekommens eines Vertrags empfindlich stören. Daher kommt ein Anspruch auf Aufwendungsersatz nach §§ 677, 683 S. 1, 670 nicht in Betracht.

2. Folgt man dieser – m.E. zutreffenden – Ansicht nicht und bejaht stattdessen die Anwendbarkeit, muss weiter geprüft werden: A müsste ein **fremdes** Geschäft, nämlich das des B, geführt haben. Dazu müsste das Geschäft (zumindest auch) dem Rechts- und Interessenkreis des B angehören. Das ist fraglich. A hat sich schließlich durch seine Ermittlungen erst die Informationen verschafft, die er dem von ihm ermittelten Erben verkaufen will. Aufgrund der oben genannten Risikoverteilung bleiben Tätigkeiten vor einer vertraglichen Bindung der Parteien unvergütet. Das Risiko, dass kein Vertragsschluss zustande kommt, gehört in den Rechts- und Interessenkreis derjenigen Partei, die die Aufwendungen im Vorfeld (freiwillig) übernommen hat.

Dass es unbillig wäre, wenn Aufwendungen sogar bei späterer Ablehnung eines Vertragsschlusses über die Regeln der GoA auf die andere Partei abgewälzt werden könnten, macht folgende Konstellation deutlich: Werden mehrere Erbensucher unabhängig voneinander tätig, müsste der Erbe jedem von ihnen die Aufwendungen ersetzen, und zwar sogar dann, wenn der Erbe die Erbschaft ausschlägt. Es liegt also kein fremdes, sondern ein eigenes Geschäft des Erbensuchers vor.

3. Wer aber jedenfalls ein auch-fremdes Geschäft annimmt[22], muss dann mit der h.M. einen **Fremdgeschäftsführungswillen** widerleglich vermuten. Das hat der BGH mit der oben bei der Anwendbarkeit bereits angeführten Begründung verneint. Wenn man diese nicht als stichhaltig ansieht und daher von der Vermutung eines Fremdgeschäftsführungswillens ausgeht, scheitert ein Aufwendungsersatz aber jedenfalls daran, dass eine Vergütung des Geschäftsführers zwar grundsätzlich nach § 1835 Abs. 3 analog möglich ist[23], diese aber nicht zu Wertungswidersprüchen führen darf.

Auch hier lässt sich argumentieren, dass nach allgemeinen Regeln eigene Aufwendungen in Vorbereitung eines vom anderen nicht gewollten und damit verweigerten Vertragsschlusses unvergütet bleiben. Da jede Seite selbst das Risiko des Scheiterns von Vertragsverhandlungen trägt, kann der gewerbliche Erbensucher keinen Aufwendungsersatzanspruch aus GoA haben[24].

---

22 Der BGH formuliert in der Erbensucher-Entscheidung, es könne sich „allenfalls um ein auch-fremdes Geschäft handeln" (Entscheidungsgründe II. 2 b).
23 Näher unten Rn. 89.
24 Auch ein Aufwendungsersatzanspruch aus §§ 687 Abs. 2 S. 2, 684 S. 1 (Geschäftsanmaßung) scheidet aus, da keine unechte GoA i.S. des § 687 Abs. 2 S. 1 vorliegt. Ein Anspruch aus § 812 Abs. 1. S. 1, 1. Alt. kommt nicht in Betracht, da der Erbensucher nicht „geleistet" hat; siehe Erman/*Buck-Heeb*, Vor § 812 Rn. 10b.

§ 5 Die berechtigte GoA

Übungsfälle: *Horlach/Guhl*, Die verhinderten Badewonnen, JA 2010, 94 ff.; *Zimmermann/ Otto*, Referendarexamensklausur – Zivilrecht: Gesetzliche Schuldverhältnisse und Sachenrecht, JuS 2011, 1100 ff.; *Homeier/Kleemann*, Der hilfsbereite Nachbar, JA 2012, 96 ff.; *Anzinger*, Aufsatz – Nachbars Garten, JA 2013, 650 ff.; *Dornis/Sturm*, Der nur scheinbare Notfall, JURA 2013, 1167 ff.; *Kastrup*, Einzelprobleme des Werkunternehmers bei Bauvorhaben sowie bei fehlgeschlagenem Grundstückserwerb, JURA 2014, 219 ff.; *Gietl/Stenzer*, Emil und die Erben, JA 2014, 898 ff.; *Guillaume/Scherpe-Blessing*, EBV, Anspruchskonkurrenz, Minderjährigkeit, mehrere Beteiligte im Deliktsrecht – Abiball mit Folgen, JuS 2017, 859 ff.; *Katzenmeier/Voigt*, Begehrensneurose bei Babyjoggerberührung, JURA 2018, 924 ff.; *Bührle*, Brand auf dem Bauernhof, JURA 2020, 1236 ff.

Prüfungsschema §§ 677, 683 S. 1, 670 (Anspruch des GF aus berechtiger GoA) — 37

I. Voraussetzungen
1. Fremdes Geschäft des GF
   a) Geschäft des GF (weite Auslegung)
   b) Geschäftsfähigkeit (§ 682)
   c) Fremdheit des Geschäfts
2. Mit Fremdgeschäftsführungswillen
3. Ohne Auftrag oder sonstige Berechtigung
4. Übernahme des Geschäfts entspricht dem Interesse und Willen des GH

II. Rechtsfolge
– Anspruch auf Ersatz der Aufwendungen, § 670 (= freiwillige Vermögensopfer)
– Risikotypische Schäden (§ 670 analog)
– Tätigkeitsvergütung, sofern Tätigkeit zum Beruf/Gewerbe des GF gehört (§ 1835 analog)
– Mitverschulden des GF: Anspruchskürzung (§ 254 analog)

Prüfungsschema §§ 677, 280 Abs. 1 (Anspruch des GH bei Ausführungsverschulden des GF) — 38

I. Voraussetzungen
1. Schuldverhältnis (GoA)
   a) Fremdes Geschäft des GF
      – Geschäft des GF (weite Auslegung)
      – Geschäftsfähigkeit (§ 682)
      – Fremdheit des Geschäfts
   b) Mit Fremdgeschäftsführungswillen
   c) Ohne Auftrag oder sonstige Berechtigung
2. Pflichtverletzung
   a) Übernahme des Geschäfts entspricht dem Interesse und Willen des GH
   b) Konkrete Ausführung entspricht nicht dem Interesse und Willen des GH
3. Vertretenmüssen, § 280 Abs. 1 S. 2 (Ausführungsverschulden, § 276, s.a. § 680)

II. Rechtsfolge
Ersatz ausführungsbedingter Schäden nach §§ 249 ff. (Schaden, haftungsausfüllende Kausalität, Mitverschulden)

I. Geschäftsführer tätigt ausschließlich fremdes Geschäft

39 Ein gesetzliches Schuldverhältnis nach §§ 677, 683 kommt zustande, wenn der Handelnde mit Fremdgeschäftsführungswillen Aufgaben erledigt, die zum Geschäftsbereich eines anderen gehören[1]. Die Übernahme des Geschäfts muss zudem dem Interesse sowie dem wirklichen oder mutmaßlichen Willen des Geschäftsherrn entsprechen. Abzugrenzen ist die GoA von einer bloßen Gefälligkeit ohne Auftrag[2].

1. Fremdes Geschäft

40 Der Geschäftsführer muss ein fremdes Geschäft tätigen. Der Begriff **„Geschäft"** i.S. des § 677 ist weit auszulegen. Darunter versteht man alle rechtsgeschäftlichen und tatsächlichen Handlungen mit wirtschaftlichen Folgen[3]. Da davon praktisch jede menschliche Handlung umfasst ist, ist allenfalls fraglich, ob das besorgte Geschäft fremd ist.

41 **Fremd** ist das Geschäft, wenn es objektiv zum Pflichten- und Interessenkreis eines anderen gehört[4]. **Objektiv fremd** sind alle Angelegenheiten, deren Besorgung oder Wahrnehmung von Rechts wegen Sache eines anderen ist[5]. Objektiv fremd ist das Geschäft also dann, wenn es schon nach seinem äußeren Erscheinungsbild nicht zum Rechts- und Interessenkreis des Geschäftsführers gehört.

42 Beispiele sind die Verfügung über fremde Rechte (Sache des Rechtsinhabers), die Erfüllung von Verbindlichkeiten (Sache des Schuldners), die Sorge für Kinder (Sache des Personensorgeberechtigten), die Reparatur von Sachen (Sache des Eigentümers). Ein fremdes Geschäft liegt auch dann noch vor, wenn das Geschäft sowohl im eigenen als auch im fremden Interesse übernommen wird (Doppelinteresse)[6]. Das sog. **auch-fremde Geschäft** wird unter II. gesondert dargestellt, da dessen Behandlung streitig ist.

43 Aber auch ein vom äußeren Erscheinungsbild her **neutrales** Geschäft kann ein fremdes Geschäft sein. Neutrale Geschäfte sind etwa der Abschluss von Verpflichtungsgeschäften, da hier objektiv keine Beziehung zu einem fremden Rechts- oder Interessenkreis besteht. Ein neutrales Geschäft wird zum **(subjektiv) fremden Geschäft**, wenn die nach außen deutlich werdende Absicht des Geschäftsführers besteht, das Geschäft für einen anderen zu führen[7]. Erst dieser Wille des Geschäftsführers macht das Geschäft zu einem fremden Geschäft[8].

---

1 Zum Anwendungsbereich der berechtigten GoA siehe auch *B. Schmidt*, JuS 2004, 862 ff.; *Lorenz*, JuS 2016, 12 ff. (**Überblick** mit Abgrenzung zur unberechtigten GoA).
2 Dazu BGH NJW 2015, 2880 Rn. 9 (Transport zu Sportveranstaltung).
3 Vgl. z.B. BGHZ 38, 270, 275 (Ausweichen im Straßenverkehr); siehe auch MünchKomm/*Schäfer*, § 677 Rn. 34; *Rödder*, JuS 1983, 930.
4 MünchKomm/*Schäfer*, § 677 Rn. 39.
5 Vgl. BGH NJW 2012, 1648, 1650 („Beerdigungskosten"); BGHZ 181, 188, 195, Rn. 18; BGH NJW 2007, 63, 64, Rn. 15. Zur großzügigen Handhabung durch die Rechtsprechung *Hey*, JuS 2009, 400, 402.
6 BGHZ 16, 12, 16; BGHZ 54, 157, 160; BGHZ 110, 313, 314 f.
7 BGH NJW-RR 2004, 81 ff., Rn. 15; BGH, 1.2.2018 – III ZR 53/17, juris, Rn. 8.
8 *Brox/Walker*, § 36 Rn. 7.

2. Fremdgeschäftsführungswille

Eine (echte) GoA liegt nur vor, wenn der Geschäftsführer das Geschäft auch subjektiv für einen anderen besorgen wollte, d.h. mit **Fremdgeschäftsführungswillen** gehandelt hat[9]. Erforderlich ist das **Bewusstsein** von der Fremdheit und der **Wille**, das Geschäft für einen anderen zu tätigen[10]. Die Person des Geschäftsherrn braucht dem Geschäftsführer nicht bekannt zu sein. Er muss nur wissen, dass das Geschäft für ihn fremd ist. Ein **Irrtum** über die Person des Geschäftsherrn ist unschädlich, da nach § 686 aus der Geschäftsführung nur der wirkliche Geschäftsherr berechtigt und verpflichtet wird[11].

44

Da der Wille zur Fremdgeschäftsführung als innere Tatsache häufig schwer nachzuweisen ist, hat die Rechtsprechung eine Beweislastregel entwickelt: Bei einem **objektiv fremden** Geschäft wird der Fremdgeschäftsführungswille widerleglich vermutet[12]. Wer weiß, dass er ein fremdes Geschäft führt, hat grundsätzlich auch den erforderlichen Fremdgeschäftsführungswillen, außer er bringt den gegenteiligen Willen zum Ausdruck. Ein solches Geschäft greift schon seinem Inhalt nach in einen fremden Rechts- und Interessenkreis ein[13]. Wer den Fremdgeschäftsführungswillen des Geschäftsführers anzweifelt, muss dessen Nichtvorliegen beweisen.

45

Dagegen muss bei einem **subjektiv fremden** Geschäft der Fremdgeschäftsführungswille hinreichend nach außen in Erscheinung treten[14]. Denn erst durch den Willen des Geschäftsführers wird das Geschäft zu einem fremden Geschäft.

46

Klausurtipp: Wird in der Klausur das Vorliegen eines subjektiv fremden Geschäfts festgestellt, hat schon mit der Untersuchung dieses Punkts auch die Prüfung des Fremdgeschäftsführungswillens zu erfolgen, denn ein Geschäft wird allein durch den Fremdgeschäftsführungswillen von einem neutralen zu einem subjektiv fremden Geschäft.

3. Ohne Auftrag

Der Geschäftsführer muss **ohne Auftrag** oder ohne sonstige Berechtigung gegenüber dem Geschäftsherrn gehandelt haben. Ohne Auftrag handelt, wer dem Geschäftsherrn gegenüber weder aus Vertrag noch kraft Gesetzes verpflichtet ist. Nach Ansicht der Rechtsprechung handelt auch „ohne Auftrag", wer aufgrund eines **nichtigen** Auftragsverhältnisses tätig wird[15]. Die auch im Gesetz verwendete Bezeichnung „ohne Auftrag" ist insofern zu eng, als die Regeln über die Geschäftsführung ohne Auftrag

47

---

9 Wird ohne Fremdgeschäftsführungswillen gehandelt, kommt lediglich eine sog. unechte GoA in Betracht, siehe unten Rn. 113 ff.
10 Palandt/*Sprau*, § 677 Rn. 3; *Rödder*, JuS 1983, 930, 931; *Schwark*, JuS 1984, 321, 322.
11 BGHZ 1, 57, 62; BGHZ 43, 188, 191 f.; BeckOK/*Gehrlein*, § 677 Rn. 17.
12 BGHZ 40, 28, 31; BGHZ 65, 354, 357; BGHZ 70, 389, 396; BGH NJW 2007, 63; Jauernig/*Mansel*, § 677 Rn. 4; *Brox/Walker*, § 36 Rn. 6; *Medicus/Lorenz*, SR II, § 60 Rn. 7; zur a.A. *Pesch*, JURA 1995, 361.
13 BGH NJW 2007, 63 f., Rn. 15.
14 BGHZ 40, 28, 31; BGH WM 2004, 1397, 1399.
15 Umstritten ist dann allerdings, ob ein Fremdgeschäftsführungswille vorliegt, siehe unten **Fall 6** Rn. 65. Zur a.A. in der Literatur, wonach in solchen Fällen schon die Anwendbarkeit der GoA zu verneinen sein soll, siehe oben Rn. 35.

nicht nur bei fehlendem Auftrag, sondern auch immer dann Anwendung finden, wenn im Zeitpunkt der Wahrnehmung der Aufgaben, die zum Geschäftsbereich eines anderen gehören, **kein** rechtsgeschäftliches oder gesetzliches **Rechtsverhältnis** besteht.

48 Eine „**sonstige Berechtigung**" kann z.B. aus einer familienrechtlichen Beziehung (z.B. Eltern), aus einer Amtsstellung (z.B. Insolvenzverwalter) oder aus einer Organstellung (z.B. Vereinsorgan, Organ einer juristischen Person) folgen. Dagegen folgt aus öffentlich-rechtlichen Pflichten, die nur gegenüber der Allgemeinheit und nicht gegenüber dem Geschäftsherrn bestehen (z.B. allgemeine Hilfeleistungspflicht nach § 323c StGB), keine „sonstige Berechtigung"[16].

4. Interesse und Wille des Geschäftsherrn

a) Interesse

49 Die Übernahme des Geschäfts muss dem Interesse und dem wirklichen oder mutmaßlichen Willen des Geschäftsherrn entsprechen (§ 683). Dem **Interesse** des Geschäftsherrn entspricht die Geschäftsführung, wenn sie für den Geschäftsherrn **objektiv nützlich** ist, d.h. sich vorteilhaft auswirkt[17]. Bei der Beurteilung ist auf den Zeitpunkt der Übernahme der Geschäftsführung abzustellen. Auch z.B. ein letztlich erfolgloser Versuch der Lebensrettung ist interessen- und willensgemäß, wenn nicht von vornherein feststand, dass keinerlei Rettungsmöglichkeit mehr bestand[18].

b) Wille

50 Willensgemäß ist die Übernahme des Geschäfts, wenn der Geschäftsherr sich mit dieser ausdrücklich oder konkludent einverstanden erklärt hat. Dabei ist primär auf den **tatsächlich geäußerten Willen** des Geschäftsherrn abzustellen, auch wenn dieser noch so unvernünftig ist[19]. Niemandem soll etwas gegen seinen Willen aufgezwungen werden. Unerheblich ist, ob der wirkliche Wille dem Geschäftsführer bekannt ist.

51 Bleibt dem Geschäftsführer der wirkliche Wille des Geschäftsherrn verborgen, trägt er die mit der Geschäftsführung verbundenen Risiken. Sein Einwand, er habe sich an den von ihm angenommenen mutmaßlichen Willen des Geschäftsherrn gehalten, ist unerheblich, solange ein wirklicher Wille ausdrücklich oder konkludent geäußert wurde, ihm aber (wenn auch schuldlos) nicht bekannt war. Der Wille des Geschäftsherrn muss sich auch auf die konkrete Person des Geschäftsführers beziehen, sodass die Besorgung durch den einen Geschäftsführer willensgemäß, durch einen anderen willenswidrig sein kann.

52 Kann der wirkliche Wille nicht festgestellt werden, so ist die Übernahme des Geschäfts dann willensgemäß, wenn sie dem **mutmaßlichen Willen** des Geschäftsherrn entspricht. Zur Ermittlung des mutmaßlichen Willens ist darauf abzustellen, welchen Willen der Geschäftsherr bei objektiver Beurteilung aller Umstände geäußert hätte,

---

16 Allg. Meinung; siehe MünchKomm/*Schäfer*, § 677 Rn. 23, 76 m.w.N.
17 BGHZ 16, 12, 16; MünchKomm/*Schäfer*, § 683 Rn. 9.
18 OLG Frankfurt NJW-RR 1996, 1337.
19 Palandt/*Sprau*, § 683 Rn. 5.

wäre er bei Übernahme des Geschäfts gefragt worden. Regelmäßig ist hierbei davon auszugehen, dass ein objektiv nützliches Geschäft auch dem (mutmaßlichen) Willen des Geschäftsherrn entspricht[20].

c) Differenz zwischen Interesse und Wille

Im Einzelfall können das Interesse und der wirkliche Wille differieren. Die **h.M.** lässt zur Bejahung einer berechtigten GoA ausreichen, dass das Geschäft dem **wirklichen Willen** entspricht, auch wenn das objektive Interesse zu verneinen ist, weil die Geschäftsführung nicht objektiv nützlich ist[21]. Dies folge aus dem Gedanken der Privatautonomie. Der Geschäftsherr hätte dem Geschäftsführer auch einen Auftrag über ein objektiv interessenwidriges Geschäft erteilen können und wäre diesem dann zum Ersatz seiner Aufwendungen verpflichtet.

53

Differieren also das Interesse und der verlautbarte wirkliche Wille, ist allein der wirkliche Wille und nicht das objektive Interesse maßgebend. Unerheblich ist, ob dem Geschäftsführer der Wille des Geschäftsherrn bekannt ist[22]. Äußert ein Geschäftsherr einen bestimmten Willen nur zum Scherz, gilt nach dem Grundgedanken des § 116 S. 1 das Erklärte und nicht das vom Erklärten abweichend Gewollte.

54

d) Unbeachtlichkeit des entgegenstehenden Willens

Ausnahmsweise kann der entgegenstehende Wille des Geschäftsherrn auch **unbeachtlich** sein. Das ist nach **§ 679** dann der Fall, wenn ohne die Geschäftsführung eine Pflicht des Geschäftsherrn, deren Erfüllung im öffentlichen Interesse liegt[23], oder eine gesetzliche Unterhaltspflicht des Erbrechts (vgl. § 1969) oder Familienrechts (vgl. §§ 1360 f., 1601 ff.) nicht erfüllt werden würde. Allein auf Vertrag beruhende Unterhaltspflichten sind hiervon nicht erfasst. Ist der Geschäftsherr geschäftsunfähig (§ 104) oder beschränkt geschäftsfähig (§§ 106, 107), wird hierbei auf den Willen des gesetzlichen Vertreters abgestellt[24].

55

Im öffentlichen Interesse liegen nicht nur öffentlich-rechtliche Pflichten (z.B. Pflichten des Störers nach Polizei- und Ordnungsrecht), sondern auch privatrechtliche Pflichten, die der Allgemeinheit dienen (z.B. Verkehrs(sicherungs)pflichten). Es muss eine spezielle, gesteigerte Pflicht vorliegen, sodass allgemeine Pflichten wie etwa die Hilfspflicht nach § 323c StGB zur Außerachtlassung des entgegenstehenden Willens nicht ausreichen[25].

56

Umstritten ist, welche Bedeutung der **entgegenstehende Wille eines Suizidenten** hat. Dieser Wille ist nicht schon nach § 679 unbeachtlich, denn es gibt keine Rechtspflicht des Einzelnen, am Leben zu bleiben. Eine bloße sittliche Pflicht ist nicht ausreichend[26]. Die **h.M.** sieht den entgegenstehenden Willen des Suizidenten als unbe-

57

---

20 BGH NJW 1971, 609, 612; BGHZ 47, 370, 374; NJW-RR 1989, 970; BeckOK/*Gehrlein*, § 683 Rn. 3.
21 *Medicus/Petersen*, BR, Rn. 422; *Brox/Walker*, § 36 Rn. 28.
22 Erman/*Dornis*, § 683 Rn. 4.
23 BGH NJW 2012, 1648, 1650, Rn. 18 f. („Beerdigungskosten").
24 Vgl. BGH NJW 1971, 609, 612 („Flugreise").
25 A.A. Jauernig/*Mansel*, § 679 Rn. 2; ähnlich Staudinger/*Bergmann*, § 679 Rn. 24 und § 683 Rn. 15.
26 Soergel/*Beuthien*, § 679 Rn. 5.

achtlich an. Allerdings ist die Begründung uneinheitlich. Teilweise wird die Unbeachtlichkeit mit der entsprechenden Anwendung der §§ 104 Nr. 2, 105 begründet[27]. Andere halten den Willen für unbeachtlich, da der Geschäftsführer als Retter eine „Menschenpflicht" erfülle[28].

58 Nur wenige gehen davon aus, dass der entgegenstehende Wille beachtlich ist, da sich der Suizident in einer extremen Notlage befinde, die frei von rechtlichen Sanktionen sein müsse und keinem sittlichen Unwerturteil zugänglich sein dürfe. Überzeugender erscheint jedoch die **h.M.**, denn mit der Heranziehung der Vorschriften der GoA soll kein Werturteil verbunden sein, vielmehr geht es lediglich um eine Risikoabwägung hinsichtlich der Verteilung von Aufwendungen und Schäden.

e) Berechtigtheit der GoA

59 **Berechtigt** ist die GoA in drei Fällen:
- Es handelt sich um ein interessen- und willensgemäßes Fremdgeschäft. Voraussetzung ist dabei nur, dass die **Übernahme** des Geschäfts interessen- und willensgemäß ist. Ob auch die **Durchführung** des Geschäfts dem Willen und dem Interesse des Geschäftsherrn entspricht, ist eine Frage der Rechtsfolgenseite, nämlich der Erforderlichkeit der Aufwendung[29].
- Es handelt sich um ein durch § 679 (Unbeachtlichkeit des entgegenstehenden Willens) gedecktes Fremdgeschäft.
- Es liegt eine **genehmigte Geschäftsführung** (§ 684 S. 2) vor. Dann kommt es nicht darauf an, ob das Geschäft dem Interesse und dem Willen des Geschäftsherrn entsprochen hat. Eine solche Genehmigung kann wegen § 182 Abs. 2 auch konkludent erfolgen (z.B. wenn der Geschäftsherr vom Geschäftsführer das aus der Geschäftsführung Erlangte herausverlangt). Liegt eine Genehmigung des Geschäftsherrn vor, so ist zu trennen: Einerseits kann die Übernahme der Geschäftsbesorgung genehmigt werden (Innenverhältnis), andererseits kann der Vertrag, den der Geschäftsführer als Vertreter ohne Vertretungsmacht (§ 177) mit Dritten geschlossen hat, genehmigt werden (Außenverhältnis). Ob sich eine im Innenverhältnis erteilte Genehmigung auch auf das Außenverhältnis erstreckt, ist durch Auslegung zu ermitteln[30].

II. Geschäftsführer tätigt eigenes, aber auch-fremdes Geschäft

Übungsfälle: *Pöschke/Sonntag*, Fortgeschrittenenklausur – Zivilrecht: Besitzschutz durch Abschleppen vom Privatparkplatz, JuS 2009, 711 ff.; *Huneke*, Abschleppen vom Supermarktparkplatz – Selbsthilfe oder Abzocke?, JURA 2010, 852 ff.

---

27 MünchKomm/*Schäfer*, § 683 Rn. 23; *Beuthien/Weber*, S. 139. Vgl. auch Erman/*Dornis*, § 679 Rn. 3.
28 *Larenz*, § 57 I a.
29 MünchKomm/*Schäfer*, § 683 Rn. 14 f.; *Rödder*, JuS 1983, 930, 931.
30 *Brox/Walker*, § 36 Rn. 37.

1. Grundlagen

Führt der Geschäftsführer ein für ihn fremdes Geschäft, dessen Wahrnehmung aber auch ihm obliegt, können die Regeln der GoA trotz der Mitverpflichtung des anderen eingreifen (auch-fremdes Geschäft). Die Bejahung des Tatbestandsmerkmals **fremdes Geschäft** wird regelmäßig unproblematisch sein, da es ausreicht, wenn die Geschäftsübernahme sowohl im eigenen als auch im fremden Interesse liegt.

Schwierigkeiten wirft aber das Tatbestandsmerkmal des **Fremdgeschäftsführungswillens** auf. Nach der Rechtsprechung wird beim auch-fremden Geschäft der Fremdgeschäftsführungswille ebenfalls **vermutet**[31]. In der Literatur wird dagegen teilweise verlangt, dass der Fremdgeschäftsführungswille (wie beim neutralen Geschäft) äußerlich erkennbar in Erscheinung treten müsse[32]. Die Rechtsprechungsansicht führe zu einer bloßen Fiktion des Fremdgeschäftsführungswillens und überdehne damit den Anwendungsbereich der GoA. Charakteristisch für die GoA sei das altruistische Handeln des Fremdgeschäftsführers. Deshalb müsse der Fremdgeschäftsführungswille positiv festgestellt werden. Das kann jedoch zu großen Beweisschwierigkeiten führen.

Damit lassen sich verschiedene **Problembereiche** herausfiltern[33]: Zum einen stellt sich die Frage nach der Behandlung der Fälle, in denen der Geschäftsführer ein auch eigenes Geschäft ohne anderweitige Verpflichtung führt, sodann Fälle, in denen der Geschäftsführer dieses aufgrund privatrechtlicher Handlungspflichten (Vertrag mit einem Dritten, nichtiger Vertrag) führt (unten Rn. 45 ff.) und schließlich Fälle, in denen für den Geschäftsführer (auch) eine öffentlich-rechtliche Handlungspflicht besteht (unten Rn. 67 ff.).

In **Fall 4**[34] nimmt der Geschäftsführer eigene Interessen wahr, ohne vertraglich oder öffentlich-rechtlich dazu verpflichtet zu sein. Hier geht es um die Frage der Ersatzfähigkeit von sog. **Selbsthilfeaufwendungen**: A will seinen Pkw in seine Garage fahren. Die Zufahrt ist jedoch vom Pkw des B versperrt. A lässt den Wagen abschleppen und verlangt von B die Abschleppkosten aus GoA ersetzt. Zu Recht?

Ein vertraglicher Anspruch des A gegen B besteht nicht. A könnte aber einen Anspruch auf Ersatz der Abschleppkosten nach **§§ 677, 683 S. 1, 670** haben[35].

---

31 BGHZ 38, 270, 276; BGHZ 40, 28, 31 („Funkenflug"); BGHZ 65, 354, 357; BGHZ 98, 235, 240; BGHZ 110, 313, 314 f.; BGH NJW 2000, 72 („Erbensucher"); BGH NJW 2000, 422, 423; BGH WM 2002, 97 (obiter dictum); BeckOK/*Gehrlein*, § 677 Rn. 15; kritisch *Thole*, NJW 2010, 1243 f.; dazu auch *Wilke*, JURA 2013, 547 ff.
32 Vgl. *Weishaupt*, NJW 2000, 1002, 1003; *Falk*, JuS 2003, 833, 834 ff.
33 Siehe *Thole*, NJW 2010, 1243, 1244; *Esser/Weyers*, § 46 II 2 d, wonach die Problematik des auch-fremden Geschäfts sachgerecht nur in Fallgruppen erörtert werden kann.
34 Vgl. *Janssen*, NJW 1995, 624; *Schwarz/Ernst*, NJW 1997, 2250, 2251; *Dörner*, JuS 1978, 666, 669; *Lorenz*, NJW 2009, 1025 ff.; siehe auch BGHZ 181, 233 ff., wonach der Abgeschleppte vom Grundstückseigentümer die Abschleppkosten aus § 812 Abs. 1 S. 1, 1. Alt. zurückverlangen kann, weil kein Schadensersatzanspruch des Grundstückseigentümers aus § 823 Abs. 2 iVm. § 858 Abs. 1 besteht. Zur GoA bei Anbringen einer Parkkralle *Paal/Guggenberger*, NJW 2011, 1036, 1039.
35 Daneben ist ein Schadensersatzanspruch aus § 823 Abs. 1 sowie aus § 823 Abs. 2 iVm. § 858 zu prüfen, vgl. *Peifer*, § 13 Rn. 4. Beide Ansprüche sind zu bejahen. Insbesondere stellen die Abschleppkosten einen ersatzfähigen Schaden dar. Berücksichtigt man die Wertung des § 859 (Selbsthilfe des Besitzers), so fallen diese als Schaden unter den Schutzzweck der Norm; vgl. BGHZ 181, 233 ff.

§ 5 Die berechtigte GoA

1. Das setzt zunächst voraus, dass A ein **fremdes Geschäft** geführt hat, also die Geschäftsführung (zumindest auch) dem Rechts- und Interessenkreis eines anderen angehört. A wollte sich freie Zufahrt zu seiner Garage verschaffen. Das Abschleppenlassen des Pkw durch den Abschleppunternehmer (Geschäftsführungsgehilfe) lag demnach im eigenen Interesse des A.

Zu berücksichtigen ist aber, dass das Parken vor Grundstücksein- und -ausfahrten nach § 12 Abs. 3 Nr. 3 StVO unzulässig ist. Die Beseitigung einer verkehrswidrigen Situation ist aber primär Sache des Fahrers oder Halters[36]. Zudem benutzt B als Nichtberechtigter ein fremdes Grundstück, indem er seinen Pkw dort abstellt. Es kommen daher Unterlassungsansprüche des Berechtigten nach §§ 862 Abs. 1, 1004 Abs. 1, 823 Abs. 1 gegen Fahrer und Halter und auch eine Besitzkehr nach § 859 Abs. 3 in Betracht[37]. A hat hier als Geschäftsführer durch das Abschleppenlassen eine Verbindlichkeit erfüllt, die dem B (Geschäftsherr) gerade ihm, A, gegenüber bestand. Obwohl A sich selbst „freie Fahrt" verschaffen wollte, hat er somit zumindest auch ein fremdes Geschäft geführt, nämlich das des B.

2. Bei einem auch-fremden Geschäft wird der **Fremdgeschäftsführungswille** nach h.M. vermutet. Sodann muss A **ohne Auftrag** oder sonstige Berechtigung gehandelt haben. Das ist hier der Fall.

3. Schließlich muss die Geschäftsführung auch dem Interesse und Willen des Geschäftsherrn entsprechen, damit eine berechtigte GoA vorliegt. Die Übernahme des Geschäfts entspricht dem **Interesse des Geschäftsherrn** B, da sie insofern objektiv nützlich ist, als er von seiner Pflicht, das Fahrzeug zu entfernen, befreit wird.

Außerdem müsste die Übernahme der Geschäftsführung auch dem **mutmaßlichen Willen** des Geschäftsherrn entsprechen (ein ausdrücklicher oder konkludenter Wille ist nicht ersichtlich). Ein objektiv nützliches Geschäft entspricht zwar regelmäßig auch dem mutmaßlichen Willen des Geschäftsherrn[38], maßgeblich sind jedoch die Umstände des Einzelfalls. Während beim objektiven Interesse die Kosten für das Entfernen des verkehrswidrig abgestellten Pkw ohne Bedeutung sind, finden sie bei der Ermittlung des mutmaßlichen Willens Berücksichtigung[39]. Wer sein Fahrzeug unbefugt auf einem fremden Grundstück abstellt, ist nach h.M. nicht mit einem kostenpflichtigen Abschleppen seines Pkw einverstanden, es sei denn, der durch die widerrechtliche Benutzung drohende Schaden ist höher als die Abschleppkosten[40]. Das ist hier nicht der Fall, sodass das Entfernen des Pkw durch A nicht dem mutmaßlichen Willen des B entspricht.

4. Der entgegenstehende Wille ist auch **nicht gemäß § 679 unbeachtlich**. Ein Abschleppen des unbefugt abgestellten Pkw liegt ausschließlich dann im öffentlichen Interesse, wenn nicht nur der Besitz oder das Eigentum beeinträchtigt sind, sondern es

---

36 Siehe OLG Karlsruhe WuM 2007, 279, 280: Es gehöre nicht zum Pflichtenkreis eines Anliegers, die Straßenverkehrsregeln zu überwachen.
37 Offengelassen in BGHZ 181, 233 ff.
38 Vgl. *Martinek/Theobald*, JuS 1997, 805, 808 f.; siehe auch *Schwarz/Ernst*, NJW 1997, 2550, 2552.
39 *Koch*, NZV 2010, 336, 339; *Lorenz*, NJW 2009, 1025, 1027.
40 *Koch*, NZV 2010, 336, 339; *Lorenz*, NJW 20009, 1025, 1027; *Martinek/Theobald*, JuS 1997, 805, 809; a.A. *Schwarz/Ernst*, NJW 1997, 2550, 2551.

müssen nach h.M. darüber hinaus Leben, Gesundheit oder wichtige Sachgüter durch das verbotswidrig abgestellte Kfz konkret gefährdet sein (Feuerwehrzufahrt oder Krankentransport)[41], was hier bei der privaten Grundstückszufahrt des A nicht der Fall ist. Ein Anspruch des A auf Ersatz der Abschleppkosten aus berechtigter GoA scheidet daher aus[42].

2. Privatrechtliche Handlungspflichten

Fall 5[43]: Wie Fall 4. Der Pkw des B versperrt die Grundstückseinfahrt des A, woraufhin A den Pkw durch den Abschleppunternehmer U entfernen lässt. Kann U von B aus eigenem Recht die Kosten für das Abschleppen des Pkw aus GoA verlangen?

64

1. U könnte einen Anspruch auf Aufwendungsersatz aus (berechtigter) GoA nach **§§ 677, 683 S. 1, 670** haben[44]. Dafür müssten die Regeln der GoA überhaupt **anwendbar** sein. Der BGH[45] geht in st.Rspr. davon aus, dass dies auch dann zu bejahen ist, wenn der Geschäftsführer einem Dritten vertraglich zur Geschäftsbesorgung verpflichtet ist. Anders soll das nur sein, wenn im **Vertrag** die Rechte und Pflichten des Geschäftsführers, insbesondere die Entgeltfrage, **umfassend** geregelt sind[46]. Eine solche Regelung sei hinsichtlich des Ausgleichs für die jeweils erbrachten Leistungen auch im Verhältnis zum Geschäftsherrn grundsätzlich abschließend, da den vertraglichen Rechten auch insoweit aufgrund der Privatautonomie ein Vorrang zukomme[47].

Der BGH hat klargestellt, dass nicht sämtliche Einzelheiten des Entgelts, v.a. nicht die exakte Höhe, im Vertrag geregelt sein müssen, um eine Anwendung der GoA auszuschließen[48]. Erforderlich ist nur, dass sich aus dem Vertrag ergibt, dass der Auftragnehmer überhaupt ein Entgelt erhalten und dieses dessen gesamte Tätigkeit umfassend vergüten soll. Denn bereits dann wird der Auftragnehmer (Geschäftsführer) ausschließlich aufgrund des Vertrags mit seinem Auftraggeber (Dritten) tätig und

---

41 Erman/*Dornis*, § 679 Rn. 4; Staudinger/*Bergmann*, § 679 Rn. 24; *Wandt*, § 5 Rn. 24; BGH NJW 2016, 863, 866; a.A. *Lorenz*, NJW 2009, 1025, 1027; *Koch*, NZV 2010, 336, 340.
42 Nach **BGHZ 181, 233** hat der Grundstücksbesitzer aber aus § 823 Abs. 2 iVm. § 858 einen Anspruch auf Ersatz der Abschleppkosten als Schadensersatz, da er sich der verbotenen Eigenmacht durch das kostenpflichtige Entfernen des unbefugt abgestellten Fahrzeugs erwehren kann (§ 859). Es besteht auch ein Anspruch aus § 823 Abs. 1, weil die verbotene Eigenmacht eine Eigentumsverletzung oder zumindest eine Verletzung des berechtigten Besitzes als sonstiges Recht i.S. des § 823 Abs. 1 ist. Ein Anspruch aus unberechtigter GoA gemäß §§ 684 S. 1, 818 scheidet aus. Durch das Entfernen des Pkw ist der Falschparker zwar von seiner Handlungspflicht befreit. Da er seinen Pkw selbst kostenlos hätte wegfahren können, ist er durch das kostenpflichtige Abschleppen nicht bereichert. Nach **BGH NJW 2016, 2407 ff.**, gilt das nicht für den Fahrzeughalter, sodass jener aus §§ 677, 683 S. 1, 670 Aufwendungsersatz schuldet.
43 LG München I NJW 1976, 898; anders LG München I NJW 1978, 48 (Schadensersatz wegen Beschädigung des Fahrzeugs beim Abschleppvorgang).
44 Vertragliche Ansprüche des U gegen B bestehen nicht. A hat den Abschleppauftrag auch nicht als Vertreter des B, sondern im eigenen Namen erteilt.
45 BGH NJW-RR 2004, 81, 83; siehe auch BGH NJW-RR 2004, 956.
46 So ausdrücklich BGH NZV 2012, 535, Rn. 16; BGH NJW-RR 2004, 81, 83; BGH NVwZ-RR 2011, 925, 926.
47 BGH NZV 2012, 535, Rn. 16; BGH NJW-RR 2004, 81, 83; kritisch *Wendlandt*, NJW 2004, 985 ff.; *Thole*, NJW 2010, 1243, 1245.
48 BGH NZV 2012, 535, Rn. 20.

kann deshalb nicht eine zusätzliche Vergütung durch den Geschäftsherrn erwarten[49]. Fehlen besondere Abreden über die konkrete Bemessung der Vergütung, ist das so lange unschädlich, wie sich im Vertrag selbst oder im Gesetz (z.B. § 632 Abs. 2: „übliche Vergütung") eine Grundlage finden lässt, auf der die Höhe des Entgelts bestimmt werden kann[50].

A hat U damit beauftragt, den Pkw des B abzuschleppen. Hierdurch ist ein Werkvertrag zwischen A und U zustande gekommen. Sofern, was aus dem Sachverhalt nicht deutlich wird, der Werkvertrag selbst keine ausdrückliche Entgeltregelung enthält, ergibt sich die Höhe der Vergütung aus § 632 Abs. 2 („übliche Vergütung"). Die Entgeltfrage ist demnach „umfassend" geregelt, sodass die Vorschriften der GoA im Verhältnis zwischen U und B nicht anwendbar sind. Wer hier eine „umfassende" Regelung der Entgeltfrage ablehnt, wird eine Anwendung der GoA bejahen. Dann ist wie folgt weiter zu prüfen.

2. Es könnte hier ein **auch-fremdes** Geschäft vorliegen, da U zwar zum einen seiner vertraglichen Pflicht gegenüber A nachkommen wollte, zum anderen aber ein Geschäft des B geführt hat, weil dieser als Eigentümer des Pkw verpflichtet war, den Wagen von der Grundstückseinfahrt des A zu entfernen. Die **h.M.** geht davon aus, dass ein auch-fremdes Geschäft selbst dann vorliegt, wenn der Geschäftsführer eine vertragliche Verpflichtung gegenüber einem Dritten erfüllen will. Die wirksame vertragliche Beziehung zum Dritten spielt, wenn der Geschäftsführer ein objektiv fremdes Geschäft für den Geschäftsherrn wahrnimmt, keine Rolle[51].

Teile des **Schrifttums** lehnen dagegen die Fremdheit des Geschäfts ab, wenn der Geschäftsführer aufgrund eines wirksamen Vertrags eine Aufgabe erledigt[52]. Derjenige, der mit der Geschäftsführung eigene Vertragspflichten erfüllt, wolle in erster Linie eine Leistung an seinen Vertragspartner erbringen und kein fremdes Geschäft i.S. des § 677 besorgen. Für eine solche enge Auslegung der GoA-Regeln gibt es jedoch keine Anhaltspunkte. Sie lassen sich auch nicht der Entstehungsgeschichte entnehmen[53].

Gegen die Annahme eines auch-fremden Geschäfts wird zudem vorgebracht, es führe zu Abwicklungsschwierigkeiten, wenn neben der vertraglichen Verpflichtung eine berechtigte GoA bejaht würde. Denn der Geschäftsführer hätte zwei Schuldner, die aber nicht Gesamtschuldner seien[54]. Dem kann entgegengehalten werden, dass U die Vergütung nur einmal verlangen kann. Einerseits muss er, sobald er vom Vertragspartner (hier: A) den Werklohn erhält, seinen Anspruch aus GoA gegen den Ge-

---

49 BGH NJW-RR 2004, 81, 83.
50 BGH NZV 2012, 535, Rn. 20.
51 BGHZ 61, 354, 359, 363; Soergel/*Beuthien*, § 677 Rn. 9; MünchKomm/*Schäfer*, § 677 Rn. 41; *Rödder*, JuS 1983, 930, 932; *Schwark*, JuS 1984, 321, 328.
52 BeckOK/*Gehrlein*, § 677 Rn. 16; *Schubert*, AcP 178 (1978), 425, 439 ff.; Erman/*Dornis*, § 677 Rn. 17 (einschränkend). Teilweise wird auch (erst) der Fremdgeschäftsführungswille verneint, vgl. *Larenz*, § 57 I a; *Medicus/Petersen*, BR, Rn. 412; vgl. auch OLG Koblenz NJW 1992, 2367, 2368.
53 Im ersten Entwurf zum BGB war mit § 760 die Möglichkeit einer GoA trotz vertraglicher Verpflichtung einem Dritten gegenüber vorgesehen, auch wenn der Figur der GoA regelmäßig die altruistische Hilfeleistung ohne irgendeine Verpflichtung des Geschäftsführers zugrunde liegt. Aufgrund geringer praktischer Bedeutung wurde diese Regelung nicht in das BGB übernommen; siehe Motive II, S. 869; a.A. aber *Wandt*, § 8 Rn. 5.
54 *Seiler*, JuS 1987, 368, 373; siehe auch *Medicus/Petersen*, BR, Rn. 414.

schäftsherrn (hier: B) an den Vertragspartner abtreten. Andererseits darf er seinen vertraglichen Anspruch gegen den Vertragspartner nicht geltend machen, wenn er den Geschäftsherrn aus GoA in Anspruch nimmt, da nach Auslegung des Vertrags in solchen Fällen regelmäßig ein Vergütungsanspruch ausgeschlossen sein wird.

Im vorliegenden Fall ist daher trotz bestehender vertraglicher Verpflichtung vom Vorliegen eines (auch-)fremden Geschäfts auszugehen.

3. U müsste mit **Fremdgeschäftsführungswillen** gehandelt haben. Die h.M. vermutet den Fremdgeschäftsführungswillen selbst dann, wenn nicht ausschließlich, sondern nur **auch** ein objektiv fremdes Geschäft vorgenommen worden ist[55]. Teile der Literatur wollen dagegen einen Fremdgeschäftsführungswillen beim auch-fremden Geschäft nur dann bejahen, wenn es konkrete Anhaltspunkte für einen solchen Willen gibt. Nach dieser Ansicht muss der Fremdgeschäftsführungswille im Einzelfall bewiesen werden[56].

Ein anderer Teil der Literatur will den Fremdgeschäftsführungswillen beim auch fremden Geschäft durch wertende Betrachtungsweise ermitteln. So kann ein Fremdgeschäftsführungswille nur vermutet werden, wenn die primäre Verpflichtung des Dritten dominierendes Motiv der Geschäftsführung gewesen ist. Andernfalls muss der Fremdgeschäftsführungswille konkret bewiesen werden[57]. Im vorliegenden Fall ist – mangels anderer Anhaltspunkte im Sachverhalt – unter jedem der Gesichtspunkte von einem Fremdgeschäftsführungswillen auszugehen.

4. U war B gegenüber nicht zur Geschäftsführung verpflichtet. Er handelte mithin **ohne Auftrag** i.S. des § 677. Die Geschäftsführung des U für B war objektiv nützlich und entsprach daher dem **Interesse** des B. Da der wirkliche **Wille** des B nicht festgestellt werden kann, ist auf dessen mutmaßlichen Willen abzustellen. Zu dessen Bestimmung kann wiederum das Interesse des B herangezogen werden. B hatte zwar an einem kostenpflichtigen Abschleppen seines Pkw kein Interesse, sodass ein mutmaßlicher Wille von der h.M. abgelehnt wird. Wer gleichwohl einen solchen mutmaßlichen Willen bejaht, hat wie folgt weiter zu prüfen. Demnach handelte U interessen- und auch willensgemäß.

5. **Rechtsfolge** ist, dass U von B die erforderlichen Aufwendungen ersetzt verlangen kann (§ 670). Grundsätzlich ist die vom Geschäftsführer aufgewendete Zeit und Arbeitskraft vom Aufwendungsersatzanspruch nicht umfasst[58]. Anders verhält es sich jedoch, wenn – wie hier – eine Geschäftsführung vorliegt, die der Geschäftsführer sonst im Rahmen seiner beruflichen oder gewerblichen Tätigkeit vornimmt (**§ 1835 Abs. 3 analog**). Da U gewerbsmäßig Fahrzeuge abschleppt, steht ihm also ausnahmsweise eine **Tätigkeitsvergütung** zu.

Allerdings bekommt U das Abschleppen nur einmal ersetzt: Zahlt der Vertragspartner (A) den vereinbarten Werklohn, muss er seinen Anspruch aus GoA an diesen abtreten. Zahlt hingegen B aufgrund des Aufwendungsersatzanspruchs, ist die Geltendma-

---
55 BGH NJW 2000, 422, 423; BGHZ 98, 235, 240; BGHZ 65, 354, 357; Palandt/*Sprau*, § 677 Rn. 6.
56 *Gursky*, AcP 185 (1985), 13, 38; *Rödder*, JuS 1983, 930, 931; *Schwark*, JuS 1984, 321, 328 m.w.N.
57 RGRK/*Steffen*, Vor § 677 Rn. 48; *Schwerdtner*, JURA 1982, 593, 598.
58 Siehe unten Rn. 89 f.

chung des vertraglichen Anspruchs auf die Tätigkeitsvergütung durch U ausgeschlossen (Vertragsauslegung, §§ 133, 157). B kann im zuletzt genannten Fall nicht die Abtretung des vertraglichen Anspruchs des U gegen A auf Zahlung des Werklohns verlangen. B ist Letztverpflichteter und soll als solcher allein haften[59].

65 Ein Fremdgeschäftsführungswille ist auch fraglich, wenn jemand aufgrund **nichtigen Vertrags** tätig wird. Das verdeutlicht **Fall 6**[60]: Steuerberater S macht für den G Rückübertragungsansprüche nach dem Vermögensgesetz geltend. Bei dieser Wahrnehmung handelt es sich, was S fahrlässig nicht weiß, um die unerlaubte Besorgung einer fremden Rechtsangelegenheit i.S. des § 3 RDG. S verlangt von G die Zahlung des vereinbarten Entgelts für seine Leistungen aus GoA. Zu Recht?

1. S könnte einen Anspruch gegen G aus **berechtigter GoA** haben, §§ 677, 683 S. 1, 670[61]. Fraglich ist die **Anwendbarkeit** der GoA-Regeln[62]. Teilweise wird im **Schrifttum** eine solche verneint. Nichtige Verträge seien ausschließlich nach den Regeln der Leistungskondiktion abzuwickeln, da ansonsten den bereicherungsrechtlichen Wertungen widersprochen würde. Würde man die GoA-Regeln anwenden, könnten die bereicherungsrechtlichen Ausschlussvorschriften der §§ 814, 815, 817 S. 2 und 818 umgangen werden[63]. Der Anspruchsteller, der aufgrund eines nichtigen Vertrags eine Leistung erbracht habe, dürfe nicht derart bevorzugt werden.

Demgegenüber rechtfertigen die **Rechtsprechung** und ein Teil der Literatur die Anwendung der §§ 677 ff. damit, dass derjenige, der von vornherein ohne Vereinbarung für einen anderen tätig geworden ist, nicht besser stehen darf als derjenige, der aufgrund eines nichtigen Vertrags berechtigterweise das Geschäft eines anderen geführt hat. Daher sollen die §§ 677 ff. immer dann angewendet werden, wenn das Geschäft aufgrund eines unwirksamen Vertrags oder aus einem anderen Grund geführt worden ist[64].

2. Bejaht man mit der **Rechtsprechung** und einem Teil der Literatur die Anwendbarkeit der GoA-Regeln, so ist zu prüfen: Die Geltendmachung von Rückübertragungsansprüchen nach dem Vermögensgesetz stellt für S ein objektiv fremdes Geschäft dar. Allerdings ist S aufgrund einer vermeintlichen Vertragsverpflichtung und

---
59 Ein Anspruch aus § 812 Abs. 1 S. 1, 1. Alt. (Leistungskondiktion, Voraussetzung ist eine Leistung zwischen U und B) scheidet hier aus, da die berechtigte GoA Rechtsgrund i.S. des § 812 Abs. 1 ist. Ein Anspruch des U gegen B aus § 812 Abs. 1 S. 1, 2. Alt. (Eingriffskondiktion) muss aufgrund des Vorrangs der Leistungskondiktion ausscheiden, wenn A an B geleistet hat.
60 **BGH NJW 2000, 1560 ff.**; siehe auch BGHZ 37, 258 ff.
61 Ein **vertraglicher Anspruch** aus §§ 675 Abs. 1, 611 scheidet aufgrund von Nichtigkeit (§ 134 iVm. Art. 1 § 1 Abs. 1 S. 1 RBerG) aus. Der Zweck des § 3 RDG lässt sich nicht allein durch Anwendung möglicher Sanktionen, sondern nur durch Nichtigkeit erreichen. Würde der Auftraggeber seinen Erfüllungsanspruch gegen den Auftragnehmer (gegen den allein sich § 3 RDG richtet) behalten, würde der Rechtsberater vertraglich verpflichtet, eine unerlaubte Tätigkeit auszuüben oder fortzusetzen. Ein **Anspruch aus §§ 311 Abs. 2 Nr. 3, 280 Abs. 1** kommt wegen fehlender schuldhafter Pflichtverletzung nicht in Betracht.
62 Näher zu diesem Problem oben Rn. 35.
63 MünchKomm/*Schäfer*, § 677 Rn. 101; *Lorenz*, NJW 1996, 883, 884; *Eidenmüller*, JZ 1996, 889, 892 f.; BeckOK/*Gehrlein*, § 677 Rn. 18.
64 BGHZ 37, 258, 262 ff.; BGHZ 39, 87, 90; BGHZ 111, 308, 311; BGH NJW 1997, 47, 48; *Berg*, JuS 1972, 193, 195; *Hoffmann*, JuS 1970, 570, 573; *Benöhr*, NJW 1975, 1970, 1971.

damit auch im eigenen Interesse tätig geworden. Daher liegt ein **auch-fremdes Geschäft** vor[65]. Den **Fremdgeschäftsführungswillen** vermutet die Rechtsprechung auch beim auch-fremden Geschäft.

Dagegen verneint die wohl **h.L.**[66] einen Fremdgeschäftsführungswillen, da der S ausschließlich seine vermeintliche Verpflichtung aus dem Vertrag erfüllen wollte. Dahinter steht – wieder – die Überlegung, dass die Bejahung einer GoA nicht interessengerecht sein kann, da ansonsten ein Wertungswiderspruch zu spezielleren Regelungen (z.B. §§ 812 ff.) bestehe. Die §§ 812 ff. und nicht die GoA-Regelungen seien für die Rückabwicklung unwirksamer Verträge einschlägig. Die GoA-Regelungen sollen lediglich den gemeinnützigen/„guten" Geschäftsführer schützen, nicht aber fehlgeschlagene Verträge rückabwickeln. Ließe man das zu, würden die Einschränkungen der §§ 814, 817 S. 2, 818 Abs. 3 umgangen. Die bereicherungsrechtlichen Wertungen durch die GoA-Regelungen auszuschalten würde etwa bedeuten, dass ein Geschäftsführer grundsätzlich auch nutzlose Aufwendungen erstattet verlangen kann. Ein Bereicherungsschuldner dagegen kann um nutzlose Aufwendungen nicht bereichert sein. Folgt man der Ansicht der Literatur, scheidet ein Anspruch aus GoA aus[67].

3. Bejaht man mit der **Rechtsprechung** den Fremdgeschäftsführungswillen[68], so ist zu prüfen: S hat **ohne Auftrag** oder sonstige Berechtigung gehandelt, da der Vertrag mit G nichtig war. Die Übernahme des Geschäfts entsprach dem Interesse und dem Willen des G. S kann daher Ersatz der **erforderlichen Aufwendungen** verlangen. Da allerdings das Tätigwerden des S durch das Rechtsberatungsgesetz verboten war, durfte S seine Aufwendungen nicht für erforderlich i.S. des § 670 halten, sodass er sie nicht ersetzt bekommt. Im vorliegenden Fall gestehen also – mit unterschiedlicher Begründung – weder die Rechtsprechung noch die h.L. einen Anspruch aus GoA zu[69].

Wäre aber im vorliegenden Fall der Vertrag zwischen S und G aus anderen Gründen nichtig und S zur Rechtsberatung **befugt**, könnte er nach der Rechtsprechung im Rahmen der GoA grds. die **übliche Vergütung** verlangen[70]. War der im (nichtigen) Vertrag festgelegte Preis niedriger, kann nur dieser verlangt werden[71]. Da die Rechtsprechung hier bei nichtigen Verträgen regelmäßig einen Aufwendungsersatzanspruch aus GoA bejaht, bleibt daneben kein Raum für einen Anspruch aus § 812, da eine berechtigte GoA einen Rechtsgrund i.S. des § 812 darstellt[72].

66

---

[65] Siehe auch BGH NJW 2009, 2590, wonach ein Mieter, der aufgrund einer unwirksamen Endrenovierungsklausel irrtümlich **Schönheitsreparaturen** in der Mietwohnung vornimmt, ausschließlich in eigenen Rechts- und Interessenkreis tätig wird, dazu *Thole*, NJW 2010, 1243, 1245 f.
[66] Vgl. Palandt/*Sprau*, § 677 Rn. 6, 11; *Brox/Walker*, § 36 Rn. 9. Näher zu diesem Problem oben Rn. 60.
[67] Zu prüfen wäre dann ein Anspruch aus Leistungskondiktion, § 812 Abs. 1 S. 1, 1. Alt.; siehe unten **Fall 41** Rn. 584.
[68] BGH NJW 1993, 3196; BGH NJW-RR 1993, 200.
[69] Zu prüfen wäre also auch dann, wenn man hier der Ansicht der Rspr. folgt, ein Bereicherungsanspruch. Ein Anspruch aus § 812 Abs. 1 S. 1, 1. Alt. (Leistungskondiktion) scheidet aber im Ergebnis aufgrund von § 817 S. 2 aus.
[70] Zu den Voraussetzungen unten Rn. 89.
[71] BGH NJW-RR 1992, 1435, 1436.
[72] BGH NJW 1993, 3196; BGH NJW-RR 1993, 200; *Berg*, JuS 1972, 193, 195; a.A. MünchKomm/*Schäfer*, § 677 Rn. 101; *Lorenz*, NJW 1996, 883, 885; *Eidenmüller*, JZ 1996, 889, 892.

3. Öffentlich-rechtliche Handlungspflichten

Übungsfall: *Katzenmeier/Reisewitz*, Anfängerklausur – Zivilrecht: Deliktsrecht – Wilde Verfolgungsjagd, JuS 2013, 805 ff.

67 Die Geschäftsführung kann nicht nur auf privatrechtlichen Handlungspflichten[73], sondern auch auf öffentlich-rechtlichen Handlungspflichten beruhen. Dabei ist zwischen der allgemeinen Handlungspflicht i.S. des § 323c StGB und speziellen Handlungspflichten zu unterscheiden. Im Falle der allgemeinen Handlungspflicht i.S. des **§ 323c StGB**, in dem ein Unterlassen der gebotenen Handlung sogar strafbewehrt ist, wird regelmäßig ein auch-fremdes Geschäft bejaht. Erleidet eine Person dadurch einen Nachteil, dass sie im Unglücksfall Rettungsmaßnahmen ergreift, ist dieser Nachteil vom Unfallopfer (Geschäftsherr) im Wege des Aufwendungsersatzes nach §§ 677, 683 S. 1, 670 auszugleichen.

68 Dieser Aufwendungsersatzanspruch umfasst auch in Kauf genommene **Schäden**, also unfreiwillige Vermögensopfer, die durch Verwirklichung eines mit der Geschäftsführung (hier: der Rettungshandlung) eng verbundenen, **typischen Risikos** entstehen (vgl. den Rechtsgedanken des § 110 HGB bzgl. Ersatz für Aufwendungen und Verluste)[74]. Möglich ist auch, dass die Hilfsmaßnahmen in Hinblick auf eine eigene öffentlich-rechtliche Pflicht getroffen werden, die nicht nur dem Interesse des Verletzten, sondern auch dem Interesse weiterer Personen dienen (anderer Unfallbeteiligter, deckungspflichtige Versicherung etc.). Dann haften dem Geschäftsführer alle Beteiligten, in deren Interesse er tätig geworden ist, für den Aufwendungsersatz als Gesamtschuldner (§ 421).

69 Zu beachten ist, dass bei Hilfsmaßnahmen in Unglücksfällen eine **cessio legis nach § 116 SGB X** in Betracht kommen kann. Ggf. geht also der Aufwendungsersatzanspruch per Gesetz auf den öffentlichen Versicherungsträger (gesetzlicher Unfallversicherer) bzw. Sozialhilfeträger über, soweit der Unfallversicherungs- bzw. Sozialhilfeträger aufgrund des Schadensereignisses Leistungen zu erbringen hat. Infolgedessen verliert der Geschäftsführer seine Aktivlegitimation. Das gilt nach § 116 SGB X aber nur für auf anderen gesetzlichen Vorschriften beruhende Ansprüche **„auf Ersatz eines Schadens"**[75].

70 Fraglich ist, ob der Aufwendungsersatzanspruch nach §§ 677, 683 S. 1, 670 vom Wortlaut des § 116 SGB X („auf Ersatz eines Schadens") umfasst ist. Unter „Aufwendungen" sind nämlich freiwillige Vermögensopfer zu verstehen, während „Schaden" ein unfreiwilliges Vermögensopfer voraussetzt. Des Weiteren stellt der Aufwendungsersatzanspruch nach §§ 677, 683 S. 1, 670 weder auf Rechtswidrigkeit noch auf Verschulden ab. Aus diesen Gründen hat der BGH den **Übergang des Aufwendungsersatzanspruchs** auf den Versicherungsträger jedenfalls für diejenigen Fälle **verneint**, in denen das Unfallopfer ohne Verschulden in die Notlage geraten ist[76].

---

73 Siehe Rn. 64 ff.
74 Siehe Rn. 91.
75 Für Heilbehandlungen ergibt sich ein Anspruch gegen den gesetzlichen Unfallversicherer aus §§ 2 Abs. 1 Nr. 13, 26 Abs. 1, 27 Abs. 1 SGB VII und für erlittenen Sachschaden – auf Antrag – aus §§ 2 Abs. 1 Nr. 13, 13 SGB VII.
76 BGHZ 92, 270, 271 (unter Aufgabe des gegenteiligen Standpunkts in BGHZ 33, 251, 257).

Bei **Personenschäden**, d.h. etwa bei Heilbehandlungskosten, ist allerdings die Einschränkung „ohne Verschulden" entbehrlich. Eine cessio legis des Aufwendungsersatzanspruchs nach §§ 677, 683 S. 1, 670 auf den öffentlichen Versicherungsträger muss vielmehr für Personenschäden ausscheiden. Nur so lässt sich das vom Gesetzgeber durch § 2 Abs. 1 Nr. 13 SGB VII verfolgte Ziel erreichen, Unfallhelfer und Unfallopfer freizustellen und die Kosten der Nothilfe von der Allgemeinheit tragen zu lassen. Ließe man den Rückgriff des Versicherungsträgers gegen das Unfallopfer im Wege der cessio legis zu, würde die beabsichtigte Privilegierung obsolet.

71

Umstritten ist, ob das auch für **Sachschäden** gilt. Das könnte deshalb zweifelhaft sein, weil § 13 Abs. 2 SGB VII ausdrücklich auf § 116 SGB X verweist. Andere wollen dagegen auch bei Sachschäden eine Legalzession verneinen und begründen dies damit, dass der Anspruchsübergang i.S. des § 116 SGB X „echte" Schadensersatzansprüche des Hilfeleistenden voraussetze, wohingegen der Aufwendungsersatzanspruch nach §§ 677, 683 S. 1, 670 seinem Wesen nach eben keinen Schadensersatz gewährt.

72

Bei **speziellen Hilfspflichten** kann der Fremdgeschäftsführungswille problematisch sein, wenn etwa eine Behörde in öffentlich-rechtlicher Form Aufgaben übernimmt, die in erster Linie in den privatrechtlichen Geschäftsbereich eines Bürgers gehören. Dazu **Fall 7**[77]: Ein Öltankwagen der Firma P erleidet auf vereister Straße einen Unfall. Die hinzugerufene Feuerwehr der Gemeinde G richtet das umgefallene Fahrzeug wieder auf. Kann die G von P Ersatz ihrer Aufwendungen aus GoA verlangen?

73

1. G könnte einen Aufwendungsersatzanspruch aus **berechtigter GoA** haben, §§ 677, 683 S. 1, 670. Dazu müssten die Regeln der GoA **anwendbar** sein. Dem könnte entgegenstehen, dass die G als Trägerin der öffentlichen Verwaltung tätig wurde und sich damit ein Aufwendungsersatzanspruch aus öffentlich-rechtlichen Normen ergibt, der im Verwaltungsrechtsweg geltend gemacht werden müsste. Der **BGH** sieht die unmittelbare Anwendung der §§ 677 ff. im vorliegenden Fall als unproblematisch an[78]. Er stellt darauf ab, dass die Feuerwehr bei der Erfüllung ihrer Aufgaben zwar in der Regel hoheitlich handle, dies jedoch eine bürgerlichrechtliche GoA nicht hindere[79]. Werde die Behörde im privatrechtlichen Geschäftsbereich eines Bürgers tätig, komme es auf die hoheitlichen Befugnisse der Behörde nicht an. Anstelle der öffentlich-rechtlichen Aufgabenwahrnehmung hätte ohne Weiteres auch eine Privatperson handeln können.

Die Gegenauffassung in der **Literatur** lehnt eine Anwendung der GoA-Regeln schon grundsätzlich ab, da eine gesetzlich der Behörde zugewiesene Aufgabe nicht zugleich privatrechtlicher Natur sein könne. Überdies sei die Behörde bei der Wahrnehmung ihrer hoheitlichen Aufgaben an die öffentlich-rechtlichen Pflichten gebunden, während der Geschäftsführer im Rahmen der GoA die Interessen des Geschäftsherrn zu wahren habe. Beides ließe sich nicht stets miteinander vereinbaren. Außerdem wür-

---

77 Nach **BGHZ 63, 167 ff. (Feuerwehr)**; siehe auch BGHZ 40, 28 ff. („Funkenflug", Feuerwehr); BGHZ 65, 354 ff. (Straßenverschmutzung behoben durch Straßenbaubehörde). BGH NVZ 2012, 535.
78 Sowohl der BGH als auch Teile der Literatur trennen nicht hinreichend zwischen der Anwendbarkeit der GoA und der Frage, ob denn bejahendenfalls ein Fremdgeschäftsführungswille vorliegt.
79 BGHZ 63, 167, 170; offengelassen in BGHZ 96, 332 ff. und BGH NJW 2004, 513, 514.

den die spezielleren öffentlich-rechtlichen Regelungen über den Kostenersatz umgangen[80].

Inzwischen hat der **BGH**[81] seine Ansicht dahingehend relativiert, dass ein Rückgriff auf den Aufwendungsersatzanspruch nach §§ 677, 683 S. 1, 670 ausgeschlossen ist, wenn eine **abschließende öffentlich-rechtliche Regelung** der Kostenfolge einer Handlung besteht[82]. Da aus dem Sachverhalt keine abschließende Regelung ersichtlich ist, ist die Anwendbarkeit der GoA zu bejahen.

2. Hält man mit der Rechtsprechung die GoA-Regeln hier für anwendbar, ist zu prüfen, ob ein **fremdes Geschäft** mit **Fremdgeschäftsführungswillen** vorliegt. Abgelehnt wird dies teilweise mit dem Argument, bei öffentlich-rechtlichen Verpflichtungen liege kein fremdes Geschäft des Handelnden vor, da die Behörde durch ihr Handeln ihrer (öffentlich-rechtlichen) Pflicht nachkommen wolle[83]. Die Rechtsprechung geht davon aus, dass die Beseitigung von Gefahren zwar zu den öffentlichen Aufgaben der Feuerwehr gehört, zugleich aber demjenigen Hilfe geleistet wird, der für die aus dem Unfall drohenden Schäden verantwortlich ist. Dessen Geschäft werde hier mit besorgt. Neben ihrer eigenen Pflicht zur Gefahrenabwehr besorgt die Feuerwehr hier also zugleich privatrechtliche Aufgaben des Kfz-Halters[84].

Folgt man der Rechtsprechung, wird der Fremdgeschäftsführungswille vermutet und es ist zu prüfen, ob die Geschäftsführung **ohne Auftrag** oder sonstige Berechtigung erfolgte sowie, ob die Vornahme des Geschäfts dem **Interesse** und dem wirklichen oder, falls dieser nicht feststellbar ist, dem mutmaßlichen **Willen** des Geschäftsherrn entspricht. Dies ist im vorliegenden Fall zu bejahen. Die G kann Ersatz ihrer Aufwendungen verlangen.

4. Innenausgleich zwischen Gesamtschuldnern

74 Die Frage, ob ein auch-fremdes Geschäft vorliegt, stellt sich auch beim Innenausgleich zwischen Gesamtschuldnern, wobei hier zwischen echten und unechten Gesamtschuldnern zu unterscheiden ist. Liegt eine **echte Gesamtschuld** vor, erfolgt ein Rückgriff über § 426. Die h.M. lehnt daneben eine Anwendung der GoA zu Recht ab[85].

75 Bei einer sog. „**unechten" Gesamtschuld** haften mehrere Gesamtschuldner (im Innenverhältnis) nicht gleichrangig. Vielmehr muss einer der Schuldner als Letztverpflichteter die Schuld allein und endgültig tragen. Der Gläubiger hat lediglich die

---

80 *Esser/Weyers*, § 46 II 2 d; *Medicus/Petersen*, BR, Rn. 412 a.E.; *Martinek/Theobald*, JuS 1997, 992, 997; *Looschelders*, § 43 Rn. 11.
81 BGH NJW 2004, 513, 515; siehe auch BGH WM 2013, 1657 ff. (Straßenreinigung); kritisch dazu *Staake*, JA 2004, 800, 802 ff.; *Thole*, NJW 2010, 1243, 1245 f.
82 BGH NZV 2012, 535 Rn. 22 (§ 15 Abs. 1 S. 1 Halbs. 2 Hess. Straßengesetz als abschließende Regelung); BGH NJW 2014, 513 (bayerisches Polizeirecht enthält abschließende Regelung in Art. 9 PAG [unmittelbare Ausführung einer Maßnahme] und Art. 72 PAG [Ersatzvornahme]); **BGH VersR 2018, 1394 ff.** Rn. 14 (Eisenbahnkreuzungsgesetz); dazu *Schwab*, JuS 2018, 995 ff.
83 Vgl. *Esser/Weyers*, § 46 II 2 d; *Schubert*, NJW 1978, 687, 688; *ders.*, AcP 178 (1978), 425, 445; vgl. auch *Medicus/Petersen*, BR, Rn. 410 ff.; *Brox/Walker*, § 36 Rn. 20; *Martinek/Theobald*, JuS 1997, 992, 997 f.
84 Kritisch *Franßen/Blatt*, NJW 2012, 1031 ff.
85 Vgl. BGH NJW 1963, 2067 f.

Möglichkeit, unabhängig vom Innenverhältnis von jedem seiner Schuldner die ganze Leistung zu verlangen. Der zahlende Schuldner, der nicht Letztverpflichteter ist, tritt gewissermaßen nur in Vorleistung für den Letztverpflichteten und nimmt dem Gläubiger dadurch das Insolvenzrisiko ab. Die Schuld des Letztverpflichteten will er hingegen nicht übernehmen.

Einigkeit besteht in der Rechtsprechung und im Schrifttum darüber, dass der „Gesamtschuldner" auf den Letztverpflichteten zurückgreifen können muss. Der Weg des Rückgriffs ist **streitig**. Nach Ansicht des **RG**[86] hat der besser gestellte „Gesamtschuldner" einen Aufwendungsersatzanspruch nach §§ 677, 683 S. 1, 670 gegen den Letztverpflichteten. Der „Gesamtschuldner", der die ganze Schuld tilgt, obwohl er die Schuld im Ergebnis nicht endgültig tragen soll, führe zumindest auch ein Geschäft des Letztverantwortlichen. 76

Die ganz **h.M. in der Literatur** (der BGH hat hierzu noch nicht entschieden) lehnt eine Anwendung der GoA dagegen ab[87]. Der besser gestellte „Gesamtschuldner" soll die Schuld zwar nicht endgültig tragen, kommt er aber seiner Pflicht nach, so werde der Letztverantwortliche auf der Grundlage des normativen Schadensbegriffs durch die Leistung nicht von seiner Ersatzpflicht befreit. Der Dritte erfülle daher ausschließlich eine eigene Verpflichtung. Im Übrigen fehlt aus Sicht des Letztverpflichteten die für die GoA charakteristische Fremdnützigkeit des Handelns, weil die Leistung des besser gestellten „Gesamtschuldners" einzig dem Gläubiger nützlich ist. Der Rückgriff soll daher nicht über die GoA, sondern über **§ 255 analog** (Abtretung der Ersatzansprüche) oder über **§ 426** unter Verzicht auf die den Tatbestand des § 421 einschränkenden Merkmale (v.a. durch Verzicht auf das Kriterium der „Gleichstufigkeit" der Verpflichtung) möglich sein. 77

Hierzu zunächst **Fall 8**[88], wo einer der Mitverpflichteten letztendlich **allein verantwortlich** ist: Bei einem Stadtfest soll der zum bischöflichen Stuhl B gehörende Dom der Stadt durch ein Feuerwerk festlich illuminiert werden. Dadurch wird der Dom in Brand gesetzt und teilweise zerstört. Die Stadt S bezahlt zunächst als Trägerin der öffentlich-rechtlichen Baulast die Wiederaufbauarbeiten und verlangt nun vom Feuerwerker F, der fahrlässig gehandelt hatte, Ersatz ihrer Aufwendungen aus GoA. Zu Recht? 78

Die S könnte gegen F einen Anspruch auf Aufwendungsersatz aus **§§ 677, 683 S. 1, 670** haben[89]. Dies setzt voraus, dass S mit den Wiederaufbauarbeiten ein fremdes Ge-

---

86 RGZ 82, 206, 214.
87 *Brox/Walker*, § 36 Rn. 14; *Medicus/Petersen*, BR, Rn. 415; *Martinek/Theobald*, JuS 1997, 805, 810 f.; Palandt/*Grüneberg*, § 421 Rn. 9 (der einen Fremdgeschäftsführungswillen ablehnt); *Stamm*, JURA 2002, 730, 732; MünchKomm/*Schäfer*, § 677 Rn. 70.
88 **RGZ 82, 206 ff.** („**Fuldaer Dom**"); vgl. auch *Wendlandt*, JURA 2004, 325 ff.; siehe auch die Lösung von *Petersen*, Examens-Repetitorium Allgemeines Schuldrecht, 10. Aufl. 2021, Rn. 440 ff. Vgl. auch BGHZ 110, 113 ff. (Grundstückseigentümer als Zustandsstörer gegen Handlungsstörer).
89 Als Ausgleichsanspruch der S gegen F könnte **§ 426 Abs. 1** in Betracht kommen. Dies setzt voraus, dass S und F bzgl. der Wiederaufbauarbeiten Gesamtschuldner sind. Erforderlich ist hierfür nach h.M., dass von mehreren Schuldnern jeder zur vollen Leistungserbringung verpflichtet ist, der Gläubiger die Leistung nur einmal zur Befriedigung des gleichen Leistungsinteresses fordern darf und die Schuldner in ihrem Verhältnis zueinander gleichstufig haften. Die Gleichstufigkeit ist erfüllt, wenn keiner der Schuldner von vornherein als Letztverpflichteter angesehen werden kann. Insofern ist hier zu berücksichtigen, dass die Baulast die schnelle und kompetente Durchführung der erforderlichen

schäft (Geschäft des F) geführt hat. Betrachtet man nur die Tätigkeit an sich, führt S zumindest auch ein Geschäft des Letztverantwortlichen F, der aus § 280 Abs. 1 oder § 823 Abs. 1 auch zum Wiederaufbau verpflichtet ist[90]. Die **Rechtsprechung** nimmt daher trotz der eigenen Verpflichtung der S ein auch-fremdes Geschäft an.

Demgegenüber kann nach der h.M. im **Schrifttum** ein (auch-)fremdes Geschäft nur angenommen werden, wenn durch die Geschäftsführung auch die Verpflichtung des Letztverantwortlichen erfüllt wird. Sie stellt somit auf die Tilgungswirkung der vorgenommenen Handlung ab. Nach dem normativen Schadensbegriff kommen aber Leistungen Dritter dem Schädiger grundsätzlich nicht zugute. Ein Schaden des B ist also weiterhin zu bejahen, obwohl S den Dom wieder aufgebaut hat. Der Schadensersatzanspruch des B gegen F ist mangels Tilgungswirkung der Leistung der baulastpflichtigen S nicht erloschen[91]. Nach dieser Ansicht scheidet ein Aufwendungsersatzanspruch aus GoA aus, weil kein fremdes Geschäft vorliegt.

Folgt man der Rechtsprechung und geht von einem auch-fremden Geschäft aus, so ist zu prüfen: Der Fremdgeschäftsführungswille ist nach der Rechtsprechung selbst beim auch-fremden Geschäft zu vermuten. Teile der Literatur lehnen diese Vermutung allerdings ab und verlangen, dass der Fremdgeschäftsführungswille äußerlich erkennbar zutage treten muss[92]. Vermutet man mit der Rechtsprechung den Fremdgeschäftsführungswillen, so bleibt festzustellen, dass kein Auftrag oder eine sonstige Berechtigung vorlag. Die Geschäftsführung entspricht zudem auch dem Willen und Interesse des F[93]. Nach der Ansicht der Rechtsprechung ist ein Anspruch auf Aufwendungsersatz aus §§ 677, 683 S. 1, 670 zu bejahen[94].

Folgt man der Literatur und verneint ein (auch-)fremdes Geschäft, so wird man einen Anspruch aus **§ 255 analog** (Abtretung der Ersatzansprüche) prüfen müssen: Die S könnte gegen B einen Anspruch auf Abtretung der Ansprüche gegen F nach § 255 analog haben. Eine direkte Anwendung des § 255 kommt nicht in Betracht, da im vorliegenden Fall nicht für den Verlust einer Sache, sondern für die Beschädigung Ersatz geleistet wurde. In Hinblick auf Ausgleichsansprüche gegen den Letztverpflichteten besteht die für eine Analogie erforderliche Regelungslücke. Auch ist die Interessenlage vergleichbar: Unabhängig davon, ob für den Verlust oder die Beschädigung einer Sache Ersatz geleistet worden ist, ist demjenigen ein Ausgleichsanspruch zu gewähren, der in Vorleistung für einen Dritten getreten ist, welcher als vorrangig Haftender die Schuld allein zu tragen hat. Leistet der Mitverpflichtete Schadensersatz, kann er vom Gläubiger Abtretung der Ansprüche gegen den Letztverant-

---

Baumaßnahmen sicherstellen soll. Die Entlastung eines Drittverantwortlichen ist durch sie nicht bezweckt. Im vorliegenden Fall ist der F als Verursacher des Brandes allein verantwortlich. Mangels Gleichstufigkeit besteht zwischen S und F keine echte Gesamtschuld i.S. des § 421. Auch ein Anspruch aus **§ 426 Abs. 2** iVm. § 280 Abs. 1 oder § 823 Abs. 1 scheidet mangels echter Gesamtschuld i.S. des § 421 aus.

90 RGZ 82, 206, 214.
91 *Schubert*, AcP 178 (1978), 425, 450; *Schwerdtner*, JURA 1982, 593, 596; *Esser/Weyers*, § 46 II 2.
92 Näher zu diesem Punkt oben Rn. 60.
93 So RGZ 82, 206, 214 ff.; a.A. *Petersen*, Examens-Repetitorium Allgemeines Schuldrecht, 10. Aufl. 2021, Rn. 444.
94 Damit scheidet ein Anspruch aus § 812 Abs. 1 S. 1, 2. Alt. (Verwendungskondiktion) aus, denn eine berechtigte GoA stellt einen Rechtsgrund dar.

wortlichen gemäß § 255 analog verlangen[95]. Daher kann S von B verlangen, dass dieser ihm die Ersatzansprüche gegen F abtritt. Daraufhin kann S gegen F Ansprüche aus abgetretenem Recht geltend machen.

In **Fall 9**[96] sind zwischen den Mitverpflichteten **gleiche Verantwortlichkeiten** gegeben: N1 und N2 sind Eigentümer benachbarter Häuser, die bei einem Brand zerstört werden. Die Brandursache bleibt ungeklärt. Die Ordnungsbehörde O verlangt von N1 aufgrund Einsturzgefahr auf die Straße, die noch stehende gemeinsame Mauer abzubrechen. N1 verlangt sodann von N2 die Hälfte der Abbruchkosten ersetzt. Zu Recht?

79

N1 könnte gegen N2 einen Anspruch aus GoA nach §§ 677, 683 S. 1, 670 haben[97]. Dazu müssten die Grundsätze der GoA im Innenverhältnis der Schuldner, wenn einer die Schuld begleicht, überhaupt anwendbar sein. Das Schrifttum sieht teilweise, sofern die Schädiger Gesamtschuldner sind, § 426 als abschließende Regelung des Ausgleichs im Innenverhältnis[98]. Ein solcher Fall liegt hier aber gerade nicht vor. Die Regeln der GoA finden somit Anwendung. N1 hat, ohne dem N2 gegenüber verpflichtet zu sein, mit dem Abriss der Mauer zumindest auch ein Geschäft des N2 und damit ein fremdes Geschäft getätigt. Die Rechtsprechung vermutet auch beim auch-fremden Geschäft den Fremdgeschäftsführungswillen[99]. Aber selbst wenn man mit einem Teil der Literatur verlangt, dass der Fremdgeschäftsführungswille positiv festgestellt wird, kann hier von einem Fremdgeschäftsführungswillen des N1 ausgegangen werden.

Die Geschäftsführung entsprach dem Interesse des N2, da sie objektiv nützlich war. Auch der mutmaßliche Wille des N2 ist mangels anderweitiger Äußerung zu bejahen. Selbst wenn ein entgegenstehender Wille festgestellt werden könnte, so wäre dieser unbeachtlich (§ 679). Der N2 war zur Beseitigung der einsturzgefährdeten Giebelmauer verpflichtet (im öffentlichen Interesse an einer effektiven Gefahrenabwehr). Damit erfolgt der Ausgleich unter mehreren polizei- und ordnungsrechtlich Verantwortlichen nach den Vorschriften der GoA[100].

N1 kann von N2 die zum Abriss erforderlichen **Aufwendungen** ersetzt verlangen. Im Falle eines auch-fremden Geschäfts ist daher Folgendes zu berücksichtigen: Sobald die Aufwendungen gegenständlich abgrenzbar sind, hat der Geschäftsführer lediglich einen Anspruch auf Ersatz der (anteiligen) Aufwendungen, die auf die Fremdgeschäftsführung entfallen. Im konkreten Fall gehörte die Mauer N1 und N2 gemeinsam, sodass jeder die Hälfte der Aufwendungen zu ihrer Beseitigung zu zahlen hat. In den sonstigen Fällen muss der Umfang des Aufwendungsersatzanspruchs nach dem Gewicht der Verantwortlichkeit sowie den Vorteilen bestimmt werden[101].

---

95 MünchKomm/*Heinemeyer*, § 421 Rn. 65.
96 **BGHZ 16, 12 ff.**
97 Ein Anspruch von N1 gegen N2 **aus § 426 Abs. 1** scheidet aus, da die beiden keine Gesamtschuldner i.S. des § 421 sind. Die O kann nämlich die Leistung – anders als von § 421 vorausgesetzt – nicht nach ihrem Belieben von jedem Schuldner ganz oder zum Teil fordern. Zwar sind N1 und N2 beide nach öffentlichem Recht verpflichtet, die von der baufälligen Giebelmauer ausgehende Gefahr zu beseitigen. Die Behörde hat die Verpflichtung aber einem der möglichen Schuldner nach pflichtgemäßem Ermessen aufzuerlegen.
98 *Brox/Walker*, § 36 Rn. 15; a.A. BGH NJW 1979, 598 f.
99 Näher zu diesem Problem siehe oben Rn. 60.
100 BGH JZ 1990, 919, 920 f.
101 BGHZ 98, 235, 242.

III. Geschäftsfähigkeit der Beteiligten

80 In Bezug auf die Geschäftsfähigkeit ist zwischen derjenigen des Geschäftsherrn und derjenigen des Geschäftsführers zu unterscheiden. Ist der **Geschäftsherr** nicht (voll) geschäftsfähig, so ist das im Hinblick auf die Entstehung des gesetzlichen Schuldverhältnisses unerheblich. Auch die GoA für einen Geschäftsunfähigen kann berechtigt sein. Kommt es auf den Willen des Geschäftsherrn an (§§ 677, 683), ist der Wille des gesetzlichen Vertreters entscheidend[102]. Das gilt auch für die Genehmigung (§ 684 S. 2) oder die Entschließung i.S. des § 681. Sofern der Geschäftsherr, etwa wenn er bewusstlos ist, keinen gesetzlichen Vertreter hat, ist bei der Frage der Berechtigung der GoA auf seinen mutmaßlichen Willen abzustellen[103].

81 Ist der **Geschäftsführer** nicht oder nur beschränkt geschäftsfähig, so hat das nach einer Ansicht die entsprechende Anwendung der §§ 104 ff. zur Folge, da die GoA eine rechtsgeschäftsähnliche Handlung sei[104]. Danach soll eine Zustimmung des gesetzlichen Vertreters erforderlich sein. Nach **h.M.** hingegen hat die Geschäftsfähigkeit keinen Einfluss auf die Entstehung eines gesetzlichen Schuldverhältnisses wie der GoA. Die mangelnde oder beschränkte Geschäftsfähigkeit führe nur zu der im Gesetz mit **§ 682** angeordneten **Haftungsbeschränkung**[105]. Der nicht (voll) Geschäftsfähige haftet also nur nach den Vorschriften über den Schadensersatz wegen unerlaubter Handlung (mit der Erleichterung der §§ 827 ff.) oder über die Herausgabe einer ungerechtfertigten Bereicherung (**Rechtsgrundverweisung, h.M.**)[106].

82 Der h.M. ist zuzustimmen, da sich der Geschäftsunfähige oder beschränkt Geschäftsfähige ohnehin nicht selbst wirksam rechtsgeschäftlich verpflichten kann. Er haftet nach § 179 Abs. 3 S. 2 auch nicht als Vertreter ohne Vertretungsmacht. Abgesehen davon müsste ansonsten zwischen rechtsgeschäftlichen und tatsächlichen Handlungen differenziert werden, denn für letztere (z.B. Rettung durch einen Minderjährigen) ist es nicht geboten, die §§ 104 ff. entsprechend anzuwenden. Mit der h.M. entsteht das Schuldverhältnis der berechtigten GoA daher auch mit dem nicht voll Geschäftsfähigen (d.h. auch ohne Zustimmung des gesetzlichen Vertreters)[107]. Dafür spricht auch, dass ansonsten der nicht voll Geschäftsfähige schlechter gestellt wäre als ein Geschäftsfähiger, da seine Geschäftsführung stets unberechtigt wäre und ihm nie ein Aufwendungsersatzanspruch nach § 683 zustehen könnte.

83 Die Auswirkungen des Minderjährigenrechts zeigt auch **Fall 10**[108]: Der 17-jährige M fliegt mit der Fluggesellschaft F ohne gültigen Flugschein von Hamburg nach X. Dort wird ihm die Einreise mangels Visum verweigert. F befördert ihn noch am selben Tag zurück, nach-

---

102 Allg. Meinung, vgl. MünchKomm/*Schäfer*, § 682 Rn. 4; PWW/*Fehrenbacher*, § 682 Rn. 2; siehe **Fall 10** Rn. 83.
103 PWW/*Fehrenbacher*, § 682 Rn. 2.
104 LG Aachen, NJW 1963, 1252, 1253.
105 *Staudinger/Steinrötter*, JuS 2012, 97, 101 f.; *Brox/Walker*, § 36 Rn. 40; *Köbler*, JuS 1979, 789, 793. Differenzierend RGRK/*Steffen*, § 682 Rn. 2 ff.: bei rechtsgeschäftlicher Geschäftsbesorgung finden die GoA-Regeln nur nach Maßgabe der §§ 104 ff. Anwendung.
106 BeckOK/*Gehrlein*, § 682 Rn. 1; Palandt/*Sprau*, § 682 Rn. 2; a.A. MünchKomm/*Schäfer*, § 682 Rn. 6 f.; siehe auch *Medicus/Lorenz*, SR II, § 60 Rn. 31; *Brox/Walker*, § 36 Rn. 50.
107 *Brox/Walker*, § 36 Rn. 40.
108 **BGHZ 55, 128 ff. (gekürzte Fassung) = NJW 1971, 609 ff. („Flugreise").**

dem sich M zur Zahlung des Rückflugs schriftlich verpflichtet hat. Zu Hause angekommen, verweigert M die Zahlung. Seine Eltern billigen weder den Flug noch die Zahlungsverpflichtung. F verlangt von M sowie den Eltern Zahlung für den Rückflug aus GoA. Zu Recht?

1. F könnte einen Anspruch gegen M auf Aufwendungsersatz aus §§ 677, 683 S. 1, 670 haben[109]. Ein Beförderungsvertrag zwischen M und F ist nicht zustande gekommen, weil die Eltern als gesetzliche Vertreter des M die nach §§ 107 f. erforderliche Genehmigung verweigert haben.

In den Fällen eines unwirksamen Vertrags ist die **Anwendbarkeit der GoA** umstritten. Der **BGH** wendet auch bei unwirksamen Verträgen die GoA an, weil er – entgegen der **h.M.** in der Literatur – die §§ 812 ff. nicht als speziellere Rückabwicklungsregeln ansieht[110]. Der Rücktransport stellt eine Geschäftsführung i.S. des § 677 für den M dar. Zwar hat F gegenüber den Behörden von X mangels Visum des M die Pflicht, den M wieder zurückzutransportieren. Es liegt aber für F zumindest ein **auch-fremdes Geschäft** vor. Der **Fremdgeschäftsführungswille** wird nach Ansicht der Rechtsprechung beim auch-fremden Geschäft vermutet. Fremd- und Eigengeschäftsführungswille schließen sich nicht aus[111]. Ein Auftrag oder eine sonstige Berechtigung fehlt, da ein Beförderungsvertrag nach §§ 107 f. unwirksam ist.

Eine berechtigte GoA setzt weiter voraus, dass die Übernahme des Geschäfts dem Interesse und dem Willen des Geschäftsherrn entspricht. Aufgrund der verweigerten Einreisemöglichkeit in X ist der Rückflug für M objektiv nützlich, d.h. **interessengemäß**. Er müsste auch dem **Willen** des M entsprochen haben. Fraglich ist, ob es insoweit auf den Willen des Minderjährigen M oder den (mutmaßlichen) Willen der Eltern als gesetzliche Vertreter ankommt.

Nach **h.M.** ist auf den **Willen der Eltern** abzustellen[112]. Begründet wird das mit der prinzipiellen Ähnlichkeit der Rechtsbeziehungen bei der berechtigten GoA als gesetzlichem Schuldverhältnis und vertraglichen Schuldverhältnissen. Andernfalls könnten die Wertungen der §§ 107 ff. durch die GoA umgangen werden. Im Sinne eines effektiven Minderjährigenschutzes ist hier somit der Wille der Eltern maßgeblich. Dass die Eltern des M die Zahlung im Nachhinein verweigert haben, ist unerheblich, da es auf den Willen im Zeitpunkt der Übernahme der Geschäftsführung ankommt. Im Zeitpunkt der Übernahme des fremden Geschäfts durch F lag indes kein erkennbarer Wille der Eltern vor. Daher ist der mutmaßliche Wille zu ermitteln. Die schnellstmögliche Rückkehr des M entspricht dem mutmaßlichen Willen der Eltern. Das ist aus dem objektiven Interesse an einem baldigen Heimflug ihres Sohnes zu folgern (vgl. §§ 1626 Abs. 2, 1631 Abs. 1). Die Voraussetzungen einer berechtigten GoA liegen daher vor.

---

109 Ein Anspruch auf Zahlung aus **Vertrag** besteht nicht, da M noch minderjährig ist, das Geschäft nicht lediglich rechtlich vorteilhaft ist und eine Genehmigung der Eltern nicht vorliegt (§§ 107 ff.). Ein Anspruch gegen M aus §§ 812 Abs. 1 S. 1, 1. Alt., 818 Abs. 2 scheidet aus, weil die berechtigte GoA einen Rechtsgrund i.S. des § 812 Abs. 1 S. 1 darstellt.
110 Näher zu diesem Problem oben Rn. 35.
111 Näher (unter Einbeziehung der abweichenden Literaturansicht) oben Rn. 60.
112 BeckOK/*Gehrlein*, § 682 Rn. 2; siehe auch BGH NJW 2015, 1020 Rn. 8 (mutmaßlicher Wille des **Betreuers**); a.A. *Beuthien/Weber*, S. 156 (Wille des Minderjährigen).

Rechtsfolge ist, dass F von M Aufwendungsersatz verlangen kann. Erfasst sind die freiwilligen Vermögensopfer, d.h. die infolge des Rückflugs entstandenen Mehrkosten. Gehört die im Rahmen der Geschäftsführung vorgenommene Tätigkeit üblicherweise zur beruflichen oder gewerblichen Sphäre des Geschäftsführers, so kann er darüber hinaus nach § 1835 Abs. 3 analog einen Anspruch auf die übliche Vergütung für seine Leistung verlangen[113]. F hat hier also auch einen Anspruch gegen M auf den tariflichen Flugpreis.

2. F könnte auch einen Aufwendungsersatzanspruch gegen die Eltern des M aus **§§ 677, 683 S. 1, 670** haben. Der Rücktransport stellt zugleich ein Geschäft der Eltern dar, dies folgt aus der elterlichen Sorge (§§ 1626 ff.). Der Fremdgeschäftsführungswille wird nach der Rechtsprechung vermutet. Ein Auftrag oder eine anderweitige Berechtigung fehlen. Der Rücktransport entspricht dem objektiven Interesse und dem mutmaßlichen Willen der Eltern[114]. Ein Anspruch der F gegen die Eltern des M aus §§ 677, 683 S. 1, 670 ist mithin zu bejahen. Die Eltern und M haften als Gesamtschuldner i.S. des § 421.

IV. Rechtsfolgen der berechtigten GoA

84 **Übersichtsaufsatz:** *Röthel*, Rechtsfolgen der Geschäftsführung ohne Auftrag, JURA 2012, 598 ff.

Mit der Übernahme einer berechtigten GoA entsteht kraft Gesetzes zwischen Geschäftsherr und Geschäftsführer ein Schuldverhältnis. Der Geschäftsführer kann Ansprüche gegen den Geschäftsherrn haben und der Geschäftsherr gegen den Geschäftsführer. Hat ein Geschäftsführer aufgrund einer berechtigten GoA den Besitz einer Sache erlangt, hat er ein Recht zum Besitz i.S. des § 986. Außerdem ist die berechtigte GoA Rechtsgrund i.S. des § 812 Abs. 1 und – nach h.M. – zugleich Rechtfertigungsgrund im Hinblick auf eine unerlaubte Handlung.

1. Ansprüche Geschäftsführer gegen Geschäftsherrn

85 Der Geschäftsführer kann vom Geschäftsherrn **Aufwendungsersatz** nach den §§ 677, 683 S. 1, 670 wie ein Beauftragter verlangen.

→ **Definition: Aufwendungen** i.S. des § 670 sind freiwillige Vermögensopfer, die der Geschäftsführer (oder ein von ihm hinzugezogener Dritter als Geschäftsführungsgehilfe) zur Durchführung der Geschäftsführungsmaßnahmen erbracht hat[115].

86 Nach § 257 S. 1 kann der Geschäftsführer auch **Befreiung von einer Verbindlichkeit** verlangen, wenn er zum Zweck der Geschäftsführung eine Verbindlichkeit eingegangen ist und diese noch nicht erfüllt hat. Handelt der Geschäftsführer beispielsweise bei Vertragsschluss als falsus procurator und verweigert der Geschäftsherr die Genehmigung des Vertrags, so kann der Geschäftsherr nach §§ 677, 683 S. 1, 670,

---
[113] Siehe Rn. 89.
[114] Anders *Beuthien/Weber*, S. 156 (§§ 683 S. 2, 679, 677, 670 seien maßgeblich).
[115] Palandt/*Sprau*, § 670 Rn. 3; *Otto*, JuS 1984, 684.

257 verpflichtet sein, den Vertreter ohne Vertretungsmacht von der Verbindlichkeit aus § 179 zu befreien.

Ersetzt werden gemäß § 670 nur die **erforderlichen Aufwendungen**. Erforderlich sind diejenigen Maßnahmen, die der Geschäftsführer nach den Umständen für erforderlich halten durfte. Abgestellt wird für die Beurteilung auf einen objektiv-subjektiven Maßstab. Der Geschäftsführer muss nach seinem verständigen Ermessen aufgrund sorgfältiger Prüfung unter Berücksichtigung aller Umstände über die Erforderlichkeit der Aufwendung entscheiden[116]. 87

§ 683 (Aufwendungsersatz) wird **eng ausgelegt**. Der Geschäftsführer soll nach Sinn und Zweck dieser Vorschrift lediglich die Nachteile ersetzt verlangen können, die bei ihm im Rahmen der berechtigten GoA entstanden sind. Es werden jedoch **zwei Ausnahmen** in Bezug auf die anwendbaren Regeln des Auftragsrechts gemacht: bei der Vergütung für eine Tätigkeit und beim Ersatz eines Schadens. 88

Umstritten ist, ob der Geschäftsführer **für eigene Arbeiten eine Vergütung** verlangen kann. Im Auftragsrecht, nach dessen Regeln ein Aufwendungsersatz des Geschäftsführers erfolgt, ist eine Vergütung für die Tätigkeiten des Beauftragten nicht möglich, weil der Auftrag stets unentgeltlich ist. Da die Sach- und Interessenlage des Auftragsrechts aber nicht identisch ist mit der der GoA, ist mit der **h.M.** davon auszugehen, dass der Geschäftsführer eine Tätigkeitsvergütung in üblichem Umfang verlangen kann, sofern die vorgenommene Tätigkeit zum Beruf oder Gewerbe des Geschäftsführers gehört (**§ 1835 Abs. 3 analog**)[117]. Es stellt zudem keine unbillige Härte dar, wenn der Geschäftsherr Arbeitsleistungen vergüten muss, die er üblicherweise nur gegen Entgelt verlangen kann[118]. 89

Dagegen wird von Teilen des Schrifttums angenommen, dass die Arbeitskraft als solche einen Vermögenswert darstellt, sodass deren Einsatz stets als freiwilliges Vermögensopfer anzusehen sei[119]. Wieder andere stellen auf den mutmaßlichen Parteiwillen bzgl. der Entgeltlichkeit ab[120]. 90

Nach Auftragsrecht erhält der Beauftragte nur seine Aufwendungen, nicht seinen **Schaden** ersetzt. Nach h.M. umfasst dagegen der Aufwendungsersatzanspruch im Rahmen der GoA auch die Schäden, bei denen sich das **typische Risiko** der übernommenen Tätigkeit verwirklicht hat. Das können z.B. Heilungs- oder Reparaturkosten sein, aber auch ein Schmerzensgeld ist umfasst[121]. Insofern hat der Geschäftsführer das mit der Geschäftsführung verbundene, typische Schadensrisiko freiwillig übernommen[122]. **Anspruchsgrundlage** für den Ersatz risikotypischer Schäden ist nach 91

---

116 Palandt/*Sprau*, § 670 Rn. 4.
117 BGHZ 65, 384, 390; BGHZ 69, 34, 36; vgl. auch BGH NJW 2012, 1648, 1651 m.w.N. („Beerdigungskosten"); vgl. den Rechtsgedanken des § 110 HGB bzgl. des Ersatzes für Aufwendungen und Verluste; Palandt/*Sprau*, § 683 Rn. 8.
118 *Wandt*, § 5 Rn. 42; MünchKomm/*Schäfer*, § 683 Rn. 35 f.
119 *Esser/Weyers*, § 46 II 4 c.
120 *Otto*, JuS 1984, 684, 685; ähnlich *Köhler*, JZ 1985, 359, 360.
121 OLG Köln, 4.9.2017 – 5 U 40/17, juris, Rn. 13; MünchKomm/*Schäfer*, § 683 Rn. 30; Staudinger/*Bergmann*, § 683 Rn. 69.
122 BGHZ 38, 270, 277; BGH NJW 1993, 2234, 2235; Palandt/*Sprau*, § 670 Rn. 11 („methodisch unsauber"); *Otto*, JuS 1984, 684, 685 ff.

h.M. §§ 677, 683 S. 1, 670 analog, da die freiwillige Übernahme des Schadensrisikos einem freiwillig erbrachten Vermögensopfer gleichzustellen sein soll. Zur Begründung des Ersatzanspruchs für risikotypische Schäden wurde früher zum Teil das Prinzip der Risikohaftung bei schadensgeneigter Tätigkeit in fremdem Interesse, das auch in § 110 HGB zum Ausdruck kommt, herangezogen[123].

92 Der Aufwendungsersatz ist bei **Mitverschulden (§ 254)** des Geschäftsführers zu kürzen[124]. Wird der Geschäftsführer zur Abwendung einer drohenden Gefahr tätig, so ist die Haftungseinschränkung des § 680 in die Wertung einzubeziehen, sodass ihn ein Mitverschulden i.S. des § 254 nur dann trifft, wenn er grob fahrlässig oder vorsätzlich gehandelt hat[125]. Bei leichter Fahrlässigkeit scheidet ein Mitverschulden aus, da der Geschäftsführer nicht das Risiko für erlittene eigene Verluste aufgrund seiner spontanen Hilfeleistung tragen soll[126].

2. Ansprüche Geschäftsherr gegen Geschäftsführer

93 Dem Geschäftsherrn kann gegen den Geschäftsführer sowohl ein Schadensersatzanspruch aus **§§ 677, 280 Abs. 1** als auch ein Herausgabeanspruch auf das Erlangte, ein Anspruch auf Anzeige sowie Rechenschaft durch den Geschäftsführer zustehen (siehe unten).

94 Ein **Schadensersatzanspruch aus §§ 677, 280 Abs. 1 (Ausführungsverschulden)** kommt in Betracht, wenn zwar feststeht, dass die Übernahme der Geschäftsführung durch den Geschäftsführer dem Interesse sowie dem wirklichen bzw. mutmaßlichen Willen des Geschäftsherrn entspricht, die konkrete Ausführung der Geschäftsführung dagegen nicht („ja, aber nicht so"[127]). Der Geschäftsführer hat nach § 677 das Geschäft ordnungsgemäß zu führen, d.h. so, wie es das Interesse des Geschäftsherrn mit Rücksicht auf seinen wirklichen oder mutmaßlichen Willen erfordert.

95 Bei der Durchführung der GoA ist die im Verkehr erforderliche Sorgfalt zu beachten (§§ 276 ff.). Verletzt der Geschäftsführer diese Sorgfaltspflicht zur ordnungsgemäßen Geschäftsführung, muss er bei zu vertretender Pflichtverletzung (vgl. § 280 Abs. 1 S. 2) nach den §§ 280 ff. oder bei der Verletzung eines entsprechenden Rechts(guts) nach den §§ 823 ff. auf Schadensersatz haften.

96 Die Schadensersatzpflicht wegen Ausführungsverschuldens (§§ 677, 280 Abs. 1) umfasst lediglich die **ausführungsbedingten Schäden**, nicht aber solche Nachteile, die aufgrund einer sachgerechten, aber erfolglosen Geschäftsführung entstehen. Im Übrigen bemisst sich der Umfang der Ersatzpflicht nach den §§ 249 ff.

97 **Umstritten** ist, ob die **berechtigte GoA** einen **Rechtfertigungsgrund** im Rahmen der §§ 823 ff. darstellt oder ob ein rechtfertigender Notstand anzunehmen ist[128]. Das

---

123 *Canaris*, RdA 1966, 41, 43; *Honsell*, FS Lübtow, 1980, S. 485, 496 ff.; *Genius*, AcP 173 (1973), 481, 512; zum heute geltenden Prinzip des innerbetrieblichen Schadensausgleichs Rn. 529.
124 BGHZ 38, 270, 277 ff.; RGRK/*Steffen*, § 670 Rn. 20; *Lorenz*, JuS 2016, 12, 14.
125 BGHZ 43, 188, 194.
126 *Brox/Walker*, § 36 Rn. 60.
127 Vgl. § 677: „... hat das Geschäft so zu führen, wie das Interesse des Geschäftsherrn mit Rücksicht auf dessen wirklichen oder mutmaßlichen Willen es erfordert". Dazu *Wandt*, § 5 Rn. 59.
128 Vgl. MünchKomm/*Schäfer*, § 677 Rn. 103.

Handeln des berechtigten Geschäftsführers ist jedenfalls nicht rechtswidrig. Dies gilt jedoch nur für Rechtsgutverletzungen, die durch die Übernahme der Geschäftsführung verursacht worden sind, z.B. der Geschäftsführer verletzt, obwohl er die Sorgfaltspflichten aus §§ 677, 681 beachtet, ein Rechtsgut des Geschäftsherrn (Nachbar drückt Fenster ein, um Wasserschaden zu verhindern). Unabhängig von der Rechtswidrigkeit wird ein Schadensersatzanspruch des Geschäftsherrn regelmäßig mangels Schadens (Vorteilsausgleichung) scheitern.

Wird die Geschäftsführung zur Abwehr einer dem Geschäftsherrn drohenden **dringenden Gefahr** vorgenommen, hat der Geschäftsführer aufgrund des **Haftungsprivilegs des § 680** nur Vorsatz und grobe Fahrlässigkeit zu vertreten[129]. Das ist bei der Prüfung des Verschuldens zu beachten. Eine solche drohende dringende Gefahr besteht dann, wenn der Eintritt eines Schadens an der Person des Geschäftsherrn oder dessen Vermögen[130] mit großer Wahrscheinlichkeit unmittelbar bevorsteht, sodass nur noch ein sofortiges Einschreiten die Schädigung verhindern kann. Will also der Geschäftsführer den bei einem Unfall verletzten Geschäftsherrn ins Krankenhaus fahren und fügt er dem Geschäftsherrn infolge leichter Unachtsamkeit beim Tragen zum Wagen eine weitere Verletzung zu, haftet er nicht für diese leicht fahrlässige Verletzungshandlung. Ob die Gefahr wirklich abgewendet wird, ist unerheblich[131].

98

Fraglich ist, ob die Haftungsbeschränkung des § 680 auch dann eingreift, wenn der Geschäftsführer (ohne Verschulden) eine Gefahrenlage annimmt, die in Wirklichkeit nicht besteht oder zumindest nicht die erforderliche Dringlichkeit aufweist. Nach zutreffender Ansicht ist ausreichend, wenn nach der Vorstellung des Geschäftsführers die Handlung erforderlich gewesen ist, um eine drohende Gefahr abzuwenden. Es genügt eine **vermeintliche Notlage**[132]. Dafür spricht v.a. der Zweck der Haftungsmilderung nach § 680. Durch sie soll die Bereitschaft zur schnellen und damit zwangsläufig irrtumsanfälligen Hilfe bei drohenden Gefahren gefördert werden. Diesem Anliegen widerspräche es, dem Hilfswilligen das volle, durch § 678 sogar noch verschärfte, Irrtumsrisiko aufzubürden, und zwar nicht nur für die Frage, ob eine Gefahr vorliegt, sondern auch in Hinblick auf die oft unsichere Prognose über die Dringlichkeit der Hilfeleistung.

99

Der Geschäftsführer muss jedoch unter Anwendung der in der konkreten Situation möglichen Sorgfalt geprüft haben, ob die Gefahrenlage gegeben war und unverschuldet[133] oder jedenfalls nicht grob fahrlässig[134] eine falsche Bewertung vorgenommen haben. Hat der Geschäftsführer keine gewissenhafte Prüfung durchgeführt, greift § 680 nicht ein und er hat jeden Sorgfaltsverstoß (d.h. auch den leicht fahrlässigen) zu vertreten.

100

---

129 Zur Erstreckung des § 680 auch auf deliktische Ansprüche siehe oben **Fall 1**, Rn. 16.
130 BGH VersR 1970, 620, 622.
131 Allg. Meinung: BGHZ 43, 188, 192; BGH VersR 1970, 620, 621; MünchKomm/*Schäfer*, § 680 Rn. 8; Palandt/*Sprau*, § 680 Rn. 2.
132 A.A. etwa MünchKomm/*Schäfer*, § 680 Rn. 7; *Berg*, JuS 1975, 681, 686; OLG Bamberg VersR 1976, 997, 998; OLG Frankfurt MDR 1976, 1021 (eine Entscheidung des BGH gibt es bislang nicht).
133 BAG NJW 1976, 1229, 1230; *Batsch*, AcP 171 (1971), 218, 222 Fn. 11; *Dietrich*, JZ 1974, 535, 539.
134 *Martinek/Theobald*, JuS 1997, 612, 618; Jauernig/*Mansel*, § 680 Rn. 2; Palandt/*Sprau*, § 680 Rn. 2.

101 In Bezug auf **weitere Ansprüche des Geschäftsherrn** gegen den Geschäftsführer gelten nach § 681 die Regeln des Auftragsrechts. Der Geschäftsherr hat zunächst einen Herausgabeanspruch, d.h. der Geschäftsführer muss nach §§ **681 S. 2, 667** das in Ausführung der Geschäftsführung **Erlangte** herausgeben. Herausgabepflichtig sind dabei alle Sachen und Rechte, die mit der Geschäftsbesorgung in einem inneren Zusammenhang stehen. Regelmäßig zählt dazu alles, was der Geschäftsführer von einem Dritten infolge der Geschäftsbesorgung erhalten hat[135]. Das herauszugebende Geld, das der Geschäftsführer für sich verwendet hat, muss er nach §§ 681 S. 2, 668 verzinsen.

102 Darüber hinaus hat der Geschäftsführer nach § 681 S. 1 dem Geschäftsherrn die Übernahme der Geschäftsführung anzuzeigen, sobald es tunlich ist, und dessen Entschließung abzuwarten, soweit nicht mit dem Aufschub Gefahr verbunden ist. Außerdem hat der Geschäftsführer nach §§ 681 S. 2, 666 **Auskunft** zu geben und **Rechenschaft** abzulegen.

§ 6 Die unberechtigte GoA

Übungsfälle: *Horlach/Guhl*, Die verhinderten Badewonnen, JA 2010, 94 ff.; *Dornis/Sturm*, Der nur scheinbare Notfall, JURA 2013, 1167 ff.; *Kastrup*, Einzelprobleme des Werkunternehmers bei Bauvorhaben sowie bei fehlgeschlagenem Grundstückserwerb, JURA 2014, 219 ff.

103
> **Prüfungsschema §§ 677, 684 S. 1 (Anspruch des GF gegen GH)**
> I. **Voraussetzungen**
>   1. Fremdes Geschäft des GF
>   a) Geschäft des GF (weite Auslegung)
>   b) Geschäftsfähigkeit (§ 682)
>   c) Fremdheit des Geschäfts
>   2. Mit Fremdgeschäftsführungswillen
>   3. Ohne Auftrag oder sonstige Berechtigung
>   4. Übernahme widerspricht dem Interesse bzw. wirklichen oder mutmaßlichen Willen des GH
> II. **Rechtsfolge**
>   Herausgabe des Erlangten
>   – H.M. §§ 684 S. 1, 818 f. (Rechtsfolgenverweisung)
>   – A.A. §§ 684 S. 1, 812 ff. (Rechtsgrundverweisung)

> **Prüfungsschema § 678 (Anspruch des GH gegen GF)**
> I. **Voraussetzungen**
>   1. Fremdes Geschäft des GF
>   a) Geschäft des GF (weite Auslegung)
>   b) Geschäftsfähigkeit (§ 682)
>   c) Fremdheit des Geschäfts

---
[135] BGH NJW 1994, 3346.

> 2. Mit Fremdgeschäftsführungswillen
> 3. Ohne Auftrag oder sonstige Berechtigung
> 4. Übernahme widerspricht wirklichem oder mutmaßlichem Willen des GH
> 5. Übernahmeverschulden
>   – Kenntnis/Erkennbarkeit des entgegenstehenden Willens des GH
>
> **II. Rechtsfolge**
>
> Ersatz des Schadens nach §§ 249 ff. (Schaden, haftungsausfüllende Kausalität, Mitverschulden)

I. Voraussetzungen

§ 684 S. 1 regelt die sog. unberechtigte GoA. Dort wird dem Geschäftsführer das Risiko der erfolglosen unberechtigten GoA auferlegt. Bei der unberechtigten GoA sind zunächst die Tatbestandsvoraussetzungen „fremdes Geschäft mit Fremdgeschäftsführungswillen ohne Auftrag (oder sonstige Berechtigung)" zu prüfen. Im Vergleich zur berechtigten GoA fehlt es aber bei der unberechtigten GoA an einer Übereinstimmung mit dem wirklichen oder mutmaßlichen Willen des Geschäftsherrn. Die Geschäftsführung muss diesem Willen widersprochen haben. Kann ein wirklicher oder mutmaßlicher Wille nicht festgestellt werden bzw. ist der entgegenstehende Wille unbeachtlich (§ 679), ist zu prüfen, ob eine Genehmigung durch den Geschäftsherrn vorliegt (§ 684 S. 2). Ist das nicht der Fall, sind die Voraussetzungen einer unberechtigten GoA gegeben.

104

Nach h.M. besteht in diesem Fall **kein gesetzliches Schuldverhältnis** nach §§ 677 ff. zwischen Geschäftsführer und Geschäftsherrn[1]. Die Abwicklung des Rechtsverhältnisses erfolgt im Verhältnis zwischen Geschäftsführer und Geschäftsherr nach § 684 S. 1 ausschließlich nach **Bereicherungsrecht**[2], die Abwicklung im Verhältnis zwischen Geschäftsherr und Geschäftsführer nach § 678 und den allgemeinen Regeln. Eine Ansicht im Schrifttum will auch im Fall der unberechtigten GoA ein gesetzliches Schuldverhältnis bejahen, was Auswirkungen auf die jeweiligen Anspruchsgrundlagen hat[3].

105

II. Ansprüche Geschäftsführer gegen Geschäftsherrn

Der unberechtigte Geschäftsführer ohne Auftrag kann nach h.M. nicht wie der berechtigte Aufwendungsersatz verlangen (§§ 677, 683 S. 1, 670), sondern er hat lediglich einen bereicherungsrechtlichen Anspruch aus **§§ 684 S. 1, 812 ff.** (Aufwendungskondiktion)[4]. Die Verweisung in § 684 S. 1 stellt nach h.M. eine **Rechtsfolgen-**

106

---

1 Vgl. *Wandt*, § 2 Rn. 10.
2 BGH WM 1976, 1056, 1060; Palandt/*Sprau*, § 684 Rn. 1; RGRK/*Steffen*, § 684 Rn. 8; *Schwerdtner*, JURA 1982, 642, 646.
3 *Brox/Walker*, § 37 Rn. 2 f.
4 Vgl. BGH NJW 2005, 3211, wo ein Anspruch aus §§ 684 S. 1, 812 bei eigenmächtiger Nachbesserung des Käufers trotz kaufrechtlicher Gewährleistung abgelehnt wurde, da die §§ 437 ff. abschließenden Charakter haben.

verweisung⁵ dar⁶, sodass die Voraussetzungen des § 812 nicht vorliegen müssen, sondern sich lediglich die Abwicklung nach Bereicherungsrecht richtet (§§ 818 f.). In der Literatur wird teilweise von einer Rechtsgrundverweisung ausgegangen, da dann z.B. die §§ 815 und 817 anwendbar seien, deren Nichtanwendung als unangemessen und vom Gesetzgeber nicht gewollt angesehen wird⁷.

107 Als **Rechtsfolge** ist in beiden Fällen die Bereicherung des Geschäftsherrn herauszugeben. Das sind ersparte Aufwendungen des Geschäftsherrn sowie ein möglicher Wertzuwachs. Da in § 684 S. 1 auf das Bereicherungsrecht verwiesen wird, kann der Geschäftsführer eine Herausgabe lediglich verlangen, wenn und soweit der Geschäftsherr überhaupt bzw. noch bereichert ist (§ 818 Abs. 3). Zu berücksichtigen sind dabei auch die Grundsätze der aufgedrängten Bereicherung, die einen Ersatzanspruch ausschließen können⁸.

III. Ansprüche Geschäftsherr gegen Geschäftsführer

108 Der Geschäftsherr hat nach h.M. gegen den Geschäftsführer keinen Anspruch auf Herausgabe des durch die Geschäftsführung Erlangten gemäß §§ 670, 681 S. 2, 667, sondern allein gemäß **§§ 812 ff.**⁹ Da die GoA-Regeln keine Anwendung finden, müsste der Geschäftsführer dem Geschäftsherrn auch nicht zur Anzeige nach § 681 S. 1, zur Rechenschaft nach §§ 681 S. 2, 666 oder zum Schadensersatz nach §§ 677, 280 Abs. 1 verpflichtet sein. Das ist jedoch im Einzelfall **streitig**. Teilweise wird angenommen, dass § 681 ganz¹⁰ oder jedenfalls die Verweisung in § 681 S. 2 entsprechend auch für die unberechtigte GoA gelten soll. Auch eine Haftung aus §§ 677, 280 Abs. 1 (Ausführungsverschulden) wird teilweise bejaht¹¹.

109 Der unberechtigte Geschäftsführer haftet dem Geschäftsherrn nach **§ 678 auf Schadensersatz (Übernahmeverschulden)**, wenn er seine Nichtberechtigung hätte erkennen können. Die Nichtberechtigung ergibt sich daraus, dass die Übernahme der Geschäftsführung nicht dem wirklichen oder mutmaßlichen Willen des Geschäftsherrn entsprach. Auf das Interesse kommt es hier, anders als bei § 683 S. 1 oder § 677, allenfalls dann an, wenn der mutmaßliche Wille des Geschäftsherrn zu bestimmen ist. War die Nichtberechtigung nicht erkennbar, kann Schadensersatz nur nach den §§ 823 ff. gefordert werden¹².

---

5 Allgemein zur Rechtsfolgen- und Rechtsgrundverweisung *Wörlen/Leinhas*, JA 2006, 22 ff.
6 BGH WM 1976, 1056, 1060; Staudinger/*Bergmann*, § 684 Rn. 5 (aber keine entsprechende Anwendung der §§ 814, 815, 817 S. 2); *Martinek/Theobald*, JuS 1997, 612, 617; *Brox/Walker*, § 37 Rn. 8 (mit dem Hinweis, dass, wenn die GoA im Dreipersonenverhältnis anwendbar ist, eine Rechtsgrundverweisung vorliegen soll).
7 *Coester-Waltjen*, JURA 1990, 608, 610; *Gursky*, AcP 185 (1985), 13, 40 ff.; *Henssler*, JuS 1991, 924, 928; siehe auch *Wandt*, § 5 Rn. 52.
8 Näher dazu unten Rn. 661.
9 *Schwerdtner*, JURA 1982, 642, 646. Anders *Wandt*, § 5 Rn. 5, der als inzwischen h.M. ansieht, dass grundsätzlich alle GoA-Vorschriften auf die unberechtigte GoA anzuwenden seien; BeckOK/*Gehrlein*, § 677 Rn. 7; Palandt/*Sprau*, Einf v § 677 Rn. 5; *Beuthien*, FS Söllner, 2000, S. 125 f.
10 PWW/*Fehrenbacher*, § 681 Rn. 1.
11 MünchKomm/*Schäfer*, § 677 Rn. 122 ff.; *Wandt*, § 5 Rn. 62.
12 Hier kann auch die Haftungsmilderung des § 680 auf die deliktischen Ansprüche Anwendung finden; siehe Rn. 16.

Bei einem Anspruch aus § 678 ist zunächst zu prüfen, ob der Geschäftsführer ein unberechtigter Geschäftsführer ohne Auftrag war (fremdes Geschäft, Fremdgeschäftsführungswille, ohne Auftrag, dem Interesse oder Willen des Geschäftsherrn widersprechend). Sodann muss geprüft werden, ob er schuldhaft nicht erkannt hat, dass er die Geschäftsführung nicht übernehmen durfte. Es gelten die Sorgfaltsanforderungen des § 276[13], sodass bereits die leicht fahrlässige Übernahme einer unberechtigten GoA zu einer Schadensersatzpflicht führen kann. Setzt sich der Geschäftsführer also bewusst über den ihm bekannten Willen des Geschäftsherrn hinweg oder schätzt diesen fahrlässig falsch ein, ist er schadensersatzpflichtig. Das gilt selbst dann, wenn er bei der **Ausführung** nicht schuldhaft gehandelt hat, denn das Verschulden muss sich nicht auf den eingetretenen Schaden beziehen (§ 678 a.E.).

110

Im Zusammenhang mit der Haftung des Geschäftsführers kann auch die **Haftungsmilderung des § 680** eine Rolle spielen. Bei einer Gefahrenabwehr haftet der Geschäftsführer damit nur für Vorsatz und grobe Fahrlässigkeit[14]. Die Rechtsfolge (Schadensersatz) bemisst sich nach den §§ 249 ff.

111

Die Anwendung des § 678 sowie die Frage der Haftungsmilderung nach § 680 soll an **Fall 11**[15] verdeutlicht werden: Der völlig betrunkene Fahrzeughalter H will nach einem Fest mit seinem Kfz nach Hause fahren. Er ist nicht dazu zu bewegen, seine Schlüssel abzugeben. F erklärt sich auf Drängen anderer und weil er H gefährdet sieht, schließlich bereit, H mit dessen Wagen nach Hause zu fahren. F fährt auf den unbeleuchteten Anhänger eines abgestellten Lkw auf. Das Fahrzeug des H erleidet Totalschaden. Zur Unfallzeit hatte F 1,5 Promille Alkohol im Blut. H verlangt von F Ersatz für das zerstörte Fahrzeug. Zu Recht?

112

1. H könnte gegen F einen Schadensersatzanspruch aus **§ 678 (Übernahmeverschulden)** haben, wenn F als **unberechtigter** Geschäftsführer ohne Auftrag für H gehandelt hat. Mit dem Fahren des Pkw führte F objektiv und subjektiv ein fremdes Geschäft. Der Fremdgeschäftsführungswille wird nach h.M. vermutet. Die Geschäftsführung erfolgte auch ohne Auftrag oder sonstige Berechtigung. Es liegt kein Gefälligkeitsverhältnis zwischen F und H vor, da es an der erforderlichen Einigung zwischen beiden fehlt.

Die Geschäftsführung müsste dem **Interesse** und dem **Willen** des H widersprochen haben. Auf den wirklichen Willen des H kann es aufgrund seiner völligen Trunkenheit nicht ankommen (§ 105 Abs. 2 analog). Es ist daher auf seinen mutmaßlichen Willen abzustellen. Hierbei kommt es auf das objektive Interesse des H an. Da F bei der Fahrt einen Blutalkoholgehalt von 1,5 Promille hatte und damit absolut fahruntüchtig war, entsprach es nicht dem mutmaßlichen Willen des H, von ihm gefahren zu werden[16]. Es liegt eine unberechtigte GoA vor.

Des Weiteren setzt der Schadensersatzanspruch aus § 678 voraus, dass F **schuldhaft** nicht erkannt hat, dass die Übernahme der Geschäftsführung dem (mutmaßlichen)

---

13 Bzgl. der Haftung für einen Gehilfen gilt daher § 278 (Zurechnungsnorm); bei einem deliktischen Anspruch kommt allenfalls § 831 (Anspruchsgrundlage) in Betracht.
14 BGHZ 43, 188, 193; BGH NJW 1972, 475 ff.
15 **BGH NJW 1972, 475 ff.**
16 Bei der Prüfung der Berechtigung der GoA ist allein deren **Übernahme** entscheidend, sodass hier nicht einbezogen werden darf, dass F bei der **Durchführung** der GoA einen Unfall verursachte.

Willen des H widersprach. Grundsätzlich schadet schon die leicht fahrlässige Übernahme einer unberechtigten GoA (§ 276). Allerdings wollte F hier vom Geschäftsherrn H eine drohende dringende Gefahr abwenden, da dieser in völlig betrunkenem Zustand fahren wollte. Es kommt deshalb die Haftungsmilderung des **§ 680** in Betracht[17]. Fraglich ist also, ob F mit dem Fahren die im Verkehr erforderliche Sorgfalt in grobem Maß missachtet hat. Wer im Straßenverkehr ein Fahrzeug führt, obwohl er infolge des Genusses von Alkohol nicht in der Lage ist, das Fahrzeug sicher zu führen, handelt idR. grob fahrlässig.

Hier könnten jedoch besondere Umstände vorliegen, die zumindest den Vorwurf der **groben** Fahrlässigkeit entkräften. F war in der konkreten Situation gezwungen, schnell zu handeln, er wurde von den Umstehenden gedrängt und zudem war die abzuwendende Gefahr ungewöhnlich groß (Gefährdung von Leib und Leben des H und anderer Verkehrsteilnehmer). Andere Maßnahmen hätten zur Anwendung von Gewalt geführt (Schlüsselwegnahme) oder zu gefährlichen Verzögerungen (Anruf bei der Polizei). In dieser Situation hat es F zwar an einer sorgfältigen Prüfung seiner eigenen Fahruntüchtigkeit fehlen lassen, wegen der eben genannten besonderen Umstände der Geschäftsübernahme liegt hierin aber keine grobe Missachtung der im Verkehr erforderlichen Sorgfalt. H kann daher mangels (Übernahme-)Verschuldens des F keinen Schadensersatz nach § 678 verlangen[18].

2. H könnte gegen F einen Anspruch aus §§ 677, 280 Abs. 1 haben (**Ausführungsverschulden**). Voraussetzung ist, dass § 677 **anwendbar** ist. Grundsätzlich findet § 677 bei der unberechtigten GoA keine Anwendung[19]. Ausnahmsweise soll nach einer Ansicht im Schrifttum eine Haftung aus §§ 677, 280 Abs. 1 zu bejahen sein. Aufgrund eines Erst-Recht-Schlusses soll eine Haftung des unberechtigten Geschäftsführers über § 678 hinaus bei fehlender Kenntnis oder bei fahrlässiger Unkenntnis von der fehlenden Übernahmeberechtigung gegeben sein[20]. Der unberechtigte Geschäftsführer soll nicht besser stehen als der berechtigte. Diese Meinung ist jedoch mit der h.M. abzulehnen, da mangels Vorliegens der Voraussetzungen der berechtigten GoA gerade das an das Auftragsrecht angelehnte Schuldverhältnis nicht entsteht. Damit scheidet eine Haftung nach §§ 677, 280 Abs. 1 aus.

Folgt man der Mindermeinung, ist Voraussetzung, dass der Geschäftsführer das Geschäft schuldhaft nicht so geführt hat, wie es das Interesse des Geschäftsherrn mit Rücksicht auf dessen wirklichen oder mutmaßlichen Willen erfordert. Im vorliegenden Fall ist ein Ausführungsverschulden aus den gleichen Gründen zu verneinen, die bereits gegen ein grobes Verschulden bei Übernahme der Geschäftsführung sprachen[21]. Danach scheidet auch nach dieser Ansicht ein Anspruch des H gegen F auf Schadensersatz gemäß §§ 677, 280 Abs. 1 (mangels Verschuldens des F) aus.

---

17 BGH NJW 1972, 475 ff.; *Gursky*, JuS 1972, 637 ff.; *Medicus/Petersen*, BR, Rn. 433; *Medicus/Lorenz*, SR II, § 60 Rn. 29; Soergel/*Beuthien*, § 680 Rn. 2; Staudinger/*Bergmann*, § 680 Rn. 1.
18 Ein Anspruch aus **§ 823 Abs. 1** scheidet ebenfalls aus, da § 680 auch hier gelten muss (siehe oben **Fall 1**, Rn. 16) und grobe Fahrlässigkeit nicht vorliegt (BGHZ 46, 313, 316; BGH NJW 1972, 475, 476). Aus demselben Grund scheidet auch ein Anspruch aus §§ 18 Abs. 1 S. 1, 7 Abs. 1 StVG aus (§ 18 Abs. 1 S. 2 StVG; vgl. auch § 8a StVG).
19 Siehe oben Rn. 105.
20 MünchKomm/*Schäfer*, § 677 Rn. 124; Palandt/*Sprau*, Einf v § 677 Rn. 5; *Wandt*, § 5 Rn. 62.
21 BGH NJW 1972, 475, 477.

3. H könnte gegen F einen Anspruch aus **§ 823 Abs. 1** haben. Das Eigentum des H wurde von F kausal verletzt. Die Rechtswidrigkeit ist indiziert. Allerdings ist in Bezug auf das Verschulden auch hier § 680 zu beachten[22], sodass eine Haftung nach § 823 Abs. 1 ausscheidet.

§ 7 Die unechte GoA

I. Irrtümliche Eigengeschäftsführung, § 687 Abs. 1

Bei der irrtümlichen Eigengeschäftsführung liegt zwar zumeist ein objektiv fremdes Geschäft vor, es fehlt jedoch am Fremdgeschäftsführungswillen. Dieser setzt nämlich das Bewusstsein voraus, ein Geschäft für einen anderen zu führen. Ansprüche aus GoA scheiden damit hier aus, das stellt § 687 Abs. 1 klar (keine Anspruchsgrundlage!). Es entsteht kein Schuldverhältnis[1]. Damit ist auch eine Genehmigung durch den „Geschäftsherrn" nicht möglich, d.h. eine solche kann die Anwendbarkeit der §§ 677 ff. nicht begründen[2]. Der Ausgleich zwischen den Parteien erfolgt nach den allgemeinen Vorschriften, d.h. nach den §§ 987 ff., 812 ff., 823 ff.[3].

113

II. Angemaßte Eigengeschäftsführung, § 687 Abs. 2

Übungsfall: *Steinbeck/Block*, Vermietung eines fremden Pkw und die Folgen, JURA 2011, 943 ff.; *Lorz*, Playboy und Profifußballer – Prominente im Fokus der Presse, JURA 2014, 426 ff.

Prüfungsschema § 687 Abs. 2 S. 1 (Anspruch GH gegen GF)
I. Voraussetzungen
1. Fremdes Geschäft des GF
a) Geschäft des GF (weite Auslegung)
b) Geschäftsfähigkeit (§ 682)
c) Fremdheit des Geschäfts
2. Bewusster Eigengeschäftsführungswille
II. Rechtsfolge
Wahlrecht des GH nach § 687 Abs. 2
1. Ausgleich nach allg. Vorschriften (§§ 812 ff., 823 ff., 987 ff.) oder
2. § 678 (Schadensersatz), §§ 681 S. 2, 667 (Herausgabe des Erlangten), §§ 681 S. 2, 666 (Auskunft/Rechenschaft), §§ 681 S. 2, 668 (Verzinsung)

114

---

22 Siehe oben Rn. 111.

1 Zur entsprechenden Einordnung der Schönheitsreparaturfälle *Hey*, JuS 2009, 400, 405.
2 PWW/*Fehrenbacher*, § 687 Rn. 2.
3 MünchKomm/*Schäfer*, § 687 Rn. 4.

115 Führt jemand ein fremdes Geschäft trotz Kenntnis der Fremdheit als eigenes, ohne dazu berechtigt zu sein, liegt angemaßte Eigengeschäftsführung i.S. des § 687 Abs. 2 vor (auch unerlaubte Eigengeschäftsführung oder Geschäftsanmaßung genannt[4]). Weil ein Fremdgeschäftsführungswille fehlt, handelt es sich nicht um eine (echte) GoA. § 687 Abs. 2 stellt eine Sonderregelung zu den Vorschriften des Delikts- und Bereicherungsrechts dar. Danach haftet derjenige verschärft, der bewusst und in eigennütziger Absicht fremde Angelegenheiten wahrnimmt.

116 Auch wenn bei angemaßter Eigengeschäftsführung keine GoA vorliegt, können daneben aufgrund von § 687 Abs. 2 die Regeln der GoA, d.h. die §§ 677, 678, 681, 682, anwendbar sein. Der Geschäftsherr hat insofern ein **Wahlrecht** (§ 687 Abs. 2 S. 1: „kann"), ob er Ansprüche aus den allgemeinen Vorschriften (§§ 812 ff., §§ 823 ff. und §§ 987 ff.) oder aus GoA geltend machen will. Wählt der Geschäftsherr ein Vorgehen nach den **allgemeinen Regeln**, ist er dem Geschäftsführer nicht zum Aufwendungsersatz gemäß § 687 Abs. 2 S. 2 verpflichtet.

117 Wählt der Geschäftsherr dagegen ein Vorgehen nach den **Regeln der GoA**, hat er den Vorteil, dass § 678 (Zufallshaftung) Anwendung findet und ein Anspruch auf Herausgabe des Erlöses bzw. Verletzergewinns (**§§ 687 Abs. 2 S. 1, 681 S. 2, 667**) besteht. Voraussetzung für den Herausgabeanspruch ist, dass objektiv ein fremdes Geschäft geführt wird, obwohl der Geschäftsführer subjektiv ein eigenes Geschäft besorgen will. Ein bloß neutrales Geschäft genügt nicht. Liegt ein neutrales Geschäft vor, das mit Eigengeschäftsführungswillen getätigt wird, handelt es sich schlicht um die Führung eines (erlaubten) eigenen Geschäfts.

118 Voraussetzung ist des Weiteren, dass der Geschäftsführer auch **weiß**, dass es sich um ein fremdes Geschäft handelt. Kenntnisse seines Vertreters muss er sich nach § 166 zurechnen lassen. Liegt lediglich fahrlässige Unkenntnis vor, ist dies kein Fall der Geschäftsanmaßung, sondern des § 687 Abs. 1 (irrtümliche Eigengeschäftsführung). Außerdem muss der Geschäftsführer das Geschäft **als eigenes** führen wollen und somit Eigengeschäftsführungswillen haben. Zudem darf er zur Geschäftsführung **nicht berechtigt** sein.

119 Geht der Geschäftsherr nach GoA vor, haftet der Geschäftsführer auch auf Auskunft und Rechenschaft (§§ 681 S. 2, 666) sowie Verzinsung (§§ 681 S. 2, 668). Andererseits ist der Geschäftsherr dem Geschäftsführer zum Ersatz seiner Aufwendungen verpflichtet. **Anspruchsgrundlage** für den Geschäftsführer ist **§ 687 Abs. 2 S. 2**, der ausdrücklich auf das ausgeübte Wahlrecht des Geschäftsherrn abstellt.

120 Die Bedeutung des § 687 Abs. 2 zeigt **Fall 12**[5]: Journalist J interviewt den bekannten Schauspieler D für eine Reportage und macht dabei auch einige Fotos. D lässt sich u.a. auf dem Motorroller des J ablichten. Dieses Foto verkauft J der Motorrollerfirma M für deren Reklame. Er versichert, D sei mit dieser Veröffentlichung einverstanden. M veröffentlicht daraufhin das Bild im Rahmen eines Inserats in mehreren Zeitschriften und erwähnt den Na-

---

4 Siehe *Brox/Walker*, § 38 Rn. 4; *Peifer*, § 14 Rn. 4.
5 **BGHZ 20, 345 ff.** („Paul Dahlke"), wo allerdings lediglich auf das Schadensersatzrecht abgehoben wird und nicht auf Ansprüche aus GoA. Weiterführung der Lösung unter deliktsrechtlichen Gesichtspunkten unten **Fall 17** Rn. 203.

men des D. D will wissen, ob er Ansprüche aus GoA gegen J hat. J will wissen, ob er ggf. Gegenansprüche als Geschäftsführer hat.

1. D könnte einen Anspruch auf **Herausgabe des empfangenen Entgelts** nach **§§ 687 Abs. 2 S. 1, 681 S. 2, 667** haben. Dann müsste J wissentlich ein fremdes Geschäft als eigenes geführt haben, d.h. das Geschäft muss (wenigstens auch) dem Rechts- und Interessenkreis eines anderen angehören. Ein fremdes Geschäft könnte J geführt haben, indem er die Fotoaufnahme von D ohne dessen Erlaubnis an M zu Werbezwecken weitergab. Nach § 22 Abs. 1 KunstUrhG dürfen Bildnisse nur mit Einwilligung des Abgebildeten verbreitet oder öffentlich zur Schau gestellt werden. J hat das Foto durch Weitergabe an die M verbreitet. Eine Einwilligung des D in die Weitergabe liegt nicht vor. Allerdings dürfen Bilder ausnahmsweise auch ohne die Einwilligung verbreitet werden, wenn die Voraussetzungen des § 23 Abs. 1 Nr. 1 KunstUrhG vorliegen. Hiernach ist die Verbreitung von Bildern in Bezug auf Personen der Zeitgeschichte aufgrund des überwiegenden Informationsbedürfnisses der Allgemeinheit auch ohne Gestattung des Abgebildeten zulässig.

Der bekannte Schauspieler D ist eine solche Person der Zeitgeschichte. Die Ausnahmevorschrift des § 23 Abs. 1 KunstUrhG greift jedoch nur ein, wenn die Verbreitung eines Bilds der Person der Zeitgeschichte tatsächlich dem schutzbedürftigen Informationsbedürfnis der Allgemeinheit dient. Demgegenüber steht hier für J das kommerzielle Interesse an einer möglichst lukrativen Verwertung des Bilds im Rahmen der Werbung im Vordergrund. Die einschränkenden Voraussetzungen des § 23 Abs. 1 KunstUrhG liegen mithin nicht vor. J hat durch die Weitergabe des Bilds an M ein Geschäft vorgenommen, das in den Rechtskreis eines anderen gehört (Recht des D am eigenen Bild, § 22 KunstUrhG), also fremd war. J wusste auch um seine mangelnde Berechtigung, da er der M wahrheitswidrig von der Zustimmung des D erzählte.

J muss das fremde Geschäft als eigenes behandelt haben, d.h. er muss in den fremden Rechts- oder Interessenkreis in eigennütziger Absicht eingegriffen haben. Das ist hier der Fall, da J den D vom Ganzen nicht in Kenntnis gesetzt hat. Damit liegt hier eine angemaßte Eigengeschäftsführung des J vor.

Rechtsfolge ist, dass J so behandelt wird, als habe er das fremde Geschäft für Rechnung des Geschäftsherrn geführt. Die allgemeine Deliktshaftung sowie die allgemeinen Vorschriften (§§ 812 ff., 987 ff.) werden zugunsten des geschädigten „Geschäftsherrn" verstärkt, indem ihm die besonderen Herausgabe- und Schadensersatzansprüche (§ 687) der GoA inklusive der Nebenansprüche (§§ 683, 661 ff.) zuerkannt werden.

Nach §§ 687 Abs. 2 S. 1, 681 S. 2, 667 muss J daher das durch die angemaßte Eigengeschäftsführung **Erlangte** herausgeben. Von der Pflicht zur Herausgabe des Erlangten ist – wie bei § 816 Abs. 1 S. 1 – auch das aufgrund eines schuldrechtlichen Vertrags zugeflossene Äquivalent umfasst. Der Geschäftsführer hat also auch einen erzielten **Gewinn** herauszugeben, und zwar unabhängig davon, ob der Geschäftsherr selbst ein solches Geschäft vorgenommen hätte oder der Gewinn aufgrund des besonderen Verhandlungsgeschicks des Geschäftsführers höher als üblich ausgefallen ist[6].

---
6 *Esser/Weyers*, § 46 IV 2 a; *Medicus/Petersen*, BR, Rn. 418.

D kann daher von J das Honorar verlangen, welches J von M für die Werbeaufnahmen erhalten hat.

2. D könnte auch einen Anspruch auf **Schadensersatz** nach §§ **687 Abs. 2 S. 1, 678** (Übernahmeverschulden) haben[7]. Hat der sich in fremde Angelegenheiten einmischende Eigengeschäftsführer erkannt, dass sein Handeln dem Willen des Geschäftsherrn widerspricht, haftet er nach §§ 687 Abs. 2, 678 auf Schadensersatz. Im vorliegenden Fall ist die Höhe der Schadensersatzpflicht des J – in Ermangelung eines dem D konkret entstandenen Schadens – nach dem Entgelt zu bemessen, das in vergleichbaren Fällen an Schauspieler für die Einwilligung in eine Bildweitergabe zu Werbezwecken gezahlt wird[8].

3. Verlangt der Geschäftsherr Herausgabe des durch die Geschäftsführung Erlangten (§§ 687 Abs. 2 S. 1, 681 S. 2, 667) oder macht er einen Schadensersatzanspruch geltend (§§ 687 Abs. 2 S. 1, 678), so richten sich die **Gegenansprüche** des Geschäftsführers nach §§ **687 Abs. 2 S. 2, 684 S. 1**. Nach deren Wortlaut ist der Geschäftsherr verpflichtet, dem Geschäftsführer alles, was er „durch die Geschäftsführung erlangt" hat, nach Bereicherungsrecht herauszugeben[9]. Die Verweisung des § 684 S. 1 auf das Bereicherungsrecht scheint zu dem Ergebnis zu führen, dass der Geschäftsherr dem Geschäftsführer das durch die Geschäftsführung Erlangte herausgeben muss, das er seinerseits gerade nach §§ 681 S. 2, 667 erlangt hat. Das Erlangte würde also von einem zum anderen geschoben.

Die **Formulierung des § 684 S. 1** beruht jedoch auf einem **Redaktionsversehen**[10]. Sie meint nicht etwa, dass der Geschäftsherr (D) das Geschäftsführungsergebnis herausgeben muss, also das, was er zuvor vom Geschäftsführer (J) nach § 667 erlangt hat. Zweck der Bestimmung ist vielmehr, dass der Geschäftsführer, wenn er das durch die Geschäftsführung Erlangte herausgeben muss, zumindest seine **Aufwendungen** ersetzt verlangen kann, soweit der Geschäftsherr durch sie noch bereichert ist[11]. Die Verweisung auf das Bereicherungsrecht in §§ 687 Abs. 2 S. 2, 684 S. 1 bezieht sich also nicht auf das sonst Erlangte, sondern nur auf die vom Geschäftsführer getätigten Aufwendungen. Der Herausgabeanspruch nach §§ 687 Abs. 2 S. 1, 681 S. 2, 667 soll dem Geschäftsherrn (kondiktionsfest) erhalten bleiben.

Der Geschäftsherr D ist somit nach § 684 S. 1 verpflichtet, dem Geschäftsführer dessen Aufwendungen zu ersetzen, wenn dieser die Ansprüche nach § 687 Abs. 2 S. 1 geltend macht[12]. Hier kann J den Teilbetrag des Honorars einbehalten, mit dem die Nutzung der von ihm als Urheber gefertigten Fotoaufnahme (vgl. §§ 2 Abs. 1 Nr. 5 bzw. 72 UrhG) abgegolten wird.

---

7 Ein Schadensersatzanspruch des D gegen J aus §§ 280 Abs. 1, 241 Abs. 2 (positive Forderungsverletzung) scheidet aus, da es am beiderseitigen Rechtsbindungswillen fehlt.
8 Des Weiteren könnte D einen Anspruch aus § 823 Abs. 1 wegen Verletzung seines Persönlichkeitsrechts haben sowie einen Anspruch aus § 823 Abs. 2 iVm. § 22 KunstUrhG und einen solchen aus § 826. Außerdem könnte ein Anspruch aus § 812 Abs. 1 S. 1, 2. Alt. sowie ein Anspruch aus § 1004 Abs. 1 S. 2 gegeben sein.
9 Zur Frage, ob § 684 S. 1 eine Rechtsfolgen- oder Rechtsgrundverweisung enthält, siehe oben Rn. 106.
10 Vgl. auch *Esser/Weyers*, § 46 IV 2 b.
11 *Medicus/Lorenz*, SR II, § 60 Rn. 33; Staudinger/*Bergmann*, § 687 Rn. 51.
12 RGZ 138, 45, 50; *Larenz*, § 57 II b; Staudinger/*Bergmann*, § 687 Rn. 53; *Schwerdtner*, JURA 1982, 642, 647.

Dritter Teil
Deliktsrecht

§ 8 Grundlagen

I. Systematik des Deliktsrechts

Im Deliktsrecht wird die Frage der Verantwortlichkeit einer Person für einen Schaden geregelt, der unabhängig von einer Vertragsbeziehung entstanden ist. Das Gesetz geht grundsätzlich vom **Verschuldensprinzip** aus. Die Haftung trifft denjenigen, der den Schaden rechtswidrig und schuldhaft verursacht hat[1]. Die Beweislast für das Verschulden trägt regelmäßig der Geschädigte als Anspruchsteller. Dies gilt etwa für § 823 Abs. 1, § 823 Abs. 2 iVm. einem Schutzgesetz, §§ 824, 826, 839 und 830 Abs. 1 S. 1 sowie 830 Abs. 2.

121

In manchen Fällen sieht das Gesetz vor, dass das Verschulden widerlegbar vermutet wird (**Verschuldensvermutung**), d.h. der Schädiger haftet, sofern er sich nicht exkulpieren kann. Das findet sich etwa bei den §§ 831, 832, 833 S. 2, 834, 836–838 sowie § 18 StVG und bei der deliktischen Produzentenhaftung.

122

In einigen Fällen weicht das Gesetz vom Verschuldensprinzip ab und sieht ausnahmsweise eine Haftung ohne Rechtswidrigkeit und Verschulden vor (**Gefährdungshaftung**). Haftungsgrundlage ist hier die abstrakte Gefährdung anderer durch ein bestimmtes erlaubtes Verhalten. Daher stellt sich auch nicht die Frage der adäquaten Kausalität, da schon allein für die Gefährlichkeit der „Sache" gehaftet wird. Im BGB findet sich die Gefährdungshaftung allein bei § 833 S. 1 im Hinblick auf sog. Luxustiere, außerhalb des BGB etwa in § 7 StVG, § 1 HaftPflG[2], §§ 33 ff. LuftVG, §§ 25 ff. AtomG, § 22 WasserHG, §§ 1 ff. ProdHaftG und § 84 ArzneimG[3]. Rechtswidrigkeit[4] oder Verschulden sind bei der Gefährdungshaftung nicht erforderlich. Einen Sonderfall stellt die Billigkeitshaftung nach § 829 dar, bei der kein Verschulden erforderlich ist, aber auch keine Gefährdungshaftung vorliegt[5].

123

Vereinzelt gibt es Tatbestände, bei denen nicht für eigenes, sondern **für fremdes Verschulden** gehaftet wird. Das ist etwa bei der Haftung für Amtspflichtverletzung bzw. Staatshaftung (Art. 34 GG iVm. § 839 Abs. 1) und bei § 3 HaftPflG der Fall.

124

---

1 Art und Umfang der Schadensersatzpflicht, d.h. die Rechtsfolgen einer festgestellten Schadensersatzpflicht, sind in den §§ 249 ff. geregelt, die durch §§ 842 ff. ergänzt werden (Schadensrecht). Zur Grundstruktur der deliktischen Verschuldenshaftung *Spickhoff*, JuS 2016, 865 ff.
2 Zu einer Haftung nach § 1 HaftPflG siehe BGH NJW 2013, 3235 ff.
3 Vgl. die Zusammenstellung bei *Deutsch/Ahrens*, Rn. 354 ff.; *Wagner*, Kap. 8 Rn. 3 ff.
4 So die zutreffende h.M., vgl. *Larenz/Canaris*, § 75 I 2d und § 84 I 3a.
5 Näher unten Rn. 335 ff.

125

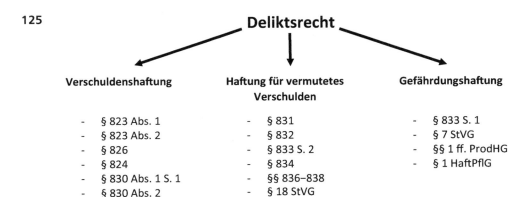

II. Anwendbarkeit der §§ 823 ff.

126 Die deliktsrechtlichen Regelungen finden grundsätzlich neben einem vertraglichen Schadensersatzanspruch Anwendung. In Ausnahmefällen können die Vorschriften des einen Rechtsgebiets diejenigen des anderen hinsichtlich einer Haftungsmilderung oder der Verjährung[6] beeinflussen.

127 Die §§ 823 ff. sind grundsätzlich **nicht** anwendbar, wenn ein **Eigentümer-Besitzer-Verhältnis** (EBV) vorliegt[7]. Daher ist vor der Prüfung eines deliktischen Anspruchs ein Anspruch aus dem EBV zu prüfen. Sind im Zeitpunkt der Verletzungshandlung auch die Voraussetzungen des § 985 erfüllt, gehen die §§ 987 ff., insbesondere die Schadensersatzregelungen der §§ 989 f., als abschließende Sonderregelungen vor. Liegt also eine Eigentumsverletzung durch den unrechtmäßigen Besitzer vor, sind die §§ 823 ff. regelmäßig nur über **§ 992** anwendbar[8]. Die §§ 823 ff. sind nach h.M. neben den §§ 987 ff. also nur dann ausnahmsweise anwendbar, wenn ein Fall des § 992 oder des Fremdbesitzerexzesses vorliegt. Denn hält ein gutgläubiger Besitzer die Schranken seines vermeintlichen Besitzrechts nicht ein, ist er nicht nach § 993 Abs. 1 a.E. schutzwürdig und hat nach Deliktsrecht zu haften.

> **Klausurtipp:** Die Sperrwirkung des EBV umfasst nur Ansprüche auf Nutzungsherausgabe und Schadensersatz. Ansprüche auf Herausgabe, Wertersatz oder Erlösherausgabe sind daher nicht gesperrt.

128 Dagegen können Ansprüche aus den §§ 823 ff. neben solchen aus **Gefährdungshaftung** (§ 833 S. 1, § 7 Abs. 1 StVG usw.) bestehen. Dem kommt v.a. deshalb Bedeutung zu, weil der Gesetzgeber bei der Gefährdungshaftung meist eine Haftungshöchstgrenze (z.B. §§ 10 ff. StVG) oder eine Selbstbeteiligung (§ 11 ProdHaftG) vorgesehen hat, bei der Verschuldenshaftung aber nach §§ 249 ff. in der Regel der ganze

---

6 Siehe Rn. 13 ff.
7 *Habersack*, Examens-Repetitorium Sachenrecht, 9. Aufl. 2020, Rn. 117 f. m.w.N.
8 Staudinger/*Thole*, Vorbem zu §§ 987–993 Rn. 152 ff.

Schaden ersetzt werden muss. Auch Ansprüche aus den §§ 812 ff. können neben Ansprüchen aus den §§ 823 ff. geltend gemacht werden.

III. Beseitigungs- und Unterlassungsansprüche

Übungsfall: *Schultheiß*, Fortgeschrittenenklausur – Zivilrecht: Persönlichkeitsrechtsverletzungen im Internet – Anonymous, JuS 2015, 719 ff.

Die §§ 823 ff. enthalten keine Rechtsfolge für die Fälle, in denen ein Eingriff in ein Recht oder Rechtsgut unmittelbar **bevorsteht** oder nach bereits erfolgter Verletzung weitere Eingriffe **drohen**. Damit kann aus den §§ 823 ff. in der Regel weder Unterlassung noch Beseitigung verlangt werden[9]. 129

Unterlassung und Beseitigung sind die zwei Seiten des sog. negatorischen Rechtsschutzes nach **§ 1004**. Dieser hat seinen Ursprung im Grundstücksrecht. Allerdings wurde sein Anwendungsbereich vom (Grund-)Eigentum zunächst auf die anderen in § 823 Abs. 1 genannten Rechtsgüter erstreckt (Leben, Körper, Gesundheit und Freiheit). Schließlich wurde er auf jede nach den §§ 823 ff. deliktsrechtlich geschützte Position ausgedehnt. Man spricht hier von **quasi-negatorischem Rechtsschutz**. Anspruchsgrundlage sind §§ 1004 Abs. 1 S. 2 analog, 823 Abs. 1. 130

> **Klausurtipp:** Bitte beachten, dass bei einem Unterlassungs- oder Beseitigungsanspruch aus § 1004 Abs. 1 analog, anders als bei einem Schadensersatzanspruch aus §§ 823 ff., kein Verschulden erforderlich ist.

Voraussetzung für den **Unterlassungsanspruch** ist eine Verletzung der in den §§ 823 ff. geschützten Rechte oder Rechtsgüter, eine Wiederholungsgefahr[10] sowie Rechtswidrigkeit. Letztere liegt vor, wenn keine Duldungspflicht besteht. Verschulden ist nicht erforderlich. Ein Unterlassen kann aber nicht nur dann gefordert werden, wenn eine Rechtsgutverletzung schon erfolgt ist, sondern auch dann, wenn sie noch nicht erfolgt ist, aber nachweislich die Gefahr eines unmittelbar bevorstehenden rechtswidrigen Eingriffs droht (**vorbeugender quasi-negatorischer Rechtsschutz**)[11]. 131

Voraussetzung ist hier neben der drohenden Verletzung der in den §§ 823 ff. geschützten Rechte und Rechtsgüter die Erstbegehungsgefahr. Diese ist dann gegeben, wenn Tatsachen vorliegen, die einen ernstlich drohenden Eingriff mit Sicherheit erkennen lassen. Auch hier ist Rechtswidrigkeit erforderlich, die durch eine Duldungspflicht (§ 1004 Abs. 2) ausgeschlossen wird. Die größte Bedeutung hat der vorbeugende Rechtsschutz im Zusammenhang mit der Verletzung des allgemeinen Persönlichkeitsrechts[12]. **Rechtsfolge** ist die Unterlassung der bevorstehenden Störung. 132

---

9 Zur Abgrenzung des Schadensersatzes (§ 823 Abs. 1) vom Beseitigungsanspruch nach § 1004 Abs. 1 siehe *Fritzsche*, AD LEGENDUM 2016, 1 ff.
10 BGH NJW 1998, 1391, 1392.
11 Vorbeugende Unterlassungsansprüche werden in erster Linie im einstweiligen Verfügungsverfahren geltend gemacht (§§ 916 ff. ZPO).
12 Näher Rn. 217.

133 Der **Beseitigungsanspruch** soll eine fortdauernde **Beeinträchtigung** eines absoluten Rechts oder von Lebens-(Rechts-)gütern, Rechten und Interessen, die durch § 824 bzw. durch § 823 Abs. 2 iVm. einem Schutzgesetz geschützt sind, **beseitigen**, welche nach einem erfolgten Eingriff bestehen. Damit ist **Voraussetzung** die Verletzung eines durch die §§ 823 ff. geschützten Rechts oder Rechtsguts sowie die fortdauernde Beeinträchtigung. Auch hier liegt Rechtswidrigkeit nur dann vor, wenn keine Duldungspflicht (Rechtfertigungsgrund, z.B. Einwilligung) besteht. Verschulden des Täters ist nicht erforderlich. **Rechtsfolge** ist die Beseitigung der fortdauernden Beeinträchtigung. Hauptfälle des Beseitigungsanspruchs sind der öffentliche Widerruf unzutreffender Tatsachenbehauptungen sowie die Vernichtung rechtswidriger Bild- oder Tonbandaufnahmen[13]. Es erfolgt hier kein Schadensausgleich. Die Beseitigung bereits **eingetretener** Schäden kann nur über einen Schadensersatzanspruch nach §§ 823 ff. erreicht werden.

IV. Verjährung

134 Deliktische Ansprüche verjähren regelmäßig **in drei Jahren** (§ 195). Die Verjährung beginnt nach § 199 Abs. 1 mit dem Schluss des Jahres, in dem der Anspruch entstanden ist und der Gläubiger von den für den Anspruch relevanten Umständen und der Person des Schuldners Kenntnis erlangt hat oder ohne grobe Fahrlässigkeit erlangen müsste.

135 Für Schadensersatzansprüche, die auf der **Verletzung des Lebens, des Körpers, der Gesundheit oder der Freiheit** beruhen, gilt nach § 199 Abs. 2 – ohne Rücksicht auf die Entstehung des Anspruchs, die Kenntnis oder grobe Fahrlässigkeit – eine Höchstfrist von 30 Jahren von der Begehung der Handlung, der Pflichtverletzung oder dem sonstigen, den Schaden auslösenden Ereignis an. Für Schadensersatzansprüche wegen **Verletzung des Eigentums und des Vermögens** wird in § 199 Abs. 3 eine ausdrückliche Regelung der Höchstfristen getroffen. Es ist die jeweils früher endende Frist maßgeblich.

136 Für **Herausgabeansprüche nach Eintritt der Verjährung** ist § 852 (Herausgabeanspruch nach Eintritt der Verjährung) zu beachten. Der Schädiger ist nach § 852 S. 1 zur Herausgabe desjenigen, was er durch eine unerlaubte Handlung auf Kosten des Verletzten erlangt hat (z.B. Lösegeld), nach den Vorschriften über die Herausgabe einer ungerechtfertigten Bereicherung verpflichtet, und zwar selbst dann, wenn der Schadensersatzanspruch aus der unerlaubten Handlung schon verjährt ist.

137 Der Schädiger ist hier nicht schutzwürdig und soll deshalb die Vorteile, die er aus einer unerlaubten Handlung auf Kosten des Verletzten gezogen hat, nicht behalten dürfen. Aufgrund des Begriffs „auf Kosten" muss ein Zusammenhang zwischen dem Schaden des Verletzten und dem Vorteil des Verletzers festgestellt werden. § 852 S. 1 ist eine Rechtsfolgenverweisung[14], sodass der Tatbestand eines Bereicherungsanspruchs nicht vorzuliegen braucht. Der Anspruch verjährt nach § 852 S. 2 in zehn

---
13 Beispiel siehe unten **Fall 21** Rn. 237.
14 Palandt/*Sprau* § 852 Rn. 2.

Jahren von seiner Entstehung an, ohne Rücksicht auf die Entstehung in 30 Jahren von der Begehung der Verletzungshandlung oder dem sonstigen, den Schaden auslösenden Ereignis an.

Bestehen deliktische und vertragliche Ersatzansprüche nebeneinander, verjähren diese grundsätzlich selbstständig nach den jeweiligen Verjährungsvorschriften. Ausnahmsweise kann aber die für einen vertraglichen Anspruch geltende kürzere Verjährungsfrist auch für die Haftung aus unerlaubter Handlung relevant sein. Voraussetzung ist, dass der Zweck der die kurze Verjährungsfrist festlegenden Norm eine **Ausdehnung** auch auf das Deliktsrecht erfordert. Das ist nach h.M. etwa bei § 548 (Verjährung der Ersatzansprüche und des Wegnahmerechts) der Fall, der auch auf konkurrierende Deliktsansprüche anwendbar sein soll[15]. 138

V. Entgeltfortzahlung und Versicherungen

Übungsfälle: *Bayer/Schneider*, Referendarexamensklausur – Bürgerliches Recht: Probleme aus dem Deliktsrecht, JuS 2004, 230 ff.; *Gerecke/Valentin*, Referendarexamensklausur – Zivilrecht: Ausgleich unter Nachbarn, JuS 2007, 834 ff.

Sowohl der Geschädigte als auch der Schädiger können im Hinblick auf einen eingetretenen Schaden abgesichert sein. **Klausurrelevant** kann v.a. eine Versicherung des Geschädigten sein. Hier kann sich die Frage stellen, ob der Geschädigte überhaupt einen Schaden erlitten hat, wenn seine Versicherung dafür einsteht. Außerdem kann relevant sein, ob der Versicherer gegen den Schädiger im Regressweg vorgehen kann. 139

Der Geschädigte hat durch das Eintreten seines Versicherers tatsächlich keinen Schaden (mehr). Fraglich ist aber, ob dieser Vorteil, den der Geschädigte erlangt, schadensmindernd zu berücksichtigen ist (**Vorteilsausgleichung**). Abgelehnt wird das bei Entgeltfortzahlungen des Arbeitgebers an den Arbeitnehmer nach dem Entgeltfortzahlungsgesetz (EFZG), denn Zweck der Fortzahlung ist nicht die Entlastung des Schädigers, sondern der Schutz des Arbeitnehmers. Auch Leistungen Dritter, die sich der Geschädigte „erkauft" hat (Sozialversicherung, private Lebens- oder Unfallversicherung, Schadensversicherung), werden regelmäßig nicht auf den Schadensersatzanspruch anspruchsmindernd angerechnet. Eine Vorteilsausgleichung findet nicht statt. 140

Durch die Entgeltfortzahlung tritt ein gesetzlicher Forderungsübergang (**Legalzession**) ein (§ 6 EFZG). Das Gleiche gilt bei den o.g. Leistungen Dritter (§ 116 SGB X[16], § 86 VVG). Der Geschädigte ist damit nicht mehr anspruchsberechtigt (aktivlegitimiert), der Arbeitgeber/Versicherer hat einen Anspruch aus § 6 EFZG bzw. § 116 SGB X oder § 86 VVG iVm. § 823 Abs. 1. Trägt also eine Krankenkasse die Krankheitskosten des Geschädigten, geht sein Schadensersatzanspruch in Höhe dieser Kosten im Wege der Legalzession auf den Träger der Krankenkasse über (§ 116 SGB X). Will der Träger Regress beim Schädiger nehmen, muss der Geschädigte einen Anspruch aus § 823 Abs. 1 haben. Anspruchsgrundlage ist § 823 Abs. 1, § 116 SGB X. 141

---
15 Dazu Rn. 18.
16 Sozialgesetzbuch 10. Buch.

§ 9 Der deliktische Haupttatbestand: § 823 Abs. 1

Übersichtsaufsatz: *Lorenz*, Grundwissen – Zivilrecht: Deliktsrecht – Haftung aus § 823 I BGB, JuS 2019, 852 ff.

Übungsfälle: *Breidenstein/Scheibengruber*, Nichts als heiße Luft, JA 2011, 91 ff.; *Lemmerz/Woitge*, Ein verhängnisvoller Ausritt, JURA 2011, 132 ff.; *Steinbeck/Block*, Vermietung eines fremden Pkw und die Folgen, JURA 2011, 943 ff.; *Zetzsche/Maunz*, Anfängerklausur – Zivilrecht: Deliktsrechtliche Haftungstatbestände – Fahrradbremsen mit Folgen, JuS 2016, 904 ff.; *Kunz*, Vollautomatisiert unterwegs, JURA 2018, 70 ff.; *Göckler*, Die rasende Rentnerin, JuS 2019, 27 ff.; *Alexander/Rauschenbach*, Der Rennradunfall, JA 2019, 86 ff.; *Bauermeister*, Anfängerklausur – Zivilrecht: Deliktsrecht und GoA – Auf Glatteis, JuS 2020, 230 ff.; *Lettmaier/Wüstenberg*, „Schlafwunder", JA 2020, 342 ff.; *Holle/Bredebach*, Fortgeschrittenenklausur – Zivilrecht: Deliktsrecht – Jungfernflug mit Folgen, JuS 2021, 235 ff.

142 | **Prüfungsschema § 823 Abs. 1 – Allgemein**
I. Voraussetzungen
 1. Rechts- oder Rechtsgutverletzung
 2. Zurechenbare Verletzungshandlung
  a) Handlung: Tun oder Unterlassen
  b) Haftungsbegründende Kausalität
 3. Rechtswidrigkeit
 4. Verschulden
II. Rechtsfolge
 Ersatz des Schadens nach §§ 249 ff. (Schaden, haftungsausfüllende Kausalität, Mitverschulden)

I. Rechts- oder Rechtsgutverletzung

143 Nach § 823 Abs. 1 sind nur bestimmte Rechtsgüter vor Verletzungen geschützt. Das sind zum einen die Rechtsgüter Leben, Körper, Gesundheit und Freiheit. Sie sind mit der Persönlichkeit des Inhabers untrennbar verbunden und damit Teil des jeweiligen Rechtssubjekts. Zum anderen sind das Eigentum (als Recht) sowie „sonstige Rechte" geschützt. Diese von ihrem Inhaber trennbaren Rechte stellt § 823 Abs. 1 den untrennbaren Rechtsgütern im Schutz gleich.

1. Verletzung des Lebens

Übersichtsaufsätze: *Diederichsen*, Ansprüche naher Angehöriger von Unfallopfern, NJW 2013, 641 ff.; *Röthel*, Deliktische Ansprüche beim Tod eines Menschen, JURA 2018, 235 ff.

Übungsfälle: *Dolff*, Übungsklausur Zivilrecht – Deliktsrecht – Die schockierte Ehefrau, JuS 2009, 1007 ff.; *Braun*, Schadensersatz wegen Wegfalls der Ehefrau?, JA 2012, 566 ff.; *Rühl/Schmidt*, Radfahren im Wald, JA 2013, 814 ff.; *Bretzigheimer*, Fortgeschrittenenklausur – Zivilrecht: Deliktsrecht – Ein folgenreicher Autounfall, JuS 2019, 231 ff.; *Rühl/Horn*, Italienische Reise, JURA 2019, 1087 ff.

Eine Verletzung des Lebens liegt beim Tod eines Menschen vor. In diesem Fall kommt zwar aufgrund des Verlusts der Rechtsfähigkeit kein Anspruch des Betroffenen mehr in Betracht,[1] aber die hinterbliebenen **Angehörigen** können Ansprüche nach **§§ 844, 845** geltend machen[2]. Eine Verletzung des Rechtsguts Leben spielt daher hinsichtlich der Ersatzpflicht aus § 823 Abs. 1 keine Rolle. Bedeutung hat sie nur bzgl. Ansprüchen Dritter nach den §§ 844, 845.

144

Von den Ansprüchen der Angehörigen aus den Sondervorschriften sind die Ansprüche des inzwischen Verstorbenen, die vererblich sind, zu unterscheiden. Solange der Getötete noch lebte, konnte er die erforderlichen Behandlungskosten gemäß §§ 823 Abs. 1, 249 Abs. 2 (Körper-, Gesundheitsverletzung) ersetzt sowie ggf. Schmerzensgeld verlangen. Da dieser Ersatzanspruch vererblich ist, ist er nach dem Tod des Verletzten auf die Erben übergegangen (§§ 1922, 1923 Abs. 1). Diese können den Anspruch aus dem Recht des verletzten Erblassers geltend machen. Das ist aber kein Fall der „Verletzung des Lebens" i.S. des § 823 Abs. 1.

145

Da der Unterhaltsschaden einer Witwe/eines Witwers und/oder der Kinder nicht schon zu Lebzeiten des Getöteten entstanden ist, kann der Getötete einen entsprechenden Ersatzanspruch auch nicht vererben. Hier greift **§ 844 Abs. 2 (Unterhaltsschaden)** als Anspruchsgrundlage für den Ersatz von Vermögensschäden (!) Dritter (!), die vom Delikt mittelbar betroffen sind. Die §§ 844 f. sind eine **Ausnahme** vom Grundsatz, dass nur derjenige Schadensersatz verlangen kann, der in einem Recht oder Rechtsgut verletzt wurde.

146

Auch **Bestattungskosten** sind nicht nach § 823 Abs. 1 ersatzfähig. Da sie erst mit dem Tod des Erblassers entstehen, können sie nicht vererbt werden, für die Erben stellen sie aber einen – nach § 823 Abs. 1 nicht ersatzfähigen – primären Vermögensschaden dar. Hier gilt die Sondervorschrift des **§ 844 Abs. 1**[3].

147

Nach **§ 844 Abs. 3** iVm. § 823 Abs. 1 haben die Angehörigen zudem einen eigenen (!) Entschädigungsanspruch in Form von **Hinterbliebenengeld**[4].

148

2. Körper- bzw. Gesundheitsverletzung

Übungsfälle: *Spickhoff/Petershagen*, Der praktische Fall – Bürgerliches Recht – Kindesunterhalt als Schaden, JuS 2001, 670 ff.; *Falk/Keilmann*, Examensklausur mit Schwerpunkt im Allgemeinen Schuldrecht und Deliktsrecht – Die Antibabypille, JURA 2006, 773 ff.; *Dolff*, Übungsklausur Zivilrecht – Deliktsrecht – Die schockierte Ehefrau, JuS 2009, 1007 ff.; *Bauermeister*, Anfängerklausur – Zivilrecht: Deliktsrecht und GoA – Auf Glatteis, JuS 2020, 230 ff.

→ **Definition: Körperverletzung** bedeutet einen äußeren (physischen) Eingriff in die körperliche Unversehrtheit. Umfasst ist jeder unbefugte, weil von der Einwilligung des Rechtsträgers nicht gedeckte Eingriff in die Integrität der körperlichen Befindlichkeit[5]. **Gesundheitsverlet-**

149

---

1 Siehe *Lange*, jurisPK-BGB, 9. Aufl. 2020, § 823 Rn. 4 (deliktischer Schutz des Rechtsguts Leben erscheine auf den ersten Blick sinnlos).
2 *Peifer*, § 3 Rn. 4; siehe unten Rn. 554 f.
3 Siehe § 846 bzgl. des Mitverschuldens; dazu auch Rn. 556.
4 Vgl. LG Tübingen VersR 2020, 236 ff.; *Bischoff*, MDR 2017, 739 ff.; zur Fallbearbeitung *Becker*, JA 2020, 96 ff.
5 BGH NJW 2013, 3634, 3635.

zung meint die medizinisch erhebliche Störung der körperlichen, geistigen oder seelischen Lebensvorgänge, d.h. ein Krankmachen.

Ob Eingriffe in die inneren Lebensvorgänge, wie etwa die Beibringung von **Gift**, eine Körperverletzung oder eine Gesundheitsverletzung sind[6], wird uneinheitlich beantwortet. Das ist für § 823 Abs. 1 jedoch insoweit unerheblich, als Körper- und Gesundheitsverletzung gleichbehandelt werden. In den meisten Fällen wird bei einer Körperverletzung auch eine Gesundheitsverletzung vorliegen. Eine Abgrenzung ist aufgrund der gleichen Rechtsfolgen sowie des gleichen Unrechtsgehalts sowohl in der Praxis als auch in der **Klausur** weitgehend bedeutungslos.

150 Zum Körper werden auch unbelebte Teile wie Haare und Nägel gezählt, sodass Haareschneiden eine Körperverletzung darstellt, sofern nicht eine Einwilligung des Betroffenen vorliegt. Dazu gehören auch Implantate, sofern sie dauerhaft mit dem lebenden menschlichen Körper verbunden werden (z.B. Herzschrittmacher, künstliche Hüfte), nicht aber Prothesen, da diese nicht organisch in den menschlichen Körper eingefügt und deshalb ohne Weiteres entfernbar sind[7].

151 Auch nach der Trennung vom Körper können die **getrennten Bestandteile** weiterhin eine funktionelle Einheit mit diesem bilden. Bei vorübergehender Trennung (z.B. Eigenblutspende) wird daher eine Körperverletzung bejaht, bei endgültiger Trennung verneint und stattdessen eine Eigentumsverletzung geprüft[8]. Als Körperverletzung sieht der BGH daher auch die Vernichtung einer **Sperma-Konserve** an[9].

152 Tatbestandsmäßige Körperverletzung ist auch der **ärztliche Heileingriff**, sofern er in die körperliche Substanz eingreift. Unerheblich ist, ob der Eingriff mit Erfolg durchgeführt wird. Es entfällt aber die Rechtswidrigkeit, wenn die ärztliche Behandlung durch eine Einwilligung oder eine berechtigte Geschäftsführung ohne Auftrag gerechtfertigt ist[10]. Eine Körperverletzung kann auch durch pflichtwidriges Unterlassen begangen werden, etwa wenn eine ordnungsgemäße Untersuchung oder Beratung durch einen Arzt unterbleibt. Auch eine ungewollte Schwangerschaft aufgrund einer fehlgeschlagenen Sterilisation oder einem misslungenen Schwangerschaftsabbruch stellt eine Körperverletzung dar[11].

153 Für das Vorliegen einer **Gesundheitsverletzung** ist es unerheblich, ob der Betreffende Schmerzen hat, und ob schon eine tiefgreifende Veränderung im Befinden zu verzeichnen ist. Gesundheitsverletzung ist damit auch Lärm, der Schlafstörungen verursacht, psychische Schäden durch Mobbing[12] oder eine HIV-Übertragung, auch wenn es noch nicht zum Ausbruch der Krankheit gekommen ist[13].

---

6 *Medicus/Lorenz* SR II, § 73 Rn. 4.
7 Palandt/*Ellenberger*, § 90 Rn. 3.
8 PWW/*Schaub*, § 823 Rn. 26.
9 BGHZ 124, 52, 56; a.A. *Taupitz*, NJW 1995, 745, 746 (Verletzung des allgemeinen Persönlichkeitsrechts).
10 BGHZ 106, 391, 394; *Hart*, JURA 2000, 64, 66; siehe auch unten Rn. 305.
11 BGH NJW 1980, 1452, 1453; BGH NJW 1995, 2407, 2408; zur (insbesondere vertragsrechtlichen) Frage einer Unterhaltsbelastung als Schaden BGHZ 76, 249, 250 ff.; BGHZ 76, 259, 260 ff.; BGH NJW 1995, 2407, 2408; BGH NJW 2007, 989.
12 *Jansen/Hartmann*, NJW 2012, 1540, 1541 (auch zum sog. Straining als Gesundheitsverletzung).
13 BGHZ 114, 284, 289; BGHZ 163, 209 ff.

Auch ein **Nervenschock** kann eine Gesundheitsverletzung sein. Nach h.M. gilt das allerdings erst dann, wenn es zu medizinisch konstatierbaren **Folgewirkungen** kommt, die das Maß an Erregung, Bestürzung und Betroffenheit überschreiten, mit dem normalerweise gerechnet werden muss. Die Beeinträchtigung muss einen „echten Krankheitswert" haben. Gefühle der Trauer oder Verzweiflung sind noch keine Gesundheitsverletzung. Der BGH geht davon aus, dass medizinisch relevante gesundheitliche Störungen, sofern sie psychisch vermittelt sind, erst dann eine Gesundheitsverletzung i.S. des § 823 Abs. 1 darstellen, wenn sie in einer **traumatischen Schädigung**, d.h. in „gewichtigen psychopathologischen Ausfällen von einiger Dauer"[14] bestehen.

154

Davon zu trennen ist die Frage, ob die Gesundheitsverletzung dem Schädiger zuzurechnen ist. Auch wenn die Kausalität erst an späterer Stelle behandelt wird[15], soll hier bereits ein entsprechender Hinweis erfolgen: Der Nervenschock muss auch adäquate Folge des Fehlverhaltens sein, das zu dem Unfall geführt hat (psychisch vermittelte Kausalität).

155

Nach h.M. wird vorausgesetzt, dass es sich um einen Nervenschock handelt, den jemand beim Anblick des **Unfalltods eines nahen Angehörigen**[16] oder bei der Unterrichtung von dessen Unfalltod erleidet[17]. Abgelehnt wird dies, wenn jemand angesichts der Tötung oder schwerwiegenden Verletzung einer ihm unbekannten oder fernstehenden Person einen Schockschaden erleidet[18]. Hier ist lediglich ein sog. Fernwirkungsschaden gegeben, der zum allgemeinen **Lebensrisiko** gehört und damit außerhalb des Schutzzwecks des § 823 Abs. 1 liegt. Eine Zurechnung der durch ein schockierendes Ereignis psychisch vermittelten Gesundheitsverletzung erfolgt auch dann, wenn **der Schock-Geschädigte selbst** dem schockierenden Ereignis ausgesetzt war[19].

156

Auch ein Kind, das schon **krank geboren** wird, kann diesbezüglich ggf. einen Anspruch aus § 823 Abs. 1 (verletztes Rechtsgut: Körper) geltend machen. Das ist nicht dadurch ausgeschlossen, dass das Kind im Zeitpunkt der schädigenden Handlung noch nicht geboren oder noch nicht gezeugt und damit nicht Rechtssubjekt war. Ein Schadensersatzanspruch ist daher auch dann zu bejahen, wenn eine Frau durch Verschulden des Krankenhauspersonals eine Transfusion mit infiziertem Blut erhält und ihr erst später gezeugtes Kind aufgrund dessen mit Syphilis zur Welt kommt[20]. Ersatzansprüche des Kindes scheitern auch nicht daran, dass es nie gesund und unverletzt gewesen ist[21]. Allgemein anerkannt ist, dass der unverletzte (gesunde) Zustand des Menschen von der Natur vorgezeichnet ist und daher nicht real bestanden zu haben braucht, um „verletzt" werden zu können.

157

---

14 BGH NJW 1989, 2317, 2318; BGH NJW 2015, 1451 ff. Rn. 6 f.; dazu *Mäsch*, JuS 2015, 747 ff.; BGH NJW 2015, 2246 ff.; *Schwab*, JuS 2019, 168 ff.
15 Siehe unten Rn. 254 ff. (dort insbesondere **Fall 26** Rn. 276).
16 Z.B. Ehegatte, aber auch Verlobte(r) sowie Partner einer nichtehelichen Lebensgemeinschaft (letzteres ist str., siehe MünchKomm/*Oetker*, § 249 Rn. 153).
17 *Mäsch*, JuS 2015, 747, 749; differenzierend BGH NJW 2015, 1451, 1452.
18 BGHZ 172, 263, 266 ff. m. Anm. *Elsner*, NJW 2007, 2766.
19 Vgl. BGH NJW 2015, 1451 ff.; **BGHZ 218, 220 ff.** (Schockschaden eines Polizisten im Zusammenhang mit einem Amoklauf).
20 BGHZ 8, 243, 245 f.; BGHZ 58, 48, 50 (Infektion des Kindes mit dem AIDS-Virus durch Bluttransfusion für die Schwangere).
21 *Medicus/Lorenz*, SR II, § 73 Rn. 7.

158 § 823 Abs. 1 verlangt die Verletzung „eines anderen", sodass es nicht ausreicht, wenn die Leibesfrucht verletzt wird und sodann stirbt. Nur der geschädigte **lebend geborene Mensch** kann Schadensersatz wegen eines Gesundheitsschadens verlangen, der auf eine gegen seine Mutter begangene Verletzungshandlung oder auf eine Verletzung der Leibesfrucht zurückzuführen ist[22].

159 Zur Frage der Körperverletzung **Fall 13**[23]: Die F begibt sich zum Frauenarzt A, der bei ihr eine Schwangerschaft feststellt. Im Laufe der Schwangerschaft verkennt A eine Rötelnerkrankung der F. Das führt dazu, dass eine Abtreibung unterbleibt und das Kind der F schwer behindert auf die Welt kommt. F will von A deliktsrechtlichen Schadensersatz[24]. Zu Recht?

F könnte einen Anspruch aus **§ 823 Abs. 1** auf Schadensersatz und Schmerzensgeld (§ 253 Abs. 2) haben. Hierfür müsste eine Rechtsgutverletzung der F vorliegen. Als solche kommt zunächst die Schwangerschaft in Betracht. Diese scheidet hier aber als Körperverletzung aus, da sie auf dem freien Willensentschluss der F beruhte. Allerdings könnten die Beschwerden bei der Geburt des behinderten Kindes eine Körperverletzung der F darstellen, wenn diese über die Beschwerden einer natürlichen, komplikationslosen Geburt hinausgehen. Das ist etwa der Fall, wenn aufgrund der Behinderung des Kindes eine Kaiserschnitt-Entbindung erforderlich war. Bei der Bemessung des Schmerzensgelds soll dann aber zu berücksichtigen sein, dass der Mutter ein nicht ganz einfacher Abtreibungseingriff erspart worden ist. Mangels Anhaltspunkten im Sachverhalt sind schadensbedingt gesteigerte Geburtsbeschwerden und insoweit eine Körperverletzung zu verneinen.

Das Haben des behinderten Kindes könnte eine Rechtsgutverletzung der F darstellen. Der **BGH** lehnt dies jedoch grundsätzlich als Gesundheitsverletzung ab. Nur für den Ausnahmefall, dass die seelische Belastung der Mutter Krankheitswert habe, komme eine Rechtsgutverletzung in Betracht. Ebenso verneint der BGH eine Verletzung des „Rechts auf Familienplanung" als Ausstrahlung des allgemeinen Persönlichkeitsrechts[25]. Somit scheidet mangels Rechtsgutverletzung ein Anspruch der F gegen A nach § 823 Abs. 1 auf Schadensersatz und Schmerzensgeld aus[26].

160 Fraglich ist, ob auch **das Kind** eine Gesundheitsverletzung geltend machen kann, wenn ein Arzt dessen Behinderung zwar nicht verursacht, aber aufgrund seines Verschuldens bei der Untersuchung der schwangeren Mutter die Gefahr einer Schwerstbehinderung nicht erkannt hat. Die dahinter stehende Problematik wird in der amerikanischen Rechtsprechung unter dem Begriff **„wrongful life"** diskutiert.

Hierzu **Fall 13a**: M und V haben bereits ein körperlich und geistig schwer behindertes Kind. Da sie befürchten, dass einer von ihnen eine genetisch bedingte Krankheit vererben könnte,

---

22 BGHZ 58, 48, 51 ff.; anders in **Fall 32** unten Rn. 559. Die Verletzung der Leibesfrucht kann auch durch einen Angriff auf die Psyche der Schwangeren erfolgen, siehe BGHZ 93, 351, 355.
23 Vgl. BGH NJW 1983, 1371 (wo sich der Anspruch auf Schmerzensgeld noch aus § 847 a.F. ergab).
24 Auf vertraglicher Ebene kommen als Anspruchsgrundlage für Altfälle § 280 Abs. 1 und für Fälle ab dem 26. März 2013 Ansprüche aus einem **Behandlungsvertrag nach §§ 630a ff.** in Betracht; zum Behandlungsvertrag *Olzen/Kaya*, JURA 2013, 661 ff.; *Katzenmeier*, NJW 2013, 817 ff.
25 Siehe auch OLG Hamm NJW 2002, 2649 zu Ansprüchen des Vaters; siehe auch den **Übungsfall** bei *Schneider/Stein*, JA 2020, 12 ff.
26 Nach **BGH NJW 1994, 788 ff.**

wollen sie dies vor der Zeugung eines weiteren Kindes mittels genetischen Gutachtens ausschließen. Arzt A erstellt das Gutachten, kommt aber schuldhaft zu dem fehlerhaften Schluss, dass eine genetische Störung äußerst unwahrscheinlich sei. Im folgenden Jahr bringt die M das zweite Kind K mit den gleichen Behinderungen wie bei dem ersten zur Welt. K verlangt von A Schadensersatz. A ist der Meinung, dass K keinen Schadensersatzanspruch gegen ihn habe. Stimmt das?

1. K könnte einen Anspruch aus **§ 280 Abs. 1** bzw. aus **§ 630a** wegen einer Pflichtverletzung im Rahmen des Behandlungsvertrags mit Schutzwirkung zugunsten des K haben. Die fehlerhafte Beratung der Eltern durch A stellt eine Pflichtverletzung dar. Fraglich sind aber die Einbeziehungsvoraussetzungen hinsichtlich K. Ein Vertrag entfaltet nämlich nur dann Schutzwirkung zugunsten eines Dritten, wenn die Leistung nach dem Vertragsinhalt dem Dritten bestimmungsgemäß zugutekommen soll oder sich Anhaltspunkte dafür ergeben, dass der Parteiwille auf den Schutz des Dritten gerichtet ist (sog. Gläubigernähe).

Soweit hier durch die genetische Untersuchung die Geburt eines behinderten Kindes verhindert werden sollte, bestand diese Pflicht jedoch einzig im Interesse der Eltern und nicht im Interesse des Kindes[27]. Daran ändert sich auch dann nichts, wenn sich die Eltern bei ihrer Entscheidung für oder gegen die Schwangerschaft von Mitleid mit dem behinderten Kind leiten lassen. Des Weiteren stellt der BGH[28] klar, dass sogar der erkennbare Wille der Eltern, das Kind in den Schutzbereich des Behandlungsvertrags einzubeziehen, unbeachtlich ist. Die Frage von Existenz und Nichtexistenz entziehe sich von vornherein jeder rechtlichen Anspruchsregelung. Das Leben sei ein höchstrangiges Rechtsgut und absolut erhaltungswürdig[29]. Ein Anspruch des Kinds auf Nichtexistenz sei daher strikt abzulehnen. Vielmehr habe es sein Leben im Rahmen der von der Natur vorgegebenen Möglichkeiten zu leben, sei es auch noch so beeinträchtigt. Dies gelte nicht zuletzt deshalb, weil niemand ein Urteil darüber sprechen kann, ob ein Leben lebenswert, d.h. der Nichtexistenz vorzuziehen ist oder nicht. Ein Schadensersatzanspruch des K aus § 280 Abs. 1 bzw. § 630a scheidet mithin aus.

2. Ein Schadensersatzanspruch aus **§ 823 Abs. 1** kommt nicht in Betracht. Das Kind müsste hier eine Gesundheitsverletzung mit seiner (vorzuziehenden) Nichtexistenz begründen. Denn die Alternative zu dem kranken Leben wäre nicht, gesund, sondern überhaupt nicht geboren worden zu sein. Eine deliktsrechtliche Pflicht, die Geburt eines behinderten Kindes zu verhindern, besteht jedoch nicht. Das menschliche Leben, das auch den Nasciturus umfasst, ist unter allen Umständen erhaltungswürdig. Eine Abwägung der Vor- und Nachteile von Existenz und Nichtexistenz kommt nicht in Betracht[30]. Daher liegt hier keine Rechtsgutverletzung vor.

---

27 BGH NJW 1983, 1371, 1374.
28 BGH NJW 1983, 1371, 1373 f.; BGH NJW 1994, 788, 790 ff.
29 BGHZ 221, 352 ff. (es verbiete sich, bzgl. der Durchführung lebenserhaltender Maßnahmen das **Leben als Schaden** anzusehen).
30 Die unterschiedlichen Ansichten des BGH und des 2. Senats des BVerfG hinsichtlich der rechtlichen Qualifikation eines Kindes als Schaden (dazu unten **Fall 32** Rn. 559) spielen bei den Ansprüchen des Kindes keine Rolle, da hier schon die haftungsbegründenden Tatbestände nicht erfüllt sind. Der Streit bzgl. der Unterhaltskosten („**Kind als Schaden**") wirkt sich nur im Rahmen der Prüfung der vertraglichen und deliktischen Schadensersatzansprüche der Eltern aus; vgl. *Peifer*, § 3 Rn. 15 f.; *Wagner*, Kap. 5 Rn. 47.

3. Freiheit

161 Der Begriff „Freiheit" beschränkt sich bei § 823 Abs. 1 auf die **körperliche Bewegungsfreiheit**. Eine Beeinträchtigung der Entschlussfreiheit oder der allgemeinen Handlungsfreiheit genügt nach **h.M.** nicht[31]. Verletzt ist die Freiheit immer dann, wenn jemand eingesperrt wird, insbesondere bei unberechtigter Veranlassung einer behördlichen Freiheitsentziehung (z.B. aufgrund falscher Strafanzeige)[32].

162 Die **Dauer des Freiheitsentzugs** ist grds. nicht relevant. Allerdings muss eine gewisse Erheblichkeit vorliegen, damit sich nicht nur das sog. allgemeine Lebensrisiko verwirklicht. So wird zwar durch das Eingeschlossensein in einem Verkehrsstau die Freiheit beschränkt, das wird aber zumeist keinen **erheblichen** Eingriff darstellen, sodass es als Teil des allgemeinen Lebensrisikos anzusehen ist und ohne Sanktion bleibt[33].

4. Eigentum

163 Eine Eigentumsverletzung i.S. des § 823 Abs. 1 liegt vor, wenn in die Befugnisse des Eigentümers i.S. des § 903 und damit das umfassende Herrschaftsrecht über die Sache i.S. des § 90 eingegriffen wird[34]. Entsprechend der Weite des Eigentumsbegriffs ist die in § 823 Abs. 1 sanktionierte Verletzung des Eigentums auf unterschiedliche Weise möglich: durch Sachentziehung[35], Substanzverletzung[36] oder Gebrauchsbeeinträchtigung[37]. Zuvor ist jedoch die Frage der Anwendbarkeit des § 823 Abs. 1 zu klären.

a) Anwendbarkeit

164 Was die **Verdrängung des § 823 Abs. 1** durch andere Ansprüche anbelangt, so kann ein deliktischer Anspruch bei Vorliegen eines Eigentümer-Besitzer-Verhältnisses (EBV, §§ 989 ff.) sowie beim Erbschaftsbesitz (§§ 2018 ff.) ausscheiden[38].

165 Nach § 992 (Haftung des deliktischen Besitzers) haftet der Besitzer einer Sache dem Eigentümer nur dann nach §§ 823 ff., wenn er sich den Besitz durch schuldhafte verbotene Eigenmacht i.S. von § 858 Abs. 1 oder durch eine Straftat verschafft hat (sog. deliktischer Besitzer). „Im Übrigen" sind die Schadensersatzansprüche nach dem letzten Halbsatz des § 993 Abs. 1 gesperrt. Die **h.M.** schließt daraus, dass die **§§ 989 ff. Vorrang vor § 823 Abs. 1 und 2** haben. Nur so könne der Zweck des EBV erreicht werden, den redlichen und unverklagten Besitzer zu privilegieren. Er soll gegen Deliktsansprüche geschützt und insbesondere nicht der Zufallshaftung nach § 848 ausgesetzt sein.

---

31 Siehe etwa BeckOGK/*Spindler*, § 823 Rn. 115; PWW/*Schaub*, § 823 Rn. 31.
32 *Wagner*, Kap. 5 Rn. 49.
33 *Medicus/Lorenz*, SR II, Rn. 1276; PWW/*Schaub*, § 823 Rn. 31.
34 Vgl. BGH NJW 2011, 749 ff., wonach das **Fotografieren** eines fremden Grundstücks gestattet sein soll, wenn nicht das Grundstück selbst dabei betreten wird, kritisch PWW/*Schaub*, § 823 Rn. 33.
35 Näher bei Rn. 169 ff.
36 Näher bei Rn. 171 ff.
37 Näher bei Rn. 180 ff.
38 Vgl. *Habersack*, Examens-Repetitorium Sachenrecht, 9. Aufl. 2020, Rn. 117 f.

Im Einzelnen haften aus § 823 Abs. 1 bzw. Abs. 2 (iVm. Schutzgesetz) neben dem deliktischen Besitzer (§ 992) wegen Eigentumsverletzung nur der Nichtbesitzer (die §§ 985 ff. gelten von vornherein nicht) und der rechtmäßige Fremdbesitzer (wegen § 986 kann der Eigentümer die Sache auch von ihm nicht nach § 985 herausverlangen). Der unrechtmäßige Fremdbesitzer hingegen wird durch die Sperrwirkung des EBV nach § 993 letzter Halbsatz geschützt und haftet an sich auch nicht aus Deliktsrecht.

166

Das wird von der **h.M.**[39] in den Fällen für unbillig erachtet, in denen der unrechtmäßige Fremdbesitzer sein vermeintliches Besitzrecht überschreitet (sog. **Fremdbesitzerexzess**). Dann soll er trotz der Sperrwirkung des EBV ausnahmsweise aus Deliktsrecht haften. Anderenfalls würde der unrechtmäßige Fremdbesitzer nämlich besser stehen als der rechtmäßige Fremdbesitzer, auf den die §§ 823 ff. mangels Vindikationslage uneingeschränkt Anwendung finden. Diese Wertung der h.M. findet sich für das Drei-Personen-Verhältnis in § 991 Abs. 2. Richtigerweise soll sie auch im Zwei-Personen-Verhältnis gelten.

167

Das Verhältnis der Erben zum **unrechtmäßigen Erbschaftsbesitzer** ist in den **§§ 2018 ff.** ähnlich geregelt wie in den §§ 985 ff. das Verhältnis des Eigentümers zum unrechtmäßigen Besitzer. Hier ist ebenfalls zu beachten, dass der unrechtmäßige Erbschaftsbesitzer nur in Ausnahmefällen wegen Eigentumsverletzung nach Deliktsrecht haften soll (vgl. §§ 2023–2025)[40].

168

b) Sachentziehung

Eine Eigentumsverletzung durch Sachentziehung liegt vor, wenn jemand dauerhaft oder vorübergehend die Sachherrschaft über eine diesem gehörende Sache verliert, indem sein Eigentum durch Diebstahl, Unterschlagung oder eine andere rechtswidrige Handlung entzogen wird. Eine Eigentumsverletzung liegt nach **h.M.** auch dann vor, wenn ein Eigentümer arglistig getäuscht wird und er deswegen sein Eigentum an der Sache weggibt[41]. Nach a.A. besteht hier lediglich eine Schädigung des Vermögens, wegen der grundsätzlich freiwilligen Weggabe aber keine Verletzung des Eigentums[42].

169

Bei einer Sachentziehung sind hinsichtlich Schadensersatz und Nutzungsersatz die §§ 990 ff. zu beachten, da sie § 823 Abs. 1 grundsätzlich vorgehen[43]. Sind bei einer Entziehung der Sache auch Bereicherungsansprüche (§§ 812, 816) gegeben, sind diese neben einem Anspruch aus § 823 Abs. 1 zu prüfen. Die deliktsrechtlichen Ansprüche gehen idR. aber weiter als das Bereicherungsrecht, da der Schuldner sich hier nicht auf einen Wegfall der Bereicherung (§ 818 Abs. 3) berufen kann. Zudem umfasst der Schadensersatzanspruch nach § 252 auch den entgangenen Gewinn.

170

---

39 Erman/*Ebbing*, Vor §§ 987–993 Rn. 46 f. m.w.N.; BGHZ 46, 140, 146.
40 *Medicus/Petersen*, BR, Rn. 574, 603a ff.
41 Staudinger/*Hager*, § 823 Rn. B 87; *Wandt*, § 16 Rn. 16.
42 *Kupisch/Krüger*, S. 19 Fn. 20.
43 Siehe oben Rn. 127 zur Anwendbarkeit der §§ 823 ff.

c) Substanzverletzung, weiterfressender Mangel

Übungsfälle: *Voit/Geweke*, Der praktische Fall – Bürgerliches Recht – Der tückische Computervirus, JuS 2001, 358 ff.; *Kadner Graziano/Wiegandt*, Kaufrechtliche und deliktische Haftung für „Weiterfresserschäden", JURA 2013, 510 ff.

171 Eine Eigentumsverletzung durch Substanzverletzung liegt vor, wenn eine zunächst intakte Sache körperlich zerstört oder beschädigt wird. Zu beachten ist, dass Sachen in diesem Sinne nur körperliche Gegenstände in festem, flüssigem oder gasförmigem Aggregatzustand sind. Werden also etwa durch eine Stromkabelbeschädigung Computerdaten in einem Unternehmen gelöscht, kommt eine Eigentumsverletzung mangels Sacheigenschaft i.S. des § 90 nicht in Betracht[44], auch wenn Computerprogramme etwa schuldrechtlich wie Sachen behandelt werden[45].

172 Äußerst **klausurrelevant** ist die Substanzverletzung im Zusammenhang mit dem sog. **weiterfressenden Mangel**. Hier geht es um die Frage, ob bei einem Mangel einer Kaufsache oder eines hergestellten Werks der **weitere Schaden**, der an der Sache erst infolge des Mangels entsteht, nach § 823 Abs. 1 ersatzfähig ist. Es geht also um Fälle, bei denen sich die Mangelhaftigkeit der gekauften Sache oder des hergestellten Werks zunächst nur auf einen Teilbereich beschränkt, sich aber nach dem Erwerb der Sache auf weitere Teile oder auf die Gesamtsache ausdehnt („weiterfrisst").

> **Klausurtipp:** In der **Klausur** ist regelmäßig zunächst ein vertraglicher Anspruch zu untersuchen[46]. Da Ansprüche aus Vertrag und Delikt ggf. nebeneinander bestehen, ist im Anschluss daran ein Anspruch aus § 823 Abs. 1 zu prüfen[47]. Bedeutsam ist das v.a. unter dem Gesichtspunkt der längeren Verjährung[48].

173 Die Frage ist, ob bei einem weiterfressenden Mangel überhaupt eine Eigentumsverletzung vorliegt, da der Geschädigte häufig von Anfang an mangelhaftes Eigentum hat[49]. Eine Eigentumsverletzung bejaht hat die **Rechtsprechung** erstmals in der sog. **Schwimmschalter-Entscheidung**[50]. Dort hatte der Verkäufer eine Maschine geliefert, die infolge eines defekten Schwimmschalters in Brand geriet und zerstört wurde. Der BGH betonte, der Mangel habe zunächst nur einen funktionell begrenzten Teil betroffen, habe sich aber nach der Übereignung an den Käufer in die fehlerfreien Teile der Maschine weitergefressen und einen **zusätzlichen Schaden** an der im Übrigen mangelfreien Sache hervorgerufen.

---

44 LG Konstanz NJW 1996, 2662; BGH NJW-RR 1986, 219 f.; a.A. OLG Stuttgart NJW 1989, 2635, 2636.
45 Eine Eigentumsverletzung i.S. des § 823 Abs. 1 kommt nach Ansicht des OLG Karlsruhe (NJW 1996, 200 ff.) dann in Betracht, wenn Daten auf der Festplatte eines Computers gelöscht werden. Unabhängig davon, ob man die Software als Sache i.S. des § 90 einstuft, sei jedenfalls der Datenträger mit dem darin verkörperten Programm eine körperliche Sache.
46 §§ 434 ff., 280 ff.
47 Zur **Prüfungsreihenfolge** siehe oben Rn. 3.
48 §§ 195 und 438. Zur Verkürzung der Verjährungsdifferenz unten Rn. 175.
49 BGH NJW 2001, 1346, 1347; vgl. auch PWW/*Schaub*, § 823 Rn. 41 ff.
50 **BGHZ 67, 359 ff. („Schwimmschalter")**.

Diese Argumentation präzisierte der BGH in späteren Entscheidungen. Dazu **Fall 14**[51]: K kauft im Autohaus A einen Pkw, der von der Automobilfirma F hergestellt worden ist. Allerdings funktioniert der Gaszug aufgrund einer fehlerhaften Konstruktion nicht ordnungsgemäß. Der Gashebel bewegt sich nach Betätigung nicht immer in die Ausgangsposition zurück. K erleidet mit dem Pkw einen Unfall, der darin seine Ursache hat, dass der Pkw wegen der defekten Gaszuganlage weiter beschleunigt, obwohl K den Fuß vom Gaspedal genommen hat. K verlangt von der F Ersatz der Reparaturkosten seines Wagens aus § 823 Abs. 1. Zu Recht?

174

K könnte einen Anspruch gegen F aus § 823 Abs. 1 wegen Eigentumsverletzung haben[52]. Allein die Lieferung einer mangelhaften Sache oder der Erstellung eines fehlerhaften Werks ist keine Eigentumsverletzung, denn der Käufer oder Werkbesteller erwirbt von vornherein nur Eigentum an einer mangelhaften Sache. Vorliegend handelt es sich aber um einen „weiterfressenden Mangel". Fraglich ist, ob ein solcher zu einer Eigentumsverletzung i.S. des § 823 Abs. 1 führen kann.

Der BGH nimmt hier eine Abgrenzung zwischen dem Nutzungs- oder **Äquivalenzinteresse** auf der einen und dem Erhaltungs- oder **Integritätsinteresse** auf der anderen Seite vor. Hintergrund ist, dass deliktsrechtlich nur das Integritätsinteresse geschützt ist, d.h. das Interesse des Geschädigten an der Erhaltung seiner Güter in ihrem konkreten Zustand. Das Äquivalenzinteresse wird dagegen grundsätzlich nur auf vertraglicher Ebene ersetzt, denn es geht dabei um die von den Vertragsparteien angenommene Gleichwertigkeit der einzelnen vertraglichen Leistungen. Die Abgrenzung der beiden Interessen soll auf der Grundlage der sog. **Stoffgleichheit** erfolgen.

Eine Eigentumsverletzung nach § 823 Abs. 1 ist danach zu bejahen, wenn **keine Stoffgleichheit** zwischen Produktfehler und Endschaden vorliegt. Dies ist der Fall, wenn sich der ursprüngliche Mangelunwert mit dem eingetretenen Schaden nicht deckt, d.h. der eingetretene Schaden größer ist als der ursprüngliche. Dann ist das Integritätsinteresse verletzt. Ein Schadensersatzanspruch aus § 823 Abs. 1 ist dagegen bei Stoffgleichheit zu verneinen. Stoffgleichheit zwischen Produktfehler und Endschaden liegt vor, wenn sich der ursprüngliche Mangelunwert mit dem eingetretenen Schaden deckt. Hier ist der Schaden allein auf die enttäuschte Vertragserwartung zurückzuführen[53]. Dann ist das Äquivalenzinteresse verletzt.

Im vorliegenden Fall machen Mängel des Gaszugs das Fahrzeug nicht von Anfang an wertlos, denn der Pkw bleibt betriebsfähig. Die Unfallgefahr, die vom defekten Gaszug ausging, wäre zu vermeiden gewesen, wenn der Mangel erkannt und behoben worden wäre. Wäre dem K die Gefahrenquelle rechtzeitig bewusst geworden, wäre der Gesamtschaden zu verhindern gewesen. Es hat sich damit im Unfallschaden am Pkw nicht der dem Pkw durch den Defekt von Anfang an eigene Minderwert manifestiert. Daher liegt eine Eigentumsverletzung vor. Rechtswidrigkeit ist zu bejahen. Entsprechend den **Beweislastregeln** der Produzentenhaftung wird das **Verschulden** der

---

51 **BGHZ 86, 256 ff.** („Gaszug"); siehe auch *Steinmeyer*, DB 1989, 2157; *Timme*, JuS 2000, 1154 ff.
52 Mangels Vertrags zwischen K und der F gibt es keinen vertraglichen Anspruch. Auch ein Anspruch aus § 1 Abs. 1 S. 1 ProdHaftG scheidet aus, da davon lediglich Schäden aufgrund der Beschädigung oder Zerstörung einer „anderen Sache" erfasst sind.
53 BGHZ 162, 86 ff. Rn. 34.

F **vermutet**, da das Produkt im Zeitpunkt der Eigentumsverletzung mangelhaft war und die Rechtsgutverletzung bei bestimmungsgemäßer Verwendung des Produkts verursacht wurde[54]. Die Voraussetzungen des § 823 Abs. 1 liegen somit vor. K kann von F die Reparaturkosten ersetzt verlangen, § 249 Abs. 2.

175 Die von der Rechtsprechung vorgenommene Abgrenzung stößt im **Schrifttum** auf vielfältige Kritik. Teilweise wird schon die Anwendbarkeit des Deliktsrechts verneint, da die Regeln der Sachmängelgewährleistung ausreichend seien[55]. Diese Kritik hat durch die Schuldrechtsreform mit der geänderten Verjährungsregelung neue Nahrung erhalten[56]. Es wird eine Anpassung der vertragsrechtlichen und deliktsrechtlichen Verjährungsregeln auf einen einheitlichen Standard verlangt. Das lehnt die h.M. jedoch zu Recht ab[57].

176 Kritisiert wird an der Rechtsprechung zum weiterfressenden Mangel sodann, dass das Abgrenzungskriterium der „Stoffgleichheit" zur Konturlosigkeit und Ausuferung des Deliktsrechts führe[58]. Es gebe keine überzeugenden und praktikablen, auf plausible Wertungen zurückgehenden Kriterien, mit deren Hilfe unterschieden werden könnte, welche an der Sache entstandenen Schäden nach § 823 Abs. 1 geltend gemacht werden können und welche nicht. Das Integritätsinteresse an einer Kaufsache sei Bestandteil des vertraglichen Äquivalenzinteresses und lasse sich zu letzterem nicht in Gegensatz bringen oder von ihm abgrenzen[59].

177 Werden **mangelhafte und fehlerfreie** Teile zu einer Sache verbunden, ist eine Eigentumsverletzung in verschiedener Hinsicht zu prüfen. Das zeigt der **Fall 15**[60]: Autozulieferer Z hat in die Steuergeräte der von ihm hergestellten Automobil-Zentralverriegelungsanlagen Transistoren eingebaut, die vom Elektrotechnik-Unternehmen E gefertigt wurden. Diese Produkte weisen einen Fehler auf, der dazu führt, dass sie im Laufe der Zeit ihre Funktionsfähigkeit verlieren. Rund 75 % der Zentralverriegelungsanlagen fallen schließlich aus. Den daraus entstandenen Schaden muss Z dem Automobilhersteller A ersetzen. Nun will Z den E aus § 823 Abs. 1 in Regress nehmen. Zu Recht?

Es müsste der Tatbestand des § 823 Abs. 1, hier eine Eigentumsverletzung, vorliegen. Als Bezugsobjekt kommen vorliegend in Betracht: (nur) die gelieferten schadhaften Transistoren, die neu hergestellte Gesamtsache (Steuergeräte) oder (nur) die von Z zur Herstellung der Gesamtsache aufgewendeten, einwandfreien Bauteile.

1. Eine Eigentumsverletzung ist hinsichtlich der **schadhaften Transistoren** zu verneinen, weil der Mangel den Wert der Transistoren von Beginn an gemindert hat. Bei der Übertragung des Eigentums an den schadhaften Transistoren hat Z fehlerhaftes

---

54 BGHZ 67, 359, 361 ff. („Schwimmschalter"); siehe unten Rn. 423.
55 *Diederichsen*, VersR 1984, 797, 798 f.
56 *Wagner*, JZ 2002, 475, 478 f.; etwas anders *Mansel*, NJW 2002, 89, 95; *Foerste*, ZRP 2001, 342. Siehe aber BGH NJW 2004, 1032, wo an der Anspruchskonkurrenz von Delikts- und Vertragsrecht festgehalten wird.
57 Palandt/*Weidenkaff*, § 438 Rn. 3; *Heinrichs*, BB 2001, 1417, 1420; *Zimmermann u.a.*, JZ 2001, 684, 691 f.
58 *Honsell*, JuS 1995, 211, 215 m.w.N.
59 *Gsell*, NJW 2004, 1913, 1914; siehe auch *Wagner*, Kap. 5 Rn. 55 (für einen Vorrang des Vertragsrechts).
60 **BGHZ 138, 230 ff. („Transistor")**.

Eigentum erhalten. Z hat zwar weniger erhalten als mit E vertraglich vereinbart worden war (funktionstaugliche Transistoren). Hierdurch wird aber nur das Äquivalenzinteresse des Z und nicht das Integritätsinteresse berührt.

2. Des Weiteren könnte eine Eigentumsverletzung im Hinblick auf die **neu hergestellte Gesamtsache** begründet sein. Nach dem vom BGH herangezogenen Abgrenzungskriterium der „Stoffgleichheit" müsste für eine Eigentumsverletzung ein Unterschied bestehen zwischen der Entwertung der Gesamtsache und dem Minderwert, welcher der (Einzel-)Sache schon beim Erwerb anhaftete. Die fehlerhaften Transistoren waren im vorliegenden Fall zur Herstellung von Steuerungsgeräten für Zentralverriegelungsanlagen ungeeignet. Dieser ursprüngliche Mangel der Transistoren hat sich aber nicht in anfangs noch unversehrte Bereiche der Gesamtsache „weitergefressen". Insoweit ist auch im Hinblick auf die Gesamtsache nur das Nutzungs- bzw. Äquivalenzinteresse des Z enttäuscht worden. Eine Eigentumsverletzung scheidet demnach auch hinsichtlich der Gesamtsache aus.

3. Schließlich könnte eine Eigentumsverletzung an den **weiteren Bestandteilen** vorliegen, die Z zusammen mit den fehlerhaften Transistoren in die Steuergeräte eingebaut hat, wenn durch deren Unbrauchbarkeit und Wertverlust das Integritätsinteresse verletzt wurde. Die Sachsubstanz der zusätzlich eingebauten tadellosen Bestandteile ist nicht beeinträchtigt worden. Allerdings umfasst der Schutzbereich des Eigentums neben der Sachsubstanz auch die **Sachnutzung**. Der Eigentümer soll mit der Sache nach Belieben verfahren können (vgl. § 903).

Eine Eigentumsverletzung kann sich also auch unter dem Aspekt der beeinträchtigten Nutzungsmöglichkeit einer Sache ergeben. Dabei ist jedoch zu vermeiden, dass der deliktische Eigentumsschutz überdehnt und ein reiner Vermögensschaden liquidiert wird. Daher darf beim Vorliegen einer Nutzungsbeeinträchtigung nicht ohne Weiteres eine Eigentumsverletzung bejaht werden. Vielmehr ist eine **erhebliche Beeinträchtigung** der bestimmungsgemäßen Verwendung der Sache zu verlangen[61].

Erheblich ist eine Beeinträchtigung jedenfalls dann, wenn die Nutzungsmöglichkeit der Sache vollständig aufgehoben ist. Im Übrigen ist auf die Intensität und die Dauer der Beeinträchtigung abzustellen. Im vorliegenden Fall hat Z die schadhaften Transistoren mit den übrigen, tadellosen Einzelteilen dauerhaft verbunden, sodass sie sich nicht mit wirtschaftlich vertretbarem Aufwand wieder trennen und anderweitig verwenden lassen. Die Nutzungsmöglichkeit der Einzelteile wurde somit durch das Zusammenfügen mit den schadhaften Teilen dauerhaft aufgehoben. Darin liegt eine Eigentumsverletzung.

4. Kausalität ist ebenso zu bejahen wie Rechtswidrigkeit und Verschulden. E haftet daher aus § 823 Abs. 1.

Die **Weiterfresser-Problematik** stellt sich nicht nur bei der Produkthaftung, sondern auch **bei fehlerhaften Werkleistungen**, wie z.B. bei Bauwerken. Hier ist ebenfalls zwischen dem im Rahmen des § 823 Abs. 1 nicht ersatzfähigen Nutzungs- und Äquivalenzinteresse und dem Integritätsinteresse zu unterscheiden. Bei Vorliegen einer

178

---
61 Siehe unten Rn. 180 ff.

Stoffgleichheit, bei der sich die Verletzung des Äquivalenz- und des Integritätsinteresses decken, scheidet ein Anspruch aus § 823 Abs. 1 aus[62]. Die Rechtsprechung bejaht einen Anspruch aus § 823 Abs. 1 nur dann, wenn der Schaden an dem Eigentum eintritt, welches durch den Arbeitsauftrag nicht betroffen ist (keine Stoffgleichheit)[63]. Das ist der Fall, wenn das Eigentum zunächst unbeeinträchtigt war und später – etwa durch unsachgemäß montierte Hähne – durch austretendes Wasser beschädigt wurde[64].

179 **Stoffgleichheit** hatte der BGH in einem Fall bejaht, bei dem auf einem schon beim Erwerb unbebaubaren – mit Schlacke aufgefüllten – Baugrundstück vom Erwerber in Unkenntnis des Mangels ein Gebäude (fehlerfrei) errichtet wurde[65]. Jahre später kam es zu einer Schieflage sowie zu Rissen im Mauerwerk. Der BGH verneinte aufgrund der Stoffgleichheit einen „weiterfressenden" Mangel und damit eine Eigentumsverletzung am Grundstück bzw. dem darauf errichteten Gebäude. Durch die Bebauung sei eine Sachgesamtheit entstanden, die von Anfang an mit dem später zutage getretenen Mangel versehen gewesen sei. Ob eine Eigentumsverletzung an den verwendeten Baumaterialien in Betracht kommt, wurde offengelassen, da diese im konkreten Fall nicht Eigentum des Grundstückserwerbers waren.

d) Gebrauchsbeeinträchtigung

180 Auch die bloße **Beeinträchtigung** des Eigentümers im bestimmungsgemäßen **Gebrauch** seiner Sache kann eine Eigentumsverletzung i.S. des § 823 Abs. 1 darstellen. Um eine Eigentumsverletzung zu sein, muss sich die Verletzungshandlung objektiv auf die **Benutzbarkeit der Sache** auswirken und nicht nur auf die Dispositionsmöglichkeit des Eigentümers, z.B. weil ihm der Führerschein entzogen worden ist[66]. Wird also dem Eigentümer der Gebrauch einer Sache unmöglich, weil ihm notwendige Hilfsmittel vorenthalten werden (Genehmigung, Öl für Motor), liegt darin lediglich eine **Verletzung des Vermögens**.

> **Klausurtipp:** Problematisch ist die Abgrenzung zwischen einer (eine **Eigentumsverletzung** i.S. des § 823 Abs. 1 darstellenden) Gebrauchsbeeinträchtigung und einer bloßen Einschränkung der Nutzung der Sache als nicht ersatzfähiger Vermögensverletzung. Die bloße **Vermögensverletzung** ist nicht von § 823 Abs. 1 erfasst (auch kein „sonstiges Recht" i.S. des § 823 Abs. 1)[67]. In diesem Fall kann aber ggf. ein Anspruch aus § 823 Abs. 1 wegen eines **Eingriffs in den eingerichteten und ausgeübten Gewerbebetrieb** in Betracht kommen[68].

181 Allein die **vorübergehende Einengung** der wirtschaftlichen Nutzungsmöglichkeit soll laut BGH für eine nach § 823 Abs. 1 relevante Gebrauchsbeeinträchtigung nicht

---
62 BGH NJW 2021, 1883 Rn. 16.
63 BGH NJW-RR 2004, 1163; BGH NJW-RR 2005, 172 (Schaden am Grundstück); BGH NJW 2005, 1423, 1426 (Schaden an anderen, durch die Baumaßnahme nicht berührten Bauteile; im Fall dagegen lag ein mit dem Mangelunwert des Architektenwerks deckungsgleicher Schaden vor).
64 BGH NJW 2021, 1883 Rn. 19.
65 BGHZ 146, 144 ff. („Elektroofenschlacke"); kritisch dazu *Schaub*, VersR 2001, 940.
66 Vgl. BGHZ 63, 203, 207.
67 Siehe Rn. 248.
68 Siehe Rn. 221 ff.

ausreichen. Eine bloße Einengung war z.B. beim sog. **Kanallagerhaus-Fall**[69] bejaht worden. Das Lagerhaus konnte von Schiffen nicht mehr angefahren werden, es war aber über Land erreichbar. Hier wurde die Sache ihrer bestimmungsgemäßen Verwendung nicht entzogen. Vielmehr wird lediglich die Möglichkeit der Nutzung vorübergehend eingeengt bzw. eine bestimmte Verwendungsmodalität ausgeschlossen[70]. Da die Anlage selbst benutzbar geblieben ist, ist eine Eigentumsverletzung abzulehnen.

Dagegen liegt eine Eigentumsverletzung vor, wenn die Verwendungsfähigkeit der Sache vorübergehend praktisch aufgehoben ist. Diese Beeinträchtigung der Eigentümerbefugnisse wirkt wie eine zeitweilige Wegnahme der Sache. Insofern muss die Gebrauchsbeeinträchtigung **schwerwiegend** sein, was sich durch die Beeinträchtigung des Marktwerts oder den völligen Ausschluss des Zugriffs auf die Sache äußert[71]. Daher hat die Rechtsprechung eine Eigentumsverletzung bejaht, wenn ein Schiff aufgrund einer Kanalsperrung monatelang in einem Stichkanal eingesperrt ist[72], denn hier kann das Schiff nicht mehr bestimmungsgemäß als Transportmittel genutzt werden. 182

Entscheidend kommt es darauf an, ob die vom Schädiger verletzte Pflicht gerade die konkrete Folge verhindern sollte (**Schutzzweck der Norm**)[73]. Bejaht wird eine Eigentumsverletzung daher auch, wenn die Benutzbarkeit eines in der Garage abgestellten Fahrzeugs etwa durch widerrechtlich ausgeführte Bauarbeiten vor der Garagenausfahrt für eine gewisse Zeit objektiv unmöglich gemacht wird[74]. Verneint wird sie aber, wenn Feuerwehrfahrzeuge eine Zufahrt des Nachbargrundstücks blockieren[75]. Verursacht ein Verkehrsteilnehmer einen Unfall und geraten daher weitere Verkehrsteilnehmer in einen Rückstau, liegt keine Eigentumsverletzung vor, da die vom Verursacher des Staus verletzte Verkehrsnorm nicht Dritte vor staubedingten Verzögerungen schützen soll und lediglich ein Vermögensschaden vorliegt[76]. 183

Eine Eigentumsverletzung soll auch gegeben sein, wenn Demonstranten eine zweitägige Blockade von Baumaschinen vornehmen. Dadurch kann der Eigentümer[77] die Maschinen längerfristig nicht bestimmungsgemäß einsetzen[78]. Den **zeitlichen Aspekt** hat der BGH aber alsbald als unbeachtlich angesehen. Sofern die Eigentümerbefugnisse so beeinträchtigt sind, dass die Verwendungsfähigkeit der Sache vorübergehend praktisch aufgehoben ist, soll es nicht zusätzlich der Überschreitung einer zeitlich definierten Erheblichkeitsschwelle bedürfen. Das gilt jedenfalls dann, wenn die erforderliche Intensität der Nutzungsbeeinträchtigung schon aus dem Entzug des bestimmungsgemäßen Gebrauchs folgt[79]. 184

---

69 **BGHZ 86, 152 ff. („Kanallagerhaus")**.
70 **BGH-NJW-RR 2017, 219 ff.** Rn. 18.
71 BGH-NJW-RR 2017, 219 ff. Rn. 17; vgl. auch *Looschelders*, § 60 Rn. 10 (Beeinträchtigung müsse sich auf Positionen beziehen, „die vom Zuweisungsgehalt des Eigentums umfasst sind").
72 BGHZ 55, 153; siehe aber *Medicus/Petersen*, BR, Rn. 613, der zu einem gegenteiligen Ergebnis kommt.
73 *Kittner*, Schuldrecht, 3. Aufl. 2003, Rn. 1233.
74 BGHZ 63, 203, 206.
75 BGH NJW 1977, 2264 f.
76 MünchKomm/*Wagner*, § 823 Rn. 271; *Wagner*, Kap. 5 Rn. 52.
77 Zudem liegt eine Besitzverletzung im Hinblick auf den Besitzer vor.
78 BGH NJW 1998, 377, 380.
79 BGH NJW-RR 2017, 219 ff. Rn. 19.

§ 9 Der deliktische Haupttatbestand: § 823 Abs. 1

185 Die Bedeutung der **Substanzverletzung** sowie der **Gebrauchsbeeinträchtigung** soll mit **Fall 16**[80] verdeutlicht werden: A betreibt eine Hühnerzucht. Eines Tages fällt dort der Strom aus, weil Baggerführer B fahrlässig eine Stromleitung beschädigt hat. Hierdurch funktioniert der Brutapparat für die Eier nicht. A hat kein Notstromaggregat. Folge des Stromausfalls ist, dass statt der zu erwartenden 3000 Küken nur einige verkrüppelte, unverkäufliche Tiere ausschlüpfen. A verlangt von B Schadensersatz. Zu Recht?

1. B könnte dem A aus § 823 Abs. 1 aufgrund einer Eigentumsverletzung haften. Auch ohne Eingriff in die Sachsubstanz kann eine Eigentumsverletzung vorliegen. Dazu muss eine erhebliche **Beeinträchtigung** der bestimmungsgemäßen Verwendung der Sache vorliegen. Allein der aus der Stromunterbrechung resultierende Stillstand des Betriebs ist noch nicht als Eigentumsverletzung anzusehen, sondern stellt eine bloße Beeinträchtigung der wirtschaftlichen **Nutzungsmöglichkeit** des Eigentums dar, die regelmäßig lediglich zu einem – nach § 823 Abs. 1 nicht ersatzfähigen – Vermögensschaden führt[81].

2. Als betroffenes Schutzgut i.S. des § 823 Abs. 1 könnte aber das Eigentum des A an den Bruteiern angesehen werden. Durch die Unterbrechung der Stromzufuhr und den Ausfall der Brutanlage wurden die Eier beschädigt bzw. zerstört. Die Rechtsgutverletzung müsste B auch zurechenbar sein. Das setzt zunächst voraus, dass die Verletzungshandlung äquivalent kausal für die Rechtsgutverletzung gewesen ist. Hierfür ist ausreichend, dass eine Ursachenkette in Gang gesetzt wird, die zu einer Rechtsgutverletzung führt.

Auf die Bruteier selbst hat B allenfalls mittelbar eingewirkt, indem er die für die Brutapparate notwendige Stromzufuhr unterbrach. Eine Ursachenkette zwischen Verletzungshandlung und Rechtsgutverletzung ist allerdings auch dann zu bejahen, wenn unmittelbar nur eine – vom verletzten Rechtsgut verschiedene – Sache betroffen ist, sofern diese im Hinblick auf das verletzte Rechtsgut eine besondere Schutzfunktion erfüllt. Ist zum Erhalt einer Sache die ständige Zufuhr von Wasser, Wärme etc. notwendig, so ist demjenigen die Zerstörung zuzurechnen, der die Zufuhr der notwendigen Mittel unterbricht, auch wenn er nicht unmittelbar auf die Sachsubstanz eingewirkt hat[82].

3. Auch Adäquanz ist zu bejahen, da es nicht außerhalb aller Wahrscheinlichkeit liegt, dass bei Unterbrechung des Stroms ein Erzeugnis, das elektrischer Wärme bedarf, in seiner Substanz beschädigt oder vernichtet wird. Es geht auch nicht über den Schutzzweck von § 823 Abs. 1 hinaus, B die Haftung für diesen konkreten Schaden aufzuerlegen. Das durch die Schadensersatzpflicht ausgedrückte Gebot, fremdes Eigentum nicht zu beschädigen, bezweckt nicht nur den Schutz der Substanz einer Sache, sondern ggf. auch ihrer Funktion. Über den Zweck, die Versorgungsleistungen in ihrer Substanz zu erhalten, hinaus will § 823 Abs. 1 auch vor dem Eintritt der typischen Folgen schützen[83]. Der Tatbestand des § 823 Abs. 1 ist damit erfüllt.

---

80 **BGHZ 41, 123 ff.**
81 Abgrenzung zu BGHZ 29, 65 ff. („Stromkabel"); siehe hierzu unten **Fall 19** Rn. 229.
82 BGHZ 41, 123, 126.
83 BGHZ 41, 123, 127 f.

4. Die Rechtswidrigkeit wird indiziert. B müsste schuldhaft gehandelt haben. B hat hier fahrlässig gehandelt. Eine Vorhersehbarkeit des Schadens liegt vor. Wer eine elektrische Leitung durchtrennt, weiß, dass vom Stromausfall auch Anlagen zur Konservierung von Sachen betroffen sein können, deren längerer Ausfall zu Verderbschäden führt. Dass B auch den speziellen Schadensverlauf in Bezug auf die Küken vorherzusehen vermochte, ist zur Bejahung seines Verschuldens nicht erforderlich. B ist daher A aus § 823 Abs. 1 zum Ersatz des entstandenen Schadens verpflichtet.

5. Ein Mitverschulden des A nach § 254 Abs. 1, weil er kein Notstromaggregat bereitgestellt hat, scheidet aus, da A nicht gehalten war, diese Anschaffung zur Entlastung Dritter zu machen.

Eine Eigentumsverletzung aufgrund einer Beeinträchtigung des bestimmungsgemäßen Gebrauchs kann auch bei **Immissionen** i.S. des § 906 vorliegen. Es geht um unwägbare Einwirkungen, die der Eigentümer nicht dulden muss und die sich entweder auf das Grundstück oder dort befindliche Sachen schädigend auswirken oder die eine sich auf dem Grundstück aufhaltende Person so belästigen, dass deren gesundheitliches Wohlbefinden gestört wird[84]. **186**

Umstritten ist, ob auch bloße **ideelle Immissionen** eine Eigentumsverletzung darstellen. Fraglich ist das etwa, wenn sich ein Bordell in der Nachbarschaft befindet[85], abgestellte Schrottwagen gegenüber einem Hotel einen hässlichen Anblick bieten[86] oder in einer Wohngegend ein Lagerplatz für Baumaterialien ist[87]. Die Rechtsprechung und weite Teile des Schrifttums lehnen in solchen Fällen eine Eigentumsverletzung ab[88], da nicht auf das Nachbargrundstück selbst eingewirkt werde. Es gelte, eine uferlose Ausweitung der Norm aufzuhalten, indem das Merkmal „ähnliche von einem anderen Grundstück ausgehende Einwirkungen" des § 906 eng ausgelegt wird. Die h.L. hingegen bejaht eine Eigentumsverletzung bei schwerwiegenden ideellen Immissionen[89]. **187**

5. „Sonstiges Recht": Allgemeines Persönlichkeitsrecht

Übersichtsaufsätze: *Staake/von Bressensdorf*, Grundfälle zum deliktischen Schutz des allgemeinen Persönlichkeitsrechts, JuS 2015, 683 ff. sowie 777 ff.; *Neuner*, Der privatrechtliche Schutz der Persönlichkeit, JuS 2015, 961 ff.; *Croon-Gestefeld*, § 823 Abs. 1 BGB: Die Rahmenrechte, JURA 2016, 1374 ff.; *Brockmann/Künnen*, Die sonstigen Rechte iSd § 823 I BGB, JuS 2020, 910 ff.

Übungsfälle: *Irrgang*, Medienwirksame Umarmung, JA 2009, 340 ff.; *Dubovitskaya/Gehlen*, Fortgeschrittenenklausur – Zivilrecht: Postmortaler Persönlichkeitsschutz und Haftung von eBay-Account-Inhabern, JuS 2013, 528 ff. (über das Deliktsrecht hinausgehend); *Lorz*, Playboy und Profifußballer – Prominente im Fokus der Presse, JURA 2014, 426 ff.; *Maties/Haberl*, Fortgeschrittenenklausur – Zivilrecht: Rückabwicklung nichtiger Verträge und Ansprüche bei Persönlichkeitsverletzung – Der Organkauf, JuS 2015, 149 ff.; *Haedicke/Andersen*, „Ghostwri-

---

84 BGHZ 51, 396, 397.
85 BGHZ 95, 307, 309 f.
86 BGHZ 54, 56, 59 f.
87 BGHZ 51, 396, 399.
88 BGHZ 51, 396, 398; BGHZ 54, 56, 59 f.; BGH JZ 1970, 782, 783; Palandt/*Herrler*, § 903 Rn. 10.
89 Erman/*Wilhelmi*, § 823 Rn. 33; BGH NJW 1985, 2823.

ter und Weltpolitik", JA 2018, 262 ff.; *Klein/Ulshöfer*, Das Herrenreiter-Urteil des BGH – Eine Leitentscheidung zum allgemeinen Persönlichkeitsrecht in der Fallbearbeitung, JURA 2019, 1075 ff.

188 **Prüfungsschema § 823 Abs. 1 – Allg. Persönlichkeitsrecht**
  I. Voraussetzungen
   1. Anwendbarkeit
   2. Rechtswidrige Verletzung des allg. Persönlichkeitsrechts
      a) Eingriff in den Schutzbereich des allg. Persönlichkeitsrechts
      b) Güter- und Interessenabwägung
   3. Verschulden
  II. Rechtsfolge
   1. Ersatz des materiellen Schadens nach § 249 Abs. 1, Abs. 2 S. 1
   2. Schmerzensgeld nach Art. 1, Art. 2 GG, wenn
      – schwere Verletzung des allg. Persönlichkeitsrechts oder erhebliches Verschulden und
      – anderweitige Genugtuung nicht möglich

Prüfungsschema § 1004 Abs. 1 analog, § 823 Abs. 1 – Allg. Persönlichkeitsrecht (Unterlassungs- und Beseitigungsanspruch)
  I. Voraussetzungen
   1. § 1004 Abs. 1 analog anwendbar
   2. Rechtswidriger Eingriff in eine gem. § 823 Abs. 1 geschützte Rechtsposition (s.o.)
  II. Rechtsfolge
   Anspruch auf Beseitigung bzw. Unterlassung

189 Mit dem Schutz der „sonstigen Rechte" in § 823 Abs. 1 ist keine umfassende Generalklausel geschaffen worden. Es sollen lediglich solche Rechte geschützt werden, die in ihrer absoluten Ausschlusswirkung gegenüber Dritten den in § 823 Abs. 1 ausdrücklich genannten persönlichen Rechten bzw. Rechtsgütern vergleichbar sind. **Klausurrelevant** sind insbesondere die sog. Rahmenrechte: Das allgemeine Persönlichkeitsrecht[90] und das Recht am eingerichteten und ausgeübten Gewerbebetrieb[91].

a) Anwendbarkeit

190 Die Rechtsprechung hat das allgemeine Persönlichkeitsrecht als „sonstiges Recht" i.S. des § 823 Abs. 1[92] aus Art. 1 und 2 GG abgeleitet[93]. Der ansonsten bestehende Schutz wurde als unzulänglich angesehen. Das allgemeine Persönlichkeitsrecht ist daher nur insoweit von § 823 Abs. 1 umfasst, als dieser Schutz ohne diesen Anspruch

---

90 *von Staake/von Bressendorf*, JuS 2015, 683 ff. sowie 777 ff. (Grundfälle); *Neuner*, JuS 2015, 961 ff.; *Croon-Gestefeld*, JURA 2016, 1374 ff.
91 Siehe Rn. 221 ff.; *Croon-Gestefeld*, JURA 2016, 1374 ff.
92 Kritisch zu dieser Einordnung *Medicus/Petersen*, BR, Rn. 615; *Beuthien*, NJW 2003, 1220, 1221.
93 Seit BGHZ 13, 334, 338 **st. Rspr.**; vom BVerfG gebilligt in BVerfGE 34, 269, 292; BVerfGE 35, 202, 220 ff.; siehe auch BVerfG NJW 2011, 740 ff.; *Neuner*, JuS 2015, 961 ff.; *Glasmacher/Pache*, JuS 2015, 303 ff.

unzulänglich ist. Deshalb ist der Schutz des allgemeinen Persönlichkeitsrechts über § 823 Abs. 1 lediglich ein Auffangtatbestand und damit **subsidiär**.

> **Klausurtipp:** Im **Klausuraufbau** ist also stets als erstes zu klären, ob § 823 Abs. 1 überhaupt **anwendbar** ist, oder ob ein spezielles Gesetz das betreffende Recht des Verletzten abschließend (Schadensersatz!) schützt.

Soweit ein spezielles Gesetz die Rechte wegen der Verletzung des allgemeinen Persönlichkeitsrechts **abschließend** regelt, scheidet § 823 Abs. 1 als weitere Anspruchsgrundlage aus. Zwar finden sich z.B. in § 12 (Namensrecht), §§ 22–24 KunstUrhG (Recht am eigenen Bild), § 11 UrhG (Urheberpersönlichkeitsrecht) oder im Bundesdatenschutzgesetz spezielle Regelungen des allgemeinen Persönlichkeitsrechts, allerdings liegt eine abschließende Regelung nur dann vor, wenn dort auch ein **Schadensersatzanspruch** vorgesehen ist. Nicht abschließend sind daher etwa § 12 und die §§ 22 ff. KunstUrhG, da beide keinen Schadensersatzanspruch enthalten. § 12 sieht nur einen verschuldensunabhängigen Unterlassungsanspruch, § 37 KunstUrhG einen Vernichtungs- oder Übernahmeanspruch vor. Daher ist hier das über § 823 Abs. 1 geschützte allgemeine Persönlichkeitsrecht nicht subsidiär.

191

b) Voraussetzungen

Voraussetzung für einen Anspruch aus § 823 Abs. 1 ist die rechtswidrige Verletzung des allgemeinen Persönlichkeitsrechts.

192

> **Klausurtipp:** Für den **Klausuraufbau** ist relevant, dass Tatbestand und Rechtswidrigkeit zumeist zusammen geprüft werden müssen.

aa) Sachlicher Schutzbereich. Vom Schutz des allgemeinen Persönlichkeitsrechts erfasst sind die Intimsphäre (z.B. Tagebücher, Briefe), die Privatsphäre (z.B. Familienleben, Privatbereich)[94] sowie die Sozial- oder Individualsphäre (geschäftliches, gesellschaftliches oder öffentliches Leben)[95]. Innerhalb dieser Abstufung hat die Rechtsprechung besondere Fallgruppen gebildet, die Anhaltspunkte für die Verletzung eines allgemeinen Persönlichkeitsrechts bieten.

193

Darunter fällt etwa der **Schutz der persönlichen Ehre**, soweit deren Verletzung nicht mehr etwa durch die Freiheit künstlerischer Betätigung i.S. des Art. 5 Abs. 3 S. 1 GG gedeckt ist[96], und auch der **Schutz des nicht öffentlich gesprochenen Worts**. Jeder kann selbst darüber bestimmen, ob seine Worte nur seinem Gesprächspartner, einem bestimmten Kreis oder der Öffentlichkeit zugänglich sein sollen. Außerdem soll jeder darüber befinden, ob seine Stimme auf einem Tonträger festgehalten werden darf.

194

---

94 BGH NJW 2004, 762.
95 Zur Relevanz bei der Abwägung siehe Rn. 203.
96 BVerfG NJW 1987, 2661, 2662 (Karikatur des Bayerischen Ministerpräsidenten in einer Zeitschrift).

195 Zu den besonders relevanten Bereichen zählt auch der **Schutz des eigenen Bilds**[97], der Schutz des eigenen Namens oder Firmenzeichens, der Schutz schriftlicher Äußerungen[98] sowie der **Schutz der privaten Sphäre**[99] und des guten Rufs[100]. Das allgemeine Persönlichkeitsrecht umfasst dabei ebenso das „Recht auf Nichtwissen der eigenen genetischen Veranlagung" und einer ihm dadurch in der Zukunft drohenden Erkrankung[101].

196 bb) Persönlicher Schutzbereich. Was den **persönlichen Schutzbereich** des allgemeinen Persönlichkeitsrechts anbelangt, so ist nur der **unmittelbar Verletzte** geschützt, nicht auch jemand, der sich lediglich mittelbar verletzt fühlt.[102] Eine wichtige Abgrenzung hat das Bundesverfassungsgericht bei **Kindern** von Personen der Zeitgeschichte vorgenommen und festgestellt, dass das aus dem Recht des Kindes auf ungehinderte Entfaltung fließende Recht auf Entwicklung zur Persönlichkeit auch solchen Kindern zusteht, deren Eltern Personen mit zeitgeschichtlicher Bedeutung sind. Ein Schutzbedürfnis kann nur dann entfallen – und ein Eingriff durch die Presse damit möglich werden –, wenn sich die Kinder bewusst der Öffentlichkeit zuwenden[103].

197 Auch **Personen- und Kapitalgesellschaften** können Träger des allgemeinen Persönlichkeitsrechts sein[104]. Inhaltlich beschränkt das die Rechtsprechung allerdings zu Recht auf die Fälle, in denen die Gesellschaft dieses Rechtsschutzes „aus ihrem Wesen als Zweckschöpfung des Rechts" und ihren Funktionen bedarf. Das soll der Fall sein, wenn sie in ihrem sozialen Geltungsanspruch als Arbeitgeber oder als Wirtschaftsunternehmen betroffen wird[105].

---

97 Vgl. BVerfG NJW 2011, 740 ff., bestätigt durch BVerfG NJW 2012, 756 ff. („Caroline von Hannover") zum unterschiedlichen Schutz bei der Veröffentlichung von Bildern einer Person und der Berichterstattung durch Wortbeiträge. Im ersten Fall liege eine rechtfertigungsbedürftige Beschränkung des allgemeinen Persönlichkeitsrechts vor, im zweiten Fall nicht ohne Weiteres. Siehe auch EGMR NJW 2012, 1053 ff. („von Hannover Nr. 2"); EGMR NJW 2014, 3291 („Lillo-Stenberg/Norwegen").
98 Zur Veröffentlichung eines anwaltlichen Schreibens in der Presse BGH MDR 2020, 288 ff.
99 Siehe etwa **BGH NJW 2018, 3506 ff.** (**E-Mail-Werbung** ohne Einwilligung als Verletzung des allgemeinen Persönlichkeitsrechts bejahend).
100 Zur Grenze, wenn selbst vorher eine Straftat begangen wurde, EGMR NJW 2012, 1058 ff. („Axel Springer AG/Deutschland"). Zur Frage, wann **Mobbing** oder Straining eine Persönlichkeitsrechtsverletzung darstellen kann *Jansen/Hartmann*, NJW 2012, 1540 ff.
101 **BGHZ 201, 263 ff.**
102 BGHZ 201, 263.
103 BVerfG NJW 2000, 2191, 2192; BVerfG NJW 2003, 3262 ff.; BVerfG NJW 2005, 1857 f.; BGH NJW 2005, 215 ff. mit krit. Anm. *Vinck*, LMK 2005, 92 f., der für den konkreten Fall darauf abhebt, dass der Rechtsträger selbst (Baby) die Störungshandlung gar nicht wahrnehme; kein Schutzbedürfnis bei BGH NJW 2011, 746 ff.; BGH NJW 2011, 744 ff. („Charlotte Casiraghi").
104 BGHZ 98, 94, 97; BGH NJW 2016, 1584 ff. (Boykottaufruf gegen Interessenverband); **BGH WM 2018, 630 ff.** (Äußerungen einer Gesellschafterin); **bejaht** wurde eine Persönlichkeitsverletzung bei unzulässiger Verwendung einer negativen Bilanzanalyse durch einen Wirtschaftswissenschaftler (BGH NJW 1994, 1281, 1282); die dort angenommene Prangerwirkung wird aber verneint im Fall BGH NJW 2006, 830, 842 („Kirch").
105 **Verneint** hat der BGH eine Verletzung des Persönlichkeitsrechts, wenn ein Scherzartikelhersteller einen Aufkleber mit dem Emblem BMW und der Hinzufügung „Bums mal wieder" verwendet hat. Der Aufkleber habe keinen direkten Bezug zum Produkt des Automobilherstellers, sodass eine konkrete Gefahr wirtschaftlicher Nachteile nicht zu erwarten sei (BGH NJW 1986, 2951, 2952). Eine Persönlichkeitsverletzung der Lufthansa wurde im Zusammenhang mit einem Aufkleber „Lusthansa" mit zwei sich paarenden Kranichen abgelehnt (OLG Frankfurt NJW 1982, 648 f.).

cc) Postmortaler Persönlichkeitsschutz.

Das Persönlichkeitsrecht wirkt über den Tod des Rechtsträgers hinaus (**postmortaler Persönlichkeitsschutz**)[106]. Auch das fortwirkende Lebensbild eines Verstorbenen wird also gegen schwerwiegende Entstellungen geschützt[107]. Wie lange dieser Persönlichkeitsschutz fortdauert, lässt sich nicht einheitlich beantworten. Der BGH gewährt einen Schadensersatzanspruch unter dem Gesichtspunkt des Eingriffs in die **vermögenswerten Bestandteile** des postmortalen Persönlichkeitsrechts in Anlehnung an § 22 KunstUrhG nur bis zum Ablauf von **zehn Jahren** nach dem Tod des Rechtsträgers[108]. Dann muss das Interesse an einer wirtschaftlichen Verwertung des Persönlichkeitsbilds zurücktreten.

198

Der postmortale Schutz der **ideellen Bestandteile** des Persönlichkeitsrechts kann dagegen noch länger bestehen. Das Schutzbedürfnis wird in dem Maße geringer, in dem sich die Erinnerung an den Verstorbenen und damit das Interesse an der Nichtverfälschung des von ihm gemachten Bilds verringert. Ist ein Künstler nur wenigen Zeitgenossen in Erinnerung, ist die Zeitspanne des Schutzes kürzer als bei einem bedeutenden Künstler, der seiner Nachwelt ein auch noch nach vielen Jahren wahrgenommenes Werk hinterlässt[109].

199

Die Verletzung des Persönlichkeitsrechts Verstorbener kann durch die Angehörigen bzw. Erben geltend gemacht werden. Diese können bei der Verletzung eines postmortalen Persönlichkeitsrechts ggf. auch Schadensersatz verlangen[110]. Die Erben haben jedoch bei Verletzung der ideellen Interessen des Verstorbenen keinen Schmerzensgeldanspruch[111].

200

Nicht um einen Fall des postmortalen Persönlichkeitsschutzes handelt es sich, wenn eine Person **zu ihren Lebzeiten in den immateriellen Bestandteilen** ihres Persönlichkeitsrechts verletzt wird, jedoch vor Erfüllung des daraus resultierenden Geldentschädigungsanspruchs stirbt. Der Anspruch des Verletzten auf Geldentschädigung ist zwar ein vermögensrechtlicher Anspruch und daher an sich vererblich, dennoch lehnt der BGH einen Übergang auf die **Erben** zu Recht ab (§ 1922)[112].

201

Der Anspruch dient hier der Genugtuung des Verletzten für die Verletzung seines immateriellen Persönlichkeitsrechts[113]. Die Genugtuung soll hier zwar über die Zahlung von Geld erreicht werden, hat aber eine ideelle Funktion und ist deshalb unmittelbar an die Person des Verletzten gebunden. Der Verletzte muss demgemäß zu seinen Lebzeiten die Geldentschädigung erhalten, damit sie ihren Zweck erfüllen kann[114].

202

---

106 BVerfG NJW 2008, 1657 („Ehrensache"); *Frommeyer*, JuS 2002, 13 ff.; eine **Systematisierung** findet sich bei *Brost*, AfP 2015, 510 ff.
107 **BGHZ 50, 133, 136 ff. („Mephisto").**
108 BGHZ 169, 193 ff. („Klaus Kinski") m.w.N. zum Streitstand in der Literatur; zur Begründung für eine Ersatzpflicht bei Verletzung vermögenswerter Bestandteile des Persönlichkeitsrechts BGH NJW 2012, 1728, 1729 („getötete Tochter").
109 Nach BGHZ 107, 385, 393 ist daher bei dem Maler Emil Nolde auch drei Jahrzehnte nach dem Tode noch ein fortbestehendes Schutzbedürfnis anzuerkennen.
110 BGH NJW 2000, 2195, 2197 ff. („Marlene Dietrich"); dazu *Staudinger/Schmidt*, JURA 2001, 241 ff.
111 BGH NJW 2006, 605; BGH NJW 2007, 684, 685.
112 BGH NJW 2014, 2871, Rn. 8; a.A. *Staudinger/Melestean*, JURA 2016, 783, 788 ff.
113 *Stender-Vorwachs*, NJW 2014, 2831, 2833.
114 BGH NJW 2014, 2871, Rn. 18.

Der Präventionsgedanke allein vermag die Vererblichkeit nicht zu tragen, sodass der Entschädigungsanspruch mit dem Tod des Verletzten erlischt.

203 **dd) Güter- und Interessenabwägung.** Die Beeinträchtigung des allgemeinen Persönlichkeitsrechts als solche kann nicht schon die **Rechtswidrigkeit** indizieren. Denn beim allgemeinen Persönlichkeitsrecht handelt es sich um ein **Rahmenrecht**, d.h. um einen offenen Tatbestand. Es stellt zwar ein ranghohes Rechtsgut dar, kann aber mit den Persönlichkeitsrechten anderer Personen konkurrieren. Ob eine rechtswidrige Verletzung des allgemeinen Persönlichkeitsrechts vorliegt, ist daher aufgrund einer umfassenden **Güter- und Interessenabwägung** festzustellen. Es werden die schutzwürdigen Interessen aufseiten des Verletzten und aufseiten des Schädigers gegenübergestellt[115].

204 Der Schädiger kann möglicherweise **Rechtfertigungsgründe** anführen, wie z.B. die Wahrnehmung berechtigter Interessen nach § 193 StGB. Zudem kann das Persönlichkeitsrecht in einem Spannungsverhältnis zu der durch Art. 2 GG geschützten Freiheit Dritter oder zu den aus Art. 2 GG oder Art. 12 GG folgenden Betätigungsrechten des Verletzers stehen.

205 Ein Spannungsverhältnis ist auch zur **Meinungs- und Pressefreiheit (Art. 5 GG)** möglich[116]. Allerdings genießen falsche Tatsachenbehauptungen über eine Person nicht das Privileg der Meinungsfreiheit nach Art. 5 GG, da sie nicht zur Information beitragen. An der Aufrechterhaltung und Weiterverbreitung unwahrer herabsetzender Tatsachenbehauptungen besteht unter dem Gesichtspunkt der Meinungsfreiheit kein schützenswertes Interesse[117]. Die Veröffentlichung muss im Interesse der Öffentlichkeit liegen[118]. Es genügt nicht, dass sie nur allgemein daran interessiert ist[119].

206 Zu prüfen ist jeweils, **welchem der genannten Rechte der Vorrang** zukommt. Zu berücksichtigen sind bei der Abwägung auch die sonstigen Umstände, v.a. die Art und Schwere der Beeinträchtigung, ihr Anlass und das Verhalten des Verletzten[120]. Auf der Seite des Verletzten spielt dabei eine Rolle, ob in die Intim-, die Privat- oder die Individualsphäre eingegriffen wird. Die Intimsphäre ist weitgehend geschützt. Die Privatsphäre einer Person genießt noch einen recht weiten Schutz. Die Individual-

---

115 BGH NJW 2016, 1584 ff.; dazu *Hufen*, JuS 2016, 1149 ff.; *Hager*, JA 2016, 546 ff.; BGH NJW 2005, 2766, 2770; BGH NJW 2004, 762, 764; *Glasmacher/Pache*, JuS 2015, 303, 305 f.
116 Ausführlich *Frenz*, NJW 2012, 1039 ff.; siehe aus der Rechtsprechung BGH NJW 2016, 1584 ff. (Boykottaufruf); BVerfG NJW 2002, 3767 ff.; BVerfG NJW 2006, 3406 ff.; dazu auch EGMR NJW 2004, 2647, 2649, wonach es darauf ankommen soll, ob die Berichterstattung einen Beitrag zu einer Diskussion in einer demokratischen Gesellschaft leistet oder ob sie lediglich die Neugier eines bestimmten Publikums über das Privatleben einer Person befriedigt; BVerfG NJW 2008, 39, 42 („Esra"); BGH NJW 2009, 3576 ff. („Kannibale von Rotenburg").
117 BGH NJW 2015, 773 Rn. 21; OLG Nürnberg, 22.10.2019 – 3 U 1523/18, Rn. 137.
118 Bejahend bzgl. Verdachtsberichterstattung im Verlauf eines strafrechtlichen Ermittlungsverfahrens BGH, 17.12.2019 – VI ZR 249/18, juris; BGHZ 222, 196 ff.
119 EGMR NJW 2012, 747 ff. („Max Mosley"); siehe auch EGMR NJW 2012, 753 ff. („Naomi Campbell"); BGH NJW 2012, 763 ff.
120 BGHZ 132, 13, 18 ff. (Verdächtigung eines Polizeibeamten in einem Buch, er habe Beziehungen zur „Rotlichtszene"); BGHZ 143, 199, 203 ff. (Verdachtsberichterstattung, Schmähkritik); BVerfG NJW 1998, 2889, 2890 f. (öffentliche Nennung des eigenen Namens bei sexuellem Missbrauch durch den Vater).

sphäre dagegen ist am wenigsten geschützt. Wer am geschäftlichen, gesellschaftlichen oder öffentlichen Leben teilnimmt, muss es hinnehmen, dass man sich mit ihm befasst[121]. Der Schutz tritt umso mehr zurück, je mehr der Angegriffene exponiert ist oder als prominente Person selbst aus Werbegründen seine Privatsphäre den Medien öffnet[122]. Sofern jedoch kein Beitrag zur öffentlichen Meinungsbildung geleistet wird, muss ein Veröffentlichungsinteresse hinter dem Persönlichkeitsschutz zurücktreten[123].

> Den **Prüfungsaufbau** beim allgemeinen Persönlichkeitsrecht soll **Fall 17** verdeutlichen[124]: Journalist J interviewt den bekannten Schauspieler D und macht dabei einige Fotos. Unter anderem setzt sich D für ein Bild auf den Motorroller des J. Dieses Foto verkauft J an die Motorrollerfirma M zum Zwecke der Reklame. J betont wider besseren Wissens gegenüber der M das Einverständnis des D mit einer Werbeveröffentlichung. Die M wirbt daraufhin in mehreren Zeitschriften mit dem Foto für ihre Motorroller. Dabei wird auch der Name des D erwähnt. D will wissen, ob er deliktsrechtliche Ansprüche gegen die M hat.

207

1. D könnte gegen die M einen Anspruch aus § 823 Abs. 1 wegen Verletzung seines allgemeinen Persönlichkeitsrechts haben. Da es sich hierbei lediglich um einen sog. Auffangtatbestand handelt, muss § 823 Abs. 1 überhaupt **anwendbar** sein, d.h. nicht von einer spezielleren Norm verdrängt werden. Eine spezielle Regelung des Persönlichkeitsrechts ist das Recht am eigenen Bild (**§ 22 KunstUrhG**). Danach dürfen Bildnisse nur mit Einwilligung des Abgebildeten verbreitet oder öffentlich zur Schau gestellt werden. Ob § 22 KunstUrhG verletzt wurde, kann an dieser Stelle jedoch dahinstehen, da das KunstUrhG für diesen Eingriff keine Schadensersatzregelung vorsieht. Es stellt somit keine abschließende Regelung dar.

Im vorliegenden Fall könnte auch eine Verletzung des **Namensrechts nach § 12** gegeben sein[125]. § 12 geht als lex specialis dem Schutz des allgemeinen Persönlichkeitsrechts als „sonstiges Recht" im Rahmen von § 823 Abs. 1 vor[126]. Das Namensrecht i.S. des § 12 ist verletzt, wenn M den Namen des D unbefugt gebraucht und dadurch ein schutzwürdiges Interesse des Namensträgers D verletzt.

Dabei ist der Namensgebrauch von der **bloßen Namensnennung** abzugrenzen. Ein Namensgebrauch i.S. des § 12 liegt nämlich nur vor, wenn das bestimmte Produkt dem Namen zugeordnet wird und dadurch im Verkehr eine Verwechslung droht[127].

---

121 BGH NJW 2008, 3134, 3135 („Heide Simonis"); siehe aber BGH NJW 2008, 3138 („Sabine Christiansen I"); vgl. auch *Stender-Vorwachs*, NJW 2009, 334, 335 f.
122 Zur Aufgabe der Rechtsfiguren „absolute und relative **Person der Zeitgeschichte**" durch den BGH zugunsten eines „abgestuften Schutzkonzepts" *Wanckel*, NJW 2011, 726.
123 Ein solcher Beitrag wurde **verneint** in BGH NJW 2009, 1502 ff. („Sabine Christiansen II"), BGH NJW 2009, 3032 ff. Rn. 29 ff. (Ausnutzung des Werbe- und Imagewerts, Günther Jauch auf Rätselheft); **bejaht** in BGH NJW 2009, 1499, 1501: hinreichender „Nachrichtenwert mit Orientierungsfunktion" („Enkel des Fürsten von Monaco"); BGH NJW 2010, 2728 ff., Rn. 18 ff. („Sedlmayr-Mörder"; bei schwerem Kapitalverbrechen werde ansonsten „Geschichte" getilgt).
124 **BGHZ 20, 345 ff.** („Paul Dahlke"); zu den GoA-Aspekten des Falls siehe oben **Fall 12** Rn. 120, zu den bereicherungsrechtlichen Aspekten siehe unten **Fall 47** Rn. 652. Vgl. auch BGH NJW 1992, 2084 f. („Fuchsberger").
125 *Wagner*, Kap. 7 Rn. 15 f.
126 Palandt/*Ellenberger*, § 12 Rn. 2.
127 Palandt/*Ellenberger*, § 12 Rn. 23.

Dies ist hier nicht der Fall, da die Verwendung des Namens des D in der Werbung nicht bewirkt, dass dem Namen des D das Produkt zugeordnet wird, der Motorroller gleichsam den Namen „D" trägt. Vielmehr wird der Name des D lediglich in Verbindung mit einer Sachaussage über das Produkt verwendet, die keine namensmäßige Bezeichnung des Produkts darstellt. Es handelt sich also lediglich um eine Namensnennung, die das Namensrecht des D i.S. des § 12 nicht verletzt. Da der speziellere § 12 nicht eingreift, ist der Weg für eine Prüfung des allgemeinen Persönlichkeitsrechts als „sonstiges Recht" i.S. des § 823 Abs. 1 frei.

2. Das allgemeine Persönlichkeitsrecht des D ist verletzt, wenn die M (rechtswidrig) in eine Sphäre des Persönlichkeitsrechts des D eingegriffen hat. Die M könnte durch den in der Werbung samt Foto enthaltenen Hinweis auf den Namen des D in dessen **Individualsphäre** eingegriffen haben. Sie schützt das Selbstbestimmungsrecht und bewahrt die soziale Stellung des Einzelnen, die durch sein öffentliches Wirken bestimmt wird[128]. Die M wirbt ohne Genehmigung mit dem Namen und dem Bild des bekannten Schauspielers D. Dabei stehen der Name und der Ruf des D stellvertretend für bestimmte Merkmale seiner Persönlichkeit und Stellung in der Gesellschaft. Auf diese Weise sollen bestimmte Eigenschaften des D mit dem beworbenen Produkt verbunden werden. Mit dieser Verbindung war D nicht einverstanden. Der ungefragte Einsatz von Namen und Bild im Rahmen kommerzieller Werbung greift mithin in dessen Individualsphäre ein. Damit wird durch die Veröffentlichung das allgemeine Persönlichkeitsrecht des D beeinträchtigt.

Dieser Eingriff in das allgemeine Persönlichkeitsrecht müsste **rechtswidrig** gewesen sein. Die Rechtswidrigkeitsprüfung ist bei den sog. Rahmenrechten anhand einer umfassenden **Güter- und Interessenabwägung** vorzunehmen. Kein rechtswidriger Eingriff liegt vor, wenn das Interesse der M an der Veröffentlichung von Namen und Bild das Interesse des D an einer unbeeinträchtigten Individualsphäre überwiegt. Während bei Abbildungen die ungenehmigte Veröffentlichung (vgl. § 22 KunstUrhG) verboten und damit auch rechtswidrig ist, ist die öffentliche Nennung einer Person oder eine öffentliche Aussage über sie grundsätzlich erlaubt. Insofern tritt das Recht des Einzelnen auf freie Selbstbestimmung (vgl. Art. 1 und 2 GG) hinter dem Recht zur freien Rede (vgl. Art. 5 Abs. 1 GG) zurück.

Allerdings ist bei der Interessenabwägung aufseiten des Schädigers der **Zweck des Eingriffs** zu berücksichtigen. So kann das Recht auf Meinungsfreiheit eine Beeinträchtigung des Persönlichkeitsrechts dann nicht rechtfertigen, wenn Bezüge zur Persönlichkeit eines anderen in erster Linie der Förderung eigener materieller Interessen dienen. Werden aufseiten des Schädigers bei Verwendung der Persönlichkeitsmerkmale nicht öffentliche, sondern rein private Interessen verfolgt, kann nur das Einverständnis des Betroffenen den Eingriff in die Persönlichkeitssphäre zu Werbezwecken rechtfertigen. Das gilt selbst dann, wenn die konkrete Art des Eingriffs nicht geeignet ist, das Ansehen des Betroffenen zu mindern. Die M hat somit mit der unbefugten Namensnennung und Bildwiedergabe das allgemeine Persönlichkeitsrecht des D widerrechtlich verletzt.

---

128 Palandt/*Sprau*, § 823 Rn. 87; Staudinger/*Hager*, § 823 Rn. C 189.

3. Die M müsste auch **schuldhaft** gehandelt haben. Es könnte hier fahrlässiges Verhalten vorliegen, weil die M ohne Weiteres die Aussagen des J als richtig ansah. Da das Foto und der Name des D zu Werbezwecken verwendet werden sollten, ist von der M eine besonders gründliche Prüfung dahingehend zu verlangen, ob J überhaupt zur Weitergabe des Bilds befugt war. Hier hatte J jedoch ein Bild verkauft, auf dem D auf einem Motorroller der M abgelichtet war. Das Arrangement erweckte den Eindruck, D habe sich gezielt zu Werbezwecken von J ablichten lassen. Anhaltspunkte dafür, dass das Bild des D auf dem Motorroller der M bei anderer Gelegenheit entstanden war, bestanden nicht, zumal J das Einverständnis des D zur Veröffentlichung dieser Fotos nebst Namensnennung durch objektiv unrichtige Erklärung vorgetäuscht hatte. Daher wird man davon ausgehen können, dass die M nicht fahrlässig handelte, als sie das Foto ohne besondere Rückfrage bei D erwarb und veröffentlichen ließ.

4. Die Voraussetzungen des § 823 Abs. 1 liegen nicht vor. D kann von der M keinen Schadensersatz aus § 823 Abs. 1 verlangen.

c) Rechtsfolgen

Übungsfall: *Schultheiß*, Fortgeschrittenenklausur – Zivilrecht: Persönlichkeitsverletzungen im Internet – Anonymous, JuS 2015, 719 ff.

Liegt eine Persönlichkeitsverletzung i.S. des § 823 Abs. 1 vor, stellt sich auf der **Rechtsfolgenseite** die Frage nach dem Umfang des Schadensersatzes (§§ 249 ff.). Hier sind beim Persönlichkeitsrecht Besonderheiten zu beachten, sodass schon an dieser Stelle auf die Rechtsfolgen, d.h. das Schadensrecht, eingegangen wird[129]. Verlangen kann der Geschädigte grundsätzlich den Ersatz seines materiellen und immateriellen Schadens sowie Unterlassung und Beseitigung. 208

aa) Materieller Schaden, vermögenswerte Interessen.
Der Schädiger hat dem Geschädigten den materiellen Schaden zu ersetzen (§ 249 Abs. 1 und 2 S. 1). Wird das Ansehen einer Person öffentlich beschädigt, kann das z.B. dazu führen, dass der Betroffene seinen Arbeitsplatz verliert oder arbeitsunfähig wird, weil er den enormen seelischen Belastungen körperlich nicht standzuhalten vermag[130]. Der dadurch entstehende **Verdienstausfall** ist zu ersetzen. 209

Der Schadensersatz erstreckt sich daneben auch auf die Verletzung **vermögenswerter Interessen** des allgemeinen Persönlichkeitsrechts[131]. Hintergrund ist, dass Persönlichkeitsmerkmale, v.a. von prominenten Personen, häufig wirtschaftlich nutzbar gemacht werden, indem Dritten gegen Entgelt gestattet wird, das Bild oder den Namen in der Werbung einzusetzen. Durch die unerlaubte Verwertung von Persönlichkeitsmerkmalen (z.B. für Werbezwecke) können daher nicht nur ideelle, sondern auch kommerzielle Interessen des Betroffenen beeinträchtigt sein[132]. 210

Der Schaden kann durch eine **dreifache Art der Schadensberechnung** bestimmt werden[133]: erstens konkret, zweitens nach dem durch den Eingriff erzielten Gewinn 211

---
129 Zum Schadensrecht im Übrigen siehe unten Rn. 531 ff.
130 BGH NJW 1994, 1950, 1953; BGHZ 66, 183 ff.
131 V.a. BGHZ 143, 214, 219 („Marlene Dietrich").
132 BGHZ 143, 214, 219.
133 So auch BGHZ 143, 214, 232 („Marlene Dietrich"); BGH NJW 2000, 2201 f. („Blauer Engel").

und drittens durch die Fiktion eines abgeschlossenen Lizenzvertrags (sog. **Lizenzanalogie**[134]). Letztere wird häufig die einfachere Liquidationsmethode darstellen. Lange Zeit wurde eine Berechnung nach der Lizenzanalogie abgelehnt, wenn der Betreffende, hätte er davon gewusst, zur Persönlichkeitsvermarktung nicht bereit gewesen wäre[135]. Darauf kommt es nach neuerer Rechtsprechung nicht mehr an, da der Anspruch nicht eine Zustimmung des Betroffenen fingiere, sondern Ausgleich für einen rechtswidrigen Eingriff sei[136]. Eine Lizenzanalogie kommt aber dann nicht in Betracht, wenn keine vermögensrechtliche Beeinträchtigung möglich ist (z.B. bei nicht professionellen Prominenten).

212 bb) **Schmerzensgeld.** Der Schädiger hat zudem den immateriellen Schaden zu ersetzen (Schmerzensgeld), denn die Nachteile, die aus einer Verletzung des Persönlichkeitsrechts resultieren können, lassen sich mit dem Ersatz des Vermögensschadens nur unvollkommen erfassen[137]. Die Verletzung der Würde und Ehre eines Menschen würde ansonsten sanktionslos bleiben.

213 Zwar sieht § 253 Abs. 2 einen Ersatz des immateriellen Schadens nur bei Körper-, Gesundheits- oder Freiheitsverletzungen vor, aber schon früh hatte sich der BGH mit der Frage auseinanderzusetzen, ob nicht entgegen dem Wortlaut der §§ 253, 847 a.F. bei **schwerwiegenden Eingriffen**, die auf andere Weise nicht befriedigend auszugleichen sind, eine Geldentschädigung zuerkannt werden soll. Seit der Entscheidung „Caroline von Monaco"[138] wird ein Anspruch auf Schmerzensgeld damit begründet, dass es sich beim allgemeinen Persönlichkeitsrecht um ein Recht handelt, das auf den Schutzauftrag aus Art. 1, 2 Abs. 1 GG zurückgeht[139]. Der Anspruch auf Geldentschädigung basiert daher auf **§ 823 Abs. 1 iVm. Art. 1 und 2 GG**.

214 Es müssen aber zwei Voraussetzungen erfüllt sein: Zum einen muss eine **schwere Verletzung** des Persönlichkeitsrechts oder ein erhebliches Verschulden des Täters vorliegen und zum anderen darf eine **anderweitige Genugtuung** durch Unterlassen, Gegendarstellung oder Widerruf aufgrund der Art der Verletzung nicht ausreichend sein. Bei der Höhe der Geldentschädigung sollen die Gesichtspunkte „Genugtuung für das Opfer", „Prävention" und „Intensität des Verletzers bei der Verletzungshandlung" berücksichtigt werden[140].

215 Der **BGH** geht inzwischen nicht mehr allein von einer **Genugtuungsfunktion**, sondern auch von einer **Präventionsfunktion** der Entschädigung aus. Der Präventionsgedanke soll sich jedenfalls bei rücksichtsloser **Zwangskommerzialisierung** der Per-

---

134 Vgl. nur etwa BGHZ 26, 349, 352 ff. („Herrenreiter"); BGHZ 35, 363, 366 ff. („Ginseng-Wurzel"); BGH NJW 2013, 792 ff. („Gunter Sachs").
135 So etwa in **BGHZ 26, 349, 352 („Herrenreiter")** (dazu etwa *Schwerdtner*, JURA 1985, 521 ff.; vgl. auch die Falllösung bei *Petersen*, Examens-Repetitorium Allgemeines Schuldrecht, 10. Aufl. 2021, Rn. 523 ff.).
136 BGHZ 169, 340 ff. („Rücktritt des Finanzministers").
137 *Glasmacher/Pache*, JuS 2015, 303, 305; abgelehnt beim postmortalen Persönlichkeitsschutz, BGH NJW 2006, 605, 606 (hier lediglich Abwehransprüche).
138 BGHZ 128, 1 ff. („Caroline von Monaco"); siehe auch BGHZ 160, 298 ff. („Caroline von Monaco").
139 Bis zu dieser Entscheidung leitete der BGH einen Schmerzensgeldanspruch aus § 847 a.F. analog ab; vgl. BGHZ 39, 124, 130 ff.; die Billigung als verfassungsgemäß erfolgte in BVerfGE 34, 369 ff. („Soraya").
140 BGH NJW 2005, 215 ff. m.w.N.

sönlichkeit eines Menschen anspruchserhöhend auswirken[141]. Wird das Persönlichkeitsrecht vorsätzlich zur Auflagensteigerung, d.h. aus eigenem kommerziellen Interesse verletzt, wäre der Betroffene ohne eine für den Verletzer fühlbare Geldentschädigung der rücksichtslosen Zwangskommerzialisierung in weiten Teilen ohne Schutz ausgeliefert. Bei einem vorsätzlichen Eingriff in das Persönlichkeitsrecht eines anderen, welcher der Gewinnerzielung dient, wird bei der Höhe der Geldentschädigung auf der Grundlage des Präventionsgedankens der **erzielte Gewinn** als Bemessungsfaktor einbezogen[142].

Hierzu **Fall 18**[143]: In einer Zeitschrift des Zeitschriftenverlags V wird ein Interview mit der prominenten K auf der Titelseite groß angekündigt und im Text veröffentlicht. Dieses Interview ist frei erfunden. Deswegen und wegen einiger weiterer Entgleisungen verlangt K ein Schmerzensgeld. Zu Recht? 216

K könnte gegen V einen Anspruch aus **§ 823 Abs. 1 iVm. Art. 1, 2 Abs. 1 GG** auf Schmerzensgeld haben. § 823 Abs. 1 ist mangels spezieller Regelungen anwendbar und der Tatbestand ist erfüllt. Zwar werden keine ehrenrührigen Tatsachen über K publik gemacht. Aber Ks Anspruch auf Selbstbestimmung über ihr Erscheinungsbild wird dadurch rechtswidrig verletzt, dass ihr Äußerungen unterstellt werden, die unstreitig nicht von ihr stammen[144]. Die Verletzung ist auch schuldhaft erfolgt.

V ist daher zum Ersatz des entstandenen Schadens verpflichtet. Einen **materiellen Schaden** hat K nicht. Die Ersatzfähigkeit eines **immateriellen Schadens** bei Verletzung des allgemeinen Persönlichkeitsrechts (Schmerzensgeld) lässt sich zwar nicht aus § 253 Abs. 2 ableiten, folgt aber aus Art. 1 und 2 GG.

Bei der Bemessung der Schmerzensgeldhöhe ist die besondere Funktion des Schadensersatzes bei der Persönlichkeitsrechtsverletzung zu berücksichtigen. Die Geldentschädigung dient der Genugtuung für das Opfer und der Prävention weiterer Verletzungen der Persönlichkeitssphäre. Deshalb muss bei der Bemessung berücksichtigt werden, dass der Verlag V das Persönlichkeitsrecht in Gewinnerzielungsabsicht unter vorsätzlichem Rechtsbruch verletzt („Zwangskommerzialisierung"). Der Gewinn soll zwar nicht abgeschöpft werden, es muss aber ein echter Hemmungseffekt vor solchen Vermarktungen der Persönlichkeit erreicht werden. Allerdings soll es auf die konkrete Höhe der betriebswirtschaftlich ermittelbaren Vorteile des Verletzers nach Auffassung der Rechtsprechung nicht ankommen[145].

d) Unterlassungs- und Beseitigungsanspruch

Der Verletzte kann auch einen Unterlassungs- und Beseitigungsanspruch aus §§ 1004 Abs. 1 analog, 823 Abs. 1 geltend machen (sog. **quasi-negatorischer Unterlassungsanspruch**). Das gilt generell für die durch §§ 823 ff. geschützten Rechtsgüter[146] 217

---

141 Eine Erhöhung für Veröffentlichungen im Internet (wegen der Besonderheit des Internet) im Vergleich zur Veröffentlichung in Print-Medien wird vom BGH abgelehnt, siehe **BGHZ 199, 237 ff.**
142 BGH NJW 1996, 984, 985; BGH NJW 1995, 861, 865.
143 **BGHZ 128, 1 ff. („Caroline von Monaco")**; OLG Hamburg NJW 1996, 2870 ff.
144 BGHZ 128, 1, 7.
145 Vgl. OLG Hamburg NJW 1996, 2870, 2871 (180 000 DM).
146 Siehe oben Rn. 129 ff.

und damit auch bei der Verletzung des allgemeinen Persönlichkeitsrechts als „sonstiges Recht" i.S. des § 823 Abs. 1. Der Anspruch ist gegeben, wenn mit hinreichend großer Wahrscheinlichkeit entweder eine Erstbegehungs- oder Wiederholungsgefahr besteht. Geprüft wurde ein solcher Anspruch von der Rechtsprechung in jüngster Zeit beispielsweise bzgl. eines Fotos[147] oder eines Bewertungsportals im Internet[148]. Anders als bei einem Schadensersatzanspruch nach den §§ 823 ff. ist bei einem Anspruch aus § 1004 Abs. 1 analog **kein Verschulden** erforderlich.

218 Beseitigung ist etwa durch **Widerruf** möglich[149]. Der Anspruch auf Widerruf kommt bei einer fortdauernden Beeinträchtigung des Persönlichkeitsrechts durch Verbreitung unwahrer Tatsachen über eine Person in Betracht. Bei abträglichen Werturteilen besteht nach st.Rspr. mit Rücksicht auf Art. 5 GG kein Beseitigungsanspruch[150].

219 Die Veröffentlichung des Widerrufs muss soweit wie möglich die Beseitigung der Rechtsbeeinträchtigung des Betroffenen erreichen. Sie muss also von der optischen Wirkung her den Leserkreis erreichen können, den die Erstmitteilung erreicht hat. Durch die Druckanordnung muss beim Leser nach Möglichkeit der Grad an Aufmerksamkeit erzeugt werden, den die unwahre Mitteilung beansprucht hat[151]. Die Höhe des Geldentschädigungsanspruchs bestimmt das Gericht nach „freier Überzeugung" (§ 287 Abs. 1 ZPO)[152].

6. „Sonstiges Recht": Das Recht am eingerichteten und ausgeübten Gewerbebetrieb

Übungsfall: *Benrath*, Polychlorierte Dibenzodioxine, JA 2013, 256, 266 ff.

220 **Prüfungsschema § 823 Abs. 1 – Recht am eingerichteten und ausgeübten Gewerbebetrieb**

I. **Voraussetzungen**
   1. Anwendbarkeit
   2. Rechtswidrige Verletzung des Rechts am eingerichteten und ausgeübten Gewerbebetrieb
      a) Gewerbebetrieb
      b) Betriebsbezogenheit des Eingriffs
      c) Güter- und Interessenabwägung
   3. Verschulden

II. **Rechtsfolge**
   Ersatz des Schadens nach §§ 249 ff.

---

147 **BGH NJW 2018, 1820 ff.** (Fotos eines ehemaligen Staatsoberhaupts); dazu *Omlor*, JuS 2018, 487 ff.
148 **BGH NJW 2017, 2029 ff.**; dazu *Mäsch*, JuS 2018, 72 ff.
149 BGH NJW 2008, 2262, 2263 (Presseartikel gegen das BKA).
150 BGH NJW 1989, 2941, 2942; BGH WM 1998, 2164, 2165 ff.
151 BGHZ 128, 1, 9 („Caroline von Monaco").
152 Vgl. Erman/*Klass*, Anh § 12 Rn. 318.

> **Prüfungsschema § 1004 Abs. 1 analog, § 823 Abs. 1 – Recht am eingerichteten und ausgeübten Gewerbebetrieb (Unterlassungs- und Beseitigungsanspruch)**
> I. **Voraussetzungen**
>   1. Anwendbarkeit des § 1004 Abs. 1 analog
>   2. Rechtswidrige Verletzung des Rechts am eingerichteten und ausgeübten Gewerbebetrieb
> II. **Rechtsfolge**
>   Anspruch auf Unterlassung bzw. Beseitigung

a) Allgemeines

Das Recht am eingerichteten und ausgeübten Gewerbebetrieb[153], auch „Recht am Gewerbebetrieb" oder „Recht am Unternehmen" genannt[154], ist als „sonstiges Recht" i.S. des § 823 Abs. 1 anerkannt. Es wurde von der Rechtsprechung schon bald nach Inkrafttreten des BGB entwickelt, um ein Unternehmen in seinem wirtschaftlichen Tätigwerden und in seinem Funktionieren vor widerrechtlichen Eingriffen zu schützen[155]. 221

Bemerkenswert an dieser Rechtsprechung ist, dass das Vermögen eigentlich kein geschütztes Recht i.S. des § 823 Abs. 1 ist[156]. Es soll aber in manchen Fällen ein Schutzbedürfnis bestehen. Der Schutz des Eigentums nach § 823 Abs. 1 geht bei Gewerbebetrieben durch die Beschränkung auf Sacheigentum nicht weit genug. Mit umgekehrtem Argument begründet ein Teil des Schrifttums die Ablehnung eines Rechts am eingerichteten und ausgeübten Gewerbebetrieb als sonstiges Recht i.S. des § 823 Abs. 1. Sofern ein Schutzbedürfnis bestehe, sei dies durch § 826 hinreichend berücksichtigt[157]. 222

b) Voraussetzungen

aa) Anwendbarkeit. Damit der Schutzbereich nicht uferlos wird, hat die Rechtsprechung diesbezüglich **Einschränkungen** vorgenommen. Das hängt damit zusammen, dass das Recht am eingerichteten und ausgeübten Gewerbebetrieb einen **Auffangtatbestand** darstellt, der eine sonst bestehende Lücke im Rechtsschutz bzgl. des gewerblichen Bereichs schließen soll[158]. Erfolgt ein Schutz durch spezielle Regelungen (UWG, GWB etc.)[159] oder wurde ein in § 823 Abs. 1 ausdrücklich benanntes Rechtsgut oder Recht (z.B. Eigentum) verletzt, gehen diese Ansprüche vor. Ein Scha- 223

---

153 Siehe die Darstellung bei *Staake/von Bressensdorf*, JuS 2016, 297 ff.; *Croon-Gestefeld*, JURA 2016, 1374 ff.
154 PWW/*Schaub*, § 823 Rn. 82.
155 St. Rspr.; siehe RGZ 58, 24, 29 f. („Jutefaser"); BGH MDR 2020, 288 Rn. 47; BGH NJW 2019, 781 Rn. 16; BGH NJW 2015, 773 Rn. 13; BGH NJW 2012, 2579 Rn. 19.
156 Siehe unten Rn. 248.
157 *Larenz/Canaris*, § 75 I 4 b, § 81 II-IV.
158 BGH NJW 1977, 2264, 2265; BGH NJW 1980, 881, 882; BGHZ 69, 128, 138 f.; fragwürdig daher **BGH NJW 2019, 781 ff.** (pressrechtliche Informationsschreiben), wo ein Anspruch aus § 823 Abs. 1 (Eigentumsverletzung) ignoriert wird.
159 Vgl. nur BGH NJW 2003, 1040, 1041; BGH NJW 2006, 830, 839.

densersatzanspruch wegen Eingriffs in das Recht am eingerichteten und ausgeübten Gewerbebetrieb scheidet dann aus (**Subsidiarität**).

224 Nach h.M. nicht subsidiär ist dieser Anspruch dagegen gegenüber § 826. Hier soll Anspruchskonkurrenz bestehen und der Anspruch aus § 823 Abs. 1 ergänzende Funktion haben[160].

225 **bb) Gewerbebetrieb.** Inzwischen erfolgt eine weite Ausdehnung dieses Schutzes. Erstens erstreckt sich der Schutz nicht mehr nur auf Gewerbebetriebe, sondern auch auf freie Berufe (z.B. Arzt, Rechtsanwalt)[161]. Begründet wird das damit, dass der Begriff „**Gewerbebetrieb**" durch die **Merkmale** der Selbstständigkeit, Entgeltlichkeit, Nachhaltigkeit und Auftreten nach außen bestimmt werde. Nicht erfasst sind aber Organisationen ohne gewerblichen Charakter, v.a. ohne Gewinnerzielungsabsicht (z.B. Idealverein)[162]. Zweitens wird der Gewerbebetrieb nicht lediglich in seinem Bestand geschützt (Geschäftsräume, Maschinen, Betriebsgrundstück usw.), sondern auch in seiner Möglichkeit zur gewerblichen Tätigkeit (Kundenkreis, Geschäftsverbindung, Außenstände usw.)[163].

226 **cc) Unrechtmäßige Verletzungshandlung.** Nicht jede Beeinträchtigung eines fremden Gewerbebetriebs ist nach § 823 Abs. 1 geschützt, sondern es muss eine **unrechtmäßige** Verletzungshandlung vorliegen[164]. Eine **Verletzungshandlung** liegt nur bei einem unmittelbaren und betriebsbezogenen Eingriff vor.

→ **Definition: Betriebsbezogen** ist ein Eingriff, wenn er sich nach seiner objektiven Stoßrichtung gegen den betrieblichen Organismus oder die unternehmerische Entscheidungsfreiheit richtet. Es geht also nicht in erster Linie um die konkreten Auswirkungen der Verletzungshandlung, sondern um deren **Angriffsrichtung**. Der Eingriff darf sich nicht nur irgendwie gegen den Betrieb richten. Er muss über eine bloße Belästigung oder eine sozial übliche Behinderung hinausgehen[165].

227 Als schädigende Handlung wird etwa die gezielte Blockade eines Betriebs angesehen (Boykott, Sabotagehandlungen des Betriebsablaufs), aber auch eine an eine geschäftliche E-Mail-Adresse versandte Werbe-E-Mail[166]. Ein unmittelbar betriebsbezogener Eingriff liegt regelmäßig noch nicht vor, wenn lediglich einzelne zum Betrieb gehörige Personen oder Betriebsfahrzeuge betroffen sind[167]. Es reicht auch nicht, dass ein zufälliges Hindernis besteht. Wird also etwa durch einen Unfall zufällig eine Betriebszufahrt versperrt, sodass für die Produktion erforderliche Teile nicht angeliefert

---

160 PWW/*Schaub*, § 823 Rn. 81, § 826 Rn. 3; kritisch Erman/*Wilhelmi*, § 823 Rn. 62, § 826 Rn. 23.
161 BGH NJW 2012. 2579 Rn. 19; Erman/*Wilhelmi*, § 823 Rn. 60.
162 BGHZ 41, 314, 316 f.; BGHZ 90, 113, 121 ff.
163 BGHZ 29, 65, 70.
164 Zu den **Leitlinien** der Rechtsprechung für den Abwägungsvorgang **OLG Düsseldorf NJW-RR 2018, 173 ff.** Rn. 27 ff. (Abgas-Grenzwertüberschreitung eines Autos).
165 BGH MDR 2020, 288 Rn. 47; BGH NJW 2019, 781 Rn. 16.
166 BGH NJW 1972, 1366, 1367 und BGH NJW 1998, 377, 379 f. (Blockade); BGH BB 2017, 910 ff. (E-Mail).
167 Vgl. BGH NJW 2003, 1040: Wenn bei einem Eiskunstlaufpaar einer der Partner von einem Dritten verletzt wird, kann der andere vom Dritten nicht Schadensersatz wegen Verletzung des Rechts am Gewerbebetrieb verlangen, da die Schädigung einer zum Betrieb gehörenden Person keinen betriebsbezogenen Eingriff darstellt.

werden können, ist, auch wenn die Produktion deshalb stillsteht, ein unmittelbarer, betriebsbezogener Eingriff zu verneinen.

Das Recht am eingerichteten und ausgeübten Gewerbebetrieb stellt einen offenen Tatbestand dar, dessen Inhalt und Grenzen sich erst auf der Basis einer Abwägung mit den konkret kollidierenden Interessen anderer ergeben[168]. Ein Eingriff ist damit nur dann als rechtswidrig anzusehen, wenn die Interessen des Betroffenen die schutzwürdigen Belange der anderen Seite überwiegen (**Güter- und Interessenabwägung**)[169]. Eine **rechtswidrige** Verletzung des Rechts am Gewerbebetrieb ist abzulehnen, wenn z.B. ein erlaubter Wettbewerb einen fremden Gewerbebetrieb beeinträchtigt oder vernichtet. Häufig kollidiert das Recht des Unternehmens aus Art. 12 GG[170] aber mit dem Recht auf freie Meinungsäußerung (Art. 5 Abs. 1 GG)[171] oder der Versammlungsfreiheit (Art. 8 GG).

228

Die mit dem Recht am eingerichteten und ausgeübten Gewerbebetrieb verbundenen Schwierigkeiten verdeutlicht **Fall 19**[172]: Einige Grundstücke von der Druckerei des A entfernt werden von B Tiefbauarbeiten ausgeführt. Dabei zerstört B das unterirdisch verlegte Stromkabel der städtischen Elektrizitätswerke, das allein den Betrieb des A versorgt. Durch die Unterbrechung des Stroms kann in der Druckerei des A mehrere Tage lang nicht gearbeitet werden. A verlangt von B Schadensersatz für den Produktionsausfall. Zu Recht?

229

1. Ein Anspruch aus § 823 Abs. 1 wegen **Eigentumsverletzung** scheidet aus, da A nicht Eigentümer des zerstörten Stromkabels ist und somit der Verdienstausfall nicht als entgangener Gewinn zu ersetzen ist. Ein Anspruch aus § 823 Abs. 1 wegen Eigentumsverletzung könnte hinsichtlich der Gebrauchsstörung an den Maschinen bestehen. Bei der Gebrauchsstörung ist entscheidend, ob sie aus einer Einwirkung auf die Sache selbst resultiert oder daraus, dass andere Rechtspositionen verletzt werden, die nach § 823 Abs. 1 keinen Schutz genießen. Eine Eigentumsverletzung durch Gebrauchsbeeinträchtigung liegt danach nur dann vor, wenn der Eigentümer die Sache ohne weitere tatsächliche oder rechtliche Hilfsmittel (Öl für den Motor, Genehmigung usw.) gebrauchen kann. Wird ihm der Gebrauch unmöglich, weil ihm notwendige Hilfsmittel vorenthalten werden, liegt darin keine Eigentumsverletzung, sondern lediglich eine Verletzung des Vermögens[173]. Eine Gebrauchsstörung durch Unterbrechung der Stromversorgung stellt daher nach h.M. keine Eigentumsverletzung dar.

2. A könnte aber gegen B einen Anspruch aus § 823 Abs. 1 wegen Eingriffs in den **eingerichteten und ausgeübten Gewerbebetrieb** haben. Dessen Anwendbarkeit ist zu bejahen, da die Verletzungshandlung kein anderes, in § 823 Abs. 1 geschütztes Rechtsgut verletzt. Der BGH versteht die Voraussetzung „Gewerbebetrieb" weit und sieht nicht nur den Gewerbebetrieb in seinem Bestand, sondern auch in seiner **Aus-**

---

168 **BGH NJW 2019, 781 ff.**, Rn. 19 (Zusendung presserechtlicher Informationsschreiben).
169 BGHZ 45, 296, 307; BGHZ 138, 311, 318; BGHZ 166, 84, 109; siehe auch **BGH NJW 2018, 2877 ff.** (ungenehmigte Filmaufnahmen); dazu *Mäsch*, JuS 2019, 63 ff.
170 Nach BVerfG NJW-RR 2004, 1710, 1711 kommt dem eingerichteten und ausgeübten Gewerbebetrieb durch Art. 12 Abs. 1 GG grundrechtlicher Schutz zu.
171 Vgl. BGH NJW-RR 2014, 1508 ff. (Aufruf zur Kontokündigung); BGH NJW 2015, 773 ff., insbesondere Rn. 18 (Schmähkritik).
172 **BGHZ 29, 65 ff.**
173 Siehe Rn. 180.

strahlung als geschützt an. Fraglich ist, ob ein rechtswidriger Eingriff vorliegt. Dafür muss ein unmittelbarer Eingriff in den Gewerbebetrieb erfolgt sein, d.h. er darf sich nicht nur auf vom Gewerbebetrieb ohne Weiteres ablösbare Rechte oder Rechtsgüter beziehen, sondern muss gezielt erfolgen. Die Beschädigung des Stromkabels und der dadurch hervorgerufene Produktionsausfall stellen hier keinen solchen betriebsbezogenen Eingriff dar. B hat ein Stromkabel beschädigt, das zwar nur den Betrieb des A mit Strom versorgte, aber auch für die Stromlieferungen an andere Betriebe oder Privatpersonen hätte bestimmt sein können. Damit scheidet ein Anspruch aus § 823 Abs. 1 aus.

c) Fallgruppen

230 Die Konkretisierung des Rechts am Gewerbebetrieb erfolgt wie beim allgemeinen Persönlichkeitsrecht, das ebenfalls ein offener Tatbestand ist, durch **Fallgruppen**, wobei diese nicht abschließend zu verstehen sind.

231 Erste wesentliche Fallgruppe ist die **unberechtigte Schutzrechtsverwarnung**, die bereits bei der Reichsgerichtsentscheidung, die den Gewerbebetriebsschutz erstmals formulierte[174], eine Rolle spielte[175]. Es geht dabei um Verwarnungen durch einen Dritten, der ein in Wirklichkeit nicht bestehendes gewerbliches Schutzrecht geltend macht (Patent, Gebrauchsmuster usw.). Eine zweite Fallgruppe stellen die unzulässigen Boykottaufrufe bzw. **Boykottmaßnahmen** dar[176]. Problematisch ist hier die zur (positiven) Feststellung der Rechtswidrigkeit erforderliche Güter- und Interessenabwägung. Der Schutz des eingerichteten und ausgeübten Gewerbebetriebs kann hier mit dem Recht auf freie Meinungsäußerung (Art. 5 Abs. 1 GG)[177] oder der Versammlungsfreiheit (Art. 8 GG) kollidieren.

232 In diesem Fall sind die widerstreitenden Interessen gegeneinander abzuwägen. Dabei verdient der Schutz des Gewerbebetriebs regelmäßig den Vorrang, wenn bei den Boykottmaßnahmen die **Mittel-Zweck-Relation** nicht gewahrt worden ist. Ein Boykottaufruf ist zwar als Form der öffentlichen politischen Auseinandersetzung zur Erreichung eines legitimen Zwecks grundsätzlich möglich. Allerdings darf wirtschaftliche oder politische Macht nicht sachwidrig eingesetzt werden und außer Verhältnis zum angestrebten Zweck stehen.

233 Die Mittel-Zweck-Beurteilung berücksichtigt dabei das eigene Verhalten des Verletzten ebenso wie den Zweck des Eingriffs, seine Schwere und seine Folgen. Ein Boykottaufruf stellt eine stark einschneidende Maßnahme dar, sodass hier strenge Anforderungen an die Mittel-Zweck-Relation zu stellen sind. Diese liegt nicht vor, wenn ein milderes Mittel existiert, das zudem gleich wirksam ist. Häufig lassen sich andere, weniger einschneidende Maßnahmen finden, um den angestrebten Zweck zu erreichen, z.B. die bloße öffentliche Kritik an einem Unternehmen.

---

174 RGZ 58, 24 ff. („Jutefaser"); siehe auch BGH JZ 2006, 362 ff.
175 Nachdem der BGH (NJW 2004, 3322) dafür plädiert hatte, einen Schadensersatzanspruch diesbezüglich zu begrenzen, blieb der angerufene Große Senat für Zivilsachen bei der einmal begründeten Rechtsprechung (BGHZ 164, 1 ff.); dazu *Wagner/Thole*, NJW 2005, 3470 ff.; siehe auch BGH NJW 2009, 1263.
176 BGHZ 24, 200, 205 f. („Spätheimkehrer").
177 Dazu *Schaub* JZ 2007, 548 ff.

„Sonstiges Recht": Das Recht am eingerichteten und ausgeübten Gewerbebetrieb **§ 9 I 6**

Die Beurteilung der Mittel-Zweck-Relation kann im Einzelfall schwierig sein. Folgende Aufrufe sind z.B. **für zulässig gehalten** worden: Kein Kauf von Seehundfellen wegen grausamer Tötung der Tiere[178], Aufforderung an Hersteller und Händler, im Interesse des Fachhandels keine SB-Großmärkte zu beliefern[179]. Als unzulässig wurden angesehen: die Aufforderung zum massenhaften „Mietboykott" durch Nichtzahlung der geschuldeten Miete[180] sowie zur Kürzung der Stromrechnung bei Lieferung von Atomstrom[181].

234

Eine dritte Fallgruppe sind die rechtswidrigen **Streiks**[182]. Eine vierte Fallgruppe stellen die **gewerbeschädigenden Werturteile** dar[183]. Im Rahmen der Güter- und Interessenabwägung schützt Art. 12 GG jedoch nicht vor der Verbreitung zutreffender und sachlich gehaltener Informationen am Markt, welche für das Verhalten von Kunden oder anderen Marktteilnehmern von Bedeutung sein können. Unerheblich ist dabei, dass sich die Informationen für das betroffene Unternehmen nachteilig auswirken können[184].

235

Am Beispiel der letzteren Fallgruppe soll in **Fall 20** der **Klausuraufbau** dargestellt werden[185]: Die Stiftung W führt einen Warentest über Ski-Bindungen durch. Die Ergebnisse des Tests werden in ihrer Zeitschrift „test" veröffentlicht. Drei Bindungen des Herstellers H werden mit „nicht zufriedenstellend" bewertet. H beanstandet die Veröffentlichung des Tests in mehrfacher Hinsicht. Er verlangt Schadensersatz von W, da ihm durch die Verbreitung des Tests ein erheblicher Schaden entstanden sei. Zu Recht?

236

1. H könnte gegen W einen Anspruch aus § 824 haben. Diese Regelung bietet aber nur Schutz gegen unrichtige Tatsachenbehauptungen, nicht gegen schädigende Werturteile. Ein Testbericht stellt aber im Wesentlichen ein Werturteil dar[186]. Damit scheidet § 824 als Anspruchsgrundlage aus.

2. W könnte das Recht am eingerichteten und ausgeübten Gewerbebetrieb als sonstiges Recht i.S. des **§ 823 Abs. 1** rechtswidrig verletzt haben. Da § 824 als vorrangige Norm hier nicht einschlägig ist und auch Spezialgesetze wie § 1 UWG nicht greifen, ist die Anwendbarkeit zu bejahen. Bei dem Unternehmen handelt es sich um einen Gewerbebetrieb. Fraglich ist, ob eine rechtswidrige Verletzung des Rechts vorliegt. Dies ist anhand einer Güter- und Interessenabwägung festzustellen[187].

---

178 OLG Frankfurt NJW 1969, 2095, 2096.
179 OLG Düsseldorf DB 1978, 2211, 2212.
180 BGH NJW 1985, 1620 f.
181 BGH NJW 1981, 764, 766.
182 BAG NJW 1978, 2114; BAG DB 1989, 2228; daneben ist als Anspruchsgrundlage auf vertraglicher Ebene an die §§ 280 Abs. 1, 283, 326 Abs. 5 zu denken.
183 BGH NJW 2015, 773.
184 Zulässig sind daher Angaben einer Wirtschaftsauskunftei über Kreditnehmer (BGH NJW 2003, 2904) und Bonitätsauskünfte (BGH DB 2011, 873 f.).
185 BGHZ 65, 325 ff. („Stiftung Warentest").
186 Siehe Rn. 430 ff.; zu § 824 siehe auch OLG Frankfurt NJW 1996, 1146 („100 beste Weingüter – Adel verpflichtet").
187 Die Güter- und Interessenabwägung wird seit BGHZ 65, 325, 331 zur Feststellung eines rechtswidrigen Eingriffs herangezogen. Es werden – wie bei der Verletzung des allgemeinen Persönlichkeitsrechts – zumeist Tatbestand und Rechtswidrigkeit gemeinsam geprüft.

Da sich ein Gewerbebetrieb der Kritik seiner Waren stellen muss, ist eine **gewerbeschädigende Kritik** – jedenfalls sofern sie, wie hier, außerhalb eines Wettbewerbsverhältnisses geschieht – nicht schon von vornherein unzulässig. Warentests können aber auch den eingerichteten und ausgeübten Gewerbebetrieb verletzen. Dabei kommt es nicht auf ein „richtiges" oder „falsches" Testergebnis an, sondern darauf, ob das Ergebnis „unvertretbar" ist. Nach der Rechtsprechung ist eine Kritik für einen Unternehmer dann zumutbar, wenn der Warentest das Resultat sorgfältiger Prüfung darstellt. Deshalb müssen Untersuchungen neutral vorgenommen werden und objektiv sein, wobei nicht die objektive Richtigkeit des gewonnenen Ergebnisses verlangt wird, sondern dass sich die Untersuchung um Richtigkeit bemüht. Außerdem muss die Untersuchung sachkundig durchgeführt sein. Da dies im vorliegenden Fall zu bejahen ist, scheidet ein Anspruch aus § 823 Abs. 1 aus.

d) Unterlassungsanspruch

237 Die Verletzung des Rechts am Gewerbebetrieb steht häufig im Zusammenhang mit einem Unterlassungsanspruch[188], so auch in **Fall 21**[189]: Reiseunternehmen R hat das Recht, eine Hotelanlage mit Kunden zu belegen. Das Filmteam des Y.TV macht in dieser Anlage Interviews mit unzufriedenen Kunden. Als R die Filmaufnahmen bemerkt, werden dem Aufnahmeteam weitere Aufnahmen untersagt und ein Hausverbot erteilt. R verlangt von Y die Unterlassung der Ausstrahlung der Filmaufnahmen, deren inhaltliche Korrektheit nicht bestritten wird. R macht geltend, dass die Hotelanlage einen Bestandteil seines Gewerbebetriebs bilde und deshalb sein Recht an diesem Betrieb durch die Ausstrahlung beeinträchtigt werde. Zu Recht?

Anspruchsgrundlage könnten **§§ 823 Abs. 1, 1004 Abs. 1 S. 2 analog** im Hinblick auf eine Verletzung des eingerichteten und ausgeübten Gewerbebetriebs sein.

1. Da es sich beim Recht am Gewerbebetrieb um einen Auffangtatbestand handelt, ist der Anspruch gegenüber anderen Ansprüchen subsidiär. Im vorliegenden Fall könnte ein (vorrangiger) Schutz durch § 824 oder § 823 Abs. 2 iVm. § 186 StGB in Betracht kommen und die **Anwendbarkeit** der o.g. Anspruchsgrundlage ausschließen. Da jedoch R die Unwahrheit der beabsichtigten Berichterstattung nicht geltend macht, scheiden diese Anspruchsgrundlagen aus. Damit sind die §§ 823 Abs. 1, 1004 Abs. 1 analog anwendbar.

2. Zu prüfen ist, ob hier eine **rechtswidrige Verletzung** des Rechts am eingerichteten und ausgeübten Gewerbebetrieb vorliegt. Bei R handelt es sich um einen **Gewerbebetrieb**, da sich sein Unternehmen durch die Merkmale Selbstständigkeit, Entgeltlichkeit, Nachhaltigkeit und Auftreten nach außen auszeichnet. Es müsste des Weiteren ein **betriebsbezogener Eingriff** vorliegen. Die Frage ist, ob die Hotelanlage infolge des Belegungsrechts zu den sachlichen Betriebsmitteln und damit auch zu den Betriebsräumen des Gewerbebetriebs gehört. Der BGH lehnt dies mit der Begründung ab, dass das Belegungsrecht als solches zwar zum Gewerbebetrieb gehöre, weil es dem R in diesem Bereich die Ausübung ihrer gewerblichen Tätigkeit ermöglicht. Die Anlage selbst ist aber nicht in die Betriebsmittel des R einbezogen.

---

188 Siehe näher oben Rn. 129 f.
189 BGHZ 138, 311 ff.

Aber schon die Verbreitung nicht genehmigter Filmaufnahmen könnte (ohne Rücksicht auf den Inhalt) einen Eingriff in den eingerichteten und ausgeübten Gewerbebetrieb darstellen. Der Eingriff muss sich nach seiner **objektiven Stoßrichtung** gegen den betrieblichen Organismus oder die unternehmerische Entscheidungsfreiheit richten. Da der Inhalt der Filmaufnahmen nicht bekannt ist, lässt sich die beabsichtigte Stoßrichtung eines etwaigen Eingriffs nicht beurteilen. Auch wenn man den Anspruch nicht auf den Inhalt der Aufnahmen stützt, sondern das Verbreiten im Hinblick auf die Umstände des Zustandekommens für unzulässig hält, ist mangels Betriebsbezogenheit ein Eingriff in den Gewerbebetrieb zu verneinen.

Selbst wenn die Beschaffung der Informationen **rechtswidrig** gewesen wäre, wäre lediglich diese geschützt, während die Verbreitung rechtswidrig erlangter Informationen in den Schutzbereich des Art. 5 Abs. 1 GG fällt. Hierbei ist eine Güter- und Interessenabwägung vorzunehmen. Im vorliegenden Fall kommt der Informationsbeschaffung nur ein vergleichsweise geringfügiger Unrechtsgehalt zu. In die Abwägung einzubeziehen ist auch der Umstand, dass es hier nicht um inhaltlich unrichtige oder unzulässige, weil etwa schmähende Kritik geht, sowie die Tatsache, dass ein Gewerbetreibender eine der Wahrheit entsprechende Kritik an seinen Leistungen grundsätzlich hinnehmen muss.

3. Die beabsichtigte Ausstrahlung der Filmaufnahmen stellt somit keinen Eingriff in den eingerichteten und ausgeübten Gewerbebetrieb dar. Es besteht kein Anspruch aus §§ 823 Abs. 1, 1004 Abs. 1 S. 2 analog.

7. Besitz als „sonstiges Recht"?

Ob der Besitz als „sonstiges Recht" i.S. des § 823 Abs. 1 geschützt ist, ist **streitig**. Besitz ist die Ausübung der tatsächlichen Sachherrschaft (§§ 854 Abs. 1, 856 Abs. 1). Anders als das Eigentum ist der Besitz ein tatsächliches Verhältnis, sodass er grundsätzlich kein „sonstiges Recht" sein kann. Dennoch steht er in bestimmter Hinsicht unter dem besonderen Schutz der Rechtsordnung. Die h.M. sieht den Besitz deshalb als „sonstiges Recht" i.S. des § 823 Abs. 1 an, soweit er wie ein ausschließliches Recht gegenüber jedermann geschützt ist und dem Besitzer eine „eigentumsähnliche" Stellung gibt. Nach ganz h.M. wird das beim **berechtigten Besitzer** angenommen[190]. Das Besitzrecht kann auch durch die Beschädigung einer Sache verletzt werden[191].

238

Das soll **Fall 22**[192] verdeutlichen: A nimmt an einer Protestdemonstration teil, die zu einer zweitägigen Blockade des Einsatzes von Baumaschinen, die Bauunternehmer B gemietet hat, führt. B verlangt Schadensersatz von A. Zu Recht?

239

1. B könnte gegen A einen Anspruch aus § 823 Abs. 1 haben. Voraussetzung ist zunächst eine Rechts(gut)verletzung. Hier könnte der **Besitz** als „sonstiges Recht" verletzt sein. Ein Eingriff in den berechtigten Besitz des B kann in der zweitägigen Blockade des Einsatzes von Baumaschinen durch A liegen. Eine solche ist von der zeitli-

---

190 St. Rspr.; siehe BGH NJW 2019, 1669 Rn. 13 m.w.N.; BGHZ 137, 89, 98; BGHZ 73, 355, 362.
191 BGH NJW 2019, 1669 Rn. 13; BGH NJW 1981, 750, 751.
192 BGH NJW 1998, 377, 380.

chen Dauer her hinreichend und stellt nicht nur eine irrelevante kurzfristige Störung dar[193].

Die Rechtsgutverletzung ist auch rechtswidrig. Zwar kann die Blockade nicht als „Gewalt" i.S. des § 240 Abs. 1 StGB (Nötigung) angesehen werden, da A durch seinen bloßen Aufenthalt im Einsatzbereich der Fahrzeuge nur durch psychische Einwirkung auf die Arbeiter die Inbetriebnahme der Maschinen verhinderte, aber die Rechtswidrigkeit ist nicht durch Art. 8 GG (Versammlungsfreiheit) ausgeschlossen. Denn für eine zielgerichtete Anwendung unmittelbaren Zwangs gegenüber dem Rechtsgut eines Dritten kann sich A nicht auf das Grundrecht der Versammlungsfreiheit berufen. Zulässig wäre allein ein Kampf der Meinungen mit geistigen Mitteln[194]. Damit ist der Besitz als „sonstiges Recht" i.S. des § 823 Abs. 1 verletzt.

2. Es könnte auch ein Schadensersatzanspruch aus § 823 Abs. 1 aufgrund der Verletzung des **eingerichteten und ausgeübten Gewerbebetriebs** vorliegen. Da aber bereits eine Besitzverletzung gegeben ist, muss eine Verletzung des eingerichteten und ausgeübten Gewerbebetriebs insoweit als subsidiär ausscheiden.

240 Auch der **berechtigte Mitbesitz** stellt ein sonstiges Recht i.S. des § 823 Abs. 1 dar[195]. Das gilt sowohl im Verhältnis zwischen Mitbesitzer und Drittem als auch im Verhältnis der Mitbesitzer untereinander. § 866 beschränkt zwar den besitzrechtsunabhängigen (possessorischen) Besitzschutz nach §§ 861, 862. Hieraus kann aber nicht gefolgert werden, dass bei Besitzstörung von Mitbesitzern untereinander auch der deliktische Schutz nach § 823 Abs. 1 ausgeschlossen sein soll. Nach dem Zweck des § 866 soll nämlich lediglich vermieden werden, dass im possessorischen Prozess auf das petitorische Verhältnis der Mitbesitzer untereinander zurückgegriffen werden muss. Insoweit wird durch § 866 der Besonderheit der Besitzschutzansprüche nach §§ 861 f. Rechnung getragen, die die Besitzentziehung bzw. -störung als etwas rein Tatsächliches verstehen, damit ein schneller und effektiver (dafür aber auch nur vorläufiger) Besitzschutz gewährleistet werden kann. Ein solcher Rückgriff auf das dem Mitbesitz zugrunde liegende Rechtsverhältnis ist im Rahmen des § 823 Abs. 1 – der im Gegensatz zu §§ 861 f. die Besitzlage endgültig regelt – ohnehin unausweichlich.

241 Damit lässt sich der von § 866 verfolgte Regelungszweck nicht auf den deliktischen Besitzschutz nach § 823 Abs. 1 ausdehnen. Vielmehr werden die im petitorischen Verhältnis regelmäßig bestehenden Lücken des Besitzschutzes (vgl. auch §§ 741 ff.) von § 823 Abs. 1 geschlossen[196]. Die §§ 823 ff. können damit uneingeschränkt auch gegenüber Mitbesitzern angewendet werden, ohne dass diese Ansprüche durch § 866 relativiert werden.

242 Die **Rechtsprechung** sieht auch den **mittelbaren Besitz** als „sonstiges Recht" i.S. des § 823 Abs. 1, da der mittelbare Besitz nach §§ 868, 869 dem unmittelbaren Besitz gleichgestellt ist[197]. Entsprechend stehen dem mittelbaren Besitzer die in §§ 861 f. geregelten Besitzschutzansprüche zu, allerdings mit einer Ausnahme: Die Besitzschutz-

---

193 Siehe oben Rn. 180.
194 BGHZ 59, 30, 35 f.
195 *Medicus/Petersen*, BR, Rn. 608; BGHZ 62, 243, 248.
196 BGHZ 62, 243, 250.
197 BGHZ 32, 194, 204 f.

ansprüche stehen dem mittelbaren Besitzer nach §§ 861 Abs. 1, 862 Abs. 1 nicht im Verhältnis zum unmittelbaren Besitzer zu. Ein ausschließliches Recht besteht also nur im umgekehrten Verhältnis des unmittelbaren gegen den mittelbaren Besitzer. Insoweit ist der mittelbare Besitzer nur im Rahmen des schuldrechtlichen Besitzmittlungsverhältnisses geschützt.

Schwierigkeiten bereitet in der **Klausur** v.a. die Frage, ob der Schutz auch auf den **unberechtigten, unmittelbaren Besitzer** ausgedehnt werden kann. Wenn diesem Besitz ebenfalls die Nutzungs- und Ausschlussfunktion zukommt, wird dies teilweise bejaht[198]. Eine Nutzungsbefugnis habe nicht nur der rechtmäßige, sondern ggf. auch der unrechtmäßige Besitzer, wenn er redlich bzw. unverklagt ist und die Nutzungen entgeltlich vor Rechtshängigkeit zieht. In diesem Fall darf er nämlich gemäß §§ 987, 988, 990, 993 Abs. 1 die Nutzungen im Verhältnis zum Eigentümer behalten[199]. Andere erreichen dasselbe Ergebnis über die Annahme, dass das Recht auf Besitz – anders als bloße Forderungen[200] – Deliktsschutz genieße, d.h. das Schutzobjekt wird nicht im Besitz selbst, sondern im obligatorischen Recht zum Besitz gesehen[201]. 243

Klausurtipp: Wird in der Klausur der **Besitz als „sonstiges Recht"** i.S. des § 823 Abs. 1 nach Darstellung der wesentlichen Gedanken bejaht, so ist im Hinblick auf die Rechtsfolge zu beachten, dass – anders als beim Eigentum – beim Besitz die **Berechnung des Schadens** häufig schwierig ist. Besteht eine entgeltliche Nutzungsberechtigung (z.B. Miete), ist die Schadensberechnung einfach. Der bloße Besitz gibt aber keine verlässliche Grundlage zur Berechnung des Schadens. Gesichert ist nur, dass er stets weniger wert ist als das Eigentum. 244

8. Weitere Ausformungen des „sonstigen Rechts"

Übungsfälle: *Büchner*, Alles nur gelogen: Heiratsversprechen und Liebesschwüre, JURA 2004, 406 ff.; *Bernhard*, Eigentumsvorbehalt im Fitnessstudio, JURA 2010, 62 ff.

Da unter den Begriff „sonstiges Recht" i.S. des § 823 Abs. 1 nur solche Rechte fallen, die wie das Eigentum absoluten Charakter haben, ist die Zahl der „sonstigen Rechte" begrenzt. Neben den bereits genannten „sonstigen Rechten" des allgemeinen Persönlichkeitsrechts, des Rechts am eingerichteten und ausgeübten Gewerbebetrieb und eingeschränkt auch des Besitzes kommen noch **beschränkte dingliche Rechte** wie z.B. Pfandrechte, Anwartschaftsrechte, Hypotheken und Grundschulden in Betracht. Wie Eigentum geschützt ist auch die sog. dingliche Anwartschaft des Vorbehaltsverkäufers (§ 448). 245

Außerdem sind die absolut geschützten Immaterialgüterrechte (Urheber-, Patent- und sonstige gewerbliche Schutzrechte) umfasst. Hier sind aber die Schadensersatzansprüche regelmäßig spezialgesetzlich geregelt (§§ 97 UrhG, 139 PatG, 24 GebrMG), sodass § 823 Abs. 1 nur ergänzende Funktion hat. „Sonstiges Recht" sind auch Mit- 246

---

198 *Medicus/Petersen*, BR, Rn. 607.
199 Zweifelnd BGHZ 79, 232, 238; nur auf den rechtmäßigen Besitzer abstellend *Wieser*, JuS 1970, 557 f.; *ders.*, NJW 1971, 597, 598 f.; *Honsell*, JZ 1983, 531, 532.
200 Siehe Rn. 251.
201 *Larenz/Canaris*, § 76 II 4 f.

gliedschaftsrechte, d.h. Geschäftsanteile an einer GmbH, Aktien sowie Mitgliedschaftsrechte an einem eingetragenen Verein[202].

247 Im Hinblick auf die **Ehe** genießt nach der Rechtsprechung nur deren räumlich-gegenständlicher Bereich Schutz i.S. des § 823 Abs. 1, sodass der Ehegatte jedenfalls einen Anspruch aus §§ 1004 Abs. 1 analog, 823 Abs. 1 (quasi-negatorischer Unterlassungsanspruch) gegen den untreuen Ehegatten und dessen Geliebte(n) hat[203]. Ob gegen den untreuen Ehegatten und den Dritten ein Schadensersatzanspruch wegen Ehebruchs besteht, ist **umstritten**. Die Rechtsprechung lehnt einen Anspruch aus § 823 Abs. 1 wegen Verletzung der bei Eingehung der Ehe begründeten Pflichten als „sonstiges Recht" ab[204]. In extremen Fällen soll ein Anspruch aus § 826 möglich sein[205]. Auch das elterliche Sorgerecht ist als absolutes Recht i.S. des § 823 Abs. 1 anerkannt. Dies soll sich aus § 1632 ergeben, nach dem der Sorgeberechtigte von jedem die Herausgabe des Kindes verlangen kann[206]. Als „sonstiges Recht" gilt auch das Totenfürsorgerecht[207].

248 **Kein sonstiges Recht** i.S. des § 823 Abs. 1 ist dagegen nach ganz h.M. das **Vermögen**[208] als die Summe aller geldwerten Güter.

→ **Definition:** „Vermögen" meint alle geldwerten Rechte. Der Begriff wird im BGB nicht definiert.

249 Der Gesetzgeber hat bei der Schaffung des BGB gerade keine große deliktische Generalklausel geschaffen, nach der jeder Vermögensschaden ersatzfähig wäre. Derjenige, der sich schuldhaft verhalten hat, wäre, wenn das Vermögen als solches über § 823 Abs. 1 geschützt würde, dann im Zweifel **uferlosen Schadensersatzansprüchen** ausgesetzt. Würde beispielsweise ein Sänger, der ein großes Konzert geben soll, bei einem Verkehrsunfall verletzt, müsste der Schädiger auch die Einnahmeausfälle ersetzen, die etwa den Verkehrsbetrieben oder dem Würstchenverkäufer entstanden sind, weil das Konzert ausfallen musste. Daher hat der Gesetzgeber den deliktischen Schutz auf die zentralen Lebensgüter und absoluten Rechte wie das Eigentum begrenzt.

250 Obwohl das Vermögen kein „sonstiges Recht" darstellt, wird es ausnahmsweise über § 823 Abs. 1 im Zusammenhang mit dem sog. **Recht am eingerichteten und ausgeübten Gewerbebetrieb** doch, allerdings unter engen Voraussetzungen, geschützt. Ein deliktischer Schutz des Vermögens findet auch im Rahmen des § 823 Abs. 2 iVm einem Schutzgesetz (insbesondere § 263 StGB und § 266 StGB), des § 824 sowie des § 826 statt.

---

202 Vgl. BGHZ 110, 323 ff., wo satzungswidrig die Yacht eines Vereinsmitglieds nicht als zu einer bestimmten Bootsklasse gehörig anerkannt wurde. Das trifft laut BGH die Mitgliedschaft dieses Mitglieds im Verein im Kern, sodass eine Verletzung eines „sonstigen Rechts" i.S. des § 823 Abs. 1 bejaht wurde; siehe auch *Peifer*, § 3 Rn. 43.
203 BGHZ 6, 360 ff.; BGHZ 34, 80, 85 ff.; a.A. *Medicus/Petersen*, BR, Rn. 619, wonach die Ehe keine eigentumsähnliche Position und somit kein sonstiges Recht darstellt. Anerkannt wird aber, dass die Verbindung der Ehegatten zu geschlechtlicher Treue durch § 823 Abs. 1 geschützt ist.
204 BGH NJW 1990, 706, 707 m.w.N.; *Looschelders*, § 60 Rn. 22; a.A. *Brox/Walker*, § 45 Rn. 27; *Medicus/Petersen*, BR, Rn. 619 (z.B. Ersatz von Scheidungskosten, Vaterschaftsanfechtung).
205 BGH NJW 1990, 367, 369.
206 BGHZ 111, 168, 172 f.; siehe auch PWW/*Schaub*, § 823 Rn. 68.
207 BGH NJW-RR 2019, 727 ff.
208 Siehe nur etwa BGHZ 86, 152, 155; BGH NJW 1980, 1581, 1582; *Kupisch/Krüger*, S. 20 f.

Klausurtipp: Zu unterscheiden ist zwischen der Tatsache, dass das Vermögen kein „sonstiges Recht" i.S. des § 823 Abs. 1 ist, und dem Umstand, dass auf der Rechtsfolgenseite grundsätzlich allein Vermögensschäden als materielle Schäden ersetzt werden (§§ 249 ff.) und immaterielle Schäden als Nichtvermögensschäden (Schmerzensgeld) nur in bestimmten Fällen (§ 253).

Streitig ist, ob **Forderungen** nach § 823 Abs. 1 geschützt sind[209]. Eine Forderung kann dadurch „verletzt" werden, dass der Schuldner an den Scheingläubiger aufgrund unberechtigter, aber wirksamer Leistungsannahme mit befreiender Wirkung leistet (§§ 407 f., 893, 2367) oder auch dadurch, dass die Erfüllung eines Anspruchs (nachträglich) unmöglich gemacht wird. 251

Die **h.M.** lehnt einen Schutz nach § 823 Abs. 1 ab, da Forderungen nicht als ausschließliche absolute Rechte von jedem zu beachten sind, sondern nur bestimmte Personen verpflichten[210]. Den Forderungen fehle, da sie lediglich ein relatives Recht darstellen, eine eigentumsähnliche (absolute) Rechtsqualität, die für ein „sonstiges Recht" i.S. des § 823 Abs. 1 erforderlich ist. 252

Die **Mindermeinung**[211], die dem (eigentlichen) Forderungsinhaber einen deliktischen Anspruch gegen den Schädiger geben will, führt zu erheblichen Abgrenzungsproblemen. So muss sie klären, ob auch der nach §§ 407 ff. leistende Schuldner nach § 823 Abs. 1 schadensersatzpflichtig ist. Da nach § 407 eine schuldnerbefreiende Leistung möglich ist, kann nicht schon bei leichter Fahrlässigkeit eine Schadensersatzpflicht nach § 823 Abs. 1 eintreten, da so der Schutz des § 407 ausgehebelt würde. 253

II. Dem Anspruchsgegner zurechenbare Handlung

Übersichtsaufsätze: *Mohr*, Zurechnung von mittelbaren Verletzungsfolgeschäden, JURA 2010, 567 ff.; *Musielak*, Kausalität und Schadenszurechnung im Zivilrecht, JA 2013, 241 ff. 254

Die Schadensersatzpflicht aus § 823 Abs. 1 trifft den Schädiger als Anspruchsgegner, wenn ihm die Rechtsgutverletzung zugerechnet werden kann („wer ... verletzt"). Es muss eine Verletzungshandlung vorliegen, die für die Rechtsgutverletzung **kausal** geworden ist **(haftungsbegründende Kausalität)**.

In diesem Zusammenhang spielen auch die sog. **Verkehrspflichten** eine Rolle. Viele Schädigungen ereignen sich nicht durch einen aktiven Eingriff (Tun), sondern durch Unterlassen, oder sie geschehen nicht direkt, sondern durch eine mittelbare Schädigung. Sowohl beim „Unterlassen" als auch bei der „mittelbaren Schädigung" sind zur Bestimmung der Verantwortlichkeit des Schädigers die von der Rechtsprechung entwickelten Verkehrssicherungspflichten erforderlich[212]. 255

---

[209] Siehe *Petersen*, Examens-Repetitorium Allgemeines Schuldrecht, 10. Aufl. 2021, Rn. 3 ff. (Fall samt Lösung); *Peifer*, § 3 Rn. 39 f.
[210] *Medicus/Petersen*, BR, Rn. 610.
[211] *Larenz/Canaris*, § 76 II 4 g.
[212] Siehe unten Rn. 280 ff.

1. Handlung

256 → **Definition:** Die Erfüllung des Tatbestands des § 823 Abs. 1 setzt eine menschliche Handlung voraus. **Handlung** ist ein menschliches Tun, das der Bewusstseinskontrolle und Willenslenkung unterliegt und daher beherrschbar ist[213].

Eine Handlung liegt dagegen **nicht** bei körperlichen Bewegungen vor, die unter physischem Zwang ausgeführt oder als unwillkürlicher Reflex durch fremde Einwirkung ausgelöst werden. Ein zurechenbares Handeln fehlt damit bei Reflexbewegungen, bei Bewegungen während einer Bewusstlosigkeit und bei vis absoluta. Dagegen sind sog. Kurzschlusshandlungen oder Schreckreaktionen Handlungen im Rechtssinne. Ist jedoch eine nicht vom Willen gesteuerte Reaktion durch willentliches Verhalten ausgelöst worden, so ist ein tatbestandsmäßiges Handeln gegeben. Eine Handlung liegt also auch dann vor, wenn jemand, der zu plötzlich auftretenden epileptischen Anfällen neigt, trotzdem Auto fährt und aufgrund eines Anfalls einen Unfall verursacht.

257 Handeln kann sowohl positives **Tun** als auch **Unterlassen** sein. Bei der Abgrenzung wird teilweise in Anlehnung an das Strafrecht darauf abgestellt, wo nach dem sozialen Sinngehalt der **Schwerpunkt der Vorwerfbarkeit** liegt[214]. Die h.M. stellt dagegen auf die **Gefahrerhöhung** durch den Täter ab: Jemand, der sich dem fremden Rechtsgut gefährlich nähert, handelt; jemand, der ohne die Gefahr durch sein Tun zu erhöhen, die Gefahr nicht abwendet, unterlässt[215]. Diese Abgrenzung ist deshalb von Bedeutung, weil das Unterlassen einer Handlung nur dann rechtserheblich ist, wenn dem Geschädigten gegenüber eine Pflicht zum Handeln (Erfolgsabwendungspflicht) besteht[216].

258 Dass die **Abgrenzung zwischen Tun und Unterlassen** nicht immer leicht ist, zeigt **Fall 23** Bauunternehmer B errichtet auf einem ihm gehörenden Grundstück einen Neubau, der spätestens nach Fertigstellung verkauft werden soll. Im Verlauf der Bauarbeiten versäumt B es, eine Öffnung abzudecken. Tags darauf besichtigt G, der sich für den Erwerb interessiert, den Rohbau, fällt durch die Öffnung und wird schwer verletzt. G verlangt von B Schadensersatz. Zu Recht?

G könnte gegen B einen Anspruch aus § 823 Abs. 1 haben. Eine Rechtsgutverletzung liegt in der Körperverletzung des G. Fraglich ist, ob B den G durch aktives Tun verletzt hat, oder ob ihm ein Unterlassen zur Last gelegt werden kann. Früher wurden Fälle wie diese zumeist als Schädigung durch **Unterlassen** angesehen, da B es unterlassen hat, die Öffnung abzudecken. Das ist insofern ungenau, als B zunächst auch gehandelt hat: Er hat gebaut und erst durch dieses Tun hat sich das Bedürfnis nach einer Sicherung der betreffenden Stelle und damit auch eine mögliche Pflichtverletzung des B ergeben.

Inzwischen wird hier überwiegend auf den Begriff der **mittelbaren Verletzung** abgestellt[217]. Für eine solche mittelbare Verletzung ist ausschlaggebend, dass der Verlet-

---
213 BGHZ 39, 103, 106.
214 *Staudinger*, in Schulze, BGB, 10. Aufl. 2019, § 823 Rn. 46.
215 *Deutsch/Ahrens*, Rn. 40; Staudinger/*Hager*, § 823 Rn. H 6.
216 Siehe näher Rn. 282 f.
217 *Larenz/Canaris*, § 76 III 1c.

zungserfolg außerhalb des Handlungsablaufs liegt. Im konkreten Fall könnte man argumentieren, dass der Sturz durch die Öffnung außerhalb der Errichtung des Neubaus liegt. Unabhängig davon, ob man hier nun ein Unterlassen oder eine mittelbare Verletzung prüfen will, wird man auf die Verletzung einer **Verkehrspflicht** abstellen müssen, sodass eine Unterscheidung ohne praktische Auswirkungen bleibt.

2. Kausalität bei positivem Tun

Zwischen der Verletzungshandlung und der Rechtsgutverletzung muss ein Ursachenzusammenhang bestehen (**haftungsbegründende Kausalität**). Nach heute h.M. ist dieser in drei Stufen zu prüfen: Äquivalenz, Adäquanz und Schutzzweck der Norm. 259

a) Äquivalenz

In einem ersten Schritt wird auf die – auch im Strafrecht geltende – **Äquivalenztheorie** (Conditio sine qua non-Formel) zurückgegriffen. Die äquivalente Verursachung stellt den ersten „Kausalitätsfilter" dar. Hiernach gilt: Ein positives Tun ist ursächlich, wenn es nicht hinweggedacht werden kann, ohne dass der konkrete Erfolg entfiele. 260

Wirken zwei oder mehrere Verursacher zusammen, die gemeinsam einen Erfolg verwirklichen (**Gesamtkausalität bzw. kumulative Kausalität**), gilt Folgendes: Bei einer Mehrheit von ineinandergreifenden Ursachen, die nur durch ihr Zusammenwirken den Erfolg herbeiführen, ist jeder der Beteiligten für den ganzen Erfolg Urheber. Es genügt eine Mitursächlichkeit[218]. Klassische Beispiele hierfür sind Schlägereien, bei denen die Schläge von A und B zusammen den Tod des C herbeigeführt haben, oder Giftstoffeinleitungen in Gewässer, bei denen erst die Einleitung durch A und B zusammen die für die Fische tödliche Konzentration ergeben. 261

Davon zu unterscheiden sind die Fälle der **Doppelkausalität**, bei denen bei verschiedenen gleichzeitig oder nebeneinander wirkenden Umständen jede der Ursachen allein genügt hätte, um den Erfolg herbeizuführen. So könnten schon allein die Schläge von A oder von B für den Tod des C oder es könnte bereits die von A oder B allein in den Fluss eingeleitete Giftkonzentration für das Fischsterben ausgereicht haben. Hier gilt nach der Äquivalenztheorie: Von mehreren Bedingungen, die zwar jede für sich, nicht aber insgesamt hinweggedacht werden können, ohne dass der Erfolg entfiele, ist jede als rechtlich ursächlich für den Erfolg zu behandeln, obwohl keiner als „conditio sine qua non" gesehen werden kann[219]. 262

Nach allgemeiner Meinung reicht bei Vorsatz des Täters die Äquivalenztheorie zur Bejahung einer Zurechenbarkeit aus. Begründen lässt sich das damit, dass für gewollte Folgen keine Einschränkung der Zurechnung zu erfolgen braucht, selbst wenn der Erfolgseintritt noch so unwahrscheinlich gewesen ist[220]. 263

---

218 OLG Düsseldorf, 28.2.2014 – 22 U 152, juris Rn. 13.
219 BGHZ 199, 237 Rn. 50; BGH NJW 2013, 2018 Rn. 27; Erman/*Ebert*, Vor §§ 249–253 Rn. 40 (konkurrierende Kausalität); PWW/*Schaub*, § 823 Rn. 7.
220 BGH NJW 1981, 983.

b) Adäquanz

264 Allein die Feststellung äquivalenter Kausalität kann für die Zurechnung des Erfolgs nicht ausreichend sein. Durch die rein naturwissenschaftliche Ausrichtung dieser Theorie werden auch solche Verhaltensweisen einbezogen, die nur einen sehr entfernten Bezug zur Rechtsgutverletzung aufweisen. Ein juristisches Korrektiv, um Schadensfolgen von der Zurechnung auszuschließen, die einem völlig unwahrscheinlichen Kausalverlauf entspringen, und allein die einigermaßen naheliegenden („adäquaten") Folgen zu umfassen, ist bei einer lediglich fahrlässigen Erfolgsherbeiführung die Adäquanztheorie.

> → **Definition: Adäquat kausal** ist nach h.M. jeder Umstand, der aufgrund einer objektiven nachträglichen Prognose vom Standpunkt des optimalen Beobachters und nach den dem Handelnden bekannten Umständen generell geeignet ist, einen solchen Erfolg allein oder im Zusammenwirken mit anderen Umständen herbeizuführen[221].

265 Kausalität i.S. der Adäquanztheorie ist auch dann zu bejahen, wenn sie nur über eine Kette von zwischengeschalteten Ereignissen hergestellt wird. So z.B. bei Verderb von Sachen durch Beschädigung der Stromleitung und Unterbrechung der Stromzufuhr oder bei Tod des Verletzten durch Infektion im Krankenhaus[222]. Adäquate Verursachung fehlt jedoch, wenn der Erfolg nur infolge des **ungewöhnlichen Zusammenwirkens** mehrerer Kausalketten verursacht worden ist[223].

266 Mit der Adäquanztheorie sollen bestimmte ganz ungewöhnliche, einmalige und deshalb nicht vorhersehbare Kausalzusammenhänge aus der rechtlichen Betrachtung ausgeklammert werden. Da sie nur **unvorhersehbare** Kausalzusammenhänge ausscheidet, genügt es für die Bejahung der Kausalität schon, wenn durch das Verhalten des Schädigers lediglich eine gesteigerte Gefahrenlage geschaffen wurde, die generell geeignet ist, Schädigungen der eingetretenen Art herbeizuführen.

> **Klausurtipp:** In der **Klausur** wird es, wenn im Sachverhalt keine speziellen Anhaltspunkte genannt werden, häufig ausreichen, knapp festzustellen, es liege nicht außerhalb der Wahrscheinlichkeit, dass die konkrete Handlung den Verletzungserfolg herbeigeführt hat.

267 Die h.M. sieht in den Fällen der **fahrlässigen** Erfolgsherbeiführung als ursächlich nur eine adäquate Bedingung an[224]. Andere wollen die Adäquanztheorie lediglich auf der Rechtsfolgenseite bei der haftungsausfüllenden Kausalität eine Bedeutung zuerkennen[225]. Manche lehnen die Adäquanztheorie als Mittel der Haftungsbeschränkung generell ab. Sie müsse aufgegeben und stattdessen allein auf den „Schutzweck der Norm" abgestellt werden[226].

---

[221] Siehe schon BGHZ 3, 261, 267 („Schleusenverklemmung"); BGH NJW 1991, 1109, 1110; BGH MDR 1995, 268; BGH NJW 2002, 2232, 2233.
[222] RGZ 105, 264, 265 f.
[223] BGHZ 3, 261, 265 ff. („Schleusenverklemmung").
[224] BGHZ 7, 198, 204; BGHZ 57, 137, 141; BGH MDR 1995, 268; *Kupisch/Krüger*, S. 16 f., 52; Palandt/*Grüneberg*, Vorb v § 249 Rn. 28.
[225] So z.B. *Deutsch*, JZ 1967, 641; *Huber*, JZ 1969, 677, 680.
[226] So z.B. MünchKomm/*Oetker*, § 249 Rn. 116 ff.; zum Schutzweck der Norm siehe Rn. 270 ff.

Kritisiert wird die Adäquanzformel insbesondere im Hinblick auf die Wahrscheinlichkeitsbetrachtung und das Abstellen auf den „optimalen" Beobachter. Ein solcher sei nahezu allwissend, sodass ein tatsächlicher Geschehensablauf, möge er noch so ungewöhnlich sein, immer voraussehbar sei[227]. Richtig daran ist, dass die Frage, ob ein Verhalten des Schädigers adäquat kausal zu einer Rechtsgutverletzung geführt hat, in der Rechtsprechung nur ganz selten verneint wird.

268

> Die einschränkende Bedeutung der Adäquanztheorie wird etwa bei **Fall 24** deutlich: A wird in einen von B verschuldeten Unfall verwickelt, bei dem er eine Stunde aufgehalten wird. Schließlich kann er weiterfahren und wird unverschuldet in einen anderen Unfall verwickelt, bei dem das Fahrzeug beschädigt und er selbst schwer verletzt wird. A verlangt von B Schadensersatz aus § 823 Abs. 1. Zu Recht?

269

Eine für § 823 Abs. 1 erforderliche Rechts(gut)verletzung liegt vor, da sowohl das Eigentum des A als auch dessen Körper bzw. Gesundheit verletzt sind. Fraglich ist aber, ob dies durch ein dem B zurechenbares Handeln geschehen ist. Der erste Unfall ist äquivalente Ursache dafür, dass A in den zweiten Unfall verwickelt wurde. Der erste Unfall war jedoch nicht adäquat kausal für den zweiten. Eine zeitliche Verzögerung erhöht die Wahrscheinlichkeit weiterer Unfälle nicht generell. Selbst ein optimaler Beobachter konnte beim ersten Unfall nicht voraussehen, dass A durch seinen Aufenthalt am Unfallort in einen zweiten Unfall verwickelt werden würde. Mangels zurechenbarer Verletzungshandlung ist der Tatbestand des § 823 Abs. 1 nicht gegeben.

c) Schutzzweck der Norm

aa) Bedeutung des Schutzzwecks der Norm. Die Wahrscheinlichkeitsbetrachtung und das Abstellen auf einen optimalen Beobachter bei der Adäquanz führt nicht in allen Fällen zu einer ausreichenden Begrenzung zurechenbarer Folgen. Die **h.M.** ergänzt daher die Adäquanztheorie durch eine weitere Wertungsebene, indem sie die Lehre vom Schutzzweck der Norm heranzieht[228]. Danach erfolgt eine Zurechnung der Rechtsgutverletzung nur dann, wenn der konkret eingetretene Verletzungserfolg in den Schutzbereich der verletzten Norm fällt. Dabei ist der Schutzbereich einer Norm in persönlicher und sachlicher Hinsicht beschränkt. Es ist zu fragen, ob die verletzte Norm eine Person wie den Verletzten (**persönlicher Schutzbereich**) vor einer Verletzung wie der erlittenen (**sachlicher Schutzbereich**) schützen will.

270

Die Schutzwirkung darf sich insoweit nicht nur als bloßer Reflex einer ganz anderen (persönlichen oder sachlichen) Schutzrichtung darstellen. Entscheidend ist, ob die vom Schädiger verletzte Norm gerade die **Verhinderung des eingetretenen Verletzungserfolgs** bzw. des weiteren Schadens erfasst. Mit Hilfe der Schutzzwecklehre können solche Rechtsgutverletzungen ausgeschieden werden, die sich als bloße Verwirklichung des allgemeinen **Lebensrisikos** darstellen. Sie sind vom Schutzzweck des § 823 Abs. 1 nicht erfasst. Eine **Eingrenzung** der Zurechnung über den Schutz-

271

---

227 *Larenz*, § 27 III b 1.
228 Teilweise auch „Rechtswidrigkeitszusammenhang" bzw. „Gefahrbereichs- oder Risikoverteilung" genannt, vgl. *Larenz*, § 27 III b 2; *Kupisch/Krüger*, S. 52.

zweck der Norm erfolgt v.a. in den drei folgenden Fällen von mittelbaren Verletzungsfolgeschäden:
- bei allgemein mittelbar schädigenden Handlungen[229],
- bei den sog. Schockschadensfällen[230] und
- bei den sog. Herausforderer-, Verfolgungs- bzw. Nothilfefällen[231].

272 **bb) Fallgruppe: Mittelbar schädigende Handlung.** Eine nur mittelbar schädigende Handlung liegt vor, wenn der durch die Handlung äquivalent und adäquat kausal verursachte Verletzungserfolg erst nach einigen **Zwischenursachen** eingetreten ist. Das ist z.B. der Fall, wenn jemand ein gefährliches Produkt in den Verkehr bringt und sich die Gefahr später unter Mitwirkung weiterer Ursachen schädigend auswirkt. Das Vorverhalten kann einen haftungsrechtlichen Zusammenhang mit dem eingetretenen Schaden haben, muss es aber nicht.

273 Aufgrund der Entfernung von schädigender Handlung und Verletzungserfolg erfordert eine Zurechnung eine **besondere (normative) Begründung** im Rahmen des Schutzzwecks der Norm. Wird der Verletzungserfolg mittelbar durch eine (fahrlässig) schädigende Handlung verursacht, findet eine Zurechnung nur statt, wenn der Schädiger die Rechtsgutverletzung adäquat kausal herbeigeführt hat und sein Verhalten vom (persönlichen und sachlichen) Schutzbereich einer deliktischen Sorgfaltspflicht im Allgemeinen oder einer Verkehrs(sicherungs)pflicht im Besonderen[232] umfasst ist.

274 Das verdeutlicht **Fall 25**[233]: A hat durch Verletzung der Vorfahrt des G einen Verkehrsunfall verschuldet (§ 8 StVO). Vor der Polizei versucht er den schuldlosen Geschädigten G als den wahren Schuldigen hinzustellen. Dabei erregt sich der an Bluthochdruck leidende G so sehr, dass er unmittelbar nach dem Unfall einen Schlaganfall erleidet. Fortan ist er arbeitsunfähig. G verlangt von A Schadensersatz aus § 823 Abs. 1. Zu Recht?

Eine Rechtsgutverletzung i.S. des § 823 Abs. 1 liegt mit der Gesundheitsverletzung des G vor. Diese müsste A zurechenbar herbeigeführt haben. Als entsprechendes Verhalten des A kommt die Verursachung des Unfalls in Betracht. Diese Handlung müsste **äquivalent** kausal für den Schlaganfall des G sein. Das Herbeiführen des Unfalls kann nicht hinweggedacht werden, ohne dass die falsche Unfalldarstellung gegenüber der Polizei und damit der Schlaganfall des G entfiele. A hat zwar durch die Behauptung vor der Polizei nicht unmittelbar physisch auf G eingewirkt, ein Kausalzusammenhang i.S. der Äquivalenztheorie kann aber auch psychisch vermittelt werden[234]. Somit ist das Herbeiführen des Verkehrsunfalls äquivalent kausal für die Gesundheitsverletzung des G.

Dieses Verhalten müsste auch **adäquat** kausal für den Schlaganfall des G sein. Die adäquate Kausalität zwischen Verletzungshandlung und -erfolg ist nicht schon des-

---
229 Siehe bei Rn. 272 ff.
230 Siehe Rn. 275 f.
231 Siehe Rn. 277 f.; vgl. auch den **Übersichtsaufsatz** von *Mohr*, JURA 2010, 567 ff.
232 Zu den Verkehrssicherungspflichten siehe auch Rn. 281 ff.
233 **BGHZ 107, 359 ff.**
234 BGHZ 132, 341, 344.

halb unterbrochen, weil die erlittene Verletzung auf einer besonderen Anfälligkeit des Betroffenen beruht[235]. Insofern kann sich A nicht darauf berufen, dass der Schlaganfall im Wesentlichen auf der Erkrankung des G beruht und bei einem gesunden Menschen nicht ausgelöst worden wäre. Der Schädiger kann grundsätzlich nicht verlangen, so behandelt zu werden, als sei er auf einen Gesunden gestoßen. Ausnahmen können sich nach Ansicht des BGH nur in Extremfällen ergeben, d.h. wenn es sich um ganz außergewöhnliche, schlechterdings nicht zu erwartende Kausalverläufe handelt[236].

Fraglich ist, ob die Gesundheitsverletzung des G dem A unter wertenden Gesichtspunkten noch zugerechnet werden kann oder ob das deshalb zu verneinen ist, weil die Haftung sonst übermäßig ausgedehnt würde. An diesem Punkt setzt die Lehre vom **Schutzzweck der Norm** an. Diese stellt darauf ab, ob sich im Verletzungserfolg eine Gefahr realisiert hat, welche die verletzte Norm gerade verhüten wollte. A müsste also durch das Herbeiführen des Verkehrsunfalls eine durch § 823 Abs. 1 missbilligte Gefahr geschaffen haben. Diese müsste sich in der Gesundheitsverletzung des G verwirklicht haben.

Eine **rechtlich missbilligte Gefahr** liegt im Vorfahrtsverstoß des A. Ebenso wie § 823 Abs. 1 dient auch § 8 StVO grundsätzlich dem Schutz der körperlichen Integrität. Dementsprechend ist hier auf den Schutzzweck des § 8 StVO (Sicherheit und Leichtigkeit des Straßenverkehrs) abzustellen. Dieser soll nach Ansicht des BGH aber nur die Risiken mindern, die unmittelbar mit einem Unfall einhergehen. Dazu können auch erst im Anschluss an den Verkehrsunfall (z.B. bei der Bergung oder bei der Unfallaufnahme) erlittene Verletzungen gehören. Das setzt jedoch voraus, dass sich hierin die Gefahren des Straßenverkehrs verwirklichen[237].

Eine falsche Unfalldarstellung steht jedoch in keinem inneren Zusammenhang (**Zurechnungszusammenhang**) mit der Sicherheit und Leichtigkeit des Straßenverkehrs und ist daher nicht mehr vom Schutzbereich des § 8 StVO umfasst[238]. Erst die Behauptung des A, G habe den Unfall verursacht, hat die Gefahr für die spätere Gesundheitsverletzung geschaffen. Ein Schutzzweckzusammenhang zwischen dem Herbeiführen des Verkehrsunfalls und dem Schlaganfall des G ist zu verneinen. A hat die Gesundheitsverletzung des G nicht zurechenbar verursacht. Es gehört zum allgemeinen Lebensrisiko, dass Unfallbeteiligte versuchen, das Verschulden am Unfall der anderen Seite zuzuschieben. G hat keinen Anspruch gegen A auf Schadensersatz aus § 823 Abs. 1[239].

cc) Fallgruppe: Schockschäden. Bereits bei der Behandlung der Gesundheitsverletzung wurde festgestellt, dass der BGH grundsätzlich einen Schadensersatzanspruch wegen Schockschäden bejaht, sofern diese Auswirkungen der Verletzung des 275

---
235 BGH NJW 1996, 2425, 2426.
236 BGH NJW 1996, 2425, 2426.
237 BGHZ 107, 359, 364.
238 Anders BGH NJW 2013, 1679 Rn. 13 für § 3 Abs. 1 S. 1, § 4 Abs. 1 S. 1 und § 1 Abs. 2 StVO bei Ausrutschen nach Auffahrunfall.
239 Ein Anspruch aus § 823 Abs. 2 iVm. § 8 StVO scheidet ebenfalls aus, da die Schäden nicht vom Schutzzweck der Norm erfasst sind. Daneben ist ein Anspruch aus §§ 7, 18 StVG zu prüfen, dazu unten Rn. 467 ff.; zum Verhältnis der beiden Ansprüche siehe Rn. 498.

Körpers oder der Gesundheit sind[240]. Allerdings wurde dieser Grundsatz eingeschränkt: Nicht alle seelischen Folgen sollen ersatzfähig sein, sondern nur solche, die sowohl in medizinischer Hinsicht als auch nach allgemeiner Verkehrsauffassung als Verletzung des Körpers oder der Gesundheit angesehen werden. Auf der Ebene der Kausalität erfolgt eine weitere **Einschränkung**.

276   Hierzu nun **Fall 26**: Der Motorradfahrer S führt verkehrswidrig und schuldhaft einen Zusammenstoß mit dem Pkw des Geschädigten G herbei. S wird dabei schwer verletzt. Der nur leicht verletzte G leistet S Erste Hilfe. Aufgrund der schweren Verletzungen des S und der erlebten Gefahr des drohenden Todes des S erleidet G einen Nervenschock, der zu schweren seelischen Beeinträchtigungen führt. G verlangt von S Schadensersatz. S lehnt dies ab, da die Schäden des G auf dessen konstitutiver Schwäche beruhten. Für diese könne er nicht einzustehen haben. Kann G von S Schadensersatz verlangen?

1. G könnte gegen S einen Anspruch aus § 823 Abs. 1 haben. Eine Rechtsgutverletzung könnte hier in Form einer Gesundheitsverletzung vorliegen. Ein Nervenschock stellt eine (psychisch vermittelte) Gesundheitsverletzung dar, wenn die mit ihm einhergehende Beeinträchtigung erheblich ist. Die Folgewirkungen müssen nach Art und Schwere das normale Maß an Erregung, Bestürzung und Trauer überschreiten, mit dem erfahrungsgemäß in vergleichbaren Fällen zu rechnen ist. Insoweit ist die Erheblichkeitsschwelle regelmäßig überschritten, sobald der Nervenschock einen krankhaften, behandlungsbedürftigen Zustand hervorruft. Die Beeinträchtigung muss einen echten Krankheitswert haben[241]. Es werden gewichtige psychopathologische Ausfälle von einiger Dauer verlangt[242]. Im vorliegenden Fall ist eine solche Gesundheitsverletzung zu bejahen.

2. Diese muss auf einem dem Anspruchsgegner zurechenbaren Handeln beruhen. **Äquivalente** Kausalität liegt vor. Hätte S den Unfall nicht herbeigeführt, hätte G keinen Nervenschock erlitten. Es müsste auch **adäquate** Kausalität vorliegen. Vom Standpunkt eines optimalen Beobachters ist es nicht außerhalb der Lebenserfahrung, dass ein am Unfall Beteiligter beim Anblick der schweren Verletzungen eines anderen einen Schock erleidet. Der Schock wird allerdings nicht durch einen unmittelbaren Eingriff bei G herbeigeführt. Daher sind durch das Kriterium des Schutzzwecks der Norm (hier: § 823 Abs. 1) Einschränkungen erforderlich.

Im Gegensatz zu **Fall 25** ist hier nicht auf den Verstoß gegen die StVO abzuheben. Die Hilfeleistung des G knüpft nur äußerlich an den von S verursachten Unfall an. Daher stellt sich unabhängig vom Unfallgeschehen und damit vom Verstoß gegen die StVO generell die Frage, ob Schockschäden in den Schutzbereich des § 823 Abs. 1 fallen. Anders ist dies bei Fall 25 gewesen, bei dem die falsche Unfalldarstellung vor der Polizei zwingend einen Verkehrsunfall voraussetzt[243].

---

240 Siehe Rn. 154; siehe auch *Schwab*, JuS 2019, 168 ff.
241 BGHZ 56, 163, 165; BGHZ 132, 341, 344; MünchKomm/*Oetker*, § 249 Rn. 150.
242 BGH NJW 1989, 2317, 2318; so auch BGH NJW 2015, 1451 ff.; siehe dazu *Mäsch*, JuS 2015, 747 ff.
243 Dementsprechend war dort auf § 8 StVO abzustellen, der insoweit das in § 823 Abs. 1 verankerte Verbot, Leben, Körper, Gesundheit und Eigentum anderer zu verletzen, konkretisiert.

Die durch ein schockierendes Ereignis psychisch vermittelte Gesundheitsverletzung ist dem Schädiger nur dann zuzurechnen, wenn sich in dem Eingriff in die Gesundheit ein Risiko verwirklicht hat, welches über das – von jedem Einzelnen selbst zu tragende – **allgemeine Lebensrisiko** hinausgeht. Ein solches gesteigertes Lebensrisiko ist anzunehmen, wenn der Tote oder Verletzte ein naher Angehöriger ist oder eine sonstige enge persönliche Nähebeziehung besteht (z.B. Verlobte)[244] oder der Schockgeschädigte dem Ereignis unmittelbar ausgesetzt gewesen ist[245].

Die Rechtsprechung geht davon aus, dass der Geschädigte bei einem Unfall einer nicht nahestehenden Person keinen Schadensersatzanspruch hat. Ein dabei erlittener psychischer Schock sei so ungewöhnlich, dass die **Voraussehbarkeit** einer Gesundheitsbeschädigung zu verneinen und dem Schädiger diese Schadensfolge billigerweise nicht zuzurechnen ist[246]. Dies soll auch gelten, wenn ein Tier getötet oder verletzt wird[247].

Hier war G dem Unfallgeschehen unmittelbar ausgesetzt. Überdies wurde S durch den Unfall lebensgefährlich verletzt. Dementsprechend stellt der Schock des G keine **Überreaktion** dar. Mit einer solchen Reaktion hat der Schädiger auch vernünftigerweise zu rechnen, sodass der eingetretene psychische Schaden für ihn vorhersehbar war[248]. Der Schockschaden wird dem primär Geschädigten (hier: S) auch dann zugerechnet, wenn das konkrete Ausmaß des Schocks lediglich auf der vorgegebenen seelischen Labilität des Verletzten beruht. Insoweit gilt für psychisch vermittelte Schädigungen dasselbe wie in **Fall 25**: Der Schädiger muss sein Opfer so nehmen, wie er es antrifft[249]. Wer einen Menschen mit schwacher Konstitution verletzt, kann nicht verlangen, so gestellt zu werden, als habe er einen gesunden Menschen verletzt. Eine spezielle **Schadensgeneigtheit** des Verletzten schließt daher die Zurechnung des eingetretenen Schadens nicht aus[250].

3. Die Tatbestandsmäßigkeit indiziert die Rechtswidrigkeit. Ein Rechtfertigungsgrund liegt nicht vor. Da sich S verkehrswidrig verhalten hat, kann die Streitfrage, ob verkehrsrichtiges Verhalten einen Rechtfertigungsgrund darstellt[251], hier offen bleiben. S hat den Unfall auch schuldhaft herbeigeführt. Die Voraussetzungen des § 823 Abs. 1 liegen damit vor. S ist dem G zum Ersatz seines Schadens verpflichtet.

dd) Fallgruppe: Herausforderer-, Verfolgungs- und Nothilfefälle. Die Herausforderer- bzw. Verfolgungsfälle sowie die Nothilfefälle knüpfen ebenfalls an ein **bloßes mittelbares Tun** an. Unmittelbare Ursache für die Rechtsgutverletzung bzw. den

277

---

244 OLG Stuttgart NJW-RR 1989, 477, 478; MünchKomm/*Oetker*, § 249 Rn. 153.
245 OLG Nürnberg VersR 1999, 1501, 1502; BGH NJW 2015, 2246 ff.; siehe auch **BGHZ 218, 220 ff.** (Schockschaden eines Polizisten im Zusammenhang mit einem Amoklauf).
246 BGHZ 56, 163, 170; BGH VersR 2007, 1093.
247 BGH NJW 2012, 1730 f. („Hund").
248 BGHZ 132, 341, 344; BGH VersR 1997, 752.
249 BGHZ 132, 341, 345; BGHZ 137, 142, 145.
250 Die Zurechnung entfällt ausnahmsweise bei Bagatellfällen sowie bei der sog. **Rentenneurose** (der Geschädigte nimmt den Unfall im neurotischen Streben nach Versorgung und Sicherheit lediglich zum Anlass, um den Schwierigkeiten und Belastungen des Erwerbslebens auszuweichen); vgl. BGH NJW 1993, 2234 f.; BGHZ 132, 341 ff.; BGH NJW 1998, 810; BGH NJW 2000, 862.
251 Siehe unten **Fall 30**, Rn. 314.

Schaden ist hier die Handlung des Geschädigten, während der Schädiger diese(n) nur mittelbar (psychisch kausal) verursacht. Bei den Nothilfefällen geht es darum, dass jemand einer anderen Person, die durch ein rechtswidriges Verhalten eines Dritten in Gefahr gebracht worden ist, hilft und dabei seinerseits verletzt wird[252], während die Verfolgungsfälle dadurch gekennzeichnet sind, dass jemand bei der Verfolgung einer anderen Person, die sich der rechtmäßigen Festnahme durch Flucht zu entziehen versucht, Schäden erleidet.

278 Zu fragen ist, ob durch den Handlungsentschluss des Geschädigten eine **Unterbrechung des Zurechnungszusammenhangs** eintritt. Die Rechtsprechung nimmt dabei eine Schadenszurechnung regelmäßig nicht nur dann vor, wenn es bei der Verfolgung zu einer aus der gesteigerten Gefahrenlage resultierenden Schädigung des Verfolgers kommt, sondern auch bei einem vom Verfolger bewusst herbeigeführten Schadensereignis, das die Flucht des Schädigers stoppen soll[253].

279 Hierzu nun **Fall 27**[254]: Der Polizeibeamte W führt den 17-jährigen S, der aufgrund eines Ermittlungsverfahrens wegen mehrerer Pkw-Aufbrüche und Diebstähle aus Wohnungen festgenommen worden war, dem Haftrichter vor. S ist schon mehrfach vorbestraft. Nach der richterlichen Vernehmung flieht er durch ein etwa vier Meter über dem Erdboden gelegenes Fenster im ersten Obergeschoss des Gerichtsgebäudes. W nimmt sofort die Verfolgung auf, eilt zum Fenster und springt dem S hinterher. W erleidet schwere Beinverletzungen und wird sechs Monate lang stationär behandelt. W verlangt Erstattung seiner Heilbehandlungskosten von S. Zu Recht?

1. Ein Schadensersatzanspruch des W gegen S könnte sich aus § 823 Abs. 1 ergeben. W hat eine Körperverletzung erlitten.

2. Diese Rechtsgutverletzung müsste S zurechenbar sein. Durch die Flucht des S wurde W veranlasst, die Verfolgung des S aufzunehmen. Das Handeln des S ist daher conditio sine qua non für die Körperverletzung. Auch adäquate Kausalität liegt vor. Vom Standpunkt eines optimalen Beobachters ist eine Flucht nach der Lebenserfahrung generell geeignet, einen Polizisten zur Verfolgung zu veranlassen und dessen Verletzung herbeizuführen.

3. Fraglich ist, ob der Verletzungserfolg vom Schutzzweck des § 823 Abs. 1 umfasst ist. Der § 823 Abs. 1 soll grundsätzlich nur vor Fremdschädigungen, nicht aber vor **Selbstschädigungen** schützen. Daher könnte hier eine Einschränkung der Zurechnung geboten sein. Der Sprung des W aus dem Fenster, der zu seiner Verletzung führte, beruhte auf seinem eigenen freien Willensentschluss[255].

Nach st.Rspr. wird der Verletzungserfolg bei den sog. Herausforderungsfällen daher nur unter bestimmten Bedingungen vom Schutzzweck der Norm umfasst: Das Ver-

---

252 Dazu *Homeier*, JuS 2015, 230 ff.
253 BGHZ 192, 261 ff.; siehe auch OLG Frankfurt NJW-RR 2017, 1055 Rn. 19 f. (flüchtender Schwarzfahrer).
254 **BGHZ 132, 164 ff.**; vgl. auch BGHZ 192, 261 ff. („Verfolgung mit Polizeifahrzeug"), wo neben einem Anspruch aus § 823 Abs. 1 ein solcher aus § 7 Abs. 1 StVG in Betracht kam.
255 Früher wurde deshalb zum Teil eine Unterbrechung des Zurechnungszusammenhangs angenommen, so z.B. BGHZ 58, 162, 165 f.

halten des Verfolgers muss vom Verfolgten **herausgefordert** worden sein und der Verfolger muss sich auch herausgefordert gefühlt haben dürfen (keine inadäquate Reaktion)[256]. Der Willensentschluss des Verfolgers muss also auf einer mindestens im Ansatz billigenswerten Motivation beruhen und der Zweck der Verfolgung mit den damit verbundenen Risiken in einem angemessenen Verhältnis stehen (**Mittel-Zweck-Relation**)[257]. Für den Schädiger müssen die Verfolgung und deren mögliche Konsequenzen vorhersehbar gewesen sein. Zudem muss der Verfolgte durch seine Flucht das **Risiko** für die Rechtsgüter des Verfolgers **erhöht** haben.

Im vorliegenden Fall ist W für die Bewachung und Ergreifung des S zuständig. Als W sich entschloss, die Verfolgung des S aufzunehmen und aus dem Fenster zu springen, wollte er in erster Linie seine Dienstpflichten erfüllen. Hierin liegt trotz der damit verbundenen besonderen Risiken eine billigenswerte Motivation des W. Der Schaden müsste auf dem mit der Verfolgung verbundenen **gesteigerten Risiko** beruhen. Das „normale" Einsatzrisiko trägt der Polizist stets selbst, ohne dass eine Risikoverlagerung auf den Fliehenden stattfindet[258].

Ob und in welchem Umfang ein Fliehender ein gesteigertes Risiko seines Verfolgers zu tragen hat, richtet sich nach den Besonderheiten des Einzelfalls. Es kommt dabei auf eine angemessene **Mittel-Zweck-Relation** an. Die Risiken der Verfolgung dürfen nicht außer Verhältnis zum Ziel der Ergreifung des Fliehenden stehen. Eine bei unangemessen hohem Risiko eingetretene Körperverletzung wird vom Schutzzweck des § 823 Abs. 1 nicht erfasst. Grund für die zivilrechtliche Haftung ist nach Ansicht des BGH nicht die Flucht als solche. Das pflichtwidrige Vorverhalten liegt vielmehr in der psychischen Beeinflussung mit dem dadurch ausgelösten Entschluss zu pflichtgemäßer oder jedenfalls von der Rechtsordnung gewünschter Verfolgung mit ihrem besonderen Gefahrenpotenzial.

Im konkreten Fall fragt sich, ob ein angemessenes Verhältnis zwischen dem Zweck der Verfolgung und deren erkennbarem Risiko gewahrt war. Bei erfolgreicher Flucht des S wäre die staatliche Strafvollstreckung vereitelt worden. Überdies war der S bereits mehrfach wegen verschiedener schwerer Delikte vorbestraft. Das Interesse am Ergreifen des S war deshalb groß, weil die Begehung weiterer Straftaten verhindert werden sollte (**Wiederholungsgefahr**).

Der Sprung aus dem Fenster müsste sich angesichts des verfolgten Zwecks als angemessenes Mittel darstellen. Der Verfolger durfte sich dann nicht zum Sprung aus dem Fenster herausgefordert fühlen, wenn aufgrund der großen Höhe schwerste Verletzungen zu erwarten wären und eine Wiederergreifung des S daher ohnehin sehr **unwahrscheinlich** gewesen wäre. In dem kritischen Bereich, bei dem es im Streitfall um eine Höhe von etwa vier Metern geht, müssen die besonderen Umstände des Einzelfalls den Ausschlag geben. Dabei können unter anderem die Beschaffenheit der Aufsprungstelle oder das Alter und der körperliche Zustand des Verfolgers von Bedeutung sein.

---

256 BGHZ 57, 25, 31; BGH NJW 2002, 2232, 2233 f.
257 Vgl. BGH NJW 2012, 1951 ff. Rn. 8 ff.
258 Der fliehende Täter haftet nicht, wenn der Verfolger auf einem feuchten, frisch gemähten Rasen stürzt und sich verletzt, BGH NJW 1971, 1982, 1983.

Vorliegend boten all diese Faktoren keinen Anlass, von einem Nachspringen abzusehen. Außerdem befand sich W in einer **Stresssituation**, in der er sich schnellstmöglich entscheiden musste. In dieser Situation blieb W kaum Gelegenheit, die Risiken eines Sprungs abzuwägen. Auch deshalb können an seine Berechtigung, sich herausgefordert zu fühlen, keine überhöhten Anforderungen gestellt werden. Nach alledem hat W bei der Verfolgung des S die Zweck-Mittel-Relation gewahrt[259].

4. Rechtswidrigkeit liegt vor, da keine Rechtfertigungsgründe ersichtlich sind. S handelte auch schuldhaft. Er hat die nach § 828 Abs. 3 erforderliche Einsichtsfähigkeit und die im Verkehr erforderliche Sorgfalt außer Acht gelassen. S muss daher dem W Schadensersatz leisten.

5. Der Anspruch des S könnte gemindert sein, wenn W ein **Mitverschulden nach § 254 Abs. 1** trifft[260]. W musste sich zwar schnell entscheiden, dies schließt jedoch nicht jede Sorgfaltspflicht sich selbst gegenüber aus. Selbst bei nur kurzer Bedenkzeit hätten W angesichts der mit dem Sprung verbundenen erheblichen Verletzungsrisiken Zweifel an seinem Vorhaben kommen müssen. Nach kurzer – aber sorgfältiger – Überlegung hätte für W einiges dafür gesprochen, die Verfolgung durch einen Sprung aus dem Fenster zu unterlassen. W trifft somit ein Mitverschulden nach § 254 Abs. 1.

3. Kausalität bei Unterlassen

a) Abgrenzung

280 Ein Unterlassen ist dann für die Rechtsgutverletzung kausal, wenn ein bestimmtes aktives Tun die Integritätsverletzung verhindert hätte. Allerdings ist nicht jeder, der hätte handeln können, ein Deliktstäter durch Unterlassen. Zu unterscheiden ist zwischen echten und unechten Unterlassungsdelikten. Formuliert das Gesetz selbst ein Handlungsgebot, so begründet ein Verstoß ohne Weiteres das Delikt. Es liegt ein **echtes Unterlassungsdelikt** vor. Ein Beispiel dafür ist § 17 StVO (Beleuchtungspflicht). Diese Fälle bereiten in der **Klausur** kaum Probleme.

281 Beispiel für ein **unechtes Unterlassungsdelikt** kann § 823 Abs. 1 sein. Diese Norm enthält kein Handlungsgebot, sondern lediglich ein Verbot der Schädigung oder Gefährdung bestimmter Rechtsgüter. Um eine Rechts(gut)verletzung nach § 823 Abs. 1 durch Unterlassen zu begehen, bedarf es der Verletzung einer Verkehrspflicht bzw. Verkehrssicherungspflicht[261].

---

259 In Anbetracht der Sprunghöhe von vier Metern wäre hier wohl anders zu entscheiden gewesen, wenn es bloß um die Festnahme eines nicht einschlägig vorbestraften Jugendlichen, dessen Wohnsitz und Aufenthalt bekannt sind, zur Verbüßung eines Jugendarrests gegangen wäre. Die Flucht hätte die Strafvollstreckung nicht vereitelt, sondern nur hinausgezögert. In BGHZ 63, 189, 194 f. hat der BGH in einem solchen Fall die Zweck-Mittel-Relation jedenfalls für den Sprung aus einem Fenster im Erdgeschoss bejaht.
260 Vgl. OLG Frankfurt NJW-RR 2017, 1055 Rn. 21.
261 Der Begriff Verkehrs*sicherungs*pflicht hat sich wohl inzwischen „durchgesetzt" und soll auch hier verwendet werden, obwohl er im Grunde enger ist als der Oberbegriff Verkehrspflicht, der lediglich die Sicherungspflichten umfasst; vgl. auch *Peifer*, § 3 Rn. 56; *Wandt*, § 16 Rn. 111.

> **Prüfungsschema § 823 Abs. 1 – Unterlassen**
>
> **I. Voraussetzungen**
> 1. Rechts- oder Rechtsgutverletzung
> 2. Zurechenbare Handlung
>   a) Bestehen einer Verkehrssicherungspflicht
>   b) Schutzumfang der Verkehrssicherungspflicht
>   – Anspruchsgegner ist Träger der Pflicht
>   – Anspruchsteller ist dadurch geschützt
>   c) Verletzung der Verkehrssicherungspflicht und Kausalität
> 3. Rechtswidrigkeit
> 4. Verschulden
>   – Die Verletzung der Verkehrssicherungspflicht indiziert die Verletzung der inneren Sorgfalt
>
> **II. Rechtsfolge**
> Ersatz des Schadens nach §§ 249 ff. (Schaden, haftungsausfüllende Kausalität, Mitverschulden)

b) Bestehen einer Verkehrssicherungspflicht

Übersichtsaufsätze: *Förster*, Verkehrssicherungspflichten, JA 2017, 721 ff.; *Förster*, Verkehrssicherungspflichten – Ausgewählte Tatbestände, JA 2019, 1 ff.; *Kaiser*, „Blut, Blut, überall Blut" – aktuelle examensrelevante Urteile zu den Verkehrssicherungspflichten in Kurzform, JA 2019, 371 ff. (Teil I), JA 2019, 450 ff. (Teil II); *Wünsche*, Crashkurs Verkehrssicherungspflichten, JURA 2021, 111 ff.

Übungsfall: *Lange/Vogl*, Probleme mit der Testamentsvollstreckung, JURA 2013, 1052 ff.

Das Nichthandeln wird erst dann haftungsrechtlich relevant, wenn eine Rechtspflicht zum Handeln (**Erfolgsabwendungspflicht**) bestanden hätte. Diese Pflicht transformiert das Verbot in ein Gebot (**unechtes Unterlassungsdelikt**). Teilweise wird im Hinblick auf die Erfolgsabwendungspflicht der (aus dem Strafrecht entlehnte) Begriff der **Garantenstellung** (hinsichtlich der betroffenen Rechtsgüter Dritter) verwendet[262], teilweise wird diese Begrifflichkeit abgelehnt[263]. Aufgrund der Anlehnung an das Strafrecht ist die Bezeichnung „Garantenstellung" mehr irritierend als hilfreich, sodass es vorteilhafter erscheint, den Begriff „Erfolgsabwendungspflicht" zu benutzen.

282

Eine Erfolgsabwendungspflicht kann aus Gesetz, Vertrag, enger Lebensgemeinschaft oder der Verantwortlichkeit für Gefahrenquellen folgen. Eine solche **Pflicht aus Gesetz** ergibt sich etwa nach § 1626 (elterliche Sorge für das Kind) oder § 1353 Abs. 1 S. 2 (Beistandspflicht der Ehegatten). Dagegen begründet § 323c StGB (unterlassene Hilfeleistung) lediglich eine Erfolgsabwendungspflicht zugunsten der Allgemeinheit, nicht aber zugunsten des Verletzten. Der Unterlassende macht sich zwar strafbar (§ 323c StGB), nicht jedoch schadensersatzpflichtig[264]. Eine **Erfolgsabwendungspflicht aus Vertrag** kann sich etwa aus einem Dienstvertrag nach § 611 (Babysitter,

283

---

262 BGH WM 2014, 2214 ff. Rn. 17; BGHZ 194, 26 ff. Rn. 18; *Gursky*, S. 209; BeckOK/*Förster*, § 823 Rn. 103.
263 Staudinger/*Hager*, § 823 Rn. H 5 m.w.N.; *Wandt*, § 16 Rn. 109 f.
264 § 323c StGB ist auch kein Schutzgesetz i.S. des § 823 Abs. 2, siehe Rn. 349.

Nachtwächter) ergeben. Eine **Erfolgsabwendungspflicht aus enger Lebensgemeinschaft** liegt z.B. bei einer nichtehelichen Lebensgemeinschaft, einer Segelcrew oder einer Seilschaft vor.

> **Klausurtipp:** Die Erfolgsabwendungspflicht aus **Verantwortlichkeit für Gefahrenquellen** ist in **Klausuren** am häufigsten. Aus dieser resultiert die sog. Verkehrssicherungspflicht.

284 → **Definition: Verkehrssicherungspflicht** bedeutet, dass jemand, der in seinem Verantwortungsbereich Gefahren schafft oder andauern lässt, die notwendigen Vorkehrungen treffen muss, die im Rahmen des wirtschaftlich Zumutbaren geeignet sind, Gefahren von Dritten abzuwenden[265].

Verkehrssicherungspflichten können sich ergeben aus Verkehrseröffnung (Straßen, Kinderspielplätze[266], Läden, öffentliche Gebäude, Parkplätze[267] etc.), aus der Beherrschung einer Gefahrenquelle (Baustelle, Schwimmbad), aus der beruflichen Stellung (Bauunternehmer, Kfz-Werkstattinhaber, Arzt, Polizist) oder aus dem In-Verkehr-Bringen gefährlicher Sachen (zumeist Produzentenhaftung nach § 823 Abs. 1)[268]. Zahlreiche Verkehrssicherungspflichten sind inzwischen gesetzlich normiert. So bestehen etwa Teile der StVO aus der Festschreibung solcher Pflichten. Bei Betrieben/Unternehmen usw. können bestimmte **Organisationspflichten** als Verkehrs(sicherungs)pflichten bestehen, deren Unterlassen zu einer Schadensersatzpflicht führt[269].

> **Klausurtipp:** Verkehrssicherungspflichten spezieller Art finden sich im Bereich der Produzentenhaftung nach § 823 Abs. 1[270] sowie bei der Haftung aus Organisationsverschulden nach § 823 Abs. 1[271].

c) Erforderlichkeit, Zumutbarkeit

285 Besteht generell eine deliktische Verkehrssicherungspflicht, stellt sich die Frage nach dem **Umfang** der aus ihr resultierenden Erfolgsabwendungspflicht. Es kann erwartet werden, dass derjenige, der eine Gefahrenquelle schafft oder unterhält, die erforderlichen Vorkehrungen zum Schutz anderer Personen trifft. Allerdings sind die berechtigten Verkehrserwartungen nicht auf einen absoluten Schutz vor allen denkbaren Schadensereignissen gerichtet. Vielmehr beschränkt sich die Verkehrssicherungspflicht auf das Ergreifen solcher Maßnahmen, die – so der BGH – „nach den Gesamtumständen zumutbar sind und die ein verständiger und umsichtiger, in vernünftigen Grenzen vorsichtiger Mensch für notwendig und ausreichend hält, um andere vor Schaden zu bewahren"[272].

---

265 BGHZ 5, 378, 380 f.; BGHZ 62, 265, 270; BGH NJW 1997, 582, 583; *Deutsch/Ahrens*, Rn. 330; *Esser/Weyers*, § 55 V; *Larenz/Canaris*, § 76 III 3; ausführlich *Raab*, JuS 2002, 1041 ff.; PWW/*Schaub*, § 823 Rn. 106 ff.
266 BGHZ 103, 338 ff.
267 Zur Streupflicht BGH NJW-RR 2019, 1304 Rn. 10 ff.
268 Siehe aber etwa BGH NJW 2007, 762 ff. (keine Verkehrssicherungspflicht des Einzelhändlers zur Kühlung von Trinkflaschen).
269 Siehe Rn. 511 ff.
270 Siehe Rn. 410 ff.
271 Siehe Rn. 511 ff.
272 BGH NJW 1990, 1236, 1237; BGH NJW-RR 2003, 1459, 1460; BGH NJW 2004, 1449, 1450.

Die Erfolgsabwendung muss also **erforderlich** und für den Abwendungspflichtigen **zumutbar** sein. Der Umfang der Verkehrssicherungspflichten kann somit je nach Lage der Verhältnisse variieren. Relevant sind insbesondere der Grad der Gefahr, die Schwere des drohenden Schadens, der Umfang des zur Schadenseintrittsverhütung erforderlichen Aufwands sowie der Kreis der potenziell gefährdeten Personen. Bei **geringen Gefahren** kann der Erfolgsabwendungspflichtige seiner Pflicht etwa durch den bloßen Hinweis auf die Möglichkeit einer Rechtsgutverletzung nachkommen, ohne dass es erforderlich wäre, die Gefahr zu beseitigen. Dies genügt aber nur, wenn der gefährdete Personenkreis in der Lage ist, aufgrund des Warnhinweises eigene ausreichende Schutzvorkehrungen gegen eine mögliche Verletzung zu treffen. Bei der Bestimmung des Umfangs der Verkehrssicherungspflichten spielt somit auch die Möglichkeit des **Selbstschutzes** des gefährdeten Personenkreises eine Rolle.

d) Pflicht gegenüber dem Geschädigten

Weitere Voraussetzung ist, dass die Verkehrssicherungspflicht gerade gegenüber dem Geschädigten besteht. Eröffnet und unterhält jemand einen mit besonderen Gefahren verbundenen Verkehr, so ist er in den Grenzen seines Einfluss- oder Herrschaftsbereichs verkehrspflichtig. Er kann jedoch seinen (räumlichen) Herrschaftsbereich durch geeignete Maßnahmen (z.B. Verbotsschilder, Absperrungen) beschränken. Entsprechend treffen ihn Verkehrssicherungspflichten nur hinsichtlich der Personen, die sich in seinem (begrenzten) Herrschaftsbereich aufhalten dürfen. Gegenüber „**unbefugten" Personen**, für die der Verkehr in seinem Herrschaftsbereich nicht eröffnet wurde, braucht er regelmäßig keine Maßnahmen zur Erfolgsabwendung zu treffen[273].

Eine Sonderstellung nehmen Kinder ein. Die **Verkehrssicherungspflicht gegenüber Kindern** besteht auch dann, wenn sie sich unbefugt im Gefahrenbereich aufhalten. Kinder sind aufgrund ihrer Neugierde, ihres Spieltriebs und ihrer Unbefangenheit nicht in der Lage, Gefahren und Warnhinweise angemessen zu erkennen und abzuschätzen. Wenn z.B. bei einer Baustelle mit dem Eindringen von Kindern zu rechnen ist (etwa wegen eines benachbarten Spielplatzes), müssen entsprechend weitergehende Vorsichtsmaßnahmen auf der Baustelle getroffen werden (Bauplatz umzäunen etc.).

e) Schutzzweckzusammenhang

Bei Verkehrssicherungspflichten kommt es stets darauf an, ob sich gerade diejenige **Gefahr** verwirklicht hat, vor der **die jeweilige Pflicht schützen soll** (Schutzzweckzusammenhang). Hat beispielsweise jemand dadurch eine Verkehrssicherungspflicht verletzt, dass er den Gehweg zu seinem Haus bei Glatteis nicht gestreut hat, haftet er zwar für die dem Verletzten entstehenden Schäden, es entspricht aber nicht dem Schutzzweck des § 823 Abs. 1, dass er auch den Schaden zu tragen hat, der dadurch entsteht, dass ein Krankenwagen bei der Anfahrt zur Unfallstelle selbst in einen Unfall verwickelt wird.

---
273 BGH NJW 1987, 2671, 2672; BGH NJW-RR 2001, 1173: Der Eigentümer eines in ländlich einsamer Gegend gelegenen Hausgrundstücks ist gegenüber einer das Grundstück zur Nachtzeit unbefugt betretenden Person nicht verpflichtet, Sicherungsvorkehrungen dagegen zu treffen, dass diese nicht in den seitlich des Hauses befindlichen, bei Tageslicht deutlich sichtbaren Treppenschacht stürzt.

f) Prüfung der Verkehrssicherungspflichten

290 Nach dem dargestellten **Fallaufbau** bei **Unterlassen** werden die Verkehrspflichten nicht im Rahmen der Rechtswidrigkeit[274], sondern bei der Frage der Erfolgsabwendungspflicht, also im Tatbestand geprüft. Das ist **umstritten**, aber **h.M.** Danach ergibt sich die Rechtswidrigkeit nicht erst aus dem Verstoß gegen ein Verhaltensgebot bzw. -verbot (hier: Verkehrssicherungspflicht), sondern sie ist bereits bei Herbeiführung des von der Rechtsordnung missbilligten Erfolgs, also bei Erfüllung des objektiven Tatbestands des § 823 Abs. 1, indiziert (so die h.L. vom Erfolgsunrecht[275]).

291 Die Verkehrssicherungspflichten sind nochmals bei der Prüfung des **Verschuldens** heranzuziehen. Sie bilden auch den Maßstab für die im Verkehr erforderliche Sorgfalt (§ 276 Abs. 2).

> **Klausurtipp:** In der Klausur kann bzgl. der Argumentation im Hinblick auf das Verschulden zumeist auf die Ausführungen zur Verletzungshandlung verwiesen werden, allerdings ergänzt um Hinweise zur sog. inneren Sorgfalt.

292 Die (objektiven) Anforderungen an die sog. äußere Sorgfalt entsprechen den Verkehrssicherungspflichten. Demgegenüber umschreibt nach h.M. die für ein Verschulden erforderliche sog. innere Sorgfalt die (subjektiven) Anforderungen an eine Person, d.h. ob ein durchschnittlicher Angehöriger des **betreffenden Verkehrskreises** dieses objektiv gebotene Verhalten erkennen und erbringen konnte[276].

293 Zur Prüfung des Unterlassens nun **Fall 28**[277]: Eigentümer E lässt auf seinem Grundstück von Bauunternehmer B einen Löschwasserteich anlegen. Das Grundstück des E ist nicht umzäunt, sodass sich die Nachbarskinder immer wieder auf dieses begeben und es als „Abenteuerspielplatz" nutzen. Beim Spielen fällt das Kind K von einem 5 m hohen Lärmschutzwall in den Teich und erleidet schwere Verletzungen. K verlangt sowohl von E als auch von B Schadensersatz aus § 823 Abs. 1. Zu Recht?

1. K könnte gegen E und B einen Anspruch aus § 823 Abs. 1 haben. K hat eine Körperverletzung erlitten.

2. Die Rechtsgutverletzung müsste durch ein dem E bzw. dem B zurechenbares Handeln erfolgt sein. Grundsätzlich ist es Sache des Einzelnen, einen Löschwasserteich anzulegen oder nicht. Wenn ein solcher aber angelegt wird, werden u.U. bestimmte Sicherungsmaßnahmen erwartet. Daher ist hier an ein Unterlassen anzuknüpfen. Mit dem Anlegen des Löschwasserteichs haben sowohl E als auch B eine Gefahrenquelle eröffnet. Beiden oblag die deliktsrechtliche **Verkehrssicherungspflicht**, Dritte vor Schäden zu bewahren, die sich aus dieser Gefahrenquelle ergeben konnten.

Bei **Kindern** bestehen erhöhte Anforderungen an die Erfolgsabwendungspflicht, da sie Gefahrensituationen aufgrund ihrer Unerfahrenheit nicht richtig einschätzen kön-

---

[274] Soergel/*Zeuner*, § 823 Rn. 154 ff.
[275] Siehe unten Rn. 297.
[276] St. Rspr.; siehe BGH MDR 2019, 1130 Rn. 14 (Explosion); BGH NJW 2014, 2104 Rn. 18 (Notweg bei Baustelle); *Looschelders*, § 59 Rn. 12 m.w.N.; *Wandt*, § 16 Rn. 113.
[277] BGH NJW 1997, 582 f.

nen. Zudem legen ihr Spieltrieb und ihre Neugierde in besonderer Weise nahe, dass sie sich – wenn auch unbefugt – einer ungesicherten Gefahrenquelle nähern. Die Maßnahmen zur Verhütung von Rechtsgutverletzungen müssen also umso umfangreicher sein, je größer der Anreiz ist, den die Gefahrenquelle auf Kinder ausübt, und je weniger diese selbst in der Lage sind, das Gefahrenpotenzial abzuschätzen[278].

Im vorliegenden Fall haben die Kinder zwar ohne Erlaubnis auf dem Grundstück des E gespielt. Das Grundstück war aber nicht gegen unbefugtes Betreten geschützt. In Anbetracht des besonderen Reizes eines Teichs für Kinder wäre es erforderlich und zumutbar gewesen, das Grundstück mit einem Zaun zu umgeben. Hinzu kommt, dass der Lärmschutzwall am Ufer die ohnehin erhebliche Gefahr, die von der Teichanlage ausging, zusätzlich erhöht hat. Es bestand eine Verkehrssicherungspflicht auch dem nun verletzten K gegenüber.

Conditio sine qua non i.S. der Äquivalenztheorie ist zu bejahen. Pflichtgemäßes Handeln hätte den Eintritt des schädigenden Erfolgs mit an Sicherheit grenzender Wahrscheinlichkeit verhindert. Auch Adäquanz liegt vor, da eine Absicherung des Teichs eine adäquate, typischerweise geeignete Bedingung des Nichteintritts der Schädigung des Kindes gewesen wäre. Der Verletzungserfolg fällt auch in den Schutzbereich der verletzten Norm.

3. Rechtswidrigkeit ist gegeben, da Rechtfertigungsgründe nicht ersichtlich sind. E und B haben auch schuldhaft gehandelt. Beide haften damit gegenüber K aus § 823 Abs. 1 für die ihm entstandenen Schäden.

g) Delegation

Die aus der Verkehrssicherungspflicht resultierende Rechtspflicht zum Handeln kann der Betreffende in gewissem Umfang auch auf einen **Dritten** übertragen. Der Dritte tritt durch die Übernahme von Aufgaben in die Erfolgsabwendungsstellung ein und kann seinerseits nach § 823 Abs. 1 aus Unterlassen haften. Die Übernahme der Verkehrssicherungspflicht geschieht nach allgemeiner Meinung „faktisch", d.h. die Verkehrssicherungspflicht des Übernehmers ist keine abgeleitete, sondern sie erfährt mit der Übernahme eine rechtliche Verselbstständigung[279]. Dadurch ist es auch unerheblich, ob der Vertrag zwischen Übertragendem und Übernehmer wirksam ist. 294

Der Übertragende wird aber nicht von jeder Pflicht frei (insofern ist der Begriff „übertragen" dogmatisch unpräzise). Er bleibt weiter verkehrspflichtig, erfüllt aber seine Verkehrssicherungspflicht, indem er den Dritten, den er mit der Wahrnehmung beauftragt hat, ordnungsgemäß **auswählt** und **überwacht**[280]. Die Verkehrssicherungspflicht des Übertragenden verengt sich zu einer Auswahl- und Überwachungspflicht[281]. 295

---

278 BGH NJW 1997, 582, 583.
279 BGH NJW-RR 1989, 394, 395.
280 Der Dritte ist kein Erfüllungsgehilfe i.S. des § 278, sodass eine Zurechnung seiner Pflichtverletzung gegenüber dem Übertragenden nicht erfolgt. § 278 würde nämlich das Bestehen eines Schuldverhältnisses zwischen Verkehrspflichtigem und Geschädigtem voraussetzen. Ein solches besteht jedoch idR. nicht, sondern wird erst durch das schädigende Ereignis begründet. Dagegen kommt eine Haftung des Übertragenden nach § 831 in Betracht.
281 BGH NJW-RR 1989, 394 f.

> **Klausurtipp:** In der **Klausur** ist idR. nicht nur eine Haftung des Übernehmers, sondern auch eine Haftung des Übertragenden gegenüber dem Geschädigten aus § 823 Abs. 1 wegen Unterlassens zu prüfen.

296 Dabei ist festzustellen, dass der Übertragende durch die Delegation nicht ganz von der Verkehrssicherungspflicht befreit wurde, sondern ihn eine Auswahl- und Überwachungspflicht bzgl. des Übernehmenden trifft. Ist diese Pflicht verletzt, ist die Rechtsgutverletzung des Dritten durch ein dem Übertragenden zuzurechnendes Verhalten eingetreten. Eine Übertragung auf einen Dritten mit der Folge einer vollständigen Entlastung des Übertragenden kommt allein dann in Betracht, wenn das durch Rechtsnorm angeordnet bzw. zugelassen wird[282].

III. Rechtswidrigkeit

Übersichtsaufsätze: *Schreiber*, Die Rechtfertigungsgründe des BGB, JURA 1997, 29 ff.; *Mohr*, Rechtswidrigkeit und Verschulden im Deliktsrecht, JURA 2013, 567 ff.

Übungsfälle: *Fervers*, „Go for a ride", JURA, 2017, 570 ff.; *Katzenmeier/Voigt*, Begehrensneurose bei Babyjoggerberührung, JURA 2018, 924 ff.

1. Lehre vom Erfolgsunrecht/Handlungsunrecht

297 Nach überwiegender Auffassung wird die Rechtswidrigkeit mit Vorliegen der tatbestandsmäßigen Rechts(gut)verletzung widerleglich vermutet, d.h. die Erfüllung des objektiven Tatbestands einer Deliktsnorm indiziert die Rechtswidrigkeit[283]. Sie liegt nur dann nicht vor, wenn zugunsten des Schädigers ein Rechtfertigungsgrund eingreift. Diese auch von der Rechtsprechung vertretene Auffassung wird **Lehre vom Erfolgsunrecht** genannt, da die Rechtswidrigkeit an den tatbestandsmäßigen Erfolg der Verletzung anknüpft[284].

298 Dagegen knüpft die **Lehre vom Handlungsunrecht** die Rechtswidrigkeit an die zum Erfolg führende Handlung an. Die Rechtswidrigkeit wird hiernach nicht durch den bloßen Eintritt der tatbestandsmäßigen Rechtsgutverletzung begründet, sondern dadurch, dass der von der Rechtsordnung missbilligte Verletzungserfolg durch eine objektiv pflichtwidrige Handlung herbeigeführt wurde. Der Handelnde muss also ein von der Rechtsordnung aufgestelltes Verhaltensgebot oder -verbot missachtet und die zur Verhinderung des Schadens generell erforderliche Sorgfalt verletzt haben (Verkehrssicherungspflicht).

299 Eine Handlung, die die Grenzen des Erlaubten nicht überschreitet, ist stets rechtmäßig. Gegen die Lehre vom Handlungsunrecht spricht, dass sie im Widerspruch zur Terminologie des § 823 Abs. 1 steht, der Rechtswidrigkeit und Verschulden verlangt. Die Lehre vom Handlungsunrecht prüft Elemente des verkehrsgerechten Verhaltens

---

282 Zulässig ist es daher, wenn eine Gemeinde ihre Streupflicht durch Verordnung auf die Anlieger abwälzt.
283 BGHZ 122, 1, 6 f.; BGH NJW 2005, 2923, 2925; BGH NJW 2009, 681, 683.
284 Eingehend zu den Lehren von Erfolgs- und Handlungsunrecht *Spickhoff*, JuS 2016, 865 ff.

bereits auf der Ebene der Rechtswidrigkeit, sodass das Verschulden schon hier geprüft wird. Wendet man die Lehre vom Handlungsunrecht konsequent an, werden bei Anspruchsgrundlagen, die neben dem Tatbestand nur Rechtswidrigkeit und gerade kein Verschulden erfordern (z.B. Unterlassungs- und Beseitigungsanspruch aus § 1004, Haftung für den Verrichtungsgehilfen nach § 831), trotzdem auch Verschuldenselemente geprüft.

> **Klausurtipp:** Da zwischen den beiden Theorien regelmäßig im Ergebnis kein Unterschied besteht, braucht in der Klausur nicht ausführlich auf diesen Meinungsstreit eingegangen zu werden[285].

Die Lehre vom Erfolgsunrecht geht sehr weit, sodass die Rechtsprechung inzwischen zahlreiche **Ausnahmen** anerkennt. Eine **Feststellung** der Rechtswidrigkeit verlangt die h.M. dann, wenn ein sog. **Rahmenrecht** verletzt ist (allgemeines Persönlichkeitsrecht, Recht am eingerichteten und ausgeübten Gewerbebetrieb). Hier ist der Tatbestand generalklauselartig, sodass die Rechtswidrigkeit erst durch eine Interessenabwägung mit den Rechten anderer begründet werden kann. Darüber hinaus ist die Rechtswidrigkeit auch **beim Unterlassen** und **bei mittelbaren Rechtsgutverletzungen** positiv festzustellen. 300

In den Fällen der nur mittelbaren Verletzungshandlung hat der BGH eine objektive Pflichtverletzung verlangt, damit der Tatbestand die Rechtswidrigkeit indizieren kann. Manche wollen zwischen unmittelbaren und mittelbaren Rechts(gut)verletzungen differenzieren[286]. Bei unmittelbaren Rechts(gut)verletzungen sei die Rechtswidrigkeit indiziert, während bei lediglich mittelbaren Rechts(gut)verletzungen Rechtswidrigkeit nur dann vorliege, wenn die Handlung objektiv gegen das allgemeine Verbot verstoßen hat, andere nicht zu gefährden. 301

> **Klausurtipp:** Fraglich ist, an welcher Stelle im **Fallaufbau** dies geprüft werden soll. Überwiegend wird davon ausgegangen, dass eine Begrenzung der Haftung schon im Tatbestand unter dem Gesichtspunkt der Zurechnung erfolgen soll. Nach der Feststellung der äquivalenten und adäquaten Verursachung wird der **Schutzzweck der Norm** geprüft. Folgt man dieser Ansicht, bleibt es bei der Regel, dass die Tatbestandsmäßigkeit die Rechtswidrigkeit indiziert.

Auch beim **Unterlassen** liegt keine „direkte"[287] Verletzung eines Rechtsguts vor. Wie bei der bloß mittelbaren Verletzung hat der Verursacher hier zunächst lediglich eine Verletzungsgefahr geschaffen. Es liegt nicht mehr bei ihm, ob sich diese verwirklicht. Die Rechtswidrigkeit muss aus der Verletzung einer Verkehrspflicht hergeleitet werden. Wie bei der mittelbaren Verletzung stellt sich die Frage, an welcher Stelle im **Fallaufbau** die Pflichtverletzung zu prüfen ist. Die h.M. geht auch hier von einer Prüfung im Rahmen des Tatbestands aus[288], sodass bei dessen Vorliegen die Rechtswidrigkeit indiziert wird. 302

---

285 *Spickhoff*, JuS 2016, 865, 872.
286 *Kupisch/Krüger*, S. 37; *Larenz/Canaris*, § 75 II 3 c.
287 *Medicus/Lorenz*, SR II, § 72 Rn. 7.
288 *Brox/Walker*, § 45 Rn. 49; *Medicus/Petersen*, BR, Rn. 647.

2. Rechtfertigungsgründe

303 Liegt ein Rechtfertigungsgrund vor, scheidet eine Haftung aus. Rechtfertigungsgründe sind v.a. Notwehr (§ 227), Notstand (§ 228), aggressiver Notstand (§ 904), erlaubte Selbsthilfe (§§ 229, 561, 581 Abs. 2, 859, 860, 867, 910, 962, 1005)[289]. Bei der Verletzung von Persönlichkeitsrechten kann ein Rechtfertigungsgrund in der Wahrnehmung berechtigter Interessen (§ 193 StGB) liegen.

304 In Betracht kommen auch gesetzliche oder gewohnheitsrechtliche Eingriffsermächtigungen, wie z.B. das Recht zur vorläufigen Festnahme (§ 127 StPO) sowie grundrechtlich geschützte Positionen wie etwa die Ausübung des Rechts auf Meinungsfreiheit (Art. 5 Abs. 1 S. 1 GG) oder Versammlungsfreiheit (Art. 8 GG). Allerdings wird der Rahmen der verfassungsrechtlichen Versammlungsfreiheit dort verlassen, wo es nicht mehr allein um eine geistige Auseinandersetzung, die Artikulierung der gegensätzlichen Standpunkte und die „Kundbarmachung" des Protests als solche geht, sondern darum, durch zielgerichtete Ausübung von Zwang Dritte in rechtlich erheblicher Weise an der Nutzung ihrer geschützten Rechtsgüter zu hindern[290].

305 Einen Rechtfertigungsgrund stellt auch die **Einwilligung** des Verletzten dar[291]. Das spielt insbesondere bei **ärztlichen Heilbehandlungen** eine Rolle[292]. Für eine wirksame Einwilligung ist die nötige Einsicht in die Bedeutung des Eingriffs erforderlich, sodass bei ärztlichen Eingriffen regelmäßig eine umfassende Aufklärung des Patienten notwendig ist. Der Arzt hat dem Patienten alle Chancen und Risiken der Behandlung offenzulegen, und zwar so, dass der Patient in der Lage ist, diese gegeneinander abzuwägen. Hat sich gerade dasjenige Risiko verwirklicht, über das aufgeklärt worden ist, hebt die Einwilligung die Rechtswidrigkeit des Eingriffs auf. Insoweit besteht die rechtfertigende Wirkung der Einwilligung unabhängig davon, ob die Aufklärung im Hinblick auf andere Risiken der Behandlung Lücken aufwies[293]. Die Aufklärung durch den Arzt und die Einwilligung des Patienten müssen rechtzeitig erfolgt sein. Unzureichend ist es, wenn dies erst auf dem Weg in den Operationssaal geschieht[294].

306 Da die Einwilligung kein Rechtsgeschäft ist, finden die §§ 104 ff. keine Anwendung. Bei einem **Minderjährigen** ist daher dessen **Einsichts- und Urteilsfähigkeit** maßgeblich[295]. Dennoch darf der Minderjährigenschutz nicht völlig beiseitegeschoben werden, sodass zwar ein nicht (voll) Geschäftsfähiger vor den Folgen des kleinsten Rechtsgeschäfts geschützt wird, aber nicht vor ärztlichen Heileingriffen, deren Folgen um ein Vielfaches schlimmer ausfallen können[296]. Es sind daher stets hohe Anforderungen an die Einsichtsfähigkeit eines Minderjährigen zu stellen. Sie wird regel-

---

[289] Das früher bestehende Erziehungsrecht der Eltern als Rechtfertigungsgrund ist mit § 1631 Abs. 2 entfallen, vgl. *Looschelders*, § 59 Rn. 14 m.w.N.; PWW/*Ziegler*, § 1631 Rn. 2.
[290] BGH NJW 1998, 377, 380.
[291] BGH NJW 2016, 3523 ff. (Einwilligung deckt nicht Eingriff durch einen anderen Operator); dazu *Schwab*, JuS 2016, 1030 ff.; BGHZ 163, 195 ff.: Eine gegen den Willen des Patienten durchgeführte künstliche Ernährung stelle eine rechtswidrige Handlung dar, deren Unterlassen dieser nach § 1004 Abs. 1 S. 2 analog iVm. § 823 Abs. 1 verlangen kann; vgl. auch BGHZ 154, 205 ff.
[292] Vgl. § 630d (vertragliche Einwilligung).
[293] BGH MDR 2000, 701, 702.
[294] BGH JZ 1993, 312, 313.
[295] BGHZ 29, 33, 36; siehe auch Staudinger/*Steinrötter*, JuS 2012, 97, 104.
[296] *Medicus/Lorenz*, SR II, § 72 Rn. 24.

mäßig bei **wesentlichen** Eingriffen in wichtige Rechtsgüter wie Körper und Gesundheit zu verneinen sein, sodass lediglich ein voll Geschäftsfähiger hierzu seine Einwilligung geben kann[297].

Allerdings kann die Einwilligung nur dann ein Rechtfertigungsgrund sein, wenn dem Verletzten nach den sittlichen Anschauungen das **Verfügungsrecht** über das verletzte Gut zusteht. Die Einwilligung darf nicht gegen ein gesetzliches Verbot oder die guten Sitten verstoßen. Durch die Einwilligung in die Tötung oder in eine schwere Körperverletzung wird somit die Rechtswidrigkeit der Handlung nicht ausgeschlossen (vgl. § 228 StGB).

307

Ein Rechtfertigungsgrund kann auch in einer berechtigten, d.h. dem maßgeblichen Willen des Geschäftsherrn entsprechenden **Geschäftsführung ohne Auftrag** liegen bzw. in einer mutmaßlichen **Einwilligung nach § 683 analog**, wenn der Betroffene, etwa aufgrund von Bewusstlosigkeit, nicht in der Lage ist, Chancen und Risiken gegeneinander abzuwägen und ggf. in die ärztliche Heilbehandlung einzuwilligen. Nach § 683 S. 1 ist der Geschäftsführer im Wesentlichen nach Auftragsrecht zu behandeln, was gleichbedeutend damit ist, dass auch seine Tätigkeit gebilligt wird. Entsprechend ist ein Arzt regelmäßig gerechtfertigt, der am Unfallort die nötigen Sofortmaßnahmen ergreift und einen Bewusstlosen sachgerecht versorgt, während die sofortige Vornahme von aufschiebbaren Heileingriffen die Grenzen der rechtfertigenden Einwilligung überschreitet. Der medizinische Eingriff ist also dann gerechtfertigt, wenn er dem objektiven Interesse und subjektiv dem wirklichen oder mutmaßlichen Willen des Patienten entspricht.

308

Fraglich ist, ob eine **Einwilligung** auch aus dem **bloßen Verhalten** des Rechtsträgers gefolgert werden kann. Dazu **Fall 29**[298]: A und B treffen sich in einer Diskothek. A ist mit dem Pkw seines Vaters gekommen. A, der, wie B bemerkt, sehr angetrunken ist, bietet dem B an, diesen nach Hause zu fahren. B stimmt zu. Auf der Heimfahrt fährt A infolge des Alkoholgenusses auf einen parkenden Pkw auf. B erleidet dadurch erhebliche Verletzungen und verlangt nun von A Ersatz der Arztkosten. Zu Recht?

309

1. B könnte gegen A einen Anspruch aus § 823 Abs. 1 haben. Eine Rechtsgutverletzung in Form einer Körperverletzung liegt mit der Verletzung des B vor. Kausalität ist auch zu bejahen.

2. Das Verhalten des A müsste rechtswidrig gewesen sein; es dürfte kein Rechtfertigungsgrund vorliegen. Da B freiwillig mitgefahren ist, könnte eine rechtfertigende Einwilligung vorliegen. Hat sich der später Verletzte bewusst in die zur Verletzung führende Gefahr begeben, so wurde darin früher ein **Handeln auf eigene Gefahr** und damit eine die Rechtswidrigkeit ausschließende Einwilligung in die mögliche Verletzung gesehen[299]. Nach heute ganz **h.M.** ist das abzulehnen, da das Einverständnis mit der Gefährdung regelmäßig **keine Einwilligung** in die Verletzung bedeutet. Auch der-

---
297 BGHZ 105, 45 ff. (zur Frage, wann die Einwilligung lediglich eines Elternteils ausreichend sein kann).
298 Vgl. **BGHZ 34, 355 ff.**
299 RGZ 141, 262, 265; BGHZ 2, 159, 162.

jenige, der sich bewusst gefährdet, hoffe, dass nichts passiert. Die Annahme einer Einwilligung sei eine bloße Fiktion[300].

Eine Einwilligung soll allenfalls dann vorliegen können, wenn das Verhalten des Geschädigten ohne künstliche Unterstellung als solche aufgefasst werden kann, dem Verletzten die Verfügungsgewalt über das Rechtsgut zusteht und er die erforderliche Einsichtsfähigkeit besessen hat. Der Rechtsbindungswille in den Haftungsausschluss muss unmissverständlich zum Ausdruck kommen. Im vorliegenden Fall wird nicht von einer Einwilligung ausgegangen werden können. Damit handelte A rechtswidrig.

3. A handelte auch fahrlässig und damit schuldhaft. Ein vertraglicher Haftungsausschluss bzw. eine Haftungsbeschränkung[301] zwischen A und B liegt schon mangels Erklärungsbewusstseins (mangelnder potenzieller Erklärungswille) nicht vor. A haftet daher dem B aus § 823 Abs. 1 auf Schadensersatz.

4. Allerdings lag bei B eine schuldhafte Selbstgefährdung vor (s.o.), die im Rahmen des **Mitverschuldens (§ 254)** zu berücksichtigen ist. Würde B den gesamten Schaden von A ersetzt verlangen können, würde er sich zu seinem eigenen selbstgefährdenden Verhalten in Widerspruch setzen. Im Verhalten des B liegt ein anspruchsminderndes oder sogar anspruchsausschließendes Mitverschulden (Einwendung des Schädigers), sodass die Ersatzpflicht gemindert wird oder im Extremfall ganz wegfällt. Für einen Anspruch aus § 18 StVG gilt Entsprechendes.

3. Insbesondere: Sportverletzungen

310 Umstritten ist, wie von einem anderen zugefügte **Sportverletzungen** zu bewerten sind. Teilweise wird die im Verkehr erforderliche Sorgfalt hier i.S. eines eingeschränkten Fahrlässigkeitsmaßstabs verstanden. Manche gehen von einem stillschweigenden Haftungsverzicht oder Haftungsausschluss oder einem Handeln auf eigene Gefahr aus[302]. Der **BGH** hat in diesen Fällen lange Zeit zweispurig zum einen auf ein treuwidriges Verhalten (bei Geltendmachung eines Schadensersatzanspruchs des Verletzten), zum anderen auf eine Einwilligung abgestellt. Inzwischen hat der BGH den Bezug auf die Einwilligung aufgegeben und allein auf den Aspekt des **treuwidrigen Selbstwiderspruchs** abgehoben[303].

311 Bei der Ausübung bestimmter (besonders) **gefährlicher Sportarten** (Autorennen, Box- oder Ringkämpfen), aber nicht nur dort, soll demgemäß eine Haftung ausscheiden, wenn die sportlichen Regeln eingehalten werden[304]. Umgekehrt haftet der Schädiger nur dann, wenn die Verletzung auf einen schuldhaften Regelverstoß zurückzuführen ist.

312 Die dogmatische Begründung dafür ist uneinheitlich (s.o.). Teilweise wird auch heute noch eine Einwilligung in die Verletzung angenommen, sofern sie nicht auf einem

---

300 BGHZ 34, 355, 360.
301 Dazu auch unten Rn. 327.
302 Siehe etwa MünchKomm/*Oetker*, § 254 Rn. 67; MünchKomm/*Wagner*, § 823 Rn. 793 ff.; Soergel/*Spickhoff*, Vor § 823 Rn. 108 ff.; Staudinger/*Schiemann*, § 254 Rn. 66 f.; *Fleischer*, VersR 1999, 785; *Grunsky*, JZ 1975, 109; *Looschelders*, JR 2000, 265, 267 ff.
303 **BGH JZ 2004, 92 ff. („Porsche")** m. Anm. *Möllers*, JZ 2004, 95 ff.
304 Vgl. **BGHZ 63, 140 ff. („Fußballspiel")**.

Regelverstoß beruht, teilweise wird dagegen davon ausgegangen, der Spieler willige zwar nicht in Verletzungen, die auch bei regelgerechtem Spiel unvermeidbar seien, ein, er nehme sie aber in Kauf. Es sei ein treuwidriger (und damit unzulässiger) Selbstwiderspruch (**venire contra factum proprium**), wenn der Verletzte den Verletzer in Anspruch nimmt, obwohl er genauso gut in die Lage hätte kommen können, in der er der Verletzer ist[305]. Wieder andere verneinen bei Verstößen gegen Sportregeln oder Sorgfaltsanforderungen eine Haftung, wenn es an einem Verschulden fehlt[306], was dann der Fall ist, wenn die durch den Spielzweck gerechtfertigte Härte die Grenze zur Unfairness überschreitet[307]. Der Verschuldensmaßstab ist dort auf Vorsatz und grobe Fahrlässigkeit begrenzt[308]. Keinesfalls soll aber allein ein bestehender Versicherungsschutz zu einer Haftung des Schädigers führen[309].

Ein Schadensersatzanspruch setzt daher nach allen Ansichten zumindest voraus, dass der Mitspieler sich nicht regelgerecht verhalten hat, was der Geschädigte beweisen muss. An dieser Risikoverteilung ändert sich nichts, wenn schwere Verletzungen eintreten[310]. Verschulden soll selbst dann nicht gegeben sein, wenn sich der Regelverstoß bei einem (Kampf-)Sport (Boxen, Fußball usw.) im Grenzbereich zwischen der diesem eigenen Härte und Unfairness abgespielt hat[311]. Der Grundsatz über die Auswirkungen widersprüchlichen Verhaltens gilt nach Ansicht des BGH auch über den Bereich sportlicher Kampfspiele, bei denen Körperkontakt unvermeidlich ist, hinaus[312]. 313

4. Verkehrsrichtiges Verhalten

Umstritten ist, ob ein **verkehrsrichtiges Verhalten** ein Rechtfertigungsgrund sein kann. Dies zeigt **Fall 30**[313]: Straßenbahnführer A fährt an, nachdem er sich vergewissert hat, dass alle Fahrgäste aus- bzw. zugestiegen sind und er das Signal zur Abfahrt gegeben hat. Plötzlich entschließt sich B, der in der Nähe der Haltestelle steht, mitzufahren. Er läuft der anfahrenden Straßenbahn nach und springt auf die Bahn auf. Dabei rutscht er ab und wird verletzt. B verlangt von A Ersatz seines Schadens aus § 823 Abs. 1[314]. Zu Recht? 314

1. B könnte gegen A einen Anspruch aus § 823 Abs. 1 haben. Die kausale Verletzung eines Rechtsguts, hier des Körpers des B, liegt vor.

2. A müsste rechtswidrig gehandelt haben. Er hat aber alle im Verkehr erforderlichen Maßnahmen ergriffen. Wer sich verkehrsrichtig verhält, kann nicht rechtswidrig handeln. Andererseits ist nach dem traditionellen Verständnis des § 823 Abs. 1 die

---

305 BGHZ 63, 140, 144 f.
306 *Scheffen*, NJW 1990, 2658, 2659.
307 OLG Hamm, 7.2.2017 – 9 U 197/15, juris Rn. 2.
308 BGH NJW 2010, 537 ff.; OLG Stuttgart NJW-RR 2000, 1043, 1044.
309 BGH NJW 2010, 537 ff.; BGHZ 154, 316 ff.; BGH NJW 2008, 1591.
310 BGHZ 63, 140, 146.
311 BGHZ 34, 355, 363; BGHZ 63, 140, 142; OLG Düsseldorf NJW-RR 2000, 1116 m.w.N.
312 BGH NJW-RR 1995, 857 f. (gegenseitiges Stoßen in Badesee als Spiel); BGHZ 154, 316 ff.; BGH NJW 2008, 1591 („Autorennen").
313 **BGHZ 24, 21 ff.**
314 Im Ausgangsfall wurde zudem die Straßenbahngesellschaft aus § 831 wegen eines Versagens ihres Verrichtungsgehilfen in Anspruch genommen.

Rechtswidrigkeit indiziert. Die **Rechtsprechung** sieht das verkehrsrichtige Verhalten als Rechtfertigungsgrund an und schließt damit die grundsätzlich indizierte Rechtswidrigkeit aus[315]. Damit wird hier das Vorliegen von Rechtswidrigkeit verneint.

Das wird im **Schrifttum** weitgehend kritisiert, da hierin ein punktuelles Zugeständnis an die Lehre vom Handlungsunrecht liege[316]. Teilweise wird es als dogmatisch überzeugender angesehen, den Indikationsmechanismus aufzugeben und die Rechtswidrigkeit positiv festzustellen[317]. Ein Rechtfertigungsgrund wird überwiegend mit dem Argument abgelehnt, A sei trotz seines verkehrsrichtigen Verhaltens nicht bereit, einen anderen Verkehrsteilnehmer zu verletzen[318]. Folgt man dem Schrifttum, ist Rechtswidrigkeit gegeben.

3. Fraglich ist dann jedoch, ob A fahrlässig handelte (§ 276 Abs. 2). Dies ist zu verneinen, da er durch das Vergewissern und das Klingelzeichen die im Verkehr erforderliche Sorgfalt beachtet hat. Es fehlt an einem Verschulden. A haftet daher sowohl nach der Ansicht der Rechtsprechung als auch der Ansicht des Schrifttums – allerdings mit jeweils unterschiedlicher Begründung – nicht nach § 823 Abs. 1.

315 Die dem Fall zugrunde liegende Entscheidung blieb in der Folgezeit nahezu ohne praktische Wirkungen. Der Rechtfertigungsgrund des verkehrsrichtigen Verhaltens wird inzwischen von der Rechtsprechung nicht mehr herangezogen[319], sondern eine Lösung entsprechender Fälle über die Abgrenzung unmittelbare – mittelbare Verletzung, innere – äußere Sorgfalt sowie Verkehrspflicht – Nicht-Verkehrspflicht gesucht. Wenn im vorliegenden Fall etwa lediglich eine mittelbare Verletzungshandlung durch A angenommen wird, kann die Verantwortlichkeit des A bereits unter dem Gesichtspunkt der Zurechnung verneint werden. Schon allein, weil A sich dann nicht objektiv pflichtwidrig verhalten hat, handelte er nicht tatbestandsmäßig.

IV. Verschulden

Übersichtsaufsatz: *Mohr*, Rechtswidrigkeit und Verschulden im Deliktsrecht, JURA 2013, 567 ff.

316 Eine Ersatzpflicht aus unerlaubter Handlung setzt regelmäßig auch Verschulden voraus. Zunächst ist festzustellen, ob der Täter überhaupt verschuldensfähig (deliktsfähig) ist, sodann, ob die im konkreten Tatbestand verlangte Verschuldensform vorliegt.

1. Verschuldensfähigkeit

Übungsfälle: *Schubmehl/Rabbe*, Neunjähriger im Geschäfts- und Straßenverkehr, JURA 2008, 853 ff.; *Graziano/Landbrecht*, Ein Straßenverkehrsunfall mit bemerkenswerten Folgen, JURA 2014, 624 ff.

---

315 Vgl. auch OLG Hamm NJW-RR 1998, 1402; KG Berlin, 12.11.2019, juris Rn. 163.
316 *Gursky*, S. 211 f.; *Medicus/Lorenz*, SR II, § 72 Rn. 6; *Medicus/Petersen*, BR, Rn. 606; siehe auch *Peifer*, § 3 Rn. 76.
317 *Schmidt/Brüggemeier*, Grundkurs Zivilrecht, 7. Aufl. 2006, Rn. 797.
318 *Larenz/Canaris*, § 79 III 2c; vgl. auch *Looschelders*, § 59 Rn. 19, in Bezug auf das Verschulden.
319 BGH NJW 1981, 570, 571 („bisher ausdrücklich noch nie aufgegeben").

→ **Definition: Delikts- oder Verschuldensfähigkeit** bedeutet die Fähigkeit, für eigene schuldhafte Handlungen verantwortlich zu sein. Die Verschuldensfähigkeit ist als Deliktsfähigkeit in den §§ 827, 828 geregelt. 317

Nicht deliktsfähig sind Kinder **unter 7 Jahren**. Auf die individuelle Einsichtsfähigkeit kommt es nicht an. Nicht deliktsfähig sind des Weiteren Personen, die im Zustand der Bewusstlosigkeit (Ohnmacht, Schlaf) oder einer die freie Willensbestimmung ausschließenden Störung der Geistestätigkeit (z.B. epileptischer Anfall, panische Schockreaktion) gehandelt haben (§ 827). Gehaftet wird aber dann, wenn sich die Person durch Alkohol, Rauschgift o.Ä. in den vorübergehenden Zustand der Bewusstlosigkeit oder Bewusstseinstrübung versetzt hat (§ 827 S. 2). Eine Haftung ist lediglich dann ausgeschlossen, wenn er den Nachweis erbringt, dass er schuldlos in diesen Zustand geraten ist. 318

Juristische Personen sind selbst nicht deliktsfähig. Eine Zurechnung des schadensstiftenden Verhaltens ihrer Organe bzw. besonderen Vertreter oder Repräsentanten erfolgt nach den §§ 31, 89 Abs. 1. 319

Als **beschränkt deliktsfähig** werden nach § 828 Abs. 3 Jugendliche zwischen 7 (bzw. bei Verkehrsunfällen ab 10) und 18 Jahren angesehen. Sie sind nicht verantwortlich, wenn sie bei Tatbegehung nicht die zur Erkenntnis der Verantwortlichkeit erforderliche **Einsichtsfähigkeit** besessen haben. Für diesen Umstand sind sie beweispflichtig, da das Gesetz das Vorliegen dieser Voraussetzung widerleglich vermutet. Nach der Rechtsprechung besitzt die erforderliche Einsichtsfähigkeit, wer diejenige geistige Entwicklung erreicht hat, die ihn befähigt, das Unrechtmäßige seiner Handlung und zugleich die Verpflichtung zu erkennen, in irgendeiner Weise für die Folgen seines Tuns einstehen zu müssen[320]. 320

Im Rahmen des § 828 Abs. 3 genügt die geistige Reife, die potenzielle eigene Verantwortlichkeit als Folge seiner gefährlichen Handlung zu erkennen[321]. Auf die individuelle Fähigkeit, sich der Einsicht gemäß zu verhalten, kommt es nicht an. Das Haftungsprivileg gilt nicht bei vorsätzlichem Handeln, da hier nicht die Überforderungssituation schadensursächlich ist bzw. sich jedenfalls nicht ausgewirkt hat[322]. Sobald Einsichtsfähigkeit bejaht wird und damit die deliktische Verantwortlichkeit nicht ausgeschlossen ist, ist zu prüfen, ob Fahrlässigkeit (oder Vorsatz) vorliegt. 321

§ 828 Abs. 2 (Deliktsfähigkeit bzgl. Verkehrsgeschehens) enthält eine Sonderregel zu § 828 Abs. 3 und lässt Kinder zwischen dem vollendeten 7. und dem 10. Lebensjahr nicht für Schäden aus Unfällen mit einem Kraftfahrzeug, einer Schienenbahn oder einer Schwebebahn haften, außer sie haben den Schaden vorsätzlich herbeigeführt. Damit greift das Haftungsprivileg des § 828 Abs. 2 nur dann, wenn sich eine typische **Überforderungssituation** des Kindes durch die spezifischen Gefahren des fließenden Verkehrs realisiert hat[323]. Das Privileg des § 828 Abs. 2 greift damit nicht, 322

---

320 BGHZ 39, 281, 285; BGH NJW 1979, 864, 865. Zustimmend auch das ganz überwiegende Schrifttum, vgl. *Wagner*, Kap. 6 Rn. 58; MünchKomm/*Wagner*, § 828 Rn. 11, jeweils m.w.N.
321 Im Gegensatz dazu setzt ein Verschulden i.S. des § 276 die Fähigkeit voraus, die besonderen Gefahren der konkreten Handlung zu erkennen.
322 BGH NJW 2005, 354, 355.
323 BGH NJW-RR 2005, 327 ff.; BGH NJW 2008, 147 f. (vorbeifahrendes Kraftfahrzeug).

wenn etwa ein parkender Pkw beschädigt wird[324]. Bedeutung hat § 828 Abs. 2 v.a. für das Mitverschulden nach § 254, wo die §§ 827, 828 entsprechend gelten: Ein eigenes Fehlverhalten (z.b. das achtlose Laufen auf die Fahrbahn) wird dem Kind nicht als Mitverschulden angerechnet.

323 **Klausurtipp:** Ist jemand deliktsunfähig oder nur beschränkt deliktsfähig, kann aber eine **Haftung der aufsichtspflichtigen Person** nach § 832 in Betracht kommen[325]. Hierfür ist lediglich eine tatbestandsmäßige, rechtswidrige Handlung des Deliktsunfähigen bzw. beschränkt Deliktsfähigen erforderlich, nicht aber dessen Verschulden.

2. Verschuldensformen

324 Das zivilrechtliche Verschulden umfasst Vorsatz und Fahrlässigkeit (§ 276 Abs. 1 S. 1).

→ **Definition: Vorsatz** bedeutet ein wissentliches und willentliches Herbeiführen des tatbestandsmäßigen und rechtswidrigen Erfolgs. Bei § 823 Abs. 1 bezieht sich das Verschulden auf den objektiven Tatbestand. Der Vorsatz muss den Schaden nicht umfassen[326], daher wird letzterer erst nach dem Element des Vorsatzes geprüft.

325 Umfasst sind hiervon sowohl der direkte Vorsatz (dolus directus) als auch der bedingte Vorsatz (dolus eventualis), bei dem der Schädiger die Verwirklichung des Tatbestands für möglich hält und billigend in Kauf nimmt. Ein Irrtum über das Verbotensein, d.h. die Rechtswidrigkeit, lässt im Zivilrecht – anders als im Strafrecht – den Vorsatz entfallen (sog. Vorsatztheorie), da die Rechtswidrigkeit des Erfolgs auch von Vorsatz umfasst sein muss. Irrt also jemand über die tatsächlichen Umstände des Vorliegens eines Rechtfertigungsgrunds, ist der Vorsatz ausgeschlossen. Bei Vermeidbarkeit des Irrtums kommt eine Haftung wegen Fahrlässigkeit in Betracht.

326 → **Definition: Fahrlässigkeit** liegt vor, wenn der Schädiger diejenige Sorgfalt außer Acht gelassen hat, die von einem Angehörigen dieses Verkehrskreises (Berufsgruppe, Gruppe von Verkehrsteilnehmern usw.) in der jeweiligen konkreten Situation erwartet wird.

Die Fahrlässigkeit ist also objektiviert. Es kommt nicht auf die Vorwerfbarkeit des individuellen Fehlverhaltens an, sondern entscheidend ist die Verletzung der im Verkehr erforderlichen Sorgfalt (§ 276 Abs. 2). Verfügt der Schädiger über spezielle Kenntnisse, so ist auch auf diese abzustellen, denn die Objektivierung des Fahrlässigkeitsmaßstabs soll dem Schutz des Verkehrs sowie des Geschädigten dienen[327]. Bei Minderjährigen muss das Alter des Schädigers berücksichtigt werden. Entscheidend ist, ob Kinder dieses Alters und dieser Entwicklungsstufe den Schadenseintritt hätten voraussehen können und müssen. Außerdem muss es ihnen bei Kenntnis der Gefähr-

---

[324] BGH NJW 2005, 354, 355; BGH NJW 2005, 356; daher Privilegierung bejaht bei BGH NJW 2007, 2113, weil auf einen verkehrsbedingt haltenden Pkw aufgefahren wurde, der dem sog. fließenden Verkehr zuzurechnen ist.
[325] Siehe unten Rn. 439 ff.
[326] Anders bei § 826, siehe dort Rn. 382.
[327] Vgl. BGH NJW 1987, 1479, 1480 (Chefarzt und Arzt in Ausbildung); MünchKomm/*Grundmann*, § 276 Rn. 56 m.w.N.; siehe auch *Spickhoff*, JuS 2016, 865, 871 f.

lichkeit ihres Tuns in der konkreten Situation möglich und zumutbar gewesen sein, sich der Erkenntnis gemäß zu verhalten[328].

3. Haftungsbeschränkungen

a) Vertragliche Haftungsbeschränkungen

Ein **gemilderter Verschuldensmaßstab** gilt bei einer vertraglichen Haftungsbeschränkung. Diese erstreckt sich dann auf die §§ 823 ff., wenn ansonsten Sinn und Zweck der Haftungsmilderung leer läuft[329]. Die Rechtsprechung behilft sich in Fällen, in denen eine uneingeschränkte Haftung unbillig erscheint, mit der Figur des **stillschweigenden** Haftungsausschlusses[330]. Auf diese Weise gelangt sie zum Ausschluss der Haftung des Gefälligen für leichte Fahrlässigkeit[331]. Vorgeworfen wird ihr, die großzügige Annahme eines solchen Haftungsausschlusses laufe im Ergebnis häufig auf eine bloße Fiktion hinaus. 327

An eine stillschweigende Haftungsbeschränkung werden allerdings von der **Rechtsprechung** strenge Anforderungen gestellt. Sie soll nur bei Vorliegen **besonderer Umstände** zu bejahen sein. Als Voraussetzung wird gesehen, dass eine Gefälligkeit vorliegt, der Schädiger in Bezug auf die eintretenden Schäden nicht versichert ist und besondere Umstände hinzukommen, die einen solchen stillschweigenden Haftungsausschluss nahelegen[332]. Dies soll etwa dann der Fall sein können, wenn die Gefälligkeit im überwiegenden Interesse des Geschädigten erfolgt[333]. 328

Nach § 276 Abs. 3 kann eine Haftung wegen Vorsatzes nicht im Voraus ausgeschlossen werden. Dagegen ist der Ausschluss der Haftung für Vorsatz des Erfüllungsgehilfen möglich, da § 276 Abs. 3 insoweit nach § 278 S. 2 keine Anwendung findet. Im Übrigen können sich Grenzen für vertragliche Haftungsabreden insbesondere aus **§ 138** sowie **§§ 307–309** ergeben[334]. Nach § 309 Nr. 7 und 8 sind bestimmte Haftungsausschlüsse in AGB unzulässig[335]. Liegt ein Verbrauchsgüterkauf vor, ist **§ 476** zu beachten. Außerdem können die §§ 8a StVG, 14 ProdHG oder 7 HaftPflG zu beachten sein. 329

b) Gesetzliche Haftungsbeschränkungen

Haftungsbeschränkungen können sich auch aus dem Gesetz ergeben. Der BGB-Gesellschafter haftet bei der Erfüllung der ihm obliegenden Verpflichtung nur für diejenige Sorgfalt, die er in eigenen Angelegenheiten anzuwenden pflegt (diligentia quam in suis, **§§ 708, 277**). Dieser Haftungsmaßstab muss wegen des Grundsatzes der Nor- 330

---

328 BGH NJW 2005, 354, 356.
329 Siehe auch oben Rn. 15; siehe auch den **Übersichtsaufsatz** von *Daßbach*, JA 2018, 575 ff.; zu Haftungsprivilegierungen siehe den **Übersichtsaufsatz** von *Walker*, JuS 2015, 865 ff.
330 BGH NJW 1979, 643, 644; BGH NJW 1980, 1681, 1682.
331 Problematisch kann die Beteiligung nicht (voll) Geschäftsfähiger sein, weil auf den vereinbarten Haftungsausschluss grundsätzlich auch die §§ 104 ff. Anwendung finden.
332 **BGH NJW-RR 2017, 272 ff.**, Rn. 10 (Nachbarschaftsverhältnis).
333 *Hirte/Heber*, JuS 2002, 241, 243 f. m.N. aus der Rspr.
334 *Walker*, JuS 2015, 865, 870.
335 Vgl. hierzu die einschlägigen Kommentierungen, z.B. Erman/*Roloff/Looschelders*, § 309 Rn. 62 ff. (zu § 309 Nr. 7) und Rn. 80 ff. (zu § 309 Nr. 8).

menangleichung auch für unerlaubte Handlungen gelten. Eine gesetzliche Beschränkung der Haftung auf die eigenübliche Sorgfalt gilt auch im Verhältnis der Eheleute untereinander (§ 1359), im Verhältnis der Eltern zu ihren Kindern (§ 1664)[336] sowie im Verhältnis von Vorerbe zum Nacherben (§ 2131, siehe aber §§ 2136, 2137). Diese Regelungen gelten auch im Rahmen der unerlaubten Handlung.

331 Zu beachten ist, dass die Haftungsbeschränkung auf die „diligentia quam in suis" nach h.M. **nicht im Straßenverkehr** gilt, da dort kein Raum für „individuelle Sorglosigkeit" sei. Fehlverhalten im Straßenverkehr sei regelmäßig mit Konsequenzen für andere Verkehrsteilnehmer verbunden, sodass es hier keine „eigenen Angelegenheiten" gebe[337]. Nach a.A. ist eine zivilrechtliche Beschränkung der Haftung im Verhältnis zu bestimmten Personen sehr wohl mit der durch das Verkehrsstrafrecht sanktionierten Pflicht zur Anwendung aller Sorgfalt vereinbar[338].

332 Möglich sind auch **Haftungsmilderungen** auf Vorsatz und grobe Fahrlässigkeit, die das Gesetz bei zahlreichen uneigennützigen Tätigkeiten vorsieht[339]. Haften also Personen einander aufgrund § 277 regelmäßig nur für Vorsatz und grobe Fahrlässigkeit, so liegt bei leichter Fahrlässigkeit ein Haftungsausschluss vor. Auch hier gilt der Grundsatz der Normenangleichung, d.h. der im Vertragsverhältnis bestehende Haftungsmaßstab gilt auch für die unerlaubte Handlung. Die Haftungsmilderung würde ihren Sinn verlieren, würde derjenige, der selbstlos handelt und deshalb auf vertraglicher Ebene mit einer Haftungsmilderung bedacht wird, über das Deliktsrecht schärfer haften müssen und damit „bestraft" werden.

333 Fraglich ist, ob die **Haftung bei Gefälligkeitsverhältnissen** analog §§ 521, 599, 690 gemildert ist oder nicht. Die **Rechtsprechung** lehnt eine privilegierte Haftung des Gefälligen ab, da dessen uneigennütziges Tätigwerden allein für eine Analogie nicht ausreiche. Das BGB ordne zwar mit der Schenkung (§ 521), der Leihe (§ 599) und der Verwahrung (§ 690) für die meisten unentgeltlichen Rechtsgeschäfte eine Haftungsprivilegierung an, aber nicht für alle. In den §§ 663 ff. (Auftrag) ist keine privilegierte Haftung des Beauftragten vorgesehen. Daher lasse sich dem BGB auch nicht die allgemeine Wertung entnehmen, dass bei unentgeltlichen Geschäften stets nur für Vorsatz und grobe Fahrlässigkeit gehaftet werden solle. Der Rechtsprechung ist insoweit zu folgen, als zumindest keine generelle Haftungsprivilegierung für alle Gefälligkeitsverhältnisse in Betracht kommt.

334 Hieran anknüpfend differenziert ein **Teil der Literatur**[340] zwischen Gefälligkeitsverhältnissen mit und ohne Treuhandcharakter. Der Auftrag unterscheide sich nämlich von den anderen im BGB geregelten Gefälligkeitsverträgen durch seinen Treuhandcharakter, d.h. durch eine selbstständige Tätigkeit in fremdem Interesse. Dieser rechtfertige die Haftung auch für einfache Fahrlässigkeit. Dagegen lasse sich dem BGB für

---

336 Vgl. OLG Bamberg NJW 2012, 1820 ff., wonach der Maßstab der §§ 1664 Abs. 1, 277 auch bei Verletzung deliktischer Verhaltenspflichten gelten soll; siehe auch unten Rn. 442.
337 BGHZ 46, 313, 317 f.; BGHZ 53, 353, 355 f.; BGHZ 61, 101, 104 f.; BGHZ 63, 51, 57 f.; BGH NJW 2009, 1875 (Ehegatten).
338 *Medicus/Petersen*, BR, Rn. 930.
339 Vgl. § 300 Abs. 1 (Schuldner in Annahmeverzug), § 521 (Schenker), § 599 (Verleiher), § 680 (Geschäftsführung ohne Auftrag bei Gefahrenabwehr), § 690 (Verwahrer), § 968 (Finder).
340 *Medicus/Petersen*, BR, Rn. 369.

Rechtsverhältnisse ohne Treuhandcharakter sehr wohl die allgemeine Wertung entnehmen, dass nur für Vorsatz und grobe Fahrlässigkeit gehaftet werden muss. Daher seien bei Gefälligkeitsverhältnissen ohne Treuhandcharakter die §§ 521, 599, 690 analog anzuwenden. Handelt der Gefällige auch im eigenen Interesse, soll er nur in den Grenzen der eigenüblichen Sorgfalt haften[341].

4. Billigkeitshaftung, § 829

> **Prüfungsschema § 829**
>
> **I. Voraussetzungen**
>   1. Tatbestandsmäßige, rechtswidrige unerlaubte Handlung des Anspruchsgegners
>   2. Ausschluss der Haftung wegen fehlender Deliktsfähigkeit des Schädigers (§§ 827, 828)
>   3. Kein Ersatz von aufsichtspflichtigem Dritten (§ 832)
>   4. Billigkeit erfordert Schadloshaltung des Geschädigten
>
> **II. Rechtsfolge**
>   Ersatz des Schadens nach §§ 249 ff. (Schaden, haftungsausfüllende Kausalität, Mitverschulden)

335

§ 829 ist eine **Anspruchsgrundlage**[342]. Diese Regelung der **verschuldensunabhängigen** Haftung stellt eine Ausnahme vom Verschuldensprinzip dar, sodass sie, obwohl sie Anspruchsgrundlage ist, an dieser Stelle behandelt werden soll. Ob § 829 dogmatisch eine Ausfallhaftung, eine Gefährdungshaftung oder eine „sozialisierte Haftung für persönliches Verhalten" ist, ist **umstritten**[343]. Das ist allerdings für die Anwendung der Regelung unerheblich.

336

Festgestellt werden muss, dass der Anspruchsgegner eine unerlaubte Handlung nach den §§ 823–826 begangen hätte, würde es nicht aufgrund der §§ 827, 828 an der Verschuldensfähigkeit fehlen. Entsprechend angewendet wird § 829 auf die Fälle fehlender Handlung (z.B. Bewusstlosigkeit, Tod des Schädigers)[344] sowie fehlenden Verschuldens wegen alterstypischer Steuerungsunfähigkeit (§ 828 Abs. 3)[345]. § 829 ist **subsidiär**. Zu prüfen ist daher auch, ob kein Ersatz des Schadens von einem aufsichtspflichtigen Dritten (z.B. Eltern, Vormund) zu erlangen ist.

337

Außerdem ist ein Anspruch nur dann und soweit gegeben, als die Billigkeit nach den Umständen (insbesondere den Verhältnissen der Beteiligten) eine **Schadloshaltung erfordert**. Allein die Tatsache, dass die Billigkeit dies erlaubt, reicht nicht[346]. Es kommt v.a. auf das Maß an Einsichtsfähigkeit, auf den Schweregrad der Verletzung und die Vermögensverhältnisse der Beteiligten an[347]. Die Billigkeit muss den Ersatz

338

---

341 *Medicus/Petersen*, BR, Rn. 369.
342 *Medicus/Lorenz*, SR II, § 72 Rn. 32 ff.
343 MünchKomm/*Wagner*, § 829 Rn. 1; PWW/*Schaub*, § 829 Rn. 1.
344 BGHZ 23, 90, 98.
345 BGHZ 39, 281, 284 f.
346 BGH VersR 2017, 296 ff. Rn. 9.
347 Nach BGHZ 127, 186 ff. soll auch eine Kfz-Pflichtversicherung aufseiten des schuldlos handelnden Schädigers zu berücksichtigen sein.

„fordern", nicht nur „erlauben". Dabei dürfen dem Schädiger nicht die Mittel entzogen werden, deren er zum angemessenen Unterhalt sowie zur Erfüllung seiner gesetzlichen Unterhaltspflichten bedarf (vgl. § 829 a.E.).

§ 10 Schutzgesetzverletzung: § 823 Abs. 2

Übersichtsaufsatz: *Lorenz*, Grundwissen – Zivilrecht: Deliktsrecht – Haftung aus § 823 II, JuS 2020, 12 ff.

339

Prüfungsschema § 823 Abs. 2

I. Voraussetzungen
   1. Verletzung eines Schutzgesetzes
      a) Gesetz
      b) Gebots- oder Verbotsnorm
      c) Schutz eines anderen
         – Individualschutz
         – Persönlicher und sachlicher Schutzbereich
      d) Verletzung des Schutzgesetzes
   2. Rechtswidrigkeit
   3. Verschulden

II. Rechtsfolge Ersatz des Schadens nach §§ 249 ff. (Schaden, haftungsausfüllende Kausalität, Mitverschulden)

I. Grundlagen

340 § 823 Abs. 1 und § 823 Abs. 2 sind jeweils **selbständige Anspruchsgrundlagen** (Anspruchskonkurrenz). Die Bedeutung des § 823 Abs. 2 liegt v.a. dort, wo jemand seinen Ersatzanspruch nicht auf § 823 Abs. 1 stützen kann, weil sein Schaden an keinem der in dieser Vorschrift genannten Rechte oder Rechtsgüter eingetreten ist. Dies wird insbesondere bei einer Vermögensbeschädigung oder Ehrverletzung der Fall sein. Voraussetzung des § 823 Abs. 2 ist, dass ein Schutzgesetz rechtswidrig und schuldhaft verletzt ist.

> **Klausurtipp:** In der Klausur ist im Rahmen der deliktischen Anspruchsprüfung ein Anspruch aus § 823 Abs. 2 BGB iVm. einem Schutzgesetz neben einem solchen aus § 823 Abs. 1 und/oder § 826 zu prüfen. Zu berücksichtigen sind bei § 823 Abs. 2 sämtliche in Betracht kommenden Schutzgesetzverletzungen.

II. Schutzgesetzverletzung

Übungsfälle: *Kredig/Uffmann*, Teure Wohnungssuche im Internet, JURA 2011, 454 ff.; *Kiehnle/Dreisvogt*, Ein Flirt mit Corona, JURA 2020, 1230 ff.

→ **Definition: Schutzgesetz** i.S. des § 823 Abs. 2 ist nach st.Rspr. eine Norm, die nach Zweck und Inhalt wenigstens auch auf den Schutz von Individualinteressen vor einer näher bestimmten Art ihrer Verletzung ausgerichtet ist[1].

341

Allerdings genügt nicht, dass der Individualschutz durch Befolgung der Norm als ihr Reflex objektiv erreicht werden kann. Er muss im Aufgabenbereich der Norm liegen. Teilweise wird verlangt, dass der Schutzzweck gerade (auch) durch privatrechtliche Schadensersatzansprüche erreicht werden soll[2]. Damit sind **drei Punkte zu prüfen**: Es muss sich

– um ein Gesetz handeln (1.),
– das eine Verbots- oder Gebotsnorm darstellt (2.) und
– das den Schutz eines anderen bezweckt (3.).

1. Gesetz

→ **Definition:** Der Begriff „Gesetz" ist hier sehr weit zu verstehen. Gesetz im Rahmen des § 823 Abs. 2 ist jede Rechtsnorm im materiellen Sinn (vgl. Art. 2 EGBGB)[3]. Darunter fallen Gesetze im formellen Sinn, aber auch Verordnungen, öffentlich-rechtliche Satzungen und Gewohnheitsrecht.

342

Mangels spezieller staatlicher Ermächtigung sind dagegen bloße Vereinssatzungen, Handelsbräuche usw. keine Schutznormen. Ebenso wenig hat ein Verwaltungsakt Schutzgesetzcharakter, da er kein Gesetz i.S. des Art. 2 EGBGB darstellt[4]. Das Schutzgesetz kann sich im Zivilrecht, im öffentlichen Recht oder im Strafrecht finden. Nicht entscheidend ist, ob die betreffende Regelung eine Sanktion enthält[5]. Eine Mindermeinung will auch die Verkehrspflichten als Normen i.S. des § 823 Abs. 2 behandeln[6]. Die h.M. lehnt das jedoch ab und prüft die Verkehrspflichten im Rahmen des zurechenbaren Handelns bei § 823 Abs. 1, da § 823 Abs. 2 sonst zu einer deliktischen Generalklausel werden würde[7].

2. Gebots- oder Verbotsnorm

Die Bezugsnorm muss eine Gebots- oder Verbotsnorm darstellen, d.h. Befehlsqualität haben. Bloße Formvorschriften können damit keine Schutzgesetze i.S. des § 823 Abs. 2 sein.

343

---

1 **BGHZ 122, 1, 3**; kritisch dazu *Medicus/Lorenz*, SR II, § 78 Rn. 9; *Larenz/Canaris*, § 77 II 2.
2 *Medicus/Lorenz*, SR II, § 78 Rn. 9.
3 Vgl. den Begriff „Gesetz" in § 134.
4 BGHZ 122, 1, 3. Nach h.M. kann aber die Eingriffsnorm, auf die der Verwaltungsakt gestützt ist, Schutzgesetz sein, siehe Staudinger/*Hager*, § 823 Rn. G 10.
5 *Kupisch/Krüger*, S. 66.
6 *Mertens*, AcP 178 (1978), 227, 230.
7 *Honsell*, JA 1983, 101, 103; siehe Rn. 290.

3. Schutz eines anderen

344 Das Gesetz muss den „Schutz eines anderen bezwecken", d.h. nach seinem persönlichen und sachlichen Schutzbereich für den konkreten Fall eine Ersatzpflicht vorsehen. Das Schutzgesetz muss damit erstens zumindest auch Individualschutz bezwecken, zweitens muss der Anspruchsteller zum geschützten Personenbereich gehören (persönlicher Schutzbereich) und drittens muss das geltend gemachte Interesse von der Norm (auch) geschützt werden (sachlicher Schutzbereich).

a) Individualschutz

345 Da das Gesetz einen Individualschutz und **nicht nur den Schutz der Allgemeinheit** bezwecken muss, muss es jedenfalls auch den Schutz des Einzelnen oder eines bestimmten Personenkreises zum Ziel haben[8]. Das Schutzgesetz braucht nicht ausschließlich Individualschutz zu gewährleisten, sondern es genügt, dass der Individualschutz eines von mehreren gesetzgeberischen Anliegen der Norm ist[9].

346 Zu den Normen, die (zumindest auch) Individualschutz bezwecken, zählen die meisten Tatbestände des **StGB**, soweit sie Übergriffe in private Rechtssphären unter Strafe stellen[10]. Darunter fallen die §§ 211 ff. StGB (Leben), §§ 223 ff. StGB (Körper/Gesundheit), §§ 234 ff. StGB (Freiheit), §§ 174 ff. StGB (sexuelle Selbstbestimmung), §§ 185 ff. StGB (Ehre), §§ 242 ff. StGB (Eigentum) sowie §§ 263 ff. StGB (Vermögen). **§ 315b StGB** (gefährliche Eingriffe in den Straßenverkehr) schützt neben der Sicherheit des Straßenverkehrs auch den einzelnen Verkehrsteilnehmer vor Verletzungen von Körper, Gesundheit und Leben sowie vor Verletzungen des Eigentums (ab einem bestimmten Wert der Sache)[11].

347 Als **problematisch** hinsichtlich des Schutzcharakters haben sich beispielsweise die folgenden Normen erwiesen: Die **§§ 153 ff. StGB** (Aussagedelikte) sind nach h.M. Schutzgesetz i.S. des § 823 Abs. 2, da sie nicht nur die Rechtspflege schützen, sondern auch das Vermögen des Einzelnen[12]. Auch **§ 264 StGB** (Subventionsbetrug) wird nach h.M. als Schutzgesetz i.S. des § 823 Abs. 2 angesehen. Hier sei nicht allein die staatliche Planungs- und Dispositionsfreiheit geschützt, sondern auch das staatliche Vermögen vor missbräuchlicher Inanspruchnahme durch die Einwirkung unberechtigter Subventionen[13].

348 Auch **§ 264a StGB** (Kapitalanlagebetrug) kann Schutzgesetz i.S. des § 823 Abs. 2 sein, da er nicht nur das Vertrauen der Allgemeinheit in das Funktionieren des Kapitalmarkts schützt, sondern auch das Vermögen des einzelnen Kapitalanlegers vor möglichen Schäden durch falsche oder unvollständige Prospektangaben[14]. **§ 265 StGB** (Versicherungsbetrug) hat jedenfalls auch den Schutz des Vermögens des Versicherers vor unberechtigter Inanspruchnahme zum Inhalt[15]. Ebenso ist § 266a StGB

---

8 BGHZ 122, 1, 3 f. m.w.N.
9 BGHZ 122, 1, 4; BGHZ 100, 13, 14 f. m.w.N.
10 Zu Beispielen PWW/*Schaub*, § 823 Rn. 240.
11 *Honsell*, JA 1983, 101, 103.
12 OLG Celle FamRZ 1992, 556; OLG Brandenburg MDR 2000, 1076.
13 BGHZ 106, 204, 207 ff.
14 BGH NJW 1992, 241, 243; BGHZ 160, 134, 141 f; BGHZ 177, 88, 94 Rn. 17.
15 OLG Düsseldorf NJW-RR 1995, 1493.

(Vorenthalten und Veruntreuen von Arbeitsentgelt) Schutzgesetz[16]. Da § 288 StGB (Vereiteln der Zwangsvollstreckung) das materielle Befriedigungsrecht des Gläubigers schützt, kann ein Ersatzanspruch aus § 823 Abs. 2 iVm. § 288 StGB nur bestehen, wenn der Anspruchsgegner dem Anspruchsteller zur Herausgabe des veräußerten bzw. beiseite geschafften Gegenstands materiell-rechtlich verpflichtet war[17].

Kein Schutzgesetz ist etwa **§ 267 StGB** (Urkundenfälschung). § 267 StGB soll lediglich die Sicherheit und Zuverlässigkeit des Rechtsverkehrs mit Urkunden schützen, nicht aber einen Schutz des Vermögens des Einzelnen bezwecken[18]. Zwar kann mittelbar auch das Vermögen geschützt werden, dies ist aber nur Reflex des Schutzes des Rechtsverkehrs vor falschen oder unechten Urkunden. In den spezifischen Schutzbereich des § 267 StGB fällt das Vermögen nicht. Kein Schutzgesetz stellt nach **h.M.** entgegen dem **BGH § 323c StGB** (unterlassene Hilfeleistung) dar, der lediglich die öffentliche Sicherheit und die humanitäre Solidarität schützen will[19]. Auch die Strafbestimmungen über Hoch- und Landesverrat, **§§ 81 ff. und 94 StGB**, sollen lediglich die Allgemeinheit schützen. 349

Auch einige Normen der **StVO**[20], **StVZO** und des **StVG** bezwecken (zumindest auch) Individualschutz (z.B. § 21 Abs. 1 Nr. 2 StVG). Allerdings sollen zahlreiche dieser Normen lediglich die Allgemeinheit schützen, sodass sie wie etwa § 29 StVZO (Untersuchungspflicht von Kraftfahrzeugen und Anhängern) kein Schutzgesetz i.S. des § 823 Abs. 2 darstellen. Schutzgesetze finden sich zudem im **Grundgesetz**, z.B. Art. 5 GG (Pressefreiheit) oder Art. 9 Abs. 3 GG (Koalitionsfreiheit). Auch Schutzbestimmungen der **Gewerbeordnung** (z.B. die Vorschriften über Sicherheitsmaßnahmen zum Schutz der Arbeitnehmer) können individualschützenden Charakter haben. 350

Schutzgesetz kann auch eine **privatrechtliche Norm** sein, die Individualinteressen schützen will. **§ 858** (verbotene Eigenmacht) ist nach Ansicht des BGH als Schutzgesetz i.S. des § 823 Abs. 2 anzusehen[21], jedenfalls sofern der verlorene Vorteil dem Besitzer gebührt. Ebenso ist das Verbot des **§ 909**, dem Nachbargrundstück die Stütze zu entziehen, ein Schutzgesetz. Es richtet sich gegen den Eigentümer des Grundstücks, von dem die Störung ausgeht, sowie gegen jeden, der an der Vertiefung mitwirkt[22]. 351

Zu den individualschützenden Normen zählen auch zahlreiche **Polizeiverordnungen** sowie **öffentlich-rechtliche Normen**. So hat der BGH etwa einen Drittschutz bejaht bzgl. § 1 Abs. 1 Nds. BauO (Lärmimmissionen, die nicht von technischen Bauteilen ausgehen), sowie § 22 Abs. 1 Nr. 1 und 2 BImSchG (Verhinderung oder Beschränkung konkreter schädlicher Umwelteinwirkungen, auch Lärm, § 3 Abs. 1 und 2 352

---

16 BGHZ 183, 77, 79; BGH NJW-RR 2010, 701; BGHZ 133, 370, 374.
17 BGHZ 114, 305, 308 f.; BGH NJW-RR 1991, 467.
18 BGHZ 100, 13, 15 ff.; dazu *Kohte*, JURA 1988, 125; *Deutsch*, JZ 1990, 733, 738.
19 *Dütz*, NJW 1970, 1822, 1825; *Loyal*, JZ 2014, 306 ff.; OLG Frankfurt NJW-RR 1989, 794, 795; a.A. (bejahend) BGHZ 197, 225 ff.
20 Siehe etwa BGH NJW 2005, 2923 ff.; PWW/*Schaub*, § 823 Rn. 241.
21 BGHZ 79, 232, 237; BGHZ 114, 305, 313 f.; BGHZ 181, 233, 238, Rn. 15; *Medicus/Petersen*, BR, Rn. 621; siehe auch *Larenz/Canaris*, § 76 II 4 f.
22 BGH NJW 1996, 3205, 3206; BGH NJW-RR 1997, 146; BGH NJW-RR 2008, 969 Rn. 8.

BImSchG)[23]. Individualschützend sind des Weiteren die meisten Regelungen des Produktsicherheitsgesetzes[24].

b) Persönlicher Schutzbereich

353 Dass eine Norm zumindest auch Individualschutz bezweckt, reicht nicht aus. Der Verletzte muss zum **geschützten Personenkreis** gehören. Es genügt nicht, dass die Norm dem Schutz einer besonderen Personengruppe (z.B. der Anlegerschaft) dient.

354 Ein weiteres Beispiel für die Bedeutung des persönlichen Schutzbereichs ist **§ 248b StGB** (unbefugter Gebrauch eines Fahrzeugs). Diese Vorschrift ist nur Schutzgesetz zugunsten des (Gebrauchs-)Berechtigten, nicht auch zugunsten von Verkehrsteilnehmern, die durch den Schwarzfahrer körperlich verletzt werden[25]. Dagegen schützt § 163 StGB (fahrlässiger Falscheid) auch den von der falschen Aussage Betroffenen. Dies folgt aus § 163 Abs. 2 StGB, wonach von Strafe abgesehen werden kann, wenn der Täter seine Aussage berichtigt, bevor aus ihr einem anderen ein Nachteil entstanden ist. § 15a InsO (Insolvenzantragspflicht) schützt die Gesellschafter und die Gläubiger der insolventen GmbH, nicht aber Dritte, die ahnungslos während der Verzögerung des Insolvenzverfahrens Beteiligungen am Unternehmen erwerben[26].

355 Dass die Frage, ob der Verletzte auch zum geschützten Personenkreis gehört, nicht immer einfach zu beantworten ist, zeigt **Fall 35**[27]: Der Jugendliche A verleiht sein Mokick an den Jugendlichen H, obwohl er weiß, dass dieser keinen Führerschein besitzt. H gibt das Mokick weiter an B, die ebenfalls nicht im Besitz der erforderlichen Fahrerlaubnis ist. Das wissen sowohl er als auch der Halter des Mokicks. B verunglückt mit dem Mokick. Ihre Krankenversicherung nimmt aus übergegangenem Recht (§ 116 SGB X) den Halter des Mokicks, A, aus § 823 Abs. 2 BGB iVm. § 21 Abs. 1 Nr. 2 StVG in Anspruch. Zu Recht?

Die Krankenversicherung könnte gegen A einen Anspruch aus **§ 116 SGB X iVm. § 823 Abs. 2 iVm. § 21 Abs. 1 Nr. 2 StVG** haben. Voraussetzung dafür ist, dass B einen entsprechenden Anspruch gegen A hat. § 21 Abs. 1 Nr. 2 StVG ist zwar Gesetz i.S. des § 823 Abs. 2, und die Norm dient auch dem Individualschutz, die B fällt aber nicht unter den persönlichen Schutzbereich des § 21 Abs. 1 Nr. 2 StVG. Diese Norm will vor Gefahren schützen, die anderen Personen von Verkehrsteilnehmern drohen, welche im Straßenverkehr ohne Fahrerlaubnis ein Kfz führen. § 21 Abs. 1 Nr. 2 StVG will jedoch nicht denjenigen schützen, der **selbst** unter Verstoß gegen diese Bestimmung ein Kfz ohne Fahrerlaubnis führt. Die B hat damit keinen Anspruch aus § 823 Abs. 2 iVm. § 21 Abs. 1 Nr. 2 StVG.

c) Sachlicher Schutzbereich

356 Neben dem persönlichen ist auch der sachliche Schutzbereich zu berücksichtigen. Das vom Geschädigten geltend gemachte Interesse muss (auch) **von der betreffen-**

---

23 BGHZ 122, 1, 4 ff.; BGH NJW 1997, 55.
24 Zu diesem Gesetz *Polly/Lach*, BB 2012, 71 ff.
25 BGHZ 22, 293, 296; Staudinger/*Hager*, § 823 Rn. G 24.
26 BGHZ 96, 231, 237 f.; siehe aber BGHZ 126, 181, 190 ff. (noch zu § 64 Abs. 1 GmbHG a.F.); zustimmend *Medicus/Petersen*, BR, Rn. 622.
27 BGH NJW 1991, 418.

den Norm geschützt werden. Bei § 163 StGB (fahrlässiger Falscheid) ist beispielsweise auch das Vermögensinteresse des von der Aussage Betroffenen geschützt, da diese Regelung auch vor Vermögensnachteilen bewahren will[28].

Dagegen soll § 319 StGB (Baugefährdung) nur das Leben und die Gesundheit von Menschen (auch des Bauherrn) vor Gefahren schützen, die durch eine Verletzung der allgemein anerkannten Regeln der Technik (hier: Baukunst) entstehen, nicht aber das Eigentum oder Vermögen des Bauherrn[29]. Der Bauherr ist damit nicht vor sämtlichen Baumängeln geschützt, sondern nur vor denen, die zu einer Körper- oder Gesundheitsverletzung führen. 357

d) Verletzung des Schutzgesetzes

Sodann ist zu untersuchen, ob das Schutzgesetz auch **tatsächlich verletzt** worden ist. Ist das Schutzgesetz ein Strafgesetz, sind im Rahmen des zivilrechtlichen Gutachtens sämtliche strafrechtlichen Tatbestandsmerkmale zu prüfen. Unerheblich ist aber, ob ein eventuell erforderlicher Strafantrag vorliegt, denn dieses Erfordernis dient nicht dazu, zivilrechtliche Ersatzansprüche verloren gehen zu lassen[30]. 358

III. Rechtswidrigkeit und Verschulden

Wie bei § 823 Abs. 1 indiziert nach h.M. die Tatbestandsmäßigkeit, d.h. die Verletzung des Schutzgesetzes, die **Rechtswidrigkeit**[31]. Diese entfällt nur, wenn ein Rechtfertigungsgrund vorliegt. 359

Die Verletzung des Schutzgesetzes muss schuldhaft erfolgen. Die **Verschuldensfähigkeit** richtet sich nach dem Zivilrecht, also nach den §§ 276, 827, 828, und nicht nach dem Rechtsgebiet, aus dem die Schutznorm stammt[32]. Relevant ist das v.a. im Hinblick auf die Verletzung strafrechtlicher Schutzgesetze, weil insoweit die Schuldfähigkeit nach den §§ 827, 828 beurteilt wird und die strafrechtlichen Regelungen der §§ 19, 20 oder das JGG keine Anwendung finden[33]. 360

Die Frage, welcher **Verschuldensgrad** (Vorsatz, leichte oder grobe Fahrlässigkeit) für die Haftung nach § 823 Abs. 2 erforderlich ist, ist dagegen in Übereinstimmung mit dem verletzten Schutzgesetz zu beantworten[34]. So kann ein Schadensersatz wegen Sachbeschädigung über § 823 Abs. 2 iVm. § 303 StGB nur bei vorsätzlicher Beschädigung gewährt werden, weil eine fahrlässige Sachbeschädigung nach § 303 StGB straflos ist. 361

Bei Delikten mit sog. überschießender Innentendenz (z.B. die Bereicherungsabsicht bei § 263 StGB) muss **zusätzlich das strafrechtliche subjektive Merkmal** gegeben sein, welches keine Entsprechung im objektiven Tatbestand hat. Manche verlangen 362

---

28 BGHZ 42, 313, 318.
29 BGHZ 39, 366, 367 f. zu § 330 StGB a.F.; OLG Naumburg NJW-RR 2013, 858 Rn. 103.
30 *Medicus/Lorenz*, SR II, § 78 Rn. 14.
31 BGHZ 122, 1, 6 f.; BGH NJW 2005, 2923; differenzierend Soergel/*Spickhoff*, § 823 Rn. 207.
32 PWW/*Schaub*, § 823 Rn. 236; Staudinger/*Hager*, § 823 Rn. G 36.
33 MünchKomm/*Wagner*, § 823 Rn. 609.
34 *Kupisch/Krüger*, S. 68.

darüber hinaus auch Fahrlässigkeit i.S. des § 276, da § 823 Abs. 2 zivilrechtliches Verschulden voraussetze[35]. Andere wollen dies für den Regelfall nicht mehr gesondert prüfen[36]. Diese Frage spielt für das Ergebnis in vielen Fällen keine Rolle, denn wenn Fahrlässigkeit i.s. des Strafrechts bejaht wird, liegt regelmäßig auch Fahrlässigkeit i.S. des Zivilrechts vor. Wenn das Schutzgesetz aber kein Verschulden voraussetzt, muss gemäß § 823 Abs. 2 S. 2 iVm. § 276 Abs. 1 wenigstens ein fahrlässiger Verstoß gegeben sein. Allerdings soll das Verschulden hier widerlegbar vermutet werden, wenn die objektive Verletzung des Schutzgesetzes feststeht[37].

363 Das Verschulden braucht sich nach **h.M.** nur auf den **Verstoß gegen das Schutzgesetz** zu beziehen[38], nicht aber auf den Schadenseintritt oder die Folgeschäden. Eine Verletzung oder Schädigung des Betroffenen muss somit vom Verschulden nur umfasst sein, wenn und soweit diese zu den Voraussetzungen des Schutzgesetzes gehört[39]. Das ist etwa bei einer Körperverletzung (§ 223 StGB) oder einer Vermögensschädigung (§ 263 StGB) der Fall. Ob der Täter die Folgen der Gesetzesverletzung vorausgesehen hat oder hätte voraussehen können, ist gleichgültig[40].

IV. Rechtsfolge

364 Sind die Voraussetzungen des § 823 Abs. 2 erfüllt, hat der Schädiger den aus dem Schutzgesetzverstoß entstandenen Schaden zu ersetzen (§§ 249 ff.). Nach § 823 Abs. 2 sind jedoch nur diejenigen Schäden ersatzfähig, die vom Sinn und Zweck des Schutzgesetzes gerade verhindert werden sollten (Schutzzweckzusammenhang)[41]. Es wird damit nur der Schaden ersetzt, den das betreffende Schutzgesetz verhüten will.

§ 11 Vorsätzliche sittenwidrige Schädigung: § 826

365 Prüfungsschema § 826
    I. **Voraussetzungen**
       1. Schaden
          – Sämtliche Vermögens- und Nichtvermögensschäden
       2. Zurechenbares sittenwidriges Handeln
          a) Handeln (Tun oder Unterlassen)
          b) Sittenwidrigkeit
          c) Haftungsbegründende Kausalität
       3. Vorsatz
          – Bzgl. Verletzungshandlung und Schaden

---

35 Vgl. dazu MünchKomm/*Wagner* § 823 Rn. 609 ff.
36 Vgl. PWW/*Schaub*, § 823 Rn. 236.
37 BGHZ 51, 91, 103 ff.; BGH NJW 1968, 1279, 1281; PWW/*Schaub*, § 823 Rn. 236.
38 BGH NJW-RR 1987, 1311, 1312; BGHZ 34, 375, 381; MünchKomm/*Wagner*, § 823 Rn. 607; anders *Kupisch/Krüger*, S. 68 f.
39 BGH NJW 1982, 1037, 1038; Staudinger/*Hager*, § 823 Rn. G 34 f.
40 BGHZ 103, 197, 200.
41 PWW/*Schaub*, § 823 Rn. 234.

> **II. Rechtsfolge**
>
> Ersatz des Schadens nach §§ 249 ff. (Schaden, haftungsausfüllende Kausalität, Mitverschulden)

I. Überblick

Übersichtsaufsätze: *Lorenz*, Grundwissen – Zivilrecht: Deliktsrecht – Haftung aus § 826 BGB, JuS 2020, 493 ff.; *Röthel*, Vorsätzliche sittenwidrige Schädigung (§ 826), JURA 2021, 258 ff.

366

Nach § 826 ist schadensersatzpflichtig, wer in einer gegen die guten Sitten verstoßenden Weise einem anderen vorsätzlich einen Schaden zufügt. § 826 ist **neben vertraglichen Ansprüchen** oder Ansprüchen aus § 823 Abs. 1 oder § 823 Abs. 2 iVm. einem Schutzgesetz zu prüfen.

Eine Einschränkung erfährt diese Haftungsnorm dadurch, dass die Schadenszufügung **vorsätzlich** und in einer „gegen die guten Sitten verstoßenden Weise" erfolgt sein muss. Da für den Vorsatz und Sittenverstoß des Schädigers der **Geschädigte** darlegungs- und beweispflichtig ist, ist die praktische Bedeutung des § 826 gering und auf eklatantes Fehlverhalten reduziert.

367

> **Klausurtipp:** Da § 826 ebenso wie § 138 auf Sittenwidrigkeit abhebt, sollte in der **Klausur** grds. (je nach Fallfrage) zunächst ein vertraglicher Anspruch und diesbezüglich § 138 (Folge: Nichtigkeit) geprüft werden. Liegt Nichtigkeit nach § 138 vor, entfällt regelmäßig ein Schaden i.S. des § 826[1]. Bei Bejahung der Nichtigkeit gem. § 138 ist sodann an die Prüfung eines Anspruchs aus § 812 Abs. 1 S. 1 (ohne Rechtsgrund, da der Vertrag nichtig ist) zu denken.

II. Tatbestand

1. Schadenszufügung

Gegenstand der Ersatzpflicht ist **jeder Schaden**, der vorsätzlich und sittenwidrig zugefügt wird[2]. Bei § 826 gehört der Schaden zum haftungsbegründenden Tatbestand. § 826 dient nicht, wie § 823 Abs. 1 und Abs. 2, dem Schutz bestimmter, individuell benannter Rechtsgüter, sondern stellt eine **Generalklausel** dar, die jede Schädigung eines anderen, unabhängig von der Art des verletzten Rechts oder Rechtsgutes, sanktioniert. Es wird also auch das **Vermögen** geschützt.

368

Erfasst ist zudem der **Nichtvermögensschaden** (z.B. Ehrenkränkung durch die Verweigerung der Aufnahme in einen Verein[3]). Da der Schadensbegriff des § 826 subjektbezogen ist, kann neben einer nachteiligen Einwirkung auf die Vermögenslage

369

---

1 PWW/*Schaub*, § 826 Rn. 4.
2 Zum subjektiven Tatbestand des § 826 *Sack*, NJW 2006, 945 ff.
3 *Medicus/Lorenz*, SR II, § 79 Rn. 5.

auch jede Beeinträchtigung eines rechtlich anerkannten Interesses[4] und jede Belastung mit einer ungewollten Pflicht ein Schaden sein. Damit soll auch der Abschluss eines Geschäfts, das nicht den Zielen des Geschädigten entspricht, ein Schaden i.S. des § 826 sein können[5], ohne dass es darauf ankommt, ob die erhaltene Leistung wirtschaftlich hinter der Gegenleistung zurückbleibt.

2. Zuzurechnendes sittenwidriges Handeln

a) Grundlagen

370 Der Schaden muss auf einem zurechenbaren und sittenwidrigen Verhalten des Anspruchsgegners beruhen. Es muss also **Kausalität** zwischen der Handlung und dem Schaden bestehen. Da der Schaden bereits zum Tatbestand gehört, wird häufig nicht wie bei § 823 Abs. 1 zwischen haftungsbegründender und -ausfüllender Kausalität unterschieden. Wegen der Beweiserleichterung des § 287 ZPO in Bezug auf die haftungsausfüllende Kausalität ist die Abgrenzung aber für die Praxis relevant. So ist etwa bei der Informationsdelikthaftung im Kapitalmarktrecht die Kausalität zwischen Falschinformation und Anlageentscheidung von der zwischen Anlageentscheidung und Schaden zu unterscheiden[6].

371 Das Handeln muss sittenwidrig sein.

→ **Definition: Sittenwidrig** sind Handlungen, die gegen das Anstandsgefühl aller billig und gerecht Denkenden verstoßen und damit **moralisch verwerflich** sind[7]. Der Begriff der Sittenwidrigkeit in § 826 ist damit gleichbedeutend mit der Sittenwidrigkeit in § 138.

Nicht hinreichend ist, dass der Handelnde vertragliche Pflichten oder das Gesetz verletzt oder bei einem anderen einen Vermögensschaden hervorruft[8]. Hinzukommen muss die besondere Verwerflichkeit. Die für eine Sittenwidrigkeit erforderliche Verwerflichkeit kann sich aus dem verfolgten **Zweck** (z.B. Existenzvernichtung, Bereicherung), dem angewandten **Mittel** (z.B. Täuschung einer arglosen Person, Rufmord), der dabei zutage getretenen **Gesinnung** (z.B. rücksichtsloses Gewinnstreben) oder den damit angerichteten **Folgen** (z.B. bleibender Gesundheitsschaden, Ruin) ergeben[9].

372 Einzubeziehen ist, ob das Verhalten nach dem aus der Zusammenfassung der o.g. Punkte zu entnehmenden Gesamtcharakter gegen die guten Sitten verstößt[10]. Maßgeblich sind die Anschauungen der in Betracht kommenden Kreise (z.B. Kaufleute), wobei ein Durchschnittsmaß von Redlichkeit und Anstand zugrunde zu legen ist. Maßgeblicher Zeitpunkt für die Beurteilung der Sittenwidrigkeit ist die Vornahme der Schädigungshandlung. Damit sind für die Bewertung die zu diesem Zeitpunkt geltenden Moralvorstellungen entscheidend[11].

---

4 BGHZ 160, 149 ff., Rn. 41 nach juris.
5 Vgl. **LG Frankfurt, Urt. v. 28.3.2019 – 2/1 O 121/16**, juris, Rn. 77 (Abschalteinrichtung) unter Verweis auf BGHZ 160, 149 ff.
6 Zu den Einzelheiten *Buck-Heeb*, Kapitalmarktrecht, 11. Aufl. 2020, Rn. 544 ff.
7 BGHZ 10, 228, 232; BGH NJW 2004, 2668, 2670.
8 BGH NJW 2014, 1380 ff.; BGH NJW 2014, 1098 Rn. 23.
9 BGH NJW 2014, 383 Rn. 9.
10 BGH NJW 2014, 1098 Rn. 23.
11 BGH NJW 1983, 2692.

b) Fallgruppen

Im Einzelfall kann die Feststellung der Sittenwidrigkeit schwierig sein. Unproblematisch ist diese, wenn eine vorsätzliche Schädigung auch einen Straftatbestand erfüllt. Dann wird die Schädigung grundsätzlich als sittenwidrig angesehen, da das Strafrecht ein moralisches Unrechtsurteil enthält und Ausdruck der allgemeinen Sittenordnung ist. In solchen Fällen werden regelmäßig Ansprüche aus § 823 Abs. 2 iVm. dem Schutzgesetz sowie § 826 nebeneinander vorliegen. Für die anderen Fälle ist es hilfreich, sich einige **Fallgruppen** zu merken, die sich aus der nahezu unübersehbaren Kasuistik herausgebildet haben[12]. 373

Eine erste Fallgruppe ist die der **Verleitung zum Vertragsbruch**. Grundsätzlich braucht sich der Käufer einer Sache nicht darum zu kümmern, ob der Verkäufer die Sache bereits einem Dritten versprochen hat. Selbst wenn der Käufer diesbezüglich positive Kenntnis hat, ist dadurch noch kein Raum für Sittenwidrigkeit eröffnet. Auch das bloße Überbieten des ersten Käufers beim Kaufpreis reicht für § 826 noch nicht aus[13]. Anders verhält es sich, wenn der Käufer den Verkäufer zum Vertragsbruch bestimmt hat und damit aktiv am Vertragsbruch beteiligt ist[14], indem er etwa dem Verkäufer eine Freistellung von Schadensersatzansprüchen gegen den Erstkäufer zusagt[15]. 374

Eine zweite **klausurwichtige** Fallgruppe ist die der Erschleichung eines objektiv unrichtigen Urteils bzw. der **Erschleichung von Titeln**. Eine **Urteilserschleichung** liegt vor, wenn eine Partei im Prozess bewusst unwahre Tatsachen vorträgt oder Beweismittel manipuliert und auf diese Weise das Gericht über den wahren Sachverhalt täuscht und infolgedessen ein unrichtiges Urteil ergeht. Die täuschende Partei verstößt gegen die Wahrheitspflicht aus § 138 ZPO. Die Partei, die das Urteil erschlichen hat und die Unrichtigkeit kennt, handelt sittenwidrig. 375

Demgegenüber genügt das bloße Ausnutzen eines als unrichtig erkannten Urteils, ohne dass zuvor auf das Gericht durch Täuschung eingewirkt wurde, nicht für die Bejahung einer Sittenwidrigkeit. Der BGH verlangt vielmehr, dass über das bloße Ausnutzen hinaus weitere Umstände hinzutreten, nach denen es „in hohem Maße unbillig und geradezu unerträglich wäre, die Ausnutzung des Urteils zuzulassen"[16]. 376

Nach h.M. ist auch das Betreiben der Vollstreckung aus einem zwar nicht erschlichenen, aber sachlich unrichtigen Urteil sittenwidrig, wenn der Titelgläubiger seine formelle Rechtsstellung unter Missachtung der materiellen Rechtslage zu Lasten des Schuldners ausnutzt. Nach der Rechtsprechung kommt eine Durchbrechung der Rechtskraft und die Bejahung eines Anspruchs aus § 826 auf Unterlassung der Zwangsvollstreckung oder Herausgabe des Titels in Betracht[17]. Das wird in der Lite- 377

---

12 *Medicus/Lorenz*, SR II, § 79 Rn. 12 ff.; *Brox/Walker*, § 47 Rn. 5 ff.
13 *Medicus/Petersen*, BR, Rn. 625. Der Erstverkäufer hat aber gegen den Verkäufer gem. §§ 280 Abs. 1, 3 iVm. 283 S. 1 und S. 2 iVm. 281 Abs. 1 S. 3, 285 Ansprüche auf Schadensersatz statt der ganzen Leistung sowie auf Herausgabe des Ersatzes bzw. Abtretung des Ersatzanspruchs.
14 BGH NJW 1969, 1293, 1295; OLG Rostock, 20.9.2018 – 3 U 37/17, juris Rn. 53.
15 BGH NJW 1981, 2184, 2185; BGH NJW 1994, 128, 129.
16 BGH NJW 1986, 1751, 1753.
17 BGH WM 1998, 1950, 1951 m.w.N.

ratur teilweise aufgrund der entstehenden Rechtsunsicherheit kritisiert. Die materielle Rechtskraft habe gerade den Zweck, eine sichere, unumstößliche Rechtslage zu gewährleisten. Zudem seien die Rechtsbehelfe der ZPO ausreichend, insbesondere könne auch eine Analogie zu § 580 ZPO Abhilfe schaffen[18].

378 Daneben findet sich die Fallgruppe der Erteilung **wissentlich falscher Auskünfte**, aufgrund derer der Anfragende ein für ihn nachteiliges Rechtsgeschäft abschließt (z.B. falsche Auskunft über die Kreditwürdigkeit des Dritten oder bestimmte Eigenschaften einer Sache; falsches Zeugnis des Arbeitgebers[19]). Allerdings reicht allein die Erstattung eines fehlerhaften Gutachtens nicht für einen Verstoß gegen die guten Sitten aus. Erforderlich ist vielmehr, dass der Gutachter leichtfertig oder gewissenlos gehandelt hat[20].

379 Als weitere Fallgruppe kommt der **Missbrauch einer Monopolstellung** (Kontrahierungszwang, Aufnahmezwang von Vereinen und Verbänden) in Betracht. Zwar kann ein Verein grundsätzlich selbst über die Aufnahme von Mitgliedern bestimmen, anders ist dies aber, sofern es sich um Vereine mit Monopolstellung oder erheblicher wirtschaftlicher oder sozialer Machtstellung handelt, wenn die Aufnahmebedingungen erfüllt werden und der Betroffene zur Verfolgung oder Wahrung wesentlicher Interessen auf die Mitgliedschaft angewiesen ist[21]. Dann kann aus § 826 ein **Anspruch auf Aufnahme** in den Verein folgen.

380 Eine andere Fallgruppe ist die **Schädigung anderer Gläubiger** des gemeinsamen Schuldners durch Bestellenlassen übermäßiger Sicherheiten (Übersicherung)[22] oder durch Anstiftung des Schuldners zur Insolvenzverschleppung. Darüber hinaus gibt es die Fallgruppe des vorsätzlichen **Missbrauchs der Vertretungsmacht**. Der Fallgruppe der **arglistigen Täuschung** und **rechtswidrigen Drohung** i.S. des § 123 kommt eigenständige Bedeutung nur dann zu, wenn eine Anfechtung wegen Fristablaufs unzulässig geworden ist. Zu nennen sind des Weiteren das Betreiben sog. **Schneeballsysteme**. Hier haftet der Geschäftsleiter der Gesellschaft, wenn „sein" Geschäftsmodell von vornherein auf Täuschung und Schädigung angelegt ist (Schwindelunternehmen)[23].

> **Klausurtipp:** Im Hinblick auf die Prüfung von Ansprüchen aus gesetzlichen Schuldverhältnissen ist zunächst ein Anspruch aus § 823 Abs. 2 iVm. § 263 StGB und sodann ggf. ein Anspruch aus § 826 zu prüfen. Im Anschluss daran ist ein Anspruch aus § 812 Abs. 1 S. 1 (ohne Rechtsgrund bei wirksamer Anfechtung nach § 123) zu diskutieren.

---

18 So *Braun*, ZIP 1987, 687 ff. Einer solchen Erweiterung der gesetzlichen Wiederaufnahmemöglichkeiten hat der BGH jedoch eine Absage erteilt, siehe BGHZ 101, 380, 383; BGH NJW 1987, 3259, 3260.
19 BGH NJW 1970, 2291, 2292.
20 BGH DB 2001, 2090, 2091 (Prüfbericht einer Wirtschaftsprüfungsgesellschaft); BGHZ 127, 378 ff. (Bausachverständigengutachten); BGH NJW 2004, 2668, 2669 ff.
21 BGH NJW 1969, 316, 317; BGHZ 29, 344, 347 ff. (Händlerverein); BGHZ 93, 151, 152 (IG Metall); BGH NJW 1998, 2818, 2819.
22 Bei der Übersicherung wird § 826 jedoch regelmäßig deshalb keine Rolle spielen, weil die Sicherungsgeschäfte bereits nach § 138 nichtig sind, sodass es keinen nach § 826 zu ersetzenden Schaden der übrigen Gläubiger gibt.
23 BGH NJW 2021, 1759 Rn 16.

3. Verschulden

Im Hinblick auf das Verschulden ist **Vorsatz** erforderlich. Jede Vorsatzform ist ausreichend, auch bedingter Vorsatz, bei dem jemand den Eintritt des Schadens als möglich voraussieht und ihn billigend in Kauf nimmt. Da sich die Ermittlung des Vorsatzes als sog. innere Tatsache in der Praxis zumeist schwierig gestaltet, soll nach st.Rspr. (bedingter) Vorsatz i.S. des § 826 schon bei (bloß) leichtfertigem Verletzungsverhalten vorliegen[24]. Das kann auch in einem bewussten Sichverschließen vor der Kenntnis von Tatumständen liegen[25]. Dass die relevanten Umstände lediglich objektiv erkennbar waren und sich dem Handelnden hätten aufdrängen müssen, reicht nicht[26]. Trotz dieser Eingrenzung wird hiergegen in der Literatur eingewandt, Leichtfertigkeit i.S. einer groben Fahrlässigkeit könne angesichts des Vorsatzerfordernisses nicht ausreichen, sondern lediglich Indiz für einen bedingten Schädigungsvorsatz sein[27].

381

Der Vorsatz muss sich nach h.M. auf diejenigen Tatumstände beziehen, die den Sittenverstoß begründen, d.h. aus denen sich die Bewertung der Schädigung als sittenwidrig ergibt[28]. Er braucht aber **nicht die Sittenwidrigkeit** als solche zu umfassen. Der Täter muss die Bewertung als sittenwidrig weder kennen noch laienhaft nachempfinden können. Ihm sollen mögliche laxe Anschauungen nicht zugutekommen können[29]. Nimmt jemand gewissenlos eigene Vorteile wahr, ohne auf die Belange Dritter Rücksicht zu nehmen (z.B. unrichtiges Sachverständigengutachten), kommt eine vorsätzliche sittenwidrige Schädigung in Betracht[30].

382

Der Vorsatz muss sich, anders als bei § 823 Abs. 1 und 2, nicht nur auf die Verletzungshandlung beziehen, sondern auch auf den **Schaden** erstrecken[31]. Ersetzt werden damit nur Schäden, die vom Vorsatz umfasst sind. Der Handelnde muss also wissen, dass ein Schaden oder Folgeschaden[32] eintritt, und er muss diesen wollen. Allerdings braucht der Vorsatz nur einen Schaden von der Art des eingetretenen Schadens zu umfassen. Nicht erforderlich ist, dass der Vorsatz sich auf den Schadensverlauf im Einzelnen und den Umfang des Schadens erstreckt. Es reicht, wenn der Handelnde die relevanten Umstände für möglich gehalten und billigend in Kauf genommen hat[33].

383

Es genügt beispielsweise bei Ausstellung eines unrichtigen günstigen Zeugnisses die allgemeine Vorstellung, das Zeugnis könne eine Gelegenheit zur Schädigung des neuen Arbeitgebers schaffen[34]. Eine Schädigungsabsicht und das Bewusstsein der Sittenwidrigkeit sind nicht erforderlich.

384

Umstritten ist die Bejahung von Vorsatz beim Gebrauchtwagenkauf innerhalb einer **Käuferkette**. Dabei wird in den sog. Zwischenhändlerfällen, bei denen der Verkäufer

385

---

24 BGH NJW 1986, 180, 181; BGH NJW 1992, 3167.
25 BGHZ 129, 136, 176; BGHZ 184, 365 Rn. 39.
26 BGH NJW 2014, 1380 ff.
27 *Medicus/Lorenz*, SR II, § 79 Rn. 8.
28 *Sack*, NJW 2006, 945 ff.
29 *Medicus/Petersen*, BR, Rn. 624.
30 BGH NJW 1991, 3282, 3283 (unrichtiges Sachverständigengutachten).
31 BGH NJW-RR 2000, 393.
32 Dagegen umfasst ein Anspruch aus Vertrag oder § 823 Abs. 1 auch alle adäquaten Folgeschäden.
33 Vgl. BGH NJW-RR 2012, 404 f. Rn. 10.
34 *Medicus/Lorenz*, SR II, Rn. 1332.

dem gewerblichen Zwischenhändler einen Schaden am Pkw verschweigt, regelmäßig Vorsatz bejaht. Es sei mit einem Wiederverkauf zu rechnen gewesen. Bei einem Verkauf von privat an privat wird Vorsatz grundsätzlich verneint, außer der Täter hätte mit einem Wiederverkauf typischerweise oder nach den Umständen rechnen müssen[35].

§ 12 Die Haftung für fehlerhafte Produkte

I. Überblick

386 Eine Haftung für fehlerhafte Produkte kann insbesondere durch zwei Anspruchsgrundlagen erfolgen. Zum einen ist eine Haftung nach dem Produkthaftungsgesetz (**Produkthaftung**), zum anderen eine Haftung nach § 823 Abs. 1 (sog. **Produzentenhaftung**) zu prüfen. Es besteht Anspruchskonkurrenz, d.h. beide Ansprüche sind nebeneinander zu prüfen. Das ist praktisch v.a. aufgrund der Unzulänglichkeiten der Haftung nach dem ProdHG von Relevanz.

387 Auch wenn die Darstellung des § 823 Abs. 1 schon oben erfolgte, soll hier – unter dem speziellen Aspekt der Produkthaftung – nochmals auf diese Norm eingegangen werden. Denn es gelten, v.a. in Bezug auf die Beweislastverteilung, einige Besonderheiten.

> **Klausurtipp:** Da die Produkthaftung nach dem ProdHG eine Gefährdungshaftung und damit eine **verschuldensunabhängige Haftung** ist, sollte diese vor Ansprüchen aus §§ 823 ff. (Verschuldenserfordernis) geprüft werden.

II. Produkthaftung nach dem Produkthaftungsgesetz

Übersichtsaufsätze: *Fuchs/Baumgärntner*, Ansprüche aus Produzentenhaftung und Produkthaftung, JuS 2011, 1057 ff.; *Lange*, Die Haftung für fehlerhafte Produkte – Teil 2: Das ProdHaftG, JURA 2018, 761 ff.

Übungsfälle: *Schlinker*, Anfängerklausur – Zivilrecht: Deliktsrecht – Produzentenhaftung, JuS 2010, 224 ff.; *Benrath*, Polychlorierte Dibenzodioxine, JA 2013, 256, 264 ff.

388 Prüfungsschema § 1 Abs. 1 ProdHG
I. Voraussetzungen
  1. Körper-, Gesundheits- oder Sachschaden (§ 1 Abs. 1 ProdHG)
     – Ersatz des Sachschadens nur bei anderen Sachen als dem fehlerhaften Produkt
     – und nur bei privatem Ge- oder Verbrauch
  2. Durch fehlerhaftes Produkt
     – Produkt (§ 2 ProdHG)
     – Produktfehler (§ 3 ProdHG)
     – Haftungsbegründende Kausalität

---

35 Zum Meinungsstand OLG Braunschweig NJW 2007, 609, 610.

3. Hersteller (§ 4 ProdHG)
4. Kein Haftungsausschluss (§ 1 Abs. 2 oder Abs. 3 ProdHG)
   – Beweislast für Ausschlussgründe bei Schädiger (Hersteller!)

II. Rechtsfolge
– Schadensersatz bei Tod, Körper- oder Gesundheitsverletzung (§§ 7–10 ProdHG), Höchstbetrag 85 Mio. Euro
– Schadensersatz bei Zerstörung/Beschädigung privater Sachen (§ 11 ProdHG), Eigenanteil Geschädigter 500 Euro
– Schmerzensgeld (§ 8 S. 2 ProdHG, § 253 Abs. 2)
– Mitverursachung/Mitverschulden (§ 6 ProdHG, § 254)
– Mehrere Ersatzpflichtige haften als Gesamtschuldner (§ 5 S. 1 ProdHG)
– Verjährung/Erlöschen (§§ 12, 13 ProdHG)

1. Voraussetzungen

a) Rechtsgutverletzung

Ob die Haftung nach dem Produkthaftungsgesetz eine „echte" Gefährdungshaftung darstellt, ist umstritten[1]. **Anwendbar** ist das Gesetz auf Produkte, die nach dem 1.1.1990 in Verkehr gebracht wurden (§ 16 ProdHG). Der persönliche und sachliche Anwendungsbereich des Produkthaftungsgesetzes entspricht nicht dem der deliktischen Produkthaftung. Er ist teils weiter, teils enger.

389

aa) Rechtsgüter. Vorliegen muss zunächst eine Rechtsgutverletzung i.S. des § 1 Abs. 1 ProdHG. § 1 Abs. 1 S. 1 ProdHG begründet eine Haftung für alle durch ein fehlerhaftes Produkt verursachten **Körper- und Gesundheitsschäden** oder die durch dieses verursachte Tötung eines Menschen. Diesbezüglich kann auf die allgemeinen Ausführungen zu § 823 Abs. 1 verwiesen werden[2].

390

Sachschäden sind nach § 1 Abs. 1 S. 2 ProdHG eingeschränkt ersatzfähig. Beschädigung einer Sache i.S. des § 90 meint nicht nur eine Eigentumsverletzung, sondern bezieht sich auch auf die Verletzung dinglicher Rechte, des Anwartschaftsrechts und des Rechts zum Besitz („sonstiges Recht"). Es werden nur solche Sachschäden erfasst, die an einer Sache entstehen, welche ihrer Art nach gewöhnlich für den **privaten Ge- oder Verbrauch** bestimmt und hierzu von dem Geschädigten auch tatsächlich verwendet worden ist. Eine Haftung für Schäden an freiberuflich und gewerblich genutzten Sachen ist nur nach den §§ 823 ff. möglich.

391

Der Sachschaden muss zudem an einer **anderen Sache** als dem gelieferten fehlerhaften Produkt eingetreten sein. Ist das gelieferte Produkt fehlerhaft, so ist lediglich das Äquivalenzinteresse des Endabnehmers betroffen. Er muss sich in diesem Fall mit seinen vertraglichen Gewährleistungsansprüchen begnügen. Entscheidend kommt es darauf an, ob der Sachschaden über die „Produkteinheit" hinaus eine „andere Sache" betrifft. **Umstritten** ist, wie die **Einheit des Produkts** festzustellen ist, und zwar insbesondere in den Fällen, in denen zunächst nur ein Teil der Sache fehlerhaft ist, sich dieser Fehler aber „weiterfrisst" und später auf die Gesamtsache auswirkt.

392

---
1 Staudinger/*Oechsler*, 2018, Einleitung § 1 ProdukthaftG Rn. 27 ff.
2 Siehe oben Rn. 143 ff.

393 **bb) Weiterfressender Mangel.** Teilweise wird im Schrifttum eine Übertragung der deliktischen Grundsätze des **„weiterfressenden Mangels"** auf § 1 Abs. 1 S. 2 ProdHG vorgeschlagen[3]. Zur Harmonisierung der vertraglichen und außervertraglichen Haftung sei eine Haftung nach dem ProdHG in gleichem Maße zuzulassen wie die deliktische Haftung nach § 823 Abs. 1 neben den vertraglichen Gewährleistungsansprüchen (z.B. §§ 437 ff.) zugelassen werde. Dies stehe zudem in Einklang mit dem Wortlaut des ProdHG. So spreche § 1 Abs. 1 S. 2 ProdHG nur von einem Schaden an einer anderen Sache als dem fehlerhaften Produkt. Unter den Begriff des Produkts falle nach § 2 ProdHG aber auch eine bewegliche Sache, die bloß Bestandteil einer anderen Sache ist. Das fehlerhafte Produkt i.S. des § 1 Abs. 1 S. 2 sei somit nicht zwingend identisch mit dem gelieferten (Gesamt-)Produkt.

394 Die **h.M. verneint die Übertragung** der Grundsätze des „weiterfressenden Mangels" auf § 1 Abs. 1 S. 2 ProdHG. Insbesondere die Argumentation mit dem Wortlaut der § 1 Abs. 1 S. 2 und § 2 ProdHG verkomme zur „bloßen begrifflichen Spielerei"[4]. Nach dem ProdHG sei das fehlerhafte Produkt stets das (einheitliche) Endprodukt und nicht die Summe seiner einzelnen Bestandteile[5]. Eine andere Auslegung würde dem § 1 Abs. 1 S. 2 ProdHG nahezu jeden Anwendungsbereich nehmen. Überdies ist § 1 Abs. 1 S. 2 ProdHG im Kontext der europäischen Rechtsangleichung zu sehen, denn die Formulierung „eine andere Sache" geht auf die Richtlinie zur Vereinheitlichung der Produkthaftung zurück[6]. Die Übertragung der Grundsätze der Weiterfresserschäden mit ihren vagen Abgrenzungskriterien lässt sich nicht mit der Absicht in Einklang bringen, die Haftung für Störungen des Äquivalenzinteresses aus dem harmonisierten Produkthaftungsrecht herauszuhalten. Im Hinblick auf Weiterfresserschäden haftet daher jedenfalls der **Endhersteller** nicht nach dem ProdHG.

395 Hiervon zu trennen ist die **Haftung des Zulieferers**. Grundsätzlich kann er nach § 4 Abs. 1 ProdHG als Teilhersteller neben dem Hersteller des Endprodukts in Anspruch genommen werden[7]. Unproblematisch ist die Ersatzfähigkeit von Schäden an einer anderen Sache als dem Endprodukt, d.h. der Fall, dass das gelieferte Teilprodukt fehlerhaft ist, dadurch auch das Endprodukt fehlerhaft wird und infolgedessen eine andere Sache beschädigt wird.

396 **Umstritten** ist hingegen, wie es zu beurteilen ist, wenn der **Schaden nur am Endprodukt** eintritt. Dabei geht es darum, ob das Endprodukt schon eine „andere Sache" als das Teilprodukt darstellt. Eine Ansicht bejaht in diesen Fällen eine Produkthaftung des Teilherstellers bei funktionell abgrenzbaren Teilen wegen der Eigenständigkeit des Endprodukts[8]. Den Endhersteller trifft dagegen mangels Beschädigung einer anderen Sache keine Haftung.

---

3 *Katzenmeier*, NJW 1997, 486, 492. Zur Behandlung des sog. „weiterfressenden Mangels" im Rahmen von § 823 Abs. 1 siehe oben Rn. 172 ff.
4 MünchKomm/*Wagner*, § 1 ProdHaftG Rn. 10; *Larenz/Canaris*, § 84 VI 1c; *Tiedtke*, NJW 1990, 2961, 2962.
5 Staudinger/*Oechsler*, § 1 ProdHaftG Rn. 10 ff.
6 Vgl. Richtlinie v. 25.7.1985 (85/374/EWG).
7 Siehe Rn. 401.
8 Palandt/*Sprau*, § 1 ProdHG Rn. 6.

Die wohl h.M. lehnt auch eine **Haftung des Teilherstellers** ab. Eine solche würde den Umfang der ersatzfähigen Schäden über Sachschäden an „anderen Sachen" (§ 1 Abs. 1 S. 2 ProdHG) hinaus erweitern[9]. Folglich könnten auch hier die deliktischen Grundsätze der „weiterfressenden Mängel" nur entgegen dem Wortlaut von § 1 Abs. 1 S. 2 ProdHG übertragen werden[10]. Insgesamt ist die Haftung des Teilherstellers für Schäden am Endprodukt weder mit der Intention des Gesetzgebers vereinbar[11], noch anhand der Haftung als Gesamtschuldner (§ 5 ProdHG) festzumachen. Sie soll dem Geschädigten lediglich einen zusätzlichen Schuldner bereitstellen und nicht eine eigene Haftung des Teilherstellers begründen. Der BGH hat hierzu noch nicht Stellung genommen. 397

b) Durch fehlerhaftes Produkt

aa) Produkt, Produktfehler. Weitere Voraussetzung für eine Haftung nach § 1 Abs. 1 ProdHG ist, dass ein **Produkt i.S. des § 2 ProdHG** vorliegt, also eine bewegliche Sache i.S. des § 90 unabhängig vom Aggregatzustand und von der Verarbeitung (auch: Elektrizität[12]). 398

Zudem muss ein **Produktfehler i.S. des § 3 ProdHG** vorliegen. Ein solcher ist gegeben, wenn das Produkt im Zeitpunkt seines In-Verkehr-Bringens nicht die Sicherheit bietet, die v.a. unter Berücksichtigung des durchschnittlichen Benutzerkreises, des Preis-Leistungs-Verhältnisses, des Verwendungszwecks, aber auch des über die Zweckbestimmung hinausgehenden, jedoch nicht völlig fernliegenden Fehlgebrauchs erwartet werden darf (**berechtigte Sicherheitserwartungen**)[13]. Es geht also um Produktsicherheit, nicht – wie bei § 434 Abs. 1 – um die Gebrauchsfähigkeit des Produkts[14]. Die objektiv zu bestimmenden Sicherheitserwartungen des jeweiligen Benutzers beurteilen sich ebenso wie die Verkehrspflichten des Herstellers nach § 823 Abs. 1[15]. Hierbei ist auf die Kategorien der Fabrikations-, der Konstruktions- und der Instruktionsfehler abzustellen[16]. 399

> **Klausurtipp:** Da es für die Bestimmung des Produktfehlers auf den Zeitpunkt des In-Verkehr-Bringens ankommt, scheidet eine Haftung nach § 1 Abs. 1 ProdHG aus, wenn nach diesem Zeitpunkt die Produktsicherheit aufgrund nachträglicher Erkenntnisse (vgl. § 1 Abs. 2 Nr. 5 ProdHG) verbessert werden könnte. Die Haftung für die Verletzung von **Produktbeobachtungs- und Reaktionspflichten** richtet sich daher allein nach den §§ 823 ff.[17]

---

9 *Honsell*, JuS 1995, 211, 215; MünchKomm/*Wagner*, § 1 ProdHaftG Rn. 12; *Tiedtke*, NJW 1990, 2961, 2964.
10 MünchKomm/*Wagner*, § 4 ProdHG Rn. 32; a.A. *Graf von Westphalen*, JURA 1992, 511, 513.
11 MünchKomm/*Wagner*, § 1 ProdHG Rn. 12; *Lorenz*, ZHR 151 (1087), 1, 16; *Foerste*, JA 1990, 177, 181 f.
12 Siehe BGH NJW 2014, 2106 ff.
13 BGHZ 129, 353 ff. („Mineralwasserflaschen"); BGH NJW 2013, 1302 ff. („Heißwasser-Untertischgerät").
14 *Landrock*, JA 2003, 981, 983; dazu, dass bereits ein Fehlerverdacht ein Produktfehler sein kann, ohne dass dieser beim konkreten Produkt festgestellt werden muss, EuGH NJW 2015, 1163 ff.; dazu auch *Molitoris/Klindt*, NJW 2016, 2464, 2467 f.
15 BGH NJW 2009, 2952; BGH NJW 2014, 2106, 2107.
16 BGH NJW 2009, 2952 ff. („Airbag"); BGH NJW 2009, 1669 ff. („Kirschkern"); PWW/*Schaub*, § 3 ProdHaftG Rn. 7; siehe auch unten Rn. 415 ff.
17 BGH NJW 2009, 2952 ff. („Airbag").

Zudem haftet der Hersteller nach dem ProdHG auch für sog. **Ausreißer**, da es hier auf die Erkennbarkeit des Fehlers, anders als nach § 823 Abs. 1, nicht ankommt[18].

400 **bb) Kausalität.** Die Rechtsgutverletzung muss kausal, d.h. durch den Fehler des Produkts verursacht worden sein[19]. Nur vereinzelt wird im Schrifttum das Kausalitätserfordernis im Rahmen des ProdHG in Frage gestellt oder als unter erleichterten Bedingungen zu bejahen angesehen[20].

c) Anspruchsgegner

401 Als Haftungsadressat kommt nach § 4 ProdHG der **Hersteller** in Betracht.

→ **Definition:** Hersteller ist jeder, in dessen Organisationsbereich eine bewegliche Sache entstanden ist[21]. Kein Hersteller ist, wer lediglich Dienstleistungen in Bezug auf das Produkt erbringt.

402 Das sind der Endprodukthersteller (§ 4 Abs. 1 S. 1 ProdHG), der Zulieferer von Einzelteilen oder Grundstoffen als Teilhersteller (§ 4 Abs. 1 S. 1 ProdHG), der **Quasi-Hersteller** (§ 4 Abs. 1 S. 2 ProdHG), d.h. derjenige, der sich durch Anbringen des eigenen Namens oder Warenzeichens als Hersteller dieses Produkts ausgibt, sowie der **Importeur** (§ 4 Abs. 2 ProdHG), der Waren zum Zweck wirtschaftlichen Vertriebs aus einem Nicht-EU-Land in ein Land des Europäischen Wirtschaftsraums einführt.

403 Nach § 4 Abs. 3 ProdHG haftet auch der **Lieferant**, wenn der Produkthersteller bzw. Importeur (auch wenn der Hersteller bekannt ist) nicht festgestellt werden kann und er nicht innerhalb eines Monats nach entsprechender Aufforderung durch den Geschädigten seinen eigenen Vorlieferanten oder den Hersteller bei EU-Waren bzw. den Importeur bei Nicht-EU-Waren benennt. Der Kreis derer, die als Hersteller i.S. des § 4 ProdHG haften, ist also einerseits umfassender als nach den §§ 823 ff., andererseits eingeschränkter, da eine Haftung von Organpersonen (z.B. Geschäftsführern) oder Mitarbeitern eines Unternehmens nach dem ProdHG im Gegensatz zur Deliktshaftung von vornherein ausscheidet.

404 Ein **Haftungsausschluss** kommt nach § 1 Abs. 2 und 3 ProdHG in Betracht. Insbesondere entfällt die Ersatzpflicht, wenn nach den Umständen davon auszugehen ist, dass das Produkt den Fehler, der den Schaden verursacht hat, noch nicht hatte, als der Hersteller es in den Verkehr brachte[22]. Außerdem wird nicht für sog. Entwicklungsrisiken gehaftet (§ 1 Abs. 2 Nr. 5 ProdHG).

---

18 So die ganz h.M. in Literatur und Rechtsprechung, vgl. nur etwa PWW/*Schaub*, § 1 ProdHG Rn. 17; siehe aber neuerdings anders der BGH in BGH NJW 2009, 1669, wo auf die Frage der berechtigten Sicherheitserwartungen des Kunden abgehoben wird; hierzu zutreffend kritisch *Fuchs/Baumgärtner*, JuS 2011, 1057, 1062.
19 PWW/*Schaub*, § 1 ProdHaftG Rn. 8; Erman/*Wilhelmi*, § 1 ProdHaftG Rn. 2; zur Beweislast siehe Rn. 405.
20 Siehe dazu *Fuchs/Baumgärtner*, JuS 2011, 1057, 1062 m.N.
21 BGHZ 200, 242 Rn. 16; MünchKomm/*Wagner*, § 4 ProdHaftG Rn. 10 f.
22 Vgl. OLG München MDR 2011, 540 (Explosion einer Piccolo-Glasflasche).

d) Beweislast

Besonderheiten ergeben sich hinsichtlich der Beweislastverteilung. Nach § 1 Abs. 4 S. 1 ProdHG muss der **Geschädigte** den Produktfehler, den eingetretenen Schaden sowie den Kausalzusammenhang zwischen Fehler und Schaden und – sofern streitig – die Herstellereigenschaft des Anspruchsgegners beweisen[23]. 405

Ist der Tatbestand des § 1 Abs. 1 S. 1 ProdHG gegeben, so kann sich der **Hersteller** entlasten. Hierfür hat er nach § 1 Abs. 4 S. 2 ProdHG zu beweisen, dass ein Ausschlussgrund des § 1 Abs. 2 und 3 ProdHG besteht. Nach den allgemeinen Beweislastgrundsätzen muss er zudem beweisen, dass der Anspruch gemäß § 13 ProdHG nach Ablauf von 10 Jahren nach dem In-Verkehr-Bringen erloschen oder gemäß § 12 ProdHG verjährt ist. 406

2. Rechtsfolgen

Auch hinsichtlich der Rechtsfolgen der Haftung aus § 1 Abs. 1 ProdHG ergeben sich Besonderheiten. Ersatzfähig sind nach § 1 Abs. 1 ProdHG lediglich die Vermögensnachteile, die aufgrund von Tod oder Körperverletzung oder Beschädigung bzw. Zerstörung privater Sachen entstanden sind. Es kann also nicht Ersatz reiner **Vermögensschäden** verlangt werden. Diese können allenfalls nach den §§ 823 ff. ersatzfähig sein. 407

Wird durch ein fehlerhaftes Produkt ein Mensch **getötet** oder **verletzt**, bestimmt sich der Schadensersatz nach §§ 7 und 9 ProdHG bzw. §§ 8 und 9 ProdHG. In § 10 Abs. 1 ProdHG ist die Haftung auf den **Höchstbetrag** von 85 Mio. Euro beschränkt. Ein über diesen Betrag hinausgehender Schaden kann allein nach den §§ 823 ff. ersetzt verlangt werden. Werden Sachen **beschädigt** oder **zerstört**, hat der Hersteller aufgrund der **Selbstbeteiligung** gemäß § 11 ProdHG lediglich den über 500 Euro hinausgehenden Schaden zu ersetzen. Sachschäden, die unter diesem Betrag liegen, können allein nach den §§ 823 ff. ersetzt verlangt werden. 408

Sind mehrere ersatzpflichtig, haften sie dem Geschädigten als **Gesamtschuldner** (§ 5 S. 1 ProdHG). Der Ausgleich im Innenverhältnis zwischen den Gesamtschuldnern richtet sich nach § 5 S. 2 ProdHG. Bei **Mitverschulden** des Geschädigten ist in Bezug auf den Haftungsumfang des Herstellers § 6 ProdHG zu beachten. 409

III. Produzentenhaftung nach § 823 Abs. 1

Übersichtsaufsätze: *Fuchs/Baumgärtner*, Ansprüche aus Produzentenhaftung und Produkthaftung, JuS 2011, 1057 ff.; *Lange*, Die Haftung für fehlerhafte Produkte – Teil 1: Die Produzentenhaftung, JURA 2018, 643 ff.

Übungsfälle: *Zetzsche/Maunz*, Anfängerklausur – Zivilrecht: Deliktsrechtliche Haftungstatbestände – Fahrradbremsen mit Folgen, JuS 2016, 904; *Looschelders/Makowsky*, (Original-)-Referendarexamensklausur – Zivilrecht: Schuldrecht – Die Leiden eines Hobbyimkers, JuS 2018, 982 ff.; *Meller-Hannich*, Unter Wasser, JURA 2018, 606 ff.

---

23 BGH NJW 2005, 2695, 2696

410 | **Prüfungsschema § 823 Abs. 1 – Produzentenhaftung**
I. Voraussetzungen
1. Rechts- oder Rechtsgutverletzung
2. Zurechenbare Verletzungshandlung
   a) Verletzung einer herstellerspezifischen Verkehrspflicht
   – Konstruktionsfehler
   – Fabrikationsfehler
   – Instruktionsfehler
   – Produktbeobachtungsfehler/Befundsicherungspflicht
   b) Haftungsbegründende Kausalität zwischen Pflichtverletzung und Rechtsgutverletzung
3. Rechtswidrigkeit
4. Verschulden
   – Umkehr der Beweislast

II. Rechtsfolge
Ersatz des Schadens nach §§ 249 ff. (Schaden, haftungsausfüllende Kausalität, Mitverschulden)

1. Allgemeines

411 Die deliktische Produkthaftung hat sich als eigenständiger Teilbereich des § 823 Abs. 1 etabliert[24]. Sie stellt eine spezielle Ausprägung der Haftung für die Verletzung einer (hier: herstellerspezifischen) **Verkehrs(sicherungs)pflicht** dar[25]. Die Verkehrssicherungspflicht resultiert aus der Erwägung, dass derjenige, der Produkte herstellt oder in Verkehr bringt, eine potenzielle Gefahrenquelle schafft. Zwar hat der Hersteller keine absolute Sicherheit zu gewährleisten, er hat aber die erforderlichen und zumutbaren Maßnahmen zu ergreifen, um Schäden bei Abnehmern, Verbrauchern oder Benutzern der Produkte zu vermeiden.

412 **Klausurtipp:** Bei der Produzentenhaftung, die auf einer Verkehrs(sicherungs)pflicht aufbaut, stellt sich, wie bei § 823 Abs. 1 allgemein, die Frage, an welcher Stelle im **Fallaufbau** die Verletzung der Verkehrssicherungspflicht zu prüfen ist. Nach h.M. wird sie bei der Zurechenbarkeit der Handlung und damit im Tatbestand geprüft, sodass dies auch für die Klausur vorzugswürdig ist. Nur teilweise wird vertreten, sie sei erst im Rahmen der Rechtswidrigkeit zu prüfen[26]. Das ist in der Klausur insofern auch vertretbar möglich, als man sich damit nicht prüfungsrelevante Punkte „abschneidet".

2. Zurechenbare Rechts(gut)verletzung

413 Nach § 823 Abs. 1 ist eine **Rechts- oder Rechtsgutverletzung** und ein dem Antragsgegner zuzurechnendes Handeln erforderlich. Fraglich ist zunächst, wer **Hersteller bzw. Produzent** i.S. der Produzentenhaftung ist. Nach der Rechtsprechung ist der be-

---
24 *Landrock*, JA 2003, 981, 984.
25 Siehe Rn. 284.
26 Näher oben Rn. 290.

troffene Personenkreis nicht identisch mit dem Herstellerbegriff des § 4 ProdHG. Der Produzentenhaftung nach § 823 Abs. 1 unterliegen zunächst die sog. industriellen Hersteller[27]. Auch für einen Importeur werden entsprechende Verkehrspflichten bzgl. des Endverbrauchers[28] und des Endverkäufers[29] angenommen. Daneben sollen aber aus Produzentenhaftung auch **Produktionsleiter** mit herausgehobener und verantwortlicher Stellung haften[30]. Außerdem haften nicht nur Hersteller, die industrielle Massenfabrikation anbieten, sondern auch Inhaber von **Klein- oder Familienbetrieben**[31]. Auch hier hat der Produzent eher Einblick in den Produktionsvorgang als der Verbraucher.

Sodann muss der Hersteller eine deliktische Verkehrspflicht verletzt haben. Die Verletzung herstellerspezifischer Verkehrspflichten wird nicht verhaltensbezogen, sondern gegenstandsbezogen bestimmt. Sie liegt stets bei einem **objektiven Mangel** des Produkts, d.h. bei einem Produktfehler, vor. Die Sorgfaltspflichten des Herstellers, die zur Haftung aus Produzentenhaftung führen, werden regelmäßig in die Fallgruppen Fabrikationsfehler, Konstruktionsfehler, Instruktionsfehler sowie Produktbeobachtungsfehler eingeteilt[32]. 414

Ein **Konstruktionsfehler** liegt vor, wenn ein Hersteller nicht alle technisch möglichen Sicherheitsvorkehrungen trifft, die gewährleisten, dass „derjenige Sicherheitsgrad erreicht wird, den die im entsprechenden Bereich herrschende Verkehrsauffassung für erforderlich erachtet"[33]. Das geforderte Sicherheitsniveau bestimmt sich nach dem Stand von Wissenschaft und Technik. Fehlfunktionen müssen in den Grenzen des technisch Möglichen sowie des wirtschaftlich Zumutbaren ausgeschaltet werden[34]. Der Produzent haftet dagegen nicht für sog. **Entwicklungsrisiken**, d.h. Fehler im Konstruktionsbereich, die nach dem Stand der Wissenschaft und Technik beim In-Verkehr-Bringen objektiv nicht erkennbar waren. Diesbezüglich kann ihm kein Verschulden zur Last gelegt werden. Der Produzent kann hier aber ggf. wegen Verletzung seiner **Produktbeobachtungspflicht** nach In-Verkehr-Bringen des Produkts haften müssen[35]. 415

Von einem **Fabrikationsfehler** spricht man, wenn zwar das Herstellungsverfahren an sich ordnungsgemäß war, aber einzelne Herstellungsexemplare wegen des Fehlverhaltens eines Arbeiters oder der Fehlfunktion einer Maschine mangelhaft sind[36]. Der Produzent muss den Fabrikationsprozess so gestalten, dass er den Sicherheitsanforderungen nach dem jeweiligen Stand von Wissenschaft und Technik genügt, sodass kein fehlerhaftes Produkt in Verkehr gebracht wird. Hinsichtlich des Umfangs der Fa- 416

---

27 **BGHZ 51, 91, 102 ff.** („Hühnerpest").
28 BGH NJW 1994, 517, 519.
29 BGH NJW 1998, 2905, 2907 („Feuerwerkskörper").
30 BGH NJW 1975, 1827, 1828 f. („Spannkupplungen").
31 BGHZ 116, 104, 108 ff. („Hochzeitsessen").
32 *Fuchs/Baumgärtner*, JuS 2011, 1057, 1058 f.
33 BGHZ 67, 359, 362 („Schwimmerschalter").
34 BGH NJW 2009, 1669, 1670; BGH NJW 2009, 2952 ff. („Airbag"); *Klindt/Handorn*, NJW 2010, 1105, 1106 f.
35 Siehe Rn. 419.
36 Siehe BGH NJW 1975, 1827, 1828 („Spannkupplungen"); BGHZ 116, 104, 107 ff. („Hochzeitsessen").

brikationspflicht gilt der Grundsatz der Verhältnismäßigkeit: Je größer die potenzielle Gefahr ist, desto höhere Anforderungen sind im Hinblick auf die ordnungsgemäße Erfüllung der Verkehrspflicht zu stellen.

417 Für einen sog. **Ausreißer** haftet der Produzent dagegen nicht. Hier liegt kein Fabrikationsfehler vor, da der Produzent die erforderlichen Sicherungsmaßnahmen getroffen hat und dennoch infolge eines einmaligen Fehlverhaltens eines Arbeitnehmers bzw. einer Fehlleistung einer Maschine ein Fehler entstanden ist[37]. Hier war der Fehler trotz aller zumutbaren Vorkehrungen unvermeidbar. Allerdings trägt der Produzent dafür die Beweislast, dass ihn keinerlei Organisationsverschulden im Fabrikationsbereich trifft. Das wird ihm nur in Ausnahmefällen gelingen[38]. Gleichwohl kann der Hersteller nach § 1 Abs. 1 S. 1 ProdHG haften, da es dort auf ein Verschulden nicht ankommt.

418 Ein **Instruktionsfehler** liegt vor, wenn der Hersteller die Verbraucher nicht vor denjenigen Gefahren warnt, die aus der innerhalb der allgemeinen Zweckbestimmung liegenden Verwendung des Produkts entstehen können[39]. Auch bei einem naheliegenden Missbrauch des Produkts wird eine Warnpflicht bestehen. Deren Art und Umfang bestimmt sich danach, inwieweit der voraussichtliche Verbraucherkreis mit der Produktgefahr vertraut ist[40]. Über allgemeines Erfahrungswissen braucht grundsätzlich nicht informiert zu werden. Fehlt es an einem gebotenen Warnhinweis, ist das – an sich fehlerfreie – Produkt mit einem Instruktionsfehler behaftet.

419 Ein **Produktbeobachtungsfehler** liegt vor, wenn der Produzent seiner Verpflichtung nicht nachkommt, seine Produkte nach Auslieferung sowohl auf bislang unentdeckte gefährliche Eigenschaften hin zu beobachten als auch sich über deren (möglicherweise unerwartete) Verwendungsarten, die eine Gefahrenlage schaffen, zu informieren. Dazu muss er laufend die Entwicklung von Wissenschaft und Technik verfolgen. Zeigen sich neue Gefahrenquellen, muss er geeignete Maßnahmen ergreifen, damit künftig wieder eine gefahrenlose Nutzung erfolgt. Er kann z.B. mit Änderungen im Konstruktions- oder Fabrikationsprozess reagieren oder Warnhinweise anbringen lassen.

420 Über die genannten Pflichten hinaus trifft den Hersteller in bestimmten Fällen auch eine sog. **Befundsicherungspflicht**. Er hat sich im Hinblick auf typische Herstellungsfehler zu vergewissern, dass seine Produkte fehlerfrei sind. Den Befund hat er entsprechend zu sichern[41].

421 Unter Umständen kann er auch zu einer **Rückrufaktion** verpflichtet sein[42]. Jedenfalls muss er grundsätzlich nicht auf seine Kosten das Sicherheitsrisiko der Sache beseitigen, da nicht Bereitstellung einer mangelfreien Sache geschuldet ist. Anders ist das

---

37 BGHZ 51, 91, 105 f. („Hühnerpest"); BGH NJW 1975, 1827, 1828 („Spannkupplungen").
38 Siehe aber OLG Koblenz NJW-RR 1999, 1624 („Mineralwasserflaschen").
39 Vgl. OLG Stuttgart, 13.8.2015 – 13 U 28/15, juris, Rn. 20 (Bodylift).
40 BGHZ 116, 60, 65 f. („Kindertee"); nach OLG Stuttgart, 13.8.2015 – 13 U 28/15, juris, werden Inhalt und Umfang der Instruktionspflicht wesentlich durch die Größe der Gefahr und das gefährdete Rechtsgut bestimmt.
41 Kritisch zum Begriff *Looschelders*, § 63 Rn. 5.
42 BGHZ 80, 199, 202 f. („Apfelschorf"); BGH NJW 1994, 3349, 3350 („Atemüberwachungsgerät"); BGH NJW-RR 1995, 342, 343 („Quasi-Hersteller"); PWW/*Schaub*, § 823 Rn. 188; siehe auch *Lüftenegger*, NJW 2018, 2087 ff. (Rückruf von Autos).

laut BGH im sog. Pflegebetten-Urteil nur, sofern sich die Gefahren für die Rechtsgüter der Nutzer oder Dritter nicht anders abwehren lassen[43].

3. Rechtswidrigkeit und Verschulden

Die Rechtswidrigkeit wird indiziert. Ausgegangen wird zudem davon, dass der Herstellerfehler auf dem Verschulden des Herstellers beruht[44]. Denn der Produzent hat die Pflicht, seinen Betrieb so zu organisieren, dass Fabrikations-, Konstruktions-, Instruktions- und Produktbeobachtungsfehler vermieden werden. Er ist dafür **beweispflichtig**, dass er nicht schuldhaft gehandelt hat. Die Verhaltenspflichten des Produzenten werden zwar auch durch das Produktsicherheitsgesetz (ProdSG) präzisiert (vgl. § 3 ProdSG n.F.)[45], die höchstrichterliche Rechtsprechung hatte aber auf die nach dem alten ProdSG oder nach dem das alte ProdSG ablösende Geräte- und Produktsicherheitsgesetz (GPSG) geltenden Regeln nicht zurückgegriffen[46]. 422

4. Beweislast

Eine Besonderheit der Produzentenhaftung nach § 823 Abs. 1 besteht im Hinblick auf die Beweislast. Bei § 823 Abs. 1 muss grundsätzlich der Geschädigte nachweisen, dass zwischen der Rechts(gut)verletzung und der Handlung des Schädigers ein Zurechnungszusammenhang besteht und der Schädiger schuldhaft gehandelt hat. Für die von der Rechtsprechung entwickelte Produzentenhaftung haben sich aber aufgrund der spezifischen Interessenlage in der Rechtsprechung besondere Grundsätze herausgebildet. 423

Zu beweisen hat der **Geschädigte** bei Geltendmachung eines Fabrikations-, Konstruktions- oder Instruktionsfehlers lediglich, dass das Produkt den Herstellerbereich in objektiv fehlerhaftem Zustand verlassen hat und das fehlerhafte Produkt für den Schaden ursächlich geworden ist (generelle Ursächlichkeit des Produktfehlers für den Verletzungserfolg). Teilweise gewährt hier die Rechtsprechung eine **Beweiserleichterung** in Form einer tatsächlichen Vermutung[47]. Hat ein objektiver Produktmangel zu einer Rechtsgutverletzung geführt, muss der Geschädigte weder die objektive Pflichtwidrigkeit noch ein Verschulden des Herstellers nachweisen. Dem potenziellen **Schädiger** obliegt der Nachweis, dass keine objektive Pflichtwidrigkeit vorlag und ihn kein Verschulden trifft. 424

Macht der Geschädigte jedoch die Verletzung einer **Produktbeobachtungspflicht** geltend, hat er zu beweisen, dass ein Verstoß gegen diese Pflicht vorliegt, d.h. dass der Hersteller die Gefährlichkeit des Produkts nach dem In-Verkehr-Bringen erkennen konnte und deshalb zur Warnung verpflichtet war. Eine Beweislastumkehr gilt hier nicht für das Vorliegen einer objektiven Pflichtverletzung, aber doch für das Verschulden des Herstellers. 425

---

43 BGH NJW 2009, 1080, 1081 ff. („Pflegebetten"); dazu *Molitoris/Klindt*, NJW 2010, 1569, 1570.
44 Siehe unten Rn. 423.
45 Zum Produktsicherheitsgesetz *Polly/Lach*, BB 2012, 71 ff.
46 *Landrock*, JA 2003, 981, 986.
47 BGH NJW 1994, 517, 520; BGH NJW 1999, 2273, 2274; BGHZ 116, 60 ff. („Kindertee").

426 Die Umkehr der Beweislast verdeutlicht **Fall 36**[48]: A beauftragt den Einrichtungshausinhaber E, einen Raum mit Paneelen und Einbaumöbeln in „Eiche gekalkt" zu versehen. E übermittelt die Wünsche des A an den Lack- und Farbenfabrikanten L. Dieser empfiehlt dem E nach Untersuchung der Probe eine bestimmte Anwendung von im Einzelnen näher bezeichneten Lacken und Pasten aus seiner Herstellung. E fertigt sodann unter Beachtung der Arbeitsanweisung des L mit dessen Lacken die Möbel und liefert diese aus. Nach zwei Jahren zeigen sich Mängel in der Oberflächenerscheinung des Holzes. Ein Sachverständiger stellt fest, dass die Schäden auf einen Fehler in einem der Lacke des L zurückzuführen sind. Andere Ursachen, insbesondere Verarbeitungsfehler, sind ausgeschlossen. E tauscht die Einbaumöbel und Paneele bei A aus und verlangt von L deliktischen Schadensersatz. Zu Recht?

1. E könnte gegen L einen Anspruch aus Produzentenhaftung nach **§ 823 Abs. 1** haben[49]. Eine Rechtsverletzung liegt vor, da das Eigentum des E an den Möbeln durch das Auftragen des fehlerhaften Lacks beeinträchtigt worden ist. Allerdings hat E den Lack unmittelbar selbst aufgetragen, während L den fehlerhaften Lack „nur" in den Verkehr gebracht hat. Die haftungsbegründende Kausalität zwischen der mittelbar schädigenden Handlung des L und der Eigentumsverletzung könnte hier gleichwohl nach den Grundsätzen der Produzentenhaftung aufgrund der Verletzung einer herstellerspezifischen Verkehrspflicht zu bejahen sein. Der personelle Anwendungsbereich ist gegeben. L unterliegt als industrieller Hersteller den besonderen Voraussetzungen der Produzentenhaftung. Es steht auch fest, dass die Lacke des L fehlerhaft waren und damit ein objektiver Mangel des Produkts vorliegt.

Fraglich ist, ob L bei der Herstellung oder dadurch, dass er das Produkt in den Verkehr gebracht hat, eine ihm obliegende **Verkehrs(sicherungs)pflicht** verletzt hat. Der Hersteller muss alle Maßnahmen treffen, die zur Vermeidung von Gefahren erforderlich und zumutbar sind. Insoweit kommt ein Verstoß gegen Konstruktions-, Fabrikations-, Instruktions- oder Produktbeobachtungspflichten in Betracht. Eine solche Pflichtwidrigkeit des Herstellers müsste normalerweise der Anspruchsteller beweisen. Das wird ihm in aller Regel nicht möglich sein, da ihm der Einblick in die Organisation der Produktion des L sowie die Spezialkenntnisse hinsichtlich des Stands von Wissenschaft und Technik fehlen.

Daher ist der Geschädigte im Bereich der Produzentenhaftung vom Beweis der objektiven Pflichtwidrigkeit des Herstellers entlastet. Er hat lediglich den Mangel des Produkts und dessen Kausalität für die eingetretene Rechtsverletzung darzulegen und zu beweisen. Hinsichtlich der Sorgfaltspflichtverletzung ist die Beweislast umgekehrt, d.h. der Hersteller muss sich entlasten. Ihm fällt es regelmäßig leichter, den Sachverhalt aufzuklären, weil er am Produktionsprozess „näher dran" ist. Im vorliegenden Fall steht fest, dass L Lacke hergestellt und in den Verkehr gebracht hat, die Fehler aufweisen und die geltend gemachten Schäden verursacht haben. Es ist deshalb Sache des L zu beweisen, dass der Schaden nicht auf einer ihm zuzurechnenden Pflichtwidrigkeit beruht. Solange L sich nicht entlasten kann, ist von einer objektiven Pflichtwidrigkeit auszugehen.

---
48 **BGH NJW 1996, 2507 ff.**
49 Ein Anspruch aus § 1 Abs. 1 ProdHG scheidet schon deshalb aus, weil es sich im vorliegenden Fall nicht um Sachschäden an einem Produkt handelt, das von E für den privaten Ge- oder Verbrauch bestimmt ist.

2. Die Rechtswidrigkeit wird mit der Erfüllung des Tatbestands indiziert. In Bezug auf das Verschulden ist der Geschädigte bei der Produzentenhaftung nach § 823 Abs. 1 auch vom Beweis hinsichtlich des Produzentenverschuldens entlastet. Das **Verschulden** des Produzenten wird **vermutet**, solange er nicht sein Nichtverschulden beweist. L tritt im vorliegenden Fall einen solchen Beweis nicht an. Damit liegen die Voraussetzungen des § 823 Abs. 1 vor. L muss E den durch die Eigentumsverletzung entstandenen Schaden nach den §§ 249 ff. ersetzen.

Kann der Geschädigte nachweisen, dass der Produzent seiner **Befundsicherungspflicht** nicht hinreichend nachgekommen ist, muss der Produzent beweisen, dass der Mangel, der sich beim Verbraucher schadensstiftend ausgewirkt hat, nicht dem Herstellungsbereich zuzurechnen ist. In Bezug auf typischerweise dem Herstellerbereich entstammende Mängel findet also ausnahmsweise eine weitere **Beweislastumkehr** zugunsten des Geschädigten statt. Er hat nur noch nachzuweisen, dass ein objektiver Mangel des Produkts vorliegt, aber nicht mehr, dass der Produktfehler im Verantwortungsbereich des Produzenten liegt. 427

Dies verdeutlicht **Fall 37**[50]: Getränkehersteller G stellt kohlensäurehaltige Erfrischungsgetränke her, die er in Standard-Mehrwegflaschen abfüllt und vertreibt. K kauft einen Kasten mit Limonade dieses Herstellers in einem Getränkemarkt und deponiert diesen in seiner Küche. Kurze Zeit darauf nimmt K eine Flasche mit Limonade aus dem Getränkekasten. Beim Herausnehmen zerbricht die Glasflasche und K wird von umherfliegenden Glassplittern im Gesicht getroffen. Dadurch verliert K sein rechtes Auge. Ein Sachverständigengutachten führt das Zerbersten der Flasche auf einen feinen Riss im Glas zurück. Nunmehr verlangt K von G Schadensersatz nach § 823 Abs. 1. G lehnt jede Zahlung mit der Begründung ab, durch die technische Ausstattung sowie die Organisation seiner Produktion sei gewährleistet, dass die Flaschen seinen Betrieb nur in einwandfreiem Zustand verlassen. Allerdings hat G keine Daten über die Mangelfreiheit der Getränkeflaschen gesichert. Hat K einen Anspruch gegen G aus § 823 Abs. 1? 428

K könnte gegen G einen Anspruch aus § 823 Abs. 1 haben. Der Körper und die Gesundheit des K wurden durch das Zersplittern der Glasflasche verletzt. Eine **Rechtsgutverletzung** ist mithin zu bejahen. Anknüpfungspunkt für eine Haftung des G ist hier das In-Verkehr-Bringen der Flaschen. Fraglich ist jedoch, ob die haftungsbegründende **Kausalität** zwischen der Handlung des G und der Verletzung des K gegeben ist. G müsste als Hersteller des Limonadengetränks gegen eine Verkehrs(sicherungs)pflicht verstoßen haben. Die herstellerspezifischen Verkehrspflichten werden gegenstandsbezogen bestimmt. Im vorliegenden Fall kann nicht aufgeklärt werden, ob der feine Riss im Glas, der für das Zerbersten ursächlich gewesen ist, schon beim Verlassen des Betriebs des G vorhanden war oder erst außerhalb des Einflussbereichs des G entstanden ist.

Diese Beweisnot geht normalerweise zu Lasten des Geschädigten. Dieser hat zwar nicht die objektive Pflichtverletzung sowie das Verschulden des Herstellers, aber das Vorliegen eines Produktfehlers und dessen Kausalität für die eingetretene Rechtsgutverletzung zu beweisen. Der Geschädigte K müsste hier also nachweisen, dass die

---

50 **BGHZ 104, 323, 333 („Getränkeflaschen")**; BGH NJW-RR 1993, 988.

Flasche bereits im Zeitpunkt des In-Verkehr-Bringens fehlerhaft war. Das ist ihm jedoch nur dann möglich, wenn der Hersteller über die von ihm getroffenen Maßnahmen zum Schutz des Verbrauchers Daten erhebt und sichert. Hat er über den Befund seiner Kontrollen keine Daten gesichert, so ist dem Geschädigten der Nachweis unmöglich.

Ein solches Verhalten darf jedoch nicht zu Lasten des grundsätzlich beweispflichtigen Geschädigten gehen. Daher erfolgt ausnahmsweise eine **Beweislastumkehr** in dem Umfang, wie der Geschädigte zum Nachweis des Produktfehlers auf Daten des Herstellers angewiesen ist, die dieser unter Verstoß gegen seine Befundsicherungspflicht nicht vorhält. Bis G den Gegenbeweis antritt, kann daher davon ausgegangen werden, dass der Riss in der Glasflasche schon vor dem In-Verkehr-Bringen der Flasche bestand. Hinsichtlich der Wahrung der Verkehrspflichten ist G beweispflichtig, ebenso für das Fehlen eines Verschuldens. Die Rechtswidrigkeit ist indiziert. Ein Anspruch des K gegen G aus § 823 Abs. 1 ist gegeben.

§ 13 Weitere Anspruchsgrundlagen

I. Kreditgefährdung, § 824

Übungsfall: *Seibt/Wollenschläger*, Fortgeschrittenenklausur – Zivilrecht: Vertragliche und deliktische Haftung – Ein Fernsehinterview mit Folgen, JuS 2008, 800 ff.

429

> **Prüfungsschema § 824**
>
> **I. Voraussetzungen**
>   1. Behaupten oder Verbreiten einer unwahren Tatsache
>   a) Tatsache
>   – Ist dem Beweis zugänglich
>   – Abgrenzung zum Werturteil
>   b) Unwahrheit
>   – Widerspruch zur erfahrbaren Wirklichkeit
>   c) Behaupten oder Verbreiten
>   2. Eignung zur Kreditgefährdung/zur Herbeiführung sonstiger Nachteile für Erwerb oder Fortkommen
>   3. Rechtswidrigkeit
>   – § 824 Abs. 2 ist Rechtfertigungsgrund (h.M.)
>   4. Verschulden (Fahrlässigkeit oder Vorsatz)
>
> **II. Rechtsfolge**
>
> Ersatz des Schadens nach §§ 249 ff. (Schaden, haftungsausfüllende Kausalität, Mitverschulden)

430 Nach § 824 ist ersatzpflichtig, wer schuldhaft unwahre kreditgefährdende Tatsachen behauptet oder verbreitet[1]. Die Vorschrift schützt die geschäftliche Ehre. Gegenstand

---

1 Daneben sind etwa Ansprüche aus § 823 Abs. 2 iVm. § 186 StGB oder aus § 4 Nr. 2 UWG denkbar.

der Ersatzpflicht ist der Schaden, der durch die üble Nachrede hervorgerufen wird. **Üble Nachrede** i.S. des § 824 Abs. 1 liegt vor, wenn jemand eine unwahre Tatsache behauptet oder verbreitet, die geeignet ist, unmittelbar den Kredit eines anderen zu gefährden oder sonstige Nachteile für dessen Erwerb oder Fortkommen herbeizuführen[2].

Zur Erfüllung des Tatbestands muss zunächst ein Behaupten oder Verbreiten **unwahrer Tatsachen** vorliegen. Abzugrenzen sind die Tatsachen von bloßen **Werturteilen** und Meinungsäußerungen. § 824 Abs. 1 schützt nämlich nicht vor abwertenden Meinungsäußerungen und Werturteilen[3]. 431

→ **Definition:** Tatsache ist jede Aussage, deren Wahrheitsgehalt sich mit den Mitteln des Beweises überprüfen lässt[4].

Eine Tatsachenbehauptung kann deshalb auch schon darin liegen, dass ein Verdacht, eine Vermutung oder eine Frage geäußert wird[5]. Werturteile dagegen lassen sich aufgrund ihres subjektiven Gehalts nicht als wahr oder unwahr beweisen[6]. Der bloße Vorwurf von Unregelmäßigkeiten ohne weitere Angaben wird zumeist nur eine Meinungsäußerung, nicht eine Tatsachenbehauptung darstellen[7]. In Fällen, in denen eine Äußerung sowohl ein Werturteil als auch eine Tatsachenbehauptung enthält, ist aufgrund des Inhalts der Äußerung der **Schwerpunkt** danach festzustellen, wie die angesprochenen Verkehrskreise diesen unter Berücksichtigung des Gesamtzusammenhangs verstehen[8]. Richtet sich die Äußerung an einen Adressatenkreis mit Spezialwissen, so ist dieser Wissensvorsprung bei der Bestimmung des Aussageinhalts zu berücksichtigen. 432

Die Tatsache muss **unwahr** sein, d.h. der Wirklichkeit widersprechen. Das ist aus der Perspektive eines objektiven verständigen Empfängers zu bestimmen. Schwierig sind die Fälle zu beurteilen, in denen zusammenhängende Tatsachen lediglich unvollständig oder stark übertrieben dargestellt oder unwahre und wahre Tatsachen vermischt werden. Hier kommt es darauf an, ob die Darstellung im Kern wahr ist und die Tatsachen den Sachverhalt im Wesentlichen zutreffend wiedergeben[9]. 433

Zudem muss die Tatsachenbehauptung nach § 824 Abs. 1 geeignet sein, den Kredit eines anderen zu gefährden oder sonstige erhebliche Nachteile für den Erwerb oder das Fortkommen herbeizuführen. Es muss eine **unmittelbare Beeinträchtigung** wirtschaftlicher Interessen eingetreten sein[10]. Entgegen dem Wortlaut des Gesetzes 434

---

2 Vgl. BGH NJW 1978, 2151, 2152.
3 BGHZ 166, 84 ff. = NJW 2006, 830 ff. („Kirch"); **OLG Düsseldorf NJW-RR 2018, 173 ff.** (Abgas-Grenzwertüberschreitung eines Autos).
4 Vgl. OLG Düsseldorf NJW-RR 2018, 173 ff., Rn. 15 (Abgas-Grenzwertüberschreitung eines Autos).
5 BGH NJW 1988, 1589.
6 Siehe BGH NJW 2006, 830, 836 („Kirch"): „Tatsachenbehauptungen sind durch die objektive Beziehung zwischen Äußerung und Wirklichkeit charakterisiert, während für Werturteile und Meinungsäußerungen die subjektive Beziehung des Äußernden zum Inhalt seiner Aussage kennzeichnend ist.".
7 BGH NJW 2015, 773 Rn. 8; so auch laut BGH DB 2011, 837 die Bonitätsbeurteilung eines Unternehmens.
8 BGH NJW 1988, 1589; BGHZ 166, 84 = NJW 2006, 830, 836 („Kirch"); BGH DB 2011, 873 („Bonität").
9 BGH NJW 1987, 1403; MünchKomm/*Wagner*, § 824 Rn. 27.
10 BGH NJW 1963, 1871 f.; BGH DB 1989, 921.

genügt es nicht schon, dass ein Nachteil entstehen kann, sondern die behauptete Tatsache muss unmittelbar den Anspruchsteller selbst betreffen oder zumindest in engem Zusammenhang gerade mit der Person des Geschädigten, seinem Betrieb, seinen Geschäftsmethoden oder gewerblichen Erzeugnissen stehen. Es reicht nicht, wenn ein sog. allgemeiner Systemvergleich vorgenommen wird[11].

435 Auch bei § 824 indiziert der Tatbestand die **Rechtswidrigkeit**. Allerdings ist nach **h.M. § 824 Abs. 2** ein besonderer Rechtfertigungsgrund bei fehlender Kenntnis von der Unwahrheit der Behauptung[12]. Nach dieser Regelung tritt, wenn der Mitteilende oder der Empfänger der Mitteilung an dieser ein berechtigtes Interesse haben, die Ersatzpflicht nur ein, wenn dem Mitteilenden die Unrichtigkeit der Tatsache positiv bekannt war. Nach **a.A.** ist § 824 Abs. 2 nur ein Entschuldigungsgrund, da ansonsten auch quasi-negatorische Ansprüche (z.B. Anspruch auf Widerruf) entfallen würden[13]. Hat der Täter oder der Empfänger der Mitteilung an jener ein berechtigtes Interesse, so entfällt jedenfalls eine Haftung aus § 824. Das ist z.B. der Fall bei Mitteilungen einer Auskunftei an Geschäftsleute[14]. Unabhängig von der dogmatischen Einordnung hat jedenfalls eine Güter- und Interessenabwägung hinsichtlich der einzelnen Interessen zu erfolgen.

436 Verschulden liegt vor, wenn der Täter die Unwahrheit der behaupteten oder verbreiteten Tatsache kennt (Vorsatz) oder kennen muss (Fahrlässigkeit). Es genügt also das fahrlässige Mitteilen unwahrer Tatsachen. **Rechtsfolge** ist der Ersatz des durch die Kreditgefährdung entstandenen Schadens.

437 § 824 ist keine lex specialis, sondern es besteht grundsätzlich **Anspruchskonkurrenz** zu den §§ 823 Abs. 1, 826 und 823 Abs. 2[15]. Werden unwahre Tatsachen behauptet oder verbreitet, steht § 824 in Anspruchskonkurrenz zu einem Anspruch aus der Verletzung des Persönlichkeitsrechts[16]. Das erklärt sich daraus, dass § 824 dem Vermögensschutz dient, es beim Persönlichkeitsrecht aber um immaterielle Interessen an der Abwehr geht. Dagegen tritt § 823 Abs. 1 wegen Verletzung des Rechts am eingerichteten und ausgeübten Gewerbebetrieb hinter § 824 zurück (Subsidiarität)[17].

Klausurtipp: Anders ist das bei herabsetzenden Werturteilen über gewerbliche Leistungen, wie „Schwindelfirma"[18] oder „billiger Schmarren"[19], und die Veröffentlichung von wahren Tatsachen. Da diese nicht unter § 824 fallen, können sie unter dem Gesichtspunkt der Verletzung des Persönlichkeitsrechts des Unternehmens oder des Rechts am eingerichteten und ausgeübten Gewerbebetrieb nach § 823 Abs. 1 zu einer Schadensersatzpflicht führen[20].

---

11 BGH JZ 1964, 509 f.; BGH JZ 1967, 94 f., jeweils m. Anm. *Deutsch*; BGH WM 1992, 535, 536 f.; Erman/*Wilhelmi*, § 824 Rn. 6.
12 *Wandt*, § 17 Rn. 37.
13 *Larenz/Canaris*, § 79 I 4 c; PWW/*Schaub*, § 824 Rn. 13.
14 Das ist auch der Hintergrund des Gesetzgebers für diese Bestimmung, siehe Prot. II, S. 638.
15 Als Schutzgesetz i.S. des § 823 Abs. 2 kommen etwa § 185 StGB (Beleidigung), § 186 StGB (üble Nachrede) und § 187 StGB (vorsätzliche Kreditgefährdung) in Betracht.
16 PWW/*Schaub*, § 824 Rn. 2; *Wandt*, § 17 Rn. 37; *Mäsch*, JuS 2019, 63, 64.
17 PWW/*Schaub*, § 824 Rn. 2; *Peifer*, § 3 Rn. 119; *Wandt*, § 17 Rn. 37.
18 RGZ 101, 335, 338.
19 BGH NJW 1965, 35, 36.
20 Vgl. BGHZ 166, 84 ff. („Kirch": dort im konkreten Fall verneint); BGH NJW 2015, 773 Rn. 11 ff.

II. Haftung des Aufsichtspflichtigen, § 832

Übersichtsaufsätze: *Bernau*, Die Haftung von Aufsichtspflichtigen aus § 832 BGB – Eine Übersicht der aktuellen Rechtsprechung, FamRZ 2020, 301 ff.

Übungsfälle: *Heese/Rapp*, Referendarexamensklausur – Zivilrecht: Deliktsrecht und Zivilprozessrecht – Von Schwalben, Sickergruben und Vandalen, JuS 2013, 1110 ff.; *Raue/Schreiber*, Morpheus, Gabel, Schere und Licht – Aktuelle Haftungsfragen zu Rechtsverletzungen durch Kinder im Internet, JURA 2013, 816 ff.; *Graziano/Landbrecht*, Ein Straßenverkehrsunfall mit bemerkenswerten Folgen, JA 2014, 624 ff.; *Löhnig/Firsching/Naczinsky/Runge-Rannow*, Spielplatzfall, JA 2018, 22 ff.; *Löhnig/Firsching/Naczinsky/Runge-Rannow*, Kinder auf der Straße, JA 2019, 23 ff.

> **Prüfungsschema § 832**
> I. **Voraussetzungen**
>   1. Aufsichtspflicht
>   2. Gegenüber einer aufsichtsbedürftigen Person
>   3. Tatbestandsmäßige, rechtswidrige unerlaubte Handlung der aufsichtsbedürftigen Person
>   – Kein Verschulden erforderlich
>   4. Verschulden des Aufsichtspflichtigen
>   – Wird vermutet (§ 832 Abs. 1 S. 2), Exkulpation möglich
> II. **Rechtsfolge**
>   Ersatz des Schadens nach §§ 249 ff. (Schaden, haftungsausfüllende Kausalität, Mitverschulden)

438

Nach § 832 haften Aufsichtspflichtige für widerrechtliche Handlungen der aufsichtsbedürftigen Personen. Wie bei § 831 handelt es sich um eine Haftung für eigenes vermutetes Verschulden[21]. **Aufsichtspflichtig** können Personen kraft Gesetzes (z.B. Eltern nach §§ 1626, 1631 Abs. 1, Vormund nach §§ 1800, 1793) oder kraft Vertrags (z.B. Krankenwärter, Kindermädchen, § 832 Abs. 2) sein. Ist ein Kind (K 1) bei einem anderen Kind (K 2) zu Besuch, so wird die Aufsichtspflicht der Eltern des Kindes K 1 regelmäßig nicht durch (stillschweigenden) Vertrag auf die Eltern von K 2 übergehen, sondern eine bloße tatsächliche Übernahme der Aufsicht vorliegen, die lediglich eine rechtlich unerhebliche Gefälligkeit darstellt. Nur in Ausnahmefällen wird man einen rechtsgeschäftlichen Bindungswillen (Rechtsbindungswillen) annehmen können[22].

439

Aufsichtsbedürftige Personen sind Minderjährige oder wegen ihres geistigen oder körperlichen Zustands Aufsichtsbedürftige. Gehaftet wird für widerrechtliche, d.h. (tatbestandsmäßige und) rechtswidrige Handlungen dieser Personen.

440

Das Verhalten des Aufsichtspflichtigen muss **rechtswidrig** sein. Die Rechtswidrigkeit wird durch die Erfüllung des Tatbestands indiziert. Sie entfällt also nur dann, wenn Rechtfertigungsgründe vorliegen.

441

---

21 PWW/*Schaub*, § 832 Rn. 1.
22 BGH NJW 1968, 1874 f.; a.A. OLG Hamm VersR 2000, 457.

442 Das **Verschulden** des Aufsichtspflichtigen wird **vermutet**. Die Haftung tritt nicht ein, wenn er nachweist, dass er seiner Aufsichtspflicht genügt hat (§ 832 Abs. 1 S. 2). Die Haftung tritt auch nicht ein, wenn der Aufsichtspflichtige nachweisen kann, dass der Schaden selbst bei gehöriger Aufsichtsführung, d.h. bei genügender Beaufsichtigung, entstanden wäre. Welche Sorgfaltspflichten Aufsichtspflichtige bei der Beaufsichtigung ihrer Aufsichtsbedürftigen haben, hängt vom Alter, Entwicklungsstand, Charakter und den Eigenheiten des Aufsichtsbedürftigen sowie der Gefährlichkeit eines möglicherweise eingesetzten Gegenstands (z.B. Spielzeug) ab, aber auch davon, was den Aufsichtspflichtigen in ihren jeweiligen Verhältnissen zumutbar ist[23].

> **Klausurtipp:** Zu beachten ist, dass die Haftungsprivilegierung für Eltern nach § 1664 nur bzgl. Schadensersatzansprüchen des Kindes gilt[24]. Danach haben sie bis zur Grenze der groben Fahrlässigkeit nur für diejenige Sorgfalt einzustehen, die sie in eigenen Angelegenheiten anzuwenden pflegen[25].

443 Beispielsweise sind an die Überwachung von Kindern hinsichtlich des möglichen Umgangs mit Zündmitteln strenge Anforderungen zu stellen, die eine gesteigerte Aufsichtspflicht erfordern[26]. Es gehört daher zur Pflicht der Eltern, Kinder über die Gefährlichkeit des Entzündens von Streichhölzern aufzuklären und sie ggf. auf den unerlaubten Besitz von Zündhölzern zu kontrollieren. Darüber hinaus haben die Eltern die Pflicht, die Möglichkeit einer Besitzerlangung von Streichhölzern im häuslichen Bereich im Rahmen des Zumutbaren zu unterbinden oder jedenfalls zu erschweren. Dazu gehört v.a., Streichhölzer so zu verwahren, dass kleine Kinder sie nicht ohne Weiteres erblicken und erreichen können, d.h. dass sie etwa nicht sichtbar auf einem Regal unverschlossen abgelegt sind.

444 **Rechtsfolge** ist, dass der Aufsichtspflichtige zum Ersatz des Schadens verpflichtet ist, den der Aufsichtsbedürftige einem Dritten zufügt. Eltern haften als Gesamtschuldner, § 840.

III. Haftung des Tierhalters/-aufsehers, §§ 833, 834

Übersichtsaufsatz: *Gerlach/Manzke*, Mitverursachung bei der Tier- und Kraftfahrzeughalterhaftung im Assessorexamen, JuS 2020, 230 ff.

Übungsfälle: *Lemmerz/Woitge*, Ein verhängnisvoller Ausritt, JURA 2011, 132 ff.; *Looschelders/Makowsky*, (Original-)Referendarexamensklausur – Zivilrecht: Schuldrecht – Die Leiden eines Hobbyimkers, JuS 2018, 982 ff.; *Bührle*, Brand auf dem Bauernhof, JURA 2020, 1236 ff.

---

23 BGHZ 111, 282, 285 f.; BGH NJW 1993, 1003; BGH NJW 1996, 1404, 1405; BGH FamRZ 1997, 799, 800; *Rebler*, MDR 2010, 1433, 1435 f.
24 Zur Streitfrage, ob sich die Privilegierung auch auf die Verletzung der Aufsichtspflicht beziehen kann MünchKomm/*Huber*, § 1664 Rn. 11 f.
25 PWW/*Ziegler*, § 1664 Rn. 2; siehe oben Rn. 330.
26 BGH FamRZ 1983, 874, 875; BGH FamRZ 1996, 600; BGH FamRZ 1997, 799, 800; OLG Hamm NJW-RR 1996, 153; OLG Koblenz NJW 2004, 3047.

> **Prüfungsschema § 833**
> I. **Voraussetzungen**
>   1. Personen- oder Sachschaden
>   2. Durch ein Tier
>   – Schaden muss auf der spezifischen Tiergefahr beruhen
>   3. Tierhalter
>   4. Verschulden
>   – Bei Luxustier: Kein Verschulden erforderlich (Gefährdungshaftung, S. 1)
>   – Bei Nutztier: Verschulden wird vermutet, Exkulpation möglich (S. 2)
> II. **Rechtsfolge**
>   Ersatz des Schadens nach §§ 249 ff. (Schaden, haftungsausfüllende Kausalität, Mitverschulden)

445

> **Prüfungsschema § 834**
> I. **Voraussetzungen**
>   1. Personen- oder Sachschaden
>   2. Durch ein Tier
>   – Schaden muss auf der spezifischen Tiergefahr beruhen
>   3. Tieraufseher
>   4. Verschulden
>   – Bei Luxus- und Nutztier: Verschulden wird vermutet, Exkulpation möglich
> II. **Rechtsfolge**
>   Ersatz des Schadens nach §§ 249 ff. (Schaden, haftungsausfüllende Kausalität, Mitverschulden)

In § 833 wird zwischen Nutz- und Luxustieren unterschieden. Den Halter eines Luxustieres trifft nach § 833 S. 1 eine **Gefährdungshaftung**, d.h. er haftet selbst für unverschuldete Schadensereignisse[27]. Das ist der einzige Gefährdungshaftungstatbestand im BGB. Der Halter eines Nutztieres haftet nach § 833 S. 2 für **vermutetes Verschulden** mit der Möglichkeit eines Entlastungsbeweises.

446

1. Tierhalterhaftung für Luxustiere

Voraussetzung für eine Haftung des Tierhalters nach § 833 S. 1 ist, dass ein Mensch getötet, der Körper oder die Gesundheit verletzt oder eine Sache beschädigt wurde. Das muss durch ein sog. Luxustier erfolgt sein. Es muss haftungsbegründende Kausalität („durch ein Tier") und darf kein Haftungsausschluss vorliegen. Die Haftung tritt **ohne Verschulden** des Tierhalters ein.

447

→ **Definition: Luxustiere** sind all diejenigen Tiere, die keine Haustiere sind, oder die zwar solche sind, aber nicht dem Beruf, der Erwerbstätigkeit oder dem Unterhalt des Tierhalters zu dienen bestimmt sind (vgl. § 833 S. 2). Darunter fallen etwa Reitpferde, Hunde und Katzen, die lediglich Liebhaberzwecken dienen.

448

---

27 Zur Bejahung einer Alternativtäterschaft (§ 830 Abs. 1 S. 2) bei der Tierhalterhaftung **BGH NJW 2018, 3439 ff.**; dazu *Schwab*, JuS 2018, 1239 f.

→ **Definition: Tierhalter** ist, wer das Tier im eigenen Interesse, sei es zu wirtschaftlichen, Luxus- oder Sportzwecken, verwendet. Entscheidend ist, wem die Bestimmungsmacht über das Tier zusteht, wer aus eigenem Interesse für die Kosten des Tieres aufkommt und das wirtschaftliche Risiko trägt[28]. **Kein Tierhalter** ist, wer das Tier nur für kurze Zeit in Verwahrung nimmt. Umstritten und wohl nach §§ 827 ff. zu beurteilen ist, ob auch ein nicht Geschäftsfähiger Tierhalter sein kann[29].

449 Die Verletzung muss „durch ein Tier" erfolgt sein, d.h. es muss sich die **typische bzw. spezifische Tiergefahr** verwirklicht haben. Der Grund für die Haftung des Tierhalters liegt in der Unberechenbarkeit tierischen Verhaltens und der dadurch hervorgerufenen Gefährdung von Rechtsgütern Dritter[30]. Der Tierhalter haftet also etwa beim Scheuen, Durchgehen, Ausschlagen oder Beißen des Tieres. Zu haften ist auch, wenn die Rechts(gut)verletzung lediglich mittelbar durch die Tiergefahr herbeigeführt wurde (Ausweichen vor dem Tier, Schreckreaktion)[31].

450 **Keine Haftung** nach § 833 S. 1 tritt dagegen ein, wenn das Tier lediglich Werkzeug in der Hand eines Menschen ist, z.B. wenn jemand eine Katze als Wurfgeschoss verwendet[32] oder seinen Hund auf einen anderen hetzt[33]. Eine Haftung scheidet auch dann aus, wenn das Tier unter unwiderstehlicher Einwirkung einer Gewalt handelt, die auf es einwirkt (Reflexwirkung). Das ist etwa der Fall, wenn ein Pferd unter einen fallenden Baum stürzt und dabei seinerseits einen Menschen verletzt.

451 Eine Haftung tritt nicht ein, wenn ein **Haftungsausschluss** vereinbart wurde[34]. Dies soll auch stillschweigend erfolgen können, etwa wenn jemand das Beschlagen eines Pferdes übernimmt[35]. Die Rechtsprechung verlangt hierfür aber eine Eigengefährdung ohne triftigen (rechtlichen, beruflichen oder sittlichen) Grund[36].

452 Wird das Tier mietweise oder gefälligkeitshalber überlassen, kann ein Haftungsausschluss nach h.M. nicht unterstellt werden. Hier kann deshalb die Tierhalterhaftung mit der vertraglichen Haftung (Verletzung einer vertraglichen Sorgfaltspflicht) konkurrieren (str.). Die Tierhalterhaftung greift bei Überlassen eines Tieres aus **Gefälligkeit** zugunsten dessen, dem es überlassen wird (z.B. Reitpferd ausleihen)[37]. Allerdings sind bei Gefälligkeiten, denen ein Rechtsbindungswille fehlt, vertragliche Ansprüche ausgeschlossen. In diesen Fällen kann auch regelmäßig nicht ein **Handeln auf eigene Gefahr** angenommen werden[38]. Anders kann das sein, wenn der Betref-

---

28 BGH NJW-RR 1988, 655, 656. Siehe auch BGH VersR 1976, 1175, 1176 f. (Stadt, die ein dem Publikum zugängliches eingezäuntes Wildgehege unterhält).
29 Vgl. PWW/*Schaub*, § 833 Rn. 7.
30 BGHZ 67, 129, 132; BGH NJW 1992, 2474; BGH NJW-RR 2006, 813, 814; OLG Celle, 20.1.2016 – 14 U 128/13, juris, Rn. 61 ff. (gesamtschuldnerisch mit Kfz-Halter); vgl. auch Erman/*Wilhelmi*, § 833 Rn. 4.
31 PWW/*Schaub*, § 833 Rn. 5.
32 PWW/*Schaub*, § 833 Rn. 4.
33 Hier haftet der „Hetzer" als Täter nach § 823 Abs. 1 sowie § 823 Abs. 2 iVm. §§ 223 ff. StGB.
34 BGH NJW 1992, 2474 f. (Überlassung eines Reitpferds); BGH NJW 1993, 2611 f.; BGH NJW 1999, 3119 f.
35 *Wandt*, § 18 Rn. 31 (Schadensminderung nach § 254 vorzugswürdig).
36 BGH VersR 2009, 693 ff., Rn. 9.
37 Fehler des Verletzten sind daher grundsätzlich nur im Rahmen des § 254 (Mitverschulden) zu berücksichtigen, vgl. BGH NJW 1999, 3119.
38 Siehe BGH NJW-RR 2006, 813 („Geländefahrturnier"); PWW/*Schaub*, § 833 Rn. 10.

fende Risiken übernommen hat, die über das Gewöhnliche hinausgehen, z.B. Zureiten.

2. Eingeschränkte Tierhalterhaftung für Nutztiere

→ **Definition:** Ein **Nutztier** ist ein Haustier, das dem Beruf, der Erwerbstätigkeit oder dem Unterhalt des Tierhalters zu dienen bestimmt ist.

453

Nach § 833 S. 2 besteht hier eine Verschuldenshaftung. Vorliegen müssen, wie bei § 833 S. 1, die Tatbestandsvoraussetzungen der Rechts(gut)verletzung, der Tierhaltereigenschaft, der haftungsbegründenden Kausalität und der Rechtswidrigkeit.

Die Verursachung der Rechtsgutverletzung durch das Tier wird vermutet. Der Schädiger kann diese widerlegen. Ebenso wird das Verschulden des Tierhalters vermutet, wenn dieser keinen Entlastungsbeweis führen kann. Die **Entlastungsmöglichkeit** des § 833 S. 2 kommt einem Tierhalter dann zugute, wenn das mit der Tierhaltung zusammenhängende **wirtschaftliche Handeln** einen wesentlichen Teil seiner Gesamttätigkeit bildet und eine maßgebliche Grundlage seines Erwerbs darstellt[39].

454

Die Abgrenzung zu Tieren i.S. des § 833 S. 1 erfolgt nach der allgemeinen **Zweckbestimmung**, nicht nach der konkreten Verwendung beim Unfall. Beispiele sind etwa vom Landwirt gehaltene Zug-, Schlacht- oder Nutztiere, Dienstpferde der Polizei, das Pferd eines Reitstallbesitzers, Wachhunde, Zirkuselefanten, Blindenhunde[40]. Die Ersatzpflicht des Tierhalters ist ausgeschlossen, wenn er nachweist, dass er bei der Beaufsichtigung des Tieres die im Verkehr erforderliche Sorgfalt beachtet hat (§ 833 S. 2, 1. Alt.) oder wenn er nachweist, dass der Schaden auch bei Anwendung dieser Sorgfalt entstanden wäre (§ 833 S. 2, 2. Alt.).

455

3. Haftung des Tieraufsehers, § 834

Der Tieraufseher haftet nach § 834 aufgrund von **vermutetem Verschulden**. Exkulpieren kann er sich durch den Nachweis, dass er die verkehrserforderliche Sorgfalt beachtet hat bzw., dass der Schaden auch bei hinreichender Sorgfalt entstanden wäre (§ 834 S. 2). Ob es sich bei dem Tier um ein Luxus- oder ein Nutztier handelt, ist unerheblich. Die Übernahme der Aufsichtsführung muss auf Vertrag beruhen, der auch stillschweigend vereinbart werden kann (z.B. Verwahrer, Mieter oder Entleiher eines Reitpferds[41]).

456

---

39 **BGH NJW-RR 2017, 725 ff.**; dazu *Mäsch*, JuS 2017, 1116 ff.
40 *Gursky*, S. 226: „Bei teleologischer Auslegung müssen Blindenhunde auch dann erfasst werden, wenn der Blinde nicht berufstätig ist".
41 BGH NJW 1987, 949, 950.

IV. Gebäudehaftung, §§ 836–838

Übungsfall: *Domisch*, Fehler passieren ..., JURA 2019, 307 ff.

457
Prüfungsschema §§ 836–838
I. **Voraussetzungen**
1. Personen- oder Sachschaden
2. Durch Einsturz eines Gebäudes oder Ablösung eines Bauwerkteils
   - Kausalität erforderlich
3. Fehlerhafte Unterrichtung oder mangelhafte Unterhaltung
   - Kausalität erforderlich
4. Ersatzpflichtiger
   - Eigenbesitzer des Grundstücks (§ 836 Abs. 1 S. 1, Abs. 3)
   - Früherer Eigenbesitzer (§ 836 Abs. 2)
   - Gebäudebesitzer (§ 837) oder Gebäudeunterhaltspflichtiger (§ 838)
5. Verschulden
   - Wird vermutet, Exkulpation möglich

II. **Rechtsfolge**
Ersatz des Schadens nach §§ 249 ff. (Schaden, haftungsausfüllende Kausalität, Mitverschulden)

458 Die §§ 836–838 regeln die Haftung für die Tötung oder Körper-/Gesundheitsverletzung eines Menschen bzw. die Haftung für eine Sachbeschädigung. Es handelt sich um eine Haftung aus **vermutetem Verschulden**. Der für das Bauwerk Zuständige muss sich entlasten und nicht der Geschädigte, der die Gründe für den Einsturz regelmäßig nicht kennen wird, den Beweis für das Verschulden führen. Die §§ 836–838 sind Sonderfälle der Verletzung von Verkehrspflichten[42].

> **Klausurtipp:** Neben einer Haftung nach §§ 836 ff. kommt in Anspruchskonkurrenz eine solche nach § 823 Abs. 1 in Betracht. Dort muss allerdings der Geschädigte den Verschuldensnachweis führen.

1. Personen- oder Sachschaden

459 Voraussetzung für die Haftung nach §§ 836–838 ist, dass ein Schaden an einem **Gebäude** oder einem anderen mit einem Grundstück **„verbundenen Werk"** eingetreten ist. Fest verbunden und damit Gebäudeteil ist eine Sache nicht nur, wenn sie zur Herstellung des Gebäudes eingefügt wurde (Fensterscheiben, Schornsteine, Dachziegel), sondern auch, wenn sie in einem so festen baulichen Zusammenhang mit dem Gebäude steht, dass sich daraus nach der Verkehrsanschauung ihre Zugehörigkeit zum Bauganzen ergibt. So ist z.B. ein Baugerüst ein mit dem Grundstück verbundener Gebäudeteil, sodass § 836 greifen kann, wenn ein Brett aus einem Gerüst fällt[43]. Fest verbunden und Teil eines Gebäudes sind auch Garagentore, Markisen etc. Blumenkästen

---
42 PWW/*Schaub*, § 836 Rn. 1.
43 **BGH NJW 1997, 1853.**

dagegen müssen mit dem Bauwerk fest und dauerhaft verbunden sein[44]. Nicht fest verbunden sind Dachlawinen oder von der Dachrinne abbrechende Eiszapfen.

2. Zweifache Kausalität

Zu prüfen ist eine zweifache Kausalität. Zunächst muss der **Einsturz** eines Gebäudes oder die Ablösung eines Gebäudeteils die Folge einer fehlerhaften Errichtung oder mangelhaften Unterhaltung des Gebäudes sein. Eine **Ablösung** ist jede unwillkürliche Aufhebung der Verbindung zum Ganzen[45]. Eine Schaufensterscheibe ist Teil des mit dem Grund und Boden verbundenen Gebäudes. Zerspringt sie, so löst sie sich von dem Gebäude ab[46]. Eine Ablösung von Gebäudeteilen erfolgt auch dann, wenn sich ein Gebäudeteil lediglich teilweise löst, lockert usw. In erweiternder Auslegung soll eine Ablösung auch dann vorliegen, wenn eine Gas- bzw. Wasserleitung oder ein Heizöltank undicht werden[47].   460

Der Einsturz oder die Ablösung muss auf **fehlerhafter Errichtung** oder **mangelhafter Unterhaltung** des Bauwerks beruhen. Deshalb fallen Schädigungen durch ein Abbruchunternehmen oder durch außergewöhnliche Naturereignisse (Blitz, Sturm) nicht unter die §§ 836 ff. Der Geschädigte hat den ursächlichen Zusammenhang zwischen der fehlerhaften Errichtung bzw. mangelhaften Unterhaltung und dem eingetretenen Schaden zu beweisen[48].   461

Zudem muss durch den Einsturz oder die Ablösung ein Mensch **getötet** oder **verletzt** oder eine Sache **beschädigt** worden sein. Insbesondere muss die Rechtsgutverletzung vom Schutzzweck der §§ 836 ff. erfasst sein.   462

3. Ersatzpflichtige

Die Bauwerkshaftung trifft den **Eigenbesitzer** (§ 872) des Grundstücks (§ 836 Abs. 1, Abs. 3). Bei Beendigung des haftungsbegründenden Besitzes kann die Haftung nach § 836 Abs. 2 noch ein Jahr lang fortdauern. Der **Gebäudebesitzer**, der auf einem fremden Grundstück in Ausübung eines Rechts ein Gebäude als ihm gehörig besitzt, haftet nach § 837 (Erbbauberechtigter, Dienstbarkeitsberechtigter, Inhaber der Grabstelle bei umgestürztem Grabstein[49]).   463

Nach § 838 haftet auch der **Gebäudeunterhaltungspflichtige**, d.h. derjenige, der die Unterhaltung des Bauwerks übernommen oder aufgrund eigenen Nutzungsrechts auszuführen hat (Hausverwalter, Nießbraucher). Diese Haftung tritt regelmäßig neben diejenige aus §§ 836, 837.   464

---

44 *Medicus/Lorenz*, SR II, § 80 Rn. 33.
45 BGH NJW 1997, 1853.
46 OLG Koblenz OLGReport 1998, 4.
47 BGH VersR 1976, 1084, 1085; BGHZ 55, 229, 235.
48 BGHZ 58, 149, 152 ff.
49 Ein Grabstein ist nach BGH NJW 1977, 1392 ein mit einem Grundstück verbundenes Werk.

4. Verschulden

465 Das Verschulden wird vermutet. Die Haftung entfällt, wenn der Besitzer den **Entlastungsbeweis** führen kann, dass er während seiner Besitzzeit zum Zwecke der Abwendung der Gefahr die im Verkehr erforderliche Sorgfalt beobachtet hat. Das kann der Fall sein, wenn er nachweist, dass er sich bei der Errichtung um ordentliche Ausführung bemüht hat, indem er etwa geeignete Dritte beauftragt hat, oder dass er das Bauwerk auf Mängel überprüft und diese beseitigen lassen hat. Was im Einzelfall für den Entlastungsbeweis erforderlich ist, bestimmt sich nach der Verkehrsauffassung[50]. Obwohl in § 836 nicht ausdrücklich erwähnt, kann sich der Ersatzpflichtige auch durch den Nachweis entlasten, dass der Verletzungserfolg selbst bei Anwendung der erforderlichen Sorgfalt eingetreten wäre[51].

V. Haftung des Kfz-Halters, § 7 StVG

Übersichtsaufsätze: *Röthel*, Kraftfahrzeughalter und Tierhalter, JURA 2014, 1124 ff.; *Neumann*, Die Haftung bei Verkehrsunfällen – eine Einführung, JA 2016, 167 ff.; *Gerlach/Manzke*, Mitverursachung bei der Tier- und Kraftfahrzeughalterhaftung im Assessorexamen, JuS 2020, 230 ff.

Übungsfälle: *Lemmerz/Woitge*, Ein verhängnisvoller Ausritt, JURA 2011, 132 ff.; *Katzenmeier/Reisewitz*, Anfängerklausur – Zivilrecht: Deliktsrecht – Wilde Verfolgungsjagd, JuS 2013, 805 ff.; *Schneider*, Der unachtsame Kfz-Fahrer: Materielle und prozessuale Überlegungen im Zusammenhang mit einem Verkehrsunfall, JURA 2014, 323 ff.; *Gietl/Stenzer*, Emil und die Erben, JA 2014, 898, 904 ff.; *Katzenmeier/Jansen*, Aufs Glatteis begeben – haftungs- und schadensrechtliche Fragen nach einem Verkehrsunfall, JURA 2016, 186 ff.; *Selzer*, Fortgeschrittenenklausur – Zivilrecht: Haftung nach dem StVG – Schuldlose Kollision, JuS 2016, 39 ff.; *Katzenmeier/Voigt*, Begehrensneurose bei Babyjoggerberührung, JURA 2018, 924 ff.; *Thöne/Kellner*, Fehlgeleitet, JA 2020, 253 ff.; *Wiedemann*, Der Parklenkassistent, JA 2021, 198 ff.

466 **Prüfungsschema § 7 StVG**

I. Voraussetzungen
1. Personen- oder Sachschaden
2. „Bei dem Betrieb"
3. Halter als Ersatzpflichtiger
4. Kein Verschulden erforderlich (Gefährdungshaftung)
5. Kein Haftungsausschluss
   – Höhere Gewalt (§ 7 Abs. 2)
   – Schwarzfahrt (§ 7 Abs. 3)
   – Sonderfälle § 8 Nr. 1–3 StVG
   – Sonderfall des § 8a StVG (entgeltliche geschäftsmäßige Personenbeförderung)
   – Rechtsgeschäftlicher Haftungsausschluss

II. Rechtsfolge
– Ersatz des Schadens nach §§ 10 ff. StVG
– Schmerzensgeld (§ 11 S. 2 StVG, § 253 Abs. 2)
– Mitverursachung, Mitverschulden (§ 9 StVG, § 254)

---

50 BGH NJW 1993, 1782, 1783.
51 *Wandt*, § 18 Rn. 42.

Nach § 7 Abs. 1 StVG[52] hat der Halter eines Kraftfahrzeugs oder Anhängers[53] den Schaden zu ersetzen, der dadurch entstanden ist, dass beim Betrieb des Fahrzeugs ein Mensch getötet oder verletzt wurde oder eine Sache beschädigt worden ist. Dabei fällt neben dem Eigentum und anderen dinglichen Rechten auch der berechtigte unmittelbare Besitz in den Schutzbereich der Norm[54]. Die Haftung nach § 7 StVG ist eine **Gefährdungshaftung**. Der Halter haftet, weil er durch das Halten des Fahrzeugs die mit dessen Betrieb verbundenen Gefahren veranlasst hat. Verkehrswidriges oder schuldhaftes Verhalten ist nicht erforderlich[55]. Ebenso ist es unerheblich, ob sich der Unfall im öffentlichen Straßenverkehr oder einem privaten Parkplatzgelände ereignet[56]. 467

> **Klausurtipp:** Bei einer Klausur, bei der es um einen Verkehrsunfall geht, ist zuerst ein Anspruch nach § 7 StVG (und ggf. § 18 StVG) zu prüfen, da diese Regelungen eine verschuldensunabhängige Haftung bzw. eine Haftung für vermutetes Verschulden vorsehen. Erst danach ist auf Ansprüche aus den §§ 823 ff. einzugehen.

Weiterreichende Ersatzansprüche bleiben nach § 16 StVG unberührt (**Anspruchskonkurrenz**). Neben der Haftung aus § 7 Abs. 1 StVG kann damit etwa auch eine Haftung nach § 823 Abs. 1 (ohne Beschränkung der Haftungshöhe i.S. der §§ 9 ff. StVG) bestehen. In Betracht kommt auch eine Haftung aus § 823 Abs. 2 iVm. einem Schutzgesetz, das einen Unfall wie den eingetretenen gerade verhindern sollte[57]. Zudem kann eine Haftung nach § 831 hinsichtlich eines Verschuldens bei der Auswahl oder Überwachung des Fahrers eine Rolle spielen, wenn der Unfall durch verkehrswidriges Verhalten des Fahrers herbeigeführt wurde. 468

Für den Halter tritt gegenüber dem Geschädigten die Kfz-Haftpflichtversicherung ein (§ 115 Abs. 1 Nr. 1 VVG, § 1 PflVG). Danach hat der Geschädigte nicht nur gegen den Schädiger, sondern auch gegen den Haftpflichtversicherer des Schädigers einen unmittelbaren Anspruch. Es liegt ein gesetzlich angeordneter Schuldbeitritt vor. Halter und Versicherer sind Gesamtschuldner. 469

1. Haltereigenschaft

Der **Begriff „Kfz"** ist in § 1 Abs. 2 und Abs. 3 StVG definiert. Dort besteht grds. keine Einschränkung auf eine bestimmte Mindestgeschwindigkeit. Damit gelten auch motorisierte Kinderdreiräder oder -autos, Fahrräder mit Elektroantrieb, Elektroroller, 470

---

52 Hilfreich auch der **Prüfungsüberblick** bei *Weber*, JuS 2014, 987 ff. (obwohl laut Titel zur Klausurprüfung in 2. Staatsexamen); *Schulz-Merkel/Meier*, JuS 2015, 201 ff.
53 Der Betreiber eines **Schienenfahrzeugs** haftet (inhaltlich weitgehend parallel zu § 7 StVG) nach **§ 1 HaftPflG**, siehe etwa BGH NJW 2013, 3235 ff.
54 BGH NJW 2019, 1669 Rn. 14.
55 Vgl. BGH NJW 2012, 1951 ff., Rn. 17; siehe auch die Darstellungen bei *Schreiber/Strupp*, JURA 2007, 594 ff.; *Garbe/Hagedorn*, JuS 2003, 287 ff.; *Brögelmann*, JA 2003, 872 ff.; siehe auch *Coester-Waltjen*, JURA 2003, 173 ff.
56 OLG Hamm RuS 2019, 41 ff.
57 Als **Schutzgesetz** kommen insbesondere die Normen der StVO sowie der StVZO (hier v.a. hinsichtlich des geforderten Fahrzeugzustands des Kfz) in Betracht, aber auch § 21 Abs. 1 Nr. 2 StVG (Verbot der Überlassung des Fahrzeugs an jemanden ohne Fahrerlaubnis). Zum Schutzgesetzcharakter der Normen des StVG, der StVO sowie der StVZO Erman/*Wilhelmi*, § 823 Rn. 163; MünchKomm/*Wagner*, § 823 Rn. 597, jeweils m.w.N. zur Rspr.

Skateboards oder Seifenkisten mit Motorantrieb als Kfz. Allerdings gilt der Haftungsausschluss des § 8 Nr. 1 StVG für Fahrzeuge bis zu 20 km/h[58].

471 Der Anspruchsgegner muss **Halter** des am Verkehrsunfall beteiligten Kfz[59] oder Anhängers sein.

→ **Definition:** Halter ist, wer das Fahrzeug zur Unfallzeit für eigene Rechnung in Gebrauch hat und diejenige Verfügungsgewalt darüber besitzt, die ein solcher Gebrauch voraussetzt.

472 Eigentum ist nicht entscheidend, sondern es geht um die tatsächliche Verfügungsgewalt[60]. Auch eine fehlende (volle) Geschäftsfähigkeit schadet grundsätzlich nicht. Allerdings kann die Haltereigenschaft des nicht (voll) Geschäftsfähigen in entsprechender Anwendung der §§ 104 ff. nur mit Zustimmung des gesetzlichen Vertreters begründet werden[61].

473 Beim **Leasingvertrag** ist der Leasingnehmer der alleinige Halter des Kfz, wenn ihm dieses auf längere Zeit überlassen ist, er die Betriebskosten trägt und über den Einsatz des Kfz befindet[62]. Dies gilt auch für den Entleiher oder Mieter[63]. Wird dagegen das Kfz nur für kurze Zeit bzw. für einen bestimmten Einsatz überlassen (z.B. einige Stunden, eine Woche, für eine Urlaubsreise)[64], bleibt der Entleiher Halter. Allerdings haftet der Halter dem Eigentümer gegenüber bzgl. des Kfz nicht aus § 7 StVG. Nach dem Schutzzweck des § 7 Abs. 1 StVG erstreckt sich die Haftung des Halters nicht auf das von ihm gehaltene Fahrzeug selbst. „Sache" i.S. des § 7 StVG kann nur eine vom Kfz verschiedene Sache sein[65].

2. Rechtsgutverletzung und Verletzter

474 Durch ein Kfz muss ein Mensch getötet, der Körper oder die Gesundheit verletzt oder eine Sache beschädigt worden sein. § 7 StVG schützt nicht vor reinen Vermögensschäden (z.B. jemand wird durch einen Stau aufgehalten und versäumt einen Geschäftsabschluss).

475 Nicht ersatzberechtigt ist gemäß **§ 8 Nr. 2 StVG** der beim Betrieb des Fahrzeugs Tätige (Haftungsausschluss[66]). Hat also nicht der Halter selbst, sondern ein Dritter den Unfallwagen geführt, haftet der Halter nicht nach § 7 Abs. 1 StVG für Schäden, die der Fahrer des Kfz erleidet. Nach **§ 8a StVG** gilt die Halterhaftung auch gegenüber Mitfahrern und Fahrgästen. Bei entgeltlicher, geschäftsmäßiger Personenbeförderung kann sie nicht durch Vertrag ausgeschlossen oder beschränkt werden[67].

---

58 Siehe Rn. 490.
59 Legaldefinition in § 1 Abs. 2 StVG.
60 BGHZ 13, 351, 354; siehe auch *Garbe/Hagedorn*, JuS 2004, 287, 288.
61 A.A. § 828 Abs. 3 entsprechend; wieder a.A. weder Verschuldens- noch Geschäftsfähigkeit maßgeblich; siehe *v. Caemmerer*, FS Flume, 1978, Bd. 1, S. 359, 362 ff.
62 BGHZ 87, 133, 135; BGH NJW 1997, 660.
63 *Medicus/Lorenz*, SR II, § 82 Rn. 3.
64 Vgl. BGHZ 32, 331, 333 f.; BGHZ 116, 200.
65 BGH NJW 2011, 996 ff. Rn. 9 ff.
66 Siehe Rn. 490.
67 Siehe Rn. 492.

3. Verletzung „bei dem Betrieb"

Erforderlich ist, dass das Kfz im Zeitpunkt des schädigenden Ereignisses in Betrieb war und dieser Betrieb für das Schadensereignis **kausal** gewesen ist („bei"). Der Betriebsbegriff ist dabei weit zu fassen. Nach der früher herrschenden sog. maschinentechnischen Auffassung setzte der „Betrieb" eines Kfz das Laufen des Motors voraus. 476

Dagegen liegt nach der heute herrschenden sog. **verkehrstechnischen Auffassung** ein „Betrieb" des Kfz vor, wenn es sich im öffentlichen Verkehrsraum bewegt oder verkehrsbedingt (kurz) anhält. Selbst ein **längeres Ruhen** wird noch vom Betriebsbegriff umfasst, wenn das stehende Kfz weiterhin den öffentlichen Verkehr beeinflusst, z.B. wenn ein Kfz wegen einer Panne am Fahrbahnrand liegen bleibt oder auf der Straße geparkt wird[68]. Zur Begründung wird auf die erheblichen Gefahren, die mit stehenden Fahrzeugen insbesondere für den fließenden Verkehr einhergehen, verwiesen. Anders verhält es sich, wenn das Fahrzeug außerhalb des öffentlichen Verkehrsraums ordnungsgemäß auf ausschließlich dafür bestimmtem öffentlichem oder privatem Grund abgestellt ist. 477

Weiter muss sich die **betriebsspezifische Gefahr** des Kfz verwirklicht haben, d.h. der Unfall muss mit der besonderen Gefährlichkeit des Kfz zusammenhängen. Da die Haftung lediglich davon abhängt, dass sich die von dem Verantwortlichen beherrschte spezifische Gefahr verwirklicht hat, ist keine Kausalität i.S. der Adäquanztheorie erforderlich. 478

Es reicht vielmehr ein Kausalzusammenhang i.S. der **Äquivalenztheorie**. Es genügt, dass das Schadensgeschehen durch das Kfz mitgeprägt worden ist. Als ausreichend wird angesehen, dass sich eine vom Pkw ausgehende Gefahr ausgewirkt hat[69]. Allerdings muss ein Zusammenhang mit der Bestimmung des Fahrzeugs als Fortbewegungs- oder Transportmittel bestehen. Wird das Fahrzeug ausschließlich als Arbeitsmaschine eingesetzt, entfällt die Haftung nach § 7 StVG[70]. Der BGH bejaht den Zusammenhang der Fortbewegungs- bzw. Transportfunktion auch, wenn eine Maschine ihre Arbeit gerade während der Fahrt verrichtet[71]. 479

Das Tatbestandsmerkmal „bei Betrieb" ist **weit auszulegen**. Ein Unfall kann sich selbst dann „bei dem Betrieb" eines Kfz ereignen, wenn es zu **keiner körperlichen Berührung** zwischen dem Fahrzeug und dem Verletzten gekommen ist[72]. Ausreichend ist, dass die Verletzung in einem nahen **zeitlichen und örtlichen Zusammen-** 480

---

68 BGHZ 29, 163, 169; BGH VersR 1967, 562; BGHZ 58, 162, 165 („Grünstreifen"); BGH NJW 2016, 1162 ff. (Entladen von Heizöl).
69 BGH NJW 2005, 2081 f.; vgl. auch BGH NJW 2012, 1951 Rn. 18 (Auffahren, um Fluchtfahrzeug zu stoppen).
70 **Verneinter** Zusammenhang mit Fortbewegungs- und Transportfunktion: BGH NJW 1993, 2740 (Motor des Kfz dient beim Anliefern von Heizöl lediglich als Antriebskraft der Pumpvorrichtung); OLG Hamm MDR 1996, 149 (Schäden durch das Ausbringen von Dünger auf einen Acker durch einen Unimog); **BGH NJW 2015, 1681 ff.** Rn. 11 ff. (Grashäcksler).
71 **Bejahter** Zusammenhang mit Fortbewegungs- und Transportfunktion: BGHZ 105, 65, 67 (Schäden durch das Auswerfen von Streugut im öffentlichen Straßenraum aus einem Streukraftfahrzeug); BGHZ 113, 164, 165 (Unfall mit einem langsam fahrenden Kfz, das eine Absperrtafel zieht, um Grasmäharbeiten auf dem Mittelstreifen einer Autobahn abzusichern).
72 Vgl. BGH NJW 1973, 44, 45 (Fußgänger weicht einem Auto aus und stürzt).

hang mit dem Betrieb eines Kfz steht, sodass sich diese noch als spezifische Auswirkung der Betriebsgefahr darstellt[73].

481 Beispiel: Läuft eine Person aus Angst, von einem herannahenden Kfz erfasst zu werden, weg und stürzt bei der Flucht, dann sind die Verletzungen zwar nicht auf eine unmittelbare Berührung mit dem Kfz zurückzuführen. Sie sind dennoch bei Betrieb eines Kfz entstanden, weil die Flucht durch das in Betrieb befindliche Fahrzeug ausgelöst wurde. Dabei spielt es keine Rolle, ob das Weglaufen als Reaktion objektiv erforderlich war, solange die Fahrweise des Kfz zu dem Unfall beigetragen hat (**berührungsloser Unfall**)[74]. Nicht ausreichend ist jedoch die bloße Anwesenheit an der Unfallstelle. Vielmehr müssen die Fahrweise oder eine sonstige Verkehrsbeeinflussung zur Schadensentstehung beigetragen haben[75].

482 Ein zeitlicher und örtlicher Zusammenhang mit dem Betrieb eines Kfz wird auch dann bejaht, wenn ein **geparktes Fahrzeug** in Brand gerät und Schäden verursacht[76] oder der von einem Fahrzeug ausgehende Lärm zur Panikreaktion eines normal empfindlichen Tieres führt[77] (Zuschlagen der Tür, Motorgeräusch)[78].

483 Der Schutzbereich der Gefährdungshaftung nach § 7 Abs. 1 StVG ist aber überschritten, wenn sich **ein anderes Risiko** außerhalb der betriebsspezifischen Gefahren eines Kfz verwirklicht[79]. Das ist etwa der Fall, wenn die Reaktion des Tieres auf die spezielle Form der Tierhaltung, welche besonders schreckhafte Reaktionen und aggressives Verhalten der Tiere begünstigt, zurückzuführen ist[80]. Insofern realisiere sich nämlich nicht die spezifische Betriebsgefahr eines Fahrzeugs, sondern eine eigenständige Gefahr, deren Quelle der Tierhalter selbst geschaffen habe. Die mit ihr zusammenhängenden Risiken habe er entsprechend allein zu tragen[81]. Ein Zurechnungszusammenhang zwischen Betriebsgefahr und eingetretenem Schaden ist danach zu verneinen.

---

73 BGH NJW 2014, 1182 f. Rn. 5 (Autobrand in Tiefgarage).
74 BGH VersR 2005, 992 (voreilige Ausweich- und Abwehrreaktion); BGH NJW 2010, 3713 f. Rn. 6 (bzgl. der Nichterforderlichkeit einer subjektiven Einschätzung als erforderlich); BGH NJW 2013, 1679 Rn. 15 f. (bzgl. Ausrutschens nach Auffahrunfall); OLG Frankfurt NJW-RR 2019, 601 Rn. 40; OLG Saarbrücken NJW-RR 2021, 689 ff. Rn. 54; siehe aber BGH NJW 2017, 1173 Rn. 14, wonach die bloße Anwesenheit eines in Betrieb befindlichen Kfz an der Unfallstelle nicht ausreicht, vielmehr muss das Kfz durch seine Fahrweise zur Schadensentstehung beigetragen haben.
75 **BGH NJW 2017, 1173 ff.**
76 **BGH NJW 2014, 1182 f.** Rn. 6 (Autobrand in Tiefgarage); dezidiert verneint aber bei **LG Köln DAR 2018, 31 f.** (Selbstzündung sieben Stunden nach Abstellen des Autos); dazu *Heß/Burmann*, NJW 2018, 1141 ff.; offengelassen in der nachgehenden Entscheidung des OLG Köln, 15.5.2018 – 18 U 148/17, juris.
77 LG Köln MDR 1997, 935; zur gesamtschuldnerischen Haftung von Kfz-Halter und Tierhalter OLG Celle, 20.1.2016 – 14 U 128/13, juris.
78 OLG Celle, 20.1.2016 – 14 U 128/13, juris, Rn. 27.
79 BGHZ 79, 259, 263; BGH VersR 1991, 111, 112 f.; BGHZ 115, 84, 87; siehe auch *Roth*, JuS 1993, 716 ff.; nach BGH NJW 2015, 1681, beruht ein Schaden nicht auf dem Betrieb des Kfz, wenn es auf einer landwirtschaftlichen Fläche als Arbeitsmaschine eingesetzt worden ist.
80 **BGHZ 115, 84 ff.,** wo infolge eines durch einen Verkehrsunfall ausgelösten Knalls in einem 50 m entfernt liegenden Stall Schweine, die in Massentierhaltung aufgezogen wurden, in Panik gerieten und sich verletzten oder starben (siehe hierzu auch den Fall samt Lösung bei *Petersen*, Examens-Repetitorium Allgemeines Schuldrecht, 10. Aufl. 2021, Rn. 543 ff.).
81 BGHZ 115, 84, 88.

Zur Frage, ob eine Verletzung „bei dem Betrieb" vorliegt, **Fall 38**[82]: A hat durch Verletzung der Vorfahrt des G einen Verkehrsunfall verschuldet (§ 8 StVO). Vor der Polizei versucht er, den schuldlosen Geschädigten G als den wahren Schuldigen hinzustellen. Dabei erregt sich der an Bluthochdruck leidende G so sehr, dass er unmittelbar nach dem Unfall einen Schlaganfall erleidet, sodass er fortan arbeitsunfähig ist. G verlangt von A Schadensersatz aus §§ 7, 18 StVG. Zu Recht?

484

G könnte von A Schadensersatz nach § 7 Abs. 1 StVG verlangen. Danach haftet A für sämtliche Schäden, die mit dem Betrieb des Kfz ursächlich zusammenhängen. Der Begriff „bei dem Betrieb" ist weit auszulegen. Ausreichend ist hierfür bereits ein naher örtlicher und zeitlicher Zusammenhang mit einem bestimmten betrieblichen Vorgang oder mit bestimmten Betriebseinrichtungen. Im Ergebnis werden daher sämtliche durch den Fahrzeugverkehr beeinflussten Schadensabläufe erfasst. Diese Voraussetzung ist hier an sich erfüllt, denn G erleidet den Schlaganfall im unmittelbaren zeitlichen und örtlichen Zusammenhang mit dem Zusammenstoß der beiden Fahrzeuge.

Es fragt sich jedoch, ob der eingetretene Schaden (Schlaganfall) vom Schutzbereich des § 7 Abs. 1 StVG umfasst ist. Die Vorschrift schützt nur vor dem Eintritt solcher Schäden, in denen sich gerade die typische Betriebsgefahr eines Kfz realisiert hat. Hierunter fallen die unmittelbar durch den Unfall verursachten Schäden. Demgegenüber ist der Schlaganfall des G Folge der verbalen Auseinandersetzung mit A. Die allgemeine Betriebsgefahr des Kfz hat das allgemeine Lebensrisiko, bei Bluthochdruck einen Schlaganfall zu erleiden, nicht erhöht. Beides steht in keinem inneren Zusammenhang. A haftet dem G daher nicht aus § 7 Abs. 1 StVG auf Schadensersatz. Auch eine Haftung des A aus § 18 StVG[83] aus vermutetem Verschulden scheitert am fehlenden Schutzzweckzusammenhang.

4. Haftungsausschluss

a) Haftungsausschluss nach § 7 Abs. 2 StVG

Die Haftung ist nach § 7 Abs. 2 StVG ausgeschlossen, wenn der Unfall durch **höhere Gewalt** verursacht wurde[84].

485

→ **Definition:** Der Begriff „höhere Gewalt" ist im Gesetz nicht definiert. Verstanden wird nach der Rechtsprechung darunter der Fall, dass der Unfall auf einem betriebsfremden, von außen durch elementare Naturkräfte oder einem durch Handlungen dritter Personen herbeigeführten Ereignis beruht, das nach menschlicher Einsicht und Erfahrung unvorhersehbar war, mit wirtschaftlich erträglichen Mitteln auch durch äußerste Sorgfalt nicht verhütet oder unschädlich gemacht werden konnte und auch nicht wegen seiner Häufigkeit in Kauf zu nehmen ist[85].

Damit die Haftung entfällt, müssen diese o.g. Voraussetzungen **kumulativ** vorliegen. Das wird nur in seltenen Konstellationen der Fall sein. Eine Haftung scheidet etwa

486

---

82 **BGHZ 107, 359 ff.**, Fortsetzung der Prüfung von **Fall 25**, wo zunächst lediglich ein Anspruch nach § 823 Abs. 1 geprüft worden war, siehe oben Rn. 274.
83 Zum Verhältnis der beiden Ansprüche siehe unten Rn. 498.
84 Der Begriff der „höheren Gewalt" ist der gleiche wie in § 1 Abs. 2 S. 1 HaftPflG.
85 Vgl. BGHZ 7, 338, 339; BGH NJW 1986, 2312, 2313; BGH NJW 1990, 1167, 1168; OLG Celle MDR 2005, 1345 f.; BeckOGK/*Walter*, § 7 StVG Rn. 149; *Heß/Burmann*, NJW 2012, 1042, 1043.

dann aus, wenn der Unfall auf einem externen Eingriff in den Straßenverkehr (z.B. Sabotageakt Dritter) oder auf einem Naturereignis (z.B. Lawine, Überflutung, Erdrutsch) beruht.

487 Verkehrswidriges Verhalten von **Kindern**, Hilfsbedürftigen und älteren Menschen begründet regelmäßig keine höhere Gewalt. Selbst der „optimale Fahrer", der alles Menschenmögliche unternimmt, um Schäden für Dritte zu verhüten, trägt das volle Risiko dafür, dass sich andere Verkehrsteilnehmer grob verkehrswidrig verhalten.

488 Der Halter haftet darüber hinaus dafür, dass das Fahrzeug voll **funktionstüchtig** und der Fahrer **fahrtüchtig** ist[86]. Er kann sich mithin nicht darauf berufen, dass ein Fehler in der Beschaffenheit des Fahrzeugs oder ein Versagen seiner Vorrichtungen als betriebsinterne Form der „höheren Gewalt" den Unfall verursacht hat. Auch **betriebsfremde Ursachen**, d.h. das Verhalten des Verletzten, eines Dritten oder eines Tieres, schließen die Haftung des Halters regelmäßig nicht aus, selbst wenn der Fahrer jede nach den Umständen gebotene Sorgfalt beachtet hat[87]. Nach dem BGH ist der Halter sogar dann haftbar, wenn der Fahrer vorsätzlich eine andere Person überfährt[88].

b) Haftungsausschluss nach § 17 Abs. 3 StVG

489 Nach **§ 17 Abs. 3 StVG** ist eine Haftung nach § 17 Abs. 1 und 2 StVG ausgeschlossen, wenn der Unfall durch ein unabwendbares Ereignis verursacht wurde. Unabwendbarkeit liegt vor, wenn das Ereignis auch bei äußerst möglicher Sorgfalt nicht abgewendet werden kann. Dies ist für den Fall zu berücksichtigen, dass an einem Unfall **mehrere Kraftfahrzeuge** beteiligt sind (Maßstab des Idealfahrers). Abzustellen ist darauf, ob ein Idealfahrer überhaupt in die konkrete Gefahrenlage gekommen wäre[89]. Die Haftung im Verhältnis mehrerer Kraftfahrzeughalter untereinander sowie der Innenausgleich nach Entschädigung externer Dritter bemisst sich damit primär nach den Verursachungs- und Verschuldensanteilen. Dabei wird grundsätzlich auch eine mitwirkende Betriebsgefahr berücksichtigt, wenn nicht ein unabwendbares Ereignis vorliegt. Haben sich beide Autofahrer ideal verhalten, liegt also beiderseits Unabwendbarkeit vor, entfällt der Ausgleich ganz und jeder trägt seinen Schaden selbst.

c) Haftungsausschluss nach § 7 Abs. 3 StVG

490 Wurde das Fahrzeug ohne Wissen und Willen des Halters von einem anderen benutzt (**Schwarzfahrt**), haftet anstelle des Halters der Benutzer (§ 7 Abs. 3 S. 1, 1. HS StVG), es sei denn, der „Schwarzfahrer" ist vom Halter für den Betrieb des Fahrzeugs angestellt (§ 7 Abs. 3 S. 2 StVG). Dagegen haften Halter und „Schwarzfahrer" dann nebeneinander, wenn der Halter die Schwarzfahrt durch sein Verschulden ermöglicht hat (§ 7 Abs. 3 S. 1, 1. HS StVG). Das ist etwa der Fall, wenn er sein Kfz nicht verschlossen oder den Fahrzeugschlüssel nicht sicher verwahrt hat.

---

86 Vgl. BGHZ 23, 90, 93 (plötzliche Ohnmacht infolge Gehirnblutung).
87 BGH VersR 1987, 158 f.
88 BGHZ 37, 311, 312 ff.
89 OLG Hamm 22.2.2021 – 7 U 16/20 – juris Rn. 22.

d) Haftungsausschluss nach § 8 Nr. 1–3 StVG

Weitere Haftungsausschlüsse finden sich in § 8 Nr. 1–3 StVG. Die Halterhaftung betrifft gemäß § 8 Nr. 1 StVG nur Fahrzeuge, die **mehr als 20 km/h** an Geschwindigkeit aufweisen. Nach § 8 Nr. 2 StVG ist die Haftung des Halters ausgeschlossen, wenn der Verletzte zur Zeit des Unfalls **bei dem Betrieb des Fahrzeugs tätig** war. Die vom Verletzten ausgeübte Tätigkeit muss dabei in innerem Zusammenhang mit dem Betrieb des Kfz stehen. Hiervon umfasst ist v.a. der **Fahrer** selbst, aber z.B. auch der Schaffner oder Fahrschüler, grds. nicht aber der bloße Beifahrer, solange seine Tätigkeit nicht über das Teilnehmen an der Fahrt hinausgeht[90]. Der Halter haftet nach § 8 Nr. 3 StVG ferner nicht, wenn die beschädigte Sache durch das Fahrzeug befördert und dabei nicht von einer beförderten Person an sich getragen oder mitgeführt wurde.

491

e) Haftungsausschluss nach § 8a StVG

Nach **§ 8a StVG** ist bei entgeltlicher, geschäftsmäßiger Personenbeförderung ein Haftungsausschluss in Bezug auf die Tötung oder Verletzung untersagt. Eine dennoch vorgenommene Vereinbarung ist nach § 134 nichtig[91]. Für Sachschäden und andere Haftungsansprüche ist ein Haftungsausschluss dagegen möglich. Auch kann die Haftung gegenüber **Autoinsassen** bei unentgeltlicher oder nicht geschäftsmäßiger Beförderung ausgeschlossen oder beschränkt werden[92].

492

5. Rechtsfolge

Grundlage der Schadensberechnung sind die allgemeinen Vorschriften der §§ 249 ff., modifiziert durch die speziellen Regelungen des StVG. So sieht § 12 StVG **Haftungshöchstbeträge** als Korrelat zur verschuldensunabhängigen Gefährdungshaftung vor. § 12a StVG enthält für die Beförderung gefährlicher Güter höhere Haftungsgrenzen, sofern der Schaden auf der Gefährlichkeit dieser Güter beruht. Werden die Höchstbeträge im Schadensfall überschritten, kann der darüber hinaus entstandene Schaden über die §§ 823 ff. geltend gemacht werden.

493

Der **Umfang der Ersatzpflicht** bei Körperverletzung richtet sich nach § 11 StVG. Insbesondere wird ein Anspruch auf Schmerzensgeld gewährt (§§ 253 Abs. 2 BGB, 11 S. 2 StVG).

494

Ein **Mitverschulden** des Verletzten bewirkt eine **Haftungskürzung** nach §§ 9 StVG iVm. 254 BGB sowie § 17 Abs. 2 iVm. Abs. 1 StVG. Bei der Abwägung der beiden Verursachungsbeiträge ist auch eine mitwirkende **Betriebsgefahr** des Geschädigten zu berücksichtigen (§ 17 Abs. 1 S. 2 StVG).

495

> **Klausurtipp:** Sind bei einem Unfall zwei Fahrzeuge involviert, wobei auf beiden Seiten weder Verschulden noch höhere Gewalt vorliegt (z.B. unvorhersehbar vereiste Fahrbahn)[93], hat jeder der beiden Halter Ersatzansprüche nach § 7 StVG. Im Rahmen der Schadensbe-

---

90 BeckOGK/*Walter*, § 8 StVG Rn. 13.
91 BeckOGK/*Walter*, § 8a StVG Rn. 1.
92 Zum vertraglichen Haftungsausschluss *Garbe/Hagedorn*, JuS 2004, 287, 290.
93 *Medicus/Lorenz*, SR II, § 82 Rn. 14.

rechnung wirkt sich bei jedem Halter die Betriebsgefahr seines Kfz mindernd aus (§ 17 Abs. 2 StVG).

496 Ist ein **Motorrad** an dem Unfall beteiligt, so fällt die Haftungskürzung regelmäßig höher aus als bei einem Kfz, weil die anzurechnende Betriebsgefahr, die sich beim Unfall – zumindest teilweise – verwirklicht hat, entsprechend höher einzustufen ist als die eines Kfz. Die Kontrolle über ein Zweirad geht schneller verloren und zudem bietet ein Zweirad dem Fahrer nahezu keinen Schutz vor den drohenden Gefahren eines Unfalls, d.h. die Verletzungsgefahr ist wesentlich höher. Die Haftung des Halters kann im Rahmen der Haftungsverteilung nach § 9 StVG iVm. § 254 BGB **auf Null reduziert** werden, wenn das schuldhafte Verhalten des Verletzten die typische Betriebsgefahr des Kfz deutlich überwiegt[94].

Klausurtipp: In § 10 Abs. 3 StVG findet sich trotz der Bezeichnung des § 10 StVG als „Umfang der Ersatzpflicht bei Tötung" ein separater Anspruch des Hinterbliebenen auf Hinterbliebenengeld[95].

VI. Haftung des Kfz-Führers, § 18 StVG

Übungsfall: *Kunz*, Vollautomatisiert unterwegs, JURA 2018, 70 ff.

497 **Prüfungsschema § 18 StVG**

I. **Voraussetzungen**
  1. Personen- oder Sachschaden
  2. „Bei dem Betrieb"
  3. Kfz-Führer als Ersatzpflichtiger
  4. Verschulden wird vermutet; Exkulpation möglich
  5. Kein Haftungsausschluss
     – Sonderfälle der §§ 8 Nr. 1–3 StVG
     – Sonderfall des § 8a StVG (entgeltliche geschäftsmäßige Personenbeförderung)
     – Rechtsgeschäftlicher Haftungsausschluss

II. **Rechtsfolge**
   – Ersatz des Schadens nach §§ 10 ff. StVG
   – Schmerzensgeld (§ 11 S. 2 StVG, § 253 Abs. 2)
   – Mitverursachung, Mitverschulden (§ 9 StVG, § 254)

498 Die Haftung des Fahrzeugführers nach § 18 StVG beruht nicht auf der Gefährlichkeit des Kfz, ist also keine Gefährdungshaftung. Haftungsgrund ist das **vermutete Verschulden** des Fahrers. Im Tatbestand ist zunächst dasselbe zu prüfen wie bei § 7 StVG, nur dass nicht die Eigenschaft als Halter, sondern die als Kfz-Führer relevant ist. Das Verschulden des Fahrzeugführers wird vermutet, wenn kein Entlastungsbeweis möglich ist (§ 18 Abs. 1 S. 2 StVG). Als Haftungsausschlussgründe kommen,

---

94 BGH NJW 2004, 1375, 1376.
95 Vgl. § 844 Abs. 3; dazu Rn. 146 und Rn. 554; siehe auch *Bischoff*, MDR 2017, 739 ff.

aufgrund des Verweises im Wortlaut des § 18 Abs. 1 S. 1 StVG, neben einem rechtsgeschäftlichen Ausschluss lediglich die Gründe der §§ 8 und 8a StVG in Betracht.

Rechtsfolge ist der Ersatz des entstandenen Schadens gemäß §§ 249 ff., modifiziert um die Regelung des § 9 StVG (Mitverschulden) sowie die §§ 10 ff. StVG. Die Haftung aus § 18 StVG kann neben der aus § 7 StVG bestehen, wenn Halter und Fahrer identisch sind[96]. Allerdings wird diese Haftung in der Praxis neben der aus § 7 StVG regelmäßig ohne Relevanz sein[97]. Sie erstreckt sich jedoch nicht auf die Beschädigung des betriebenen Kfz selbst[98]. Mit § 18 StVG wird nämlich lediglich die Halterhaftung auf den Fahrer ausgedehnt. Das macht die Verweisung auf § 7 StVG deutlich[99].

499

Daneben kann eine Haftung aus **§ 823 Abs. 1** oder aus **§ 823 Abs. 2** iVm. Schutzgesetz (z.B. § 3 Abs. 1 S. 2, Abs. 3 Nr. 1 StVO, §§ 2 Abs. 1, 21 Abs. 1 Nr. 1 StVG) bestehen. Wie beim Fahrzeughalter tritt auch beim Fahrer nach § 115 Abs. 1 S. 2 Nr. 1 VVG iVm. § 1 PflVG gegenüber dem Geschädigten die Kfz-Haftpflichtversicherung zusätzlich in die Haftung ein.

500

VII. Haftung für Verrichtungsgehilfen, § 831

Übersichtsaufsätze: *Lange*, Haftung in arbeitsteiligen Prozessen – der Verrichtungsgehilfe gem. § 831 BGB, JURA 2019, 351 ff.; *Lorenz*, Grundwissen – Zivilrecht: Deliktsrecht – Haftung aus § 831 BGB, JuS 2020, 821 ff.

Übungsfall: *Schmidt/Bassemir*, Einmal hin, Arzt ist drin, JURA 2016, 1314 ff.

Prüfungsschema § 831

I. **Voraussetzungen**
 1. Verrichtungsgehilfe
 2. Tatbestandsmäßige, rechtswidrige unerlaubte Handlung des Verrichtungsgehilfen
  – Kein Verschulden des Verrichtungsgehilfen erforderlich
 3. In Ausführung der Verrichtung
  – Innerer Zusammenhang zwischen aufgetragener Verrichtung und eingetretenem Schaden
  – Nicht lediglich „bei Gelegenheit"
  – Haftungsbegründende Kausalität wird vermutet (siehe § 831 Abs. 1 S. 2, 2. Alt.)
 4. Verschulden des Geschäftsherrn
  – Wird vermutet (§ 831 Abs. 1 S. 2), Exkulpation möglich
  – Dezentralisierter Entlastungsbeweis möglich

II. **Rechtsfolge**
 Ersatz des Schadens nach §§ 249 ff. (Schaden, haftungsausfüllende Kausalität, Mitverschulden)

501

---

96 Anders *Hentschel/König/Dauer*, Straßenverkehrsrecht, 46. Aufl. 2021, § 18 Rn. 1a.
97 So wohl auch *Schreiber/Strupp*, JURA 2007, 594, 598; *Wandt*, § 22 Rn. 44.
98 In Betracht kommt hier ein Anspruch aus § 280 Abs. 1 und/oder aus §§ 823 ff.
99 *Wandt*, § 22 Rn. 45.

502 § 831 ist, anders als § 278, nicht eine Zurechnungsnorm für fremdes Verschulden, sondern eine **selbständige Anspruchsgrundlage**[100]. Nach § 831 haftet der Geschäftsherr für Schäden, die sein Verrichtungsgehilfe herbeigeführt hat. Die eigentliche Ursache des Schadens wird in einem Sorgfaltsverstoß des Geschäftsherrn gesehen. Es wird **vermutet**[101], dass der Geschäftsherr bei der Auswahl und Überwachung schuldhaft gehandelt hat, und dass der Schaden bei sorgfältigem Verhalten nicht entstanden wäre. Widerlegt der Geschäftsherr diese Verschuldensvermutung nicht, haftet er für **eigenes** Verschulden.

> **Klausurtipp:** Neben dem Anspruch aus § 831 ist regelmäßig auch ein Anspruch aus § 823 Abs. 1 zu prüfen. Beide Ansprüche basieren auf verschiedenen Voraussetzungen[102].

503 Die praktische Bedeutung des § 831 liegt allein darin, die Beweislast für die Verletzung der in Abs. 1 S. 2 genannten Auswahl- und Anleitungspflichten umzukehren und den Geschädigten dadurch zu privilegieren[103]. Erfüllt der **Verrichtungsgehilfe** selbst die Voraussetzungen einer unerlaubten Handlung, haftet er zusätzlich nach § 823 Abs. 1, und zwar unabhängig von der Haftung des Geschäftsherrn nach § 831. Im Innenverhältnis (Gehilfe, Geschäftsherr) haftet grundsätzlich der Verrichtungsgehilfe (§ 840 Abs. 2)[104].

1. Verrichtungsgehilfe

504 → **Definition: Verrichtungsgehilfe** ist, wer mit Wissen und Wollen des Geschäftsherrn in dessen Interesse tätig wird und von dessen Weisungen abhängig ist.

Das Weisungsrecht braucht nicht bis ins letzte Detail zu gehen. Ausreichend ist, dass der Geschäftsherr die Tätigkeit des Handelnden jederzeit beschränken, entziehen oder nach Zeit und Umfang bestimmen kann[105]. Weisungsabhängig ist etwa ein Arbeitnehmer. Dagegen ist ein Subunternehmer, ein Spediteur etc. generell weisungsfrei und damit kein Verrichtungsgehilfe.

2. Tatbestandsmäßige und rechtswidrige unerlaubte Handlung des Gehilfen

505 Der Gehilfe muss eine unerlaubte Handlung tatbestandsmäßig und rechtswidrig begangen haben, wobei es gleichgültig ist, ob es sich um eine unerlaubte Handlung handelt, die im BGB geregelt ist (§§ 823 ff.) oder außerhalb des BGB (z.B. im UWG). Ein Verschulden des Verrichtungsgehilfen wird von § 831 nicht gefordert. Allerdings ist ein Verschulden (i.S. von Vorsatz) dann erforderlich, wenn der Deliktstatbestand lediglich vorsätzlich begangen werden kann, wie dies bei § 826 und § 823 Abs. 2

---

100 Siehe auch *Petersen*, Examens-Repetitorium Allgemeines Schuldrecht, 10. Aufl. 2021, Rn. 246 f.
101 Zur dogmatischen Einordnung PWW/*Schaub*, § 831 Rn. 2.
102 BGHZ 17, 214, 217 ff.; *Deutsch/Ahrens*, Rn. 459.
103 MünchKomm/*Wagner*, § 831 Rn. 11; Staudinger/*Bernau*, § 831 Rn. 20 ff., wonach eine Haftung aus § 823 Abs. 1 praktisch nicht zum Zuge kommt, sofern sich das Organisationsverschulden auf eine der in § 831 normierten Verkehrspflichten bezieht.
104 Siehe Rn. 529.
105 BGHZ 45, 311, 313.

iVm. einer Vorsatzstraftat der Fall ist. Die Rechtswidrigkeit ist indiziert, wenn der Gehilfe den objektiven Tatbestand einer unerlaubten Handlung erfüllt hat. Keine Rechtswidrigkeit liegt vor, wenn der Gehilfe einen Rechtfertigungsgrund hat.

3. In Ausführung der Verrichtung

Der Verrichtungsgehilfe darf **nicht nur „bei Gelegenheit"**, sondern er muss „in Ausführung der Verrichtung" gehandelt haben. Es muss ein innerer Zusammenhang zwischen aufgetragener Verrichtung und Schadenszufügung bestehen[106]. Stiehlt also ein Handwerksangestellter bei Reparaturarbeiten beim Kunden eine Geldbörse des Kunden, ist dies eine Tätigkeit, die mit der übertragenen Aufgabe (Reparatur) nur noch in einem äußeren, nicht mehr in einem inneren Zusammenhang steht. Diese schädigende Handlung fällt damit nicht mehr in den Kreis der Tätigkeiten, die zu den aufgetragenen Verrichtungen gehört. 506

Die „in Ausführung der Verrichtung" begangene Handlung, die zum Schaden geführt hat, muss dem Verrichtungsgehilfen nicht aufgetragen worden sein, sondern es reicht, wenn sie in den Kreis der Tätigkeiten fällt, die üblicherweise zu den aufgetragenen Verrichtungen gehören. Auch wenn der Verrichtungsgehilfe die Arbeiten weisungswidrig ausführt, haftet der Geschäftsherr für dabei entstandene Schäden[107]. Ausschlaggebend ist allein der **innere Zusammenhang** mit dem erteilten Arbeitsauftrag. 507

4. Exkulpation bzgl. Kausalität und Verschulden

§ 831 geht von einem vermuteten Verschulden des Geschäftsherrn aus[108]. Zudem wird die Kausalität vermutet, da dem Geschädigten die Erbringung des Beweises der in die Sphäre des Geschäftsherrn fallenden Tatsachen nicht zugemutet werden kann. Vermutet wird daher zum einen, dass der Geschäftsherr den Verrichtungsgehilfen nicht hinreichend ausgewählt, angewiesen, beaufsichtigt oder mit den erforderlichen Vorrichtungen oder Gerätschaften versehen hat (**Verschuldensvermutung**). Vermutet wird zum anderen, dass die Verletzung dieser Pflichten für die Schädigung ursächlich geworden ist (**Kausalitätsvermutung**)[109]. 508

Der Geschäftsherr muss den **Entlastungsbeweis** (Exkulpation) führen, dass er den Verrichtungsgehilfen sorgsam ausgewählt, angeleitet und überwacht hat (§ 831 Abs. 1 S. 2, 1. Alt.), oder dass der Schaden selbst bei gebotener Sorgfalt bei der Auswahl, Anleitung oder Überwachung entstanden wäre (§ 831 Abs. 1 S. 2, 2. Alt.). 509

Da es dem Geschäftsherrn bei größeren Betrieben nicht möglich oder zumutbar ist, alle Mitarbeiter selbst auszuwählen und zu überwachen, ist laut Rechtsprechung ein sog. **dezentralisierter Entlastungsbeweis** möglich. Damit nicht eine ungerechtfertigte Bevorzugung von Großunternehmen erfolgt[110], werden hieran strenge Anforderungen gestellt. Der Geschäftsherr genügt danach seiner Auswahl- und Überwa- 510

---
106 BGH NJW 1971, 31, 32.
107 BGH NJW 1971, 31, 32.
108 Zum **Mitverschulden** siehe BGH NJW 2013, 3235 ff.
109 BGH NJW 2003, 288 ff.
110 Vgl. *Larenz/Canaris*, § 79 III 3 b.

chungspflicht nicht schon dadurch, dass er geeignete Zwischenpersonen wie Abteilungsleiter, Meister usw. auswählt und überwacht. Vielmehr muss nachgewiesen werden, dass der nachgeordnete Angestellte seinerseits bei der Auswahl und Überwachung von Verrichtungsgehilfen sorgfältig gehandelt hat. Zudem hat er zu beweisen, dass er selbst laufend unterrichtet wurde und zur Abwehr von Schädigungen Dritter durch Arbeitsabläufe ausreichende Anweisungen erteilt hat. Einer ungerechtfertigten Haftungsfreistellung des Geschäftsherrn wird dadurch entgegengewirkt, dass einerseits die Zwischenpersonen nach § 831 Abs. 2 ihrerseits ersatzpflichtig sein können[111] und andererseits der Geschäftsherr daneben aus einer Verletzung seiner Organisationspflicht nach § 823 Abs. 1[112] haftbar sein kann.

VIII. Speziell: Haftung aus Organisationsverschulden (§ 823 Abs. 1)

511 § 831 kann lex specialis gegenüber § 823 Abs. 1 sein, wenn die Verletzungshandlung des Geschäftsherrn in der mangelnden Auswahl oder Überwachung des Verrichtungsgehilfen liegt. Allerdings bestehen § 831 und § 823 Abs. 1 nebeneinander, wenn der Geschäftsherr seine (Betriebs-)Organisationspflichten verletzt. Ihn trifft nämlich die allgemeine **Verkehrssicherungspflicht**, seinen Betrieb so zu organisieren, dass für Dritte keine Gefahren entstehen. Verletzt er diese, kann er wegen sog. Organisationsverschuldens aus § 823 Abs. 1 haften. Korrekter wäre es allerdings, hier von einer Haftung wegen Organisationspflichtverletzung zu sprechen, da es im Grunde nicht (allein) um das Verschulden geht.

512 Die **Rechts(gut)verletzung** i.S. des § 823 Abs. 1 muss durch ein dem Schädiger zurechenbares Handeln geschehen. Der Unternehmer kann es z.B. unterlassen haben, für notwendige Sicherheitsvorkehrungen durch klare Anweisungen an seine Mitarbeiter zu sorgen. Voraussetzung einer Haftung aufgrund Unterlassens ist eine Pflicht zum Handeln i.S. einer **Erfolgsabwendungspflicht**. Diese muss dem Verletzten gegenüber bestehen, und die betreffende Verkehrspflicht muss verletzt sein[113].

513 Wie eine Haftung aus Organisationsverschulden geprüft wird, soll anhand von **Fall 39**[114] gezeigt werden: Tiefbauunternehmer U wird von der Gemeinde beauftragt, eine Ausschachtung zur Verlegung einer Lichtleitung vorzunehmen. Bei den Arbeiten beschädigt der von Arbeiter A gesteuerte Bagger ein zum Haus des Eigentümers E führendes Anschlussrohr der Gasversorgung. Dadurch strömt Gas in den Keller des Hauses, das nach 10 Minuten zu einer Explosion führt. Das Haus des E muss aufgrund der entstandenen Schäden abgerissen werden. E will von U Schadensersatz. U wendet zutreffend ein, er habe den Tiefbauingenieur D mit der Bauleitung an der Baustelle beauftragt, der nicht nur die erforderliche Qualifikation besitze, technische Aufgaben in eigener Verantwortung durchzuführen, sondern auch als Bauführer und Bauleiter bei größeren Bauvorhaben mit besonderer Umsicht tätig gewesen und mit allen Bauarbeiten und Bausicherungsmaßnahmen vertraut sei. D hat viele Bau-

---

111 Vgl. nur BGHZ 4, 1, 2 ff.
112 Siehe Rn. 511 ff.
113 Siehe oben Rn. 280 ff.
114 Nach **BGH NJW 1971, 1313 ff.**

arbeiten in eigener Verantwortung gewissenhaft durchgeführt und in keinem Fall zu Beanstandungen Veranlassung gegeben. Eine klare Anweisung, wann und wie er sich über Lage und Verlauf der Versorgungsleitung zu vergewissern hat, hat U dem D jedoch nicht gegeben. Da E befürchtet, dass ein Anspruch aus § 831 nach Lage des Falles ausscheidet, will er Schadensersatz wegen Organisationsverschuldens und fragt, ob dies möglich ist[115].

1. E könnte gegen U einen Anspruch aus **§ 823 Abs. 1** wegen Organisationsverschuldens haben. Eine Rechtsverletzung liegt vor, da das Eigentum des E verletzt worden ist. Die Eigentumsverletzung müsste dem U zugerechnet werden können. Hier könnte U es unterlassen haben, die erforderlichen Maßnahmen für die Sicherheit der Tiefbauarbeiten zu ergreifen. Den U trifft eine Sorgfaltspflicht i.S. einer allgemeinen **Verkehrssicherungspflicht** aus der tatsächlichen Verfügungsgewalt über ein gefahrbringendes Unternehmen (hier: Tiefbauunternehmen). Er muss dafür sorgen, dass aus seinen Unternehmungen keine Gefahren für Dritte entstehen. Diese Verkehrssicherungspflicht besteht auch dem Verletzten E gegenüber, da dieser bei Tiefbauarbeiten in seiner unmittelbaren Nachbarschaft besonders gefährdet ist.

Fraglich ist, ob U diese Verkehrspflicht verletzt hat. Zwar hat U selbst keine Maßnahmen ergriffen, er könnte aber D in die Erfüllung seiner Verkehrspflichten eingeschaltet haben und so von seinen Pflichten befreit worden sein. Allgemeine Verkehrspflichten können auf einen Dritten mit der Folge voller Entlastung des primär Verantwortlichen nur übertragen werden, soweit dies durch eine Rechtsnorm zugelassen wird. Im Übrigen kann ein Verkehrspflichtiger sich der Pflicht nicht durch Einschaltung eines Dritten entledigen. Vielmehr bleibt stets eine Organisationspflicht als „Rest" der allgemeinen Verkehrspflicht zurück. Der primär Verantwortliche muss fortan dafür sorgen, dass der Dritte der Verkehrspflicht in gehöriger Weise nachkommt[116].

Bei großen Unternehmen ist selbstverständlich, dass der Geschäftsherr nicht alle bestehenden Verkehrspflichten selbst erfüllen kann, sondern sie zumindest teilweise (vertikal) delegiert. Dann hat der Geschäftsherr seinen Betrieb aber so einzurichten, dass ein effektiver vertikaler Informations- und Kontrollzusammenhang gewährleistet ist. Insoweit muss er die erforderlichen Richtlinien erlassen, Anweisungen erteilen und deren Befolgung kontrollieren.

Für eine Verletzung dieser **Organisationspflicht** haftet der Geschäftsherr nach § 823 Abs. 1. Der Umfang der Instruktions- und Überwachungspflichten ist umso kleiner, je geringer der drohende Schaden bei einer möglichen Verletzung der delegierten Verkehrspflicht und je klarer die Absprache hinsichtlich der übernommenen Sicherungspflichten ist. Hier hat U dem D als weisungsabhängigen Gehilfen keine klare Anweisung erteilt, sich über Lage und Verlauf der Versorgungsleitungen zu informieren. In Anbetracht des drohenden (und schließlich auch eingetretenen) enormen Schadens war die allgemeine Übertragung der Gesamtverantwortung für die Tiefbauarbeiten

---

115 Sofern man einen dezentralisierten Entlastungsbeweis zulässt, scheidet im vorliegenden Fall ein Anspruch gegen U aus § 831 aus, da U den Bauleiter D (als Mittelsperson) sorgfältig ausgesucht und überwacht hat. Eine Exkulpation für den Verrichtungsgehilfen (hier: A) ist dann laut Rechtsprechung nicht erforderlich.
116 BGH NJW 1990, 1361, 1363.

auf D für U nicht genügend, um seine Instruktions- und Überwachungspflichten im vollen Umfang zu erfüllen[117].

2. Fraglich ist, ob das Unterlassen der notwendigen Anweisung des D für die Explosion des Hauses des A **kausal** war. Ein Unterlassen ist für den Verletzungserfolg kausal, wenn pflichtgemäßes Handeln den Eintritt des schädigenden Erfolgs mit an Sicherheit grenzender Wahrscheinlichkeit verhindert hätte. Hier ist mit an Sicherheit grenzender Wahrscheinlichkeit anzunehmen, dass eine Explosion verhindert worden wäre, wenn D sich infolge einer Anweisung durch U die notwendigen Informationen über die Lage und den Verlauf der Versorgungsleitungen beschafft hätte. Die Eigentumsverletzung bei E stellt sich als typische Folge des Unterlassens der Sicherungsvorkehrungen dar.

3. Die Erfüllung des Tatbestands indiziert die Rechtswidrigkeit. U hat die im Verkehr erforderliche Sorgfalt nicht beachtet und handelte daher schuldhaft. Gemäß § 823 Abs. 1 iVm. § 249 Abs. 2 hat U dem E für die Zerstörung des Hauses Schadensersatz in Geld zu leisten.

§ 14 Die Haftung mehrerer Personen

I. Mittäter, Anstifter, Gehilfen, Beteiligte, § 830

Übersichtsaufsatz: *Röthel*, Mehrere Deliktsbeteiligte: Mittäter, Alternativtäter, Nebentäter (§ 830 BGB), JURA 2019, 1058 ff.

Übungsfälle: *Deinert*, Examensklausur ZR – Der Baulöwe im Käfig, JURA 2003, 337 ff.; *Bernhard*, Eigentumsvorbehalt im Fitnessstudio, JURA 2010, 62 ff.

514 § 830 enthält aufgrund der Beweisnot des Geschädigten eine Ausnahme vom Verursacherprinzip. Danach entfällt die Feststellung der haftungsbegründenden Kausalität zwischen der Handlung eines Mittäters/Teilnehmers und der Rechts- bzw. Rechtsgutverletzung. § 830 ist in seinen einzelnen Varianten jeweils eine selbstständige **Anspruchsgrundlage**.

1. Mittäter, § 830 Abs. 1 S. 1; Anstifter, Gehilfen, § 830 Abs. 2

515 **Prüfungsschema § 830 Abs. 1 S. 1/§ 830 Abs. 2**
  I. **Voraussetzungen**
    1. Verletzungserfolg
    2. Handlung
       – als Mittäter i.S. des § 25 Abs. 2 StGB (§ 830 Abs. 1 S. 1)
       – als Anstifter/Gehilfe i.S. der §§ 26, 27 StGB (§ 830 Abs. 2)
    3. Haftungsbegründende Kausalität

---

117 Der BGH (NJW 1971, 1313, 1315) führt ausdrücklich aus: „Mit Rücksicht auf die besonders große Gefährdung Dritter bei Beschädigung von Gas-, Wasser- und Starkstromleitungen muß die Anweisung den verpflichtenden Hinweis enthalten, sich nicht mit allgemeinen … mündlichen Auskünften zu begnügen, die erkennbar nicht anhand von Plänen erteilt werden."

4. Rechtswidrigkeit
5. Verschulden
II. **Rechtsfolge**
– Ersatz des (gesamten) Schadens nach §§ 249 ff.
– Haftung als Gesamtschuldner (§ 840)

Zur Verwirklichung des **§ 830 Abs. 1 S. 1** müssen mehrere als Mittäter i.S. des Strafrechts (§ 25 Abs. 2 StGB) einen Schaden verursacht haben. Entsprechend den strafrechtlichen Gegebenheiten ist bewusstes und gewolltes (= vorsätzliches) Zusammenwirken erforderlich. Bloße Gleichzeitigkeit reicht nicht aus. Die Beteiligten müssen zusammengewirkt haben. Es wird dann der Tatbeitrag des einen dem anderen als eigene Verletzungshandlung zugerechnet. Verzichtet wird auf die Feststellung, welcher Mittäter den Verletzungserfolg herbeigeführt hat. 516

§ 830 Abs. 2 setzt voraus, dass mehrere Personen als Anstifter oder Gehilfen (§§ 26, 27 StGB) einen Schaden verursacht haben. Auch hier wird der Tatbeitrag des einen dem anderen als eigene Verletzungshandlung zugerechnet. Zudem ist die Rechtswidrigkeit für jeden Tatbeteiligten, der nach § 830 Abs. 1 S. 1 oder Abs. 2 in Anspruch genommen wird, eigenständig festzustellen. Auch das Verschulden ist für jeden Tatbeteiligten unabhängig zu prüfen. Hinsichtlich des Verschuldensgrads ist im Rahmen von § 830 Abs. 1 S. 1, Abs. 2 Vorsatz (mindestens dolus eventualis) erforderlich. 517

Ist ein **gemeinsamer Wille** zum Handeln da, haftet der einzelne **Mittäter** für alle (adäquaten) Schadensfolgen, ob er den konkreten Schaden eigenhändig (mit-)verursacht und wie viel er selbst dazu beigetragen hat. Maßgebend ist, dass er sich an der schadensstiftenden Handlung mit dem Willen beteiligt hat, sie als eigene Tat gemeinschaftlich mit anderen zu verwirklichen. Damit ist etwa die bloße Teilnahme an einer Demonstration, bei der es zu Gewalttätigkeiten kommt, noch nicht ausreichend für eine Haftung nach § 830 Abs. 1 S. 1 oder Abs. 2, sondern es muss ein auf die Rechtsgutverletzung gerichteter Wille des Demonstrationsteilnehmers hinzukommen[1]. Dabei muss dieser die schadensstiftenden Ausschreitungen zumindest billigend in Kauf genommen haben. Es reicht aus, dass eine Solidarisierung mit gewalttätigen Demonstranten bei der Demonstration erfolgt, wenn hierdurch deren Gewalttaten zumindest psychisch gefördert werden, indem die gewalttätigen Demonstranten in ihren Entschlüssen und Taten bestärkt werden (psychische/intellektuelle Mittäterschaft)[2]. 518

2. Beteiligung mehrerer an einer unerlaubten Handlung, § 830 Abs. 1 S. 2

Übungsfälle: *Röpke/Pasch*, Anfängerklausur – Zivilrecht: Deliktische Beteiligung mehrerer und Schadenszurechnung – Cave Equos!, JuS 2014, 520 ff.; *Voigt/Jansen*, Kabelsalat, JURA 2018, 1157 ff.; *Hauser/May*, Fortgeschrittenenklausur – Zivilrecht: Deliktsrecht – Brand im Affenhaus, JuS 2021, 48 ff.

---
1 BGH NJW 1998, 377, 382; OLG Celle VersR 1982, 598, 600.
2 BGHZ 89, 383, 395; OLG Hamm VersR 1985, 505.

> **519** **Prüfungsschema § 830 Abs. 1 S. 2**
> **I. Voraussetzungen**
> 1. Selbständige Beteiligung
>   - Keine Mittäterschaft oder Teilnahme (§ 830 Abs. 1 S. 1, Abs. 2)
> 2. Anspruchsbegründendes Verhalten jedes Beteiligten bei unterstellter Kausalität
>   - Jeder Beteiligte hat einen deliktischen Haftungstatbestand (tatbestandsmäßig, rechtswidrig und schuldhaft) erfüllt
>   - Die Handlung des jeweiligen Beteiligten muss geeignet gewesen sein, den Schaden herbeizuführen
> 3. Verursachung durch einen Beteiligten
> 4. Urheber- oder Anteilszweifel
>
> **II. Rechtsfolge**
> - Ersatz des (gesamten) Schadens nach §§ 249 ff.
> - Haftung als Gesamtschuldner (§ 840)

520 § 830 Abs. 1 S. 2 stellt nach heute h.M. eine **eigene Anspruchsgrundlage** dar[3]. Sie erfasst nicht nur die Verschuldenshaftung, sondern auch die Gefährdungshaftung[4]. Die frühere h.M. sah hier lediglich eine besondere Beweislastregel. Sie sollte den Geschädigten vom Nachweis der haftungsbegründenden Kausalität befreien, wenn die unerlaubte Handlung mehrerer Beteiligter zu einer Verletzung des Geschädigten führte, dieser aber nicht beweisen konnte, welche der Handlungen kausal war. Im Unterschied zur früheren h.M., wo ausgehend von § 823 Abs. 1 im Rahmen der Kausalität § 830 Abs. 1 S. 2 zu prüfen war, ist § 830 Abs. 1 S. 2 inzwischen selbst die Anspruchsgrundlage.

521 **Voraussetzung** des § 830 Abs. 1 S. 2 ist zunächst eine Beteiligung, d.h. es darf weder Mittäterschaft noch Anstiftung oder Gehilfenschaft vorliegen. Ausgeschieden werden soll damit eine Gemeinschaftlichkeit des Handelns. Es darf aber auch keine **Nebentäterschaft** vorliegen[5]. Das wäre der Fall, wenn mehrere Personen durch selbstständige Einzelhandlungen ohne bewusstes Zusammenwirken einen Schaden verursacht haben. Hier steht nämlich die Ursächlichkeit des Verhaltens aller Nebentäter fest (z.B. mehrere Verursacher eines Verkehrsunfalls). Die Schädiger haften hier für ihren jeweiligen Haftungsbeitrag ggf. nach § 840 als Gesamtschuldner[6].

522 Nach § 830 Abs. 1 S. 2 müssen die Tatbestandsvoraussetzungen **bis auf die Kausalität** vorliegen. Der Geschädigte wird nach dieser Norm insofern begünstigt, als er die Ursächlichkeit für den Verletzungserfolg nicht nachzuweisen braucht[7].

523 § 830 Abs. 1 S. 2 wird nicht dadurch ausgeschlossen, dass ein Dritter eine **andere** Schadensbedingung gesetzt hat. Fällt also z.B. der Verletzte, von zwei Personen gestoßen, infolge des einen (welchen?) der Stöße in einen Kanalschacht, dessen Abdeckung ein Dritter pflichtwidrig versäumt hat, so haftet der Dritte aus § 823 Abs. 1 we-

---

3 BGHZ 72, 355, 358; BGH NJW 1979, 544; anders *Brox/Walker*, § 51 Rn. 5; *Larenz/Canaris*, § 82 II 1d; *Brade/Gentzsch*, JA 2016, 895.
4 **BGH NJW 2018, 3439 ff.**; siehe dazu *Schwab*, JuS 2018, 1239 f.
5 *Becker/Weidt*, JuS 2016, 481, 482.
6 PWW/*Schaub*, § 830 Rn. 1 f.
7 OLG Koblenz, 21.1.2019 – 4 U 979/18, juris, Rn. 42.

gen Verletzung seiner Verkehrspflicht. Daneben haften die beiden Stoßenden nach § 830 Abs. 1 S. 2. Da der Dritte in keinem Zusammenhang mit diesen beiden steht, scheidet der Dritte aus dem Kreis der Beteiligten aus[8].

Wie § 830 Abs. 1 S. 2 zu prüfen ist, verdeutlicht **Fall 40**[9]: A stellt sich an den Straßenrand einer Landstraße, um per Anhalter zu fahren. Da es dunkel ist, wird er vom Pkw des C angefahren und auf die Straße geschleudert. Dort bleibt er liegen und wird eine Stunde später vom zu schnell fahrenden Pkw des B überfahren. Dieser fährt weiter. A erleidet schwere Verletzungen. Allerdings lässt sich nicht feststellen, ob B dem A diesen Schaden zugefügt hat oder bereits C, der den A niedergerissen hatte. Die Identität des B kann ermittelt werden, während C unbekannt bleibt. Wie ist die Rechtslage?

524

1. A könnte gegen B einen Anspruch auf Schadensersatz aus **§ 823 Abs. 1** haben. B könnte den Körper und die Gesundheit des A verletzt haben. Zwar hat A Verletzungen erlitten, allerdings steht die haftungsbegründende Kausalität nicht sicher fest. Es ist offen, ob die Handlung des B (Überfahren) für die Schädigung des A (Taterfolg) ursächlich war. Ein Anspruch aus § 823 Abs. 1 kommt damit nicht in Betracht.

2. A könnte gegen B einen Anspruch aus **§ 830 Abs. 1 S. 2** haben. Bei jedem Beteiligten müsste – bei unterstellter Kausalität – ein **anspruchsbegründendes Verhalten** vorliegen. Das ist bei B der Fall, da er zumindest fahrlässig den A angefahren und damit seinen Körper verletzt hat. Unklar ist, ob der erste Fahrer auch fahrlässig den Körper des A verletzt hat. Selbst wenn er nicht schuldhaft gehandelt hätte, käme jedenfalls eine Gefährdungshaftung (§ 7 StVG) bzw. eine solche aus § 18 StVG in Betracht. Nach h.M. ist § 830 Abs. 1 S. 2 auch bei einer Gefährdungshaftung anwendbar[10], denn hier hat der Geschädigte die gleiche Beweisnot.

Voraussetzung des § 830 Abs. 1 S. 2 ist des Weiteren eine **selbstständige Beteiligung** des B. Es darf zwischen den Beteiligten (hier: B und C) **keine Teilnahme** i.S. des § 830 Abs. 1 S. 1 oder Abs. 2 vorliegen. Früher wurde zum Teil eine subjektive Gemeinschaft zwischen den Beteiligten gefordert. Diese sollte nur vorliegen, wenn die Beteiligten bei Vornahme ihrer Handlungen die Handlung des jeweils anderen kennen. Richtigerweise wird das heute nicht mehr vertreten[11]. Weder der Wortlaut noch der Sinn und Zweck des § 830 geben Anlass, eine wissentliche gemeinsame Gefährdung vorauszusetzen oder nach sonstigen (subjektiven) Gemeinsamkeiten der Beteiligten zu suchen.

Die Rechtsprechung und die **h.M.** im Schrifttum verlangen lediglich die Beteiligung an einem sachlich, räumlich und zeitlich **einheitlichen Vorgang**. Es braucht keine Gleichzeitigkeit der Handlungen vorzuliegen. Die Gefährdungshandlungen müssen nur einen einheitlichen Vorgang bilden, sodass die erforderliche Einheitlichkeit auch bei zeitlich aufeinander folgenden Handlungen, wie sie hier beim mehrfachen Überfahren des A gegeben sind, vorliegen kann[12].

---
8 BGHZ 67, 14, 20.
9 BGHZ 33, 286 ff.; **BGHZ 72, 355 ff**.
10 *Medicus/Petersen*, BR, Rn. 790.
11 BGHZ 33, 286, 289.
12 BGHZ 72, 355, 359.

Weitere Tatbestandsvoraussetzung ist, dass die Rechtsgutverletzung mit Sicherheit durch **einen der Beteiligten**, möglicherweise auch durch alle verursacht wurde. § 830 Abs. 1 S. 2 findet daher keine Anwendung, wenn der Geschädigte seinen Schaden selbst verursacht haben könnte[13]. Dies ist hier jedoch nicht der Fall, da C sowie B den A rechtswidrig und schuldhaft verletzt haben, wobei offen ist, wer die Schäden des A konkret verursacht hat.

Voraussetzung ist zudem, dass der **Verursacher** der Rechtsgutverletzung **nicht feststellbar** ist. § 830 Abs. 1 S. 2 findet nach der Rechtsprechung keine Anwendung, wenn eine der für die Beteiligung in Frage kommenden Personen die Verletzungshandlung der anderen adäquat kausal verursacht hat[14].

Im vorliegenden Fall steht fest, dass C den Schaden des A adäquat kausal verursacht hat, denn durch ihn wurde A auf die Straße geschleudert. Es ist nach dieser Ansicht unerheblich, ob der andere – hier B – daneben möglicherweise als Verursacher in Betracht kommen kann. Die Verletzungen des A sind jedenfalls eine adäquate Folge der Kollision mit dem ersten Pkw, nämlich der durch sie bewirkten hilflosen Lage des A. Die Rechtsgutverletzung ist daher zumindest dem C zuzurechnen. Eine Haftung des B kommt nach Ansicht des **BGH** nur in Betracht, wenn die Verletzungen des A nachweislich auf den zweiten Unfall zurückzuführen sind (dann allerdings ist nicht § 830 Abs. 1 S. 2, sondern § 823 Abs. 1 sowie § 823 Abs. 2 iVm. Schutzgesetz Anspruchsgrundlage).

In der **Literatur** wird die Ansicht des BGH mit dem Hinweis auf den Sinn und Zweck des § 830 Abs. 1 S. 2 kritisiert. Bei Zugrundelegung der Rechtsprechungsansicht brauche man diese Regelung nicht, da die Haftung des (ersten) Verursachers schon auf § 823 Abs. 1 beruhe[15].

Fraglich ist, ob § 830 Abs. 1 S. 2 anwendbar ist, wenn zwar die Kausalität der Erstursache für den Eintritt des Verletzungserfolgs feststeht, der Erstverursacher aber nicht ermittelt werden kann. Es wird darauf hingewiesen, dass der Sinn des § 830 Abs. 1 S. 2 darin liege, zu verhindern, dass eine **Beweisnot** des Verletzten aufgrund unklarer Kausalität zweier (oder mehrerer) Handlungen für den Verletzungserfolg den in Betracht kommenden Verletzern zugutekommt. Insoweit enthält § 830 Abs. 1 S. 2 die allgemeine Wertung, dass es angemessener ist, den Schaden den Verletzern aufzubürden als dem Geschädigten[16]. Anderenfalls würde der Verletzte leer ausgehen.

So liegen die Dinge auch hier. Es wird als besser angesehen, dem rechtswidrig und schuldhaft handelnden B den Schaden aufzubürden als dem Opfer A. Bedenken könnten sich aber aus der Überlegung ergeben, dass es das Risiko jedes Geschädigten ist, dass der Schädiger nicht ermittelt werden kann. Dieses Risiko, so ließe sich argumentieren, darf nicht auf einen Verletzer abgewälzt werden, dessen Ursächlichkeit für

---

13 Dies ist etwa der Fall, wenn der Fahrer eines Pkw ohne Einwirkung Dritter die Gewalt über seinen Pkw verliert, auf die Fahrbahn geschleudert, von einem anderen Pkw überrollt wird und unaufklärbar ist, ob der Tod nicht schon durch das Schleudern auf die Fahrbahn verursacht wurde.
14 **BGHZ 72, 355, 358 ff.**; *Becker/Weidt*, JuS 2016, 481, 485 f.; *Brade/Gentzsch*, JA 2016, 895, 897; anders noch die frühere Rechtsprechung, vgl. BGHZ 55, 86, 89 ff.
15 Kritisch *Medicus/Petersen*, BR, Rn. 792a.
16 *Larenz/Canaris*, § 82 II 2 f.

den Schaden nicht feststellbar ist. Das überzeugt jedoch nicht, wenn man die vorliegende Lage mit dem Fall vergleicht, dass der Schaden nur von einem verursacht sein kann, aber nicht feststeht, wer ihn verursacht hat. In letzterem Fall, von dem das Gesetz ja ausgeht, trifft ebenfalls das Risiko der Unauffindbarkeit oder Insolvenz eines möglichen Schädigers nicht den Geschädigten. Es besteht kein Grund, von dieser gesetzlichen Wertung abzugehen, wenn die Ursächlichkeit für den Schaden bei einem Verletzer feststeht, beim anderen Verletzer aber offen bleibt. Auch hier muss § 830 Abs. 1 S. 2 anwendbar sein[17]. Folgt man dieser Auffassung, so ist zu prüfen:

Bei unterstellter Kausalität des Handelns muss jeder Beteiligte **rechtswidrig** gehandelt haben. Die Haftung aller scheidet aus, wenn die Handlung eines von ihnen durch einen Rechtfertigungsgrund gedeckt ist. Im vorliegenden Fall ist nicht ersichtlich, dass C oder B gerechtfertigt gewesen wären. Ebenso muss auch das **Verschulden** bei allen Beteiligten, und damit auch bei B, vorliegen. Es scheidet die Haftung aller aus, wenn die Handlung einen von ihnen wegen fehlenden Verschuldens nicht ersatzpflichtig macht. Damit haftet B dem A auf Schadensersatz nach § 830 Abs. 1 S. 2.

3. A könnte des Weiteren einen Anspruch aus **§ 7 Abs. 1 StVG** gegen B als Fahrzeughalter haben. B ist zwar Halter des Pkw und A hat auch einen Personenschaden erlitten. A müsste die Verletzung aber bei Betrieb des Kfz erlangt haben. Das lässt sich nicht zweifelsfrei feststellen. Eine Haftung aus § 7 StVG scheidet damit aus. Eine Haftung des B aus § 18 StVG[18] kommt aus den gleichen Gründen nicht in Betracht.

II. Gesamtschuldnerschaft, § 840

Übersichtsaufsatz: *Röthel*, Mehrere Deliktsbeteiligte: Gesamtschuldnerische Haftung (§ 840 BGB), JURA 2020, 1066 ff.

1. Außenverhältnis

Täter einer unerlaubten Handlung, die nebeneinander verantwortlich sind, haften im Außenverhältnis dem Geschädigten nach § 840 Abs. 1 als Gesamtschuldner[19]. § 840 Abs. 1 ist damit **keine Anspruchsgrundlage**, sondern eine **Rechtsfolge**.   525

Der Geschädigte kann grundsätzlich nach seinem Belieben von jedem der Verantwortlichen ganz oder teilweise – insgesamt aber nur einmal – Schadensersatz verlangen (§ 421). Das Risiko, dass ein Schädiger zahlungsunfähig ist, liegt damit bei den Mitschädigern. Das Nebeneinander von zwei Schädigern kann sich aus einem der Fälle des § 830, aus dem Verhältnis zwischen Geschäftsherrn und Verrichtungsgehilfen, dem Verhältnis zwischen Fahrer und Halter eines Fahrzeugs usw. ergeben. Der Begriff der unerlaubten Handlung in § 840 Abs. 1 ist weit. Er erfasst grundsätzlich auch die Tatbestände der **Gefährdungshaftung**, egal, ob sie im BGB oder in anderen Gesetzen geregelt sind.   526

---

17 *Esser/Weyers*, § 60 I 1c; *Larenz/Canaris*, § 82 II 2 f.
18 Vgl. oben Rn. 498.
19 BGH NJW 2011, 292 ff. (volle Außenhaftung).

> **Klausurtipp:** § 840 kann in der Klausur bei mehreren gesamtschuldnerisch Haftenden im Rahmen der Rechtsfolge erwähnt werden, z.B. „A und B haften als Gesamtschuldner i.S. des § 840". Achtung: Je nach Fragestellung in der Klausur kann sich aus dieser Gesamtschuldnerschaft heraus als separater Prüfungspunkt die Frage des Innenausgleichs zwischen A und B stellen (§ 426 Abs. 1[20]). Dabei wird regelmäßig derjenige, der an den Geschädigten gezahlt hat, vom anderen einen anteiligen Ausgleich verlangen.

527 **Voraussetzung** der gesamtschuldnerischen Haftung ist Identität des Haftungsgrunds, d.h. die Schädiger müssen für denselben Schaden haften. An einer Haftungsidentität fehlt es, wenn jeder (Neben-)Täter nur einen abgrenzbaren Verletzungserfolg verursacht hat[21]. Eine Gesamtschuld entsteht unabhängig davon, in welchem Umfang der jeweilige Schädiger haftet. Ist die Haftung eines Schädigers summenmäßig begrenzt, steht das der Entstehung einer Gesamtschuld nicht entgegen. Dann ist die gesamtschuldnerische Haftung lediglich auf denjenigen Schadensbetrag begrenzt, den alle auf jeden Fall zu tragen hätten[22].

2. Innenverhältnis

Übungsfall: *Heese/Rapp/Thönissen*, Bahnfahrt mit Hindernissen, JA 2014, 251 ff.

528 Die Gesamtschuldner (§§ 840, 421) sind im Innenverhältnis nach § 426 zum Ausgleich verpflichtet. § 426 BGB ist **Anspruchsgrundlage**. Die Gesamtschuld soll dem Gläubiger nur mehrere Schuldner zur Verfügung stellen und ihm dadurch das Insolvenzrisiko nehmen. Damit soll aber keine Aussage darüber getroffen werden, wer die Schuld letztlich zu tragen hat. Untereinander sind die Gesamtschuldner zu gleichen Anteilen verpflichtet, soweit nichts anderes bestimmt ist. Eine anderweitige Bestimmung i.S. des § 426 Abs. 1 S. 1 ist insbesondere § 254.

529 Danach wird der Schaden im Innenverhältnis nach den Verursachungs- und Verschuldensanteilen der Deliktstäter verteilt. Der Anspruch basiert auf dem Grundsatz, dass im Innenverhältnis der unmittelbare Schadensverursacher den Schaden tragen soll und nicht derjenige, der, wie beispielsweise der nach § 831 haftende Geschäftsherr, den Schaden lediglich mittelbar ermöglicht hat.

530 Abweichende Regelungen finden sich in **§ 840 Abs. 2, 3** und **§ 841**. Danach haftet der unmittelbare Schadensverursacher dem mittelbaren Verursacher gegenüber ganz. So haftet nach § 840 Abs. 2 etwa der einen Dritten schädigende **Verrichtungsgehilfe** (Erstschädiger) dem nach § 831 haftenden Geschäftsherrn gegenüber voll[23]. Eine Ausnahme hiervon ergibt sich aus den arbeitsrechtlichen Sonderregeln bei betrieblich veranlasster Tätigkeit (**innerbetrieblicher Schadensausgleich**)[24]. Die auch vom BAG vertretene beschränkte Arbeitnehmerhaftung leitet sich aus § 254 ab. Der Arbeitnehmer haftet in Bezug auf Ansprüche des Arbeitgebers gegen ihn, d.h. im Innen-

---

20 Siehe bei Rn. 528 f.
21 BeckOK/*Spindler*, § 840 Rn. 3.
22 BGHZ 85, 375, 387.
23 Siehe Rn. 502.
24 Vgl. BAG NJW 1995, 210, 211 f.; früher galt der Grundsatz der „schadensgeneigten Arbeit".

verhältnis, für vorsätzliches oder grob fahrlässiges Verhalten voll. Bei mittlerer Fahrlässigkeit (mittlere Schuld) ist der Schaden quotal zwischen Arbeitnehmer und Arbeitgeber zu teilen, bei leichter Fahrlässigkeit (geringe Schuld) scheidet intern eine (Mit-)Haftung des Arbeitnehmers aus[25]. Diese Regeln gelten nicht in Bezug auf die Ansprüche Dritter gegenüber dem Arbeitnehmer.

§ 15 Ersatz des Schadens nach §§ 249 ff. (haftungsausfüllender Tatbestand)

Übersichtsaufsätze: *Armbrüster*, Grundfälle zum Schadensrecht, JuS 2007, 411 ff. (I), 508 ff. (II); *Mohr*, Grundlagen des Schadensrechts, JURA 2010, 168 ff.; *Spancken/Schneidenbach*, Die Berechnung des zu ersetzenden Schadens anhand der §§ 249 ff. BGB – Ein Leitfaden, JuS 2012, 298 ff.

Sind die Voraussetzungen einer Anspruchsgrundlage bzgl. eines Schadensersatzanspruchs erfüllt (**haftungsbegründender Tatbestand**), ergibt sich der Umfang und die Art des Schadensersatzes aus den §§ 249 ff. (haftungsausfüllender Tatbestand). Während die Anspruchsgrundlage das „Ob" einer Haftung betrifft, geht es bei den §§ 249 ff. um das „Wie" einer Haftung. Die §§ 249 ff. gelten für sämtliche auf Schadensersatz gerichteten Ansprüche, d.h. auch solche außerhalb des BGB (z.B. aus ProdHG, aus StVG). Für manche dieser Ansprüche existieren in den Spezialgesetzen Sonderregelungen. So sind z.B. für die Gefährdungshaftung Haftungshöchstbeträge vorgesehen (§ 19 ProdHG, § 12 StVG). Die §§ 249 ff. sollen nachfolgend nur schwerpunktmäßig mit dem Fokus auf das Deliktsrecht behandelt werden[1]. 531

Klausurtipp: Wenn als Anspruchsgrundlage ein Spezialgesetz geprüft wird (z.B. ProdHG, StVG), sollten bei der Behandlung der Rechtsfolge die besonderen Schadensfolgen dieser Ansprüche geprüft werden. Sie gehen den §§ 249 ff. vor. Sofern keine Spezialregelung existiert, gelten die §§ 249 ff.

I. Schadensersatz

1. Schaden

Schaden i.S. der §§ 249 ff. bedeutet eine unfreiwillige Einbuße der rechtlich geschützten Position, die **messbar** und (bei immateriellen Schäden) fühlbar sein muss. Die Messbarkeit bestimmt sich nach der **Differenzhypothese**. Mit dieser wird bestimmt, ob überhaupt ein Schaden vorliegt. Vorzunehmen ist dabei ein Zustandsvergleich zwischen der gegenwärtigen Vermögenslage des/der Geschädigten und der Vermögenslage, die ohne Eintritt des schädigenden Ereignisses zum relevanten Zeit- 532

---

25 PWW/*Lingemann*, § 611 Rn. 91.

1 Siehe etwa *Förster*, Schuldrecht, Allgemeiner Teil, 3. Aufl. 2015, S. 223 ff.; *Wandt*, §§ 24 ff.

punkt bestanden hätte. Ein Ersatz kommt nicht in Betracht, wenn lediglich die Möglichkeit oder der Verdacht einer Verletzung besteht[2].

533 Da die Differenzhypothese in einzelnen Fällen nicht zu einem angemessenen Ergebnis führt, erfolgt eine Korrektur durch die Heranziehung des sog. **normativen Schadensbegriffs**. Danach wird nach wertenden Gesichtspunkten beurteilt, welche der Vor- und Nachteile, die durch das schädigende Ereignis entstanden sind, im Einzelfall zu berücksichtigen sind. So zieht die st.Rspr. bei Verneinung eines Schadens nach der Differenzhypothese „zur Ergebniskontrolle eine ergänzende wertende (normative) Betrachtungsweise" unter dem Gesichtspunkt vor, „ob nicht aus gewichtigen Gründen ein Vermögensschaden auch ohne Vermögensverletzung anzunehmen sei"[3]. Dabei sollen die Wertungsmaßstäbe „in erster Linie dem Sinn und Zweck aller in Betracht kommenden Rechtsnormen"[4] zu entnehmen sein.

534 Ersatzfähig ist ausnahmsweise auch der **Verlust der Nutzungsmöglichkeit** einer Sache, zumindest wenn es sich um besonders wichtige Vermögensgüter handelt. Dazu zählt die Rechtsprechung etwa den Pkw[5] oder die selbst genutzte Wohnung[6]. Eine Sache wird hier nicht nur um des Habens, sondern auch der Nutzung willen erworben (Kommerzialisierungsgedanke). Daher ist ein Wertersatz bzgl. der entgangenen Nutzung auch dann zu leisten, wenn der Geschädigte sich keine Ersatzsache beschafft (z.B. Mietwagen).

535 Auch ein **entgangener Gewinn** kann gemäß § 252 als Schaden geltend gemacht werden. Ebenso zählen **immaterielle Einbußen** und damit Nichtvermögensschäden zum ersatzfähigen Schaden (z.B. Schmerzensgeld). Das ergibt sich schon aus § 253[7].

2. Haftungsausfüllende Kausalität

536 Nach § 823 Abs. 1 muss der Schädiger den aus der Rechtsgutverletzung entstehenden Schaden ersetzen. Damit muss auch die haftungsausfüllende Kausalität gegeben sein. Die haftungsbegründende Kausalität bezog sich darauf, dass der Verletzungserfolg auf einem dem Anspruchsgegner zurechenbaren Handeln beruhen muss. Die – auf der Rechtsfolgenseite zu prüfende – haftungsausfüllende Kausalität bezieht sich dagegen darauf, dass nicht alle aus der kausalen Rechtsgutverletzung resultierenden Schäden zu ersetzen sind, sondern nur diejenigen, die in einem Zusammenhang mit dem **Verletzungserfolg** stehen[8]. Entscheidend ist dabei der Zusammenhang zwischen Schaden und erster Rechtsgutverletzung. Heranzuziehen sind auch auf dieser Ebene der Kausalität wieder Erwägungen der Äquivalenz, der Adäquanz sowie des Schutzzwecks der Norm.

---

2 BGH NJW 2013, 3634 f.
3 BGHZ 75, 366 Rn. 28 nach juris.
4 So BGHZ 75, 366 Rn. 28 nach juris.
5 Siehe Rn. 560 ff.
6 BGH NJW 2014, 1374.
7 Siehe Rn. 212 ff.; Rn. 571.
8 Siehe auch BGH NJW 2004, 1375 f., wo der haftungsrechtliche **Zurechnungszusammenhang** zwischen einem Erst- und einem Zweitunfall verneint wird, weil der **unaufmerksame** Verursacher des Zweitunfalls diesen so herbeigeführt hat, dass es unwesentlich ist, ob das bestehende Hindernis durch einen (Erst-)Unfall oder aus anderen Gründen (z.B. Verkehrsstau) geschaffen wurde.

Die haftungsausfüllende Kausalität ist v.a. bei **Folgeschäden** problematisch. Dabei handelt es sich um Schäden, die erst infolge der Erstschädigung entstehen[9]. Ob der (Erst-)Schädiger auch für weitere Schäden haftet, richtet sich danach, ob er ein zusätzliches Risiko für die eingetretenen Folgeschäden geschaffen hat oder ob diese noch als Ausfluss des allgemeinen Lebensrisikos angesehen werden können. 537

Wird also jemand aufgrund eines Unfalls verletzt, ist der daraus entstehende Körperverletzungsschaden unter dem Gesichtspunkt der haftungsausfüllenden Kausalität unproblematisch. Zieht sich der Verletzte aber bei dem daraufhin notwendigen Krankenhausaufenthalt zusätzlich eine Infektion zu, so ist diese weitere Rechtsgutverletzung nur dann von der haftungsausfüllenden Kausalität (Schutzzweck der Norm) erfasst, wenn sie **spezifischer Ausfluss** der Körperverletzung ist, etwa weil der Verletzte durch die Körperverletzung insgesamt geschwächt war. Die haftungsausfüllende Kausalität ist dagegen nicht gegeben, wenn die Infektion ohne einen solchen unmittelbaren Zusammenhang zustande kam. Zwar wäre der Verletzte ohne die Körperverletzung schon gar nicht im Krankenhaus gewesen und hätte sich deshalb die Infektion nicht zugezogen, sie wird aber dann als allgemeines Lebensrisiko angesehen[10]. 538

Der Schädiger haftet auch für seelisch bedingte Folgeschäden einer Verletzungshandlung. Das gilt grundsätzlich ebenso, wenn sie auf einer psychischen Anfälligkeit des Verletzten oder einer sonstigen neurotischen Fehlverarbeitung beruhen[11]. 539

Eine Zurechnung kommt aber nicht in Betracht, wenn der Geschädigte das Schadensereignis im neurotischen Streben nach Versorgung und Sicherheit lediglich zum Anlass nimmt, den Schwierigkeiten und Belastungen des Erwerbslebens auszuweichen (**„Rentenneurose" bzw. Begehrensneurose**)[12]. Dann wird ein Zurechnungszusammenhang verneint[13]. 540

Dasselbe gilt, wenn das schädigende Ereignis geringfügig ist (**Bagatellfall**) und nicht speziell auf die Schadenslage des Verletzten trifft, sodass insgesamt die psychische Reaktion des Geschädigten in grobem Missverhältnis zum Anlass steht und daher nicht mehr verständlich ist[14]. 541

Zur haftungsausfüllenden Kausalität folgender **Fall 33**[15]: B verursacht schuldhaft einen Verkehrsunfall, bei dem A eine schwere Kopfverletzung erleidet. Bei der späteren Untersuchung stellt der behandelnde Unfallarzt eine bisher verborgene Hirnarteriosklerose bei A fest. Infolge dieser wird A vorzeitig pensioniert, was zu verminderten Pensionsbezügen führt. A verlangt von B die Differenz zwischen den Dienstbezügen und dem geringeren Ruhegehalt ersetzt. Zu Recht? 542

1. A könnte gegen B einen Anspruch aus § 823 Abs. 1 haben. Mit der Kopfverletzung liegt eine Körperverletzung des A vor. Die Rechtsgutverletzung hat B durch sein zum Verkehrsunfall führendes Fahrverhalten auch zurechenbar verursacht.

---

9 BGH NJW 2004, 1945 ff. (in Ergänzung zu BGH NJW 2002, 504).
10 *Huber*, JZ 1969, 677 ff.
11 BGHZ 132, 341 ff.
12 BGHZ 20, 137; OLG München 12.10.2018 – 10 U 44/17, juris, Rn. 24 ff. (Omnibusfahrer).
13 Vgl. **BGH NJW 2012, 2964 ff.** Rn. 24 (Verkehrsunfall).
14 BGHZ 132, 341, 346.
15 **BGH NJW 1968, 2287.**

Rechtswidrigkeit und Verschulden liegen vor. Für den Ersatz des daraus entstandenen Schadens müsste auch der **haftungsausfüllende Tatbestand** (Schaden und haftungsausfüllende Kausalität) gegeben sein. Ein Schaden liegt hier vor, da A wegen der vorzeitigen Pensionierung ein im Vergleich zu den Dienstbezügen geringeres Ruhegehalt hat.

Fraglich ist, ob auch die haftungsausfüllende Kausalität vorliegt. Hierfür müsste ein **Zurechnungszusammenhang** zwischen der Rechtsgutverletzung (Kopfverletzung) und dem geminderten Ruhegehalt (Schaden) zu bejahen sein. Ohne den Unfall wäre A nicht ins Krankenhaus eingeliefert und die Krankheit zumindest zu diesem frühen Zeitpunkt nicht entdeckt worden. Äquivalente Kausalität liegt mithin vor. Auch Adäquanz ist zu bejahen, da es nicht außerhalb jeder Wahrscheinlichkeit liegt, dass bei einem Krankenhausaufenthalt eine weitere, nicht mit der Unfallverletzung zusammenhängende Erkrankung früher festgestellt wird, als dies sonst der Fall gewesen wäre.

Zu ersetzen sind jedoch nur solche **Schäden**, die vom Schutzzweck der verletzten Norm (hier: § 823 Abs. 1) erfasst werden. Im Rahmen einer wertenden Betrachtung ist daher zu fragen, ob die verletzte Norm ihrem Sinn und Zweck nach den Eintritt gerade dieser Verletzung bzw. Schäden verhindern will. § 823 Abs. 1 (Körperverletzung) will vor den Gefahren schützen, die sich aus der Verletzung des Körpers ergeben, nicht aber davor, dass eine schon vorhandene Krankheit entdeckt wird, auch wenn diese zur Pensionierung führt und für den Verletzten Vermögensnachteile mit sich bringt. Insoweit sind durch den Unfall keine Gefahren verwirklicht worden, die das Gesetz verhüten will. Die vorzeitige Pensionierung wegen Dienstunfähigkeit gehört zu den allgemeinen Lebensrisiken, die jeder selbst tragen muss. Der Schaden (vermindertes Ruhegehalt) ist außerhalb des Schutzzwecks der verletzten Norm. Es liegt hier auch kein Fall einer mittelbaren (zweiten) Rechtsgutverletzung vor, weil die verborgene Erkrankung vom Schädiger nicht verursacht wurde.

2. Auch der haftungsbegründende Tatbestand des § 823 Abs. 2 iVm. fahrlässiger Körperverletzung (§ 229 StGB) ist gegeben. Der haftungsausfüllende Tatbestand scheitert aber an den gleichen Erwägungen wie oben.

3. Die Voraussetzungen des § 7 Abs. 1 StVG liegen ebenfalls vor, sodass B zum Schadensersatz verpflichtet ist. Dazu gehören aber nicht die wegen vorzeitiger Pensionierung eingetretenen Vermögenseinbußen. Es gelten die Ausführungen zu § 823 Abs. 1 entsprechend.

543 Was im Zusammenhang mit der haftungsausfüllenden Kausalität konkret zu ersetzen ist, verdeutlicht auch **Fall 34**[16]: B wird beim Diebstahl im Kaufhaus K vom Angestellten A beobachtet und festgehalten. K zahlt daraufhin A eine Prämie von 25 Euro entsprechend einer ihm vorher gegebenen Zusage. Im weiteren Verlauf fallen zusätzlich 10 Euro Bearbeitungskosten für Porto, Telefon und Papier an. K verlangt von B nun Ersatz der Fangprämie und der Bearbeitungskosten. Darüber hinaus möchte K die anteiligen Kosten für allgemeine Schutzmaßnahmen gegen Ladendiebe (anteiliges Gehalt für den Kaufhausdetektiv, Überwachungskamera, Spiegel) in Höhe von 100 Euro ersetzt haben. Zu Recht?

---

16   BGHZ 75, 230 ff.

K könnte einen Anspruch gegen B aus § 823 Abs. 1 wegen Verletzung des Eigentums oder des berechtigten Besitzes (z.B. wenn K die Waren unter Eigentumsvorbehalt erworben hat) haben. Die Voraussetzungen des § 823 Abs. 1 liegen vor. B hat dem K die aus der Eigentums-/Besitzverletzung entstandenen Schäden dem Grunde nach zu ersetzen. Fraglich ist, welche Schadensposten ersatzfähig sind.

1. Die **Vorbeuge- oder Vorhaltekosten** (anteilige Kosten für Detektiv und Überwachungskamera usw.) werden nach der Rechtsprechung und der h.M. vom Schutzzweck des § 823 Abs. 1 nicht erfasst[17]. Sie stehen nicht im Zusammenhang mit drohenden, unmittelbar bevorstehenden konkreten Eingriffen, sondern dienen der Minderung des allgemeinen Diebstahlsrisikos. Der auf die einzelne Rechtsgutverletzung entfallende Anteil der aufgewendeten Kosten lässt sich nicht ermitteln. Das ist aber Voraussetzung für eine Schadenszurechnung[18].

2. Der BGH versagt auch die Erstattung allgemeiner Bearbeitungskosten (Porto, Telefon, Papier). Soweit diese Auslagen für die Einleitung eines Strafverfahrens entstanden sind, liegen sie außerhalb des Schutzbereichs der Schadensersatznorm: Der Eigentumsschutz erstreckt sich nicht auf die Verwirklichung des Strafanspruchs[19]. Soweit der Inhaber Sachauslagen zur Verfolgung seiner zivilrechtlichen Ansprüche geltend macht, besteht zwar generell ein materiell-rechtlicher Erstattungsanspruch. Für die selbstständige klageweise Geltendmachung fehlt aber das Rechtsschutzbedürfnis, da diese Auslagen im Kostenfestsetzungsverfahren (§§ 103 f. ZPO) durchgesetzt werden können[20].

3. Anders verhält es sich mit der **Fangprämie**, da sie einen konkreten Bezug zum Diebstahl aufweist. Gerade der von B begangene Diebstahl hat dazu geführt, dass die Fangprämie fällig geworden ist. Die Fangprämie ist daher nach h.M. prinzipiell erstattungsfähig. Allerdings hält der BGH grundsätzlich nur eine Prämie bis zu 25 Euro für vertretbar und differenziert darüber hinaus nach dem Wert der entwendeten Güter[21]. Folgt man der h.M., kann K von B Zahlung von 25 Euro verlangen.

3. Art und Weise des Schadensersatzes

Grds. sind sämtliche Einbußen, die der Geschädigte erlitten hat, zu ersetzen (**Totalreparation**). Allerdings muss er sich die Besserstellungen, welche adäquat kausal aus der Schädigung folgen, anrechnen lassen (**Vorteilsausgleichung**).

§ 249 Abs. 1 gewährt eine Wiederherstellung des Zustands (Reparation, Naturalrestitution). Werden Sachen oder Lebensgüter des Geschädigten beeinträchtigt, soll der Geschädigte nicht dem Verletzer die Sachen zur Reparatur anvertrauen müssen. Da-

---
17 BGHZ 75, 230 ff. (dazu *Deutsch*, JZ 1980, 102 ff.; *Pecher*, JuS 1981, 645, 646 f.); vgl. auch Staudinger/*Schiemann*, § 249 Rn. 119; *Esser/Schmidt*, Schuldrecht Band I: Allgemeiner Teil, Teilband 2, 8. Aufl. 2000, § 32 III 2 b; *Medicus/Petersen*, BR, Rn. 862 ff. (v.a. Rn. 864); a.A. *Canaris*, NJW 1974, 521, 525 (bis zum Wert der gestohlenen Ware sei Umlage auf den Dieb möglich).
18 BGHZ 59, 286, 287 f.
19 BGHZ 75, 230, 234 f.
20 BGHZ 75, 230, 235.
21 So im Jahr 1979: BGHZ 75, 230, 240 f.; siehe auch *Deutsch*, JZ 1980, 102 ff.; *Medicus/Petersen*, BR, Rn. 864; MünchKomm/*Oetker*, § 249 Rn. 202 f.

her gewährt in diesen Fällen § 249 Abs. 2 einen auf Geld gerichteten Erstattungsanspruch. Ist ein Ausgleich nicht möglich oder nicht genügend, erfolgt nach § 251 Abs. 1 eine Kompensation der entstandenen Einbuße in Geld (Schadenskompensation).

4. Mitverschulden

546 Hat der Geschädigte zur Schadensentstehung mit beigetragen, ist sein mitwirkendes Verschulden nach § 254 zu berücksichtigen. Der Beitrag des Geschädigten führt, je nach Abwägung der beiderseitigen Verursachungsbeiträge, zu einer Kürzung oder einen Wegfall des Schadensersatzanspruchs gegen den Schädiger.

> **Klausurtipp:** Ein Mitverschulden kann sich dann, wenn die Anspruchsgrundlage aus einem Gesetz außerhalb des BGB folgt, dort spezialgesetzlich geregelt sein (z.B. § 9 StVG iVm. § 254 oder § 6 ProdHG iVm. § 254).

II. Speziell: Umfang der Ersatzpflicht bei Verletzung einer Person

547 Die §§ 842 ff. enthalten Regelungen bei Personenschäden durch unerlaubte Handlungen und betreffen den haftungsausfüllenden, nicht den haftungsbegründenden Tatbestand. Daher wird von vielen auch gefordert, diese systematisch in die §§ 249 ff. zu integrieren[22]. Allerdings ist im Belassen der Regelungen im Abschnitt zu den unerlaubten Handlungen eine bewusste Entscheidung des Gesetzgebers gegen die Heranziehung der §§ 842 ff. im Rahmen der vertraglichen Haftungsfolgen zu sehen[23].

548 Die §§ 842 ff. beinhalten teilweise eine Klarstellung im Hinblick auf die Rechtsfolgennormen der §§ 249 ff. Zum Teil finden sich dort aber auch spezielle Schadensersatzfolgen[24]. Die Bestimmungen der §§ 249 ff. werden dadurch jedoch nicht eingeschränkt[25].

1. §§ 842–843

549 Nach § 842 umfasst der zu ersetzende Schaden auch die Nachteile, welche die unerlaubte Handlung für den Erwerb oder das Fortkommen des Verletzten herbeigeführt hat. Dabei muss sich die unerlaubte Handlung gegen eine Person gerichtet haben (Personenschaden). Ersetzt werden sämtliche Nachteile (idR. Verlust von Arbeitseinkünften), die dem Verletzten dadurch entstehen, dass er seine Arbeitskraft verletzungsbedingt nicht einsetzen kann. Insoweit stellt § 842 eine Sonderregelung für den Ersatz von entgangenem **Gewinn** (§ 252) dar. Er stellt klar, dass auch Nachteile für Erwerb und Fortkommen als Vermögensschaden i.S. der §§ 252 f. zu qualifizieren sind. Daneben sind die §§ 249 ff. uneingeschränkt anwendbar.

---

22 MünchKomm/*Wagner*, § 842 Rn. 8; BeckOGK/*Eichelberger*, § 842 Rn. 7.
23 BeckOGK/*Eichelberger*, § 842 Rn. 7.
24 Vgl. PWW/*Luckey*, § 842 Rn. 1 f.
25 BeckOGK/*Eichelberger*, § 842 Rn. 3.

§ 843 betrifft Fälle, in denen wegen Verletzung des Körpers oder der Gesundheit die Erwerbsfähigkeit des Verletzten aufgehoben oder gemindert wird oder die Bedürfnisse vermehrt werden (z.B. Aufwendungen für ambulante Pflege). Hier ist als Ausgleich für dauernde Nachteile regelmäßig eine **Rente** zu zahlen. Ebenso gut kann zwar § 249 einen Anspruch auf Schadensersatz in Rentenform gewähren, § 843 ordnet ihn jedoch ausdrücklich an[26]. Der Umfang des Schadensersatzes wird von § 843 nicht erweitert, es bleibt bei der Schadenskompensation i.S. des § 249 und der ergänzenden Vorschriften der §§ 252, 842[27]. 550

Bei der Arbeit des Ehegatten im **Haushalt** der Familie ist zu differenzieren, ob er einen Beitrag zum Familienunterhalt (§§ 1360, 1601) leistet oder ob die Arbeit der eigenen Bedarfsdeckung dient. Die Haushaltstätigkeit des Ehegatten zur Erfüllung des Familienunterhalts ist mit einer „normalen" Erwerbstätigkeit (d.h. dem auf Erzielung von Gewinn zur Deckung des Lebensbedarfs gerichteten Arbeitseinsatz) vergleichbar. Fällt sie aus, liegt ein Erwerbsschaden i.S. der §§ 842, 843 Abs. 1, 1. Alt. vor. Für den (zeitlichen) Umfang des Ersatzanspruchs ist die ohne die Verletzung tatsächlich erbrachte Arbeitsleistung maßgeblich, selbst wenn diese hinter der gesetzlich geschuldeten Unterhaltspflicht zurückbleibt. 551

Ein Anhaltspunkt für die Bemessung des Ersatzanspruchs kann aus der Höhe des Nettolohns einer Haushaltshilfe gewonnen werden[28]. Gleichen die übrigen Familienmitglieder den Ausfall der Haushaltstätigkeit durch (unentgeltliche) Mehrarbeit aus, kommt das dem Schädiger nicht zugute (vgl. § 843 Abs. 4, Vorteilsausgleichung). Demgegenüber liegt ein Schaden unter dem Aspekt der vermehrten Bedürfnisse i.S. des § 843 Abs. 1, 2. Alt. vor, wenn die Haushaltstätigkeit nur den eigenen Bedürfnissen dient und damit keine Erwerbsquelle darstellt[29]. Die Haushaltstätigkeit fällt somit, je nachdem, welchem Zweck sie dient, in die Kategorie „Erwerbsschaden" oder „vermehrte Bedürfnisse"[30]. 552

Im Rahmen der Haftungsausfüllung (nicht beim Verschulden des Schädigers) ist an ein **Mitverschulden** und eine Mitverursachung des Schadens durch den Geschädigten zu denken (§ 254). Dadurch kann die Höhe des Schadensersatzes gemindert sein[31]. 553

2. §§ 844–846

Ausnahmsweise kann nach den **§§ 844–846** auch der nur **mittelbar Geschädigte**[32], der keine Rechtsgutverletzung, sondern nur einen Vermögensschaden erlitten hat, einen Anspruch geltend machen. Voraussetzung dafür ist, dass ein tatbestandsmäßiges, rechtswidriges und schuldhaftes Delikt (Tötung, bei § 845 auch Körper- oder Ge- 554

---

26 *Lange/Schiemann*, Handbuch des Schuldrechts, Band 1: Schadensersatz, 3. Aufl. 2003, § 5 IX; vgl. auch MünchKomm/*Wagner*, § 842 Rn. 11 und § 843 Rndnr 1.
27 Erman/*Wilhelmi*, § 843 Rn. 1.
28 BGH NJW 1979, 1501, 1502; BGH NJW-RR 1990, 34.
29 Vgl. BGH NJW 1974, 41, 42; BGH NJW 1997, 256; BGH NJW 1985, 735; Staudinger/*Vieweg*, § 842 Rn. 118 ff.
30 BGH NJW 1974, 41, 42; BGH NJW 1997, 256 f.; BGH NJW 1985, 735.
31 Siehe den **Übersichtsaufsatz** von *Mohr*, JURA 2010, 808 ff.
32 Vgl. Rn. 144 ff.

sundheitsverletzung oder Freiheitsentziehung) vorliegt. Dann kann auch der mittelbar Geschädigte die dadurch verursachten eigenen Schäden ersetzt verlangen: nach § 844 die Ersatzansprüche bei Tötung eines anderen und nach § 845 die Ersatzansprüche wegen entgangener Dienste. Zur Leistung von Diensten sind kraft Gesetzes die Kinder verpflichtet (§ 1619).

555 Zu beachten ist, dass ein Ehegatte, der Tätigkeiten im Haushalt übernimmt oder im Erwerbsgeschäft des anderen Ehegatten mitarbeitet, keine Dienstleistung i.S. des § 845 erbringt. Er erfüllt vielmehr seine gesetzliche Unterhaltspflicht gegenüber der Familie (vgl. §§ 1356 Abs. 1, 1360). § 845 hat daher geringe praktische Bedeutung. Ein Ehegatte kann vielmehr im Falle der Tötung des anderen Ehegatten einen Anspruch aus **§ 844 Abs. 2** haben. Denn die **Haushaltsführung** eines Ehegatten (§ 1360 S. 2) fällt unter § 844 Abs. 2. Sie gehört zum Unterhalt. Anders ist das bei der Tötung bzw. Körperverletzung eines Kinds, da Kinder nach § 1619 zu Dienstleistungen in Haus und Geschäft der Eltern verpflichtet sind. Hier kann § 845 relevant werden. Neben einem Anspruch aus § 844 Abs. 2 besteht ein solcher aus § 844 Abs. 1 (**Beerdigungskosten**) sowie § 844 Abs. 3 (**Hinterbliebenengeld**[33]).

556 In den Fällen der §§ 844 f. greift § 254 (Mitverschulden) nicht direkt, weil es dort um das Mitverschulden des unmittelbar Geschädigten (Getöteten, Verletzten) und nicht des mittelbar Geschädigten geht. Allerdings vermindert sich der Schadensersatzanspruch nach **§ 254 analog**, wenn den mittelbar Geschädigten ein eigenes Mitverschulden trifft. Das „fremde" Mitverschulden des unmittelbar Geschädigten muss er sich wegen § 846 ebenfalls entsprechend § 254 zurechnen lassen[34].

3. §§ 848–851

557 Bei **Sachschäden** durch unerlaubte Handlungen enthalten die **§§ 848–851** von den allgemeinen Regelungen abweichende Vorschriften. Nach § 848 haftet derjenige, der durch eine unerlaubte Handlung eine Sache entzogen hat und zur Rückgabe verpflichtet ist, sogar für Zufall bzw. zufällige Folgeschäden. An § 848 ist daher immer zu denken, wenn im Eigentümer-Besitzer-Verhältnis eine Haftung des Herausgabepflichtigen als deliktischer Besitzer nach § 992 in Betracht kommt. § 849 regelt die Verzinsung der Ersatzsumme, § 850 den Ersatzanspruch des Herausgabepflichtigen wegen Verwendungen und § 851 den Fall der Ersatzleistung an einen Nichtberechtigten.

558 Was bei einer Schadensersatzpflicht nach § 823 Abs. 1 alles **konkret als Schaden** zu ersetzen ist, zeigt unser **Fall 31**[35]: Das Kind K der Eltern E erleidet durch einen Behandlungsfehler des Arztes A erhebliche körperliche und gesundheitliche Schäden. Während des Krankenhausaufenthalts besuchen die E das K regelmäßig und auch während der anschließenden ambulanten Behandlung verbringen die E viel Zeit mit K. Insgesamt wenden die E hierzu

---

33 Zur Handhabung des Hinterbliebenengeldes in der Klausur siehe den **Übersichtsaufsatz** von *Becker*, JA 2020, 96 ff.; siehe auch *Bischoff*, MDR 2017, 739 ff.
34 Der Dritte muss sich bei eigener Gesundheits- oder Körperverletzung das Mitverschulden des Getöteten nach Ansicht des BGH nicht über § 846 analog, sondern über **§§ 254, 242** zurechnen lassen, BGHZ 56, 163, 167 ff.
35 **BGHZ 106, 28 ff.**

mehrere hundert Stunden auf. Dadurch erleiden sie einen Verdienstausfall und müssen erhebliche Fahrtkosten aufbringen. Auf die Inanspruchnahme von (häuslichen) Pflegediensten verzichten sie. K verlangt von A Schadensersatz. Zu Recht?

K könnte von A Schadensersatz aus § 823 Abs. 1 verlangen. A hat K fehlerhaft behandelt und damit rechtswidrig und schuldhaft am Körper und an der Gesundheit verletzt. Deshalb ist A dem Grunde nach zum Ersatz des daraus entstandenen Schadens verpflichtet. Fraglich ist aber der Umfang der Schadensersatzpflicht. Grundsätzlich ist K bei Anwendung der **Differenzhypothese** vermögensmäßig so zu stellen, wie es stünde, wenn das schädigende Ereignis nicht eingetreten wäre[36]. Insofern bereiten die Schadensposten Probleme, die sich nicht als Schäden des unmittelbar Geschädigten (K), sondern bloß als Schaden der mittelbar geschädigten Eltern darstellen.

Der BGH erkennt an, dass der Verdienstausfall der Eltern oder Ehegatten, der durch Krankenbesuche bei einem Angehörigen entsteht[37], sowie die für solche Besuche aufgewendeten Fahrtkosten[38] als dem Verletzten erwachsene Heilungskosten zu ersetzen sind. Bei rein natürlicher Betrachtung berühren diese Schadensposten nicht das Vermögen des K, sondern nur das Vermögen der E. Im Rahmen einer **wertenden Betrachtung** werden diese Positionen aber wegen der durch die Krankenhausbesuche bewirkten Förderung des Heilerfolgs noch dem Aufwand für die Heilung des Verletzten (unmittelbar Geschädigten) **zugerechnet**[39]. Sowohl der Verdienstausfall als auch die Besuchskosten sind damit Heilungskosten des Kindes (§ 249 Abs. 2 S. 1).

Ist aufgrund der Verletzung häusliche **Pflege** erforderlich, sind die hierfür anfallenden Kosten nach § 843 Abs. 1 zu ersetzen. Dies gilt auch, wenn auf fremde Pflegekräfte verzichtet wird und stattdessen nahe Angehörige den Verletzten (unentgeltlich) pflegen. Unerheblich ist, ob der Angehörige durch die Übernahme der Pflege einen Verdienstausfall erleidet[40]. Insoweit kann der Rechtsgedanke des § 843 Abs. 4 (Vorteilsausgleichung) herangezogen werden.

Für die Besuchszeit selbst bzw. die spätere häusliche Betreuung des K kann dagegen kein Schadensersatz verlangt werden. Der bloße Zeitaufwand hat die Vermögenssphäre der E nicht berührt. Zwar konnten die E in der Zeit, in der sie sich um K kümmerten, keiner Erwerbstätigkeit nachgehen. Diese Einschränkung der Arbeitskraft und der dadurch entgangene Arbeitslohn sowie der Verlust an Urlaubs- oder Freizeit sind nicht ersatzfähig, soweit sich solche Einbußen nicht als geldwerter Verlustposten im Vermögen konkret niedergeschlagen haben[41]. Insbesondere der Verlust von Urlaubs- und Freizeit begründet grundsätzlich nur einen immateriellen Schaden, der lediglich in den Grenzen des § 253 ersatzfähig ist[42].

---

36 Dazu näher den **Übersichtsaufsatz** von *Mohr*, JURA 2010, 327 ff.
37 BGH VersR 1957, 790; BGH VersR 1961, 545; BGH VersR 1985, 784, 785.
38 BGH VersR 1961, 272.
39 Zur dogmatischen Konstruktion Staudinger/*Schiemann*, § 249 Rn. 239.
40 BGH VersR 1978, 149, 150.
41 BGHZ 106, 28, 32 f.
42 BGHZ 63, 98, 100 ff.; siehe aber die spezielle Regelung für den Reisevertrag, § 651n Abs. 2.

559 Fraglich ist auch, ob ein **Kind als Schaden** gesehen werden kann. Hierzu **Fall 32**: Frauenarzt A nimmt bei F eine Sterilisation vor. Da er diese ärztlich fehlerhaft durchführt, wird F ungewollt schwanger und bekommt ein Kind. F verlangt von A Schadensersatz aus Delikt[43]. Zu Recht?

Die F könnte gegen A einen Anspruch auf Schadensersatz aus § 823 Abs. 1 haben. Wird eine Schwangerschaft und eine Geburt gegen den Willen der Mutter herbeigeführt, ist das eine Körperverletzung i.S. des § 823 Abs. 1, auch wenn ein normaler Ablauf ohne Komplikationen vorlag[44]. Rechtswidrigkeit und Verschulden sind gegeben. F hat damit einen Anspruch auf Ersatz des daraus entstandenen Schadens.

In Frage kommen sowohl der Ersatz der **Unterhaltsaufwendungen** für das ungewollte Kind als auch ein Schmerzensgeld (§§ 823 Abs. 1, 253 Abs. 2). Der Schmerzensgeldanspruch ist zu bejahen[45]. Fraglich ist, ob F auch Ersatz der Unterhaltsaufwendungen verlangen kann. Diesbezüglich gab es eine heftige Kontroverse zwischen BGH und BVerfG. Nachdem der Zweite Senat des BVerfG ausgesprochen hatte, der Schutz der Menschenwürde (Art. 1 Abs. 1 GG) verbiete es, die Unterhaltspflicht für ein Kind als Schaden zu begreifen[46], hat der BGH[47] gleichwohl an seiner seit **BGHZ 86, 240** st.Rspr. festgehalten, nach der zwar nicht das Kind selbst, wohl aber die Belastung mit Unterhaltspflichten ein ersatzfähiger Schaden sein kann. Der sodann angerufene Erste Senat des BVerfG qualifizierte die Erwägungen des Zweiten Senats gegen dessen erklärten Willen als bloßes obiter dictum und sah sich deshalb nicht gehindert, die Rechtsprechung des BGH verfassungsrechtlich für unbedenklich zu erklären[48].

Bei einer aus ärztlichem Verschulden misslungenen Sterilisation sowie eines verhinderten oder fehlgeschlagenen Schwangerschaftsabbruchs haftet also der Arzt auf Schadensersatz wegen der Unterhaltsbelastung der Eltern durch das Kind. Allerdings gilt das nach den allgemeinen Regeln der schadensrechtlichen Zurechnung nur, wenn sich in dem Schaden (hier: Belastung der Eltern mit der Unterhaltsverpflichtung) das Risiko verwirklicht hat, das durch die verletzte Norm vermieden werden soll (Lehre vom Schutzzweck der Norm). Entscheidend ist also, ob der zwischen Arzt und Patient geschlossene Behandlungsvertrag zumindest auch vor der Belastung mit Unterhaltspflichten schützen sollte oder ob er in keinem Zusammenhang mit einer möglichen Schwangerschaft stand[49]. Teilweise wird das im Schrifttum als zweifelhaft kritisiert[50].

---

43 Daneben kommen vertragliche Ansprüche aus § 280 Abs. 1 (Pflichtverletzung im Rahmen des Behandlungsvertrags) bzw. für neuere Fälle Ansprüche aus dem Behandlungsvertrag nach § 630a in Betracht (dazu *Katzenmeier*, NJW 2013, 817 ff.).
44 BGH NJW 1980, 1452, 1453; anders in **Fall 13**, Rn. 159.
45 Bis zur Schadensersatzrechtsänderung am 1.8.2002 spielte der deliktische Anspruch für die Gewährung von Schmerzensgeld nach § 847 a.F. eine große Rolle, da nur darüber Schmerzensgeld denkbar war; seither ist auch bei vertraglichen Ansprüchen entsprechender Schadensersatz möglich.
46 BVerfGE 88, 203, 296.
47 **BGHZ 124, 128, 136 f.**
48 BVerfGE 96, 375, 396 ff., 403 ff.
49 BGH NJW 2000, 1782, 1783 f.
50 *Picker*, AcP 195 (1995), 483 ff.

III. Speziell: Pkw-Schaden[51]

Bei der Beschädigung einer Sache hat der Geschädigte nach § 249 Abs. 2 S. 1 ein Wahlrecht und kann entweder den für die Reparatur oder den für die Ersatzbeschaffung eines gleichwertigen Gegenstands erforderlichen Geldbetrag verlangen[52]. Nach Ansicht des BGH stehen Reparatur und Beschaffung eines (gleichwertigen) Ersatzes als Formen der Naturalrestitution i.S. des § 249 Abs. 1 nebeneinander[53]. Zur Begründung verweist der BGH auf das Ziel der Naturalrestitution: Sie beschränke sich nicht auf die Wiederherstellung der beschädigten Sache, sondern bezwecke die umfassende Wiederherstellung der Vermögenslage des Geschädigten, die – wirtschaftlich gesehen – ohne das Schadensereignis bestehen würde[54]. Die Ersatzbeschaffung als Naturalrestitution kommt nur dann nicht in Betracht, wenn es sich bei der beschädigten Sache um eine unvertretbare Sache handelt[55].

560

Wenn es um die Verletzung einer Person oder die Reparatur einer Sache geht, kann der Geschädigte zudem die Wiederherstellungskosten vom Schädiger ersetzt verlangen. Es wird ihm nicht zugemutet, dem Schädiger die Sache ein zweites Mal „auszuliefern". Er kann die zur Reparatur seiner Sache erforderlichen Maßnahmen selbst veranlassen. Bei Personenschäden ist das selbstverständlich. Wählt der Geschädigte den Geldersatz, hat er die **Erforderlichkeitsgrenze** i.S. des § 249 Abs. 2 S. 1 zu beachten[56]. Bis zu dieser Grenze reicht, was ein verständiger, wirtschaftlich denkender Mensch in der konkreten Situation des Geschädigten für zweckmäßig und notwendig halten durfte[57].

561

Der Geschädigte kann sogar eine Reparatur verlangen, wenn die Reparaturkosten die Kosten für eine Ersatzbeschaffung übersteigen (z.B. wirtschaftlicher **Totalschaden**). Bei Beschädigung eines Kfz gewährt die Rechtsprechung einen sog. **Integritätszuschlag**, weil das Interesse des Geschädigten an der konkreten Zusammensetzung seines Vermögens besonders anzuerkennen ist. Er kennt „sein Auto" und soll nicht ohne Weiteres gezwungen sein, sich umzustellen[58]. Der Geschädigte soll die Reparaturkosten bis zu **130 % des Wiederbeschaffungswerts** verlangen können[59].

562

Liegen die konkreten Reparaturkosten unterhalb der vom Gutachter geschätzten 130 %, können diese geltend gemacht werden[60]. Der BGH zieht den Wiederbeschaffungswert als Vergleichsmaßstab heran, wobei der Restwert des Kfz unberücksichtigt

563

---

51 Zu typischen Fallgestaltungen bei Kfz-Schäden *Wellner*, NJW 2012, 7 ff.
52 Zur Schadensberechnung auch *Witt*, NJW 2010, 3329 ff.
53 BGHZ 115, 364, 368; BGH NJW 2003, 2085; a.A. MünchKomm/*Oetker*, § 251 Rn. 10 f., 41 ff.; *Medicus/Petersen*, BR, Rn. 817–819.
54 BGHZ 115, 364, 368 m.w.N.
55 BGH NJW 1985, 2413, 2414.
56 BGHZ 115, 364, 368 f. m.w.N.; a.A. MünchKomm/*Oetker*, § 251 Rn. 10 f., 44 ff.; *Medicus/Petersen*, BR, Rn. 817–819, wo das Problem in § 251 Abs. 2 S. 1 und die Unverhältnismäßigkeit der Herstellungsaufwendungen eingeordnet wird. In BGH NJW 2003, 2085, 2086 („Porsche") bezeichnet der BGH die 130 %-Rechtsprechung als Ausnahme zur Unverhältnismäßigkeitsgrenze.
57 BGHZ 61, 346, 349.
58 BGH NJW 2008, 437, 438.
59 BGHZ 115, 364, 371 ff.; BGHZ 115, 375, 380 f.; siehe auch **BGHZ 154, 395**; zu Widersprüchen *Korch*, JuS 2017, 10 ff.
60 BGH NJW 2011, 669; siehe auch *Schwab*, JuS 2012, 1123 ff.

bleibt[61]. Begründet wird das mit der Häufigkeit von Kfz-Unfällen und dem Bedürfnis nach einer möglichst effektiven und praktikablen Schadensabwicklung. Der Integritätszuschlag ist jedoch nur möglich, wenn der Geschädigte das Fahrzeug weiter selbst benutzen will, wofür idR. ein Zeitraum von sechs Monaten ausreicht[62] und das Fahrzeug tatsächlich fachgerecht repariert wird (keine fiktive Abrechnung)[63]. Andernfalls macht der Geschädigte deutlich, dass er kein hinreichendes schützenswertes Interesse am konkreten Fahrzeug hat.

564 Der Geschädigte muss sich nur dann auf eine **kostengünstige** Reparatur in einer nicht markengebundenen Fachwerkstatt einlassen, wenn erstens der Schädiger die technische Gleichwertigkeit der billigeren Reparatur darlegen und ggf. beweisen kann[64] und zweitens die Inanspruchnahme dieser Reparaturmöglichkeit für den Geschädigten zumutbar ist[65].

565 Bei Fahrzeugen bis zum Alter von drei Jahren wird eine **Unzumutbarkeit** regelmäßig deshalb angenommen, weil der Geschädigte ansonsten bei der Geltendmachung von Gewährleistungsrechten, einer Herstellergarantie oder bei Kulanzleistungen Schwierigkeiten bekomme[66]. Bei (älteren) Fahrzeugen soll eine Unzumutbarkeit daraus resultieren, dass der Geschädigte dann nicht mehr darlegen könne, sein Wagen sei „scheckheftgepflegt"[67]. Unzumutbarkeit soll sich auch ergeben, wenn eine Reparatur in einer freien Fachwerkstatt für den Geschädigten nur aufgrund einer besonderen vertraglichen Vereinbarung mit dem Haftpflichtversicherer des Schädigers günstiger ist[68]. Schließlich befreit die Ersetzungsbefugnis des § 249 Abs. 2 S. 1 den Geschädigten davon, die beschädigte Sache dem Schädiger oder einer von ihm ausgewählten Person zur Reparatur anvertrauen zu müssen.

566 Übersteigen die Reparaturkosten 130 % des Wiederbeschaffungswerts, kann der Geschädigte vom Schädiger nur die Kosten der **Ersatzbeschaffung** (Wiederbeschaffungswert unter Abzug des Restwerts) ersetzt verlangen[69]. Dahinter steht die Überlegung, dass ein wirtschaftlich denkender Eigentümer sein Kfz nicht mehr reparieren lässt, wenn die Reparaturkosten den Wiederbeschaffungswert um mehr als 30 % übersteigen. Die Reparaturkosten werden dabei **nicht** in einen vom Schädiger auszugleichenden Teil in Höhe von 130 % des Wiederbeschaffungswerts und den Teil, der die 130 % des Wiederbeschaffungswerts übersteigt, **aufgeteilt**[70].

567 **Fiktive Reparaturkosten** kann der Geschädigte auch nur in den Grenzen des „Erforderlichen" verlangen, also nur bis zur Höhe der Kosten der Ersatzbeschaffung (Wie-

---

61 BGH NJW 2007, 588, 589, wonach Ersatz der Reparaturkosten, die den Wiederbeschaffungswert nicht übersteigen, verlangt werden kann, auch wenn das Fahrzeug nach der Reparatur nicht weiter benutzt wird.
62 BGH NJW 2008, 437; BGH NJW 2008, 2183; BGH NJW 2011, 667, 668.
63 BGH VersR 2010, 363; BGHZ 162, 170; BGHZ 162, 161, wonach die Reparatur, auch bei Eigenreparatur, vollständig und fachgerecht erfolgen muss; siehe vorher BGHZ 154, 395.
64 BGH NJW 2010, 606 („VW"); bestätigt in BGH NJW 2010, 2941.
65 BGH NJW 2010, 606 („VW"); BGH NJW 2010, 2118 („BMW").
66 Dazu *Witt*, NJW 2010, 3329, 3332.
67 Zur Unabhängigkeit vom Alter des Fahrzeugs BGH NJW 2010, 2727 („Audi").
68 BGH NJW 2010, 2725 („Mercedes").
69 Zur Bemessung des maßgeblichen Restwerts, *Witt*, NJW 2010, 3329, 3333 f.
70 BGHZ 115, 375, 380 f.; BGH NJW 2011, 669, 670.

derbeschaffungswert unter Abzug des Restwerts). Im Fall der Aufspaltung würde ansonsten ein Anreiz zu wirtschaftlich unsinnigen Reparaturen geschaffen, an deren Kosten sich der Schädiger zu beteiligen hätte. Das würde zu einer dem Gebot der **wirtschaftlichen Vernunft** zuwiderlaufenden Überdehnung des Schadensersatzes bei der Regulierung von Kfz-Schäden führen und zudem den Schädiger über Gebühr belasten[71].

Stellt sich erst nach Durchführung der Reparaturarbeiten in einer Werkstatt heraus, dass die Herstellungskosten (§ 249 Abs. 2 S. 1) im Vergleich zum Wiederbeschaffungswert doch nicht mit geringerem Aufwand verbunden sind, können die Reparaturkosten ersetzt verlangt werden, auch wenn sie die Grenze der Erforderlichkeit (130 %) übersteigen. Eigentlich fehlt es in diesem Fall an der Erforderlichkeit der Herstellungs- bzw. Reparaturkosten (vgl. § 249 Abs. 2 S. 1), sodass an sich nur der Wiederbeschaffungswert verlangt werden kann. Dieses Risiko einer mit (unverhältnismäßigen) Kosten verbundenen Reparatur geht aber zu Lasten des Schädigers. Er trägt das sog. **Werkstatt- und Prognoserisiko**[72]. 568

Wird ein gebrauchtes, aber **nahezu neues Kfz** beschädigt, ist bei der Schadensbemessung vom Kaufpreis für einen Neuwagen auszugehen (Abrechnung „auf Neuwagenbasis")[73]. Grundsätzlich hat der Geschädigte zwar die Form der Naturalrestitution zu wählen, die den geringsten Aufwand erfordert. Dennoch kann er selbst dann die Kosten einer Ersatzbeschaffung verlangen, wenn sie über den Reparaturkosten und einem Ausgleich für den merkantilen Minderwert[74] des Kfz liegen. Hierfür darf das beschädigte Fahrzeug idR. maximal eine Laufleistung von 1000 km[75] haben und muss durch den Unfall erheblich beschädigt sein. 569

Die **Erheblichkeit** der Beschädigung richtet sich nicht nach der Schwere des eingetretenen Unfallschadens, sondern nach dem Zustand, in dem sich das Fahrzeug nach einer fachgerechten Reparatur befinden würde[76]. Danach ist eine erhebliche Beschädigung im Allgemeinen zu bejahen, wenn beim Unfall tragende oder sicherheitsrelevante Teile beschädigt und die fachgerechte Instandsetzung nicht völlig unerhebliche Richt- oder Schweißarbeiten erfordert[77]. Dagegen ist es beispielsweise nicht erforderlich, dass trotz der fachgerechten Reparatur des Kfz erhebliche Schönheitsfehler oder Sicherheitsrisiken verbleiben oder Garantieansprüche gefährdet sind[78]. Zudem darf 570

---

71 BGHZ 115, 375, 380.
72 BGHZ 115, 364, 370; BGH NJW 1972, 1800, 1801 f.; *Medicus/Petersen*, BR, Rn. 820. Die Problematik des Werkstatt- und Prognoserisikos taucht auch außerhalb von Kfz-Schäden bei § 251 Abs. 2 und der „Unverhältnismäßigkeit" auf. Es liegt im Grunde ein Missverhältnis zwischen Reparaturkosten (§ 249 Abs. 2 S. 1) und Wertinteresse (§ 251) vor, bei dem nur das Summen- oder Wertinteresse verlangt werden kann (§ 251 Abs. 2). Weil das Risiko aber zu Lasten des Schädigers geht, kann der Geschädigte ausnahmsweise die unverhältnismäßigen Reparaturkosten verlangen.
73 Palandt/*Grüneberg*, § 249 Rn. 18.
74 Der merkantile Minderwert ist der Wertverlust, den ein Fahrzeug trotz fachgerechter Reparatur allein aufgrund seiner Eigenschaft als Unfallwagen erleidet.
75 BGH NJW 1982, 433 (auch bei Laufleistung von 3000 km im ersten Nutzungsmonat). In diesem Fall muss der Geschädigte jedoch einen Abschlag vom Neuwagenpreis hinnehmen; vgl. BGH NJW 1983, 2694; MünchKomm/*Oetker*, § 251 Rn. 29; Palandt/*Grüneberg*, § 249 Rn. 18.
76 BGH NJW 2009, 3022, 3024 = BGHZ 181, 242 ff.
77 BGH NJW 2009, 3022, 3024 = BGHZ 181, 242 ff.
78 BGH NJW 2009, 3022, 3024 = BGHZ 181, 242 ff.; anders noch BGH NJW 1976, 1202; BGH NJW 1982, 433.

die Zulassungsdauer des Kfz grundsätzlich den Zeitraum von ca. einem Monat (keine starre Grenze) nicht überschreiten[79]. Da die Abrechnung „auf Neuwagenbasis" eine Ausnahme von der Erforderlichkeitsgrenze i.S. des § 249 Abs. 2 S. 1 ist, muss der Geschädigte einen Neuwagen als Ersatz für sein beschädigtes Fahrzeug (Deckungskauf) auch tatsächlich erworben haben (keine fiktive Abrechnung „auf Neuwagenbasis")[80].

IV. Ersatz immaterieller Schäden

Übersichtsaufsatz: *Neuner*, Das Schmerzensgeld, JuS 2013, 577 ff.

Übungsfall: *Rühl/Schmidt*, Radfahren im Wald, JA 2013, 814, 820 ff.

571 Nach **§ 253 Abs. 2** hat der Schädiger dem Geschädigten auch den immateriellen Schaden zu ersetzen. § 253 Abs. 2 ist **keine Anspruchsgrundlage**, sondern lediglich ein Schadensposten bei der Schadensberechnung[81]. Obwohl in § 253 Abs. 2 nicht genannt, kann auch bei Verletzung des allgemeinen Persönlichkeitsrechts (nach wie vor) Schmerzensgeld verlangt werden. Dieser Schmerzensgeldanspruch hat seine Grundlage in Art. 1 und 2 Abs. 1 GG und ist von der Änderung des § 253 unberührt geblieben[82].

---

79 MünchKomm/*Oetker*, § 251 Rn. 29; OLG Nürnberg NJW-RR 1995, 919.
80 BGH NJW 2009, 3022; a.A. *Gsell*, NJW 2009, 2994.
81 Vgl. nur etwa BeckOK/*Spindler*, § 253 Rn. 7; etwas anders *Wandt*, § 24 Rn. 41.
82 Vgl. oben Rn. 208 ff. zum Schutzumfang bei der Verletzung des allgemeinen Persönlichkeitsrechts.

Vierter Teil
Bereicherungsrecht

§ 16 Einführung

Übersichtsaufsätze: *Thöne*, Die Grundprinzipien des Bereicherungsrechts, JuS 2019, 193 ff.; *Musielak*, Einführung in das Bereicherungsrecht, JA 2020, 161 ff.

Das Bereicherungsrecht wird zu Recht als eine der schwierigsten Materien des BGB angesehen[1]. Es regelt, wie eine aufgrund der Unwirksamkeit des Verpflichtungsgeschäfts rechtsgrundlose Vermögensmehrung rückgängig zu machen ist. Es dient dem Ausgleich ungerechtfertigter Vermögensverschiebungen, die häufig als Folge des Abstraktionsprinzips eintreten. 572

> **Klausurtipp:** Wenn es in der Klausur um die Anfechtung eines Vertrags geht, sind die §§ 119 ff. keine (!) Anspruchsgrundlage. Vielmehr folgt aus der Anfechtung ein Anspruch auf Herausgabe aus den §§ 812 ff., d.h. Anspruchsgrundlage ist eine der Varianten der §§ 812 ff.

Die §§ 812, 813, 816, 817 S. 1 und 822[2] enthalten **Anspruchsgrundlagen**. In den §§ 814, 815, 817 S. 2 sind besondere Ausschlussgründe (Einwendungen) geregelt und in § 821 die sog. Bereicherungseinrede[3]. Die Rechtsfolge (Inhalt und Umfang) der bereicherungsrechtlichen Ansprüche sind in den §§ 818, 819 und 820 geregelt[4]. 573

Zu unterscheiden ist im Bereicherungsrecht zwischen einer Leistungskondiktion[5] und einer Nichtleistungskondiktion[6]. Dabei kann es bei Minderjährigen zu Überschneidungen kommen[7]. 574

---

[1] *Looschelders*, § 53 Rn. 2.
[2] Str., siehe Rn. 689 ff.
[3] Die v.a. bei abstrakten Verpflichtungen (Schuldanerkenntnis i.S. des § 780; Schuldversprechen i.S. des § 781) relevante Einrede soll nach h.M. trotz des Wortlauts des § 821 unabhängig vom Eintritt der Verjährung gelten, vgl. PWW/*Prütting*, § 821 Rn. 2; abl. *Wilhelm*, JZ 1995, 573, 574 (das ergebe sich schon aus § 242); vgl. auch *Wandt*, § 12 Rn. 63; *Looschelders*, § 56 Rn. 37.
[4] Zu Inhalt und Umfang des Bereicherungsanspruchs siehe auch den **Übersichtsaufsatz** von *Lorenz*, JuS 2018, 937 ff.
[5] Siehe Rn. 58 ff.
[6] Siehe Rn. 637 ff.
[7] Siehe Rn. 595.

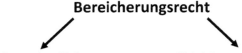

Leistungskondiktion	Nichtleistungskondiktion
- § 812 Abs. 1 S. 1, 1. Alt.	- § 812 Abs. 1 S. 1, 2. Alt.
- § 812 Abs. 1 S. 2, 1. Alt.	- § 816 Abs. 1 S. 1
- § 812 Abs. 2 S. 2, 2. Alt.	- § 816 Abs. 1 S. 2
- § 817 S. 1	- § 816 Abs. 2
	- § 822 (str.)

575 Manche Normen des BGB enthalten auch eine Verweisung auf das Bereicherungsrecht. Bei einer solchen Verweisung kann es sich um eine **Rechtsgrundverweisung** handeln, d.h. es sind die Tatbestandsmerkmale der §§ 812 ff. zu prüfen. Beispiel dafür ist etwa § 951 Abs. 1 (Entschädigung für Rechtsverlust). Bei einer Verweisung wird es sich aber in der Regel um eine bloße **Rechtsfolgenverweisung** handeln, weil dem Gesetzgeber nicht unterstellt werden darf, die jeweilige Bestimmung gebe nicht die vollständigen Voraussetzungen wieder[8]. Es ist dann lediglich der Haftungsumfang der §§ 818 ff. maßgeblich. Beispiele dafür sind etwa § 988 (Nutzungen des unentgeltlichen Besitzers)[9], § 993 Abs. 1 (Haftung des redlichen Besitzers) oder § 852 S. 1 (Herausgabeanspruch nach Eintritt der Verjährung)[10].

576 Bei einigen Normen ist in Rechtsprechung und Lehre **umstritten**, ob eine Rechtsfolgen- oder eine Rechtsgrundverweisung vorliegt. Das ist etwa bei § 682 (fehlende Geschäftsfähigkeit des Geschäftsführers)[11] oder bei § 684 S. 1 (unberechtigte GoA)[12] der Fall. Der BGH geht bei § 684 S. 1 von einer Rechtsfolgenverweisung aus[13]. Teile der Literatur sehen in § 684 S. 1 eine Rechtsgrundverweisung[14], weil ansonsten die §§ 815 und 817 nicht anwendbar seien, was unangemessen und vom Gesetzgeber nicht gewollt sei.

577 Die Unterscheidung zwischen Rechtsfolgen- und Rechtsgrundverweisung ist praktisch wichtig, weil bei einer Rechtsfolgenverweisung der Tatbestand des § 812 nicht erfüllt zu sein braucht, sodass dem Bereicherungsgläubiger ohne Weiteres ein Anspruch im Umfang der §§ 818 ff. zusteht. Außerdem greifen, wie dargestellt, die Kondiktionssperren der §§ 814, 815, 817 S. 2 nicht[15].

---

8 BeckOK/*Wendehorst*, § 812 Rn. 34.
9 Staudinger/*Tholek*, § 988 Rn. 24.
10 Siehe Rn. 136.
11 Differenzierend Staudinger/*Bergmann*, § 682 Rn. 3; für Rechtsgrundverweisung etwa *Hassold*, JR 1989, 358, 361 f.; Palandt/*Sprau*, § 682 Rn. 2; BeckOK/*Gehrlein*, § 682 Rn. 1. Für Letzteres spricht, dass wegen des Minderjährigenschutzes die §§ 677 ff. – v.a. die Schadensersatzpflicht nach § 678 – ausgeschlossen sein sollen. Gehaftet wird lediglich nach den §§ 823 ff. auf Schadensersatz und nach den §§ 812 ff. auf Herausgabe des Erlangten. Siehe Erman/*Dornis*, § 682 Rn. 4 (zur geringen praktischen Bedeutung).
12 Siehe Rn. 106.
13 BGH WM 1976, 1056, 1060; grds. auch *Brox/Walker*, § 37 Rn. 8.
14 *Coester-Waltjen*, JURA 1990, 608, 610; *Henssler*, JuS 1991, 924, 928; siehe auch *Wandt*, § 5 Rn. 52.
15 BeckOK/*Wendehorst*, § 812 Rn. 34.

Nach § 812 Abs. 1 S. 1 kann „etwas", dessen Herausgabe verlangt wird, vom Bereicherungsgläubiger „durch Leistung" oder „in sonstiger Weise auf dessen Kosten" erlangt worden sein. Obwohl das Bereicherungsrecht in Leistungs- und Nichtleistungskonditionen[16] aufgeteilt ist[17], ging der Gesetzgeber noch davon aus, dass § 812 Abs. 1 S. 1 einen einheitlichen Bereicherungsanspruch enthält, der zwei Ausprägungen aufweist. Diese **Einheitstheorie**, die in der Lehre inzwischen wieder vermehrt vertreten wird[18], bezieht das Tatbestandsmerkmal **„auf Kosten"** sowohl auf den rechtsgrundlosen Erwerb „durch Leistung" als auch auf den Erwerb „in sonstiger Weise". 578

Nach der von der **h.M.** vertretenen **Trennungstheorie** werden einerseits die Leistungskondiktion und andererseits die Nichtleistungskondiktion als Grundtatbestand gesehen[19]. Danach bezieht sich das Tatbestandsmerkmal **„auf Kosten"** lediglich auf die Bereicherung „in sonstiger Weise" und ist, da bereits durch den Leistungsbegriff verwirklicht, bei der Leistungskondiktion **entbehrlich**[20]. 579

> **Klausurtipp:** Da die Trennungstheorie von der ganz h.M. vertreten wird, ist es hilfreich, wenn in der Klausur bzgl. des Klausuraufbaus von dieser ausgegangen wird. Wer der a.A. folgt, sollte dies dezidert dartun.

§ 17 Die Anwendbarkeit der §§ 812 ff.

I. Verhältnis zur GoA

Wenn jemand aufgrund eines **nichtigen Vertrags** (unwirksamer Dienst-, Werk- oder Geschäftsbesorgungsvertrag) für einen anderen tätig geworden ist, ist fraglich, ob die Regelungen der GoA (§§ 677 ff.) oder die Grundsätze der Leistungskondiktion nach § 812 anwendbar sind[1]. Hier will der Anspruchsteller mit dem Tätigwerden einerseits seiner vermeintlichen vertraglichen Verpflichtung nachkommen, andererseits erledigt er damit auch Aufgaben des Anspruchsgegners. In solchen Fällen ist zunächst ein Aufwendungsersatzanspruch aus GoA zu prüfen, denn die **berechtigte GoA** stellt einen **Rechtsgrund** i.S. des § 812 Abs. 1 dar. Sobald also die Voraussetzungen der §§ 677, 683 S. 1, 670 vorliegen, kommen Ansprüche aus den §§ 812 ff. nicht in Betracht. 580

Nach der Rechtsprechung und einem Teil der Literatur gelten die §§ 677 ff. grundsätzlich auch für die Rückabwicklung **nichtiger Verträge**, sodass bei Bejahung eines 581

---

16 Die bereicherungsrechtlichen Ansprüche nennt man auch **Kondiktion**, vgl. *Reuter/Martinek*, Teilband 2, § 1 I 1b.
17 *Lorenz/Cziupka*, JuS 2012, 777 ff.
18 Vgl. MünchKomm/*Schwab*, § 812 Rn. 43.
19 *Larenz/Canaris*, § 67 I 2.
20 *Larenz/Canaris*, § 67 II 1; PWW/*Prütting*, § 812 Rn. 31; *Looschelders*, § 55 Rn. 8; Erman/*Buck-Heeb*, Vor § 812 Rn. 5.

1 Siehe Rn. 35.

§ 17 *Die Anwendbarkeit der §§ 812 ff.*

Aufwendungsersatzanspruchs die Anwendbarkeit der **§§ 812 ff. ausgeschlossen** ist[2]. Begründet wird das damit, dass die GoA-Regelungen immer dann anwendbar sind, wenn der Geschäftsführer berechtigterweise im Geschäftsbereich eines anderen mit Fremdgeschäftsführungswillen tätig geworden ist. Es kommt nicht darauf an, ob die Tätigkeit aufgrund eines unwirksamen Vertrags oder aus einem anderen Grund vorgenommen wurde[3].

582 Dagegen sind nach einer in der Literatur vertretenen Ansicht nichtige Verträge ausschließlich nach den §§ 812 ff. abzuwickeln. Grund dafür ist, dass bei Anwendung der GoA-Regelungen die §§ 814, 815, 817 als bereicherungsrechtliche Ausschlussvorschriften nicht angewendet werden können. Es lasse sich aber nicht rechtfertigen, weshalb der Geschäftsführer, der aufgrund eines nichtigen Vertrags Tätigkeiten erbracht habe, derart bevorzugt werde[4]. Die Rechtsprechung argumentiert umgekehrt. Für ihre Auffassung spricht, dass jemand, der aufgrund eines nichtigen Vertrags für einen anderen berechtigterweise tätig wird, nicht schlechter gestellt sein darf, als jemand, der ohne Vereinbarung im Geschäftsbereich eines anderen tätig geworden ist.

583 Beruht dagegen die Nichtigkeit des Vertrags auf einem Gesetzesverstoß oder der Sittenwidrigkeit, ist kein Anspruch des Geschäftsführers aus GoA gegeben, weil er seine Aufwendungen nicht für erforderlich i.S. des § 670 halten durfte[5]. Dann kann der Geschäftsführer einen Anspruch aus den §§ 812 ff. geltend machen.

584 Die Abgrenzung zwischen GoA und Bereicherungsrecht wird auch an einem bereits bei der GoA behandelten Fall deutlich, dessen Lösung hier mit **Fall 41** fortgesetzt wird[6]: Steuerberater S macht für G Rückübertragungsansprüche nach dem Vermögensgesetz geltend. Dabei handelt es sich, was S fahrlässig nicht weiß, um die unerlaubte Besorgung einer fremden Rechtsangelegenheit i.S. des § 3 RDG. S verlangt von G die Zahlung des vereinbarten Entgelts für seine Leistungen aus § 812 Abs. 1 S. 1, 1. Alt. Zu Recht?

1. S könnte gegen G einen Anspruch aus **§ 812 Abs. 1 S. 1, 1. Alt.** auf Zahlung des Honorars haben[7]. G hat als „Etwas" die Tätigkeit des S erlangt[8]. S müsste diese dem G zugewandt, d.h. geleistet haben. Das ist hier der Fall, da er eine – vermeintliche – Verbindlichkeit aus dem Geschäftsbesorgungsvertrag erfüllen wollte. Das Ganze geschah ohne Rechtsgrund, da der Vertrag nichtig war und nach h.M. auch keine berechtigte GoA vorlag. Ein Bereicherungsanspruch ist allerdings nach § 817 S. 2 ausgeschlossen, wenn sich S bewusst war, dass er gegen das gesetzliche Verbot ver-

---

[2] Diese Frage stellte sich etwa in der sog. **„Flugreise"-Entscheidung** (BGHZ 55, 128 ff. [gekürzte Fassung] = **NJW 1971, 609 ff.**). Dazu ausführlich **Fall 10** Rn. 83.
[3] BGHZ 37, 258, 262 f.; BGHZ 39, 87, 90; BGHZ 101, 393, 399; BGH NJW-RR 1993, 200; BGH NJW 1997, 47, 48; *Berg*, JuS 1972, 193, 195; *Benöhr*, NJW 1975, 1970, 1971.
[4] MünchKomm/*Schäfer*, § 677 Rn. 101; *Lorenz*, NJW 1996, 883, 884; *Eidenmüller*, JZ 1996, 889, 893; Erman/*Buck-Heeb*, Vor § 812 Rn. 10b m.w.N.; differenzierend Palandt/*Sprau*, § 677 Rn. 11.
[5] Siehe Fall 6 Rn. 65.
[6] **BGH NJW 2000, 1560.**
[7] Ein vertraglicher Anspruch scheidet hier aus. Auch ein Anspruch aus GoA ist abzulehnen, entweder mit dem in der Literatur vertretenen Argument, die GoA sei nicht anwendbar, jedenfalls aber fehle der Fremdgeschäftsführungswille, oder mit der v.a. in der Rechtsprechung vertretenen Ansicht, die GoA sei zwar anwendbar und es werde auch mit Fremdgeschäftsführungswillen gehandelt, aber S durfte seine Aufwendungen nicht für erforderlich halten; siehe oben **Fall 6** Rn. 65.
[8] Zur umstrittenen Frage, was konkret erlangt worden ist, siehe Rn. 599.

stieß⁹. Da im vorliegenden Fall hierfür keine Anhaltspunkte bestehen, ist ein Anspruch aus § 812 Abs. 1 S. 1, 1. Alt. gegeben.

2. Da die nach § 818 Abs. 1 herauszugebenden Dienste nicht zurückgewährt werden können, hat S gemäß § 818 Abs. 2 einen Anspruch auf Wertersatz, der sich nach der Höhe der üblichen bzw. der angemessenen, vom Vertragspartner ersparten Vergütung richtet. Die Leistung des S ist auch nicht wegen des nichtigen Vertrags wertlos, da G sonst einen anderen beauftragt hätte und diesem eine entsprechende Vergütung hätte zahlen müssen. Durch die Anwendung der §§ 812 ff. soll nicht § 134 umgangen werden, indem im Ergebnis zwar nicht aus dem gesetzeswidrigen Vertrag, aber aus Bereicherungsrecht doch ein Vergütungsanspruch gewährt wird. Die Anwendung soll vielmehr bewirken, dass dem Empfänger der Leistungen kein ungerechtfertigter Vorteil verbleibt.

II. Verhältnis zum Eigentümer-Besitzer-Verhältnis

Eine **Nichtleistungskondiktion** wird nach ganz h.M. bei Vorliegen eines Eigentümer-Besitzer-Verhältnisses durch die §§ 987 ff. als Sondervorschriften ausgeschlossen. Dagegen sollen bereicherungsrechtliche Ansprüche wegen Veräußerung, Verbrauch und Verarbeitung der Sache nicht ausgeschlossen sein, da diese nicht in den §§ 987 ff. geregelt sind¹⁰. **Veräußert** daher ein unrechtmäßiger Besitzer die Sache, kann der Eigentümer neben den Ansprüchen aus §§ 987 ff. auch einen Anspruch aus § 816 Abs. 1 (Verfügung eines Nichtberechtigten) hinsichtlich der Veräußerung geltend machen. Wurde die Sache **verbraucht**, kann Wertersatz nach §§ 812 Abs. 1 S. 1, 2. Alt., 818 Abs. 2 verlangt werden. Wird die Sache **verarbeitet**, kann nach §§ 951, 812 vorgegangen werden¹¹. 585

Das Verhältnis zwischen der **Leistungskondiktion** und den §§ 987 ff. ist dagegen **umstritten**. Nach der **Rechtsprechung** und einem Teil der **Literatur** schließen die §§ 987 ff. als Sonderregeln nicht nur eine Nichtleistungs-, sondern auch eine Leistungskondiktion aus. In Bezug auf die Herausgabe von Nutzungen ist daher ausschließlich § 993 Abs. 1 S. 2 heranzuziehen¹². Bei Verwendungen des unrechtmäßigen Besitzers sind die §§ 994 ff. abschließend¹³. Eine Ausnahme macht die Rechtsprechung allerdings hinsichtlich Ansprüchen nach der Beendigung von **Gebrauchsüberlassungsverträgen**¹⁴ und dann, wenn der Besitzer den Besitz rechtsgrundlos erlangt hat¹⁵. Hier sollen die §§ 812 ff. neben den §§ 987 ff. anwendbar sein. 586

---

9 In BGHZ 37, 258, 264 offengelassen; siehe nun **BGH NJW 2019, 1147** Rn. 28 ff.
10 Vgl. *Habersack*, Examens-Repetitorium Sachenrecht, 9. Aufl. 2020, Rn. 122 ff.
11 Näher dazu in Bezug auf ein Mehrpersonenverhältnis unten Rn. 833 ff.
12 Näher dazu unten Rn. 699 ff.
13 Nach ganz h.M. sind die §§ 987 ff., 994 ff. auf § 894 (Anspruch auf Berichtigung des Grundbuchs) entsprechend anwendbar, sodass jedenfalls § 812 Abs. 1 S. 1, 2. Alt. (Verwendungskondiktion) durch die §§ 994 ff. verdrängt wird, vgl. *Habersack*, Examens-Repetitorium Sachenrecht, 9. Aufl. 2020, Rn. 329 (mit einem Fall).
14 BGH NJW 1995, 2627, 2628.
15 Vgl. dazu *Habersack*, Examens-Repetitorium Sachenrecht, 9. Aufl. 2020, Rn. 119 ff., insbesondere Rn. 120 m.w.N.

587 Die **überwiegende Literatur** wendet die §§ 812 ff. bei der Leistungskondiktion neben den §§ 987 ff. an[16]. Ein **Teil der Literatur** will bei der Abwicklung nichtiger Verträge die Vorschriften über die Leistungskondiktion als vorrangige Sondervorschriften sehen, sodass die §§ 987 ff. hier unanwendbar sein sollen[17].

§ 18 Leistungskondiktion im Zwei-Personen-Verhältnis

Übungsfälle: *Verse/Gaschler*, Download to own – Online-Geschäfte unter fremdem Namen, JURA 2009, 213 ff.; *Wendelstein*, Der glücklose Erbensucher, JURA 2019, 186 ff.; *Kiehnle/Huber*, Anfängerklausur – Zivilrecht: Bereicherungsrecht – Der Corona-Friseursalon, JuS 2020, 1037 ff.

I. Grundtatbestand: § 812 Abs. 1 S. 1, 1. Alt.

Übungsfälle: *Paal/Hennemann*, Referendarexamensklausur – Zivilrecht: Bereicherungsrecht und Minderjährigenrecht – Tauschhandel mit Folgen, JuS 2011, 246 ff.; *Spies*, Von Heuschrecken und Adeligen, JA 2012, 333 ff.; *Lübke*, Fortgeschrittenenklausur – Zivilrecht: Besonderes Schuldrecht – Die geschäftstüchtige Minderjährige, JuS 2013, 914 ff.; *Hoffmann*, Vermögensrechtliche Konsequenzen von Leistungsanmaßungen am Beispiel der Schwarzfahrt einer Minderjährigen, JURA 2015, 506 ff.; *Scheibenpflug/Sigmund*, Ein Bote auf Abwegen, JURA 2015, 78 ff.; *Voigt/Jansen*, Kabelsalat, JURA 2018, 1157 ff.; *von Hülsen*, Referendarexamensklausur – Zivilrecht: BGB AT und Schuldrecht – schiefgelaufener Wohnungskauf, JuS 2019, 45 ff.; *Drechsler/Happ*, Nur Ärger mit den Mietern und den Behörden, JURA 2019, 535 ff.; *Kiehnle/Huber*, Anfängerklausur – Zivilrecht: Bereicherungsrecht – Der Corona-Friseursalon, JuS 2020, 1037.

588
> **Prüfungsschema § 812 Abs. 1 S. 1, 1. Alt.**
> **I. Voraussetzungen**
> 1. Etwas erlangt
> 2. Durch Leistung
>   – Jede bewusste und zweckgerichtete Mehrung fremden Vermögens
> 3. Ohne Rechtsgrund
> 4. Kein Ausschluss des Bereicherungsanspruchs
>   – § 814
>   – § 817 S. 2 analog
>
> **II. Rechtsfolge**
> §§ 818 ff.

---

16 MünchKomm/*Raff*, § 988 Rn. 10 f.; *Medicus/Petersen*, BR, Rn. 600; *Kindl*, JA 1996, 115, 120; *Roth*, JuS 1997, 897, 899.
17 Vgl. *Reuter/Martinek*, Teilband 2, § 11 I 2 c cc.

§ 812 Abs. 1 S. 1, 1. Alt. (sog. condictio indebiti) betrifft den Fall, dass jemand eine Leistung zum Zwecke der Erfüllung einer **Verbindlichkeit** erbracht hat und dieser Zweck **von Anfang an** verfehlt wird[1].

589

1. Voraussetzungen

a) Etwas erlangt

Der Anspruchsgegner muss etwas erlangt haben. „Etwas" i.S. des § 812 Abs. 1 ist jede vorteilhafte Rechtsposition, wie etwa Eigentum, Besitz, beschränkt dingliche Rechte, immaterielle Rechte, Forderungen, Gebrauchs- oder Nutzungsmöglichkeiten an Sachen oder Rechten oder die Tätigkeit für einen anderen. Auch die Befreiung von einer Verbindlichkeit kann „Etwas" i.S. des § 812 Abs. 1 S. 1 sein. Da diese Rechtspositionen in aller Regel einen Vermögenswert besitzen, wird unter „Etwas" i.S. des § 812 zumeist jeder Vermögensvorteil verstanden[2]. Das ist jedoch ungenau, da auch eine nicht vermögenswerte Position i.S. des § 812 erlangt sein kann.

590

> **Klausurtipp:** Häufig wird eine Rechtsposition erworben sein, z.B. Eigentum und/oder Besitz an einer Sache. Dies ist in der **Klausur** auch so zu benennen (nicht: „die Sache erlangt", sondern „Eigentum und Besitz an ... erlangt"). Bei einer **Überweisung** ist das erlangte „Etwas" die Gutschrift auf dem Konto des Empfängers bzw. eine Forderung gegen die kontoführende Bank[3].

Geht es um die Rückabwicklung eines nichtigen Verpflichtungsgeschäfts, ist das „Etwas" regelmäßig identisch mit dem zur Erfüllung der Verbindlichkeit Übertragenen. Schwierig kann die Bestimmung des erlangten „Etwas" in den sog. **Nutzungsfällen** sein, d.h. wenn rechtsgrundlos eine immaterielle Werk-, Dienst- oder Arbeitsleistung erbracht wird. Das ist beispielsweise der Fall bei der Nutzung eines Mietwagens aufgrund eines unwirksamen Mietvertrags oder bei einer erschlichenen Flugreise[4]. Umstritten ist, worin das Erlangte hier besteht[5].

591

b) Durch Leistung

Das Erlangte muss durch eine Leistung des Anspruchstellers zugewandt worden sein.

592

→ **Definition: Leistung** i.S. der §§ 812 ff. ist die bewusste und zweckgerichtete Vermehrung fremden Vermögens. Bewusst bedeutet mit Wissen und Wollen des Anspruchstellers.

Es liegt also keine Leistung vor, wenn das fremde Vermögen unbewusst vermehrt wird. In diesem Fall kommt lediglich eine Nichtleistungskondiktion in Betracht[6]. Leistungszweck bei § 812 Abs. 1 S. 1, 1. Alt. ist die Erfüllung einer Verbindlichkeit

593

---

1 Siehe *Peters*, JR 2014, 319 ff. (zur These einer Entbehrlichkeit der Leistungskondiktion); Münch-Komm/*Schwab*, § 812 Rn. 52 f. (zum „Abschied vom Leistungsbegriff").
2 Erst bei § 818 Abs. 2, wenn also ein Wertersatzanspruch bei Unmöglichkeit der Herausgabe besteht, spielt der Vermögenswert eine Rolle, vgl. Erman/*Buck-Heeb*, § 812 Rn. 6.
3 Vgl. BGH NJW 2006, 1965, 1966.
4 Siehe unten **Fall 42**, 599.
5 Dazu Rn. 599.
6 Siehe Rn. 638 ff.

gegenüber dem Leistungsempfänger. Die Bestimmung von Leistendem und Leistungsempfänger bereitet beim Zwei-Personen-Verhältnis regelmäßig keine Schwierigkeiten. Anders kann das bei einem Mehrpersonenverhältnis sein, wo dann auf den objektiven Empfängerhorizont abzustellen ist[7].

594 Beim Leistungszweck ist **umstritten**, ob die **Zweckbestimmung rechtsgeschäftlicher Natur** oder rein tatsächlicher Art ist[8]. Erheblich ist das für die Frage, ob eine nicht oder nur **beschränkt geschäftsfähige Person** eine Leistung i.S. des § 812 erbringen kann. Dieser Punkt spielt im Zwei-Personen-Verhältnis keine Rolle, denn wenn der nicht (voll) Geschäftsfähige keine Leistung erbringt, bleibt ein Anspruch aus Nichtleistungskondiktion (§ 812 Abs. 1 S. 1, 2. Alt.)[9]. Entscheidend ist er jedoch bei Mehrpersonenverhältnissen. Sieht man die Zweckerklärung als rechtsgeschäftlich oder zumindest rechtsgeschäftsähnlich an, folgt daraus, dass beschränkt Geschäftsfähige und Geschäftsunfähige keine Verbindlichkeiten erfüllen können, da sie den Zweck der Zuwendung nicht bestimmen können[10]. Folglich können sie ohne Zustimmung ihres gesetzlichen Vertreters nicht leisten.

595 **Überschneidungen** zwischen Leistungs- und Nichtleistungskondiktion liegen z.B. vor, wenn ein Minderjähriger die U-Bahn ohne Ticket benutzt. Für eine Leistung gegenüber dem Minderjährigen und nicht einen Eingriff spricht, dass die U-Bahn-Gesellschaft an einen unbestimmten Personenkreis (ad incertas personas) leisten will. Auch bei der Beförderung eines „blinden Passagiers" im Flugzeug kann entweder eine Leistung an diesen oder ein Eingriff seinerseits vorliegen[11].

c) Ohne Rechtsgrund

Übungsfall: *Bayer/Ritter/Weiß*, Anfängerklausur – Zivilrecht: BGB AT – Flugreise für Erstsemester, JuS 2013, 996 ff. (Leistungs- und Nichtleistungskondiktion).

596 Die Vermögensverschiebung muss ohne Rechtsgrund, d.h. ohne Grund für das Behaltendürfen der Leistung, erfolgt sein. Dies gilt nicht nur für die Leistungs-, sondern auch für die Nichtleistungskondiktion[12]. Bei der Leistungskondiktion ist ein Rechtsgrund zu verneinen, wenn der Leistende den mit der Leistung verfolgten Zweck – bei § 812 Abs. 1 S. 1, 1. Alt. etwa die Erfüllung der Verbindlichkeit – nicht erreicht hat[13]. Drei Fälle sind denkbar:
- Die Verbindlichkeit bestand wegen Nichtigkeit des Vertrags von Anfang an nicht (z.B. bei Anfechtung (str.)[14], Geschäftsunfähigkeit, Dissens, Sitten- oder Gesetzeswidrigkeit) oder
- die Verbindlichkeit war im Zeitpunkt der Leistung bereits erloschen oder

---

7 Siehe Rn. 797.
8 Vgl. Erman/*Buck-Heeb*, § 812 Rn. 13.
9 Vgl. den Fall bei *Kiehnle/Huber*, JuS 2020, 1037 ff.
10 Vgl. BGHZ 106, 163, 166; BGHZ 111, 382 ff.
11 Vgl. **Fall 42**, Rn. 599; siehe auch Erman/*Buck-Heeb*, § 812 Rn. 1; zum Grenzfall bzgl. Leistung und Eingriff auch *Medicus/Petersen*, BR, Rn. 665.
12 Zum – praktisch irrelevanten – Streit um eine objektive oder subjektive Rechtsgrundtheorie, *Looschelders*, § 54 Rn. 15 f.
13 *Reuter/Martinek*, Teilband 2, § 5 I; *Medicus/Lorenz*, SR II, § 61 Rn. 15; a.A. *Kupisch*, NJW 1985, 2370, 2371 ff.
14 Siehe unten Rn. 615.

– die Leistung konnte keine Erfüllungswirkung haben (z.B. Schuldner hat an den falschen Gläubiger gezahlt).

Ob der Erwerb einer Sache kraft Gesetzes gemäß § 937 (Ersitzung) einen Rechtsgrund darstellt, war lange umstritten. Nach einer Ansicht wird zwar die Eingriffskondiktion nicht zugelassen, wohl aber die Leistungskondiktion. Das sei erforderlich, um Wertungswidersprüche zu vermeiden, die entstünden, wenn jemand aufgrund unwirksamen Verpflichtungs- und Verfügungsgeschäfts nur Besitz und nicht Eigentum an einer Sache erlangt und nach Ablauf der „Ersitzungsfrist" nicht (mehr) zur Herausgabe verpflichtet ist, während derjenige, der von Beginn an (aufgrund Wirksamkeit nur des Verfügungsgeschäfts) Eigentümer geworden sei, weiterhin zur Herausgabe des Eigentums nach § 812 Abs. 1 S. 1, 1. Alt. verpflichtet bleibt. Daher müsse bei der Abwicklung fehlgeschlagener Leistungen die Leistungskondiktion auch bei zwischenzeitlicher Ersitzung angewendet werden[15]. 597

Die Rechtsprechung und die h.M. gehen dagegen davon aus, dass der Erwerb durch Ersitzung seinen Rechtsgrund in sich trage, sodass Bereicherungsansprüche ausgeschlossen sind. Damit wird ein Wertungswiderspruch zwischen Leistungs- und Eingriffskondiktion vermieden[16]. 598

Die Problematik des **erlangten Etwas** sowie die **Abgrenzung zwischen Leistungs- und Nichtleistungskondiktion** sollen am bereits in anderem Zusammenhang behandelten „Flugreisefall", hier unser **Fall 42**[17], deutlich gemacht werden: Der 17-jährige M fliegt mit der Fluggesellschaft F ohne gültigen Flugschein von Hamburg nach X. Dort wird ihm die Einreise mangels Visum verweigert. Kann die F von M Zahlung des Hinflugs unter dem Gesichtspunkt der ungerechtfertigten Bereicherung dem Grunde nach verlangen? 599

1. Die F könnte einen Anspruch aus **§ 812 Abs. 1 S. 1, 1. Alt.** auf Zahlung der Beförderungskosten haben. Erforderlich ist hierfür, dass M etwas erlangt hat. Was dieses **Etwas** ist, ist **umstritten**. Das können die ersparten Aufwendungen für den Flug sein oder aber die Beförderung im Flugzeug. Die **Rechtsprechung**[18] schließt sich der ersten Ansicht an und sieht als „Erlangtes" die **Ersparnis** des Bereicherungsschuldners, weil er die nichtkörperliche Leistung ohne Pflicht zur Gegenleistung verbrauchte. Das sind im vorliegenden Fall die von M ersparten Aufwendungen für den Flug.

Auch der mögliche Einwand des Minderjährigen, er habe keine eigenen Aufwendungen erspart und damit nichts erlangt, weil er niemals gegen Entgelt geflogen wäre, vermag hieran nichts zu ändern. Kennt der Konditionsschuldner den Mangel des rechtlichen Grunds beim Empfang, kann er sich aufgrund der §§ 819 Abs. 1, 818 Abs. 4 nicht darauf berufen, dass die Bereicherung später weggefallen ist. Erst recht – so der BGH – kann der Bösgläubige nicht schon die Entstehung einer Bereicherung leugnen, indem er sich darauf beruft, dass er wegen Luxusaufwendungen, die er sonst nicht getätigt hätte, keine Aufwendungen erspart habe, weil auch er den Mangel des rechtlichen Grunds gekannt hat.

---

15 Erman/*Ebbing*, § 937 Rn. 10, *Larenz/Canaris*, § 67 IV 2b.
16 BGH NJW 2016, 3162 ff. Rn. 39 ff.; dazu *Wilhelm*, NJW 2017, 193 ff.
17 **BGHZ 55, 128 ff. (gekürzte Fassung) = NJW 1971, 609 ff. („Flugreise")**.
18 BGHZ 55, 128, 131; grundlegend *Hombacher*, JURA 2004, 250 ff.

Die **h.L.**[19] dagegen sieht das „erlangte Etwas" im **unmittelbaren Vorteil** (Gebrauch, Beförderung, Arbeitsleistung usw.), sofern dieser einen Vermögenswert hat. Im vorliegenden Fall ist die Beförderung selbst das „erlangte Etwas". Es wird dabei klar zwischen dem „erlangten Etwas" (auf der Tatbestandsseite) und der Entreicherung (auf der Rechtsfolgenseite) getrennt: Es ist etwas erlangt, wenn mit der Inanspruchnahme einer Leistung bei wirtschaftlicher Betrachtungsweise eine vermögensrechtliche Besserstellung einhergeht.

Es geht der h.L. also darum, dass ein konkreter Vermögensgegenstand i.S. des § 812 Abs. 1 S. 1 erlangt wurde. Ob eine Kostenersparnis bzw. ob überhaupt noch eine Bereicherung vorliegt, spielt nur bei der Frage der Entreicherung (§ 818 Abs. 3) eine Rolle. Erst an dieser Stelle geht es darum, ob der Bereicherungsschuldner durch die immaterielle Leistung (hier: die Beförderung) eigene Aufwendungen erspart hat. Ist das der Fall, dann ist eine Vermögensmehrung zu bejahen, sodass der Vermögensvorteil nach §§ 812 ff. abgeschöpft werden kann. Hat der Anspruchsgegner dagegen keine Aufwendungen erspart, weil es sich um Luxusaufwendungen gehandelt hat, die der Bereicherungsschuldner gegen eine übliche Gegenleistung nicht getätigt hätte[20], ist er insoweit entreichert.

Für die von der h.L. vorgenommene getrennte Prüfung spricht, dass sie es erlaubt, im Rahmen des § 818 Abs. 3 eine eventuelle Bösgläubigkeit des Kondiktionsschuldners zu berücksichtigen. War der Bereicherungsschuldner bösgläubig, haftet er nach § 819 verschärft und kann sich nicht auf den Wegfall der Bereicherung berufen, auch wenn er nichts erspart hat. Für diese Ansicht spricht auch, dass hierbei Tatbestand (§ 812 Abs. 1 S. 1) und Rechtsfolge (§ 818) nicht miteinander vermischt werden.

Demgegenüber müsste der BGH in den Fällen, in denen der Kondiktionsschuldner keine Aufwendungen erspart hat, den Bereicherungsanspruch bereits dem Grunde nach ablehnen, weil das Tatbestandsmerkmal „erlangtes Etwas" nicht vorliegt. Eine verschärfte Haftung wegen Bösgläubigkeit (§§ 818 Abs. 4, 819) spielt auf Tatbestandsebene eigentlich keine Rolle. Wie oben gezeigt, berücksichtigt der BGH – dogmatisch inkonsequent – die Bösgläubigkeit des Beklagten schon bei der Frage, ob ein Vermögensvorteil trotz Luxusaufwendungen erlangt ist.

Im Ergebnis stimmen beide Ansichten überein. Eine Streitentscheidung erübrigt sich.

2. Da hier nach beiden Ansichten M etwas erlangt hat, ist als weitere Voraussetzung des § 812 Abs. 1 S. 1 zu prüfen, ob dies **durch Leistung** der F, d.h. deren bewusste und zweckgerichtete Mehrung des Vermögens des M, geschah oder ob die Bereicherung „in sonstiger Weise" erfolgte. Das ist in Rechtsprechung und Literatur **umstritten**. Der **BGH** nimmt im vorliegenden Fall ohne Weiteres eine Leistungskondiktion an[21]. Dafür spricht, dass die Flugzeugbesatzung bei ihren Serviceleistungen an M davon ausging, dass dieser aufgrund eines Beförderungsvertrags mit der F dazu berech-

---

19 Esser/Weyers, § 51 I 3 b; Staudinger/Lorenz, § 812 Rn. 65 ff.; Koppensteiner/Kramer, § 13 I 1 b dd; Reuter/Martinek, Teilband 2, § 6 I 2 c; Gursky, JR 1972, 279, 281 ff.; Canaris, JZ 1971, 560, 561; Teichmann, JuS 1972, 247, 249; Brox/Walker, § 40 Rn. 5; Looschelders, § 54 Rn. 3; Erman/Buck-Heeb, § 812 Rn. 9; PWW/Prütting, § 812 Rn. 28.
20 Siehe Rn. 731.
21 BGHZ 55, 128, 130, 135; so auch Knütel, JR 1971, 293; Larenz/Canaris, § 67 IV 2 a.

tigt war. Das nahm das Personal v.a. in Anbetracht der vorherigen (von M umgangenen) Bordkontrolle an. M wurde damit zur Erfüllung des Vertrags wie ein regulärer Passagier behandelt. Dieses Bewusstsein der Besatzung wird der F nach §§ 164 Abs. 1, 166 zugerechnet. Damit hat M die erlangten Vorteile durch Leistung der F und, obwohl sich unberechtigt Zutritt verschafft hat, nicht durch eigenes Handeln[22] erlangt[23]. Es liegt hier ein, den M einschließender, genereller Leistungswille der F vor.

In der **Literatur** wird dagegen teilweise eine Bereicherung „in sonstiger Weise" auf Kosten der F (§ 812 Abs. 1 S. 1, 2. Alt.) angenommen[24]. Die Beförderung des M sei ohne Wissen und Willen der F erfolgt, sodass keine Leistung erbracht worden sei. M habe sich ohne bzw. gegen den Willen der F die Beförderung verschafft und damit in den Zuweisungsgehalt der rechtlich geschützten Position der F eingegriffen. M erhalte zudem das erlangte Etwas nicht über einen Dritten, sondern unmittelbar von F. Da die Vermögensverschiebung also auf ein und demselben Vorgang beruhe, sei Unmittelbarkeit des Vermögenserwerbs gegeben.

3. Unabhängig davon, ob man der einen oder der anderen Meinung folgt, muss ein **Rechtsgrund fehlen**. Hält man § 812 Abs. 1 S. 1, 2. Alt. für anwendbar, so ist die Bereicherung ohne rechtlichen Grund erlangt, da der erlangte Vorteil nach der Rechtsordnung einem anderen gebührt, weil kein Recht zum Eingriff vorliegt. Geht man mit dem BGH von § 812 Abs. 1 S. 1, 1. Alt. als Anspruchsgrundlage aus, so wurde die Leistung ohne Rechtsgrund erbracht, da der mit der Zuwendung verfolgte Zweck nicht erreicht wurde. Zwischen F und M ist kein Vertrag zustande gekommen, das Personal hat aber seine Leistung zur Erfüllung eines solchen vermeintlichen Vertrags erbracht. Damit besteht ein Bereicherungsanspruch dem Grunde nach, sei es mit der Rechtsprechung und einem Teil der Literatur nach § 812 Abs. 1. S. 1, 1. Alt., sei es mit der a.A. nach § 812 Abs. 1 S. 1, 2. Alt.

2. Ausschluss des Bereicherungsanspruchs

Liegen die Voraussetzungen des § 812 Abs. 1 S. 1, 1. Alt. bzw. des § 813 Abs. 1 vor, so ist zu prüfen, ob **Einwendungen** gegen den Anspruch bestehen. Das kann zum einen nach § 814, zum anderen nach § 817 S. 2 der Fall sein. **600**

Nach **§ 814** (Kenntnis der Nichtschuld) kann das zum Zwecke der Erfüllung einer Verbindlichkeit Geleistete nicht zurückgefordert werden, wenn der Leistende gewusst hat, dass er zur Leistung nicht verpflichtet war, oder wenn die Leistung einer sittlichen Pflicht oder einer auf den Anstand zu nehmenden Rücksicht entsprach. Der Ausschluss nach § 814 gilt **ausschließlich für § 812 Abs. 1 S. 1, 1. Alt.**, nicht für die **601**

---

[22] Anders wäre das nach dieser Ansicht, wenn M unentdeckt (sog. blinder Passagier) gewesen wäre, da er als solcher von F nicht willentlich befördert worden wäre. M hätte sich in diesem Fall ohne oder gegen den Willen der F die Leistung verschafft. Damit hätte er in den „Zuweisungsgehalt" der rechtlich geschützten Position der F eingegriffen und die Beförderung in sonstiger Weise auf Kosten der F erlangt.
[23] Siehe BGHZ 55, 128, 130, 135; *Knütel*, JR 1971, 293; *Larenz/Canaris*, § 67 IV 2 a; *Beuthien/Weber*, S. 54, 58 f.; *Giesen*, JURA 1995, 169, 172.
[24] *Teichmann*, JuS 1972, 249; Staudinger/*Lorenz*, § 812 Rn. 3; *Reuter/Martinek*, Teilband 2, § 4 II 1b; *Koppensteiner/Kramer*, § 4 I 3 Fn. 4.

anderen Arten der Leistungskondiktion. Erforderlich ist die positive Kenntnis des Leistenden von der Nichtschuld. Nicht ausreichend ist die bloße Kenntnis der Umstände, aus denen sich die Unwirksamkeit der Verpflichtung ergibt[25]. Vielmehr muss der Leistende eine entsprechende rechtliche Wertung i.S. einer „Parallelwertung in der Laiensphäre" vorgenommen haben[26]. Vermeiden kann der Leistende den Ausschluss des Bereicherungsanspruchs durch Leistung „unter Vorbehalt"[27].

602 Nach § 817 S. 2 ist die Leistungskondiktion ausgeschlossen, wenn auch der Leistende gegen ein gesetzliches Verbot oder gegen die guten Sitten verstoßen hat. Die ganz **h.M.** will den Ausschlussgrund des § 817 S. 2 nicht allein für Ansprüche aus § 817 S. 1 anwenden, sondern sieht hierin eine allgemeine Regel für alle Tatbestände der Leistungskondiktion[28]. Schon der Wortlaut des § 817 S. 2 verbietet es, diese Vorschrift auf die Tatbestände der Nichtleistungskondiktion anzuwenden[29]. Eine Anwendung des § 817 S. 2 außerhalb des Bereicherungsrechts, etwa auf Ansprüche aus dem Eigentümer-Besitzer-Verhältnis, wird überwiegend mit dem Hinweis auf deren Ausnahmecharakter abgelehnt[30]. Teilweise wird im Schrifttum dagegen vertreten, in § 817 S. 2 sei ein allgemeiner Grundsatz der Rechtsschutzversagung niedergelegt, der auch außerhalb des Bereicherungsrechts gelte[31].

603 Objektiv muss der Betreffende sittenwidrig gehandelt haben. Der subjektive Tatbestand setzt voraus, dass der Leistende die Tatsachen- und Rechtsfolgenkenntnis hatte. Doch genügt es für die Kenntnis der Rechtsfolgen, dass der Leistende sich in grob fahrlässiger Weise der Kenntnisnahme verschlossen hat[32].

604 **Rechtsfolge** ist, dass die erbrachte Leistung nach § 817 S. 2 nicht zurückgefordert werden kann[33]. Unter Leistung i.S. des § 817 S. 2 ist aber nur das zu verstehen, was **endgültig** im Vermögen des Leistungsempfängers verbleiben sollte. Wird ein Gegenstand nur für eine bestimmte Zeit zur Nutzung überlassen, etwa die Darlehensvaluta in Fällen des Wucherdarlehens, so ist die Kondiktion nur für diesen (vertraglich vereinbarten) Zeitraum der Überlassung ausgeschlossen. Zudem erstreckt sich das **Rückforderungsverbot** des § 817 S. 2 nur auf das, was aus den vom Gesetz (z.B. SchwarzArbG) **missbilligten Vorgängen** geschuldet wird. Unberührt davon soll nach dem BGH bleiben, was sich aus nicht zu beanstandenden Leistungen ergibt, auch wenn sie demselben tatsächlichen Verhältnis entstammen[34].

605 Im Fall eines sittenwidrigen und daher nichtigen **Wucherdarlehensvertrags** ist der Rückzahlungsanspruch hinsichtlich der Darlehensvaluta aus § 812 Abs. 1 S. 1, 1. Alt.

---

25 BGHZ 113, 62, 70; BGH NJW 2002, 2871, 2872.
26 BGHZ 155, 380, 389; BGH NJW-RR 2008, 824, 825; Erman/*Buck-Heeb*, § 814 Rn. 7; MünchKomm/*Schwab*, § 814 Rn. 16.
27 Staudinger/*Lorenz*, § 814 Rn. 7.
28 BGHZ 44, 1, 6; BGHZ 50, 90, 91; BGH NJW-RR 1993, 1457, 1458; Palandt/*Sprau*, § 817 Rn. 2; MünchKomm/*Schwab*, § 817 Rn. 11; a.A. *Wazlawik*, ZGS 2007, 336, 339.
29 So auch MünchKomm/*Schwab*, § 817 Rn. 11.
30 BGH NJW 1992, 310, 311.
31 *Medicus/Petersen*, BR, Rn. 697. Zur analogen Anwendung des § 817 S. 2 außerhalb des Bereicherungsrechts MünchKomm/*Schwab*, § 817 Rn. 15 ff. m.w.N.
32 BGH NJW 1989, 3217; BGH NJW 1992, 310, 311.
33 BGH NJW 1983, 1420, 1422; Palandt/*Sprau*, § 817 Rn. 19; Erman/*Buck-Heeb*, § 817 Rn. 10 ff.
34 So dezidiert **BGH WM 2017, 1573 ff.**, Rn. 44 ff.

durch § 817 S. 2 also nicht generell ausgeschlossen, sondern nur für die vertraglich vereinbarte Zeit der Darlehensgewährung. Da der Darlehensbetrag nicht endgültig dem Empfänger überlassen werden soll, greift insoweit § 817 S. 2 nicht ein. Leistung i.S. des § 817 S. 2 ist hier nicht die Übereignung des Geldes auf Dauer, sondern die Kapitalüberlassung auf Zeit. Daher kann ein Darlehen auch nicht vor Ablauf der vereinbarten Laufzeit nach Bereicherungsrecht zurückgefordert werden. Endgültig im Vermögen des Leistungsempfängers bleiben sollte hier die verzinste Nutzungsmöglichkeit des Kapitals. Diese Nutzungsmöglichkeit verbleibt dem Darlehensnehmer, wobei er für die Zeit, in der der Rückzahlungsanspruch ausgeschlossen ist, weder den (sittenwidrigen) vereinbarten noch den verkehrsüblichen Zins verlangen kann. Insofern greift der Ausschluss nach § 817 S. 2 ein[35].

§ 817 S. 2 wurde immer wieder als rechtspolitisch verfehlt kritisiert. Es sei unbefriedigend, dass bei beiderseitigem Verstoß nur der Leistende, nicht aber der Empfänger benachteiligt werde. Eine **Korrektur des § 817 S. 2** wurde v.a. im Fall der **Schwarzarbeit** diskutiert[36]. Hierzu **Fall 43**[37]: S führt für den A, ohne in der Handwerksrolle eingetragen zu sein und ohne einen Gewerbebetrieb angemeldet zu haben, Handwerksarbeiten durch. Dies stellt einen Verstoß gegen ein gesetzliches Gebot (§ 1 Abs. 1, 2 Abs. 2 SchwarzArbG) dar. A weiß, dass S „schwarz" arbeitet. A leistet dem S eine Anzahlung. S führt von dieser weder Steuern noch Sozialversicherungsbeiträge ab. Nach ordnungsgemäß verrichteter Arbeit verlangt S den Restwerklohn. A verweigert jegliche weitere Zahlung. S will nun Zahlung des Restlohns aus § 812 Abs. 1 S. 1, 1. Alt. Zu Recht?

606

1. S könnte einen Anspruch aus **§ 812 Abs. 1 S. 1, 1. Alt.** gegen A auf Zahlung des Lohns haben[38]. A hat die Arbeiten durch Leistung des S ohne Rechtsgrund erlangt, da ein Anspruch aus § 631 Abs. 1 nicht besteht. Beide Parteien haben gegen § 1 Abs. 2 SchwarzArbG verstoßen, sodass ein Werkvertrag nach § 134 nichtig ist[39]. Die Voraussetzungen eines Bereicherungsanspruchs liegen danach grundsätzlich vor[40].

2. Fraglich ist aber, ob der Anspruch nicht ausgeschlossen ist. Der Ausschlussgrund des § 814, 1. Alt. ist nicht gegeben[41]. S wusste zwar, dass er mit der Schwarzarbeit gegen ein gesetzliches Verbot verstieß. Eine positive Rechtskenntnis des S von der Nichtschuld lässt sich dem Sachverhalt aber nicht entnehmen.

---

35 Palandt/*Sprau*, § 817 Rn. 21; *Medicus/Petersen*, BR, Rn. 700, will dagegen einen angemessenen Zinssatz gewähren. Dagegen spricht, dass dann die Vereinbarung eines Wucherzinses für den Darlehensgeber risikolos wäre, da jedenfalls der marktübliche Zins zu leisten ist.
36 Siehe aber auch **BGH NJW 2006, 45 f.** („Schneeballsystem"), wo ebenfalls der Grund und Schutzzweck der Nichtigkeitssanktion (hier: § 138 Abs. 1) ausnahmsweise gegen eine Kondiktionssperre nach § 817 S. 2 sprach.
37 **BGHZ 111, 308 ff.** („Schwarzarbeit") mit überwiegender Ablehnung in der Literatur, siehe nur etwa Staudinger/*Lorenz*, § 817 Rn. 10; MünchKomm/*Schwab*, § 817 Rn. 28; kritisch auch Erman/*Buck-Heeb*, § 817 Rn. 15 f.; siehe nunmehr **BGHZ 201, 1 ff.**; **BGHZ 206, 69 ff.**; *Mäsch*, JuS 2015, 1038 ff.
38 Daneben kann auch ein Anspruch aus § 817 S. 1 bestehen.
39 BGHZ 198, 141 ff.
40 Zur Anwendbarkeit des Bereicherungsrechts bei Nichtigkeit eines Vertrags siehe oben Rn. 35 und Rn. 580.
41 Sofern man den Ausschlussgrund des § 814, 1. Alt. bejaht, kommt ein Anspruch des S gegen A aus § 817 S. 1 in Betracht, sodass ebenfalls § 817 S. 2 als Bereicherungsausschluss zu prüfen ist. Nach a.A. ist § 817 S. 2 im Fall eines Gesetzes- oder Sittenverstoßes lex specialis zu § 814, 1. Alt.; vgl. MünchKomm/*Schwab*, § 817 Rn. 9 m.w.N.

3. Es könnte aber ein Ausschluss nach **§ 817 S. 2** in Betracht kommen. Der leistende S hat bewusst und gewollt gegen ein gesetzliches Verbot (SchwarzArbG) verstoßen. Damit sind die Voraussetzungen des § 817 S. 2 erfüllt. Allerdings stehen die Bereicherungsansprüche in besonderem Maße unter dem Grundsatz von Treu und Glauben (§ 242), da sie dem Billigkeitsrecht angehören[42]. Da das Rückforderungsverbot des § 817 S. 2 den Gläubiger hart trifft, könnte zu berücksichtigen sein, welchen Zweck das in Frage stehende Verbotsgesetz verfolgt (einschränkende Auslegung)[43]. Bei beiderseitigem Verstoß hatte der BGH daher lange Zeit eine Berufung auf § 817 S. 2 bei Schwarzarbeit als gemäß § 242 ausgeschlossen angesehen[44].

Demgegenüber wurde in der Literatur eine Einschränkung des § 817 S. 2 durch § 242 abgelehnt[45]. Eben die Gefahr, trotz (vor-)geleisteter Arbeit leer auszugehen, sei die Abschreckungswirkung des SchwarzArbG. Ein effektiver Kampf gegen die Schwarzarbeit könne nur mit Hilfe drohender Unbilligkeiten für die Beteiligten geführt werden[46]. Diese Ansicht vertritt nun auch der BGH[47]. § 817 S. 2 sei weder einschränkend auszulegen noch stehen dessen Anwendung die Grundsätze von Treu und Glauben entgegen.

607 In seinen sog. Schenkkreis-Entscheidungen (Schneeballsysteme)[48] hat der BGH angesichts eines Rückforderungsanspruchs ebenfalls bislang auf **generalpräventive** Erwägungen abgestellt. Es solle einem „sozialschädlichen Treiben" entgegengewirkt werden[49]. Die Konditionssperre des § 817 S. 2 wird daher hier mit der Begründung abgelehnt, dass ansonsten die Nichtigkeit der Verträge nach § 138 Abs. 1 konterkariert würde. Die Initiatoren dieser Spiele sollten die mit sittenwidrigen Methoden erlangten Gelder nicht aufgrund des § 817 S. 2 behalten dürfen. Daher habe der Schenker einen Anspruch gegen den Beschenkten aus § 812 Abs. 1 S. 1, 1. Alt.[50] Darüber hinaus soll die Konditionssperre des § 817 S. 2 auch allgemein bei allen Zuwendungen im Rahmen derartiger Kreise, d.h. für die Mitspieler auf allen Stufen des Schenkkreises, entfallen, ohne dass es auf eine einzelfallbezogene Prüfung der Geschäftsgewandtheit und Erfahrenheit des betroffenen Gebers oder Empfängers ankommt[51].

---

42 BGHZ 111, 308, 312.
43 Siehe Erman/*Buck-Heeb*, § 817 Rn. 10 ff., insbesondere Rn. 15.
44 BGHZ 111, 308, 312 f.
45 Vgl. *Armgardt*, NJW 2006, 2070; Erman/*Buck-Heeb*, § 817 Rn. 15; *Lorenz*, NJW 2013, 3132 ff.
46 Vgl. *Spickhoff/Franke*, JZ 2014, 465, 467.
47 BGHZ 198, 141 ff.; BGHZ 201, 1 ff.; **BGHZ 206, 69 ff.**; **BGHZ 214, 228 ff.** Rn. 26 (nichtiger Werkvertrag); *Stadler*, JA 2014, 65 ff.; *dies.*, JA 2014, 623 ff.; *Stamm*, NJW 2014, 2145 ff.; *Mäsch*, JuS 2015, 1038 ff.
48 BGH NJW 2006, 45 ff.; BGH NJW 2008, 1942; BGH NJW-RR 2009, 345; zur Verjährung BGH NJW 2009, 984 f.; vgl. auch *Peifer*, § 9 Rn. 20; zur Ablehnung eines Bereicherungsanspruchs gegen den „Boten" BGH NJW 2012, 3366 Rn. 22 ff.
49 BGH NJW-RR 2009, 345.
50 BGH NJW 2006, 45 ff.
51 BGH NJW 2008, 1943; BGH NJW-RR 2009, 345.

II. Bereicherungsanspruch aus § 813 Abs. 1 S. 1

> **Prüfungsschema § 813 Abs. 1 S. 1 (Erfüllung trotz Einrede)**
> I. Voraussetzungen
>   1. Etwas erlangt
>   2. Durch Leistung
>   3. Dauerhafte Einrede gegen die Verbindlichkeit (z.B. §§ 821, 853, 242)
>   4. Kein Ausschluss des Bereicherungsanspruchs
>   – § 813 Abs. 2 (vorzeitige Erfüllung einer noch nicht fälligen Forderung)
>   – § 814
>   – § 817 S. 2 analog
> II. Rechtsfolge
>   §§ 818 ff.

608

§ 813 Abs. 1 S. 1 (Erfüllung trotz Einrede) ist eine ergänzende Sondervorschrift zum Anspruch aus § 812 Abs. 1 S. 1, 1. Alt.[52]. Die §§ 813 Abs. 1 S. 1, 812 Abs. 1 S. 1, 1. Alt. sind eine eigenständige **Anspruchsgrundlage**[53]. Danach kann das Geleistete gemäß § 812 Abs. 1 S. 1, 1. Alt. trotz Vorliegens eines Rechtsgrunds zurückgefordert werden, sofern dem Anspruch eine dauernde (peremptorische) Einrede entgegensteht. In den Anwendungsbereich des § 813 fallen nur Einreden. Einwendungen haben zur Folge, dass der Rechtsgrund von vornherein nicht bestanden hat oder später weggefallen ist.

609

Nur **dauernde Einreden** können die Durchsetzung des Anspruchs verhindern. Das sind etwa § 242 (Einwand der unzulässigen Rechtsausübung), § 821 (Einrede der Bereicherung), § 853 (Arglisteinrede), §§ 2083, 2345 (anfechtbare letztwillige Verfügung nach Ablauf der Anfechtungsfrist)[54]. Eine Einschränkung gilt in Bezug auf die dauernde Einrede der **Verjährung**. Erfolgt nämlich eine Leistung auf eine verjährte Forderung, kann das Geleistete aufgrund der eindeutigen Festlegung in den §§ 813 Abs. 1 S. 2, 214 Abs. 2 nicht zurückgefordert werden[55].

610

III. Bereicherungsanspruch wegen späteren Wegfalls des rechtlichen Grunds, § 812 Abs. 1 S. 2, 1. Alt.

> **Prüfungsschema § 812 Abs. 1 S. 2, 1. Alt.**
> I. Voraussetzungen
>   1. Etwas erlangt
>   2. Durch Leistung
>   3. Späterer Wegfall des vorhandenen rechtlichen Grunds
>   4. Kein Ausschluss des Bereicherungsanspruchs
>   – § 817 S. 2 analog
> II. Rechtsfolge
>   §§ 818 ff.

611

---

[52] § 813 gilt in Bezug auf die anderen Arten der Leistungskondiktion nicht.
[53] BeckOK/*Wendehorst*, § 813 Rn. 2; Erman/*Buck-Heeb*, § 813 Rn. 1; vgl. BGH WM 2008, 244.
[54] Erman/*Buck-Heeb*, § 813 Rn. 2 (mit weiteren Normen als Beispiel).
[55] BGH NJW-RR 2006, 1277, 1280.

1. Anwendbarkeit

612 § 812 Abs. 1 S. 2, 1. Alt. (condictio ob causam finitam) ist nur dann anwendbar, wenn keine gesetzliche Spezialregelung besteht. Ist die Rückabwicklung einer Vermögensverschiebung im Gesetz mit einem Verweis auf das Rücktrittsrecht (§§ 346 ff.) versehen, hat dies Vorrang. § 812 Abs. 1 S. 2, 1. Alt. findet dann keine Anwendung. Enthält eine Norm eine bloße Rechtsfolgenverweisung auf das Bereicherungsrecht, ist die jeweilige Spezialnorm Anspruchsgrundlage, nicht § 812 Abs. 1 S. 2, 1. Alt[56].

2. Voraussetzungen

613 Auch bei der Leistungskondiktion nach § 812 Abs. 1 S. 2, 1. Alt. muss der Anspruchsgegner etwas durch Leistung ohne Rechtsgrund erlangt haben[57]. Nach heute **h.M.** muss der Leistungszweck in der Erfüllung einer Verbindlichkeit aus einem Schuldverhältnis bestehen[58], da § 812 Abs. 1 S. 2, 1. Alt. (wie auch § 812 Abs. 1 S. 1, 1. Alt.) auf das Fehlen eines Rechtsgrunds abhebt. Die zu erfüllende Verbindlichkeit bestand zunächst, fiel aber nach der Leistung weg.

614 **Wegfallen** kann der Rechtsgrund nachträglich aus verschiedenen Gründen. So, wenn die Parteien eine auflösende Bedingung (§ 158 Abs. 2) oder Befristung (Endtermin) vereinbart haben[59]. Das Geleistete ist in solchen Fällen nach Bereicherungsrecht zurückzugewähren, sofern die Parteien nicht eine schärfere Haftung aufgrund der Geltung der Rücktrittsregeln (§§ 346 ff.) vereinbart haben. Ein Rechtsgrund kann zum anderen aber auch weggefallen sein, weil der Vertrag einverständlich rückwirkend aufgehoben (§§ 305, 241), weil ein Dauerschuldverhältnis wirksam gekündigt wurde und der Schuldner bereits Vorleistungen erbracht hat[60], weil eine Kündigung aus wichtigem Grund ausgesprochen oder eine Schenkung widerrufen wurde (§§ 530, 531 Abs. 2).

615 **Streitig** ist, ob nach einer **Anfechtung** § 812 Abs. 1 S. 1, 1. Alt. oder § 812 Abs. 1 S. 2, 1. Alt. (späterer Wegfall des rechtlichen Grunds) herangezogen werden kann. Wegen ihrer Rückwirkung (ex tunc-Wirkung nach § 142 Abs. 1) wird die Vernichtung des Rechtsgrunds überwiegend als ein Fall des § 812 Abs. 1 S. 1, 1. Alt. gesehen[61]. Dagegen spricht, dass im Zeitpunkt der Leistung der Rechtsgrund noch bestand.

---

56 Das ist z.B. bei § 527 Abs. 1 (Nichtvollziehung der Auflage), § 528 Abs. 1 S. 1 (Rückforderung wegen Verarmung des Schenkers), § 531 Abs. 2 (Geschenkherausgabe bei Widerruf), bei § 547 Abs. 1 S. 2 (Rückgabe des im Voraus entrichteten Mietzinses) oder § 628 Abs. 1 S. 3 (Vorauszahlung im Dienstverhältnis) der Fall.
57 Vgl. oben Rn. 589 ff.
58 OLG Düsseldorf NJW-RR 1998, 1517.
59 Staudinger/*Lorenz*, § 812 Rn. 84, 94; Palandt/*Sprau*, § 812 Rn. 25.
60 RGRK/*Heimann-Trosien*, § 812 Rn. 82; Erman/*Buck-Heeb*, § 812 Rn. 48; vgl. MünchKomm/ *Schwab*, § 812 Rn. 418 ff.
61 *Larenz/Canaris*, § 68 I 1; a.A. Jauernig/*Stadler*, § 812 Rn. 14; Palandt/*Sprau*, § 812 Rn. 26.

Dieser Streit hat aber nur dann Auswirkungen auf das Ergebnis, wenn der Leistende **Kenntnis** von der Anfechtbarkeit des Rechtsgeschäfts hatte. Will man § 812 Abs. 1 S. 1, 1. Alt. heranziehen, wäre in diesem Fall eine Rückforderung des Geleisteten aufgrund von § 814 (Kenntnis der Nichtschuld) ausgeschlossen (siehe § 142 Abs. 2). Hält man dagegen § 812 Abs. 1 S. 2, 1. Alt. für die zutreffende Anspruchsgrundlage, gilt der Ausschluss des § 814 nicht[62]. 616

3. Ausschluss des Bereicherungsanspruchs

Der **Ausschlussgrund** des § 814 gilt nach h.M. für die Leistungskondiktion des § 812 Abs. 1 S. 2, 1. Alt. nicht[63]. Dass der Leistende die Möglichkeit kannte, seine Verpflichtung werde später wegfallen, ändert nichts an seiner ursprünglichen Leistungspflicht. Das Gleiche gilt für den Rückforderungsausschluss des § 815 (Nichteintritt des Erfolgs). Ein Ausschluss der Kondiktion nach **§ 817 S. 2** analog (Sittenwidrigkeit der Leistung) als allgemeinem Ausschlussgrund ist dagegen möglich. 617

IV. Bereicherungsanspruch bei Nichteintritt des bezweckten Erfolgs, § 812 Abs. 1 S. 2, 2. Alt.

Übungsfälle: *Spies*, Von Heuschrecken und Adeligen, JA 2012, 333 ff.; *Kastrup*, Einzelprobleme des Werkunternehmers bei Bauvorhaben sowie bei fehlgeschlagenem Grundstückserwerb, JURA 2014, 219, 226 f.

Prüfungsschema § 812 Abs. 1 S. 2, 2. Alt.
I. Voraussetzungen 　1. Etwas erlangt 　2. Durch Leistung 　3. Nichteintritt des bezweckten Erfolgs 　　– Zweckvereinbarung 　　– Keine Zweckerreichung 　4. Kein Ausschluss des Bereicherungsanspruchs 　　– § 815, 1. Alt. oder 2. Alt. 　　– § 817 S. 2 analog II. Rechtsfolge 　§§ 818 ff.

618

§ 812 Abs. 1 S. 2, 2. Alt.[64] ist nicht anwendbar, wenn vertragliche Ansprüche bestehen und damit ein Rechtsgrund vorliegt. Dann nämlich bestimmen sich die Ansprüche ausschließlich nach den speziellen Vorschriften bzw. nach den §§ 320 ff. 619

---

62 Siehe Rn. 617; Palandt/*Sprau*, § 814 Rn. 2.
63 *Looschelders*, § 54 Rn. 23.
64 Siehe *Röthel*, JURA 2013, 1246 ff.

> **Klausurtipp:** Bei entsprechenden Fällen bitte beachten, dass v.a. die Ansprüche aus der Störung der Geschäftsgrundlage (§ 313) vorrangig sind **(klausurrelevantes Problem!)**.

1. Leistung und Leistungszweck

620 Auch bei einem Bereicherungsanspruch aus § 812 Abs. 1 S. 2, 2. Alt. (condictio ob rem oder condictio causa data causa non secuta) muss etwas durch Leistung erlangt worden sein, d.h. es muss eine bewusste und zweckgerichtete Mehrung fremden Vermögens vorliegen[65]. Allerdings muss der Zweck der Vermögensmehrung die Herbeiführung eines **besonderen Erfolgs** und nicht lediglich die Erfüllung einer Verbindlichkeit sein (dann § 812 Abs. 1 S. 1, 1. Alt.)[66].

621 Erforderlich ist eine besondere **Zweckvereinbarung**. Die Zuwendung muss etwa erfolgt sein, um den Empfänger zu einem bestimmten Verhalten zu veranlassen. Da § 812 Abs. 1 S. 2, 2. Alt. auf den „nach dem Inhalt des Rechtsgeschäfts bezweckten Erfolg" abhebt, muss über den bezweckten Erfolg die tatsächliche **Willensübereinstimmung** zwischen den Parteien bestehen, dass die Zuwendung von der Zweckerreichung abhängig ist[67].

622 Diese Zweckvereinbarung stellt den **Grund für das Behaltendürfen** der Zuwendung dar. Wird der vereinbarte Zweck verfehlt, gibt es für die Zuwendung keinen rechtfertigenden Grund, sodass eine Rückabwicklung nach § 812 Abs. 1 S. 2, 2. Alt. erfolgen muss. Es reicht nicht, wenn der Zweck lediglich einseitiges Motiv des Leistenden ist. Dieser muss dem Empfänger bekannt sein und er muss ihn auch (jedenfalls konkludent) billigen, sodass eine begründete Erwartung bestehen kann[68]. Die bloße Äußerung, dass mit der Vertragsleistung ein bestimmter Zweck erreicht werden soll, ist lediglich ein unbeachtliches Motiv. Wird allerdings der Erfolg nach dem Willen der Parteien als auflösende Bedingung gesehen, sodass bei dessen Nichteintritt das Rechtsgeschäft nicht wirksam sein soll, greift § 812 Abs. 1 S. 2, 1. Alt. ein.

623 Denkbar sind **zwei Fallgruppen**: Der Zuwendende verfolgt ausschließlich einen anderen Zweck als die Erfüllung einer Verbindlichkeit oder der Zuwendende verfolgt neben der Erfüllung einer Verbindlichkeit noch einen anderen Zweck.

624 Soll mit der Leistung **auch eine Verbindlichkeit erfüllt** werden, ist **umstritten**, ob § 812 Abs. 1 S. 2, 2. Alt. anwendbar ist, wenn ein über die Erfüllung der Verbindlichkeit hinausgehender Zweck verfolgt wird. Teile des Schrifttums lehnen das ab, da § 812 Abs. 1 S. 2, 2. Alt. nur dann anwendbar sein könne, wenn die Leistung auf keine Verpflichtung hin erfolgt[69]. Die Regelung gelte nicht, wenn die zurückgeforderte Zuwendung zur Erfüllung einer Verbindlichkeit erfolgt ist. Werde der mit einem Verpflichtungsvertrag verfolgte weitere Zweck verfehlt, sollen nur die Regeln der Leis-

---

65 Zum Leistungsbegriff oben Rn. 592 ff.
66 *Medicus/Petersen*, BR, Rn. 691; *Brox/Walker*, § 40 Rn. 32.
67 BGHZ 44, 321, 323; BGH NJW 1973, 612, 613; BGH NJW 1979, 646; BGH NJW 1992, 2690; Erman/*Buck-Heeb*, § 812 Rn. 51.
68 BGH NJW 2013, 3364, Rn. 6.
69 *Medicus/Petersen*, BR, Rn. 691.

tungsstörung bzw. die Regeln über die Störung der Geschäftsgrundlage (§ 313) anwendbar sein[70].

Die überwiegende Meinung sieht dagegen zutreffend § 812 Abs. 1 S. 2, 2. Alt. auch dann als anwendbar an, wenn mit der Zuwendung nicht nur eine Verbindlichkeit erfüllt wird, sondern noch weitere Zwecke verfolgt werden[71]. Allerdings muss der Zweck der Zuwendung **Inhalt des Rechtsgeschäfts** geworden und somit eine Einigung über den verfolgten Zweck erzielt worden sein[72].   625

Soll mit der Leistung **keine Verbindlichkeit erfüllt** werden, kann Zweck der Vermögensmehrung die Begründung eines Rechtsverhältnisses sein. Zweck der Vermögensmehrung kann aber auch die Erlangung eines nicht geschuldeten Gegenstands bzw. des Verhaltens des Leistungsempfängers sein. Das ist der Fall, wenn der Zuwendende den Empfänger zum Abschluss eines Vertrags veranlassen will oder wenn als bezweckter Erfolg eine spätere Erbeinsetzung vereinbart wird[73]. Es kann aber auch ein Fall vorliegen, in dem sich beide Parteien der Formnichtigkeit eines Vertrags bewusst sind und der Zuwendende die Leistung erbringt, um die Heilung herbeizuführen. Dann erfolgt die Leistung nicht zum Zweck der Erfüllung einer Verbindlichkeit, sondern zur Herbeiführung der Heilung.   626

Keine Verbindlichkeit erfüllt werden soll auch dann, wenn jemand ein **Schuldanerkenntnis** unterschreibt, um eine Strafanzeige (etwa wegen Diebstahls) abzuwenden. Erfolgt später durch den anderen dennoch eine Strafanzeige, wurde der Zweck der Abwendung einer Anzeige, sofern über diesen Einigung bestand, verfehlt und dem Unterschreibenden steht ein Anspruch aus § 812 Abs. 1 S. 2, 2. Alt. zu[74]. Selbst der Ausgleich bei Beendigung einer nichtehelichen Lebensgemeinschaft ist nach der Rechtsprechung des BGH über § 812 Abs. 1 S. 2, 2. Alt. denkbar[75]. Es muss sich aber um Leistungen handeln, die deutlich über das hinausgehen, was das tägliche Zusammenleben erst ermöglicht (besonderer Zweck und dessen Vereinbarung)[76]. Eine konkrete Zweckabrede kann hier darin bestehen, dass der eine das Vermögen des Partners in der Erwartung vermehrt hat, an dem Erworbenen langfristig partizipieren zu können.   627

Der Kondiktionsanspruch besteht erst, wenn feststeht, dass der bezweckte Erfolg nicht eintritt, also z.B. der Leistende doch nicht als Erbe eingesetzt wird.   628

---

70 BGH NJW 1992, 2690; Staudinger/*Lorenz*, § 812 Rn. 105; *Reuter/Martinek*, Teilband 2, § 5 III 2; *Medicus/Petersen*, BR, Rn. 692; *Medicus/Lorenz*, SR II, § 62 Rn. 12.
71 Erman/*Buck-Heeb*, § 812 Rn. 51; *Joost*, JZ 1985, 10, 13.
72 BGHZ 44, 321, 322 f.
73 Siehe BGHZ 44, 321, 324.
74 So BGH NJW-RR 1990, 827.
75 Ein Anspruch aus §§ 730 ff. kommt nach der Rechtsprechung des BGH nicht aufgrund faktischer Willensübereinstimmung, sondern nur bei stillschweigendem Abschluss eines Gesellschaftsvertrags in Betracht. Ein Anspruch aus § 812 Abs. 1 S. 1, 1. Alt. scheidet regelmäßig wegen § 814 aus. Ein Anspruch auf Vertragsanpassung nach § 313 Abs. 2 iVm. Abs. 1 (Störung der Geschäftsgrundlage) ist möglich. Nach BGH NJW 2015, 1523 kommt selbst gegenüber den Eltern der Lebensgefährtin ein Anspruch aus § 812 Abs. 1 S. 2, 2. Alt. in Betracht.
76 BGHZ 177, 193 ff., Rn. 35; BGHZ 183, 242 ff., Rn. 34; vgl. auch BGH NJW-RR 2009, 1142 f. Rn. 13 ff.

629 Zum **Prüfungsaufbau** bei § 812 Abs. 1 S. 2, 2. Alt. nun **Fall 44**[77]: K hat von seiner Tante T ein Grundstück für 30 Jahre gepachtet. Auf diesem Grundstück betreibt K eine Gaststätte und errichtet einen Anbau, weil die T ihm in ihrem Testament das Grundstück vermacht. Kurz vor ihrem Tod ändert sie jedoch das Testament und setzt B als Erben ein. K verlangt nun vom Grundstückserben B Ersatz für die durch den Anbau erfolgte Wertsteigerung des Grundstücks. K argumentiert, aufgrund des Versprechens der T hinsichtlich des Grundstücks habe er den Pachtvertrag geschlossen und den Anbau errichtet. K will von B Zahlung der Anbaukosten aus Bereicherungsrecht Zug um Zug gegen Herausgabe des Grundstücks. Zu Recht?

K könnte gegen B einen Anspruch auf Zahlung aus **§ 812 Abs. 1 S. 2, 2. Alt.** haben. B hat etwas, nämlich den Anbau, durch Leistung des K erlangt. Fraglich ist, ob eine **besondere Zweckvereinbarung** vorliegt. K verweist darauf, er habe den Bau ausgeführt, da T versprochen habe, ihm das Grundstück zu vererben. Durch die Zuwendung des Grundstücks an B sei der mit der Leistung bezweckte Erfolg nicht eingetreten. Für § 812 Abs. 1 S. 2, 2. Alt. ist ausreichend, aber auch erforderlich, dass zwischen dem Empfänger (hier T) und dem Leistenden (hier K) eine **tatsächliche Willenseinigung** über den verfolgten Zweck erzielt wird. Die einseitige Erwartung des Leistenden genügt nicht. Andererseits muss aber auch keine vertragliche Bindung vorliegen (dann würde sich die Rückabwicklung nach Vertragsrecht richten). Eine tatsächliche Willenseinigung kann ausdrücklich oder konkludent erfolgen.

Ob im konkreten Fall eine ausdrückliche Einigung vorliegt, lässt sich aufgrund des Sachverhalts nicht feststellen. Eine **konkludente Einigung** besteht v.a. dann, wenn die eine Partei mit der Leistung einen bestimmten Erfolg bezweckt, die andere Partei dies erkennt und durch die Annahme der Leistung zu verstehen gibt, dass die Zweckbestimmung gebilligt wird[78]. Will der Empfänger die Leistung nicht unter den ihm deutlich gewordenen Voraussetzungen annehmen, muss er das kundtun. Tut er dies nicht, wird sein Verhalten nach Treu und Glauben als Einverständnis gewertet. Hiernach steht dem K ein Bereicherungsanspruch gegen B zu[79].

2. Ausschluss des Bereicherungsanspruchs

630 Die Leistungskondiktion nach § 812 Abs. 1 S. 2, 2. Alt. kann nach **§ 815** (Nichteintritt des Erfolgs) ausgeschlossen sein, wenn der Eintritt des bezweckten Erfolgs von vornherein unmöglich war und der Leistende dies gewusst hat oder wenn der Leistende den Eintritt des Erfolgs wider Treu und Glauben verhindert hat. Für **andere Kondiktionsarten gilt § 815 nicht**. Ferner ist ein **Ausschluss nach § 817 S. 2** analog (Sittenwidrigkeit der Leistung) möglich. § 814 (Kenntnis der Nichtschuld) ist dagegen unanwendbar, weil Leistungszweck hier nicht die Erfüllung einer Verbindlichkeit ist.

---

77 **BGHZ 44, 321 ff.**; BGHZ 108, 256, 261; BGH NJW 2001, 3118; ähnlich BGH NJW 2013, 3364 ff. (begründete Erwartung künftigen Eigentumserwerbs durch Klausel im Pachtvertrag).
78 BGHZ 44, 321, 323.
79 Vgl. *Wandt*, § 10 Rn. 63; *Peifer*, § 9 Rn. 12; a.A. *Medicus/Petersen*, BR, Rn. 693, der darauf verweist, dass die bereits versprochene Erbeinsetzung nicht mehr als „bezweckter Erfolg" angesehen werden kann.

Zum Ausschluss des Bereicherungsanspruchs nach § 815 nun **Fall 45**[80]: K kauft von V ein Grundstück mittels notariellen Kaufvertrags. Allerdings wird der Kaufpreis niedriger beurkundet als gewollt. Sowohl K als auch V wissen von der Formnichtigkeit des Vertrags, sie beabsichtigen jedoch, durch Übereignung des Grundstücks Heilung nach § 311b Abs. 1 S. 2 herbeizuführen. K zahlt zu diesem Zweck 150 000 Euro an V. Noch vor der Auflassung stellt sich heraus, dass die von K erwartete Bebaubarkeit des Grundstücks nicht gegeben ist. Daher weigert er sich nun, an der Auflassung mitzuwirken und verlangt die bereits gezahlten 150 000 Euro zurück. Zu Recht?

631

1. K könnte einen Anspruch aus **§ 812 Abs. 1 S. 2, 2. Alt.** haben. Die Voraussetzungen des § 812 Abs. 1 S. 2, 2. Alt. sind gegeben, wenn eine besondere Zweckvereinbarung und eine tatsächliche Willenseinigung zwischen V und K vorliegen. K hat dem V 150 000 Euro zugewandt, damit dieser ihm das Grundstück übereignet und hierdurch eine Heilung des Vertrags erfolgen kann. Die Heilung kann nun aber nicht mehr eintreten, da K jetzt seine Mitwirkung an der Auflassung verweigert und die 150 000 Euro zurückfordert. Damit kann der mit der Leistung (= Zahlung der 150 000 Euro) verfolgte Zweck nicht mehr erreicht werden.

2. Der Bereicherungsanspruch könnte jedoch nach **§ 815, 2. Alt. ausgeschlossen** sein, wenn K den Eintritt des Erfolgs wider Treu und Glauben verhindert hat. Zunächst hatte K die 150 000 Euro an V gezahlt, damit dieser das Grundstück an ihn übereignet. Nun weigert er sich, an der Auflassung mitzuwirken, d.h. er will den Eintritt des bezweckten Erfolgs (Heilung des Kaufvertrags) verhindern. Diese nachträgliche Weigerung könnte gegen Treu und Glauben verstoßen. Im Hinblick auf § 311b Abs. 1 S. 2 sind jedoch an einen Verstoß gegen Treu und Glauben i.S. des § 815, 2. Alt. hohe Anforderungen zu stellen. Damit kann sich jede Partei auf die Formnichtigkeit eines Rechtsgeschäfts berufen. Allein die Weigerung, an der Zweckerreichung (= Heilung) mitzuwirken, ist grundsätzlich nicht treuwidrig, sofern der Betreffende nicht noch einen beachtlichen anderen Grund zur Lösung vom Vertrag hatte[81].

V. Bereicherungsanspruch nach § 817 S. 1

Prüfungsschema § 817 S. 1

632

I. Voraussetzungen
 1. Etwas erlangt
 2. Durch Leistung
 3. Gesetzes- oder Sittenverstoß des Empfängers
    – H.M.: nur objektiver Gesetzes- oder Sittenverstoß
    – Rspr.: zusätzlich positive Kenntnis/„Sich-Verschließen"
 4. Kein Ausschluss nach § 817 S. 2
II. Rechtsfolge
 §§ 818 ff.

---

80 BGH NJW 1999, 2892 f.
81 BGH NJW 1999, 2892, 2893; BGH NJW 1980, 451; Palandt/*Sprau*, § 815 Rn. 3; Erman/*Buck-Heeb*, § 815 Rn. 3; a.A. *Singer*, WM 1983, 254, 256.

§ 18 Leistungskondiktion im Zwei-Personen-Verhältnis

633 Ein Anspruch aus § 817 S. 1 (condictio ob turpem vel iniustam causam) entsteht, wenn durch die Annahme einer Leistung gegen ein Gesetz oder die guten Sitten verstoßen wird.

> **Klausurtipp:** Diese Kondiktion spielt in der Klausur wie in der Praxis **kaum eine Rolle** und ist daher überflüssig[82]. In den davon erfassten Fällen ist das Verpflichtungsgeschäft regelmäßig nach §§ 134, 138 nichtig, sodass eine Rückabwicklung der erbrachten Leistungen bereits über § 812 Abs. 1 S. 1, 1. Alt. erfolgt[83].

634 Der **Anwendungsbereich** des § 817 S. 1 beschränkt sich auf **zwei Fälle**: Erstens bei einem Verstoß allein des Empfängers gegen ein Gesetz oder die guten Sitten[84] (das Verpflichtungsgeschäft ist dann idR. nicht nach §§ 134, 138 nichtig[85]). Zweitens bei einem Ausschluss der Kondiktion nach § 812 Abs. 1 S. 1, 1. Alt. durch § 814 (Kenntnis der Nichtschuld)[86].

635 **Leistung** ist auch bei § 817 S. 1 jede bewusste, zweckgerichtete Mehrung fremden Vermögens. Hier muss der Hauptzweck der erbrachten Leistung gegen ein gesetzliches Verbot oder die guten Sitten verstoßen. Nach der **Rechtsprechung** ist beim Empfänger positive Kenntnis von dem Gesetzesverstoß bzw. das Bewusstsein erforderlich, dass er sittenwidrig handelt[87]. Die **h.L.** lässt dagegen einen objektiven Verstoß gegen das Gesetz oder die guten Sitten ausreichend[88], sodass keine Kenntnis des Empfängers über die Gesetzes- oder Sittenwidrigkeit vorzuliegen braucht. Dies wird damit begründet, dass der Empfänger nach § 817 S. 1 nicht bestraft, sondern allein die materiell richtige Güterordnung wiederhergestellt werden soll.

636 Der Bereicherungsanspruch aus § 817 S. 1 ist nach § 817 S. 2 **ausgeschlossen**, wenn dem **Leistenden** gleichfalls ein Verstoß gegen das Gesetz oder die guten Sitten zur Last fällt[89]. Voraussetzung ist neben einem objektiven Verstoß, dass sich der Leistende der Gesetzes- oder Sittenwidrigkeit bewusst gewesen ist bzw. er sich dieser Kenntnis leichtfertig verschlossen hat[90]. § 814 (Kenntnis der Nichtschuld) ist nicht anwendbar, da dieser nur auf § 812 Abs. 1 S. 1, 1. Alt. bezogen ist.

---

82 So ausdrücklich PWW/*Prütting*, § 817 Rn. 4; Erman/*Buck-Heeb*, § 817 Rn. 6.
83 A.A. *Looschelders*, § 54 Rn. 34 (nebeneinander anwendbar).
84 Ein Anspruch aus § 817 S. 1 scheidet dagegen aus, wenn **lediglich der Leistende sittenwidrig** handelt oder gegen ein Gesetz verstößt. Dies ergibt sich aus dem Sinn des § 817 S. 2.
85 Palandt/*Sprau*, § 817 Rn. 7.
86 Das ist z.B. bei erpressten Leistungen, Schutzgeldern oder Lösegeldern der Fall; siehe PWW/*Prütting*, § 817 Rn. 5. Verlangt ein Erpressungsopfer das gezahlte Lösegeld zurück, scheidet wegen des Haftungsausschlusses nach § 814 ein Anspruch aus § 812 Abs. 1 S. 1, 1. Alt. aus. Es besteht aber ggf. ein Anspruch aus § 817 S. 1, dem **nicht** § 814 mit dem Argument entgegensteht, das Opfer habe bei Leistung schließlich von der Nichtschuld gewusst.
87 BGH NJW 1980, 452; Palandt/*Sprau*, § 817 Rn. 8; Erman/*Buck-Heeb*, § 817 Rn. 8; Jauernig/*Stadler*, § 817 Rn. 6.
88 MünchKomm/*Schwab*, § 817 Rn. 84 m.w.N.; *Looschelders*, § 54 Rn. 35.
89 Dazu z.B. BGH NJW 1994, 187 (Honorarkonsul – Sittenwidrigkeit eines Titelverschaffungsvertrags).
90 BGHZ 50, 90, 92; BGHZ 75, 299, 302; MünchKomm/*Schwab*, § 817 Rn. 85 f.

Übersicht Ausschluss des Bereicherungsanspruchs					
§ 812 Abs. 1 S. 1, 1. Alt.	§§ 812 Abs. 1 S. 1, 1. Alt., 813 Abs. 1 S. 1	§ 812 Abs. 1 S. 2, 1. Alt.	§ 812 Abs. 1 S. 2, 2. Alt.		§ 817 S. 1
Bereicherungsschuldner hat etwas durch Leistung erlangt					
Ohne Rechtsgrund	Dauernde Einrede	Rechtsgrund später weggefallen	Nichteintritt des bezweckten Erfolgs		Gesetzes- oder Sittenverstoß
§ 814	§ 814		§ 815		
		§ 817 S. 2			

§ 19 Nichtleistungskondiktion

Übungsfälle: *Krackhardt/Sparmann*, Heimlicher Holzhandel, JURA 2006, 531 ff.; *Müller/Ham*, Topfverkäufer kocht vor Wut, JA 2006, 602 ff.; *Anton*, Braque, Picasso und Kubismus – Bleibt Nathan „der Weise"?, JA 2010, 14 ff.; *Kastrup*, Einzelprobleme des Werkunternehmers bei Bauvorhaben sowie bei fehlgeschlagenem Grundstückserwerb, JURA 2014, 219 ff.

Bei den Nichtleistungskondiktionen bestehen zwischen den Parteien des Bereicherungsausgleichs keine Leistungsbeziehungen. Nachfolgend wird aus didaktischen Gründen der Grundtatbestand der Nichtleistungskondiktion (§ 812 Abs. 1 S. 1, 2. Alt.) in seinen Fallvarianten zum besseren Verständnis der Nichtleistungskondiktionen zuerst dargestellt. § 816 sowie § 822 sind jedoch als weitere Nichtleistungskondiktionen Spezialregelungen. 637

Klausurtipp: In der **Fallprüfung** sind damit zunächst die Ansprüche aus § 816 (bzw. aus § 822, sofern man die Norm als Anspruchsgrundlage sieht[1]) zu prüfen und erst danach ein Anspruch aus § 812 Abs. 1 S. 1, 2. Alt.

I. Grundtatbestand: § 812 Abs. 1 S. 1, 2. Alt. („in sonstiger Weise")

Die Kondiktion nach § 812 Abs. 1 S. 1, 2. Alt. kommt in Betracht, wenn etwas „in sonstiger Weise", d.h. nicht durch Leistung, erlangt worden ist[2]. Das ist denkbar im Rahmen einer Eingriffskondiktion, einer Rückgriffskondiktion oder einer Verwendungskondiktion (auch Aufwendungskondiktion genannt). Der Hauptfall ist die Eingriffskondiktion. Die Rückgriffs- und die Verwendungskondiktion spielen nur eine geringe Rolle. 638

---
1 Siehe Rn. 690 ff.
2 Der Ausschlusstatbestand des § 817 S. 2 ist nicht, auch nicht entsprechend, auf die Nichtleistungskondiktion anwendbar, vgl. BGHZ 152, 307, 315.

639 Als Spezialtatbestände der Eingriffskondiktion werden im Anschluss an den Grundfall des § 812 Abs. 1 S. 1, 2. Alt. die §§ 816 Abs. 1 S. 1, 816 Abs. 1 S. 2, 816 Abs. 2 sowie 822 behandelt[3]. Es gibt auch Kondiktionen „in sonstiger Weise", die sich nicht unter die Begriffe Eingriff, Rückgriff und Verwendung einordnen lassen. Ihnen kommt für Klausurfälle lediglich eine untergeordnete Bedeutung zu.

1. Eingriffskondiktion

Übungsfälle: *Krackhardt/Sparmann*, Heimlicher Holzhandel, JURA 2006, 531 ff.; *Müller/Ham*, Topfverkäufer kocht vor Wut, JA 2006, 602 ff.; *Anton*, Braque, Picasso und Kubismus – Bleibt Nathan „der Weise"?, JA 2010, 14 ff.; *Hopf*, Eine folgenschwere Verwechslung, JURA 2016, 75 ff.

640
Prüfungsschema § 812 Abs. 1 S. 1, 2. Alt.
I. **Voraussetzungen**
1. Etwas erlangt
2. In sonstiger Weise
– Nicht durch Leistung
– Eingriff in den Zuweisungsgehalt eines Rechts/einer Rechtsposition
3. Auf Kosten eines anderen
– Unmittelbarer Vorteil
– Nicht notwendig: Vermögensminderung beim anderen
4. Ohne rechtlichen Grund
II. **Rechtsfolge**
§§ 818 ff.

a) Allgemeine Voraussetzungen

641 Bei der Eingriffskondiktion greift regelmäßig eine Person in die Rechtsposition einer anderen ein. Derjenige, dessen Rechtsgut ohne Erlaubnis **gebraucht, benutzt, verbraucht** usw. wurde, soll vom anderen einen Ausgleich dafür verlangen können[4]. **Voraussetzung** für die Eingriffskondiktion ist, dass ein Vermögensvorteil in sonstiger Weise erlangt wurde, und zwar auf Kosten eines anderen und ohne Rechtsgrund. Im Hinblick auf das Tatbestandsmerkmal **„etwas erlangt"** kann auf die Ausführungen zur Leistungskondiktion verwiesen werden[5].

642 Es gilt aber, eine Besonderheit zu kennen: Wurde als Vermögensvorteil lediglich der **Besitz** erlangt, so scheidet nach h.M. eine Eingriffskondiktion aus, da die Spezialregelungen der §§ 858 ff. (v.a. § 861, verbotene Eigenmacht) vorgehen[6].

643 Die Bereicherung muss **in sonstiger Weise** entstanden sein und damit nicht durch eine Leistung[7]. Es muss ein Eingriff in eine fremde Rechtsposition vorliegen. Dieser muss zu einer Vermögensverschiebung führen, die in Widerspruch zur rechtlichen

---

3 Siehe unten Rn. 665 ff.
4 *Reuter/Martinek*, Teilband 2, § 7 I 1.
5 Siehe oben Rn. 590.
6 Palandt/*Herrler*, § 861 Rn. 2.
7 Zu der teilweise schwierigen Abgrenzung zwischen Leistungs- und Nichtleistungs-, bzw. Eingriffskondiktion siehe oben Rn. 589 ff.

Güterzuordnung steht. **Eingriffsobjekt** können alle Rechtspositionen sein, deren wirtschaftliche Verwertung nach der Rechtsordnung dem Gläubiger zugewiesen ist. Ein Eingriff liegt nach der heute herrschenden Zuweisungstheorie[8] dann vor, wenn der **Zuweisungsgehalt des Rechts** verletzt ist[9]. Das verletzte Recht muss ausschließlich dem Anspruchsteller „zugewiesen" sein, d.h. der durch das Ausnutzen des Eingriffsobjekts erzielte Vermögensvorteil muss nach der gesetzlichen Güterzuordnung dem Rechtsinhaber zustehen[10]. Er darf nicht etwa die Vorteile des Eingriffsobjekts schon willentlich weitergegeben haben.

Inwieweit eine entsprechende Zuweisung vorliegt, ist für den Einzelfall zu entscheiden. Das Eigentumsrecht dient hierbei als Modell. Ist das betreffende Recht vergleichbar ausgestaltet wie das Eigentum (§§ 903 ff., 987 ff.), ist es naheliegend, dass das Recht nur dem Rechtsinhaber zugewiesen ist[11]. Daher wird häufig auch zwischen einem Eingriff in den Zuweisungsgehalt des **Eigentums** und einem solchen in den Zuweisungsgehalt eines **sonstigen Rechts** oder Vermögenswerts (Inanspruchnahme einer Leistung, Eingriff in das Persönlichkeitsrecht oder den Gewerbebetrieb) unterschieden[12].   644

Lediglich **schuldrechtlich** begründete Ansprüche haben keinen bereicherungsrechtlich relevanten Zuweisungsgehalt. Daher kann eine Nicht- oder Schlechterfüllung kein Eingriff in eine Rechtsposition mit Zuweisungsgehalt sein[13].   645

Da all dies recht abstrakt ist, haben sich in der Praxis **Fallgruppen** herausgebildet, bei denen ein Eingriff in den Zuweisungsgehalt vorliegen soll. Ein solcher liegt v.a. dann vor, wenn der **Bereicherte** fremdes Eigentum in Anspruch nimmt und sich wie ein Eigentümer verhält. Der Eingriff kann aber auch durch eine andere Handlung des Bereicherten erfolgen, wenn er etwa Besitz wegnimmt oder durch eine bestimmte Handlung in das Recht eines anderen eingreift und sein Vermögen dadurch mehrt (Verbrauch von Sachen, unerlaubter Gebrauch von Namen- und Firmenzeichen, unbefugte Stromentnahme, Werbung mit fremdem Bild ohne Einwilligung usw.). Der Eingriff kann zudem durch eine Handlung des **Entreicherten** geschehen, etwa bei irrtümlicher Verwendung eigener Sachen für fremde Zwecke.   646

Der Eingriff kann des Weiteren durch einen **Dritten** erfolgen, etwa bei Verarbeitung einer fremden Sache durch diesen Dritten. Ein Eingriff ist auch denkbar aufgrund eines **Naturereignisses**, wie etwa das Grasen von Kühen auf fremder Wiese. Außerdem kann der Eingriff auf **fehlerhaften Hoheitsakten** beruhen[14], wie etwa bei Zwangsvollstreckung ohne einen wirksamen Titel oder Pfändung und Versteigerung von nicht dem Schuldner gehörenden Sachen[15]. Schließlich kann der Eingriff auch   647

---

8 Früher wurde die sog. Widerrechtlichkeits- oder Rechtswidrigkeitstheorie vertreten, nach der es ausreichte, dass die Bereicherung durch eine widerrechtliche Handlung erlangt wurde. Zu den Theorien *Medicus/Petersen*, BR, Rn. 704 ff.; BGHZ 82, 299, 306; Staudinger/*Lorenz*, § 812 Rn. 23.
9 Siehe dazu den **Übersichtsaufsatz** von *Röthel*, JURA 2018, 1004 ff.
10 BGHZ 82, 299, 306; BGHZ 107, 117, 129 f.
11 MünchKomm/*Schwab*, § 812 Rn. 287 ff.
12 Siehe auch nachfolgend b) und c).
13 BGH NJW 2013, 781 ff.
14 Neben einem Anspruch aus Eingriffskondiktion liegt hier evtl. auch ein Anspruch aus § 839 (Amtshaftung) vor.
15 Hier erwirbt derjenige, der den Zuschlag erhält, Eigentum an der Sache. Aufgrund dinglicher Surrogation nach § 1247 S. 2 analog ist der frühere Eigentümer der Sache Eigentümer des Versteigerungserlöses geworden. Wurde der Erlös schon an den Vollstreckungsgläubiger ausgezahlt, kann der frühere Eigentümer diesen nach § 812 Abs. 1 S. 1, 2. Alt. herausverlangen.

auf einer **gesetzlichen Regelung** wie etwa den §§ 946 ff. (Verbindung, Vermischung, Verarbeitung) beruhen[16]. Darunter fallen auch der Erwerb von Erzeugnissen und sonstigen Bestandteilen der Sache (§§ 953 ff.) und der Fund (§§ 965 ff.), nach h.M. aber nicht die Ersitzung[17].

648 Sodann muss das Etwas **auf Kosten eines anderen** erlangt worden sein[18]. Dies ist dann der Fall, wenn der Vorteil unmittelbar ist, d.h. durch ein und denselben Vorgang aus der Verwertung einer fremden Rechtsposition hervorgeht. Es muss beim anderen nicht notwendig eine Vermögensminderung eingetreten sein. Das Merkmal „auf Kosten" bezeichnet also die dem betroffenen Rechtsinhaber zugewiesene Befugnis, deren unberechtigte Nutzung den Bereicherungsanspruch auslösen kann.

649 **Ohne rechtlichen Grund** ist die Bereicherung erlangt, wenn der erlangte Vorteil nach der Rechtsordnung einem anderen gebührt. Es darf kein Recht zum Eingriff vorliegen, sei es durch Gesetz (z.B. §§ 932 ff., 816 Abs. 1), sei es durch Einwilligung des Berechtigten. Auch begründet § 937 (Ersitzung) nach h.M. einen Behaltensgrund[19]. **Unerheblich** ist, ob der Eingriff **rechtswidrig** ist[20] oder ob beim Rechtsträger des fremden Guts ein entsprechender Nachteil oder **Schaden** eingetreten ist.

b) Eingriff in den Zuweisungsgehalt des Eigentums

650 Durch das **Eigentumsrecht** ist das Recht der Nutzung und des Verbrauchs einer Sache ausschließlich dem Eigentümer zugewiesen. Hierzu **Fall 46**[21]: Mieter M hat vom Vermieter V eine Wohnung gemietet. M untervermietet einen Teil an U. Als V davon erfährt, verlangt er von M den Untermieterlös heraus. Zu Recht?

V könnte einen Anspruch aus § 812 Abs. 1 S. 1, 2. Alt. (Eingriffskondiktion) haben[22]. Voraussetzung ist, dass M etwas in sonstiger Weise auf Kosten eines anderen ohne rechtlichen Grund erlangt. Er muss in den Zuweisungsgehalt eines fremden Rechts

---

16 Allerdings darf dem Entreicherten kein Anspruch aus Leistungskondiktion zustehen. Zum Bereicherungsausgleich nach §§ 951, 812 bei Zuwendung durch Dritte siehe unten Rn. 833 ff.
17 BGH MDR 2016, 320 ff. Rn. 39 ff.
18 Bei der Eingriffskondiktion ist dies stets zu prüfen. Bei der Leistungskondiktion ist die Prüfung dieses Merkmals nach h.M. entbehrlich; siehe oben Rn. 578.
19 BGH NJW 2016, 3162 Rn. 39; MünchKomm/*Baldus*, § 937 Rn. 79; Palandt/*Herrler*, Vorb v § 937 Rn. 2; Staudinger/*Lorenz*, Vorbem. zu §§ 812 ff. Rn. 38 m.w.N. Allerdings hat sich die in Bezug auf bereicherungsrechtliche Ansprüche heftig umstrittene Frage, inwieweit das durch § 937 erlangte Eigentum aufgrund schuldrechtlicher Normen wieder herausverlangt werden kann, durch die Herabsetzung der Verjährungsfrist (§§ 195, 199 – drei bis zehn Jahre) weitgehend erübrigt.
20 *Medicus/Petersen*, BR, Rn. 711.
21 **BGH NJW 1996, 838 = BGHZ 131, 297 ff. („unberechtigte Untervermietung").**
22 Ein Anspruch aus **§§ 535, 280 Abs. 1** besteht nicht. Die unberechtigte Untervermietung ist zwar eine Pflichtverletzung des M (vgl. § 540 Abs. 1), aber V hat dadurch keinen Schaden erlitten. Die reale Lage (Untervermietung) weicht nicht von der hypothetischen Lage (keine Untervermietung) ab (Differenzhypothese). Ein Schaden liegt nur vor, wenn die Untervermietung zu einer erhöhten Wohnungsabnutzung geführt hätte. Ein Anspruch aus dem Eigentümer-Besitzer-Verhältnis (**§§ 987 ff.**) scheidet ebenfalls aus, denn M ist durch den Mietvertrag zum Besitz berechtigt. Ein Anspruch aus **§§ 687 Abs. 2 S. 1, 681 S. 2, 667** ist mangels Fremdheit des Geschäfts abzulehnen. Ein Anspruch aus **§ 816 Abs. 1 S. 1** kommt nicht in Betracht, da keine Verfügung i.S. des § 816 vorliegt (dazu unten **Fall 49** Rn. 677). Einen Anspruch aus § 823 Abs. 1 kann man zwar bejahen (Eigentumsverletzung, da Beeinträchtigung der dem Eigentümer vorbehaltenen Sachherrschaft), Schaden kann jedoch nur der Mehrbenutzungsschaden sein.

eingegriffen haben. Ein Teil der **Literatur** bejaht dies, da V das Untervermietungsrecht zustand und damit ihm als Eigentümer zugewiesen war[23]. Danach liegt ein Eingriff in ein geschütztes Recht vor.

Die **Rechtsprechung** und ein anderer Teil der Literatur verneinen das[24]. Dem M ist es zwar untersagt, die Mietsache ohne Weiteres einem anderen zu überlassen (vgl. § 553), allerdings wurde nicht in den Zuweisungsgehalt des Eigentums des V eingegriffen. Die Nutzung der Wohnung ist aufgrund des Mietvertrags ausschließlich dem M zugewiesen. V selbst könnte die Wohnung gar nicht mehr einem Dritten überlassen, da er sich seiner Verwertungs- bzw. Gebrauchsmöglichkeiten bereits durch den Mietvertrag mit M begeben hat. Da M nach dieser Ansicht durch die Untervermietung nicht in den Zuweisungsgehalt des Rechts des V eingreift, kann V keine Herausgabe der Untermiete nach § 812 Abs. 1 S. 1, 2. Alt. verlangen[25].

c) Eingriff in den Zuweisungsgehalt eines sonstigen Rechts oder Vermögenswerts

Sonstige Rechte oder Vermögenswerte sind etwa Patent- und Urheberrechte sowie Warenzeichen-, Gebrauchs- und Geschmacksmuster (Design)[26]. Deren Gebrauch ist allein dem Rechtsinhaber zugewiesen[27]. Auch Rechte aus einem Schuldverhältnis können einer Person zugewiesen sein. So ist etwa einem Mieter der Gebrauch der Mietsache zugewiesen. Greift ein Dritter hierin ein, steht dem Mieter ein Anspruch aus Eingriffskondiktion zu. **Keinen Eingriff** in ein sonstiges Recht oder in Vermögenswerte i.S. des § 812 Abs. 1 S. 1, 2. Alt. stellt es dar, wenn lediglich eine **Verwertungs- oder Gewinnchance** beeinträchtigt wird. Auch ein Eingriff in den **Gewerbebetrieb** soll nach h.M. noch nicht ein Eingriff in ein ausschließlich zugewiesenes Recht sein[28]. Dem Gewerbebetrieb kommt kein Zuweisungsgehalt zu.

651

Die wirtschaftliche Nutzung des Ansehens einer Person (z.B. in der Werbung) ist durch das **allgemeine Persönlichkeitsrecht** allein der Person selbst zugewiesen. Dies verdeutlicht **Fall 47**[29]: Journalist J interviewt den bekannten Schauspieler D und macht dabei einige Fotos. Unter anderem setzt sich D für ein Bild auf den Motorroller des J. Dieses Bild verkauft

652

---

23 Erman/*Buck-Heeb*, § 812 Rn. 71; *Koch/Wallimann*, JZ 2016, 342, 345.
24 BGHZ 131, 297, 306; BGH NJW 2002, 60, 61; siehe auch MünchKomm/*Schwab*, § 812 Rn. 300 f.; Staudinger/*Lorenz*, § 816 Rn. 7; *Medicus/Petersen*, BR, Rn. 707; Palandt/*Sprau*, § 812 Rn. 97.
25 Er könnte allenfalls Unterlassung verlangen, § 541, oder kündigen, § 543 Abs. 2 S. 1 Nr. 2. Zur Kündigung durch den Vermieter vgl. BGH NJW 2011, 1065 ff.
26 BGHZ 82, 299, 305 ff., 310; Staudinger/*Lorenz*, Vorbem. zu §§ 812 ff. Rn. 60; MünchKomm/ *Schwab*, § 812 Rn. 314 f.; Erman/*Buck-Heeb*, § 812 Rn. 69.
27 BGH NJW 1995, 1556 = **BGHZ 129, 66 ff.**: Die Kläger haben in der Zeit von 1985 bis 1988 Teile der Berliner Mauer großflächig bemalt. Als Ende 1989 die innerdeutsche Grenze fiel, wurde die Mauer abgebaut. Dabei wurden die von den Kl. bemalten Betonflächen in Segmente getrennt und entfernt. Der Bekl. versteigerte die Teile 1990. Die Kl. verlangen vom Bekl. eine angemessene Beteiligung am Versteigerungserlös. Der BGH bejaht ein Urheberrecht der Kl. an den Mauerteilen und folglich einen Anspruch aus § 812 Abs. 1 S. 1, 2. Alt.
28 BGHZ 71, 86, 97 f.; BGHZ 107, 117, 121; Erman/*Buck-Heeb*, § 812 Rn. 70; MünchKomm/*Schwab*, § 812 Rn. 320; Staudinger/*Lorenz*, Vorbem. zu §§ 812 ff. Rn. 72; a.A. RGRK/*Heimann-Trosien*, vor § 812 Rn. 34; *Kleinheyer*, JZ 1970, 471, 476.
29 **BGHZ 20, 345 ff.** („Paul Dahlke"), Weiterführung der Lösung unter deliktsrechtlichen Gesichtspunkten oben **Fall 17** Rn. 203 bzw. GoA-Gesichtspunkten oben **Fall 12** Rn. 120. Siehe auch BGH NJW 1992, 2084 („Fuchsberger"); BeckOK/*Wendehorst*, § 812 Rn. 124 ff.

> J an die Motorrollerfirma M zum Zwecke der Reklame. J betont wider besseren Wissens gegenüber der M das Einverständnis des D mit einer Veröffentlichung. Die M wirbt daraufhin in mehreren Zeitschriften mit dem Foto für ihre Motorroller. Dabei wird auch der Name des D erwähnt. D will wissen, ob er bereicherungsrechtliche Ansprüche gegen J hat.

1. D könnte gegen J einen Anspruch aus **§ 812 Abs. 1 S. 1, 2. Alt.** (Eingriffskondiktion) haben. Dafür müsste der Bereicherungsschuldner zunächst etwas erlangt haben. Darunter ist jeder Vermögensvorteil zu verstehen. Im vorliegenden Fall hat J durch die Veräußerung des Fotos das Recht des D am eigenen Bild kommerziell verwertet. Im Schrifttum wird teilweise angenommen, J habe dadurch die Nutzung des Bildes selbst als vermögenswertes Etwas i.S. des § 812 Abs. 1 S. 1 erlangt[30]. Der BGH und ein anderer Teil der Literatur hingegen stellen auf den von der M als Entgelt gezahlten Betrag bzw. den Wert des D gegenüber ersparten Honorars als „Etwas" i.S. des § 812 Abs. 1 S. 1 ab[31]. Da nach jeder Ansicht „etwas erlangt" wurde, bedarf es keiner Streitentscheidung.

2. Das Etwas muss auch **„in sonstiger Weise"** erlangt worden sein. Das könnte ausgeschlossen sein, wenn D dem J die Befugnis zur Nutzung des Fotos bewusst zugewandt hätte. Dies ist hier gerade nicht der Fall, sodass keine Leistung des D und damit auch keine – vorrangige – Leistungskondiktion i.S. des § 812 Abs. 1 S. 1, 1. Alt. vorliegt. Der auf Kosten des Gläubigers erlangte Vermögensvorteil muss im Widerspruch zum Zuweisungsgehalt eines fremden Rechts gewonnen worden sein[32].

Nach § 22 KunstUrhG ist das Recht, über die Verbreitung eines Bildes zu entscheiden, allein dem Abgebildeten, hier also dem D zugewiesen. In dieses Recht am eigenen Bild hat J eingegriffen, indem er die Fotos ohne Einwilligung des abgebildeten D zu Werbezwecken verkaufte. Dabei ist unerheblich, ob der Gläubiger bereit und in der Lage gewesen wäre, sein Persönlichkeitsrecht entgeltlich zu vermarkten[33]. Somit hat J in den Zuweisungsgehalt des vermögenswerten Persönlichkeitsrechts (Recht am eigenen Bild) des D eingegriffen und dadurch „auf dessen Kosten" einen Vermögensvorteil erlangt.

3. J müsste den Vorteil **ohne Rechtsgrund** erlangt haben. Dies ist der Fall, wenn bzgl. des Eingriffs in den Zuweisungsgehalt eines fremden Rechts kein besonderer Behaltensgrund besteht. Ein solcher kann sich aus Vertrag oder Gesetz ergeben. Hier hat J in den Zuweisungsgehalt des Rechts am eigenen Bild des D eingegriffen. Es bestand zwischen J und D keine vertragliche Abrede, nach der er das Foto zu Werbezwecken verwenden darf. Auch ein gesetzlicher Behaltensgrund ist nicht ersichtlich. Insbesondere ist das am Foto bestehende Urheber- bzw. Leistungsschutzrecht (§ 2 Abs. 1 Nr. 5 bzw. § 72 UrhG) kein Behaltensgrund, da keine kommerzielle Verwertung von Bildnissen Dritter ohne deren Zustimmung gestattet ist. Es besteht damit ein Anspruch des D auf Herausgabe des Erlangten nach § 812 Abs. 1 S. 1, 2. Alt.

---

30 Staudinger/*Lorenz*, § 812 Rn. 72; *Esser/Weyers*, § 51 I 3 b.
31 BGHZ 20, 345, 355; zum Begriff des Erlangten siehe auch Rn. 599.
32 *Medicus/Petersen*, BR, Rn. 709 ff.
33 BGH NJW 2007, 689, 690; *Balthasar*, NJW 2007, 664, 666; Palandt/*Sprau*, § 812 Rn. 94; a.A. MünchKomm/*Schwab*, § 812 Rn. 329.

4. In Bezug auf den **Umfang** des Bereicherungsanspruchs hat der Schuldner Wertersatz i.S. des § 818 Abs. 2 zu leisten. Im Rahmen der bereicherungsrechtlichen Lizenzanalogie ist der Vermögensvorteil herauszugeben, den der Verletzer erlangt hat.

2. Rückgriffskondiktion

Erbringt jemand eine Leistung, die neben dem Leistungsempfänger auch einem Dritten zugutekommt, kann der Leistende vom Dritten einen bereicherungsrechtlichen Ausgleich verlangen, wenn die Voraussetzungen des § 812 Abs. 1 S. 1, 2. Alt. vorliegen (Rückgriff). 653

Ausgeschlossen ist dies, wenn gesetzliche Sonderregeln eingreifen (**Subsidiarität der Rückgriffskondiktion**). Das ist etwa der Fall, wenn ein Abtretungsanspruch vorliegt[34]. Ist kraft Gesetzes ein Anspruch gegen den Empfänger auf Abtretung seiner Ansprüche gegen den Dritten vorhanden (z.B. §§ 255, 285), entsteht kein Bereicherungsanspruch gegen den Dritten. Außerdem greifen Sonderregelungen, wenn ein Ausgleichsanspruch im Innenverhältnis existiert. Erhält nämlich der Zuwendende kraft Gesetzes einen eigenen, neuen Anspruch (z.B. bei § 426 Abs. 1, Gesamtschuld, oder bei §§ 677, 683 S. 1, 670, berechtigte GoA), so besteht kein Bedarf für einen Anspruch aus Bereicherungsrecht[35]. Die Rückgriffskondiktion ist auch dann subsidiär, wenn ein gesetzlicher Forderungsübergang (cessio legis) vorliegt. Hier erhält der Zuwendende für seine Zuwendung schon durch den gesetzlichen Übergang der Forderung einen Ausgleich. Der Schuldner erlangt keine Schuldbefreiung, da lediglich der Gläubiger wechselt[36]. 654

Die Rückgriffskondiktion kommt auch in Betracht, wenn ein Dritter ohne Pflicht schuldbefreiend an den Gläubiger zur **Tilgung einer Schuld** leistet (§ 267) und nun vom Schuldner Regress verlangt[37]. Das „erlangte Etwas" des Schuldners ist die Befreiung von seiner Verbindlichkeit. Diese Schuldbefreiung wird dem Schuldner nicht vom Dritten geleistet, sondern er erhält sie „auf sonstige Weise". Eine Leistungsbeziehung besteht nur zwischen Drittem und Gläubiger, wobei der Geldbetrag der Leistungsgegenstand ist (anderer Bereicherungsgegenstand als die Schuldbefreiung). Regelmäßig wird für die dem Schuldner zugewendete Schuldbefreiung ein erklärter Leistungszweck des Dritten fehlen. Deshalb greift hier auch nicht der Vorrang der Leistungskondiktion. 655

3. Verwendungskondiktion

a) Anwendbarkeit

Erbringt jemand ein Vermögensopfer, das der Sache eines anderen zugutekommt (Instandsetzung, Verbesserung, Umgestaltung usw.), muss der Eigentümer der Sache 656

---

34 Vgl. Rn. 824 f.
35 *Brox/Walker*, § 42 Rn. 8; anders bei **OLG Köln NJW 2019, 1686** Rn. 48 ff. (anteilige Erstattung von Mängelbeseitigungskosten).
36 Z.B. § 774 Abs. 1 S. 1 (Bürge), § 426 Abs. 2 S. 1 (Gesamtschuldner), § 268 Abs. 3 S. 1 (Ablösungsberechtigter), §§ 1143 Abs. 1, 1150 (Hypothek), §§ 1225, 1249 (Pfandrecht), §§ 1607 Abs. 2 S. 2, 1608 S. 3 (Unterhaltszahlungen).
37 Vgl. Rn. 827.

den dadurch erlangten Vermögensvorteil grundsätzlich nach § 812 Abs. 1 S. 1, 2. Alt. ausgleichen.

657 Die Anwendbarkeit von § 812 Abs. 1 S. 1, 2. Alt. scheidet aus, wenn eine Sonderregelung eingreift (**Subsidiarität**). Hat jemand etwa als **unrechtmäßiger Besitzer** Verwendungen auf eine Sache gemacht, kann er diese nach der Rechtsprechung und h.M. allein nach den abschließenden Sonderregelungen der **§§ 994 ff.** ersetzt verlangen[38]. Nur ein Teil der Literatur will § 812 neben den §§ 994 ff. anwenden. Begründet wird dies damit, dass bei Nichtanwendbarkeit der Verwendungskondiktion der besitzende Verwender schlechter gestellt wäre als der nicht-besitzende Verwender, da Letzterer aus § 812 Abs. 1 S. 1, 2. Alt. vorgehen könne. Hierin wird eine nicht zu rechtfertigende Ungleichbehandlung gesehen[39].

658 Auch bei Vorliegen einer berechtigten **GoA** ist kein Raum für eine Verwendungskondiktion. In diesem Fall ist das „Etwas" nämlich mit Rechtsgrund (GoA als gesetzliches Schuldverhältnis) erfolgt. Macht jemand als **rechtmäßiger Besitzer** für den Eigentümer Aufwendungen auf eine Sache, kann er nach §§ 677, 683 S. 1, 670 (berechtigte GoA) Ersatz verlangen, sofern die Geschäftsführung dem Interesse und (mutmaßlichen) Willen des Geschäftsherrn entsprach[40]. Liegt dagegen eine unberechtigte GoA vor, weil keine Übereinstimmung mit dem wirklichen oder mutmaßlichen Willen des Geschäftsherrn besteht, finden gemäß § 684 S. 1 die Vorschriften über die Herausgabe einer ungerechtfertigten Bereicherung Anwendung. Dies ist nach h.M. eine bloße Rechtsfolgenverweisung auf die §§ 818 f.

659 Sonderregelungen gibt es auch im **Vertragsrecht**. Sofern keine abweichenden Vereinbarungen vorliegen, sind hier die jeweiligen dispositiven vertraglichen Regelungen maßgeblich. Im Miet- und Pachtrecht gilt z.B. § 547 (Mieterstattung). Ein Ausgleich nach § 812 Abs. 1 S. 1, 2. Alt. scheidet auch aus, wenn der Vermögensvorteil bewusst und zweckgerichtet zugewandt wurde (Leistung). Denn dann gelten die (vorrangigen) Regeln der Leistungskondiktion (§ 812 Abs. 1 S. 1, 1. Alt.)[41]. Ein solcher Leistungs- bzw. Zuwendungswille fehlt aber, wenn der Betreffende das fremde Vermögen irrtümlich mehrt.

b) Voraussetzungen

660 Sodann sind die Voraussetzungen zu prüfen. Der Betreffende muss etwas durch Nichtleistung (nämlich durch eine Verwendung) auf Kosten des Bereicherungsgläubigers erlangt haben, und es muss ein rechtlicher Grund fehlen. Dies ist regelmäßig gegeben, wenn ein Vertrag für eine bestimmte Zeit geschlossen wird, er aber vorzeitig rückabzuwickeln ist. Verwendungen werden in solchen Fällen nämlich mit Blick auf die gesamte Vertragslaufzeit getätigt, sodass sie der Verwender bei frühzeitiger Rückabwicklung zumeist herausverlangen wird.

---

38 BGHZ 41, 157, 158 f.; BGH NJW 1996, 52 m.w.N.; Palandt/*Herrler*, Vorb v § 994 Rn. 15; *Peifer*, § 10 Rn. 22 f.
39 Erman/*Buck-Heeb*, Vor § 812 Rn. 13; *Medicus/Petersen*, BR, Rn. 897; *Larenz/Canaris*, § 74 I 3; *Brox/Walker*, § 42 Rn. 14.
40 Siehe oben Rn. 104 ff. und Rn. 580; *Looschelders*, § 55 Rn. 39.
41 *Medicus/Petersen*, BR, Rn. 892 ff.

c) Rechtsfolge

Bei der Rechtsfolge (§§ 818 ff.) ist nach einer Ansicht im Schrifttum[42] das Problem der sog. **aufgedrängten Bereicherung** zu beachten. Es geht um die Fälle, in denen der Bereicherte geltend macht, er hätte das Erlangte nie selbst in sein Vermögen übernommen, aufgrund des Bereicherungsvorgangs sei ihm die Bereicherung vielmehr aufgedrängt worden. Hierbei ist zu differenzieren:

661

Wurden Verwendungen auf eine Sache gemacht, kann der Eigentümer der Sache, für den die Verwendungen keinen Wert haben, dem Herausgabeverlangen des Verwenders eine Einrede entgegenhalten, wenn dem Verwendungsvorgang ein rechtswidriges (schuldhaftes) Verhalten des Verwenders zugrunde liegt. Hier hat der Eigentümer nämlich **(Gegen-)Ansprüche auf Beseitigung** des Verwendungserfolgs aus § 1004 bzw. §§ 823, 249 Abs. 1, die er einredeweise entgegenhalten kann. Der Bereicherungsanspruch des Verwenders ist infolgedessen dauernd gehemmt und kann nicht durchgesetzt werden. Dem Verwender bleibt einzig die Wegnahme[43].

662

Der BGH gelangt zum gleichen Ergebnis, indem er **§ 1001 S. 2** analog heranzieht: Der Bereicherte kann den Bereicherungsanspruch dadurch abwehren, dass er dem Entreicherten die Wegnahme gestattet[44]. Alle diese Lösungen setzen jedoch Sachaufwendungen auf fremdes Eigentum voraus. Sie versagen, wenn andere Verwendungen getätigt worden sind. Ferner liegt nicht bei allen auf eine Sache gemachten Verwendungen eine Eigentumsverletzung vor. Man denke etwa an die Ausbesserung von Roststellen an einem Pkw[45].

663

Die überwiegende Auffassung im Schrifttum sucht daher die Lösung des Problems der sog. aufgedrängten Bereicherung im Bereicherungsrecht selbst. So sei der Wertbegriff des **§ 818 Abs. 2** ausnahmsweise **subjektiv**, d.h. aus der Sicht des Eigentümers zu verstehen[46]. Einige stellen – mit demselben Ergebnis – auf die Wertung des **§ 818 Abs. 3** ab und bemessen den Wert der herauszugebenden Bereicherung von vornherein nur nach dem subjektiven Ertragswert des Bereicherungsgegenstands für den Empfänger, d.h. danach, inwieweit sich der Empfänger den Verwendungserfolg wirklich zunutze macht[47]. Wieder andere verweisen auf die Wertung des § 814 (Leistung in Kenntnis der Nichtschuld) und wollen **§ 814 analog** anwenden[48].

664

---

42 Etwa *Giesen*, JURA 1995, 234, 242; die **a.A.** berücksichtigt diesen Punkt im Rahmen des **§ 818 Abs. 3** (siehe unten Rn. 730).
43 *Medicus/Petersen*, BR, Rn. 899.
44 BGHZ 23, 61, 65; BGH WM 1972, 389, 390 f.
45 *Medicus/Petersen*, BR, Rn. 899.
46 Vgl. Rn. 719.
47 *Medicus/Petersen*, BR, Rn. 899; Erman/*Buck-Heeb*, § 818 Rn. 20a ff.; MünchKomm/*Schwab*, § 818 Rn. 228; *Looschelders*, § 56 Rn. 10.
48 Staudinger/*Lorenz*, Vor § 812 Rn. 46. **Abzulehnen** ist diese Ansicht schon deshalb, weil § 814 auf die Leistungskondiktion zugeschnitten ist und nicht auf Verwendungen passt, die ja nicht zur Erfüllung einer Verbindlichkeit gemacht wurden.

II. Bereicherungsanspruch wegen Verfügung eines Nichtberechtigten, § 816 Abs. 1

Übersichtsaufsätze: *Röthel*, Bereicherungsausgleich wegen Verfügungen eines Nichtberechtigten (§ 816 BGB), JURA 2015, 574 ff.; *Lorenz*, Grundwissen – Zivilrecht: Die besonderen Eingriffskondiktionen nach § 816 BGB, JuS 2018, 654 ff.; *Linardatos*, Die Kondiktionstatbestände des § 816 BGB, JA 2018, 102 ff. (Teil I.), 184 ff. (Teil II.).

Übungsfälle: *Kaubisch/Menzel*, Dahingeschmolzen, JURA 2013, 1272 ff.; *Thomale*, Fortgeschrittenenklausur – Zivilrecht: Vormerkung und ungerechtfertigte Bereicherung – Todtnauberg, JuS 2013, 42, 46 ff.; *Koch/Wallimann*, Fortgeschrittenenklausur – Zivilrecht: Schuldrecht und Sachenrecht – Münzbetrug am Spielplatz, JuS 2014, 912 ff.

665 § 816 Abs. 1 stellt einen Spezialfall der Eingriffskondiktion dar. Er ist als gesetzlich geregelter Fall eines bereicherungsrechtlichen Dreipersonenverhältnisses zu sehen.

> **Klausurtipp:** In der **Klausur** werden, sofern der Sachverhalt Anlass dazu gibt, die einzelnen Fallgruppen des § 816 **stets vor** § 812 Abs. 1 S. 1, 2. Alt., der subsidiär ist, geprüft.

666 Für § 816 gilt, anders als für § 812 Abs. 1 S. 1, 2. Alt., der Grundsatz der Subsidiarität der Eingriffskondiktion und damit der **Vorrang der Leistungskondiktion nicht**[49]. Es sind zwei Fallvarianten zu unterscheiden: Zum einen, dass ein Nichtberechtigter eine entgeltliche Verfügung vornimmt, zum anderen, dass er eine unentgeltliche Verfügung vornimmt[50].

1. Entgeltliche Verfügung, § 816 Abs. 1 S. 1

667 **Prüfungsschema § 816 Abs. 1 S. 1**

I. Voraussetzungen
1. Entgeltliche Verfügung
2. Eines Nichtberechtigten
3. Gegenüber dem Berechtigten wirksam
   - Gutgläubiger Erwerb (z.B. § 932)
   - Genehmigung nach § 185 Abs. 2 S. 1, 1. Alt.

II. Rechtsfolge
- Herausgabe des Erlangten
- Wenn höheres Entgelt als objektiver Wert der Sache nach h.M. Gewinnhaftung (höheres Entgelt), a.A. Werthaftung (nur objektiver Wert)

a) Voraussetzungen

668 → **Definition: Verfügung** ist ein Rechtsgeschäft, durch das ein Recht übertragen, aufgehoben, belastet oder inhaltlich geändert wird. Darunter fällt etwa die Übertragung von Eigentum (§§ 929 ff.), die Belastung einer Sache mit einem Pfandrecht (§§ 1204 ff.) oder die Abtretung

---

49 Daneben kommen vertragliche Ansprüche, Ansprüche aus berechtigter/unberechtigter GoA (insbesondere § 687 Abs. 2) und Delikt in Betracht.
50 Siehe *Röthel*, JURA 2015, 574 ff.

einer Forderung (§§ 398 ff.). Diese Verfügung muss von einem Nichtberechtigten vorgenommen worden sein[51].

→ **Definition: Nichtberechtigter** ist, wer weder Rechtsinhaber noch zur Verfügung über das Recht Ermächtigter ist. Ist also der Kausalvertrag (Kauf, Schenkung) unwirksam, so wird in den meisten Fällen dennoch wirksam das Eigentum übertragen worden sein. Die Unwirksamkeit des Kausalgeschäfts führt regelmäßig nicht zur Unwirksamkeit der Übereignung.

Die vorgenommene Verfügung muss **gegenüber dem Berechtigten wirksam** sein. Dies ist entweder der Fall, wenn der Erwerber gutgläubig ist (§§ 932 ff., 891 ff., 1207 f., § 366 HGB), oder wenn eine Verfügung vom Berechtigten nachträglich (ausdrücklich oder konkludent) genehmigt und damit wirksam wird (§ 185 Abs. 2 S. 1, 1. Alt.), etwa wenn der Berechtigte vom Nichtberechtigten den Verkaufserlös herausverlangt[52]. Durch die **Genehmigung**, die Rückwirkung hat (§ 184), wird der Nichtberechtigte aber **nicht zum Berechtigten** (i.S. des § 816 Abs. 1 S. 1), sondern bleibt Nichtberechtigter[53]. Die Verfügung muss des Weiteren **entgeltlich** sein[54]. Bei Unentgeltlichkeit der Verfügung findet § 816 Abs. 1 S. 2 Anwendung.

669

Fraglich ist, ob § 816 Abs. 1 S. 1 bei einem **Eigentumserwerb kraft Gesetzes** (§§ 946 ff.) **analog** angewendet werden kann. Baut der Nichtberechtigte eine Sache in das Grundstück eines Dritten ein, erwirbt dieser das Eigentum an den eingebauten Sachen kraft Gesetzes (§§ 946 ff.). Die Frage ist, ob der Nichtberechtigte nach § 816 Abs. 1 S. 1 zur Herausgabe des Erlangten, also des Erlöses für den Einbau (etwa des erhaltenen Werklohns), verpflichtet ist. Eine direkte Anwendung des § 816 Abs. 1 S. 1 kommt nicht in Betracht, weil diese Regelung eine Verfügung voraussetzen würde, also einen rechtsgeschäftlichen Übergang des Eigentums, hier aber das Eigentum kraft Gesetzes übergeht. Würde der § 816 Abs. 1 S. 1 aus diesem Grund abgelehnt werden, dann würde dessen Anwendungsbereich allein von der Zufälligkeit des äußeren Geschehensablaufs bestimmt.

670

Das macht folgende Abwandlung im Ablauf deutlich: Hätte der Nichtberechtigte die Sache vor dem Einbau (rechtsgeschäftlich) an den gutgläubigen Dritten etwa nach §§ 929, 932 übereignet, dann könnte eine Verfügung i.S. des § 816 Abs. 1 S. 1, die dem Berechtigten gegenüber wirksam ist, unproblematisch bejaht werden. Es kann aber wertungsmäßig keinen Unterschied machen, ob die Sache sofort beim Dritten eingebaut wird, sodass das Eigentum kraft Gesetz nach §§ 946 ff. übergeht, oder ob zuvor (zufällig) ein rechtsgeschäftlicher Eigentumsübergang nach §§ 929 ff. stattfindet. Die Interessenlage ist in beiden Fällen vergleichbar. Deshalb ist hier eine analoge Anwendung des § 816 Abs. 1 S. 1 gerechtfertigt, wenn die Voraussetzungen vorliegen, unter denen ein rechtsgeschäftlicher Erwerb trotz fehlender Berechti-

671

---

51 Vgl. *Habersack*, Examens-Repetitorium Sachenrecht, 9. Aufl. 2020, Rn. 254 mit einem Fall zu einer Verfügung über ein Anwartschaftsrecht.
52 Hat der Eigentümer einer Sache das Eigentum nicht verloren (z.B. wegen § 932 Abs. 2 oder § 935), kann er wählen, ob er einen Anspruch aus § 985 (Herausgabeanspruch bzgl. Eigentum) geltend macht, oder ob er nach den §§ 816 Abs. 1 S. 1, 185 Abs. 2 S. 1, 1. Alt. den Veräußerungserlös verlangen will.
53 Auch entzieht sich der Berechtigte durch Genehmigung nicht den an sich bestehenden Ansprüchen aus §§ 989, 990 und 823 Abs. 1 etwa deshalb, weil er infolge der Rückwirkung der Genehmigung seine Eigentümerstellung verlieren würde, vgl. BGH JZ 1961, 24.
54 Erman/*Buck-Heeb*, § 816 Rn. 1; BeckOK/*Wendehorst*, § 816 Rn. 9.

gung des Verfügenden wegen des guten Glaubens des Erwerbers möglich gewesen wäre[55].

b) Rechtsfolge

672 Rechtsfolge ist ein Anspruch des Berechtigten gegen den Nichtberechtigten auf Herausgabe des Erlangten. Es entspricht der einhelligen Meinung, dass der Berechtigte das Risiko eines schlechten Geschäfts des Nichtberechtigten trägt. Wird also die Sache unter Wert verkauft, dann muss der Nichtberechtigte auch nur das geringere Entgelt herausgeben, nur das hat er erlangt.

673 **Umstritten** ist, wem die Vorteile eines guten Geschäfts gebühren. Erzielt der Nichtberechtigte ein über dem objektiven Wert der Sache liegendes Entgelt, so fragt sich, ob er dieses **höhere Entgelt** (sog. Gewinnhaftung) oder aber nur den dem Wert der Sache entsprechenden Anteil (sog. Werthaftung) herausgeben muss.

674 Die **Rechtsprechung und h.L.** stellt auf den Wortlaut der Bestimmung ab, der dafür spricht, dass auch das höhere Entgelt herauszugeben ist[56]. Anders sieht das ein **Teil der Literatur**, wonach die Befreiung von einer Verbindlichkeit erlangt worden sei. Mangels Herausgabemöglichkeit sei daher nach § 818 Abs. 2 Wertersatz zu leisten, der sich nach dem objektiven Wert der Sache richte[57]. Hierbei soll der vom Nichtberechtigten gezahlte Kaufpreis für die Sache nicht (im Rahmen des § 818 Abs. 3) bereicherungsmindernd berücksichtigt werden[58].

675 Die Interessenbetrachtung spricht gegen diese Ansicht. § 818 Abs. 3 bietet dem Bereicherungsschuldner ausreichend Schutz. Mit Rücksicht darauf, dass § 816 Abs. 1 S. 1 als Rechtsfortwirkungsanspruch Ersatz für die Vereitelung einer dinglichen Rechtsposition (vgl. § 985) darstellt, sowie die Bestimmungen der § 285 (stellvertretendes commodum) und § 993 Abs. 1 (Herausgabe von Übermaßfrüchten), sind Rechtsprechung und h.L. überzeugender.

676 Die Wirksamkeit der Verfügung und die Möglichkeit der Genehmigung zeigt der **Fall 48**[59]: S erwirbt von jemandem Waren, die dem G gestohlen worden sind. Nachdem S sie gutgläubig (ohne die tatsächliche Herkunft zu kennen oder kennen zu müssen) an Kunden weiterveräußert hat und diese die Waren verarbeitet haben, genehmigt G die Weiterveräußerungen des S an die Kunden und will von S Ersatz aus Bereicherungsrecht. Zu Recht?

G könnte gegen S einen Anspruch auf Herausgabe des Veräußerungserlöses nach **§ 816 Abs. 1 S. 1** haben[60]. G war im Zeitpunkt der Weiterveräußerung durch S Be-

---

55 *Wandt*, § 11 Rn. 37.
56 BGHZ 29, 157, 159 f.; BGHZ 75, 203, 206; *Larenz/Canaris*, § 72 I 2; zur Kritik am Wortlautargument *Medicus/Petersen*, BR, Rn. 723.
57 *Medicus/Petersen*, BR, Rn. 723; Staudinger/*Lorenz*, § 816 Rn. 23, 25; MünchKomm/*Schwab*, § 816 Rn. 44 ff.
58 BGHZ 14, 7.
59 **BGHZ 56, 131 ff.**
60 Ein Anspruch aus §§ 989, 990 Abs. 1 kommt nicht in Betracht. Zwar besteht im Zeitpunkt der Verfügung des S an die Kunden ein Eigentümer-Besitzer-Verhältnis (vgl. § 935 Abs. 1 S. 1), allerdings trifft den S kein Verschulden hinsichtlich der Unmöglichkeit der Herausgabe der Waren (§ 989). Des Weiteren ist S nicht bösgläubig i.S. des § 990 Abs. 1. Auch ein Anspruch aus §§ 687 Abs. 2 S. 1, 681 S. 2, 667 muss ausscheiden, da keine vorsätzliche Eigengeschäftsführung vorliegt. Ein Anspruch aus berechtigter GoA (§§ 677, 681 S. 2, 667) scheidet ebenfalls aus, da der Fremdgeschäftsführungswille fehlt.

rechtigter und S Nichtberechtigter. Die Verfügung (§ 929) ist dem G gegenüber zunächst unwirksam, weil ihm die Waren abhandengekommen sind (§ 935 Abs. 1 S. 1). Jedoch **genehmigt** G sie nachträglich (§ 185 Abs. 2 S. 1, 1. Alt.). Fraglich ist, ob G die unwirksame Verfügung rechtzeitig genehmigt hat, weil er im Zeitpunkt der Genehmigung wegen der Verarbeitung durch die Kunden des S sein Eigentum an den Waren nach § 950 verloren hat. G war im Zeitpunkt der Genehmigung also nicht (mehr) verfügungsbefugter Rechtsinhaber.

Nach Ansicht des BGH soll bei der Frage der Berechtigung im Rahmen des § 816 Abs. 1 S. 1 der Zeitpunkt der Verfügung über den Gegenstand maßgeblich sein. Der Eigentümer einer gestohlenen Sache kann die Verfügung eines Nichtberechtigten auch dann noch genehmigen und den Veräußerungserlös nach § 816 Abs. 1 S. 1 herausverlangen, wenn der „Erwerber" nicht durch die Genehmigung, sondern durch die Verarbeitung nach § 950 Eigentum an den gestohlenen Sachen erworben hat. Nicht erforderlich ist somit, dass der die (zunächst) unwirksame Verfügung genehmigende Eigentümer noch im Zeitpunkt der Abgabe der Genehmigung die tatsächliche oder rechtliche Verfügungsmacht innehat[61].

Zur Begründung wird angeführt, dass die Möglichkeit der Genehmigung im Rahmen des § 816 Abs. 1 S. 1 den Eigentümer schützen soll. Dem Eigentümer, der die tatsächliche Verfügungsmacht über einen Gegenstand verloren hat (z.B. „Erwerber" ist unbekannt), soll § 816 Abs. 1 S. 1 als Rechtsfortwirkungsanspruch zur Verfügung stehen. Den Eigentümer stets auf § 985 zu verweisen, ist unbillig.

Die Interessenlage ist mit der bei Verlust der rechtlichen Verfügungsmacht (wie im Fall) vergleichbar. Zwar kommt ein Anspruch des ehemaligen Eigentümers wegen des Rechtsverlusts gegen den Rechtserwerber aus § 951 Abs. 1 S. 1 in Betracht. Dennoch wird dem ehemaligen Eigentümer auch im Falle des Verlusts der rechtlichen Verfügungsgewalt ein Wahlrecht eingeräumt: Entweder kann er gegen den Rechtserwerber (hier die Kunden des S) aus § 951 Abs. 1 S. 1 vorgehen oder er genehmigt die Verfügung und macht den Anspruch aus § 816 Abs. 1 S. 1 gegen den Veräußerer (hier S) geltend. Auf diese Weise kann § 816 Abs. 1 S. 1 seinen Schutz voll entfalten. Wenn S den Abnehmern selbst Eigentum verschafft hätte, würde sich die gleiche Rechtslage ergeben. Damit kann G von S Herausgabe des Erlangten (Verkaufserlös) verlangen.

Ob die Voraussetzungen des § 816 Abs. 1 S. 1 bei **unberechtigter Nutzungsüberlassung** vorliegen, ist **umstritten**. Das soll an **Fall 49**[62] gezeigt werden: Mieter M hat vom Vermieter V eine Wohnung gemietet. M untervermietet einen Teil an U. Als V davon erfährt, verlangt er von M den Untermieterlös nach § 816 Abs. 1 S. 1 heraus. Zu Recht? 677

1. V könnte gegen M einen Anspruch aus **§ 816 Abs. 1 S. 1** haben, wenn mit der Untervermietung durch M eine dem Berechtigten V gegenüber wirksame entgeltliche **Verfügung eines Nichtberechtigten** vorliegt[63]. Fraglich ist, ob in der Weitervermietung eine Verfügung gesehen werden kann. **Eine Ansicht** bejaht einen Anspruch auf Herausgabe des Mietzinses als erlangtes Etwas und stützt sich darauf, dass der Nicht-

---
61 BGHZ 56, 131, 133 m.w.N.
62 **BGH NJW 1996, 838 = BGHZ 131, 297 ff. („unberechtigte Untervermietung").**
63 Zu weiteren möglichen Anspruchsgrundlagen siehe oben bei **Fall 46**, Rn. 650 (siehe dort auch Fn. 22).

berechtigte zwar nicht über die Sache, aber jedenfalls über die Nutzungsmöglichkeit verfügt habe. Außerdem bestehe ein Bedürfnis für einen Anspruch aus § 816 Abs. 1 S. 1 (analog), weil der Untermieter regelmäßig gutgläubig sei und daher nicht aus einem Eigentümer-Besitzer-Verhältnis zum Nutzungsersatz verpflichtet ist (vgl. § 993 Abs. 1, 2. HS)[64].

Richtigerweise lehnt die **h.M.** eine direkte oder analoge Anwendung des § 816 Abs. 1 S. 1 ab. Eine Verfügung im Rechtssinne liegt nur vor, wenn die Rechtslage unmittelbar durch ein Rechtsgeschäft verändert wird, indem ein Recht übertragen, belastet, inhaltlich geändert oder aufgehoben wird. Dies ist bei Abschluss eines Mietvertrags als bloßes schuldrechtliches Geschäft bzw. bei einer Besitzüberlassung als bloße tatsächliche Handlung nicht der Fall[65]. Auch eine Verfügung über die Nutzungsmöglichkeit liegt nicht vor. Im Gegensatz zur typischen Konstellation des § 816 Abs. 1 S. 1, in der das Recht, über das wirksam verfügt wurde, dauerhaft für den ehemaligen Rechtsinhaber „verloren" ist, kann der Eigentümer im vorliegenden Fall jederzeit vom Dritten Herausgabe verlangen (§ 985).

2. Eine **analoge Anwendung** des § 816 Abs. 1 S. 1 in Fällen der Besitzüberlassung ist damit schon wegen Fehlens einer vergleichbaren Interessenlage abzulehnen. Ferner erzielt der Mieter den Untermietzins nicht anstelle des Eigentümers. Zwar kann der Eigentümer die Untervermietung unter bestimmten Voraussetzungen verbieten, die vermietete Sache aber nicht selbst an einen Dritten untervermieten[66]. Insoweit stellen die §§ 987 ff. (vorrangige Sonder-)Regelungen dar: Ist der Dritte gutgläubig, so haftet zwar nicht er selbst, es kommt aber eine Haftung des Nichtberechtigten als mittelbarer Besitzer in Betracht (vgl. § 991 Abs. 2)[67].

2. Unentgeltliche Verfügung, § 816 Abs. 1 S. 2

Übersichtsaufsatz: *Jülch*, Obligatorische Schwäche dinglichen Rechts am Beispiel von § 816 I 2 BGB, JA 2012, 326 ff.

Übungsfall: *Schirmer*, Streit um ein paar Stückchen Papier, JURA 2013, 719, 724 ff.

678 | **Prüfungsschema § 816 Abs. 1 S. 2**
I. Voraussetzungen
 1. Unentgeltliche Verfügung eines Nichtberechtigten
    – Problem: Gemischte Schenkung – BGH: Schwerpunkttheorie
    – Problem: Entgeltliche, aber rechtsgrundlose Verfügung; h.M. keine analoge Anwendung, da Dritter sonst mit Rückholrisiko bzgl. Entgelts belastet
 2. Gegenüber dem Berechtigten wirksam
    – Gutgläubiger Erwerb (z.B. § 932)
    – Genehmigung nach § 185 Abs. 2 S. 1, 1. Alt.
II. Rechtsfolge
 Herausgabe des Erlangten

---

64 Vgl. *Esser/Weyers*, § 50 II 2a.
65 Staudinger/*Lorenz*, § 816 Rn. 6 f.
66 BGHZ 131, 297, 306; *Reuter/Martinek*, Teilband 2, § 8 I 3 a; a.A. *Koppensteiner/Kramer*, § 9 III 2 d bb.
67 Vgl. zum Ganzen auch *Larenz/Canaris*, § 69 II 1d.

a) Voraussetzungen

Auch bei einem Anspruch nach § 816 Abs. 1 S. 2 hat eine Verfügung eines Nichtberechtigten vorzuliegen, und die Verfügung muss wirksam gegenüber dem Berechtigten sein. Die Verfügung hat aber **unentgeltlich** zu erfolgen (Schenkung, Vermächtnis). Unentgeltlichkeit liegt nicht vor, wenn der Erwerber eine Gegenleistung erbringen soll oder erbracht hat, die einen Ausgleich für den Erwerb darstellt[68]. Dies gilt auch dann, wenn die Gegenleistung gegenüber einem Dritten erbracht werden soll. Zwei **klausurrelevante Punkte** sind mit dem Erfordernis der Unentgeltlichkeit verbunden: Die Frage nach der Behandlung von gemischten Schenkungen (siehe bei b)) und die Frage nach der Behandlung der entgeltlichen, aber rechtsgrundlosen Verfügung (siehe bei c)).

679

b) Problem: Gemischte Schenkung

Umstritten ist, ob bei einer gemischten Schenkung (z.B. Verkauf zum Freundschaftspreis) Unentgeltlichkeit i.S. des § 816 Abs. 1 S. 2 vorliegt. Der **BGH**[69] entscheidet nach dem **Schwerpunkt** des gemischten Geschäfts und bejaht die Unentgeltlichkeit, wenn der unentgeltliche Charakter überwiegt. Andernfalls scheidet § 816 Abs. 1 S. 2 aus („Alles oder Nichts"-Lösung, Schwerpunkttheorie).

680

Demgegenüber wollen Teile der **Literatur** das gemischte Geschäft in einen entgeltlichen und einen unentgeltlichen Teil aufspalten (**Teilungslösung**)[70]. Hinsichtlich des entgeltlichen Teils kann der frühere Berechtigte den Nichtberechtigten in Anspruch nehmen (§ 816 Abs. 1 S. 1), hinsichtlich des unentgeltlichen Teils haftet der Erwerber auf Wertersatz (§§ 816 Abs. 1 S. 2, 818 Abs. 2), weil er den (unentgeltlichen) Teil (bei Unteilbarkeit des Gegenstands) nicht herausgeben kann[71]. Die differenzierende Lösung der Literatur verdient gegenüber der „Alles oder Nichts"-Lösung der Rechtsprechung den Vorzug, da allein sie – insbesondere auch im Grenzfall eines zur Hälfte entgeltlich bzw. unentgeltlichen Geschäfts – eine interessengerechte Lösung ermöglicht.

681

Liegen die Voraussetzungen „Verfügung eines Nichtberechtigten" und „Unentgeltlichkeit" vor, scheidet § 812 Abs. 1 S. 1, 2. Alt. (Eingriffskondiktion) gegen den Dritten aus, da er den Gegenstand durch Leistung des Nichtberechtigten erlangt hat (Subsidiarität der Eingriffskondiktion). § 812 Abs. 1 S. 1 und § 816 Abs. 1 S. 1 gegen den Nichtberechtigten scheiden ebenfalls aus, da dieser durch die Verfügung vom Erwerber als Drittem nichts „erlangt" hat, was er herausgeben könnte. Der Dritte hat kein Vermögensopfer erlitten, sodass es zumutbar ist, von ihm den erlangten Gegenstand an den Berechtigten herauszuverlangen.

682

Deshalb gestattet § 816 Abs. 1 S. 2 ausnahmsweise einen sog. **Durchgriff kraft Gesetzes** entgegen den Leistungsbeziehungen. Der unentgeltliche gutgläubige Erwerb

683

---

68 Erman/*Buck-Heeb*, § 816 Rn. 12.
69 BGH WM 1964, 614, 616; PWW/*Prütting*, § 816 Rn. 15.
70 *Larenz/Canaris*, § 69 II 2 c.
71 Diesen Anspruch kann der Erwerber abwenden, indem er die erlangte Sache an den „Berechtigten" herausgibt, und zwar Zug um Zug gegen Abtretung des Anspruchs des Berechtigten gegen den nichtberechtigten Verfügenden aus § 816 Abs. 1 S. 1 (vgl. *Larenz/Canaris*, § 69 II 2 c).

aufgrund einer Leistung eines anderen hat keinen Bestand gegenüber dem ursprünglichen Eigentümer (Berechtigten). Zwar ist der Beschenkte Eigentümer der Sache geworden, er ist aber nach der Wertung des Gesetzes weniger schutzwürdig als der vorherige Eigentümer. Anspruchsgegner ist bei § 816 Abs. 1 S. 2 also nicht der verfügende Nichtberechtigte wie bei § 816 Abs. 1 S. 1, sondern derjenige, der unmittelbar durch die Verfügung etwas erlangt.

c) Problem: Entgeltliche, aber rechtsgrundlose Leistung

684 **Klausurrelevant** ist die Frage, ob § 816 Abs. 1 S. 2 analog anwendbar ist, wenn der Nichtberechtigte **entgeltlich, aber rechtsgrundlos** verfügt (z.B. der zugrunde liegende Vertrag ist nichtig). Hierzu unser **Fall 50**: A leiht dem B einen Gegenstand. B veräußert diesen an den minderjährigen C. Die Eltern des C verweigern die Genehmigung des Geschäfts. A will nun von C den Gegenstand heraus verlangen. Zu Recht?

1. A könnte gegen C einen Anspruch aus **§ 816 Abs. 1 S. 2 (analog)** haben. Zwar hat B als Nichtberechtigter wirksam an den C verfügt, da der Eigentumserwerb für C lediglich rechtlich vorteilhaft ist (§ 107). Die Verfügung war aber nicht unentgeltlich. Eine Ansicht geht davon aus, dass § 816 Abs. 1 S. 2 hier analog angewendet werden kann, denn der Kaufvertrag zwischen B und C ist nichtig (aufgrund der Zahlungspflicht greift § 107 nicht), sodass C nichts zahlen muss. Danach könnte der Berechtigte direkt beim Erwerber kondizieren. Nach dieser Auffassung wird die unentgeltliche der rechtsgrundlosen Verfügung gleichgestellt.

Die **h.M.**[72] lehnt eine Analogie ab, da sie den Minderjährigenschutz unterläuft. Dies wird deutlich, wenn C den Kaufpreis bereits an B gezahlt hat. Wird § 816 Abs. 1 S. 2 analog („rechtsgrundlos gleich unentgeltlich") angewendet, so werden dem Minderjährigen C die Einwendungen gegen seinen Geschäftspartner B abgeschnitten. Im Fall der Direktkondiktion stünde dem C gegen A kein Zurückbehaltungsrecht wegen des zurückzuzahlenden Kaufpreises zu. Dieses Ergebnis widerspricht jedoch dem Zweck der Durchgriffskondiktion des § 816 Abs. 1 S. 2. Die „Schwäche" des unentgeltlichen Erwerbs liegt nämlich insbesondere darin, dass wegen der Unentgeltlichkeit kein Rückholrisiko hinsichtlich der Gegenleistung besteht. Im vorliegenden Fall ist der C dem Rückholrisiko aber sehr wohl ausgesetzt. Auf der Grundlage der h.M. hat A keinen Anspruch gegen C aus § 816 Abs. 1 S. 2.

2. A könnte aber gegen B einen Anspruch aus **§ 816 Abs. 1 S. 1** auf Herausgabe des Erlangten haben. B hat entgeltlich, aber wirksam verfügt und hat einen Bereicherungsanspruch gegen C aus § 812 Abs. 1 S. 1, 1. Alt. erlangt. Dieses Erlangte (den Anspruch) muss B an A abtreten (§ 398). Es findet hier ausnahmsweise eine Kondiktion der Kondiktion statt[73]. Das beruht auf der Sonderstellung des § 816 Abs. 1 S. 1, der eine bereicherungsrechtliche Verlängerung des sachenrechtlichen Herausgabean-

---

[72] *Medicus/Petersen*, BR, Rn. 390; *Wandt*, § 11 Rn. 45; Palandt/*Sprau*, § 816 Rn. 15.; *Brox/Walker*, § 42 Rn. 27; MünchKomm/*Schwab*, § 816 Rn. 61; Staudinger/*Lorenz*, § 816 Rn. 16 ff. Eine ausdrückliche Entscheidung des BGH fehlt bislang. Zu einem besonders gelagerten Sachverhalt siehe BGHZ 37, 363 ff., wo angedeutet wird, dass der rechtsgrundlose Besitzer dem unentgeltlichen nur dann gleichgestellt werden kann, wenn der Erwerb ohne Vermögensopfer erfolgt ist.
[73] Vgl. Rn. 800.

spruchs des Eigentümers gegen den Besitzer nach § 985 ist. Das, was der Nichtberechtigte (hier B) vom Dritten (hier C) erlangt hat, tritt an die Stelle der Sache des Berechtigten (hier A), welche er sonst über § 985 herausverlangen könnte[74]. Sollte C den Kaufpreis bereits entrichtet haben, könnte er nach § 404 auch dem A gegenüber ein Zurückbehaltungsrecht geltend machen[75].

III. Leistung an einen Nichtberechtigten, § 816 Abs. 2

> **Prüfungsschema § 816 Abs. 2**
>
> I. Voraussetzungen
>   1. Leistung an einen Nichtberechtigten
>   2. Gegenüber dem Berechtigten wirksam
>   – An sich wegen § 362 (-)
>   – Es sei denn Schuldnerschutzvorschrift (z.B. §§ 407 Abs. 1, 408, 851, 893)
>   – Wahlrecht des Schuldners
>
> II. Rechtsfolge
>   Herausgabe des Erlangten

685

§ 816 Abs. 2 bezieht sich auf Fälle, in denen ein Schuldner an einen Nichtberechtigten, z.B. den falschen Gläubiger, leistet. Der Anspruch des Gläubigers erlischt grundsätzlich nicht, wenn an einen anderen (= Nichtberechtigten) geleistet wird (§ 362 Abs. 1).

686

Lediglich in bestimmten, gesetzlich geregelten **Ausnahmefällen**[76] hat der Schuldner trotz Leistung an einen Nichtberechtigten wirksam erfüllt, d.h. seine Schuld ist erloschen. Dann kann der Gläubiger die Leistung nicht mehr vom Schuldner fordern. Der neue Gläubiger kann nur die erbrachte Leistung nach § 816 Abs. 2 vom alten Gläubiger (= Nichtberechtigten) verlangen[77]. Eine wirksame Leistung des Schuldners an den Nichtberechtigten liegt auch dann vor, wenn diese (zunächst unwirksame) Leistung später vom Berechtigten (= Gläubiger) genehmigt wird (§ 362 Abs. 2 iVm. § 185 Abs. 2 S. 1, 1. Alt.).

687

Dazu **Fall 51**: S hat von B einen Kredit erhalten. Zur Sicherheit tritt er einige Kundenforderungen an B ab und informiert die betreffenden Kunden. Später zahlt S den Kredit an B zurück. B überträgt die Kundenforderungen an S zurück. Eine Anzeige an die Kunden unterbleibt. Diese zahlen an B. Hat S einen Anspruch gegen B auf Herausgabe oder gegen die Kunden auf Zahlung?

688

---

74 PWW/*Prütting*, § 816 Rn. 3; Staudinger/*Lorenz*, § 816 Rn. 1 f.
75 *Medicus/Petersen*, BR, Rn. 390.
76 § 370 (Leistung an den Überbringer der Quittung); § 407 Abs. 1 (Zahlung an Zedenten); § 408 (mehrfache Abtretung); § 851 (Ersatzleistung an Nichtberechtigten); § 893 (Zahlung an Hypothekengläubiger); § 2367 (Leistung an Erbscheinserben).
77 *Jülch*, JA 2013, 324 ff.; vgl. auch *Habersack*, Examens-Repetitorium Sachenrecht, 9. Aufl. 2020, Rn. 267 ff. mit einem Fall zu § 816 Abs. 2 bei Kollision zwischen verlängertem Eigentumsvorbehalt und Globalzession.

S könnte gegen B einen Anspruch aus **§ 816 Abs. 2** auf Herausgabe des Geleisteten haben. Die Kunden zahlen nach der Rückübertragung der Forderungen an S (= nun wieder Gläubiger) weiterhin an B und damit an einen Nichtberechtigten. Zwar können diese Zahlungen mangels befreiender Wirkung grundsätzlich nicht zum Erlöschen der Verbindlichkeiten gegenüber S führen (vgl. § 362 Abs. 1). Allerdings greift hier die Ausnahme des § 407 Abs. 1, der das Vertrauen der Kunden auf die bislang bestehende Gläubigerstellung des B schützt. Aufgrund von § 407 Abs. 1 sind die Kundenverbindlichkeiten durch die Zahlungen der Kunden erloschen. Mit der h.M. ist es aber – aufgrund des Schutzzwecks des § 407 – dem Schuldner (hier den Kunden) zu überlassen, ob er den Schutz des § 407 in Anspruch nehmen will (**Wahlrecht**).

Es bestehen daher zwei Möglichkeiten: Die Kunden können von einer Berufung auf die Erfüllung nach § 407 absehen, sodass die Leistung nicht wirksam i.S. des § 407 Abs. 1 ist und die Kunden weiterhin zur Leistung an den Zessionar S verpflichtet sind. Das an den Zedenten Geleistete können sie von diesem nach § 812 Abs. 1 S. 1, 1. Alt. kondizieren, da es an einem Rechtsgrund mangelt[78]. Ein Anspruch aus § 816 Abs. 2 gegen B scheidet damit aus.

Berufen sich die Kunden aber auf § 407 Abs. 1, erfolgte die Leistung zwar an einen Nichtberechtigten (B), aber sie ist dem Berechtigten (S) gegenüber wirksam (§§ 407 Abs. 1, 362 Abs. 1). B muss dann diese (dem S gegenüber wirksame) Leistung an S als Berechtigtem nach § 816 Abs. 2 herausgeben.

IV. Bereicherungshaftung bei unentgeltlicher Verfügung eines Berechtigten, § 822

Übersichtsaufsätze: *Röthel*, Die Bereicherungshaftung des unentgeltlichen Empfängers gem. § 822 BGB, JURA 2016, 613 ff.; *Linardatos*, Die Bereicherungshaftung gem. § 822 BGB, JuS 2017, 816 ff.; *Lorenz*, Grundwissen – Zivilrecht: Die Durchgriffskondiktion nach § 822 BGB, JuS 2019, 6 ff.

Übungsfall: *Odemer*, Examensprobleme zum Erbrecht, JURA 2015, 981 ff.

> **Prüfungsschema § 812 Abs. 1 S. 1, 1. Alt./2. Alt., § 822 (wenn § 822 Anspruchsgrundlage)**
> **I. Voraussetzungen**
> – Voraussetzungen des § 812 Abs. 1 S. 1, 1. Alt. oder 2. Alt. (s.o.)
> **II. Rechtsfolge**
> – § 818 Abs. 1: Herausgabeanspruch
> – Unter den Voraussetzungen des § 822 Erstreckung auf Dritten
>   1. Bereicherungsanspruch Gläubiger gegen Ersterwerber
>   2. Unentgeltlichkeit der Zuwendung des Ersterwerbers ggü. Dritten
>   3. Entreicherung des Ersterwerbers infolge der Zuwendung
>   – (-), falls Ersterwerber verschärft haftet

---

78 Der Zessionar hat aber ebenso ein „Wahlrecht", indem er nach §§ 363 Abs. 2, 185 Abs. 2 S. 1, 1. Alt. die Leistung an den Zedenten als Dritten genehmigen, dadurch die Schuld zum Erlöschen bringen und nach § 816 Abs. 2 gegen den Zedenten vorgehen kann, wenn der Schuldner sich nicht vorher auf (den tatbestandlich einschlägigen) § 407 Abs. 1 beruft.

> **Prüfungsschema § 822 (wenn § 822 keine Anspruchsgrundlage)**
> **I. Voraussetzungen**
>   1. Bereicherungsanspruch des Gläubigers gegen Ersterwerber
>   2. Unentgeltlichkeit der Zuwendung des Ersterwerbers ggü. Dritten
>   3. Entreicherung des Ersterwerbers infolge der Zuwendung
>   – (-), falls Ersterwerber verschärft haftet
> **II. Rechtsfolge**
>   Direktanspruch des Gläubigers gegen Dritten auf Herausgabe des Erlangten

Die Konstellation des § 822 (Durchgriffskondiktion[79]) basiert auf einem **Dreipersonenverhältnis**. Auch hier hat ein Dritter, der einen Gegenstand unentgeltlich erlangt hat, aufgrund eines Bereicherungsanspruchs die erlangte Sache herauszugeben, da er als unentgeltlicher Erwerber als wenig schutzwürdig angesehen wird. Der Unterschied zu § 816 Abs. 1 S. 2 liegt darin, dass dort ein Nichtberechtigter verfügt hat, während bei § 822 ein **Berechtigter** verfügt hat[80].

690

Umstritten ist, ob § 822 eine Anspruchsgrundlage ist[81], oder ob es sich hierbei lediglich um eine Regelung zu den Rechtsfolgen der Bereicherung handelt[82]. Sieht man § 822 als **Anspruchsgrundlage**, so bedeutet das, dass sobald das Gesetz eine Rechtsfolgenverweisung enthält (z.B. § 528 Abs. 1 S. 1), § 822 hiervon nicht umfasst wird[83]. Diese Ansicht verkennt, dass § 822 vom Wortlaut her bereits das Bestehen eines Kondiktionsanspruchs voraussetzt und diesen, der gegen den ursprünglichen Bereicherten gerichtet ist, nur auf den unentgeltlich erlangenden Rechtsnachfolger erstreckt. Gegen eine Einordnung des § 822 als Anspruchsgrundlage spricht zudem die systematische Stellung der Norm nach den §§ 818 ff.[84].

691

Klausurtipp: Für den Fallaufbau bedeutet das Folgendes: Wer § 822 als Anspruchsgrundlage sieht, prüft nach Darstellung des Meinungsstands die Voraussetzungen des § 822.

Voraussetzungen des § 822 sind in diesem Fall,

692

1. dass der Bereicherungsgläubiger dem ersten Erwerber etwas ohne Rechtsgrund zugewendet hat und ihm aus diesem Grund ein Bereicherungsanspruch gegen diesen zusteht (z.B. nach § 812 Abs. 1 S. 1, 1. Alt., § 812 Abs. 1 S. 1, 2. Alt.),
2. dass der erste Erwerber den Bereicherungsgegenstand dem Dritten unentgeltlich zugewendet hat (Schenkung, Vermächtnis),

---

79 *Looschelders*, § 55 Rn. 32; *Petersen*, JURA 2015, 260, 263.
80 § 822 spielt v.a. dann eine Rolle, wenn (lediglich) das Kausalgeschäft zwischen Bereicherungsgläubiger und erstem Erwerber nichtig, das Verfügungsgeschäft aber wirksam ist: Dann verfügt nämlich (Abstraktionsprinzip!) der erste Erwerber (der die Sache verschenkt) als (dinglich) Berechtigter und Verfügungsbefugter, sodass ein Anspruch des Bereicherungsgläubigers gegen ihn aus § 816 Abs. 1 S. 2 ausscheidet; *Röthel*, JURA 2016, 613, 614; *Petersen*, JURA 2015, 260, 263.
81 *Röthel*, JURA 2016, 613; *Petersen*, JURA 2015, 260, 263; *Linardatos*, JuS 2017, 816, 817. Zum Streitstand ausführlich Staudinger/*Lorenz*, § 822 Rn. 2; sowie *Bockholdt*, JZ 2004, 796, 797.
82 BeckOK/*Wendehorst*, § 822 Rn. 1; *Tonikidis*, NJW 2019, 118 ff.; Erman/*Buck-Heeb*, § 822 Rn. 1; offengelassen bei BGHZ 142, 300, 302, Rn. 11 nach juris; BGHZ 199, 123 ff., Rn. 16 f.
83 Siehe dazu *Kopp*, JR 2012, 491 ff.
84 *Knütel*, NJW 1989, 2504, 2505; *Tonikidis*, NJW 2019, 118, 120 f.

3. dass der erste Erwerber aufgrund der Verfügung an den Dritten entreichert ist (§ 818 Abs. 3). Bei einer Schenkung an den Dritten kann der Bereicherungsgegenstand ersatzlos weggefallen sein.

693 Wer § 822 als **Rechtsfolgenanordnung** sieht, hat zunächst eine Anspruchsgrundlage zu benennen. Diese ergibt sich aus dem Bereicherungsanspruch des Gläubigers gegen den ersten Erwerber und wird zumeist entweder § 812 Abs. 1 S. 1, 1. Alt. (Leistungskondiktion) oder § 812 Abs. 1 S. 1, 2. Alt. (Nichtleistungskondiktion) sein (vgl. soeben 1.). Rechtsfolge ist ein Herausgabeanspruch (§ 818 Abs. 1), der sich unter den Voraussetzungen des § 822 (vgl. soeben 2. und 3.) auf den Dritten erstreckt.

> **Klausurtipp:** In den meisten Fällen wird es vom Ergebnis her nicht darauf ankommen, ob der einen oder der anderen Ansicht gefolgt wird. Unterschiede können sich – wie schon angedeutet – nur ergeben, wenn eine andere Norm (z.B. § 528[85]) eine **Rechtsfolgenverweisung** enthält[86].

694 An der Voraussetzung der **Entreicherung fehlt** es, wenn der erste Erwerber **verschärft** haftet, weil er etwa bei einer Schenkung an den Dritten den Mangel des Rechtsgrunds (Nichtigkeit des Kaufvertrags zwischen Bereicherungsgläubiger und erstem Erwerber) kannte (§§ 818 Abs. 4, 819). Dann kann er sich nicht auf § 818 Abs. 3 berufen, sodass die Heranziehung von § 822 ausscheidet.

695 Der Dritte haftet dann dem Bereicherungsgläubiger gegenüber nicht auf Herausgabe. Allerdings muss der bösgläubige Erstempfänger dem Bereicherungsgläubiger auf Schadensersatz haften (§§ 818 Abs. 4, 292, 989). Ist der erste Erwerber dagegen gutgläubig, so haftet der Dritte dem Bereicherungsgläubiger aus § 822, denn hier kann sich der erste Erwerber auf § 818 Abs. 3 berufen. Im Ergebnis bedeutet das Folgendes: Erwirbt der Dritte von einem bösgläubigen Ersterwerber, steht er – mangels Herausgabepflicht aus § 822 – besser als der von einem gutgläubigen Ersterwerber erwerbende Dritte (hier besteht nämlich eine Herausgabepflicht aus § 822)[87].

§ 20 Der Umfang des Bereicherungsausgleichs

696 Übersichtsaufsätze: *Röthel*, Bereicherungsausgleich für Nutzungen, JURA 2013, 1110 ff.; *Musielak*, Zum Inhalt und Umfang des Bereicherungsanspruchs, JA 2017, 1 ff.; *Lorenz*, Grundwissen – Zivilrecht: Inhalt und Umfang des Bereicherungsanspruchs, JuS 2018, 937 ff.; *Thöne*, Die Grundprinzipien des Bereicherungsrechts, JuS 2019, 193 ff.

Die **Rechtsfolgen** der bereicherungsrechtlichen Ansprüche sind in den §§ 818–820 geregelt. Danach hat der Bereicherte den früheren Rechtszustand wiederherzustellen und das durch die Bereicherung Erlangte herauszugeben. In den §§ 818 ff. ist auch geregelt, wie zu verfahren ist, wenn der Bereicherungsgegenstand weiterveräußert

---

85 Die h.M. wendet hier § 822 an, siehe BGHZ 106, 354, 356 ff.; BGHZ 134, 136 ff.; BGH NJW 2004, 1314.
86 Siehe Rn. 690; siehe auch *Tommaso/Weinbrenner*, JURA 2004, 649, 650.
87 *Kohler*, JuS 2013, 769, 774.

oder beschädigt wurde bzw. untergegangen ist und deshalb nicht mehr oder nicht im erlangten Zustand herausgegeben werden kann.

I. Anspruch auf Herausgabe (§ 818 Abs. 1)

Liegen die Voraussetzungen eines Bereicherungsanspruchs vor, hat der Bereicherte eine Herausgabepflicht bezüglich des Erlangten. Diese kann sich auf alles beziehen, was geleistet werden kann (Gegenstände, Dienstleistungen, Gebrauchsvorteile usw.). Die Herausgabepflicht erstreckt sich auf das Erlangte, die gezogenen Nutzungen sowie erlangte Surrogate. 697

1. Das Erlangte

Das Erlangte ist grundsätzlich **in natura** herauszugeben. Wurde vom Bereicherten Eigentum an einer Sache erlangt, besteht ein Anspruch auf Rückübereignung. Wurde der Besitz erlangt, besteht ein Anspruch auf Wiedereinräumung der tatsächlichen Sachherrschaft. Wurde eine Forderung erlangt, besteht ein Anspruch auf Rückabtretung. Eine Ausnahme vom Grundsatz der bereicherungsrechtlichen Naturalrestitution ist § 951 Abs. 1 S. 1 (mit Rechtsgrundverweisung auf § 812), der lediglich eine Vergütung in Geld vorsieht. Kann das Erlangte aufgrund seiner Nichtfassbarkeit nicht in natura herausgegeben werden, wie das etwa bei Dienstleistungen der Fall ist, ist Wertersatz nach § 818 Abs. 2 zu leisten[1]. 698

2. Nutzungen

Nach § 818 Abs. 1 müssen auch die tatsächlich gezogenen[2] Nutzungen herausgegeben werden. 699

→ **Definition: Nutzungen** sind die Sach- und Rechtsfrüchte sowie Gebrauchsvorteile einer Sache oder eines Rechts (§ 100 iVm. § 99).

Gebrauchsvorteile können etwa Mietaufwendungen sein. Dabei ist aber erforderlich, dass die Wohnung vom Betreffenden selbst oder einem Untermieter auch genutzt wurde[3]. Selbst die bloße Benutzung einer Sache stellt einen Gebrauchsvorteil dar[4]. Können die Nutzungen nicht in natura herausgegeben werden, ist Wertersatz nach § 818 Abs. 2 zu leisten[5]. 700

Nutzungen sind auch die **Zinserträge** aus der Anlage des erlangten Gelds[6]. Dies gilt selbst dann, wenn der Berechtigte das Geld nicht angelegt hätte, denn der Bereicherungsschuldner muss auch diejenigen Nutzungen herausgeben, die jener nicht gezogen hätte[7]. Hat der Bereicherungsschuldner das Geld aber nicht verzinslich auf sei- 701

---

1 Siehe Rn. 713 ff.; zur Besonderheit bzgl. des Besitzes **BGHZ 198, 381 ff.**
2 BGHZ 35, 356, 360.
3 **BGH NJW 2017, 2997 ff.** Rn. 31 f. (Nutzung über vereinbarte Mietzeit hinaus).
4 BGHZ 102, 41, 47.
5 Siehe Rn. 713 ff.
6 Palandt/*Sprau*, § 818 Rn. 11.
7 *Esser/Weyers*, § 51 I 3 e; *Koppensteiner/Kramer*, § 13 II 1.

nem Konto angelegt, muss er es dem Berechtigten gegenüber auch nicht verzinsen[8]. Der Bereicherungsschuldner, der gutgläubig ist und nicht verschärft nach §§ 819, 820, 818 Abs. 4 haftet, braucht schuldhaft nicht gezogene Nutzungen nicht zu ersetzen[9].

702 Hat der Bereicherungsschuldner das ohne Rechtsgrund erlangte Geld zur Tilgung eigener Schulden verwendet, hat er die Zahlung von Sollzinsen erspart. **Ersparte Darlehenszinsen** sind nach h.M. ebenfalls als gezogene Nutzungen i.S. des § 818 Abs. 1 zu sehen. Begründet wird das damit, dass es bei wirtschaftlicher Betrachtungsweise unerheblich ist, ob der Bereicherungsschuldner das erlangte Geld verzinslich anlegt und damit sein Vermögen mehrt oder eine Vermögensminderung dadurch vermeidet, dass er eine eigene verzinsliche Schuld ablöst[10].

703 Umstritten ist, ob ein Nutzungsersatz nach Bereicherungsrecht besteht, wenn ein **Eigentümer-Besitzer-Verhältnis** vorliegt. Rechtsprechung und h.L. vertreten hierzu unterschiedliche Auffassungen, kommen aber regelmäßig zum selben Ergebnis.

> **Klausurtipp:** Die beiden Ansichten sind in der Klausur darzustellen. Ein Streitentscheid ist regelmäßig entbehrlich, sodass man sich nicht für eine der Meinungen entscheiden und dies begründen muss.

704 Die **Rechtsprechung** lehnt einen Nutzungsersatz nach § 818 Abs. 1 ab, da die §§ 987 ff. als Sonderregelungen vorgehen, sodass die §§ 812 ff. nicht anwendbar sind[11]. Damit greifen hierfür die §§ 990 Abs. 1, 987 Abs. 1.

705 Dies hat **folgende Konsequenz**: Ist nur das schuldrechtliche Verpflichtungsgeschäft unwirksam, die Übereignung dagegen wirksam, kann der Veräußerer Herausgabe aller Nutzungen nach §§ 812 Abs. 1, 818 Abs. 1, 2 verlangen. Eine Vindikationslage liegt in diesem Fall nicht vor, weil der ursprüngliche Eigentümer sein Eigentum verloren hat. Sind jedoch sowohl Verpflichtungs- als auch Verfügungsgeschäft nichtig, ist eine Vindikationslage gegeben, sodass die Regelungen des Eigentümer-Besitzer-Verhältnisses (EBV) einschlägig sind. Dann kann der ursprüngliche Eigentümer, der sein Eigentum nicht verloren hat, von dem redlichen und unverklagten Besitzer nach § 993 Abs. 1 nur die Übermaßfrüchte verlangen. Im Übrigen ist die Nutzungsherausgabe nach § 993 Abs. 1, 2. HS gesperrt. Bliebe es bei diesem Ergebnis, so stünde der ursprüngliche Eigentümer im Fall der Doppelnichtigkeit, wenn er also Eigentümer bleibt, schlechter, als wenn er sein Eigentum verloren hätte. Um diesen **Wertungswiderspruch** zu vermeiden, behandelt die Rechtsprechung im Rahmen des § 988 den rechtsgrundlosen wie den unentgeltlichen Besitz (§ 988 analog)[12] und wendet Bereicherungsrecht an.

706 Die **h.L.** will dagegen die §§ 812 ff. jedenfalls bei der Leistungskondiktion neben den §§ 987 ff. anwenden. Hat also der Eigentümer dem Besitzer den Besitz geleistet, hat

---

8 BGH WM 1991, 1983.
9 *Lorenz*, JuS 2018, 937.
10 BGHZ 138, 160, 164; Staudinger/*Lorenz*, § 818 Rn. 11; *Schön*, NJW 1993, 3289, 3292; a.A. *Gretter*, DB 1995, 516.
11 Siehe auch oben Rn. 585 ff.
12 BGHZ 32, 76, 94 ff.; BGH NJW 1983, 164, 165.

er nach dieser Ansicht einen Anspruch auf Ersatz der Nutzungen nach §§ 812 Abs. 1 S. 1, 1. Alt., 818 Abs. 1, 2. Lediglich im Fall der Eingriffskondiktion soll ein Bereicherungsanspruch aus § 818 Abs. 1 durch die §§ 987 ff. ausgeschlossen sein[13]. Die **Sperrwirkung** des § 993 Abs. 1, 2. HS reiche nämlich nur so weit, wie der Regelungsbereich des EBV reicht. Die Herausgabe von Nutzungen bei der Rückabwicklung unwirksamer Leistungsverhältnisse werde von den §§ 987 ff. aber nicht geregelt, sodass die Leistungskondiktion angewendet werden könne. Hat der Besitzer die Sache vom Eigentümer selbst und nicht von einem Dritten erlangt, passt der Schutzzweck des § 993 Abs. 1, 2. HS nicht.

Hieraus folgt: Der **bösgläubige** Besitzer muss nach §§ 990 Abs. 1, 987 Abs. 1 die gezogenen Nutzungen ebenso herausgeben wie nach §§ 812 Abs. 1, 818 Abs. 1, 2. Trotz Vorliegens eines EBV können Nutzungen nach h.L. vom **redlichen** Besitzer gemäß §§ 812 Abs. 1, 818 Abs. 1, 2 herausverlangt werden, wenn der Eigentümer dem Besitzer den Besitz **geleistet** hat. Die Rechtsprechung kommt – wie oben gezeigt – im Zweipersonenverhältnis über § 988 analog zum gleichen Ergebnis. 707

3. Surrogate

Auch die für einen Gegenstand erlangten Surrogate sind herauszugeben (§ 818 Abs. 1). Zum einen sind damit Surrogate aus dem Erlangten selbst gemeint („auf Grund eines erlangten Rechtes"), wie etwa bei einem Lotterielos, auf das ein Gewinn fällt. 708

Zum anderen ist als Surrogat das herauszugeben, was „als Ersatz für die Zerstörung, Beschädigung oder Entziehung des erlangten Gegenstands" (§ 818 Abs. 1, letzter HS) erlangt wurde. Dies können beispielsweise Versicherungssummen oder Ansprüche aus unerlaubter Handlung sein (sog. commodum ex re). **Umstritten** ist, ob auch der **Veräußerungserlös** bei Verkauf des Erlangten Surrogat i.S. des § 818 Abs. 1 ist (sog. commodum ex negotiatione) oder ob nur ein Anspruch auf Wertersatz nach § 818 Abs. 2 besteht. 709

Nach **h.M.** fällt das, was durch ein vom Bereicherungsschuldner über den herauszugebenden Gegenstand abgeschlossenes **Rechtsgeschäft erlangt** wurde (einschließlich eines etwaigen Gewinns) **nicht** unter die Surrogate i.S. des § 818 Abs. 1[14]. Hierfür spricht dessen Wortlaut. Der Veräußerungserlös wird nicht bei der bestimmungsgemäßen Ausübung des Eigentumsrechts erlangt, sondern durch ein selbstständiges Rechtsgeschäft mit dem Dritten (Erwerber)[15]. Wurde also das Erlangte rechtsgeschäftlich verwertet, ist – da das Erlangte nicht mehr herausgegeben werden kann – Wertersatz gemäß § 818 Abs. 2 zu leisten[16]. 710

---

13 *Esser/Weyers*, § 52 I 4; *Koppensteiner/Kramer*, § 20 III 2 b; *Larenz/Canaris*, § 74 I 1a; *Medicus/Petersen*, BR, Rn. 600; mit Einschränkungen Erman/*Ebbing*, Vor §§ 987–993 Rn. 82 f.
14 BGHZ 24, 106, 110; BGHZ 75, 203, 206; *Reuter/Martinek*, Teilband 2, § 7 I 2; Staudinger/*Lorenz*, § 818 Rn. 17, 27; MünchKomm/*Schwab*, § 818 Rn. 48; Erman/*Buck-Heeb*, § 818 Rn. 14.
15 Sog. rechtsgeschäftliche Surrogate sind bereicherungsrechtlich lediglich nach § 816 Abs. 1 S. 1 (Verfügung eines Nichtberechtigten) sowie §§ 818 Abs. 4, 285 (verschärfte Bereicherungshaftung) zu ersetzen, vgl. *Wandt*, § 12 Rn. 8.
16 Nach der h.M. ist der objektive Wert zu ersetzen (objektiver Wertbegriff), sodass ein erzielter Gewinn beim Bereicherungsschuldner (der die Sache veräußert hat) verbleibt. Anders kann dies nach dem subjektiven Wertbegriff sein. Dazu unten Rn. 719.

711 Nach **a.A.** umfasst die Herausgabepflicht nach § 818 Abs. 1 auch den Veräußerungserlös (nebst einem etwaigen **Gewinn**)[17]. Für diese Ansicht spricht, dass das Ausgleichsprinzip des Bereicherungsrechts verlangt, dass die noch vorhandene Vermögensvermehrung beim Bereicherungsschuldner vollständig abgeschöpft wird. Konsequenterweise muss daher auch der Gewinn herausgegeben werden, weil dem Bereicherungsschuldner andernfalls mit dem über den objektiven Wert der Sache hinausgehenden Veräußerungserlös eine Bereicherung verbliebe.

712 Die Frage nach der Herausgabe des Veräußerungserlöses nach § 818 Abs. 1 stellt sich allerdings lediglich beim gutgläubigen Bereicherungsschuldner. Der **bösgläubige** Bereicherungsschuldner haftet nach h.M. ohnehin auf Gewinnherausgabe nach §§ 818 Abs. 4, 819 iVm. § 285[18] oder nach §§ 687 Abs. 2, 681, 667.

II. Wertersatz (§ 818 Abs. 2)

1. Grundsatz

713 Ist eine Herausgabe des Erlangten, der Nutzungen oder der Surrogate nicht möglich, besteht nach § 818 Abs. 2 eine Verpflichtung zum Wertersatz. Das ist etwa der Fall bei Dienstleistungen oder Gebrauchsvorteilen (z.B. unberechtigte Nutzung eines Pkw, einer Wohnung, unbefugte Stromentnahme[19]), da diese nicht in natura herausgegeben werden können.

714 **Umstritten** ist, ob eine Wertersatzpflicht nach § 818 Abs. 2 besteht, wenn eine aufgrund eines Bereicherungsanspruchs herauszugebende Sache inzwischen **beschädigt** wurde[20]. Die **h.M.** geht davon aus, dass sich die bereicherungsrechtliche Naturalrestitution in der Herausgabe der Sache (§ 818 Abs. 1) in dem Zustand, in dem sie sich befindet, erschöpft. Ist eine Sache zerstört oder beschädigt worden, wird nicht deren Wiederherstellung bzw. die Beseitigung der zwischenzeitlichen Veränderung geschuldet, sondern **neben** der Herausgabe des Bereicherungsgegenstands im konkreten Zustand Wertersatz nach § 818 Abs. 2 (**Teilunmöglichkeit**)[21].

715 Eine **a.A.** verneint die Möglichkeit der Heranziehung von § 818 Abs. 2, da der Bereicherungsschuldner zur Herausgabe des (beschädigten/zerstörten) Erlangten in der Lage sei[22]. Diese Auffassung ist jedoch abzulehnen. Eine normative Auslegung des § 818 Abs. 2, 3 führt zu einer Anwendbarkeit von § 818 Abs. 2 auch bei Teilunmöglichkeit. Anderenfalls wäre der Bereicherungsschuldner bei einer Beschädigung der Sache bessergestellt als bei deren Zerstörung.

---

17 *Esser/Weyers*, § 51 I 3 d; *Musielak*, JA 2017, 1, 2.
18 Siehe unten Rn. 780.
19 BGH NJW 1992, 1383 f.
20 Siehe dazu auch unten **Fall 52**, Rn. 737.
21 MünchKomm/*Schwab*, § 818 Rn. 53; Erman/*Buck-Heeb*, § 818 Rn. 15; PWW/*Prütting*, § 818 Rn. 10; *Larenz/Canaris*, § 72 III 1a (§ 818 Abs. 2 analog).
22 RGRK/*Heimann-Trosien*, § 818 Rn. 16.

2. Belastung mit Grundschuld

Umstritten ist, was hinsichtlich des Wertersatzes bei einer Belastung des Bereicherungsgegenstands mit einer Grundschuld gilt[23]. Die **h.M.** geht von einer Herausgabe des Bereicherungsgegenstands im konkreten – d.h. belasteten – Zustand aus. Da bei einer Zerstörung oder Beschädigung der Sache eine Wertersatzpflicht nach § 818 Abs. 2 (und nicht Wiederherstellung) besteht, muss dasselbe auch für den Fall gelten, dass eine Sache mit einer Grundschuld belastet ist[24]. Für diese Ansicht spricht, dass der gutgläubige Bereicherungsschuldner nicht für eine Verschlechterung des Bereicherungsgegenstands haften soll und die Pflicht zur Beseitigung der Grundschuld der Sache nach nichts anderes als eine in Form der Naturalrestitution erbrachte Schadensersatzleistung wäre[25]. 716

Nach einer **a.A.** muss der Bereicherungsschuldner die Grundschuldbelastung beseitigen[26]. Das Verständnis der Herausgabe in natura ist hier ein anderes. Die von der h.M. gezogene Parallele zur Zerstörung oder Beschädigung eines Gegenstands sei nicht überzeugend. In diesen Fällen könne die Sache endgültig nicht mehr im erlangten Zustand herausgegeben werden, wohingegen die Grundschuldbelastung lediglich eine vorübergehende Veränderung darstelle, die eine (unbelastete) Herausgabe nicht unmöglich macht. Diese Ansicht verneint also eine Wertersatzpflicht nach § 818 Abs. 2[27]. Allerdings wird das für die h.M. sprechende Argument der Schadensersatzleistung nicht entkräftet. 717

3. Zeitpunkt der Berechnung des Wertersatzes

Umstritten ist auch der maßgebliche Zeitpunkt für die Berechnung des Wertersatzes nach § 818 Abs. 2. Nach der Rechtsprechung und der h.M. ist auf die Entstehung des Bereicherungsanspruchs abzustellen (z.B. Zeitpunkt der rechtsgrundlosen Leistung, § 812 Abs. 1 S. 1, 1. Alt.; Zeitpunkt des Eingriffs, § 812 Abs. 1 S. 1, 2. Alt.; Zeitpunkt des Wegfalls des rechtlichen Grunds, § 812 Abs. 1 S. 2, 1. Alt.)[28]. Folgt man der h.M., kommen **Wertsteigerungen**, die nach dem Entstehen des Bereicherungsanspruchs erfolgen, dem Bereicherungsschuldner zugute[29]. Nach a.A. ist auf den Zeitpunkt der Entstehung des Wertersatzanspruchs abzustellen (Unmöglichwerden der Herausgabe)[30]. 718

4. Berechnung des Wertersatzes

Umstritten ist zudem die Berechnung des Wertersatzes nach § 818 Abs. 2. Nach **h.M.** gilt ein **objektiver Wertbegriff**. Danach muss der objektive Wert des durch den Eingriff Erlangten ersetzt werden. Es kommt nicht darauf an, was das Erlangte dem 719

---

23 Hierzu auch **Fall 53**, Rn. 739.
24 BGH NJW 1991, 917, 918; insoweit zustimmend *Canaris*, NJW 1991, 2513, 2519; vgl. auch *Kohler*, NJW 1991, 1999, 2001; *Gursky*, JR 1992, 95, 97.
25 *Gursky*, JR 1992, 95.
26 *Reuter*, JZ 1991, 872, 874 (Anmerkung).
27 Vgl. auch Erman/*Buck-Heeb*, § 818 Rn. 6; *Canaris*, NJW 1991, 2513, 2514.
28 Siehe BGHZ 168, 220 ff. mit Anm. *Buck-Heeb*, BGHReport 2006, 1213 f.
29 BGHZ 82, 310, 322; BGH NJW 1995, 53, 55; Staudinger/*Heinze*, § 951 Rn. 35 ff.
30 *Larenz/Canaris*, § 72 III 5 (außer bei Aufwendungskondiktion); *Wandt*, § 12 Rn. 13; *Musielak*, JA 2017, 1, 5; differenzierend MünchKomm/*Schwab*, § 818 Rn. 118 ff.

jeweiligen Bereicherungsschuldner wert ist. Abgestellt wird hier nicht auf einen erlangten Verkaufserlös (wie bei § 816 Abs. 1 S. 1), sondern auf den objektiven **Verkehrswert** des Erlangten[31]. Damit ist der Betrag zu ersetzen, den der Bereicherte üblicherweise am Markt dafür bezahlen müsste[32]. Aufgrund des Verbots des widersprüchlichen Verhaltens (venire contra factum proprium), wird der Schuldner nicht mit dem Einwand gehört, er hätte bei Kenntnis der Rechtsgrundlosigkeit das Erlangte nicht genutzt, sondern günstigere Alternativen in Anspruch genommen[33]. Insofern zeigt sich die Funktion des § 818 Abs. 2, die darin besteht, das Erlangte eher rechtstechnisch in einen Wertfolgeanspruch umzuwandeln[34].

720 Eine a.A. vertritt einen **subjektiven Wertbegriff**. Dieser berücksichtigt die persönlichen Verhältnisse des Bereicherungsschuldners und fragt danach, was dem Kondiktionsschuldner das Erlangte in seiner konkreten Situation wert war. Als Maßstab für den subjektiven Wert dienen insbesondere die infolge der Bereicherung tatsächlich ersparten Aufwendungen des Schuldners. Diese Auffassung betont die Abschöpffunktion des Bereicherungsrechts. Noch vorhandene Vermögensmehrungen sollen beim Bereicherungsschuldner abgeschöpft werden. § 818 Abs. 3 ist danach als zentrale Wertung des Bereicherungsrechts bereits bei § 818 Abs. 2 zu berücksichtigen[35].

721 Für die h.M. spricht die Praktikabilität des objektiven Wertbegriffs, da sich der Verkehrswert leichter ermitteln lässt als der subjektive Wert, der sich auf die persönlichen Verhältnisse des Bereicherungsschuldners stützt. Außerdem vermeidet der objektive Wertbegriff, dass der Wert mit dem „erlangten Etwas" vermischt wird. Die Verpflichtung zum Wertersatz ist nach dem Gesetzeswortlaut am ursprünglich Erlangten orientiert, dagegen ist die subjektive Bereicherung erst bei § 818 Abs. 3 zu berücksichtigen. Für die a.A. spricht, dass die h.M. bei der **aufgedrängten Bereicherung**[36] eine Ausnahme vom Grundsatz der Maßgeblichkeit des objektiven Verkehrswerts machen muss. Hier stellt auch sie auf den subjektiven Wertbegriff ab.

5. Gewinnherausgabe

722 **Umstritten** ist, ob nach § 818 Abs. 2 mit dem Wertersatz auch ein möglicher Gewinn herauszugeben ist. Die **h.M.** lehnt bei § 818 Abs. 2, anders als bei § 816 Abs. 1 S. 1[37], eine Gewinnherausgabe ab[38]. Für diese Ansicht spricht der Gesetzeswortlaut, denn mit „Wert" ist der Verkehrswert und nicht die auf den rechtsgrundlosen Erwerb zurückgehende Vermögensmehrung beim Bereicherten gemeint. Außerdem richtet sich der Wert i.S. des § 818 Abs. 2 nach dem Erlangten, die Auswirkungen im Empfänger-

---

31 BGHZ 82, 299, 307 f.; BGHZ 99, 244, 248; BGHZ 132, 198, 207; *Larenz/Canaris*, § 72 III 2 b.
32 BGHZ 10, 171, 180; BGHZ 17, 236, 239; BGH NJW 2006, 2847, 2852; *Larenz/Canaris*, § 72 III 2 b; Palandt/*Sprau*, § 818 Rn. 19; a.A. *Koppensteiner*, NJW 1971, 1769; Erman/*Buck-Heeb*, § 818 Rn. 17 (nur Ersatz des subjektiven Werts, d.h. des Werts, den das Erlangte individuell hat).
33 BGHZ 20, 345, 355; BGH NJW 1979, 2205, 2206; *Larenz/Canaris*, § 73 I 5 i.
34 BGHZ 112, 288, 295; BGH NJW 1991, 917, 918; MünchKomm/*Schwab*, § 818 Rn. 82 f.; *Reuter/Martinek*, Teilband 2, § 7 III 3.
35 Erman/*Buck-Heeb*, § 818 Rn. 17; *Esser/Weyers*, § 51 I 4 c; *Koppensteiner/Kramer*, § 16 II 4; ablehnend *Looschelders*, § 56 Rn. 6.
36 Vgl. Rn. 661.
37 Siehe Rn. 672.
38 BGHZ 82, 299, 308; BGHZ 112, 288, 294 f.

vermögen werden erst bei § 818 Abs. 3 berücksichtigt. Ferner spielen bei einer Gewinnerzielung Umstände eine Rolle, die außerhalb des Bereicherungsgegenstands liegen, etwa die Geschäftstüchtigkeit des Bereicherungsschuldners.

Eine **a.A.** geht davon aus, dass nach § 818 Abs. 2 auch ein Gewinn herauszugeben ist[39]. Eine Herausgabepflicht soll aber für denjenigen Gewinn ausscheiden, der auf der Tüchtigkeit und dem eigenen Kapital des Bereicherungsschuldners beruht[40]. Argumentiert wird, dass es keinen Grund gebe, die Gewinnherausgabe bei § 818 Abs. 2 und bei § 816 Abs. 1 S. 1 unterschiedlich zu behandeln. Außerdem trage der Bereicherungsgläubiger das Risiko eines Veräußerungsverlusts (Veräußerung unter dem Verkehrswert), sodass er im Gegenzug auch die Chance auf den Veräußerungsgewinn erhalten solle. Zudem sei der Gewinn aus der Sache gezogen worden, die dem Bereicherungsgläubiger zusteht. 723

Hierfür spricht auch der Regelungszweck des § 818 Abs. 2. In § 818 Abs. 2 soll jeweils die Obergrenze der Haftung des Bereicherungsschuldners festgelegt werden. Die Wertungen des Gesetzes, die in der abgestuften Haftung zum Ausdruck kommen, sollen nicht unterlaufen werden, sodass der Wert i.S. des § 818 Abs. 2 objektiv bestimmt und eine Pflicht zur Gewinnherausgabe abgelehnt werden sollte. Haftet der gutgläubige Bereicherungsschuldner nur bis zum objektiven Wert des Bereicherungsgegenstands, so haftet der bösgläubige verschärft nach den allgemeinen Vorschriften (z.B. nach § 285 auf das sog. commodum ex negotiatione, also auch den Veräußerungserlös). 724

III. Wegfall der Bereicherung (§ 818 Abs. 3)

1. Grundsatz

Ausgeschlossen ist ein Anspruch auf Herausgabe oder Wertersatz gemäß §§ 812 ff., wenn der Bereicherungsschuldner (Bereicherte) nicht mehr bereichert ist. § 818 Abs. 3 dient dem Schutz des gutgläubig Bereicherten, der das, was er rechtsgrundlos empfangen hat, im Vertrauen auf das Fortbestehen des rechtlichen Grunds verbraucht hat. Er soll nicht über den Betrag der bestehen gebliebenen Bereicherung hinaus zur Herausgabe oder zum Wertersatz verpflichtet sein[41]. 725

Durch § 818 Abs. 3 wird der **gutgläubige** Bereicherungsschuldner im Verhältnis zu anderen Schuldnern **begünstigt**, da er auf die Rechtsbeständigkeit des Erwerbs vertrauen können soll. Nur hinsichtlich der noch bestehenden Bereicherung ist er zur Herausgabe oder zum Wertersatz verpflichtet[42]. Ist der Bereicherte dagegen nicht gutgläubig, indem er z.B. weiß, dass er rechtsgrundlos erworben hat, haftet er verschärft nach § 818 Abs. 4[43]. 726

---

39 Erman/*Buck-Heeb*, § 818 Rn. 18.
40 *Koppensteiner/Kramer*, § 16 II 1c; *Reuter/Martinek*, Teilband 2, § 6 II 2 c.
41 BGH NJW 2000, 740.
42 BGH NJW 1971, 609, 611.
43 Siehe unten Rn. 767 ff.

727 Eingeschränkt wird § 818 Abs. 3 v.a. durch die **Saldotheorie**, die nach der Rechtsprechung und h.M. bei gegenseitigen Verträgen mit synallagmatischen Leistungspflichten Anwendung findet[44].

2. Entreicherung i.S. des § 818 Abs. 3

728 Um nach § 818 Abs. 3 entreichert zu sein[45], darf der Schuldner nicht mehr bereichert und muss hinsichtlich des Bereicherungswegfalls schutzwürdig sein. **Schutzwürdig** ist er, wenn er nicht verschärft nach § 818 Abs. 4 iVm. § 819 bzw. § 820 haftet. Der Bereicherungsschuldner darf also v.a. den Mangel des rechtlichen Grunds nicht gekannt haben (§ 819 Abs. 1), und der Bereicherungsanspruch darf auch nicht schon rechtshängig sein (§ 818 Abs. 4). Nach Eintritt der verschärften Haftung kann § 818 Abs. 3 nicht mehr geltend gemacht werden (h.M.)[46], da der Bereicherte weiß, dass er den Bereicherungsgegenstand möglicherweise nicht behalten darf.

729 Das Erlangte ist grundsätzlich dann weggefallen, wenn es etwa **zerstört, verbraucht, verschenkt** oder **gestohlen** wurde. Das soll auch gelten, wenn von Anfang an eine Bereicherung fehlt[47]. Hat der Empfänger (Bereicherungsschuldner) aber anstelle der erlangten Sache einen anderweitigen wirtschaftlichen Vorteil erlangt, liegt kein Wegfall der Bereicherung vor (Ersparnis von Aufwendungen, Erhalt des Veräußerungserlöses).

730 In diesem Rahmen ist nach einer Ansicht auch die **aufgedrängte Bereicherung** zu berücksichtigen[48]. Eine Entreicherung des Schuldners tritt danach gemäß § 818 Abs. 3 ein, wenn das Erlangte für ihn keinen Nutzen hat. Eine a.A. will die aufgedrängte Bereicherung dagegen im Zusammenhang mit dem subjektiv zu bestimmenden Wertbegriff des § 818 Abs. 2 prüfen. Danach ist das Vermögen des Bereicherungsempfängers nur in dem Umfang vermehrt, in welchem er sich den Verwendungserfolg zunutze macht[49].

> **Klausurtipp:** Zu beachten ist hinsichtlich der Frage, wann eine **Entreicherung** vorliegt, dass § 818 Abs. 3 lediglich auf die Nicht-mehr-Bereicherung des Empfängers abhebt. Das ursprünglich Erlangte kann ersatzlos weggefallen sein. Es kann auch noch vorhanden, aber eine Entreicherung dadurch eingetreten sein, dass der Bereicherte sonstige Vermögensnachteile erlitten hat (bereicherungsmindernde Vermögensnachteile). § 818 Abs. 3 liegt nur dann vor, wenn dem „Bereicherten" keine Bereicherung mehr verbleibt (vermögensbezogene, nicht gegenstandsbezogene Beurteilung)[50].

a) Ersparte Aufwendungen

731 Hat der Bereicherte durch die Verwendung des Bereicherungsgegenstands eigene Aufwendungen erspart, ist er nicht entreichert i.S. des § 818 Abs. 3. Die Ersparnis

---

44 Siehe unten Rn. 747 ff.
45 Ausführlich *Röthel*, JURA 2015, 922 ff.
46 BGHZ 57, 137, 150; BGHZ 72, 252, 254 f.; Staudinger/*Lorenz*, § 818 Rn. 52; a.A. *Medicus*, JuS 1993, 705, 707; zweifelnd *Lieb*, NJW 1971, 1289, 1290.
47 *Medicus/Lorenz*, SR II, § 67 Rn. 18.
48 *Lorenz*, JuS 2018, 937, 938.
49 Siehe oben Rn. 661.
50 Siehe *Lorenz*, JuS 2018, 937, 939.

von Aufwendungen ist ein wirtschaftlicher Vorteil des Empfängers, weil er etwa noch vorhandene Anschaffungen getätigt oder eigene Schulden getilgt hat. Allerdings sind die Aufwendungen nur dann erspart, wenn der Betreffende sie sonst auch gemacht hätte. Hat also jemand mit rechtsgrundlos erlangtem Geld eine **Luxusaufwendung** getroffen, ist er entreichert[51], da keine Aufwendungen erspart wurden.

In diesem Zusammenhang wird auch der **Verbrauch** der zurückzugewährenden Sache diskutiert. Eine Berufung auf Entreicherung soll ausscheiden, wenn sich der Empfänger mit dem Verbrauch Vermögensvorteile geschaffen hat, die bei ihm noch vorhanden sind. Insoweit besteht nämlich eine Bereicherung (trotz Verbrauchs der Sache selbst) noch fort. **732**

Eine Rolle spielen die ersparten Aufwendungen bzw. der Verbrauch einer Sache v.a. bei **überzahltem Unterhalt** oder einer **Gehaltsüberzahlung**. Hier liegt keine Entreicherung i.S. des § 818 Abs. 3 vor, wenn anderweitig vorhandene Vermögenswerte wegen der vermehrten Unterhaltszahlungen bzw. Gehaltsüberzahlungen nicht eingesetzt wurden, sodass diese erhalten geblieben sind[52]. Eine Entreicherung ist auch hier zu verneinen, wenn Anschaffungen getätigt oder eigene Schulden getilgt worden sind. Umgekehrt ist eine Entreicherung zu bejahen, wenn der überzahlte Unterhalt bzw. die Gehaltsüberzahlung für die laufenden Lebensbedürfnisse verbraucht worden ist[53]. **733**

b) Veräußerungserlös

Hat der Bereicherungsschuldner den Bereicherungsgegenstand veräußert, ist er grundsätzlich nicht entreichert. Der Wert des Bereicherungsgegenstands befindet sich als **Veräußerungserlös** noch in seinem Vermögen, sodass er nach § 818 Abs. 2 Wertersatz zu leisten hat[54]. Ist der Veräußerungserlös geringer als der objektive Wert der Sache, braucht der Bereicherungsschuldner lediglich den Erlös herauszugeben. Um die Differenz zum objektiven Wert ist er entreichert (§ 818 Abs. 3)[55]. Erlangt der Bereicherungsschuldner durch die Weitergabe des Erlangten einen Anspruch gegen einen Dritten, tritt ebenfalls keine Entreicherung ein. Ist der Veräußerungserlös höher als der objektive Wert, verbleibt der Gewinn nach h.M. beim Bereicherten, nach a.A. ist er ebenfalls herauszugeben[56]. **734**

c) Keine Gegenleistung geschuldet

Die Wertersatzpflicht (§ 818 Abs. 2) scheidet aufgrund einer Entreicherung nach § 818 Abs. 3 aus, wenn jemand als gutgläubiger Empfänger, der keine Gegenleistung schuldet (z.B. bei Schenkung), die Sache beschädigt. Dies gilt unabhängig davon, ob er die Sache schuldhaft verschlechtert hat oder nicht[57]. **735**

---

51 BGHZ 55, 128, 132.
52 Abgelehnt etwa bei Begleichung von Arzt- und Krankenhauskosten, siehe BGH NJW 2003, 3271 f.
53 BGH NJW 1992, 2415, 2416 (überzahlter Unterhalt); BAG NJW 1996, 411, 412 (Gehaltsüberzahlung).
54 Der Veräußerungserlös stellt nach h.M. kein Surrogat i.S. des § 818 Abs. 1 dar, siehe oben Rn. 710.
55 RGZ 101, 389, 391.
56 Näher oben Rn. 722.
57 Staudinger/*Lorenz*, § 818 Rn. 34; *Reuter/Martinek*, Teilband 2, § 8 II 2a; MünchKomm/*Schwab*, § 818 Rn. 52.

736 Entgegen der Regel (vgl. § 446) trägt hier der Leistende das Risiko der Verschlechterung und des Untergangs der Sache, obwohl er keine Sachgewalt ausübt. Der Empfänger soll von diesem Risiko freigestellt werden, weil er ursprünglich für den Erwerb der Sache keine Gegenleistung erbringen wollte. Die Unentgeltlichkeit des Geschäfts soll dem Erwerber, solange ihm die Rechtsgrundlosigkeit seines Erwerbs unbekannt ist, nicht im Nachhinein durch eine Haftung auf den objektiven Wert der Sache wieder streitig gemacht werden können. Ein gutgläubiger Empfänger haftet damit **nicht für die Beschädigung** der Sache, da er insoweit nicht bereichert ist[58].

737 Dies verdeutlicht – auch im Zusammenhang mit der Frage der Teilunmöglichkeit in Bezug auf § 818 Abs. 2 – unser **Fall 52**: E bekommt von L einen Gegenstand geschenkt. Aufgrund Unachtsamkeit des E wird der Gegenstand schwer beschädigt. Eine Reparatur lässt E nicht vornehmen, weil er gerade kein Geld dafür hat. Es stellt sich heraus, dass der Schenkungsvertrag zwischen E und L nichtig ist. L verlangt Herausgabe des Gegenstands bzw. Wertersatz für die Beschädigung. Zu Recht?

1. L könnte gegen E einen Anspruch aus § 812 Abs. 1 S. 1, 1. Alt. haben[59]. L hat den Gegenstand gemäß § 929 S. 1 an E übertragen. E hat mithin etwas erlangt, nämlich Eigentum und Besitz am Gegenstand. Dies ist durch Leistung des L geschehen, weil L mit der Eigentumsübertragung eine Verpflichtung aus dem Schenkungsvertrag erfüllen wollte. Schließlich fehlt auch der Rechtsgrund, weil der mit der Übereignung des Gegenstands verfolgte Zweck, den Schenkungsvertrag zu erfüllen, nicht erreicht wurde.

2. **Rechtsfolge** ist, dass E das Erlangte herausgeben muss. Von der Herausgabepflicht ist jedenfalls der beschädigte Gegenstand umfasst. Allerdings hatte E diesen ursprünglich in einwandfreiem Zustand erlangt. Fraglich ist, ob E wegen der Beschädigung Wertersatz gemäß § 818 Abs. 2 verlangen kann. Die Beschädigung ist als **Teilunmöglichkeit** anzusehen.

Umstritten ist, ob § 818 Abs. 2 auch auf die Fälle der Teilunmöglichkeit angewendet werden kann[60]. Zum Teil wird die Auffassung vertreten, dass § 818 Abs. 2 nicht anwendbar sei, weil der Empfänger ja zur Herausgabe des Erlangten (in seinem derzeitigen Zustand) in der Lage sei[61]. Bei normativer Auslegung von § 818 Abs. 2 und Abs. 3 ergibt sich aber, dass § 818 Abs. 2 auch auf die Fälle der Teilunmöglichkeit anwendbar sein muss, weil anderenfalls der Empfänger bei teilweiser Beschädigung besser gestellt sein kann als bei vollständiger Zerstörung[62]. E muss daher nach § 818 Abs. 2 grundsätzlich für die Beschädigung Wertersatz leisten.

E könnte aber entreichert sein (§ 818 Abs. 3). Der gutgläubige, keine Gegenleistung schuldende Empfänger trägt nicht das Risiko der Verschlechterung oder des Untergangs der Sache, sodass er im Falle der ersatzlosen Beschädigung nicht zum Wertersatz verpflichtet ist. Das gilt unabhängig davon, ob er die Sache schuldhaft ver-

---

58 Anders, wenn der Empfänger seine Nichtberechtigung kennt, siehe unten Rn. 786.
59 Ein Herausgabeanspruch aus § 985 kommt aufgrund wirksamer Übereignung nicht in Betracht.
60 Siehe oben Rn. 714.
61 RGRK/*Heimann-Trosien*, § 818 Rn. 16.
62 MünchKomm/*Schwab*, § 818 Rn. 53 f.; *Larenz/Canaris*, § 72 III 1 a (§ 818 Abs. 2 analog).

schlechtert hat oder nicht⁶³. E muss daher nur den beschädigten Gegenstand herausgeben. Er wollte von vornherein kein Vermögensopfer erbringen, um den Gegenstand zu erwerben. Ein solches soll ihm auch nicht später durch „die Hintertür" der bereicherungsrechtlichen Wertersatzpflicht auferlegt werden. Damit scheitert ein Anspruch des L auf Wertersatz an § 818 Abs. 3.

d) Belastung mit Grundpfandrecht

Umstritten ist, ob eine Entreicherung i.S. des § 818 Abs. 3 vorliegt, wenn die herauszugebende Sache mit einem Grundpfandrecht **belastet** worden ist. Das wird in der Rechtsprechung und der Literatur unterschiedlich gesehen⁶⁴.   **738**

> Hierzu **Fall 53**⁶⁵: A hat dem B ein Grundstück verkauft und übereignet. B belastet das Grundstück zur Sicherung einer Darlehensverbindlichkeit gegenüber D in Höhe von 100 000 Euro zu dessen Gunsten mit einer Grundschuld. Sodann stellt sich heraus, dass der Grundstückskaufvertrag zwischen A und B unwirksam ist. A verlangt von B das (unbelastete) Grundstück heraus. Zu Recht?   **739**

1. A könnte einen Anspruch gegen B aus **§ 812 Abs. 1 S. 1, 1. Alt.** haben. B hat etwas, nämlich Eigentum und Besitz am Grundstück, erlangt. Das geschah zum Zweck der Erfüllung einer vertraglichen Pflicht und damit durch Leistung. E hat das Grundstück zudem ohne Rechtsgrund erlangt, da die Vertragspflicht nicht bestand.

2. Als **Rechtsfolge** muss B das Erlangte herausgeben. Das sind im vorliegenden Fall Eigentum und Besitz am unbelasteten Grundstück. Er ist aber aufgrund der von ihm vorgenommenen Grundstücksbelastung zu einer solchen Herausgabe nicht in der Lage. Nach der Rechtsprechung des **BGH**⁶⁶ kann A nur Herausgabe der rechtsgrundlosen Bereicherung, d.h. Herausgabe des belasteten Grundstücks verlangen. Da B das Grundstück nicht unbelastet rückübertragen kann, ist er zudem zum Wertersatz verpflichtet (§ 818 Abs. 2)⁶⁷. Der Wert der Belastung entspricht dem Nominalwert der Grundschuld.

B hat das Grundstück zur Sicherung seiner Darlehensverbindlichkeit gegenüber D im Vertrauen auf den Bestand seines Erwerbs belastet. Im Hinblick auf diese Verbindlichkeit ist B entreichert (**§ 818 Abs. 3**). Mit der Verpflichtung des B zur Herausgabe des belasteten Grundstücks gemäß § 818 Abs. 1 und zum Wertersatz gemäß § 818 Abs. 2 korrespondiert eine Verpflichtung des A, ihn von seiner Verbindlichkeit gegenüber D zu befreien. Folgt man der Rechtsprechung, kann A von B das belastete Grundstück und 100 000 Euro verlangen, jedoch nur Zug um Zug gegen Befreiung des B von der Verbindlichkeit gegenüber D.

---

63 Staudinger/*Lorenz*, § 818 Rn. 34; *Reuter/Martinek*, Teilband 2, § 8 II 2a; MünchKomm/*Schwab*, § 818 Rn. 52.
64 Diese Überlegungen stehen in Zusammenhang mit den Überlegungen zur Wertersatzpflicht nach § 818 Abs. 2, vgl. oben Rn. 716.
65 **BGH NJW 1991, 917.**
66 BGH NJW 1991, 917, 918; vgl. aber *Kohler*, NJW 1991, 1999, 2000.
67 Zur Frage der Wertersatzpflicht nach § 818 Abs. 2 siehe oben Rn. 716.

In der **Literatur**[68] wird diese Entscheidung nicht nur aufgrund mangelnder (Teil-)Unmöglichkeit als dogmatisch verfehlt kritisiert, sondern auch als unpraktisch angesehen. Im Regelfall verfüge der Bereicherungsschuldner nicht über die finanziellen Mittel, um Wertersatz zu leisten, damit der Bereicherungsgläubiger die Grundschuld ablöst.

Andere[69] bejahen nur eine Pflicht zur Rückübertragung des belasteten Grundstücks und ziehen eine Parallele zwischen der Belastung und der Nutzung eines Grundstücks. Die Belastung sei als gezogene Nutzung i.S. des § 818 Abs. 1 anzusehen. Da diese „Nutzung" nicht herausgegeben werden kann, sei entsprechend Wertersatz gemäß § 818 Abs. 2 zu leisten. Dabei bestehe der Wert der Belastung darin, dass ein durch eine Grundschuld besichertes Darlehen regelmäßig zinsgünstiger sei, als ein unbesichertes Darlehen. Diesen Vorteil müsse der Bereicherungsschuldner neben dem belasteten Grundstück herausgeben bzw. dessen Wert ersetzen. Bei den abstrakten Sicherheiten müsse der Bereicherungsschuldner zudem seinen Rückübertragungsanspruch gegen den Sicherungsnehmer abtreten.

e) Entreichernde Vermögensnachteile

740 Zu einer Entreicherung können auch **sonstige vermögensmindernde Nachteile** führen, unabhängig davon, ob das „erlangte Etwas" unversehrt vorhanden ist oder nicht. Der Bereicherungsschuldner kann sie vom herauszugebenden Wertersatz abziehen, ohne dass besondere Anspruchsvoraussetzungen in Bezug auf Schadensersatz oder Aufwendungsersatz erfüllt sein müssen. Die Vermögensnachteile brauchen nur im Zusammenhang mit dem Erwerb des Bereicherungsgegenstands stehen. Welche Anforderungen an diesen Zusammenhang zu stellen sind, ist **umstritten**[70]. Die **Rechtsprechung** hatte ursprünglich auf eine reine Kausalitätsbetrachtung abgestellt. Hiernach waren alle Vermögensnachteile als Entreicherung abzugsfähig, die mit dem Erwerb in adäquat kausalem Zusammenhang stehen[71].

741 Die **neuere Rechtsprechung** stellt eine wertende Betrachtung an, um zu einer angemessenen Risikoverteilung zu gelangen[72]. Damit können die Besonderheiten des Einzelfalls berücksichtigt werden. Die wohl herrschende Meinung in der **Literatur** will den Zusammenhang zwischen Vermögensnachteil und Bereicherung unter dem Gesichtspunkt des **Vertrauensschutzes** bestimmen. Berücksichtigt werden danach nur solche Vermögensnachteile, die dem Bereicherten gerade wegen seines Vertrauens auf die Endgültigkeit des Erwerbs entstanden sind[73].

742 Liegen entreichernde Vermögensnachteile vor, führen diese zur Minderung des zu ersetzenden Werts (§ 818 Abs. 2) aufgrund einer Verrechnung der Aufwendungen/Schäden mit dem geschuldeten Wertersatz. Ist die Sache in Natur herauszugeben, erfolgt die Herausgabe des Erlangten nur Zug um Zug gegen Aufwendungs- bzw. Scha-

---

68 *Kohler*, NJW 1991, 1999, 2000.
69 *Canaris*, NJW 1991, 2513 ff.; *ders.*, JA 1992, 272 ff.
70 Ausführlich zum Streitstand MünchKomm/*Schwab*, § 818 Rn. 127 ff. m.w.N.
71 BGHZ 1, 75, 81; BGH NJW 1981, 277, 278 m.w.N.
72 BGHZ 109, 139, 145; BGHZ 116, 251, 256 m.w.N.
73 *Larenz/Canaris*, § 73 I 2 a.

densersatz. Hierbei muss ein Aufwendungs- oder Schadensersatzanspruch nicht gesondert geprüft werden.

aa) Erlangte Nachteile (Vertragskosten, Verwendungen). Fraglich ist, wer die Vertragskosten (z.B. Transport-, Versicherungs-, Notarkosten) zu tragen hat und ob der Empfänger diejenigen Verwendungen ersetzt erhält, die er für die Instandhaltung oder Verbesserung der Sache gemacht hat. § 818 Abs. 3 hebt lediglich auf ein Nichtmehr-bereichert-sein ab, regelt aber nicht, wer die sonstigen mit dem Bereicherungsvorgang zusammenhängenden Nachteile tragen muss. Es besteht somit eine **Regelungslücke**, die unter Berücksichtigung der Interessen der Parteien zu schließen ist. Ziel ist es, das Risiko, dass sich Aufwendungen im Zusammenhang mit dem Erwerb oder der Instandhaltung des Bereicherungsgegenstands später als nutzlos erweisen, angemessen zu verteilen.

743

Die neuere Rechtsprechung nimmt bei der Berücksichtigung bereicherungsmindernder Aufwendungen eine Einzelfallprüfung vor, um eine angemessene **Risikoverteilung** zu gewährleisten und den Anwendungsbereich des § 818 Abs. 3 einzugrenzen[74]. Es ist zu fragen, welcher Partei hinsichtlich der Vertragskosten oder Verwendungen das **Entreicherungsrisiko** i.S. des § 818 Abs. 3 nach dem Parteiwillen oder den gesetzlichen Regelungen zu dem fehlgeschlagenen Geschäft zugewiesen ist[75]. Dagegen will die **h.L.** die Vertragskosten bereicherungsmindernd berücksichtigen, wenn sie sich wegen der Rechtsgrundlosigkeit des Erwerbs nachträglich als nutzlos erweisen. Denn diese hat der Bereicherte gerade wegen seines **Vertrauens** auf die Endgültigkeit des Erwerbs getätigt[76].

744

Der Bereicherungsschuldner kann die Nachteile **nicht als selbstständigen Anspruch** geltend machen. § 818 Abs. 3 stellt keine Anspruchsgrundlage dar, sondern soll lediglich den Bereicherungsanspruch auf dasjenige beschränken, was beim Anspruchsgegner als Bereicherung (noch) vorhanden ist. § 818 Abs. 3 wirkt also dem Herausgabeanspruch gegenüber als rechtsvernichtende **Einwendung**. Ist die Sache noch beim Bereicherungsschuldner vorhanden, gibt § 818 Abs. 3 ein **Leistungsverweigerungsrecht**. Die Herausgabe der Sache kann danach nur Zug um Zug gegen Ersatz der entstandenen Vermögensnachteile verlangt werden.

745

bb) Erwerbspreis und Vermögensfolgeschäden. Überwiegend wird der **Erwerbspreis**, den der Erwerber (= Bereicherungsschuldner) für die Sache gezahlt hat, nicht als berücksichtigungsfähig angesehen[77]. **Schäden**, die im Zusammenhang mit der Bereicherung stehen, können als Abzugsposten des Bereicherungsschuldners im Rahmen des § 818 Abs. 3 in Betracht kommen. Die Literatur will auch hier darauf abstellen, ob es sich um Kosten handelt, die jemandem entstanden sind, weil er auf die End-

746

---

74 Nach der **älteren Rechtsprechung** waren alle Vermögensnachteile abzugsfähig, die mit dem Erwerb in adäquat ursächlichem Zusammenhang stehen. Dazu oben Rn. 740.
75 BGH NJW 1992, 1037, 1038; BGH NJW 1995, 3315, 3317; siehe auch BGHZ 116, 251, 256 f. hinsichtlich der Einzelfallprüfung der Entreicherung; hier wird auch darauf abgestellt, dass der Wille der Parteien des fehlgeschlagenen Vertrags hinsichtlich der Kostentragungspflicht zu berücksichtigen ist (vgl. dazu *Canaris*, JZ 1992, 1114 ff.).
76 Soergel/*Mühl*, § 818 Rn. 57.
77 Dazu ausführlich *Wandt*, § 12 Rn. 24 ff. m.w.N.

gültigkeit des Erwerbs vertraut. Die Rechtsprechung hingegen fragt lediglich, ob die Schäden in einem ursächlichen Zusammenhang mit dem Erwerb stehen. Ist das der Fall, können sie als Entreicherung berücksichtigt werden[78].

3. Speziell: Bereicherungsausgleich beim gegenseitigen Vertrag

Übersichtsaufsatz: *Lorenz*, Grundwissen – Zivilrecht: Die Saldotheorie, JuS 2015, 109 ff.

Übungsfälle: *Kiehnle/Sternberg*, Saldotheorie und § 822 BGB: Zwischen Skylla und Charybdis?, JURA 2018, 502 ff.; *Voigt/Jansen*, Kabelsalat, JURA 2018, 1157 ff.

747 Bei der Frage des Bereicherungsausgleichs beim gegenseitigen Vertrag geht es um Fälle des Untergangs des Bereicherungsanspruchs und damit um eine spezielle Frage des Wegfalls der Bereicherung (§ 818 Abs. 3).

748 Ist ein gegenseitiger Vertrag nichtig und sind die Leistungen durch beide Parteien bereits erbracht, passen die §§ 812, 818 nicht. Sie stellen nämlich darauf ab, dass jemand dem Empfänger einseitig einen Vermögenswert ohne Rechtsgrund zugewandt hat. Wie der Bereicherungsausgleich bei Vorliegen von Leistung und Gegenleistung zu erfolgen hat, ist **umstritten**. Es geht v.a. um die Frage, ob die empfangene Gegenleistung bei der Rückabwicklung der Leistung zu berücksichtigen ist oder nicht.

749 Es stehen sich hier die Zweikondiktionentheorie, die – v.a. von der Rechtsprechung vertretene – Saldotheorie und die – zunehmend in der Literatur vertretene – modifizierte Zweikondiktionentheorie gegenüber[79].

> **Klausurtipp:** In der Klausur ist auf die (strenge) Zweikondiktionentheorie nur knapp einzugehen und auf deren Unbilligkeit abzuheben. Sodann wird die Lösung nach der herrschenden Saldotheorie sowie der modifizierten Zweikondiktionentheorie dargestellt. Eine Entscheidung darüber, welcher Theorie gefolgt wird, ist nur dann erforderlich, wenn unterschiedliche Ergebnisse erzielt werden.

a) Die Zweikondiktionentheorie

750 Teile der Literatur haben früher die Ansicht vertreten, dass bei Unwirksamkeit eines bereits vollzogenen Austauschvertrags **zwei selbstständige Bereicherungsansprüche** entstehen. Jede Partei soll die von ihr erbrachte Leistung zurückfordern können (Zweikondiktionentheorie)[80]. Diese Theorie führt jedoch v.a. dann zu unbilligen Ergebnissen, wenn nur eine Partei nach § 818 Abs. 3 entreichert ist, sodass sie zwar das Empfangene nicht zurückgewähren muss, gleichzeitig aber das an die andere Partei Geleistete zurückfordern kann.

---

78 *Wandt*, § 12 Rn. 23; Erman/*Buck-Heeb*, § 818 Rn. 37.
79 Siehe *Musielak*, JA 2017, 1, 7 ff.; *Lorenz*, JuS 2015, 109 ff.
80 *Medicus/Lorenz*, SR II, § 68 Rn. 2.

b) Die Saldotheorie

Dieses unbillige Ergebnis will die von der Rechtsprechung und einem Teil der Literatur entwickelte Saldotheorie vermeiden[81]. Die Saldotheorie bewahrt die synallagmatische Verknüpfung eines Austauschvertrags auch noch bei der Rückabwicklung. Danach entsteht bei Unwirksamkeit eines Austauschvertrags nur ein einheitlicher Bereicherungsanspruch, der im Wege der **Verrechnung** (Saldierung) zu ermitteln ist[82]. Hat also der bereicherte Schuldner für die empfangene Leistung eine Gegenleistung erbracht, müssen danach Leistung und Gegenleistung Zug um Zug zurückgewährt und die Vor- und Nachteile miteinander verrechnet werden.

751

Stehen sich zwei **gleichartige Bereicherungsansprüche** gegenüber, werden sie ohne Aufrechnungserklärung automatisch saldiert. Bei der Saldierung sind auch Nutzungen sowie Aufwendungen des Bereicherungsschuldners zu berücksichtigen. Bei **ungleichartigen** Ansprüchen ist das Erlangte nur Zug um Zug herauszugeben. Im Gegensatz zur Zweikondiktionentheorie muss hier beim Klageantrag des Bereicherungsgläubigers die ungleichartige Gegenleistung benannt und eine Rückgewähr des Erlangten Zug um Zug begehrt werden. Der Bereicherungsschuldner braucht nicht die Einrede des Zurückbehaltungsrechts zu erheben[83].

752

Ist eine Partei entreichert (§ 818 Abs. 3) und deshalb von ihrer Leistungspflicht befreit, wird nach der Saldotheorie der Wert der Entreicherung zum Abzugsposten vom **eigenen** Bereicherungsanspruch des Entreicherten. Damit vermindert sich der Bereicherungsanspruch um den Betrag der eigenen Entreicherung[84].

753

> **Klausurtipp:** Durch die Saldotheorie wird also **kein selbstständiger Anspruch** begründet, sondern es geht um die Abzugsposten. Der Bereicherungsanspruch kann von demjenigen geltend gemacht werden, auf dessen Seite sich ein positiver Saldo ergibt. Im Rahmen der Prüfung dieses Anspruchs ist die Saldotheorie zu thematisieren.

Die Saldotheorie ist wie eine Einwendung **von Amts wegen** zu berücksichtigen. Sie kürzt den Bereicherungsanspruch bei unwirksamen, aber vollzogenen gegenseitigen Verträgen unmittelbar, indem sie das Gefahrtragungsrisiko so verteilt wie bei Wirksamkeit des Vertrags. Regelmäßig trägt das Risiko der Verschlechterung bzw. des Untergangs einer Sache der Inhaber der Sachgewalt (vgl. § 446), d.h. hier der (eigentlich entreicherte) Bereicherungsschuldner, dem der Bereicherungsgegenstand übergeben wurde. Hierdurch wird das Privileg des § 818 Abs. 3 erheblich eingeschränkt.

754

Bei einem unwirksamen Kaufvertrag, bei dem die Leistungen ausgetauscht wurden und die Kaufsache beim Käufer als Sachinhaber untergegangen ist, ist jedoch zwischen **zwei Konstellationen** zu differenzieren. Hat die Kaufsache objektiv einen Wert (z.B. 8000 Euro), der unter dem gezahlten Kaufpreis (10 000 Euro) liegt, ergibt sich für den Käufer ein positiver Saldo (10 000 Euro – 8000 Euro = 2000 Euro), den

755

---

81 *Lorenz*, JuS 2015, 109 ff.; BGH NJW 1995, 454, 455; BGH NJW 1998, 1951, 1952; BGHZ 145, 52, 54 ff.; BGHZ 146, 298, 306 ff.
82 Dazu *Lorenz*, JuS 2015, 109, 110 f.
83 BGH NJW 1988, 3011; BGH NJW 1995, 454, 455; Staudinger/*Lorenz*, § 818 Rn. 47.
84 BGH NJW 1988, 3011; BGH NJW 1995, 454, 455; *Medicus/Petersen*, BR, Rn. 225.

er vom Verkäufer herausverlangen kann. Übersteigt der objektive Wert der Kaufsache (12 000 Euro) jedoch den Kaufpreis, ergibt sich für den Verkäufer ein positiver Saldo (2000 Euro), den er an sich nunmehr vom Käufer fordern kann. Weil aber, anders als der gezahlte Kaufpreis, der objektive Wert der Kaufsache (12 000 Euro) nicht mehr im Vermögen des Käufers vorhanden ist, kann sich der Käufer auf Entreicherung berufen. § 818 Abs. 3 kommt insofern selbst im Rahmen der Saldotheorie eine „Restfunktion" zu[85], sodass ein Bereicherungsanspruch des Verkäufers ausscheidet.

756 **Umstritten** ist die Lösung der Fälle, in denen eine Vertragspartei bei einem nichtigen Vertrag eine **Vorleistung** erbracht hat und der Gegenstand sodann untergegangen ist. Nach **h.M.** gilt die Saldotheorie nur für die Abwicklung von **beiderseits bereits erbrachten** Leistungen[86]. Der Leistende kann damit, wenn die vorgeleistete Sache untergegangen ist, wegen § 818 Abs. 3 nicht seine eigene Leistung bzw. Wertersatz zurückverlangen. Wenn erst eine der Leistungen erbracht wurde, muss eine Saldierung ausscheiden. Begründet wird dies damit, dass es bei Vorleistungen keine synallagmatische Verknüpfung von Leistung und Gegenleistung gibt. Außerdem hat der vorleistende Veräußerer den Verlust zu tragen, weil er mit der Vorleistung das Risiko übernommen hat, dass er durch den Untergang der Sache nichts vom Erwerber erhält.

757 Hiergegen wird von einer **a.A.** eingewandt[87], dass der Vorleistende lediglich die Insolvenzgefahr, nicht die Sachgefahr des Erwerbers übernehmen wolle. Überdies passe die Privilegierung des Bereicherungsschuldners nach § 818 Abs. 3 in den Vorleistungsfällen nicht. Der Regelungszweck bestehe nämlich darin, den gutgläubigen Bereicherungsschuldner, der die Rechtsgrundlosigkeit seines Erwerbs nicht kennt und daher mit keiner Rückgewährpflicht rechnet, von den nachteiligen Konsequenzen der Rückforderung freizustellen. Bei den Vorleistungsfällen wisse der Erwerber hingegen, dass er den Gegenstand nur behalten darf, wenn er die geschuldete Gegenleistung erbringt. Vor diesem Hintergrund müsse der synallagmatische Charakter des gegenseitigen Vertrags auch in den Vorleistungsfällen berücksichtigt werden. Zwischen den Parteien bleibt es danach bei der Risikoverteilung, die bei ordnungsgemäßer Erfüllung bestanden hätte. Die nur zugesagte Gegenleistung wird wie eine bereits erbrachte Gegenleistung behandelt. Der Erwerber soll sich auch bei einer Vorleistung des Veräußerers nicht auf § 818 Abs. 3 berufen können, sondern muss den Wert der untergegangenen Sache ersetzen.

c) Die modifizierte Zweikondiktionentheorie

758 In der Literatur mehren sich die Stimmen, die die Saldotheorie zugunsten einer modifizierten Zweikondiktionentheorie aufgeben wollen[88]. Hintergrund ist, dass die h.M. in einigen Fällen eine Einschränkung der Saldotheorie vornimmt, wenn sie die

---

85 Staudinger/*Lorenz* § 818 Rn. 41.
86 Kritisch MünchKomm/*Schwab*, § 818 Rn. 261; Palandt/*Sprau*, § 818 Rn. 46 f.; vgl. auch *Koppensteiner/Kramer*, § 16 V 4.
87 Vgl. MünchKomm/*Schwab*, § 818 Rn. 261; *Larenz/Canaris*, § 73 III 2 d; *Reuter/Martinek*, Teilband 2, § 8 III 3 b; *Flume*, AcP 194 (1994), 427, 449.
88 *Larenz/Canaris*, § 73 III 7 (Gegenleistungskondiktion); *Medicus/Lorenz*, SR II, § 68 Rn. 11 ff.; *Medicus/Petersen*, BR, Rn. 227 ff.; ausführlich zu Alternativen zur Saldotheorie MünchKomm/*Schwab*, § 818 Rn. 265 ff.

damit einhergehende Risikozuweisung aus Wertungsgesichtspunkten als nicht sachgerecht sieht[89].

Nach der modifizierten Zweikondiktionentheorie sind die Rückabwicklungsregeln des Bereicherungsrechts an diejenigen des Rücktrittsrechts anzupassen, indem die Wertungen des § 346 Abs. 2 S. 1 Nr. 3, Abs. 3 S. 1 Nr. 3 berücksichtigt werden. Ziel ist es, Wertungswidersprüche zwischen den §§ 812 ff. und §§ 346 ff. zu vermeiden[90]. Nach den Wertungen des § 346 Abs. 3 S. 1 Nr. 3 gilt, dass der Rücktrittsberechtigte im Fall des unverschuldeten Untergangs bzw. der Verschlechterung der empfangenen Leistung keinen Wertersatz zu leisten hat. Das Risiko des zufälligen Untergangs trägt bei Rücktritt der Rücktrittsgegner. 759

Damit bleibt auch die Rückforderung der eigenen Leistung (ohne eine Saldierung) weiter möglich. Das Risiko einer **zufälligen Verschlechterung** oder des zufälligen Untergangs des zurück zu gewährenden Gegenstands trägt demnach der **Leistende** und nicht – wie bei Anwendung der Saldotheorie – der Leistungsempfänger. Um den Einklang herzustellen, muss bei Untergang oder Verschlechterung der Sache § 818 Abs. 3 durch die Wertung im Rücktrittsrecht eingeschränkt werden. Der Entreicherte darf sich auf § 818 Abs. 3 berufen und seine erbrachte Leistung voll zurückfordern, wenn er die Entreicherung nicht zu vertreten hat. Bei gleichartigen Bereicherungsansprüchen kommt eine Aufrechnung (§§ 387 ff.) in Betracht, bei ungleichartigen Bereicherungsansprüchen ein Zurückbehaltungsrecht (§ 273). 760

Für die modifizierte Zweikondiktionentheorie spricht, dass sie den Wertungswidersprüchen zum Rücktrittsrecht begegnet. Gegen sie wird teilweise angeführt, dass die gesetzgeberische Wertung rechtspolitisch verfehlt sei. Der Rücktrittsgegner müsse nämlich die empfangene Leistung zurückgeben, ohne dass er für die eigene Leistung einen Ausgleich erhält. Zudem sei die Interessenlage bei der Rückabwicklung wirksamer Verträge mit derjenigen bei Rückabwicklung unwirksamer Verträge nicht zu vergleichen, weil der Rückgewährschuldner beim vertraglichen Rücktrittsrecht – anders als der Bereicherungsschuldner – mit der Rückgabe rechnen muss. 761

d) Einschränkungen der Saldotheorie

aa) Minderjährige und Geschäftsunfähige. Würde die von der noch h.M. vertretene Saldotheorie auch zu Lasten Minderjähriger und Geschäftsunfähiger angewendet, würden diese faktisch an einem Vertrag festgehalten werden, der aufgrund des Minderjährigenrechts gar nicht zustande kam[91]. Darin liegt ein Wertungswiderspruch zu den §§ 104 ff., die nicht (voll) Geschäftsfähige vor den Folgen ihres rechtsgeschäftlichen Handelns schützen wollen. Nach der **Wertung der §§ 104 ff.** muss der Verkäufer die Risiken tragen, die aus der Unwirksamkeit des Geschäfts resultieren. Das bedeutet, dass einem nicht (voll) Geschäftsfähigen der Untergang bzw. die Zerstörung der Sache nicht zuzurechnen ist. Diese vom Gesetz getroffene Risikoverteilung darf 762

---

89 Näher unten Rn. 762 ff.
90 Erman/*Buck-Heeb*, § 818 Rn. 44; MünchKomm/*Schwab*, § 818 Rn. 279 ff.; *Bockholdt*, AcP 206 (2006), 769 ff.
91 MünchKomm/*Schwab*, § 818 Rn. 245.

durch die Saldotheorie nicht unterlaufen werden[92]. Damit muss hier die Zweikondiktionentheorie herangezogen werden.

763 Das hat **drei Folgen**: Erstens kann der nicht (voll) Geschäftsfähige die von ihm erbrachte Leistung uneingeschränkt zurückverlangen, d.h. auch dann, wenn sich der Bereicherungsgegenstand noch in seinem Vermögen befindet. Eine Zug-um-Zug-Verpflichtung besteht nur, wenn sich der Vertragspartner auf ein Zurückbehaltungsrecht nach §§ 273 f. beruft. Zweitens muss der Geschäftsunfähige/beschränkt Geschäftsfähige nicht das Entreicherungsrisiko (§ 818 Abs. 3) tragen und schuldet im Falle des Untergangs oder der Verschlechterung keinen Wertersatz (§ 818 Abs. 2). Und drittens erhält der Minderjährige/Geschäftsunfähige alle Vertragskosten und Verwendungen ersetzt.

764 bb) **Lieferung einer mangelhaften Sache.** Die Saldotheorie ist zudem **nicht zugunsten des Veräußerers** anwendbar, wenn dieser eine mangelhafte Sache liefert und durch den Mangel eine Verschlechterung bzw. der Untergang des Bereicherungsgegenstands eintritt. Da bei Gültigkeit des Vertrags der Veräußerer für den Mangel einstehen müsste, soll die kaufrechtliche Risikoverteilung auch bei der bereicherungsrechtlichen Rückabwicklung gelten. Damit trägt der Leistende das Risiko der Verschlechterung oder des Untergangs. Es finden die Grundsätze der Zweikondiktionentheorie Anwendung. Dies führt dazu, dass der Erwerber bei einem Untergang des Bereicherungsgegenstands, der auf einem Sachmangel beruht, den Kaufpreis in voller Höhe zurückverlangen kann[93].

765 cc) **Weitere Fälle.** Die Saldotheorie findet nach h.M. auch **keine Anwendung** zugunsten des **verschärft Haftenden**. Der verschärft haftende Veräußerer trägt das Risiko, dass die Sache durch Verschulden des Erwerbers untergeht[94]. Auch in der **Insolvenz** des Schuldners ist die Saldotheorie eingeschränkt, da Bereicherungsansprüche in der Insolvenz nicht stärker wirken sollen als Ansprüche aus einem wirksamen Vertrag[95]. Dies gilt auch bei **Wucher** bzw. einem wucherähnlichen Geschäft[96]. Ob bei einer **Täuschung** oder **widerrechtlichen Drohung** in Bezug auf den Vertragsschluss die Saldotheorie unanwendbar ist, richtet sich danach, ob der Bereicherungsgegenstand mit oder ohne Verschulden des Erwerbers unterging.

766 Zur arglistigen Täuschung durch den Verkäufer nun **Fall 54**[97]: K kauft von V einen gebrauchten Pkw für 10 000 Euro in bar, wobei V arglistig über den Kilometerstand täuscht. K erleidet schuldhaft mit dem Pkw einen Unfall (Wertverlust: 4000 Euro). Sodann erfährt K

---

92 BGHZ 126, 105, 107; BGH NJW 1995, 3315, 3317; Staudinger/*Lorenz*, § 818 Rn. 42; *Brox/Walker*, § 43 Rn. 14; *Koppensteiner/Kramer*, § 16 V 5; *Medicus/Lorenz*, SR II, § 68 Rn. 6; Jauernig/*Stadler*, § 818 Rn. 43.
93 BGHZ 78, 216, 222.
94 BGHZ 57, 137, 147 ff.; BGHZ 78, 216, 223 f.; BGH NJW 1990, 2880, 2882.
95 BGHZ 161, 241 ff.; dazu *Buck-Heeb*, DZWiR 2005, 289 f.
96 BGHZ 146, 298, 307 ff.; *Medicus/Petersen*, BR, Rn. 230; *Brox/Walker*, § 43 Rn. 16; *Peifer*, § 9 Rn. 23.
97 Nach **BGHZ 57, 137 ff.**; siehe auch BGHZ 146, 298, 308, wonach die Saldotheorie trotz Nichtvorliegens von § 819 Abs. 1 keine Anwendung findet, „wenn die mit ihr verbundene Bevorzugung des Bereicherungsschuldners im Einzelfall der Billigkeit widerspricht". Der Wertungswiderspruch ergebe sich aus dem Vergleich mit dem Ausschluss der Saldotheorie im Fall der Bösgläubigkeit des Bereicherungsschuldners nach § 819 Abs. 1.

von der Täuschung und ficht den Kaufvertrag erfolgreich nach § 123 an. K verlangt nun von V den Kaufpreis aus ungerechtfertigter Bereicherung zurück. V will Rückgabe des Pkw sowie Wertersatz für dessen (schuldhafte) Beschädigung. Hat K einen Anspruch auf Rückzahlung des gesamten Kaufpreises?

K könnte gegen V einen Anspruch aus **§ 812 Abs. 1 S. 1, 1. Alt.** auf Rückzahlung des Kaufpreises haben. V hat Eigentum und Besitz am Entgelt durch Leistung des K erlangt. Dies erfolgte nach h.M. wegen der wirksamen Anfechtung (§§ 123 Abs. 1, 142 Abs. 1) ohne rechtlichen Grund[98].

Rechtsfolge ist, dass V das Erlangte herauszugeben hat. Da dem V die Herausgabe des konkreten Gelds unmöglich ist, hat er nach § 818 Abs. 2 Wertersatz zu leisten. V hat dem K aber den Pkw übereignet. Nach der Saldotheorie kann jeder nur so viel zurückverlangen, wie er seinerseits zurückgeben kann. K kann dem V nur einen Pkw im Wert von 6000 Euro zurückgewähren. Insoweit könnte sein Rückzahlungsanspruch gemindert sein, wenn er das Risiko der Verschlechterung bzw. des Untergangs zu tragen hat. Fraglich ist also, ob die Entreicherung des K seinen Anspruch auf Wertersatz gegen den V nach der Saldotheorie entfallen lässt. Die h.M. lehnt eine Anwendung der Saldotheorie zu Lasten eines arglistig Getäuschten ab, sofern der erlangte Gegenstand **ohne sein Verschulden untergegangen** ist[99]. In diesem Fall kann sich der Getäuschte auf § 818 Abs. 3 berufen, d.h. er behält einen ungekürzten Bereicherungsanspruch[100].

Im vorliegenden Fall liegt jedoch ein **verschuldeter Untergang** der Sache vor. Die **Rechtsprechung** will die Saldotheorie auch dann nicht zu Lasten des arglistig Getäuschten anwenden[101]. Begründet wird dies mit Billigkeitsgesichtspunkten. Haftet der Veräußerer verschärft nach §§ 818 Abs. 4, 819 Abs. 1[102], soll er durch die Saldotheorie nicht privilegiert werden. Der verschärft haftende Veräußerer trägt damit auch das Risiko, dass die Sache durch Verschulden des Erwerbers untergeht, denn der arglistig Täuschende ist insoweit nicht schutzwürdig. Außerdem hat der Veräußerer mit der arglistigen Täuschung die Ursache für die Rückabwicklung gesetzt. Im konkreten Fall hat V von der Anfechtbarkeit des Vertrags aufgrund seiner arglistigen Täuschung gewusst, sodass er nach § 142 Abs. 2 so gestellt wird, als habe er den Mangel des rechtlichen Grunds gekannt. Er haftet nach §§ 818 Abs. 4, 819 Abs. 1 **verschärft**, sodass die Anwendbarkeit der Saldotheorie ausscheidet.

Es greift in diesem Fall die **Zweikonditionenlehre**. Nach dieser hat V den Kaufpreis zurückzuzahlen, ohne dass die Beschädigung des Pkw bei der Höhe des Wertersatzes zu berücksichtigen wäre. Allerdings soll das Verschulden des K bei der Beschädigung über **§ 242** aus Billigkeitsgründen zu berücksichtigen sein, sodass die

---

98 Eine a.A. will bei wirksamer Anfechtung einen Anspruch aus § 812 Abs. 1 S. 2, 1. Alt. bejahen, da im Zeitpunkt der Leistung ein Rechtsgrund vorhanden gewesen sei, der erst durch die Anfechtung (rückwirkend) entfalle. Siehe dazu Rn. 615.
99 BGH NJW 1990, 2880, 2882; *Medicus/Lorenz*, SR II, § 68 Rn. 6.
100 **BGHZ 53, 144, 147 f.** Begründet wurde das bislang damit, dass der arglistig Täuschende bei der Abwicklung nach einer Anfechtung des anderen Vertragsteils nicht besser stehen dürfe als ein Rücktrittsschuldner. Außerdem soll es als billig erscheinen, das Risiko des zufälligen Untergangs dem arglistig Täuschenden zuzuweisen.
101 BGHZ 57, 137, 147 ff.; BGHZ 78, 216, 223 f.
102 Näher Rn. 767 ff.

Täuschung des V und das Verschulden des K an der Beschädigung des Pkw gegeneinander abgewogen werden und der Bereicherungsanspruch des K entsprechend zu kürzen ist[103].

Eine a.A. will die Saldotheorie auch zu Lasten des arglistig Getäuschten anwenden, sofern dieser die Beschädigung oder Zerstörung des Bereicherungsgegenstands **schuldhaft herbeigeführt** hat[104]. Vom Anspruch des Erwerbers gegen den Veräußerer auf Rückzahlung des Kaufpreises ist nach der Saldotheorie die Wertminderung abzuziehen. Das entspricht der Risikoverteilung beim gesetzlichen Rücktritt: Die Wertersatzpflicht entfällt nach § 346 Abs. 2 S. 1 Nr. 3 nämlich nur, wenn der Rücktrittsberechtigte den Untergang bzw. die Verschlechterung nicht zu vertreten hat (§ 346 Abs. 3 S. 1 Nr. 3)[105]. Die Gefahrtragung ist nicht von der Bösgläubigkeit des Veräußerers abhängig. Die arglistige Täuschung des Veräußerers rechtfertigt keine Besserstellung des Erwerbers, vielmehr muss auch der arglistig Getäuschte das Risiko seines Verschuldens tragen. Nach dieser Auffassung sind der Anspruch des K auf Rückzahlung des Kaufpreises und die Wertminderung durch den Unfall zu saldieren.

IV. Verschärfte Haftung, §§ 818 Abs. 4, 819 Abs. 1 bzw. 820 Abs. 1

Übersichtsaufsätze: *Röthel*, Die „verschärfte Haftung" des Bereicherungsschuldners, JURA 2016, 260 ff.; *Kohler*, Die Rechtsfolgen der verschärften Bereicherungshaftung, JuS 2018, 1033 ff. (I.), 1173 (II.).

767 Sobald der Bereicherungsschuldner nach § 818 Abs. 4 iVm. § 819 bzw. § 820 verschärft haftet, kann er sich nicht auf den Wegfall der Bereicherung (§ 818 Abs. 3) berufen[106]. Er haftet vielmehr gemäß § 818 Abs. 4 nach den „allgemeinen Vorschriften".

1. Voraussetzungen

768 Eine verschärfte Haftung des Bereicherungsschuldners (Empfängers) ergibt sich in den folgenden Fällen: Bei Rechtshängigkeit gemäß § 818 Abs. 4, bei Bösgläubigkeit gemäß § 819 Abs. 1 (Kenntnis des fehlenden Rechtsgrunds), bei ungewissem Erfolgseintritt gemäß § 820 Abs. 1 und wenn der Bereicherungsschuldner nach § 819 Abs. 2 sonst nicht schutzwürdig ist.

a) Rechtshängigkeit

769 Der Bereicherungsschuldner haftet verschärft, wenn der Bereicherungsanspruch rechtshängig ist (**§ 818 Abs. 4**). Rechtshängig ist der Anspruch, sobald der Bereicherungsgläubiger Klage auf Herausgabe des Erlangten oder Wertersatz erhoben hat.

---

103 Zum Umfang der Wertminderungsbeteiligung für den konkreten Fall BGHZ 57, 137, 152.
104 MünchKomm/*Schwab*, § 818 Rn. 256 ff.; Staudinger/*Lorenz*, § 818 Rn. 44; *Brox/Walker*, § 43 Rn. 15; *Koppensteiner/Kramer*, § 16 V 2 c cc; *Kulms*, JZ 1998, 430, 433; *Medicus/Petersen*, BR, Rn. 230.
105 *Freund/Stölting*, ZGS 2002, 182, 184 f.; *Brox/Walker*, § 43 Rn. 15.
106 BGH NJW 1998, 2433, 2434.

Dem Bereicherungsschuldner muss die Klageschrift bzw. der Mahnbescheid zugestellt worden sein (§§ 261 Abs. 1, 253 Abs. 1 bzw. 696 Abs. 3 ZPO), denn ab diesem Zeitpunkt muss er damit rechnen, dass er das Erlangte herauszugeben oder Wertersatz zu leisten hat[107].

b) Bösgläubigkeit

Eine verschärfte Haftung tritt auch bei Bösgläubigkeit gemäß § 819 Abs. 1 ein. **770**

→ **Definition: Bösgläubig** ist, wer sowohl die relevanten Tatsachen als auch die rechtlichen Folgen kennt. Für die Bejahung der positiven Kenntnis der Rechtsgrundlosigkeit genügt es, dass ein redlich denkender Empfänger sich der Überzeugung seiner Nichtberechtigung, d.h. der Einsicht in die Nichtigkeit des Verpflichtungsgeschäfts, nicht verschließen kann[108].

Es geht darum, ob der **Empfänger** die Rechtsgrundlosigkeit seines Erwerbs kennt[109]. **771**
Wer nämlich davon weiß, muss damit rechnen, das Erlangte wieder herausgeben zu müssen. § 142 Abs. 2 enthält die Besonderheit, dass bereits Kenntnis der Anfechtbarkeit des Erwerbs ausreicht, wenn später tatsächlich angefochten wird[110]. Der Empfänger wird so behandelt, als habe er die Nichtigkeit des Rechtsgeschäfts kennen müssen bzw. gekannt. Die Kenntnisse eines Vertreters sind dem Vertretenen entsprechend § 166 zuzurechnen[111]. Kennt also der Bereicherte den Mangel des rechtlichen Grunds im Zeitpunkt des Erwerbs, haftet er, wie wenn der Anspruch zu dieser Zeit rechtshängig geworden wäre, d.h. nach den allgemeinen Regeln. Erfährt der Bereicherte erst später vom Mangel des Rechtsgrunds, haftet er ab Erlangung dieser Kenntnis verschärft.

Umstritten ist, unter welchen Voraussetzungen eine verschärfte Haftung **Minderjähriger** nach §§ 819 Abs. 1, 818 Abs. 4 in Betracht kommt. Eine Ansicht zieht eine **Parallele zur deliktischen Ebene**. Es wird nach den §§ 827, 828 analog auf die Kenntnis des Minderjährigen abgehoben[112]. Zur Begründung wird auf den deliktischen Charakter der verschärften Haftung (§§ 819 Abs. 1, 818 Abs. 4) verwiesen. Der Bereicherungsschuldner haftet insoweit „nach den allgemeinen Vorschriften", wobei in erster Linie auf die §§ 292, 989, 987, also quasi-deliktische Haftungsgrundlagen, verwiesen wird. Dies rechtfertige, den Maßstab des Deliktsrechts (§§ 827, 828) anzulegen. **772**

Demgegenüber betont eine a.A. die **Parallele zur vertraglichen Ebene**. Sie wendet die §§ 106 ff., 166 analog an und stellt grundsätzlich auf die Kenntnis des gesetzlichen Vertreters ab[113]. Bei der Frage, ob der minderjährige Empfänger im Rahmen des § 819 Abs. 1 den Mangel des rechtlichen Grunds kannte, ist nicht auf den Minderjährigen, sondern allein auf seinen gesetzlichen Vertreter abzuheben. Die Kenntnis i.S. **773**

---

107 BGHZ 132, 198, 213; BGH NJW 1992, 2415, 2417.
108 BGH NJW 1992, 2415, 2417; BGH WM 1996, 1504, 1506; BGH NJW 1996, 2652, 2653; Staudinger/*Lorenz*, § 819 Rn. 6.
109 Kennt dagegen der **Leistende** die Rechtsgrundlosigkeit des Erwerbs, kann er das Geleistete aufgrund von § 814 (Kenntnis der Nichtschuld) nicht zurückfordern.
110 MünchKomm/*Schwab*, § 819 Rn. 4.
111 BGHZ 83, 293, 295; BGH NJW 2014, 1294 (mit einer Besonderheit bzgl. der Verjährung).
112 *Kellmann*, NJW 1971, 862, 865; vgl. auch MünchKomm/*Schwab*, § 819 Rn. 9 m.w.N.
113 Staudinger/*Lorenz* § 819 Rn. 10; *Larenz/Canaris*, § 73 II 2 a; *Medicus/Petersen*, BR, Rn. 176.

des § 819 Abs. 1 des gesetzlichen Vertreters ist dem Minderjährigen analog § 166 Abs. 1 zuzurechnen. Grund: Auch im Bereicherungsrecht sind die Wertungen des allgemeinen Teils des BGB zu beachten. Eine analoge Anwendung des § 828 Abs. 3 würde den Minderjährigenschutz unterlaufen. Die Parallele zur deliktischen Ebene sei verfehlt, da das Bereicherungsrecht keine Schäden beim Bereicherungsgläubiger ausgleichen, sondern lediglich eine bestehende ungerechtfertigte Vermögensmehrung beim Bereicherungsschuldner abschöpfen will.

774 Die **h.M.** vertritt überzeugend eine vermittelnde Ansicht und differenziert bei Minderjährigen hinsichtlich der Kenntnis i.S. des § 819 Abs. 1 zwischen Leistungs- und Eingriffskondiktion. Bei der **Leistungskondiktion** soll nach den §§ 106 ff., 166 Abs. 1 analog auf die Kenntnis des gesetzlichen Vertreters (regelmäßig die Eltern, §§ 1626, 1629) abzustellen sein[114]. Begründet wird das damit, dass der Minderjährige nach den §§ 106 ff. allein dann vertraglichen Ansprüchen ausgesetzt ist, wenn sein gesetzlicher Vertreter zustimmt. Aufgrund der dahinter stehenden Wertung soll er auch nicht mit bereicherungsrechtlichen Ansprüchen belastet werden können, denn letztlich geht es hier um die Rückabwicklung von fehlgeschlagenen Vertragsbeziehungen. Die **Eingriffskondiktion** sei demgegenüber deliktsähnlich, sodass bei Minderjährigen die §§ 827, 828 analog herangezogen werden können und es damit nach § 828 Abs. 3 analog auf die Einsichtsfähigkeit des Minderjährigen ankommt.

775 Für die Unterscheidung der h.M. zwischen Leistungs- und Eingriffskondiktion spricht, dass sie sowohl den Wertungen des allgemeinen Teils des BGB als auch den Wertungen des Deliktsrechts gerecht wird. Grundsätzlich gilt es zwar, den Minderjährigenschutz nach §§ 106 ff. in allen Teilen des BGB zu beachten, dieser findet aber seine Grenze im Recht der unerlaubten Handlung (dort: §§ 827, 828). Der BGH hat sich dieser Auffassung für die Fälle angeschlossen, in denen der Minderjährige den Bereicherungsgegenstand durch eine vorsätzliche unerlaubte Handlung erlangt hat und die erforderliche Einsichtsfähigkeit besitzt[115].

c) Ungewisser Erfolgseintritt

776 Eine verschärfte Haftung kommt auch bei ungewissem Erfolgseintritt gemäß **§ 820 Abs. 1** in Betracht. § 820 Abs. 1 S. 1 bezieht sich auf die Kondiktion nach § 812 Abs. 1 S. 2, 2. Alt. Haben die Parteien mit der Leistung einen bestimmten Erfolg bezweckt, dessen Eintritt sie als ungewiss ansahen, haftet der Bereicherte gemäß § 820 Abs. 1 S. 1 verschärft, wenn der Erfolg nicht eintritt. Bei der Kondiktion nach § 812 Abs. 1 S. 2, 1. Alt. haftet der Bereicherungsschuldner nach § 820 Abs. 1 S. 2 verschärft, wenn der Wegfall des Rechtsgrunds bei Abschluss des Geschäfts als möglich angesehen wurde und später tatsächlich entfallen ist.

777 Durch § 820 Abs. 1 wird der Anwendungsbereich der verschärften Haftung erweitert, wobei der Umfang der Haftung durch Abs. 2 zugleich eingeschränkt wird. Die verschärfte Haftung rechtfertigt sich in den Fällen des § 820 Abs. 1 damit, dass die Parteien, die mit der Leistung einen bestimmten ungewissen Zweck verfolgen, von vornherein nicht darauf vertrauen durften, das Erlangte dauerhaft behalten zu können. Ent-

---

114 Staudinger/*Lorenz*, § 819 Rn. 9 f.; Erman/*Buck-Heeb*, § 819 Rn. 6.
115 BGHZ 55, 128, 136 f.

sprechend setzt § 820 Abs. 1 voraus, dass **beide Parteien** bei Vertragsschluss subjektiv den Eintritt des Erfolgs als unsicher bzw. den Wegfall des Rechtsgrunds als möglich ansahen[116].

d) Gesetzes- oder Sittenverstoß

Eine verschärfte Haftung des Bereicherten tritt auch bei einem Gesetzes- oder Sittenverstoß i.S. des **§ 817 S. 1** ein (§ 819 Abs. 2), wenn er durch die Annahme der Leistung gegen ein gesetzliches Verbot oder gegen die guten Sitten verstoßen hat. Nach h.L. ist – anders als bei § 817 S. 1 – erforderlich, dass der Bereicherte sich des Gesetzes- oder Sittenverstoßes **bewusst** ist, weil sonst ein Wertungswiderspruch zu § 819 Abs. 1 entsteht[117]. Liegt sogar Kenntnis der Rechtsfolgen des Rechts- oder Sittenverstoßes vor (Nichtigkeit nach §§ 134, 138), ist bereits § 819 Abs. 1 einschlägig.

778

2. Rechtsfolgen

Sind die Voraussetzungen eines der genannten Tatbestände gegeben, haftet der Empfänger nach § 818 Abs. 4 verschärft, d.h. seine Haftung bemisst sich „nach den allgemeinen Vorschriften". **Umstritten** ist, was unter dem Begriff der „**allgemeinen Vorschriften**" zu verstehen ist.

779

a) Herausgabe des Erlöses

Nach der **h.M.** (Rechtsprechung und ein Teil der Literatur) sollen sämtliche Vorschriften des allgemeinen Schuldrechts im Hinblick auf den Sinn und Zweck des § 818 Abs. 4 angewendet werden können[118]. Der Verweis auf die „allgemeinen Vorschriften" habe den Zweck, dem Bereicherungsschuldner die durch die eingeschränkte Haftung nach § 818 Abs. 1–3 zugutekommenden Vergünstigungen zu nehmen und ihn wie jeden Schuldner zu behandeln.

780

Bei verschärfter Haftung ist damit gemäß **§§ 819 Abs. 1, 818 Abs. 4, 285** der Veräußerungserlös (d.h. auch ein **Gewinn**) als Surrogat herauszugeben[119]. Grund: Die Haftung nach § 818 Abs. 2 auf den objektiven Wert soll den gutgläubigen Bereicherungsschuldner privilegieren. Dieses Privileg, einen rechtsgeschäftlichen Mehrerlös behalten zu dürfen, gebührt dem bösgläubigen Bereicherungsschuldner nicht. Ihm sind entsprechend dem Zweck der Haftung „nach den allgemeinen Vorschriften" (nämlich den bösgläubigen Bereicherungsschuldner den Schuldnern aus anderen Rechtsgründen gleichzustellen) die nach dem Bereicherungsrecht gewährten Vergünstigungen zu nehmen[120].

781

In der **Literatur** wird demgegenüber teilweise die Auffassung vertreten, dass allgemeine Vorschriften i.S. des § 818 Abs. 4 nur diejenigen Regeln seien, die Rechtshän-

782

---

116 BGH NJW-RR 1992, 558, 559; BGH ZIP 1987, 1457, 1460; MünchKomm/*Schwab*, § 820 Rn. 1; *Koppensteiner/Kramer*, § 15 I 4; *Larenz/Canaris*, § 73 II 1c.
117 MünchKomm/*Schwab*, § 819 Rn. 26; *Larenz/Canaris*, § 73 II 1b; Jauernig/*Stadler*, § 819 Rn. 6.
118 *Wandt*, § 12 Rn. 54; Erman/*Buck-Heeb*, § 818 Rn. 50; *Medicus*, JuS 1993, 705, 706; zum alten Recht siehe auch BGHZ 75, 203, 205; BGHZ 83, 293, 299; BGH NJW 2000, 1031.
119 BGHZ 75, 203, 207; BGH NJW 2014, 2790 f.; Erman/*Buck-Heeb*, § 818 Rn. 50; *Kohler*, JuS 2018, 1033, 1035; a.A. MünchKomm/*Schwab*, § 818 Rn. 337.
120 BGHZ 75, 203, 207.

gigkeit voraussetzen, also nur §§ 291, 292[121]. § 285 (Herausgabe des Ersatzes) stellt danach keine allgemeine Vorschrift i.S. des § 818 Abs. 4 dar[122]. Begründet wird das damit, dass § 818 Abs. 4 auf den Eintritt der Rechtshängigkeit abstellt und damit unter „allgemeinen Vorschriften" nur solche Regelungen fallen, die ebenfalls an die Rechtshängigkeit anknüpfen.

783 Überzeugender ist die h.M., insbesondere bei einem Vergleich mit § 816 Abs. 1 S. 1. Dort muss bereits der gutgläubige Bereicherungsschuldner den Veräußerungserlös herausgeben. Dann muss hier der bösgläubige Bereicherungsschuldner, der nach §§ 819 Abs. 1, 818 Abs. 4 verschärft haftet, erst recht den Erlös herausgeben. Eine Besserstellung des verschärft Haftenden wäre nicht gerechtfertigt, da er weiß, dass er den Bereicherungsgegenstand aufgrund der Rechtsgrundlosigkeit zurückgeben muss.

b) Verzug

784 Sieht man mit der h.M. die §§ 275 ff. als anwendbar an, gilt Folgendes: Bei **Verzug** des verschärft haftenden Bereicherungsschuldners haftet er nach §§ 818 Abs. 4, 292, 989, 990 Abs. 2, 287 S. 2 auch für den **zufälligen Untergang** des Bereicherungsgegenstands bzw. für zufällige Beschädigungen[123].

c) Verzinsung

785 Hat der verschärft haftende Bereicherungsschuldner als „erlangtes Etwas" eine Geldsumme herauszugeben oder muss er nach § 818 Abs. 2 Wertersatz leisten, hat er die fällige **Geldschuld** nach §§ 818 Abs. 4, 291, 288 Abs. 1[124] unabhängig davon zu verzinsen, ob er tatsächlich Zinsen gezogen hat oder nicht (siehe aber § 820 Abs. 2, 1. HS). Der verschärft haftende Bereicherungsschuldner kann sich nämlich nicht auf § 818 Abs. 3 berufen und haftet deshalb (bereicherungsunabhängig) nach § 818 Abs. 2 auf Wertersatz[125].

d) Schadensersatz

786 Bezieht sich der Herausgabeanspruch auf eine Sache, verweist der § 818 Abs. 4 auf § 292 als „allgemeine Vorschrift". Dieser verweist wiederum auf die Haftungsregelungen des Eigentümer-Besitzer-Verhältnisses (§§ 987 ff.). So ist der Bereicherungsschuldner nach **§§ 819 Abs. 1, 818 Abs. 4, 292 Abs. 1, 989, 990** zum **Schadensersatz** verpflichtet, wenn er den Bereicherungsgegenstand schuldhaft nicht oder nur beschädigt herausgeben kann.

---

121 *Teichmann*, JuS 1972, 247, 250; krit. MünchKomm/*Schwab*, § 818 Rn. 315 ff.; vgl. auch *Medicus*, JuS 1993, 705 ff. m.w.N., nach dem nur die §§ 291 f. gelten sollen und die §§ 275 ff. nur insoweit, als sie von den §§ 987 ff. in Bezug genommen werden. Zu § 292 siehe auch BGHZ 133, 246, 249, 252; BGHZ 140, 275, 280.
122 *Koppensteiner/Kramer*, § 15 II 1a; *Esser/Weyers*, § 51 III 2 b; krit. MünchKomm/*Schwab*, § 818 Rn. 337.
123 BGHZ 83, 293, 299; Erman/*Buck-Heeb*, § 818 Rn. 51; Staudinger/*Lorenz*, § 818 Rn. 51; a.A. *Larenz/Canaris*, § 73 II.
124 § 288 Abs. 2 (Zinssatz von 8 % über Basiszinssatz) kann für Bereicherungsansprüche auch bei Nichtverbrauchern keine Anwendung finden, Erman/*Buck-Heeb*, § 818 Rn. 52; BeckOK/*Wendehorst*, § 818 Rn. 100; anders MünchKomm/*Schwab* § 818 Rn. 316.
125 *Koppensteiner/Kramer*, § 16 II 1 f.

Nach h.M. ist schon die bloße Weiterbenutzung der Sache schuldhaft, soweit sie nicht dem Erhalt der Sache dient[126]. Der Bereicherungsschuldner hat damit ggf. mehr als nur den auf den objektiven Wert des Erlangten begrenzten Bereicherungsausgleich (vgl. § 818 Abs. 2), und auch für **Folgeschäden** im Vermögen des Gläubigers Ersatz einzustehen[127]. 787

e) Herausgabe der Nutzungen und Verwendungen

Hinsichtlich der **Nutzungen** haftet der Bereicherungsschuldner nach den §§ 818 Abs. 4, 292 Abs. 2, 987 Abs. 2 nicht nur auf Ersatz der gezogenen, sondern auch auf Ersatz der schuldhaft nicht gezogenen Nutzungen[128]. 788

Hat der Bereicherungsschuldner **Verwendungen** auf die erlangte Sache gemacht, kann er bei verschärfter Haftung notwendige Verwendungen nur nach den Vorschriften der GoA verlangen (§§ 818 Abs. 4, 292 Abs. 2, 994 Abs. 2, 677 ff.). Es kommt mithin darauf an, ob die Vornahme der Verwendungen dem Willen und Interesse des Bereicherungsgläubigers (Geschäftsherr) entsprach. Im Übrigen handelt der Bereicherungsschuldner bei darüber hinaus getätigten Verwendungen auf eigenes Risiko. Im Gegensatz dazu kann der gutgläubige Bereicherungsschuldner seine Verwendungen relativ unproblematisch nach § 818 Abs. 3 vom Bereicherungsanspruch abziehen bzw. ersetzt verlangen. 789

§ 21 Der Bereicherungsausgleich im Mehrpersonenverhältnis

I. Grundregeln

Sind am Bereicherungsvorgang mehr als zwei Personen beteiligt, liegt ein sog. Mehrpersonenverhältnis vor. Auch wenn die bereicherungsrechtlichen Dreipersonenverhältnisse bei Studierenden aufgrund ihrer Komplexität zumeist nicht sehr „beliebt" sind, stellen sie doch einen **„Examensklassiker"**[1] dar. 790

Einige Mehrpersonenverhältnisse sind in den §§ 816 und 822 gesetzlich geregelt. Wie die anderen Fälle rechtlich zu behandeln sind, ist **umstritten**. Einigkeit besteht nur darin, dass sich jede schematische Lösung verbietet[2]. Es sollen vielmehr in erster Linie die Besonderheiten des einzelnen Falls für die sachgerechte bereicherungsrechtliche Abwicklung zu beachten sein[3]. Das sind v.a. Gesichtspunkte des Vertrauens- 791

---

126 OLG Saarbrücken NJW-RR 1998, 1068, 1069; Palandt/*Herrler*, § 989 Rn. 5; MünchKomm/*Raff*, § 989 Rn. 15.
127 *Medicus/Lorenz*, SR II, § 67 Rn. 30.
128 Der gutgläubig Bereicherte hat dagegen Nutzungen lediglich nach § 818 Abs. 1 herauszugeben (vgl. aber § 820 Abs. 2, 2. HS).
1 *Mäsch*, JuS 2018, 1098, 1099.
2 Zum „Verbot" schematischer Lösungen im Bereicherungsrecht Omlor/Spies, JR 2011, 139 ff.
3 Vgl. z.B. BGH NJW 1999, 1393, 1394; BGHZ 122, 46, 51; BGH NJW 2004, 1169.

schutzes und der Risikoverteilung[4]. In einer Klausur hilft das jedoch nicht weiter. Wichtig ist es hier, einige **Grundregeln des Bereicherungsausgleichs** in Mehrpersonenverhältnissen sowie einzelne Fallgruppen zu kennen[5]. Berücksichtigt man diese Grundregeln, lassen sich die für die einzelnen Fallgruppen entwickelten Lösungen und die dahinter stehenden Streitfragen besser verstehen[6].

1. Vorrang der Leistungskondiktion

792 Im Mehrpersonenverhältnis gilt der Vorrang der Leistungskondiktion[7]. Was durch Leistung einer Partei erworben worden ist, kann nicht gleichzeitig in sonstiger Weise auf Kosten eines Dritten erworben werden. Hat jemand etwas durch eine Leistung erlangt, ist eine (Nichtleistungs-)Kondiktion eines Dritten „in sonstiger Weise" ausgeschlossen. Vorrang der Leistungskondiktion bedeutet gleichzeitig Subsidiarität der Nichtleistungskondiktion[8].

793 Damit erfolgt der Bereicherungsausgleich grundsätzlich innerhalb der jeweiligen Leistungsbeziehungen. Geleistetes kann nur vom Leistenden (Leistungskondiktion), nicht aber vom Dritten (Eingriffskondiktion) herausverlangt werden. Wenn jemand z.B. das Eigentum an einer Sache durch die Leistung eines anderen erlangt hat, findet hinsichtlich dieses Bereicherungsgegenstands allein eine Leistungskondiktion zwischen den Parteien, aber grundsätzlich keine Nichtleistungskondiktion (§ 812 Abs. 1 S. 1, 2. Alt.) eines Dritten auf Rückübereignung und Herausgabe der Sache statt.

794 Der Empfänger einer Leistung soll darauf vertrauen dürfen, dass nur sein Vertragspartner aus ungerechtfertigter Bereicherung gegen ihn vorgehen kann. Könnten Dritte kondizieren, würde der Empfänger der Leistung möglicherweise Einwendungen, Aufrechnungsmöglichkeiten und Gegenrechte verlieren, die ihm gegenüber dem Leistenden aber zustünden. Außerdem könnte im Einzelfall das Bereicherungsrecht den gutgläubigen Erwerb (§§ 932 ff.) aushebeln.

795 Eine Durchbrechung erfährt der Subsidiaritätsgrundsatz allerdings dann, wenn die **Wertungen** anderer Regelungen (z.B. §§ 170 ff., 935; § 366 HGB) das erfordern[9].

2. Bestimmung des Leistenden

796 Bei Drei- oder Mehrpersonenverhältnissen spielt der **Leistungsbegriff** eine tragende Rolle, denn über ihn können die Parteien der Kondiktion bestimmt werden. Anders als bei Zwei-Personen-Verhältnissen ist aber die Bestimmung des Leistenden und des Leistungsempfängers bei Mehrpersonenverhältnissen häufig nicht einfach. Festgestellt werden muss, zwischen welchen Personen eine Verbindlichkeit gegeben ist. Al-

---

4 So ausdrücklich etwa **BGH NJW 2018, 1079 ff.** Rn. 18; **BGH NJW 2015, 229 ff.** Rn. 22.
5 Der BGH soll allerdings in den Zahlungsverkehrsfällen von der o.g. Formulierung abgerückt sein (vgl. OLG Celle OLGR 2008, 616 ff.); dazu *Nobbe*, in: Schimansky/Bunte/Lwowski, Bankrechts- Handbuch, 5. Aufl. 2017, § 60 Rn. 217 m.w.N.; siehe auch *Omlor/Spies*, JR 2011, 139, 141 f.
6 *Lorenz*, JuS 2003, 729 ff., 839 ff.
7 Vgl. *Medicus/Petersen*, BR, Rn. 727; *Looschelders*, § 55 Rn. 2.
8 BGHZ 40, 272, 278; BGHZ 56, 228, 240; BGH NJW 1999, 1393 f.; BGH NJW 2005, 60 f.; Palandt/ *Sprau*, § 812 Rn. 43.
9 Näher *Medicus/Lorenz*, SR II, § 69 Rn. 36; *Larenz/Canaris*, § 70 VI 1.

lein zwischen diesen Personen kann eine Leistungsbeziehung (bewusste und zweckgerichtete Mehrung fremden Vermögens[10]) bestehen.

Klausurrelevant und umstritten ist, ob es bei der Frage, zwischen welchen Personen die Leistungsbeziehung besteht, auf die Sichtweise des Leistenden oder des Leistungsempfängers ankommt. Nach h.M. ist grundsätzlich auf den **objektiven Empfängerhorizont** abzustellen[11] (§§ 133, 157 analog[12]). Es kommt also darauf an, wen der Empfänger vernünftigerweise als Leistenden ansehen durfte. 797

Eine **Durchbrechung** erfährt diese Regel jedoch in den sog. Anweisungsfällen[13]. Der Zuwendungsempfänger kann hier bei fehlender Tilgungs- und Zweckbestimmung gegen das Kondiktionsbegehren des Zuwendenden nicht einwenden, er habe an das Vorliegen einer wirksamen Anweisung und daher an eine Leistung des vermeintlich Anweisenden geglaubt. Der Grund hierfür liegt in der Schutzbedürftigkeit des vermeintlich Anweisenden, der keinen zurechenbaren Rechtsschein veranlasst hat[14]. 798

3. Fallgruppen

Als **Fallgruppen** lassen sich unterscheiden: Die Leistungskette (siehe II.), die Anweisung (siehe III.), der Vertrag zugunsten Dritter (siehe IV.), die Abtretung (siehe V.), die Leistung auf fremde Schuld (§ 267; siehe VI.) und der Ausgleich gemäß §§ 951, 812 bei Zuwendungen durch Dritte (siehe VII.). 799

II. Bereicherungsausgleich bei Leistungskette

Eine Leistungskette liegt vor, wenn jemand (A) einen Gegenstand an seinen Vertragspartner (B) liefert und dieser später den Gegenstand an einen Dritten (C) weiterverkauft. Sind beide Kaufverträge unwirksam **(Doppelmangel)**, hat B gegen C einen Anspruch aus § 812 Abs. 1 S. 1, 1. Alt. und A gegen B. Der Anspruch des A richtet sich, wenn C den Gegenstand auf B zurückübertragen hat, auf Rückübereignung (§ 818 Abs. 1). Hat (noch) keine Rückübertragung von C auf B stattgefunden, richtet sich der Anspruch des A nach **h.M.**, da eine Herausgabe nicht möglich ist, auf Wertersatz (§ 818 Abs. 2). 800

Eine Abtretung des Bereicherungsanspruchs, der dem B gegen C zusteht, kann nach h.M. nicht verlangt werden **(keine Kondiktion der Kondiktion)**[15]. Anderenfalls müsste sich A nicht nur die Einwendungen seines Vertragspartners B, sondern über 801

---

10 Eine Aufgabe des Leistungsbegriffs fordern aber *Larenz/Canaris*, § 70 VI 2; *Wilhelm*, Rechtsverletzung und Vermögensentscheidung als Grundlagen und Grenzen des Anspruchs aus ungerechtfertigter Bereicherung, 1973, S. 137 ff.
11 BGHZ 40, 272, 276 ff.; BGH NJW 2005, 60 f. („Dirnenlohn"); *Brox/Walker*, § 40 Rn. 21 f.; *Looschelders*, § 54 Rn. 9 jeweils m.w.N.
12 Eine Analogie ist deshalb erforderlich, weil die Zweckbestimmung keine Willenserklärung ist.
13 Siehe Rn. 803 ff.
14 *Staake*, WM 2005, 2113, 2119.
15 *Medicus/Lorenz*, SR II, § 69 Rn. 18; *Larenz/Canaris*, § 70 II 2 b; *Wandt*, § 13 Rn. 39; *Erman/Buck-Heeb*, § 812 Rn. 25, 37; MünchKomm/*Schwab*, § 812 Rn. 64; Staudinger/*Lorenz*, § 812 Rn. 55; a.A. Palandt/*Sprau*, § 812 Rn. 67.

§ 404 auch die Einwendungen des C entgegenhalten lassen. Auch hätte A das Insolvenzrisiko des C zu tragen[16]. Ein Anspruch des A gegen C aus § 812 Abs. 1 S. 1, 2. Alt. scheitert daran, dass C den Gegenstand durch eine Leistung des B erlangt hat.

802 Die **Rechtsprechung** hebt dagegen teilweise darauf ab, dass A Abtretung des Bereicherungsanspruchs von B gegen C verlangen kann. B soll, sofern er die Sache noch nicht von C zurückerlangt hat, um den Bereicherungsanspruch gegenüber C bereichert sein (§ 812 Abs. 1 S. 1, 1. Alt.; Kondiktion der Kondiktion)[17]. Das überzeugt jedoch nicht, da dann C dem A seine Einwendungen gegenüber B entgegenhalten kann (§ 404) und A das Insolvenzrisiko des C zu tragen hätte, obwohl A keine rechtliche Beziehung zu C wollte.

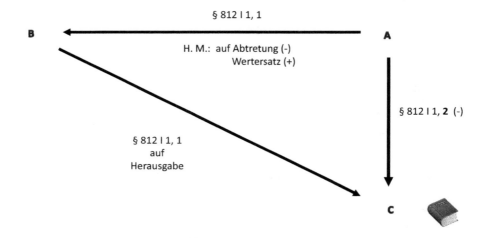

III. Bereicherungsausgleich bei Anweisungsfällen

Übungsfälle: *Hack/Thümmel*, Fortgeschrittenenhausarbeit – Zivilrecht: Bereicherungsausgleich bei fehlerhafter Anweisung im Dreipersonenverhältnis, JuS 2009, 46 ff.; *Kiehnle*, Drei berichtigende Worte des Bundesgerichtshofs?, JURA 2016, 1414 ff.; *Drechsler/Happ*, Fortgeschrittenenklausur, Nur Ärger mit den Mietern und Behörden, JURA 2019, 535 ff.

803 Bei Anweisungsfällen veranlasst der Schuldner (Anweisender) den Zuwendenden (Angewiesenen), eine geschuldete Leistung nicht an ihn als Gläubiger, sondern an einen Dritten zu erbringen. Der Anweisungsbegriff des Bereicherungsrechts ist weiter als der des § 783 und meint jede Lieferungs- oder Zahlungsanweisung. Nach § 675j Abs. 1 stellt für Zahlungsdienstleistungen diese **Autorisierung** eine einseitige Weisung i.S. des § 665 dar[18].

---

16 MünchKomm/*Schwab*, § 812 Rn. 64.
17 BGHZ 36, 30, 32; BGH NJW 1989, 2879, 2881; OLG Saarbrücken NJW-RR 2000, 845 ff.
18 Zu den Zahlungsdienstleistungen siehe Rn. 813.

Es sind zwei Schuldverhältnisse auseinanderzuhalten: Das ist erstens das **Deckungsverhältnis** zwischen dem Anweisenden und dem Angewiesenen (Bank, Zahlungsdienstleister, vgl. § 675d Abs. 1 S. 1). Zweitens gibt es das **Valutaverhältnis** zwischen dem Anweisenden als Zahler (vgl. § 675f Abs. 1) und dem Anweisungsempfänger (= Zuwendungsempfänger), der einen Anspruch gegen den Anweisenden auf Lieferung hat und damit dessen Gläubiger ist. Es sind also durch die tatsächliche Zuwendung des Angewiesenen an den Zuwendungsempfänger zwei Rechtsgeschäfte betroffen[19]. Keine Leistungsbeziehung besteht dagegen zwischen angewiesenem Zahlungsdienstleister und Zahlungsempfänger. 804

Drei Problemlagen können bestehen: Die Weisung ist wirksam und es ist entweder eines der Schuldverhältnisse unwirksam oder beide Schuldverhältnisse sind es (siehe 1.) oder die Weisung ist unwirksam (siehe 2.)[20]. 805

1. Wirksame Weisung

Ist die Weisung wirksam und ist nur **eines der beiden Schuldverhältnisse** (Deckungs- oder Valutaverhältnis) unwirksam, erfolgt die bereicherungsrechtliche Rückabwicklung zwischen den Parteien, die am fehlerhaften Schuldverhältnis beteiligt sind[21]: 806

– Bei einem **Mangel im Deckungsverhältnis** (z.B. nichtiger Darlehensvertrag) kann der Angewiesene nur gegen den Anweisenden aus § 812 Abs. 1 S. 1, 1. Alt. vorgehen. Er kann nicht einen Anspruch gegen den Anweisungsempfänger aus Nichtleistungskondiktion geltend machen, da der Vorrang der Leistungskondiktion gilt[22].
– Bei einem **Mangel im Valutaverhältnis** kann nur der Anweisende gegen den Anweisungsempfänger aus § 812 Abs. 1 S. 1, 1. Alt. vorgehen, da nur dieses Leistungsverhältnis mangelhaft ist.
– Liegt ein **Doppelmangel** vor, d.h. sind beide Schuldverhältnisse unwirksam, findet bei wirksamer Anweisung eine bereicherungsrechtliche Abwicklung ebenfalls nur zwischen den Parteien des jeweiligen Schuldverhältnisses statt.

Das Ganze verdeutlicht **Fall 55**: A verkauft an B einen Gegenstand. B verkauft diesen an C weiter. B bittet nun den A, das Eigentum am Gegenstand direkt an C zu übertragen. Nach der Übereignung A an C wird der Kaufvertrag zwischen A und B von B wirksam angefochten. A verlangt von C Rückübereignung des Gegenstands. Hilfsweise will er sich an den B wenden. Zu Recht? 807

1. A könnte gegen C einen Anspruch auf Rückübereignung aus **§ 812 Abs. 1 S. 1, 1. Alt.** haben. C hat etwas erlangt, da A ihm das Eigentum übertragen hat. Allerdings hat A an den C nichts geleistet. Er wollte diesem gegenüber weder eine Verbindlich-

---

19 BGH WM 2021, 383 Rn. 26.
20 Zu Anweisungen außerhalb des bankrechtlichen Zahlungsverkehrs siehe auch **BGH NJW 2018, 1079 ff.**
21 St.Rspr., siehe nur BGHZ 147, 269, 273; vgl. auch Rn. 800 (Durchlieferung als Grundmodell für die Anweisungsfälle, PWW/*Prütting*, § 812 Rn. 87).
22 Siehe Fall 55, Rn. 807.

keit erfüllen noch einen anderweitigen Zweck erreichen. Ein Anspruch aus § 812 Abs. 1 S. 1, 1. Alt. scheidet daher aus.

2. A könnte gegen C einen Anspruch aus **§ 812 Abs. 1 S. 1, 2. Alt.** haben. Voraussetzung dafür ist, dass C das Eigentum in sonstiger Weise auf Kosten des A erlangte. Fraglich ist aber, ob C das Eigentum nicht durch Leistung des B erlangt hat. B hat A angewiesen und ermächtigt, die Kaufverpflichtung ihm gegenüber in der Weise zu erfüllen, dass er das Eigentum direkt auf C überträgt. A wollte mit der Eigentumsübertragung an C seine Verpflichtung zu dieser aus dem Kaufvertrag mit B erfüllen. Zugleich konnte B auf diesem direkten Weg seine Verpflichtung zur Eigentumsübertragung an C erfüllen.

Mit der einen Zuwendung an C sollten mithin **zwei Verbindlichkeiten erfüllt** werden (A gegenüber B und B gegenüber C). Die bereicherungsrechtliche Rückabwicklung vollzieht sich in diesen Leistungsbeziehungen. Die Eingriffskondiktion ist gegenüber der Leistungskondiktion subsidiär, da dasjenige, das durch Leistung erworben worden ist, nicht gleichzeitig in sonstiger Weise auf Kosten eines anderen erworben worden sein kann[23]. C kann das Eigentum nicht gleichzeitig auf Kosten des A erlangt haben. A kann von C keine Rückübertragung verlangen.

3. A könnte gegen B einen Rückübereignungsanspruch nach **§ 812 Abs. 1 S. 1, 1. Alt.** haben[24]. B müsste etwas erlangt haben. Tatsächlich ist dem B kein Vermögenswert zugeflossen. Allerdings ist bei einem „Erwerb übers Eck" zu berücksichtigen, dass der Zuwendende den Vermögenswert an den Empfänger nur deshalb überträgt, weil er hierzu von seinem Vertragspartner angewiesen und ermächtigt worden ist. Durch die direkte Übertragung des Eigentums von A an C wurde B von seiner Verbindlichkeit aus dem Kaufvertrag mit C frei. Daher könnte B zumindest die **Befreiung von der Verbindlichkeit** erlangt haben[25].

Doch wollte A mit der direkten Übereignung an C seine Übereignungsverpflichtung gegenüber B erfüllen, und nicht etwa B von einer Verbindlichkeit gegenüber Dritten befreien. Die Zuwendung kann rechtlich so angesehen werden, als ob A das Eigentum an B übertragen und B die Übereignung an C vorgenommen hätte (sog. **Als-ob-Betrachtung**)[26].

B hat das Eigentum durch Leistung des A erworben, weil A mit der Zuwendung an C eine – vermeintliche – Verbindlichkeit gegenüber B erfüllen wollte. Ohne Rechtsgrund erfolgte dies auch. Weil der Verpflichtungsvertrag A – B infolge Anfechtung nichtig war, konnte der Zweck, den Kaufvertrag zu erfüllen, nicht erreicht werden. Das erlangte Eigentum ist gemäß §§ 812 Abs. 1 S. 1, 1. Alt., 818 Abs. 1 zurückzuübertragen. Da B dazu nicht in der Lage ist, muss er nach § 818 Abs. 2 Wertersatz leisten.

---

23 BGHZ 40, 272, 278; *Loewenheim/Winckler*, JuS 1983, 684, 685; vgl. auch *Reeb*, JuS 1973, 227, 228.
24 Zur Anwendung von § 812 Abs. 1 S. 1, 1. Alt. bei Anfechtung siehe oben Rn. 615.
25 So *Esser/Weyers*, § 48 III 1c.
26 MünchKomm/*Schwab*, § 812 Rn. 91; im Ergebnis auch Staudinger/*Lorenz*, § 812 Rn. 50.

2. Unwirksame/fehlerhafte Weisung

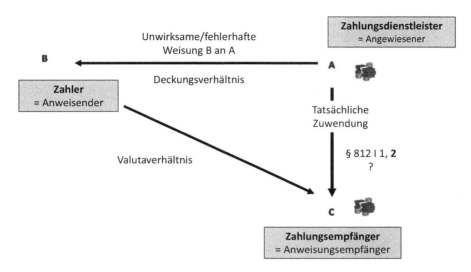

Ist dem Angewiesenen (= Zuwendenden) vom Anweisenden eine Weisung erteilt worden, die bei der Zuwendung durch den Angewiesenen an den Dritten wieder entfallen ist, ist die bereicherungsrechtliche Rückabwicklung problematisch. Das gilt auch für den Fall, dass eine Anweisung nie erteilt worden ist. Es liegt keine Ermächtigung durch den vermeintlich Anweisenden vor[27], an den Dritten mit befreiender Wirkung zu leisten. Außerdem fehlt eine wirksame **Tilgungsbestimmung** hinsichtlich der Erfüllungswirkung im Verhältnis des „Anweisungsempfängers" zum „Anweisenden".

→ **Definition: Tilgungsbestimmung:** Aus dieser ergibt sich die Zweckgerichtetheit der Leistung, d.h. auf welches Schuldverhältnis geleistet wurde.

a) Zurechenbare fehlerhafte Weisung

Ob dem „Anweisenden" die tatsächliche Zuwendung des „Angewiesenen" an den „Anweisungsempfänger" trotz der unwirksamen oder fehlerhaften Weisung zugerechnet werden kann, beurteilt der BGH für allgemeine und für zahlungsdiensterechtliche Anweisungslagen unterschiedlich[28]. Die Zurechnung bemessen die h.M. und der BGH nach den **§§ 170 ff. analog (Rechtsschein)**[29]. Voraussetzung für die analoge Anwendung ist der Rechtsschein, dass der „Angewiesene" für den „Anweisenden"

---

[27] Da eine wirksame Anweisung in diesen Fällen gerade nicht vorliegt, werden die entsprechenden Begriffe in Anführungszeichen gesetzt.
[28] Kritisch zur gespaltenen bereicherungsrechtlichen Rechtsprechung *Kiehnle*, juris PR-BKR 6/2021 Anm. 5 mwN.
[29] So ausdrücklich *Canaris*, JZ 1984, 627; *Stolte*, JZ 1990, 220, 225 f.; siehe auch *Schnauder*, ZIP 1994, 1069, 1074; für einen Rückgriff auf den Rechtsgedanken des sachenrechtlichen Geheißerwerbs MünchKomm/*Schwab*, § 812 Rn. 136.

den Vermögenswert übertragen hat. Außerdem muss der „Anweisende" den Rechtsschein der Weisung zurechenbar **veranlasst** und der „Anweisungsempfänger" auf den Rechtsschein vertraut haben (Gutgläubigkeit). Maßstab für die Gutgläubigkeit des „Anweisungsempfängers" ist § 276, sodass bereits fahrlässige Unkenntnis schadet[30].

> **Klausurtipp: Klausurrelevant** ist dabei v.a., ob dem „Anweisenden" der bestehende **Rechtsschein** einer Weisung zugerechnet werden kann.

810 Eine **fehlerhafte, aber zurechenbare Weisung** liegt etwa vor, wenn der „Anweisende" zwar ursprünglich eine wirksame Weisung erteilt, diese aber noch vor deren Ausführung gegenüber dem „Angewiesenen" widerrufen oder angefochten hat. Durch die ursprüngliche Weisung hat der „Anweisende" die Ursache für den Rechtsschein gesetzt und muss sich daher das Fehlverhalten des „Angewiesenen" zurechnen lassen, wenn er nicht den Rechtsschein einer wirksam erteilten Weisung gegenüber dem gutgläubigen „Anweisungsempfänger" beseitigt[31]. Der „Anweisende" muss demnach die tatsächliche Zuwendung des „Angewiesenen" an den „Anweisungsempfänger" als eigene Leistung gegen sich gelten lassen (§§ 170 ff. analog).

811 Voraussetzung der §§ 170 ff. analog ist der Rechtsschein, dass der „Angewiesene" für den „Anweisenden" den Vermögenswert übertragen hat. Der „Anweisungsempfänger" muss gutgläubig sein, indem er auf den Rechtsschein der Weisung vertraut hat, und der „Anweisende" muss diesen zurechenbar veranlasst haben[32].

812 Im Fall einer fehlerhaft erteilten, aber zurechenbaren Weisung überbringt also der „Angewiesene" im Verhältnis zum „Anweisungsempfänger" die **Tilgungsbestimmung** als Rechtsscheinbote. Die Forderung erlischt somit durch Erfüllung. Ist eines oder sind beide Schuldverhältnisse zwischen den Beteiligten unwirksam, erfolgt der Bereicherungsausgleich ausschließlich innerhalb der jeweiligen Leistungsbeziehungen. Eine Direktkondiktion des „Angewiesenen" gegen den „Anweisungsempfänger" ist nach § 812 Abs. 1 S. 1, 2. Alt. ausgeschlossen.

b) Zurechenbare fehlerhafte Weisung bei Zahlungsdienstleistungen

813 Die Problematik der **fehlerhaft erteilten Weisung** ist v.a. bei der Banküberweisung **klausurrelevant**. Das verdeutlicht **Fall 56**: A verkauft dem D einen Gegenstand und will ihn nach erfolgter Zahlung ausliefern. D reicht einen Überweisungsauftrag bei der Z-Bank ein. Die Überweisung soll erst eine Woche später ausgeführt werden. Kurz nach der Einreichung hört D von generellen Unregelmäßigkeiten bei der Auslieferung. Daher ruft er zwei Tage

---

30 MünchKomm/*Schwab*, § 812 Rn. 137; Staudinger/*Lorenz*, § 812 Rn. 51; PWW/*Prütting*, § 812 Rn. 96; im Ergebnis auch BGH NJW 2008, 2331, 2333.

31 BGHZ 61, 289, 293 f.; BGHZ 87, 246, 249 f.; BGHZ 89, 376, 380 f.; BGH NJW 2008, 2331, 2332 f.; MünchKomm/*Schwab*, § 812 Rn. 131 ff.; Soergel/*Hadding*, § 812 Rn. 78; BeckOK/*Wendehorst*, § 812 Rn. 206; a.A. Staudinger/*Lorenz*, § 812 Rn. 51; PWW/*Prütting*, § 812 Rn. 96.

32 Nach st.Rspr. steht dem Anweisenden dann ein unmittelbarer Bereicherungsanspruch zu (§ 812 Abs. 1 S. 1, 2. Alt., Nichtleistungskondiktion), wenn dem Anweisungsempfänger das Fehlen der Anweisung und damit einer Tilgungsbestimmung bei Empfang des Leistungsgegenstands bekannt ist, siehe etwa BGHZ 147, 269, 274.

nach der Einreichung bei der Z-Bank an und bittet, die Überweisung an A nicht auszuführen. Die Z-Bank bestätigt den Widerruf der Überweisung des D. Infolge eines internen Irrtums schreibt sie dennoch dem Konto des A den Überweisungsbetrag gut. Da D der Belastung seines Kontos widerspricht, verlangt die Z-Bank von A Rückzahlung. Bestehen Ansprüche der Z-Bank gegen A bzw. D?

1. Die Z-Bank könnte einen Anspruch gegen A aus **§ 812 Abs. 1 S. 1, 1. Alt.** haben. A hat etwas erlangt, nämlich die Gutschrift auf seinem Konto und damit die Verfügungsgewalt über den entsprechenden Geldbetrag. Allerdings hat die Z-Bank nicht an A geleistet, da sie mit der Gutschrift weder eine eigene Verbindlichkeit erfüllen noch einen anderen eigenen Zweck erreichen wollte. Ein Anspruch aus § 812 Abs. 1 S. 1, 1. Alt. gegen A scheidet daher aus.

2. Die Z-Bank könnte einen Anspruch gegen A aus **§ 812 Abs. 1 S. 1, 2. Alt.** haben, wenn A die Gutschrift bzw. den Geldbetrag in sonstiger Weise auf Kosten der Z-Bank erlangt hat. Dann darf nicht eine vorrangige Leistungskondiktion durch Leistung des D an A bestehen. Eine Leistung von D an A könnte abzulehnen sein, weil zum Zeitpunkt der Gutschrift durch die Z-Bank die Weisung durch D wirksam widerrufen worden war. Nach § 675p Abs. 1 kann ein Zahlungsdienstnutzer einen Überweisungsauftrag nach Zugang (§ 675n) bei seiner Bank zwar grundsätzlich nicht mehr frei widerrufen, da mit diesem Zeitpunkt die Ausführungspflicht einsetzt und die kurzen Ausführungsfristen beginnen (§ 675s)[33]. Bei Überweisungsaufträgen auf künftige Termine (§ 675p Abs. 3) ist ein Widerruf noch fristgerecht möglich. Hier sollte die Z-Bank den Überweisungsauftrag erst eine Woche später ausführen, sodass der Widerruf durch D zwei Tage später noch rechtzeitig war.

Eine wirksame Ermächtigung der Z-Bank durch D war daher nicht (mehr) vorhanden. Außerdem hat sie nicht die für die Erfüllung der Verbindlichkeit erforderliche Tilgungsbestimmung getroffen. Nach der nach altem Recht vor Umsetzung der Zahlungsdienstrichtlinie zum 31.10.2009 im BGB geltenden h.M. waren bei einer erteilten, aber unwirksamen Weisung zugunsten des „Anweisungsempfängers" (hier des A) die §§ 170–173 analog anzuwenden.

Ob das nach dem Zahlungsdiensterecht so aufrechterhalten werden kann, ist **umstritten** und im Ergebnis abzulehnen. Aufgrund des rechtzeitigen Widerrufs durch D war die Zahlung der Z-Bank an A **nicht mehr autorisiert** (§ 675j Abs. 2 S. 1, Abs. 1 S. 1). Deshalb hat die Z-Bank keinen Anspruch gegen D auf Erstattung des an A überwiesenen Geldbetrags (§ 675u S. 1). Sofern sie das Konto des D belastet hat, muss sie den Betrag dem Konto des D wieder gutschreiben (§ 675u S. 2).

Der **BGH** schließt aus § 675u, dass hierdurch eine **Sperrung des Bereicherungsanspruchs** des „Angewiesenen" (hier: Z-Bank) gegen den „Anweisenden" (hier: D) eintritt[34]. Denn wenn die Bank den Überweisungsbetrag aus § 812 Abs. 1 S. 1, 1. Alt. von ihrem Kunden verlangen könnte, liefe der Erstattungsanspruch des Kunden aus

---

33 *Grundmann*, WM 2009, 1109, 1115.
34 **BGHZ 205, 378 ff.** Rn. 24; LG Hannover, BKR 2011, 348 ff.; *Kiehnle*, JURA 2012, 895 ff.; *Belling/Belling*, JZ 2010, 708, 710 f.; Erman/*Buck-Heeb*, § 812 Rn. 22e-22g; siehe auch Palandt/*Sprau*, § 675u Rn. 3; PWW/*Fehrenbacher*, § 675u Rn. 3; *Kropf*, WM 2016, 67 ff.; *Petersen*, JURA 2017, 157, 158 f.; *Wilhelm*, BKR 2017, 8 ff.

§ 675u gegen seine Bank ins Leere. Den von der Bank wegen § 675u erstatteten Geldbetrag müsste der Kunde über § 812 Abs.1 S. 1, 1. Alt. der Bank im selben Moment wieder herausgeben. Da die Bank dann aber weder vom „Anweisenden" (hier: D) noch vom „Anweisungsempfänger" (hier: A) den gezahlten Betrag verlangen könnte, lehnt diese Auffassung auch eine Leistung des „Anweisenden" an den „Anweisungsempfänger" ab. Dadurch ist dann der „Anweisungsempfänger" ausschließlich in sonstiger Weise auf Kosten des „Angewiesenen" (hier: Z-Bank) bereichert, sodass die Z-Bank den Überweisungsbetrag direkt von A aus **§ 812 Abs. 1, S. 1, 2. Alt.** kondizieren kann. D muss sich damit nicht mehr die unwirksame Anweisung über die §§ 170–173 analog zurechnen lassen.

Ist die Überweisung als Zahlungsvorgang nicht autorisiert (§ 675j), ist ein entsprechender Rechtsschein dem „Anweisenden" deshalb stets nicht (mehr) zurechenbar. Die Z-Bank überbringt hiernach nicht als Rechtsscheinsbote eine Tilgungsbestimmung des D an A.

Die **a.A.** (Mindermeinung) verneint eine Sperrwirkung des § 675u, da das Recht der Zahlungsdienste (§§ 675c–676c) nur die vertraglichen Rechte und Pflichten zwischen Bank, Zahler und Zahlungsempfänger regle und das Bereicherungsrecht unberührt lasse[35]. Der „Anweisende" muss sich hiernach auch **weiterhin über §§ 170–173** die Zuwendung durch den „Angewiesenen" als eigene Leistung zurechnen lassen.

Fazit: Folgt man dem BGH, fehlt es an einer Leistung des D an A. A ist demnach in sonstiger Weise auf Kosten der Z-Bank bereichert. Diese kann den Überweisungsbetrag direkt von A aus § 812 Abs. 1 S. 1, 2. Alt. herausverlangen. Nach der a.A. scheidet eine solche Direktkondiktion aus, da sich D die Zuwendung der Z-Bank an A über §§ 170–173 analog zurechnen lassen muss. Deshalb besteht eine vorrangige Leistungsbeziehung zwischen D und A, die eine Bereicherung des A in sonstiger Weise auf Kosten der Z-Bank ausschließt.

3. Die Z-Bank könnte einen Anspruch gegen D aus **§ 812 Abs. 1 S. 1, 1. Alt.**[36] haben[37]. Dann müsste D etwas erlangt haben. „Erlangtes Etwas" kann jeder vermögenswerte Vorteil sein. Ein gegenständlicher Vermögenswert ist nicht in das Vermögen des D gelangt. Allerdings ist D möglicherweise durch die Überweisung an A von seiner Kaufpreisschuld gegenüber diesem befreit worden. Nach altem Recht und der a.A. gilt, dass die Z-Bank zur Befreiung des D von einer Verbindlichkeit nicht verpflichtet ist. Vielmehr muss sie Auszahlungen an den Kunden vornehmen.

Nach Ansicht des BGH, wonach § 675u einen Bereicherungsanspruch des „Angewiesenen" (Z-Bank) gegen den „Anweisenden" (D) ausschließt, wendet die Z-Bank den Geldbetrag ausschließlich in sonstiger Weise A als „Anweisungsempfänger" zu. Die

---

[35] AG Hamburg-Harburg, BKR 2013, 393 ff.; *Rademacher*, NJW 2011, 2169; *Grundmann*, WM 2009, 1109, 1117; *Beesch*, in: Dauner-Lieb/Heidel/Ring, 4. Aufl. 2021, § 675u Rn. 4 f.; *Looschelders*, § 57 Rn. 15.
[36] Unter 2. ging es um eine Leistung von D an A, während es hier um eine Leistung von Z an D geht.
[37] Ein Anspruch der Z-Bank gegen D auf Aufwendungsersatz aufgrund des Girovertrags und der getätigten Überweisung (§§ 676 f., 675, 670) besteht nicht, da die Weisung wirksam widerrufen wurde. Der Girovertrag berechtigt die Bank nur, das Kundenkonto dann zu belasten, wenn eine wirksame Anweisung des Kunden vorliegt.

Z-Bank leistet also nicht den Geldbetrag an D und dieser an A („übers Dreieck"). Ein Anspruch der Z-Bank gegen D aus § 812 Abs. 1 S. 1, 1. Alt. scheidet hiernach aus.

c) Nicht zurechenbare Weisung

Eine **nicht zurechenbare Weisung** des „Anweisenden" liegt z.B. vor, wenn die Anweisung gefälscht[38] oder von einem Vertreter ohne Vertretungsmacht erteilt worden ist[39], wenn sie von einem nicht voll Geschäftsfähigen stammt[40], wenn der „Angewiesene" meint, es liege eine Anweisung vor, die jedoch vom „Anweisenden" nie veranlasst wurde[41], oder wenn ein Auftrag irrtümlich noch ein zweites Mal durchgeführt wird[42]. 814

In diesen Fällen kann der „Angewiesene" vom Scheinanweisenden keinen Ausgleich verlangen. Mangels sachlichem Grund soll die Doppelausführung nicht mehr dem Risikobereich des „Anweisenden" zugerechnet werden. Sie liege allein im Risiko- und Einflussbereich des Angewiesenen. Es erfolgt eine **Direktkondiktion** zwischen „Angewiesenem" und „Anweisungsempfänger" über § 812 Abs. 1 S. 1, 2. Alt.[43]. Auf die Gut- oder Bösgläubigkeit des „Anweisungsempfängers" kommt es nicht an[44]. 815

Das ist auch überzeugend, da bei Fehlen einer gültigen Anweisung kein Dreiecksverhältnis entsteht. Ohne gültige Anweisung ist die Zahlung dem vermeintlich „Anweisenden" nicht als seine Leistung zurechenbar. Da dem „Anweisenden" in dieser Konstellation die Zahlung durch den „Angewiesenen" nie zugerechnet wird, kommt es an dieser Stelle bei Vorliegen einer Zahlungsdienstleistung nicht auf den Streit an, ob § 675u einen Anspruch der Bank („Angewiesenen") gegen ihren Kunden als Zahler („Anweisenden") aus § 812 Abs. 1 S. 1, 1. Alt. ausschließt. 816

d) Zuvielzahlung

Umstritten sind die Fälle der sog. **Zuvielzahlung**. Hierbei erteilt der „Anweisende" zwar eine wirksame Weisung, der „Angewiesene" zahlt oder überweist jedoch einen höheren Betrag an den „Anweisungsempfänger". Die früher (vor Geltung des Zahlungsdiensterechts) geltende **h.M.** sah in der erteilten Weisung einen zurechenbaren Rechtsschein für diese Zuvielzahlung[45]. Hintergrund der Überlegungen war die Verkehrsfähigkeit des Überweisungsverkehrs, die beeinträchtigt wäre, wenn sich der Zahlungsempfänger nicht auf die Wirksamkeit der Überweisung verlassen könnte. 817

Auch hier ist bei Zahlungsdienstleistungen § 675u zu beachten. Da der BGH für die widerrufene Anweisung entschieden hat, dass die Bank den Überweisungsbetrag di- 818

---

38 Staudinger/*Lorenz*, § 812 Rn. 51; *Canaris*, JZ 1984, 627, 628; Erman/*Buck-Heeb*, § 812 Rn. 21 ff.; BGH NJW 1990, 3194; BGH NJW 1994, 2357; BGH NJW 2003, 582.
39 BGHZ 147, 145; BGHZ 205, 334; MünchKomm/*Schwab*, § 812 Rn. 101.
40 Staudinger/*Lorenz*, § 812 Rn. 51; Erman/*Buck-Heeb*, § 812 Rn. 21a; BGHZ 111, 382, 385 ff.; BGH NJW 1993, 1578.
41 Soergel/*Hadding*, § 812 Rn. 64.
42 Ganz h.M.: BGHZ 72, 9, 12 f.; BGH NJW 2011, 66 ff. Rn. 36; BGH DB 2010, 1450 ff.; MünchKomm/*Schwab*, § 812 Rn. 101; Erman/*Buck-Heeb*, § 812 Rn. 21a; Staudinger/*Lorenz*, § 812 Rn. 51; siehe auch BGH NZG 2021, 239 Rn. 25; **BGH WM 2021, 383** Rn. 23.
43 Siehe BGHZ 147, 145 ff.; **BGHZ 152, 307 ff.**; BGH NJW 2011, 66 ff. Rn. 32.
44 BGH NJW 2011, 66 ff. Rn. 36.
45 BGH NJW 2008, 2331 m. Anm. *Buck-Heeb*, BGHReport 2008, 802; BGH NJW 2011, 66, 69.

rekt vom Zahlungsempfänger kondizieren muss (§ 812 Abs. 1 S. 1, 2. Alt.), weil es an der erforderlichen Autorisierung des Zahlungsauftrags fehlt und die Zuvielüberweisung ebenfalls eine nicht autorisierte Zahlung ist, muss das an sich auch in diesem Fall gelten, sodass die Bank auch hier **unmittelbar gegen den Zahlungsempfänger** vorgehen muss[46].

IV. Bereicherungsausgleich bei Vertrag zugunsten Dritter

819 Bei einem echten Vertrag zugunsten Dritter i.S. des § 328 sind regelmäßig drei Parteien beteiligt. Der Versprechende (= Schuldner i.S. des § 328) verspricht dem Versprechensempfänger, an einen Dritten zu leisten. Der begünstigte Dritte hat einen eigenen Anspruch gegen den Versprechenden.

820 Denkbar sind **Mängel im Valutaverhältnis** zwischen dem Versprechensempfänger und dem Dritten. Ersterer will ja dem Dritten (durch den Versprechenden) eine Leistung zukommen lassen, sodass eine Rückabwicklung zwischen Versprechensempfänger und Drittem – und zwar durch Leistungskondiktion – stattfindet.

821 Möglich sind auch **Mängel im Deckungsverhältnis** zwischen dem Versprechensempfänger und dem Versprechenden. Unproblematisch sind hierbei die Fälle, in denen die Zuwendung des Versprechenden an den Dritten lediglich eine **abgekürzte Leistung** darstellt. Dann erfolgt eine Leistung „übers Eck", sodass aus dem Vertrag zugunsten Dritter (zwischen Versprechendem und Versprechensempfänger) der Dritte zwar ein Forderungsrecht erlangt und Gläubiger wird. Das ist aber bereicherungsrechtlich bedeutungslos, da er nicht Vertragspartner ist[47].

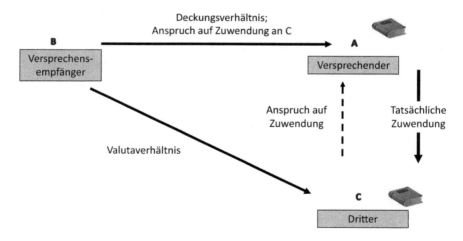

822 Anders verhält es sich, wenn die Zuwendung eine **Leistung an den Dritten** sein soll, die vom Valutaverhältnis (zwischen Versprechensempfänger und Drittem) **unabhän-**

---
46 *Kropf*, WM 2016, 67, 72; vgl. BGHZ 205, 378 Rn. 24.
47 Vgl. BGHZ 5, 281 ff.; siehe auch *Lorenz*, JuS 2003, 729, 732 f.

gig ist. Dann liegt aus Sicht des Empfängers eine unmittelbare Leistung des Versprechenden vor. Hier kann sich ein Problem daraus ergeben, dass die Zuwendung des Versprechenden an den Dritten auf der einen Seite den Zweck hat, die Verbindlichkeit dem Dritten gegenüber zu erfüllen, auf der anderen Seite aber auch bezweckt, die aus § 335 resultierende Verbindlichkeit gegenüber dem Versprechensempfänger zu erfüllen. Es können also grundsätzlich zwei Leistungsbeziehungen vorliegen. Die h.M. stellt deshalb nicht auf den – hier nicht weiterführenden – Leistungsbegriff ab. Ist das Deckungsverhältnis (zwischen Versprechendem und Versprechensempfänger) fehlerhaft, soll in diesem Fall der Versprechende **direkt vom Dritten** kondizieren können.

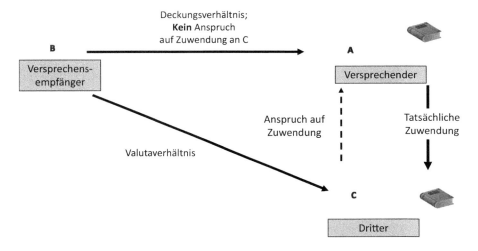

Hierzu **Fall 57**[48]: K kauft von V ein Grundstück, das ihm der Makler M vermittelt hat. Laut notariellem Kaufvertrag zwischen K und V soll K zugunsten des M 3 % Maklercourtage zahlen. K zahlt an M. Sodann ficht er den Kaufvertrag (samt Maklervereinbarung) wirksam wegen arglistiger Täuschung an. K verlangt nun von M die 3 % Provision heraus. Zu Recht?

1. K könnte einen Anspruch gegen M aus **§ 812 Abs. 1 S. 1, 1. Alt.** haben. M hat etwas, nämlich die von K gezahlte Courtage, erlangt. Die Zahlung des K müsste eine Leistung an den M gewesen sein. Unter einer Leistung ist jede zweckgerichtete Mehrung fremden Vermögens zu verstehen. Mit der Zahlung an M verfolgte K den Zweck, seine Verpflichtung aus der Maklervereinbarung zu erfüllen. M war als begünstigter Dritter[49] aus dem zwischen V und K geschlossenen Vertrag gemäß §§ 328 Abs. 1, 652 Abs. 1 S. 1 berechtigt, die Provision von K zu fordern.

Zugleich verfolgte K mit der Zahlung den Zweck, seine vermeintliche Verpflichtung gegenüber V aus § 335 zu erfüllen. K hat daher mit der Zuwendung an M mehrere Zwecke erfüllen wollen. Es fragt sich, ob K im Verhältnis zu V oder zu M als Leisten-

---
48 Nach **BGHZ 58, 184 ff. („Makler-Courtage")**.
49 BGHZ 138, 170, 172; vgl. Erman/*Bayer*, § 328 Rn. 25.

der anzusehen ist. Beim echten Vertrag zugunsten Dritter sollen zwei Schuldverhältnisse erfüllt werden, das Deckungsverhältnis (V – K) und das Valutaverhältnis (V – M). Daher könnte beim echten Vertrag zugunsten Dritter die Rückabwicklung stets zwischen den jeweiligen Vertragspartnern erfolgen müssen[50].

Mit Blick auf den Wortlaut des § 328, wonach der aus dem Vertrag zugunsten Dritter Verpflichtete „an den Dritten eine Leistung" erbringt, wird in der **Literatur** vertreten, dass zwischen Zuwendendem und Drittem eine Leistungsbeziehung besteht, entlang der die erbrachte Leistung im Wege der Leistungskondiktion zurückgefordert werden kann[51]. Nach dieser Ansicht kann im vorliegenden Fall K wegen des unwirksamen Deckungsverhältnisses von M die Provision gemäß § 812 Abs. 1 S. 1, 1. Alt. herausverlangen.

Die **h.M.** vertritt demgegenüber eine differenzierende Ansicht. Ein Bereicherungsausgleich muss regelmäßig zwischen den Parteien erfolgen, die am fehlerhaften Rechtsverhältnis (Deckungs- oder Valutaverhältnis) beteiligt sind[52]. Hiervon gibt es zwei **Ausnahmen**:

Dient die Zuwendung an den Dritten dessen Versorgung (§ 330), soll regelmäßig nur der Dritte anspruchsberechtigt sein. Wird die Versorgungsleistung erbracht, ist der Versprechende (Zuwendende) Leistender im Verhältnis zum Dritten.

Die zweite Ausnahme wird gemacht, wenn Versprecher und Versprechensempfänger vereinbaren, dass entgegen des § 335 ausschließlich dem Dritten das Forderungsrecht zustehen soll. Dann ist das Valutaverhältnis gegenüber dem Deckungsverhältnis unselbstständig. Der Versprechende leistet (nur) an den Dritten. Im vorliegenden Fall bestehen für diese Ausnahmen keine Anhaltspunkte. Da K nicht an M, sondern an V geleistet hat, scheidet ein Anspruch gegen M aus Leistungskondiktion aus.

2. K könnte einen Anspruch gegen M aus **§ 812 Abs. 1 S. 1, 2. Alt.** haben. Ein solcher Anspruch kommt hier schon aufgrund des Vorrangs der Leistungskondiktion nicht in Betracht. Es bestehen Leistungsverhältnisse zwischen K und V und zwischen V und M.

---

50 MünchKomm/*Schwab*, § 812 Rn. 229 ff.
51 *Weitnauer*, in: FS v. Caemmerer, 1978, S. 288 ff.
52 BGHZ 58, 184, 187 ff.; BGHZ 72, 246, 251; *Medicus/Petersen*, BR, Rn. 681; Erman/*Buck-Heeb*, § 812 Rn. 34.

V. Bereicherungsausgleich bei der Abtretung

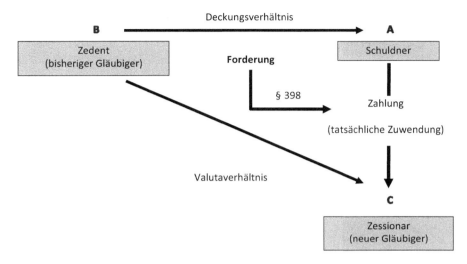

Übungsfall: *Büstgens/Nietner*, Der vorschnelle Falschparker, JURA 2014, 1275 ff.

Tritt jemand (Zedent) eine Forderung aus einem Schuldverhältnis an den Zessionar ab (Zession, § 398), ändert das grundsätzlich nichts am Schuldverhältnis zwischen Zedent und Schuldner. Mit der Abtretung geht lediglich die Forderung auf den neuen Gläubiger (Zessionar) über. Der Schuldner hat nun an den Zessionar zu leisten.

824

Tritt in diesem Gefüge ein Mangel auf, stellt sich die Frage der Rückabwicklung. Zahlt der Schuldner auf die Forderung, ist zu klären, ob er eine Leistung dem Zedenten (= alter Gläubiger) gegenüber erbringt, oder ob eine Leistung dem Zessionar (= neuer Gläubiger) gegenüber besteht. Auch hier gilt die Grundregel, dass der Bereicherungsausgleich grundsätzlich zwischen den Parteien des (fehlerhaften) Schuldverhältnisses erfolgt. Jede Partei hat das Insolvenzrisiko ihres Vertragspartners zu tragen.

825

Zur Rückabwicklung, wenn die **abgetretene Forderung nicht existiert**, unser **Fall 58**[53]: Versicherung V und Versicherungsnehmer VN schließen einen Feuerversicherungsvertrag. Der VN tritt die aus einem vermeintlichen Brandfall resultierende Forderung gegen die V an den D zur Sicherung einer Darlehensforderung ab. Die V zahlt die Versicherungssumme an D. Als sich herausstellt, dass in Wirklichkeit kein Versicherungsfall vorliegt, will die V von D Rückzahlung der Versicherungssumme. Zu Recht?

826

1. V könnte gegen D einen Anspruch aus **§ 812 Abs. 1 S. 1, 1. Alt.** haben. Dazu müsste eine Leistung der V an D vorliegen. Ob die V an D leisten wollte, ist fraglich. Zunächst wollte sie jedenfalls die Forderung aus dem Versicherungsvertrag (mit VN) erfüllen. Teilweise wird in der **Literatur** vertreten, dass der mit der Erfüllung der Forderung verbundene Zweck vorrangig sei. Da die V aufgrund der Abtretung den D

---

53 BGHZ 105, 365 ff. („Feuerversicherung"); siehe auch BGHZ 122, 46 ff., als Fortführung dieser Entscheidung.

für den Anspruchsberechtigten hielt, hat sie gegenüber diesem einen eigenen Leistungszweck verfolgt. Nach dieser Auffassung leistet die V als Schuldnerin an den Zessionar D[54], sodass eine Leistungskondiktion zu bejahen ist.

Dagegen gehen die **Rechtsprechung** und ein Teil der **Literatur** davon aus, dass ein Bereicherungsausgleich bei einer abgetretenen Forderung grundsätzlich zwischen den Parteien des Schuldverhältnisses zu erfolgen hat[55]. Im vorliegenden Fall besteht eine sog. Leistung „übers Eck". Aus der Sicht des Zahlungsempfängers D hat die V den Betrag auf der Grundlage des Versicherungsvertrags mit dem VN überwiesen. Damit sollte die Darlehensforderung des D gegen den VN getilgt werden. Aufgrund des Grundsatzes der Rückabwicklung zwischen den am fehlerhaften Rechtsverhältnis Beteiligten ist davon auszugehen, dass V an VN und VN an D geleistet hat. Besondere Gründe für eine Direktkondiktion liegen nicht vor. Damit hat die V mangels Leistung an D keinen Anspruch aus § 812 Abs. 1 S. 1, 1. Alt.

2. V könnte gegen D einen Anspruch aus **§ 812 Abs. 1 S. 1, 2. Alt.** haben. Dem steht der Vorrang des Leistungsverhältnisses (hier: zwischen VN und D) entgegen. Auch Gesichtspunkte wie die des Vertrauensschutzes und der Risikoverteilung können hier nicht zu einem anderen Ergebnis führen. Eine Direktkondiktion V gegenüber D muss daher ausscheiden.

VI. Bereicherungsausgleich bei Leistung auf fremde Schuld

827 Nach § 267 kann ein Dritter ohne Einverständnis des Schuldners dessen Schuld beim Gläubiger (= Zuwendungsempfänger) begleichen. Der Dritte muss aber eine eigene Tilgungsbestimmung gegenüber dem Gläubiger abgeben (d.h. eine Leistung erbringen), mit **Fremdtilgungswillen** handeln und dieser muss auch dem Gläubiger erkennbar sein (Empfängerhorizont)[56].

828 **Umstritten** ist, ob auch dann ein Fall des § 267 vorliegt, wenn auf eine (vermeintliche) eigene Verbindlichkeit gezahlt wird. Dahinter steht die Frage, ob eine **nachträgliche Fremdbestimmung** möglich ist, d.h. ob der zahlende Dritte nachträglich noch festlegen kann, dass die erfolgte Leistung auf die fremde Schuld (des Schuldners) erbracht sein soll. Ein Teil der Literatur verneint eine solche nachträgliche Fremdbestimmung[57]. Ein anderer Teil geht dagegen davon aus, dass der Leistende die Tilgungsbestimmung seiner Leistung nachträglich noch ändern kann, da die Interessen des Schuldners durch die analoge Anwendung der §§ 404 ff. hinreichend geschützt sind[58]. Nach der Rechtsprechung[59] kann eine nachträgliche Fremdbestimmung vom Dritten vorgenommen werden, wenn und soweit schutzwürdige Interessen des Schuldners nicht beeinträchtigt werden.

---

54 *Reuter/Martinek*, Teilband 2, § 3 IV 3; *Medicus/Petersen*, BR, Rn. 685a.
55 BGHZ 105, 365, 369; BGHZ 122, 46 ff.; BGH NJW 2005, 1369, 1370; MünchKomm/*Schwab*, § 812 Rn. 239 ff.; Staudinger/*Lorenz*, § 812 Rn. 41; *Canaris*, NJW 1992, 868.
56 **BGH NJW 2018, 1079 ff.** Rn. 25 ff. (auch zur Abgrenzung zu den sog. Anweisungsfällen).
57 Staudinger/*Lorenz*, § 812 Rn. 59; Erman/*Buck-Heeb*, § 812 Rn. 31; *Medicus/Petersen*, BR, Rn. 951.
58 *Reuter/Martinek*, Teilband 2, § 3 III 5.
59 **BGH NJW 1986, 2700.**

Der Dritte kann danach (als vermeintlicher Schuldner) das Geleistete vom (vermeintlichen) Gläubiger nach **§ 812 Abs. 1 S. 1, 1. Alt.** zurückfordern. Eine Leistung liegt vor, da er mit der Zuwendung seine (vermeintliche) Verbindlichkeit erfüllen und damit einen bestimmten Zweck erreichen wollte. Ein Fall des § 267 liegt nicht vor, denn der Leistende hat nicht erkennbar (Empfängerhorizont) eine fremde Schuld tilgen wollen[60]. Der Dritte kann stattdessen auch den (wirklichen) Schuldner nach den **§§ 812 Abs. 1 S. 1, 2. Alt., 267** (Rückgriffskondiktion) in Regress nehmen.

829

Differenziert werden kann danach, ob der Anspruch des Gläubigers gegen den Schuldner, d.h. die zu tilgende Verbindlichkeit, besteht oder nicht (Valutaverhältnis). **Besteht der Anspruch**, existiert **kein Bereicherungsanspruch** des Dritten gegen den Gläubiger. Der Dritte kann nur Ansprüche gegen den von seiner Verbindlichkeit befreiten Schuldner geltend machen. Nur wenn die Zahlung dem Interesse und dem (mutmaßlichen) Willen des Schuldners entsprach, hat der Dritte einen Anspruch aus GoA (§§ 677, 683 S. 1, 670). Andernfalls hat er lediglich einen Anspruch aus §§ 684 S. 1, 812. Ein Bereicherungsanspruch kann dem Dritten daneben unmittelbar aus den §§ 812, 267 zustehen[61]. Der Schuldner kann diesem Ausgleichsanspruch des Dritten nach den §§ 404 ff. analog alle Einreden entgegenhalten, die ihm gegenüber dem Anspruch des Gläubigers zustanden[62].

830

Besteht die zu tilgende **Verbindlichkeit nicht**, ist **umstritten**, ob eine Leistung des Dritten gegenüber dem Gläubiger vorliegt, d.h. ob der Dritte direkt gegen den Gläubiger vorgehen kann. Die **h.M.** bejaht dies mit unterschiedlicher Begründung. Im Wesentlichen wird darauf abgestellt, dass der Schuldner durch die Zahlung des Dritten keine Kondiktion gegen den Gläubiger erwirbt, da der Schuldner diese Zahlung regelmäßig nicht veranlasst hat und sie ihm daher nicht zugerechnet werden kann[63]. In der **Literatur** wird teilweise eine abweichende Ansicht vertreten[64] und lediglich eine Kondiktion des Dritten gegen den Schuldner bejaht. Begründet wird das damit, dass der Dritte einen Zweck (z.B. Schenkung) allein gegenüber dem Schuldner verfolge[65].

831

Zur **nachträglichen Tilgungsbestimmung** bei einer Drittleistung nun **Fall 59**[66]: Die Versicherung V zahlt die aufgrund eines Unfalls entstandenen Heilbehandlungskosten der Tochter T an die (unterhaltsverpflichteten) Eltern E. Nun stellt sich heraus, dass die V doch nicht zur Zahlung verpflichtet ist. V verlangt daher von den E die Rückzahlung der erbrachten Leistungen aus Bereicherungsrecht. Zu Recht?

832

---

60 Vgl. BGH NJW-RR 2014, 873 Rn. 16 f.
61 Siehe BGHZ 70, 389, 396 f. (Billigkeitsgesichtspunkte); *Medicus/Petersen*, BR, Rn. 684.
62 Erman/*Buck-Heeb*, § 812 Rn. 27 m.w.N.
63 *Medicus/Petersen*, BR, Rn. 685 m.w.N.
64 Z.B. *E. Schmidt*, JZ 1971, 601, 606 f.; *Wieling*, JuS 1978, 801 ff.
65 Vgl. hierzu auch **BGHZ 113, 62 ff.**: Hier leistete eine Versicherung (V) an einen Dritten (D) die Versicherungssumme in der irrigen Annahme, dieser habe gegen den Versicherungsnehmer (VN = Schädiger) einen Haftpflichtanspruch. Die V hat gegen D einen Anspruch aus § 812 Abs. 1 S. 1, 1. Alt., da D die Versicherungssumme durch eine Leistung der V erlangt. Sie zahlt nämlich auf die Schuld des VN (§ 267), und zwar aufgrund eigener, bewusster und zweckgerichteter Vermögensmehrung des D. Die V überbringt nicht nur eine fremde Tilgungsbestimmung (nämlich die des VN) als Bote, sondern leistet aus eigenem Antrieb, d.h. sie gibt eine eigene Tilgungsbestimmung ab.
66 BGH NJW 1986, 2700.

1. Ein Anspruch der V aus **§ 812 Abs. 1 S. 1, 1. Alt.** gegen die E kommt nicht in Betracht[67]. V will nicht zur Schuldbefreiung an E, sondern lediglich an die Geschädigte (= T) leisten, um ihre vermeintlich eigene Verbindlichkeit zu tilgen. Dass die Auszahlung an die E erfolgt ist, ändert daran nichts, da sie die Zahlung lediglich als gesetzliche Vertreter (§§ 1626, 1629 Abs. 1 S. 1 und 2) und damit als Leistungsmittler erhalten haben.

2. V könnte jedoch gegen die E einen Anspruch aus **§ 812 Abs. 1 S. 1, 2. Alt.** (Rückgriffskondiktion) haben. Dann müssten die E etwas erlangt haben. V glaubt bei Zahlung der Versicherungssumme an eine eigene Verpflichtung aus dem Versicherungsvertrag. Sie zahlt mithin an den Gläubiger nicht als Dritten zur Tilgung einer fremden Schuld (Unterhaltsverpflichtung der E gegenüber T; § 267), sondern auf eine vermeintlich eigene Schuld. Ihr fehlt der Drittleistungswille. Insoweit haben die E nicht die Befreiung von ihrer gesetzlichen Unterhaltspflicht (hier: Pflicht zur Zahlung der Heilbehandlungskosten an die T) erlangt. Fraglich ist jedoch, wie es sich auswirkt, dass die V die Heilbehandlungskosten von den E zurückfordert. Insofern bringt sie nachträglich zum Ausdruck, dass sie auf Bereicherungsansprüche gegen die T verzichten will und stattdessen ihre vermeintliche Eigenleistung als für die E erbracht gelten soll. Erkennt man eine solche nachträgliche Tilgungsbestimmung an, könnten die E von ihrer Unterhaltspflicht befreit sein („erlangtes Etwas"), weil sich die Zahlung der V dann (nachträglich) als Leistung zur Tilgung fremder Schuld darstellen würde (§ 267).

Ob bei einer irrtümlichen Eigenleistung die Tilgungsbestimmung nachträglich geändert werden und die erbrachte Leistung auf diese Weise als Leistung des eigentlichen Schuldners bestimmt werden kann, ist **umstritten**[68]. Der BGH hat eine nachträgliche Tilgungsbestimmung bei §§ 267, 812 mit Rücksicht auf das im Bereicherungsrecht besonders geltende Gebot der Billigkeit und unter Berücksichtigung der Interessen der Beteiligten zugelassen. Die E haben insoweit etwas erlangt, nämlich die Befreiung von ihrer Unterhaltspflicht (vgl. § 267). Es liegt auch eine Nichtleistung auf Kosten der V vor. Ferner besteht im Verhältnis zwischen V und den E kein die Vermögensverschiebung rechtfertigender rechtlicher Grund. Schließlich steht die Subsidiarität der Nichtleistungskondiktion hier nicht entgegen, weil den E die Schuldbefreiung von keinem Dritten geleistet wurde. V kann deshalb von ihnen nach § 812 Abs. 1 S. 1, 2. Alt. Rückerstattung der gezahlten Leistungen verlangen.

VII. Bereicherungsausgleich nach §§ 951, 812 bei Zuwendung durch Dritte

Übungsfälle: *Horlach/Guhl*, Die verhinderten Badewonnen, JA 2010, 94 ff.; *Kaubisch/Menzel*, Dahingeschmolzen, JURA 2013, 1272 ff.; *Laurini*, Streit um den Biergarten, JA 2015, 581 ff.

---

67 Ein Anspruch aus §§ 677, 683 S. 1, 670 (GoA) kommt aufgrund fehlenden Fremdgeschäftsführungswillens nicht in Betracht. V meint, mit der Zahlung eine eigene (vertragliche) Verpflichtung zu erfüllen und ausschließlich ein eigenes Geschäft zu besorgen.
68 Vgl. Rn. 828; siehe auch BGH NJW 1986, 2700 f. und *K. Schmidt*, JuS 1987, 142.

1. Allgemeines

Nimmt der „Erwerber" eines Eigentums eine Verbindung (§§ 946, 947), Vermischung (§ 948) oder Verarbeitung (§ 950) ohne Einverständnis des Berechtigten vor, kann der Berechtigte nach den §§ 951, 812[69] vom „Erwerber" (= derjenige, zu dessen Gunsten die Rechtsänderung eintritt) Wertersatz verlangen. Da § 951 nach h.M. eine **Rechtsgrundverweisung** enthält[70] und zudem nicht nur auf die Nichtleistungs-, sondern auch auf die Leistungskondiktion verweist[71], muss etwas durch Leistung oder in sonstiger Weise auf Kosten des Berechtigten erworben worden sein.

833

Der Bereicherungsausgleich bereitet bei Zuwendungen durch Dritte Schwierigkeiten. Bei den §§ 946 ff. erfolgt der Eigentumsverlust kraft Gesetzes (nicht durch Verfügungsgeschäft). Auch die zugrunde liegenden Verpflichtungsgeschäfte verpflichten häufig nicht zur Übertragung des Eigentums (vgl. Werkvertrag). Da keine Verpflichtungen zur Eigentumsübertragung bestehen, fragt sich, ob das Eigentum in diesen Fällen überhaupt Gegenstand einer **Leistung** sein kann. Der bisherige Eigentümer hat ohnehin weder selbst geleistet noch hat er einer fremden Leistung (Verfügung) zugestimmt. Die Rechtsprechung hält aber auch in den Fällen des § 951 am Leistungsbegriff und am Subsidiaritätsgrundsatz fest. In der Literatur wird demgegenüber vertreten, im Mehrpersonenverhältnis sei anhand einer sachenrechtlichen **Parallelwertung** (Wertungsmodelle der §§ 816 ff. und 932 ff.) festzustellen, in welchen Fällen eine Kondiktion geboten ist[72].

834

2. Eigentumserwerb im Einverständnis mit dem Eigentümer

Wird die Verbindung, Vermischung oder Verarbeitung im Einverständnis mit dem Eigentümer der Sache bewirkt, findet ein Bereicherungsausgleich allein **innerhalb der fehlerhaften Schuldverhältnisse** statt. Der Erwerber hat das Eigentum an der Sache durch Leistung erlangt, sodass eine Leistungskondiktion in Betracht kommt. Ein Erwerb in sonstiger Weise auf Kosten des Eigentümers muss aufgrund der Subsidiarität der Nichtleistungskondiktion ausscheiden.

835

Dies verdeutlicht **Fall 60**[73]: Baustoffhändler B hat Baumaterial unter verlängertem Eigentumsvorbehalt an Bauunternehmer U verkauft und übertragen. U errichtet für E ein Haus

836

---

69 Die §§ 951, 812 spielen nur eine Rolle, wenn sie **anwendbar** sind. Hat nämlich ein unrechtmäßiger Besitzer eine Verbindung i.S. des § 947 vorgenommen, gelten die §§ 994 ff. als Spezialregelungen. Ersatz kann er dann nur nach den abschließenden §§ 994 ff. wegen Verwendungen verlangen. Aufgrund des engen Verwendungsbegriffs der Rechtsprechung zählen dazu lediglich die Maßnahmen zur Wiederherstellung, Instandhaltung und Verbesserung der Sache. Für eine Umgestaltung der Sache erhält der unrechtmäßige Besitzer ebenso wenig Ersatz wie für andere Aufwendungen, die nicht zu den Verwendungen zählen. Siehe BGH NJW 1996, 52; Staudinger/*C Heinze*, § 951 Rn. 65; a.A. Palandt/*Herrler*, § 951 Rn. 23; *Huber*, JuS 1970, 515, 519 (die §§ 994 ff. enthalten nur eine Sonderregelung bzgl. der Verwendungen, andere Aufwendungen seien nach den allgemeinen Vorschriften, also auch nach §§ 951, 812 auszugleichen).
70 BGHZ 35, 356, 359 f.; BGHZ 40, 272, 276; BGHZ 55, 176, 177; Palandt/*Herrler*, § 951 Rn. 2.
71 BGHZ 40, 272, 276; nach a.A. bezieht sich der Verweis nur auf die Nichtleistungskondiktion, Erman/*Ebbing*, § 951 Rn. 3; Palandt/*Herrler*, § 951 Rn. 2; MünchKomm/*Füller*, § 951 Rn. 3.
72 *Wandt*, § 13 Rn. 15 ff.
73 **BGHZ 56, 228 ff.** („Einbau") als Fortführung von BGHZ 40, 272 ff. bestätigt in BGH NJW-RR 1991, 343 ff.; vgl. auch OLG Hamm ZMR 2018, 413 ff., Rn. 69 ff.

und baut die Materialien ein. Da U in der Folgezeit zahlungsunfähig ist, verlangt B Bezahlung von E aus Bereicherungsrecht. Zu Recht?

B könnte einen Anspruch gegen E aus §§ 951, 812 Abs. 1 S. 1, 2. Alt. haben[74]. Die Voraussetzungen des § 951 liegen vor. B hat einen Rechtsverlust i.S. des § 946 erlitten, als das Material zum Hausbau verwendet und damit wesentlicher Bestandteil des Grundstücks des E wurde. Das Material ist nach §§ 946, 93, 94 in das Eigentum des E übergegangen.

Sodann müssten aufgrund der Rechtsgrundverweisung die Voraussetzungen des § 812 Abs. 1 S. 1, 2. Alt. vorliegen. Mit dem Einbau hat E das Eigentum am Material erlangt. Das Ganze müsste in sonstiger Weise auf Kosten des B erfolgt sein. Das Eigentum am Material wurde E nicht durch B zweckgerichtet zugewendet. B wollte keine Verbindlichkeit gegenüber E erfüllen oder einen sonstigen rechtsgeschäftlich vereinbarten Zweck erreichen. Allerdings muss nach der **Rechtsprechung** ein Erwerb in sonstiger Weise auf Kosten des B dann ausscheiden, wenn E das Eigentum durch Leistung des U erlangt hat. U hat aufgrund des Werkvertrags dem E die Baumaterialien geliefert und eingebaut. Da B unter verlängertem Eigentumsvorbehalt geliefert hat, also mit dem Einbau einverstanden war, liegt auch bzgl. des Eigentums eine Leistung des U an E vor. E hat das Eigentum mithin nicht in sonstiger Weise auf Kosten des B erlangt. Aufgrund des Vorrangs der Leistungskondiktion muss § 812 Abs. 1 S. 1, 2. Alt. hier ausscheiden.

In der **Literatur** wird der bloße Verweis auf einen Vorrang der Leistungskondiktion als unzutreffend angesehen. Vielmehr sei eine Orientierung an anderen Wertungen des Gesetzes, nämlich den Regelungen über den Eigentumserwerb (§§ 932, 935 sowie § 816 Abs. 1 S. 1 und § 366 HGB) vorzunehmen[75]. Wird nicht unentgeltlich zugewandt bzw. ist das Material nicht abhandengekommen, hätte der gutgläubige E bei rechtsgeschäftlicher Übereignung das Eigentum nach §§ 929, 932, 816 Abs. 1 S. 1 erworben. An diesem (fiktiven) kondiktionsfreien Erwerb dürfe sich nichts ändern, wenn eine solche Übereignung nicht stattfindet[76]. Eine Streitentscheidung kann hier dahinstehen, da beide Ansichten zum gleichen Ergebnis kommen. Ein Bereicherungsanspruch des B gegen E besteht nicht.

3. Eigentumserwerb ohne Einverständnis des Eigentümers

837 Wird der Eigentumserwerb ohne Einverständnis des Eigentümers durch eine Verbindung, Vermischung oder Verarbeitung bewirkt, muss der Erwerber jedenfalls dann als schutzwürdig angesehen werden, wenn er auf ein Einverständnis des Eigentümers

---

[74] Ein **Anspruch** des B gegen E aus § 823 Abs. 1 wegen Eigentumsverletzung scheidet aus, da E keine Rechtspflicht traf, den Einbau fremden Materials zu verhindern. Er muss sich nicht erkundigen, ob der Bauunternehmer berechtigt ist, den Einbau vorzunehmen. Das Dulden des Einbaus stellt daher mangels Rechtspflicht keine Eigentumsverletzung dar; vgl. BGHZ 56, 228, 238; BGH NJW-RR 1991, 343, 344.

[75] *Larenz/Canaris*, § 70 III 2; *Larenz*, JuS 2003, 839, 844; *Medicus/Lorenz*, SR II, § 69 Rn. 37; Staudinger/*Lorenz*, § 812 Rn. 64.

[76] *Medicus/Petersen*, BR, Rn. 729; *Wandt*, § 13 Rn. 16.

vertrauen durfte. **Umstritten** ist, wie die Fälle zu behandeln sind, in denen das Einverständnis des Eigentümers fehlt und der Erwerber das erkannt hat bzw. hätte erkennen müssen.

Die Frage der Rückabwicklung bei **Bösgläubigkeit** des Erwerbers behandelt **Fall 61**: Bauunternehmer U soll für Eigentümer E ein Haus errichten. U bezieht die dafür erforderlichen Baumaterialien unter verlängertem Eigentumsvorbehalt von Baustoffhändler B. Da U nicht zahlt, widerruft B die Befugnis des U, über die Baumaterialien weiter zu verfügen oder sie irgendwo einzubauen. E erfährt davon, unternimmt aber nichts. Daraufhin verwendet U die Materialien wie geplant für den Hausbau des E. Kurze Zeit später muss U Insolvenz anmelden. Da B nunmehr mit seiner Forderung gegen U auszufallen droht, verlangt er von E Zahlung nach Bereicherungsrecht. Dabei weist B darauf hin, dass E die Umstände bekannt gewesen seien und er deshalb keinen Schutz verdiene. Zu Recht?

838

B könnte gegen E einen Anspruch aus den **§§ 951, 812 Abs. 1 S. 1, 2. Alt.** haben. Die Voraussetzungen des § 951 sind erfüllt. E hat das Eigentum nach § 946 erlangt. B hat das Eigentum an den Materialien verloren[77]. Sodann müssten die Voraussetzungen des § 812 Abs. 1 S. 1, 2. Alt. gegeben sein. E hat etwas, nämlich das Eigentum an den Materialien, erlangt. Fraglich ist, ob er es in sonstiger Weise auf Kosten des B erlangt hat. Eine Leistung des B an E liegt nicht vor.

Nach der **Rechtsprechung** scheidet aufgrund des Vorrangs der Leistungskondiktion ein Erwerb der Materialien in sonstiger Weise auf Kosten des B aus, wenn E die Baumaterialien durch Leistung des U erworben hat. B könnte die Baumaterialien an U und U zur Erfüllung des Werkvertrags an E geleistet haben. Hier ist jedoch B mit dem Einbau der Materialien nicht mehr einverstanden und E weiß davon. Bislang konnte die Rechtsprechung offenlassen, ob eine entsprechende Anwendung der §§ 932 ff. bzw. des § 366 HGB im Rahmen des § 951 in Betracht zu ziehen ist[78]. Ob also die Bösgläubigkeit des E hier eine Rolle spielt oder ob es allein auf den Vorrang des Leistungsverhältnisses ankommt, ist noch nicht entschieden.

In der **Literatur** dagegen wird nicht allein auf den Vorrang der Leistungskondiktion abgestellt, sondern verlangt, dass dieser **mit anderen Wertungen** des Gesetzes übereinstimmt. Grundlage der Wertung sind die Regeln über den Erwerb vom Nichtberechtigten. U ist danach allein dann Leistender, wenn er dem E nach den Regeln über den Erwerb vom Nichtberechtigten das Eigentum hätte verschaffen können[79]. Da E bösgläubig war, liegt kein Leistungserwerb vor, sodass E in sonstiger Weise auf Kosten des B etwas erlangt hat. B hat danach gegen E einen Anspruch aus den §§ 951, 812 Abs. 1 S. 1, 2. Alt.

---

77 Näher dazu in **Fall 60** Rn. 836.
78 So ausdrücklich BGHZ 56, 228, 242; ebenfalls offengelassen in BGH NJW-RR 1991, 343 ff. m.w.N.
79 Siehe Staudinger/*C Heinze*, § 951 Rn. 5, 15.

4. Zuwendung einer abhandengekommenen Sache

839 Ist die zugewendete Sache dem Eigentümer abhandengekommen, soll der ehemalige Eigentümer vom Erwerber **direkt kondizieren** können. Dies zeigt **Fall 62**[80]: Landwirt L ist Eigentümer eines Jungbullen, der ihm vom Dieb D gestohlen wird. D veräußert diesen an den gutgläubigen E. E schlachtet das Tier und verarbeitet es in seiner Fleischwarenfabrik. Nach Aufklärung des Falls verlangt L von E den Wert des Tieres nach Bereicherungsrecht ersetzt. Zu Recht?

1. L könnte gegen E einen Ausgleichsanspruch aus **§§ 951, 812 Abs. 1 S. 1, 2. Alt.** haben[81]. Erst durch die Verarbeitung des Jungbullen wird E Eigentümer (§ 950). Bis dahin bestand das ursprüngliche Eigentum des L fort und E ist lediglich unrechtmäßiger Besitzer. Im Zeitpunkt der Verarbeitung lag mithin eine Vindikationslage vor. Allerdings schließen die Regelungen über das Eigentümer-Besitzer-Verhältnis (EBV, §§ 987 ff.) einen Bereicherungsanspruch aus §§ 951, 812 nicht aus. Ansprüche aus §§ 951, 812 werden **nicht** von der **Sperrwirkung des EBV** erfasst. § 951 gewährt keinen (mit §§ 987 ff. konkurrierenden) Nutzungs- oder Schadensersatz, sondern Wertersatz für einen Rechtsverlust (Rechtsfortwirkungsanspruch). Der unrechtmäßige Besitzer verdient keine Privilegierung durch die §§ 987 ff., wenn er sich den Wert der Sache durch einen objektiv unberechtigten Eingriff in das Eigentum verschafft[82]. Damit sind die §§ 951, 812 anwendbar.

Sodann müssen die Voraussetzungen des **§ 951 Abs. 1 S. 1** erfüllt sein. L muss einen Rechtsverlust nach den §§ 946 ff. erlitten haben. Durch die Übereignung des D an E verliert L das Eigentum noch nicht, da D zu einer Übereignung nach § 929 S. 1 nicht berechtigt ist. Auch ein gutgläubiger Erwerb des E nach § 932 Abs. 1 S. 1 scheidet aus, da der Bulle dem L abhandengekommen ist (§ 935 Abs. 1). E ist aber durch die Verarbeitung des Tieres nach § 950 Eigentümer der Fleischwaren geworden. L hat damit sein Eigentum verloren.

Da § 951 eine Rechtsgrundverweisung enthält, müssen zudem die Voraussetzungen des **§ 812 Abs. 1 S. 1, 2. Alt.** vorliegen. E hat etwas, nämlich nach § 950 das Eigentum an dem zu Wurst verarbeiteten Jungbullen, erlangt. Das Eigentum muss durch einen Eingriff in den Zuweisungsgehalt eines fremden Rechts erlangt worden sein. Das erlangte Etwas hat L dem E nicht zweckgerichtet zugewandt. Auch eine Leistung des D liegt nicht vor, da dieser dem E nach **h.M.** lediglich den Besitz, aufgrund des § 935 Abs. 1 aber nicht das Eigentum am Bullen verschaffen konnte. Das Eigentum des L bestand also zunächst weiter fort. L hätte von E den Jungbullen bis zu seiner Verarbeitung nach § 985 herausverlangen können. Eine Nichtleistungskondiktion des L gegen E nach §§ 951, 812 Abs. 1 S. 1, 2. Alt. ist daher nicht ausgeschlossen[83].

---

80 Nach **BGHZ 55, 176 ff.** („Jungbullen"); dazu *Hombrecher*, JURA 2003, 333 ff.; siehe auch die Falllösung bei *Habersack*, Examens-Repetitorium Sachenrecht, 9. Aufl. 2020, Rn. 123.
81 Ein Schadensersatzanspruch nach §§ 990 Abs. 1, 989 kommt hier nicht in Betracht, da E weder bösgläubig noch schuldhaft handelte noch Rechtshängigkeit vorliegt.
82 BGHZ 55, 176, 178 f.
83 BGHZ 55, 176, 178; *Medicus/Petersen*, BR, Rn. 727; *Esser/Weyers*, § 50 II 2 b; *Reuter/Martinek*, Teilband 2, § 1 II 1 b; *Loewenheim/Winckler*, JuS 1983, 684, 686.

In der **Literatur** wird dagegen teilweise die Auffassung vertreten, dass der Nichtberechtigte D dem E, indem er ihm den unmittelbaren Besitz verschafft hat, zugleich die Möglichkeit geleistet habe, das Eigentum durch Verarbeitung kraft Gesetzes zu erwerben. Insofern sei auch das Eigentum durch Leistung des Nichtberechtigten D erworben worden. Die Konsequenz wäre dann, dass die Nichtleistungskondiktion hinter der vorrangigen Leistungskondiktion (wegen der Leistung des Eigentums von D an E) zurücktreten müsste. An diesem Ergebnis wird jedoch auch von den Stimmen in der Literatur, die annehmen, das Eigentum sei dem E von D geleistet worden, nicht festgehalten. Vielmehr ergebe sich aus dem Wertungsmodell der §§ 816 Abs. 1, 932, 935, dass der Erwerber das erlangte Eigentum nicht endgültig behalten dürfe, wenn die verbundene, vermischte oder verarbeitete Sache dem Eigentümer abhandengekommen sei[84]. Nach beiden Ansichten liegt daher ein Eingriff in den Zuweisungsgehalt des Eigentums des L vor.

Der Eigentumserwerb durch E müsste ohne Rechtsgrund erfolgt sein. Im Kaufvertrag zwischen E und D kann kein Rechtsgrund gesehen werden (Relativität der Schuldverhältnisse). § 950 stellt ebenfalls keinen Rechtsgrund für die Vermögensverschiebung dar (siehe § 951 Abs. 1 S. 1).

2. **Rechtsfolge** ist, dass E dem L Wertersatz (§ 818 Abs. 2) schuldet. Dabei kann sich E hinsichtlich des gezahlten Entgelts nicht auf Entreicherung (§ 818 Abs. 3) berufen, weil an Dritte zum Erwerb der Sache erbrachte Leistungen im Rahmen des § 818 Abs. 3 nicht berücksichtigt werden. Im Übrigen hätte E den Jungbullen nach § 985 auch vor der Verarbeitung herausgeben müssen, ohne dass er seine Gegenleistung ersetzt bekommen hätte.

---

84 Vgl. MünchKomm/*Schwab*, § 812 Rn. 335; *Ehmann*, NJW 1971, 612, 614.

Sachverzeichnis

Die Angaben beziehen sich auf die Randnummern.

Abgekürzte Leistung 821
Abschleppkosten 63 ff
Abstraktionsprinzip 572
Abtretung 653, 688, 824, 826
Adäquanztheorie 264, 266 f
Aktivlegitimation 69, 140
Allgemeines Persönlichkeitsrecht 131, 189 ff, 303, 571, 652
Amtspflichtverletzung 123, 646
Anfechtung 596, 615, 807
Anstifter 514, 518
Anwartschaftsrecht 245
Anweisungsfälle 797, 803, 805 f
Anwendbarkeit
– der GoA 26 ff, 36, 65, 73, 83
– der Rückgriffskondiktion 653
– der Verwendungskondiktion 656, 658
– der §§ 812 ff. 580 f, 583
– der §§ 823 ff. 126 ff, 164, 168
– der §§ 951, 812 833
– des allgemeinen Persönlichkeitsrechts 190 f, 437
– des Eingriffs in den Gewerbebetrieb 225, 437
– des ProdHG 389
Äquivalenzinteresse 174
Äquivalenztheorie 260, 267
Arbeitnehmerhaftung 528
Arglistige Täuschung 378
Ärztlicher Heileingriff 150, 305
Aufgedrängte Bereicherung 661, 719
Aufsichtspflichtiger, Haftung 323, 439, 441 f
Aufwendungen, ersparte 731 f
Aufwendungsersatz 36
Ausführungsverschulden 94, 112
Auskunft, falsche 378, 382
Ausreißer 399, 416

Bearbeitungskosten 543
Bedingung 613
Befristung 613
Befundsicherungspflicht 427

Begehrensneurose 539
Behandlungsvertrag 159 f
Belastung der Sache 716, 738 f
Berechtigte GoA
– auch-fremdes Geschäft 36, 60, 62 f
– Aufwendung 85
– Ausführungsverschulden 94, 112
– Durchführung 59, 112
– entgegenstehender Wille 55, 57, 59
– fremdes Geschäft 40 f, 43
– Fremdgeschäftsführungswille 45, 60, 63 ff
– genehmigte Geschäftsführung 59
– Geschäftsfähigkeit 55, 80 f, 83
– Interesse und Wille des Geschäftsherrn 49 f, 52, 63
– Konkurrenzen 27, 580 f, 583, 653
– Mitverschulden 92
– ohne Auftrag 21, 47
– Rechtsfolgen 64, 84 f, 87
– Schadensersatz 91
– sonstige Berechtigung 47
– Tätigkeitsvergütung 36, 64 ff, 83, 89
– Übernahme 59, 112
Bereicherungseinrede 572
Beschädigung der Sache 714
Beseitigungsanspruch 129, 133, 217, 298
Besitz als „sonstiges Recht" 238 ff
Bestattungskosten 146
Betriebsbezogenheit 226, 229 f
Betriebsgefahr 493
Beweislast 12 f, 45, 386, 405, 423, 427 f
Bewusstloser 318
Billigkeitshaftung 336, 338
Blinder Passagier 599
Bösgläubigkeit 770
Boykottaufruf/Blockade 183, 193, 226, 230, 239

„Caroline von Monaco" 212, 215 f
Computerprogramm 171

Darlehensvaluta 604

Darlehenszinsen, ersparte 701
Delegation der Verkehrspflicht 294
Deliktsfähigkeit 317 f, 320, 360
Dezentralisierter Entlastungsbeweis 508
Dienstbarkeit 245
Differenzhypothese 558
Diligentia quam in suis
   s. *Eigenübliche Sorgfalt*
Direktkondiktion 684, 813, 822, 839
Dissens 596
Doppelkausalität 260
Doppelkondiktion 684
Doppelzahlung 817
Dringende Gefahr
   s. *Gefahrenabwehr*
Drohung 380
Durchgriff kraft Gesetzes 682

Ehe 245
Eigentümer-Besitzer-Verhältnis 28, 127, 164, 557, 585 f, 602, 656, 658, 676, 703, 786, 788
Eigentumserwerb kraft Gesetzes 670, 833 ff
Eigentumsverletzung
– allgemein 163 f, 168
– Gebrauchsbeeinträchtigung 180, 183, 185, 229
– Immissionen 186
– Sachentziehung 169
– Substanzverletzung 171, 185
– weiterfressender Mangel 172, 174 f
Eigenübliche Sorgfalt 15, 330
Eingerichteter und ausgeübter Gewerbebetrieb 221, 223, 225
Eingriffskondiktion 641, 643
Einheitstheorie 578
Einrede 830
Einrede der Bereicherung 572
Einstweilige Verfügung 131
Einwendung 572, 600, 753
Einwilligung 305, 308 f, 649
Elterliche Sorge 83, 245, 303
Endhersteller, Haftung 392
Entgeltfortzahlung 140
Entreicherung 599, 692, 719, 725, 727 f
Entwicklungsrisiken 389, 415
„Erbensucher" 36
Erbschaftsbesitz 164, 168
Erfolgsabwendungspflicht 257, 281 f
Erfolgsunrecht, Lehre vom 290, 297

Erfüllung trotz Einrede
   s. *Erfüllungswirkung*
Erfüllungsgehilfe 6 f, 294
Erfüllungswirkung 596, 686, 688
Erlangtes 698
Ersatzbeschaffung 560
Erschleichung 375
Ersitzung 597, 646
Erwerbspreis 746
Etwas i.S. des § 812 Abs. 1 S. 1 590, 599, 641

Fabrikationsfehler 399, 418
Fahrer 474, 498
Fahrlässigkeit 326
Fahrtkosten 558
Falschparker 63 f
Fangprämie 543
Fernwirkungsschaden 154
„Flugreise" 83, 581, 599
Folgeschäden 537, 786
Formnichtigkeit 626, 631
Freiheitsverletzung 161
Freistellung von Schadensersatzansprüchen 374
Freizeichnung
   s. *Haftungsfreizeichnung*
Fremdes Geschäft 25, 36, 40 f, 43
Fremdtilgungswille 827 f
„Fuldaer Dom" 78
Fund 646

Garantenstellung 281 f
„Gaszug" 174
Gebäudehaftung 458 ff
Gebots- oder Verbotsnorm 343
Gebrauchsüberlassungsvertrag 586
Gefährdungshaftung 20, 123, 128, 446, 467, 524
Gefahrenabwehr, Geschäftsführung zur 16
Gefälligkeitsverhältnis 19, 33, 333, 451
Gehaltsüberzahlung 732
Gehilfe 514, 518
Gehilfenhaftung s. *Erfüllungsgehilfe, Verrichtungsgehilfe*
Genehmigung 59, 669, 676
Gesamtkausalität 260
Gesamtschuldner
– Haftung 409 f, 468, 521, 525
– Innenausgleich 74 f, 78, 528, 653

Geschäftsführung ohne Auftrag
- echte GoA 22
- Konkurrenzen 27 f
- unberechtigte GoA 28, 104 ff
- Wertungswidersprüche 29 ff
Geschäftsführung zur Gefahrenabwehr
  s. *Gefahrenabwehr*
Geschäftsgrundlage, Störung der 619
Gesetz 342
Gesetzesverstoß 584, 596, 602, 606, 633,
  635, 778
Gesetzliches Verbot
  s. *Gesetzesverstoß*
Gesundheitsverletzung 149, 153
Gewerbebetrieb 221, 223, 225
Gewinn, entgangener 549
Gewinnchance 651
Gewinnhaftung 169, 672
Gewinnherausgabe
- bei Bereicherungsrecht 672, 710 ff,
  722, 780
- bei unechter GoA 116, 120
Gläubigerverzug 10
Grundschuld 716, 738 f
Güter- und Interessenabwägung 193, 203,
  225, 236 f

Haftpflichtgesetz 123
Haftung, verschärfte 728, 765 ff
Haftungsausfüllende Kausalität 536 f, 542
Haftungsausschluss 19, 474, 485, 487 ff
Haftungsbegründende Kausalität 254,
  256 f
Haftungsbeschränkung/-ausschluss, vertrag-
  liche(r) 327, 329 f, 451
Haftungsfreizeichnung 19
Haftungsmilderung 10, 15 f, 98 f, 111 f,
  327
Halterhaftung 467 f, 470
Handeln auf eigene Gefahr 309, 451
Handlungsunrecht, Lehre vom 298, 314
Haushaltstätigkeit 551, 554
Heilungskosten 558
Herausfordererfälle 277, 279
„Herrenreiter" 210
Hersteller, Haftung 401, 414
Hilfeleistungspflicht nach § 323c StGB
  47, 55, 67, 283, 349
Hinterbliebene 144
Hoheitsakt, fehlerhafter 646
Höhere Gewalt 31, 485, 487 f

Immaterialgüterrecht 245
Immissionen 186
Importeur, Haftung 401
Informationsdeliktshaftung 370
Innerbetrieblicher Schadensausgleich 528
Instandsetzung der Sache 656, 658, 660
Instruktionsfehler 399, 418
Integritätsinteresse 174
Integritätszuschlag 562, 566, 568
Irrtum über Person des Geschäftsherrn 44

Juristische Personen 196, 318

Kausalitätsvermutung 508
Kenntnis der Nichtschuld 600, 615, 617,
  630, 633, 635, 661
Kinder 288, 293
„Klaus Kinski" 198
Konstruktionsfehler 399, 415
Körperverletzung 16, 149 f, 153
Kreditgefährdung 430 f, 433
Kündigung 613

Leasing 473
Lebensrettung 49
Legalzession 69, 140
Leistung 592, 594 f, 599, 604, 796
Leistung auf fremde Schuld 655, 827 ff
Leistungskette 800
Leistungszweck 594, 613, 620 f, 623, 635
Lieferant, Haftung 401
Lizenzanalogie 209, 652
Lösegeld 136, 633
Luxusaufwendungen 599, 731
Luxustier 448

„Marlene Dietrich" 210
Materieller Schadensersatz 209
Mehrpersonenverhältnis 592, 594, 690,
  692, 790, 792, 796
Meinungsfreiheit 193, 217, 303
Minderjähriger 55, 305, 358, 470, 594 ff,
  599, 684, 762 f, 772
Missbrauch der Vertretungsmacht 380
Missbrauch einer Monopolstellung 379
Mitbesitz 240
Mitgliedschaftsrecht 245
Mittäter 514, 518
Mittelbare Schädigung/Verletzungshand-
  lung 254, 257, 272, 274 f, 300 f, 315,
  554, 558

279

Mittelbarer Besitz 242
Mitverschulden 92, 279, 309, 322, 409 f, 493, 508, 528, 553, 556
Mobbing 153, 192

Naturalrestitution 560
Nervenschock
  s. Schockschaden
Neutrales Geschäft 43, 45, 116
Nichtberechtigter 668
Nichteheliche Lebensgemeinschaft 626
Nichteintritt des Erfolgs 630 f
Nichtiger Vertrag 29, 35, 65, 83, 580 f, 583, 747, 750
Nichtzustandekommen eines Vertrags 29, 36
Nothilfefälle 277
Nötigung 239
Notstand 303
Notwehr 303
Nutztier 453
Nutzungen 699, 701
Nutzungsfälle 590, 599
Nutzungsüberlassung, unberechtigte 677

Objektiv fremdes Geschäft
  s. fremdes Geschäft
Öffentliches Recht 64, 67, 69, 73, 350, 352
Organe, Haftung für 512 f
Organisationspflicht 284, 508
Organisationsverschulden 511 ff

Parkkralle 63
„Paul Dahlke" 120, 203, 652
Pfandrecht 245
Pflege, häusliche 558
„Pflegebetten" 422
Polizei- und Ordnungsrecht 55
Postmortaler Persönlichkeitsschutz 198
Produktbeobachtungsfehler 419
Produktbeobachtungspflicht 399, 415
Produkthaftung 174, 386, 389 f
Produktionsleiter, Haftung 413
Produktsicherheit 399
Produktsicherheitsgesetz 352, 422
Produzentenhaftung 12, 121, 284, 386, 411 ff
Prognoserisiko 568
Prüfungsreihenfolge 3

Quasi-negatorischer Rechtsschutz 129, 131, 217, 245

Rahmenrecht 193, 225, 300
Recht am eingerichteten und ausgeübten Gewerbebetrieb 221, 223, 225
Rechtfertigungsgrund 27, 97, 193, 303, 305, 308
Rechtsfolgenverweisung 106, 136, 575, 612
Rechtsgrund i.S. des § 812 Abs. 1 27 f, 580, 596, 621
Rechtsgrundverweisung 81, 106, 575
Rechtshängigkeit 769
Rechtsscheinsbote 808
Rechtsscheinshaftung 808
Rechtswidrigkeit 193, 225, 297 f, 300, 359, 381, 435, 441
Rechtswidrigkeitszusammenhang
  s. Schutzzweck der Norm
Rente 550
Rentenneurose 539
Reparaturkosten 562
Repräsentantenhaftung 513
Rettungsmaßnahmen 31, 67, 69
Rückforderungsverbot des § 817 S. 2 604, 606
Rückgriffskondiktion 638, 653, 655
Rückruf von Produkten 419
Rücktrittsrecht 612, 766

Saldotheorie 727, 753, 756
Schaden 368, 531, 549 f
Schenkkreis 607
Schenkung 10, 15, 612 f, 692, 735, 737
Schenkung, gemischte 679
Scherzerklärung 53
Schienenfahrzeug 467
Schmerzensgeld 11, 159, 212, 493, 571
Schneeballsystem 380, 607
Schockschaden 154, 275
Schönheitsreparaturen 65, 113
Schuldanerkenntnis 626
Schuldbefreiung
  s. Leistung auf fremde Schuld
Schuldnerprivileg 15 ff
Schutzgesetzverletzung 340 ff
Schutzzweck der Norm 183, 270, 272, 289, 301, 484, 542, 559
Schwarzarbeit 35, 606 f
Schwarzfahrt 490

Schwerpunkttheorie 679
Selbstaufopferung im Straßenverkehr 31
Selbsthilfe 303
Selbsthilfeaufwendungen 63
Sittenwidrigkeit 366, 371, 596, 600, 602, 630, 633, 635, 778
Sozialhilfeträger 69
Sportverletzung 310
Staatshaftung 123
Stoffgleichheit 174 f
Straining 153, 192
Streik, rechtswidriger 230
Stromentnahme, unbefugte 646
Subjektiv fremdes Geschäft
  s. neutrales Geschäft
Suizident 57 f
Surrogat 708, 710 f

Teilungslösung 682
Teilunmöglichkeit 714, 737, 739
Tieraufseherhaftung 456
Tierhalterhaftung 446 ff
Tilgungsbestimmung 827 ff
Trennungstheorie 578
Treu und Glauben 606 f, 631

Übernahmeverschulden 109, 112, 120
Überschneidung zwischen Leistungs- und Nichtleistungskondition 595, 599
Üble Nachrede 430 f, 433
Umgestaltung der Sache 656, 658, 660
Unabwendbares Ereignis 31, 489 f, 493
Unbefugte Personen 287 f
„Unberechtigte Untervermietung" 650, 677
Unbestellte Leistungen 30
Unechte GoA
– allgemein 44
– angemaßte Eigengeschäftsführung 24, 115 f, 120
– vermeintliche Eigengeschäftsführung 24, 113
Unterhalt, überzahlter 734
Unterhaltskosten 160, 559
Unterhaltspflicht 55, 551, 554
Unterhaltsschaden 146, 559
Unterlassen 254, 257 f, 280, 283 f, 302
Unterlassene Hilfeleistung i.S. des § 323c StGB 47, 55, 67, 283, 349
Unterlassungsanspruch 129, 131, 217, 237, 298

Urlaubszeit, Verlust 558

Venire contra factum proprium 310, 719
Verarbeitung einer Sache 585, 646, 833 ff
  s. auch Eigentumserwerb kraft Gesetzes
Veräußerungserlös 710 ff, 734
Verbesserung der Sache 656, 658, 660
Verbindung 646, 833 ff
  s. auch Eigentumserwerb kraft Gesetzes
Verbrauch einer Sache 585, 646, 729, 732
Verdienstausfall 209, 549, 558
Verfolgungsfälle 277, 279
Verfügung 668
Verfügung eines Nichtberechtigten 665, 668 f
Verfügung, entgeltlich aber rechtsgrundlos 684
Verhaltensunrecht, Lehre vom 290
Verjährung
– allgemein 9, 13, 17 f, 649
– Deliktsrecht 134, 136, 138, 172, 175
Verkehrspflicht 55, 254, 258, 284 ff, 315, 411, 426, 428, 458, 511
Verkehrsrichtiges Verhalten 314
Verkehrssicherungspflicht
  s. bei Verkehrspflicht
Vermischung 646, 833 ff
  s. auch Eigentumserwerb kraft Gesetzes
Vermögen/Vermögensschaden 248, 366, 407, 474
Vermögensfolgeschäden 746
Vermögensnachteile, entreichernde 740, 743 f
Vermutetes Verschulden
  s. Verschuldensvermutung
Verrichtungsgehilfe 6 f, 294, 298, 314, 502, 504 f, 512
Versammlungsfreiheit 239, 303
Verschulden 316 ff, 360 f, 382, 436, 442, 508
Verschuldensfähigkeit 316 ff, 360
Verschuldensgrad
  s. Vorsatz, Fahrlässigkeit
Verschuldensvermutung 121, 174, 320, 426, 456, 458 ff, 498, 508
Versicherung 67, 69, 139 f, 353, 468, 708
Vertrag zugunsten Dritter 819, 821 f
Vertragsaufhebung 613
Vertragsbruch, Verleitung 374
Vertragskosten 743 ff

Vertragsnichtigkeit
 s. *nichtiger Vertrag*
Verwendungen 557, 788
Verwendungskondiktion 106, 586, 638, 656, 658, 660
Verwertungschance 651
Vorbeugekosten 543
Vorhaltekosten 543
Vorleistung 756
Vorsatz 324, 366
Vorsätzliche sittenwidrige Schädigung 366, 368, 373
Vorteilsausgleichung 140, 551, 558

Wegfall der Bereicherung
 s. *Entreicherung*
Weisungsfälle 803, 805 f
Weiterfressender Mangel 172, 174 f, 392
Werkstattrisiko 568
Wertbegriff, objektiver 719
Wertbegriff, subjektiver 719
Wertersatz 599, 713 f, 716
Werthaftung 672
Wertinteresse 568

Wertsteigerung 718
Werturteil 230, 431
Wiederbeschaffungswert Pkw 562, 566, 568
Wiederherstellungskosten 561
Wissenszurechnung 116
„wrongful life" 160
Wucherdarlehen 604

Zahlungsdiensterecht 813
Zerstörung der Sache 714, 729
Zession s. *Abtretung*
Zinserträge 701
Zinszahlung 604, 785
Zulieferer, Haftung 395
Zurechenbares Verhalten 254, 256 f
Zurechnung 116, 370
Zuvielzahlung 817
Zuweisungsgehalt 599, 646, 649
Zwangskommerzialisierung 215
Zweckvereinbarung 621, 623 f, 629
Zweikondiktionentheorie 747, 750, 766
Zweikondiktionentheorie, modifizierte 758

Fit für's Referendariat

- Stationspraxis: Anleitung zur Fallbearbeitung, Tipps für den Sitzungsdienst, Musterakten
- Assessorprüfung: Klausurtechnik und -taktik, Aktenvortrag
- Grundlagen, Examenswissen, Beispiele, Formulierungshilfen

Zivilstation

Prof. Dr. Susanne A. Benner
Referendarklausurenkurs Zivilrecht
Die Anwaltsklausur im Assessorexamen
2. Auflage 2014. € 31,99

Strafstation

VRiLG Dr. Klaus Haller/RiOLG Klaus Conzen
Das Strafverfahren
Eine systematische Darstellung mit Originalakte und Fallbeispielen
9. Auflage 2021. € 40,–

Verwaltungsstation

VRiVG Dr. Gerhard Bülter/
VRiVG Anke Eggert/RiVG Sarah Peick
Assessorexamen im Öffentlichen Recht
Prüfungsschwerpunkte - Klausur- und Aktenvortragstaktik - Formulierungstipps
2. Auflage 2021. € 42,–

Alle Bände der Reihe und weitere Infos unter: www.otto-schmidt.de/cfm

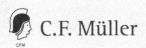

Jura auf den gebracht

Fälle mustergültig lösen

Die Reihe „Schwerpunkte Klausurenkurs"

- Einführung in die Technik des Klausurenschreibens
- Musterklausuren exemplarisch gelöst
- realistische Prüfungsanforderungen als Maßstab

Prof. Dr. Dr. h.c. Wilfried Schlüter/
Dr. Holger Niehaus/
Dr. Ulrich Jan Schröder (Hrsg.)
Examensklausurenkurs im Zivil-, Straf- und Öffentlichen Recht
25 Klausurfälle mit Musterlösungen
2. Auflage 2015. € 25,99

Prof. Dr. Ulrich Falk/
Prof. Dr. RiOLG Birgit Schneider
Klausurenkurs im Bürgerlichen Recht II
Ein Fall- und Repetitionsbuch für Fortgeschrittene
3. Auflage 2021. € 25,–

Prof. Dr. Susanne A. Benner
Klausurenkurs im Familien- und Erbrecht
Ein Fall- und Repetitionsbuch für Examenskandidaten
6. Auflage 2021. € 27,–

Prof. Dr. Roland Schimmel/
Dr. Denis Basak/Dr. Marc Reiß
Juristische Themenarbeiten
Anleitung für Klausur und Hausarbeit im Schwerpunktbereich, Seminararbeit, Bachelor- und Master-Thesis
3. Auflage 2017. € 21,99

Alle Bände aus der Reihe und weitere Infos unter: **www.otto-schmidt.de/cfm**

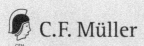

Jura auf den ● gebracht